中国教育统计年鉴

EDUCATIONAL STATISTICS YEARBOOK OF CHINA

2015

中华人民共和国
教育部发展规划司

DEPARTMENT OF DEVELOPMENT & PLANNING
MINISTRY OF EDUCATION
THE PEOPLE'S REPUBLIC OF CHINA

图书在版编目（CIP）数据

中国教育统计年鉴. 2015 ：汉英对照 / 中华人民共和国教育部发展规划司编. — 北京 ：中国统计出版社，2016. 11

ISBN 978－7－5037－8085－1

Ⅰ. ①中… Ⅱ. ①中… Ⅲ. ①教育统计－统计资料－中国－2015－年鉴－汉、英 Ⅳ. ①G526. 6－54

中国版本图书馆 CIP 数据核字（2016）第 297781 号

中国教育统计年鉴—2015

作　　者/ 中华人民共和国教育部发展规划司
责任编辑/ 佘竞雄
装帧设计/ 黄晨
出版发行/ 中国统计出版社
地　　址/ 北京市丰台区西三环南路甲 6 号　邮政编码/100073
电　　话/ 邮购（010）63376909　书店（010）68783171
网　　址/ http：//www. zgtjcbs. com
印　　刷/ 河北鑫宏源印刷包装有限责任公司
经　　销/ 新华书店
开　　本/ 787mm×1092mm　1/16
字　　数/ 960 千字
印　　张/ 45. 75
版　　别/ 2016 年 11 月第 1 版
版　　次/ 2016 年 11 月第 1 次印刷
定　　价/ 220. 00 元

如有印装错误，本社发行部负责调换。

《中国教育统计年鉴》
编辑委员会名单

说　　明

《中国教育统计年鉴》（2015）是一本全面反映中华人民共和国教育事业发展情况的资料性年鉴，是由教育部发展规划司根据全国各省、自治区、直辖市教育委员会、教育厅填报的学校基层报表数字整理汇编而成的。教育部教育管理信息中心承担了数据的计算机处理汇总工作。

本年鉴包括以下部分：综合部分、高等教育、中等教育、初等教育、幼儿教育、特殊教育、全国各级各类学校的分布情况、办学条件、科学研究等。

本年鉴是各有关部门研究教育改革和发展的必备资料工具书，是教育界各机关、学校指导部门制定教育计划、指导教育改革必不可少的依据。

本年鉴所列资料，未含台湾省、香港特别行政区和澳门特别行政区的数字；凡未注明年份的均为2015年的数字。

Notes from the Compiler

The Educational Statistics Yearbook of China for 2015 is an informational yearbook com- prehensively reflecting the development of the educational undertaking of the People's Republic of China, and it was compiled by the Department of Development and Planning of Ministry of Education, based on the synthetic statistical returns relating to schools of various types and levels completed by the Educational Commissions (or the Bureaus of Education) of the provincial governments and the goverments of various autonomous regions and municipalities directly under the State Council All data were processed and calculated using Computers by the Educational Management Information Center of Ministry of Education.

The yearbook is composed of the following parts: summary tables, higher education, secondary education, primary education, pre-primary education, special education, geographical distribution of schools by type and level, Physical Facilities, Scientific Research Activities.

The yearbook is a requisite reference for all departments concerned with the study of educational reform and development, and provides indispensable factual information to the educational community (circles), the state organs, and all supervisory bodies of education (schools) engaged in curricular development and the guidance of educational reform.

The yearbook lacks the data of Education Expenditure, Taiwan Province, Hong Kong Special Administrative Region and Macao Special Administrative Region. Data in tables are for 2015, unless otherwise notified.

备　　注

自 2011 年起，我部对教育事业统计报表进行了全面改革，贯彻实施了国家统计局首次颁布的《统计用城乡划分代码》。新的城乡划分标准，将原来的城市、县镇、农村的三个分类调整为三大类七小类，即城区（含主城区、城乡结合区）、镇区（含镇中心区、镇乡结合区、特殊区域）、乡村（含乡中心区、村庄）。

2015年全国教育事业发展统计公报[1]

中华人民共和国教育部

2015年是“十二五”规划收官之年，是《国家中长期教育改革和发展规划纲要（2010－2020年）》实施的承前启后之年。全国教育系统全面贯彻党的十八大和十八届三中、四中、五中全会精神，深入学习贯彻习近平总书记系列重要讲话精神，牢固树立新的发展理念，主动适应经济发展新常态，全面深化综合改革，全面推进依法治教，着力促进教育公平、着力提高教育质量、着力调整教育结构，加快推进教育现代化，教育改革发展迈上了新台阶。

一、学前教育

全国共有幼儿园22.37万所，比上年增加1.38万所，入园儿童2008.85万人，比上年增加21.07万人。在园儿童（包括附设班）4264.83万人，比上年增加214.11万人。幼儿园园长和教师共230.31万人，比上年增加22.28万人。学前教育毛入园率[2]达到75.0%，比上年提高4.5个百分点。

二、义务教育

全国共有义务教育阶段学校24.29万所，比上年减少1.11万所；招生3140.07万人；在校生1.40亿人；专任教师916.08万人；九年义务教育巩固率[3]93.0%。

1. 小学

全国共有小学19.05万所，比上年减少1.09万所；招生1729.04万人，比上年增加70.62万人；在校生9692.18万人，比上年增加241.12万人；毕业生1437.25万人，比上年减少39.38万人。小学学龄儿童净入学率[4]达到99.88%。

小学教职工[5]（不含九年一贯制学校、十二年一贯制学校小学段）548.94万人，比上年增加0.05万人；专任教师568.51万人，比上年增加5.12万人。专任教师学历合格率[6]99.9%，比上年提高0.03个百分点。生师比17.05:1。

普通小学（含教学点）校舍建筑面积67352.04万平方米，比上年增加2654.85万平方米。设施设备配备达标的学校比例[7]情况分别为：体育运动场（馆）面积达标学校比例64.5%，体育器械配备达标学校比例68.9%，音乐器材配备达标学校比例67.9%，美术器材配备达标学校比例67.6%，数学自然实验仪器达标学校比例69.0%。

2. 初中

全国共有初中学校 5.24 万所（含职业初中 22 所），比上年减少 218 所。招生 1411.02 万人，比上年减少 36.80 万人；在校生 4311.95 万人，比上年减少 72.68 万人；毕业生 1417.59 万人，比上年增加 4.08 万人。初中阶段毛入学率 104.0%，初中毕业生升学率 94.1%。

初中教职工（含九年一贯制学校，不含完全中学、十二年一贯制学校初中段）397.63 万人，比上年增加 2.06 万人；专任教师 347.56 万人，比上年减少 1.28 万人。初中专任教师学历合格率 99.7%，比上年提高 0.13 个百分点。生师比 12.41:1。

初中校舍建筑面积 55042.07 万平方米，比上年增加 2478.52 万平方米。设施设备配备达标的学校比例情况分别为：体育运动场（馆）面积达标学校比例 78.7%，体育器械配备达标学校比例 83.6%，音乐器材配备达标学校比例 82.3%，美术器材配备达标学校比例 82.0%，理科实验仪器达标学校比例 85.9%。

3. 进城务工人员随迁子女和农村留守儿童

全国义务教育阶段在校生中进城务工人员随迁子女[8]共 1367.10 万人。其中，在小学就读 1013.56 万人，在初中就读 353.54 万人。

全国义务教育阶段在校生中农村留守儿童共 2019.24 万人。其中，在小学就读 1383.66 万人，在初中就读 635.57 万人。

三、特殊教育

全国共有特殊教育学校 2053 所，比上年增加 53 所；特殊教育学校共有专任教师 5.03 万人，比上年增加 0.22 万人。

全国共招收特殊教育学生 8.33 万人，比上年增加 1.26 万人；在校生 44.22 万人，比上年增加 4.74 万人。其中，视力残疾学生 3.67 万人，听力残疾学生 8.94 万人，智力残疾学生 23.21 万人，其他残疾学生 8.40 万人。特殊教育毕业生 5.29 万人，比上年增加 0.39 万人。

普通小学、初中随班就读和附设特教班招收的学生 4.48 万人，在校生 23.96 万人，分别占特殊教育招生总数和在校生总数的 53.7% 和 54.2%。

四、高中阶段教育

全国高中阶段教育[9]共有学校 2.49 万所，比上年减少 732 所；招生 1397.86 万人，比上年减少 18.50 万人；在校学生 4037.69 万人，比上年减少 132.96 万人。高中阶段毛入学率 87.0%，比上年提高 0.5 个百分点。

1. 普通高中

全国普通高中 1.32 万所，比上年减少 13 所；招生 796.61 万人，比上年增加 106 人；在校生 2374.40 万人，比上年减少 26.07 万人；毕业生 797.65 万人，比上年减少 1.97 万人。

普通高中教职工（含完全中学、十二年一贯制学校）254.32 万人，比上年增加 3.38 万人；专任教师 169.54 万人，比上年增加 3.27 万人，生师比 14.01:1，比上年的 14.44:1 有所改善；专任教师学历合格率 97.7%，比上年提高 0.46 个百分点。

普通高中共有校舍建筑面积47135.96万平方米，比上年增长1789.94万平方米。普通高中设施设备配备达标的学校比例情况分别为：体育运动场（馆）面积达标学校比例87.1%，体育器械配备达标学校比例88.8%，音乐器材配备达标学校比例87.5%，美术器材配备达标学校比例87.6%，理科实验仪器达标学校比例89.8%。

2. 成人高中

全国成人高中503所，比上年减少43所；在校生6.59万人，毕业生6.20万人。成人高中教职工4325人，专任教师3404人。

3. 中等职业教育

全国中等职业教育[10]共有学校1.12万所，比上年减少676所。其中，普通中等专业学校3456所，比上年减少80所；职业高中3907所，比上年减少160所；技工学校2545所，比上年减少273所；成人中等专业学校1294所，比上年减少163所。

中等职业教育招生601.25万人，比上年减少18.51万人，占高中阶段教育招生总数的43.0%。其中，普通中专招生259.95万人，比上年增加2861人；职业高中招生155.20万人，比上年减少6.34万人；技工学校招生121.43万人，比上年减少2.97万人；成人中专招生64.68万人，比上年减少9.48万人。

中等职业教育在校生1656.70万人，比上年减少98.58万人，占高中阶段教育在校生总数的41.0%。其中，普通中专在校生732.71万人，比上年减少16.43万人；职业高中在校生439.86万人，比上年减少32.96万人；技工学校在校生321.46万人，比上年减少17.51万人；成人中专在校生162.67万人，比上年减少31.69万人。

中等职业教育毕业生567.88万人，比上年减少55.06万人。其中，普通中专毕业生236.75万人，比上年减少10.99万人；职业高中毕业生156.01万人，比上年减少22.36万人；技工学校毕业生94.62万人，比上年减少12.18万人；成人中专毕业生80.51万人，比上年减少9.54万人。

中等职业教育学校共有教职工110.18万人，比上年减少3.03万人。其中，普通中等专业学校教职工40.88万人，比上年减少9345人；职业高中教职工35.28万人，比上年减少8109人；技工学校教职工26.03万人，比上年减少4884人；成人中等专业学校教职工6.60万人，比上年减少7377人。

中等职业教育学校共有专任教师84.41万人，比上年减少1.43万人，生师比[11]20.47:1，比上年的21.34:1有所改善。其中，普通中等专业学校专任教师30.43万人，比上年减少2611人；职业高中专任教师29.00万人，比上年减少3289人；技工学校专任教师19.16万人，比上年减少2992人；成人中等专业学校专任教师4.82万人，比上年减少4924人。

五、高等教育

全国各类高等教育在学总规模达到3647万人，高等教育毛入学率达到40.0%。全国共有普通高等学校和成人高等学校2852所，比上年增加28所。其中，普通高等学校2560所（含独立学院275所），比上年增加31所；成人高等学校292所，比上年减少3所。普通高校中本科院校1219所，比上年增加17所；高职（专科）院校1341所，比上年增加14所。全国共有研究生培养机构792个，其中，普通高校575个，科研机构217个。

研究生招生64.51万人，比上年增加2.37万人，其中，博士生招生7.44万人，硕士生招生57.06万人。在学研究生191.14万人，比上年增加6.37万人，其中，在学博士生32.67万人，在学硕士生158.47万人。毕业研究生55.15万人，比上年增加1.57万人，其中，毕业博士生5.38万人，毕业硕士生49.77万人。

普通高等教育本专科共招生737.85万人，比上年增加16.45万人；在校生2625.30万人，比上年增加77.60万人；毕业生680.89万人，比上年增加21.52万人。

成人高等教育本专科共招生236.75万人，比上年减少28.86万人；在校生635.94万人，比上年减少17.19万人；毕业生236.26万人，比上年增加15.03万人。

普通高等学校校均规模[12]10197人，其中，本科学校14444人，高职（专科）学校6336人。

普通高等学校教职工236.93万人，比上年增加3.36万人；专任教师157.26万人，比上年增加3.81万人。普通高校生师比[13]为17.73∶1，其中，本科学校17.69∶1，高职（专科）学校17.77∶1。成人高等学校教职工5.13万人，比上年减少1629人；专任教师3.02万人，比上年减少1292人。

普通高等学校校舍总建筑面积[14]89141.38万平方米，比上年增加2830.67万平方米；教学科研仪器设备总值[15]4058.60亿元，比上年增加400.11亿元。

六、成人培训与扫盲教育

全国接受各种非学历高等教育的学生725.84万人次，当年已毕（结）业907.54万人次；接受各种非学历中等教育的学生达4561.53万人次，当年已毕（结）业4909.07万人次。

全国职业技术培训机构9.9万所，比上年减少0.61万所；教职工47.30万人；专任教师28.42万人。

全国有成人小学1.48万所，在校生94.82万人，教职工2.99万人，其中，专任教师1.57万人；成人初中1071所，在校生33.70万人，教职工4414人，其中，专任教师3692人。

全国共扫除文盲44.75万人，比上年增加0.60万人；另有47.48万人正在参加扫盲学习，比上年增加1.93万人。扫盲教育教职工2.22万人，比上年减少3956人；专任教师1.07万人，比上年减少136人。

七、民办教育

全国共有各级各类民办学校16.27万所，比上年增加7435所；招生1636.68万人，比上年增加72.83万人；各类教育在校生达4570.42万人，比上年增加268.52万人。其中：

民办幼儿园14.64万所，比上年增加7094所；入园儿童998.19万人，比上年增加44.53万人；在园儿童2302.44万人，比上年增加177.06万人。

民办普通小学5859所，比上年增加178所；招生124.36万人，比上年增加9.55万人；在校生713.82万人，比上年增加39.68万人。

民办普通初中4876所，比上年增加132所；招生170.73万人，比上年增加2.99万人；在校生502.93万人，比上年增加15.92万人。

民办普通高中2585所，比上年增加143所；招生94.51万人，比上年增加11.78万人；在校生256.96万人，与上年增加18.31万人。

民办中等职业学校2225所，比上年减少118所；招生70.93万人，比上年减少1.02万人；在校生183.37万人，比上年减少6.21万人。另有非学历教育学生25.83万人。

民办高校734所（含独立学院275所），比上年增加6所；招生177.97万人，比上年增加5.01万人；在校生610.90万人，比上年增加23.75万人。其中，硕士研究生在校生509人，本科在校生383.33万人，高职（专科）在校生227.52万人；另有自考助学班学生、预科生、进修及培训学生31.53万人。民办的其他高等教育机构813所，各类注册学生77.74万人。

另外，还有其他民办培训机构2.01万所，898.66万人次接受了培训。

注释：

［1］各项统计数据均未包括香港特别行政区、澳门特别行政区和台湾省。部分数据因四舍五入的原因，存在着与分项合计不等的情况。

［2］毛入学率，是指某一级教育不分年龄的在校学生总数占该级教育国家规定年龄组人口数的百分比。由于包含非正规年龄组（低领或超龄）学生，毛入学率可能会超过100%。

［3］九年义务教育巩固率，是指初中毕业班学生数占该年级入小学一年级时学生数的百分比。

［4］小学学龄儿童净入学率，是指小学教育在校学龄人口数占小学教育国家规定年龄组人口总数的百分比，是按各地不同入学年龄和学制分别计算的。

［5］因九年一贯制学校的教职工数计入初中阶段教育，完全中学、十二年一贯制学校的教职工数计入高中阶段教育，而专任教师是按照教育层次进行归类，存在小学教职工数据小于专任教师数据的情况。

［6］专任教师学历合格率，是指某一级教育具有国家规定的最低学历要求的专任教师数占该级教育专任教师总数的百分比。各级教育教师的最低学历要求，参照《中华人民共和国教师法》中的相关规定：取得小学教师资格，应当具备中等师范学校毕业及其以上学历；取得初级中学教师、初级职业学校文化、专业课教师资格，应当具备高等师范专科学校或者其他大学专科毕业及其以上学历；取得高级中学教师资格和中等专业学校、技工学校、职业高中文化课、专业课教师资格，应当具备高等师范院校本科或者其他大学本科毕业及其以上学历。

［7］设施设备配备达标的学校，是指体育运动场（馆）面积、体育器械配备达到《教育部 卫生部 财政部关于印发国家学校体育卫生条件试行基本标准的通知》（教体艺［2008］5号）的相关标准；音乐器材配备、美术器材配备、数学自然实验仪器、理科实验仪器等达到各省、自治区、直辖市规定的仪器配备相关标准。含普通小学、初中和普通高中。

［8］进城务工人员随迁子女，是指户籍登记在外省（区、市）、本省外县（区）的乡村，随务工父母到输入地的城区、镇区（同住）并接受义务教育的适龄儿童少年。

［9］高中阶段包括普通高中、成人高中、中等职业学校。

［10］中等职业教育包括普通中等专业学校、职业高中、技工学校和成人中等专业学校。

［11］中等职业教育生师比不含技工学校数据。

［12］普通高等学校校均规模，仅含普通本专科在校生，不含分校点数据。

［13］普通高校生师比，不含分校点数据，学生总数为折合学生数。

［14］［15］包括学校产权和非产权独立使用。

资料来源：本公报中技工学校数据来自人力资源和社会保障部；其他数据均来自教育部。

目　　录

第一部分　教育事业发展

一、综合部分

二、高等教育

三、中等教育

（一）高中阶段教育

四、初等教育（小学）

五、工读学校

六、特殊教育

七、学前教育

八、各级各类学校分布情况

第二部分　办学条件

一、教育经费

二、教育基本建设投资

第三部分　科学研究活动及其他

一、自然科学与技术

二、社会科学

附表：

CONTENTS

Part Ⅰ

THE DEVELOPMENT OF THE EDUCTIONAL UNDERTAKING

Summary Tables

Higher Education

Secondary Education

Senior Secondary Education

Correctional Work-Study Schools

Special Education

Pre-Primary Education

Geographical Distribution of Schools by Type and Level

Part Ⅱ

PHYSICAL FACILITIES

Public Expenditure on Education

Capital Construction Investment in the Educational Sector

Part Ⅲ

SCIENTIFIC RESEARCH ACTIVITES & OTHER

Natural Science and Technology

Social Science

Appendixes

第一部分
Part I

教育事业发展
THE DEVELOPMENT OF THE EDUCATIONAL UNDERTAKING

一、综合部分
Summary Tables

各级各类学校校数、教职工、专任教师情况

Number of Schools, Educational Personnel and Full-time Teachers by Type and Level

	学校数(所) Schools	教职工数(人) Educational Personnel	专任教师(人) Full-time Teachers
一、高等教育 Higher Education			
(一)研究生培养机构(不计校数) Institutions Providing Postgraduate Programs	(792)		
1. 普通高校 Regular HEIs	(575)		
2. 科研机构 Research Institutes	(217)		
(二)普通高等学校 Regular HEIs	2560	2369326	1572565
1. 本科院校 HEIs Offering Degree Programs	1219	1727571	1116372
其中:独立学院 of Which:Independent Institutions	275	176679	132124
2. 高职(专科)院校 Higher Vocational Colleges	1341	639281	454576
3. 其他普通高教机构(不计校数) Other Institutions	(28)	2474	1617
(三)成人高等学校 Adult HEIs	292	51292	30246
(四)民办的其他高等教育机构 Other Non-government HEIs	(813)	24427	11107
二、中等教育 Secondary Education	78421	7630087	6022172
(一)高中阶段教育 Senior Secondary Education	24945	3649382	2542844
1. 高中 Senior Secondary Schools	13743	2547568	1698758
普通高中 Regular Senior Secondary Schools	13240	2543243	1695354
完全中学 Combined Secondary Schools	5538	1040960	521363
高级中学 Regular High Schools	6628	1286594	1121430
十二年一贯制学校 12-year Schools	1074	215689	52561
成人高中 Adult High Schools	503	4325	3404
2. 中等职业教育 Secondary Vocational Education	11202	1101814	844086
普通中专 Regular Specialized Secondary Schools	3456	408775	304295
成人中专 Adult Specialized Secondary Schools	1294	66003	48210
职业高中 Vocational High Schools	3907	352756	290034
技工学校 Skilled Workers Schools	2545	260319	191639
其他中职机构(不计校数) Other Institutions	(486)	13961	9908
(二)初中阶段教育 Junior Secondary Education	53476	3980705	3479328
1. 初中 Junior Secondary Schools	52405	3976291	3475636
初级中学 Regular Junior Secondary Schools	37217	2809241	2533306
九年一贯制学校 9-year Schools	15166	1166434	494711
十二年一贯制学校 12-year Schools			55992
完全中学 Combined Secondary Schools			391047
职业初中 Vocational Junior Secondary Schools	22	616	580
2. 成人初中 Adult Junior Secondary Schools	1071	4414	3692
三、初等教育 Primary Education	205283	5519370	5700786
(一)普通小学 Regular Primary Schools	190525	5489441	5685118
小学 Primary Schools	190525	5489441	5112774
九年一贯制学校 9-year Schools			521434
十二年一贯制学校 12-year Schools			50910
(二)成人小学 Adult Primary Schools	14758	29929	15668
其中:扫盲班 of Which: Literacy Classes	10747	22185	10712
四、工读学校 Correctional Work-Study Schools	86	3017	2077
五、特殊教育 Special Education Schools	2053	59548	50334
六、学前教育 Pre-school Education Institutions	223683	3495791	2051021

注:1. 完全中学的学校数和教职工数计入高中阶段教育,九年一贯制学校的校数和教职工数计入初中阶段教育,十二年一贯制学校的校数和教职工数计入高中阶段教育。专任教师是按照教育层次划分归类。

2. "( )"内数据为不计校数。

Note: 1. The numbers of Complete Secondary Schools and their educational personnel are calculated into the number of Senior Secondary education, the numbers of Combined Primary and Lower Secondary Schools and their educational personnel are calculated into the Junior Secondary education, and the numbers of the Combined Primary and Secondary Schools and their educational personnel are calculated into Senior Secondary education. The fulltime teachers are classified by educational level.

2. The data within "( )" are not calculated as the number of schools.

各级各类学历教育学生情况

Number of Students of Formal Education by Type and Level

单位：人

unit：person

	毕业生数 Graduates	招生数 Entrants	在校生数 Enrolment
一、高等教育 Higher Education			
（一）研究生 Postgraduates	551522	645055	1911406
博　士 Doctor's Degree	53778	74416	326687
硕　士 Master's Degree	497744	570639	1584719
（二）普通本专科 Undergraduates in Regular HEIs	6808866	7378495	26252968
本　科 Normal Courses	3585940	3894184	15766848
专　科 Short-cycle Courses	3222926	3484311	10486120
（三）成人本专科 Undergraduates in Adult HEIs	2362593	2367455	6359352
本　科 Normal Courses	962495	1014675	2793354
专　科 Short-cycle Courses	1400098	1352780	3565998
（四）其他各类高等学历教育 Students Enrolled in Other Formal Programs			
1. 在职人员攻读硕士学位 Master's Degree Programs for On-the-job Personnel		127858	587508
2. 网络本专科生 Web-based Undergraduates	1799757	2034032	6284671
本　科 Normal Courses	649086	748660	2294807
专　科 Short-cycle Courses	1150671	1285372	3989864
二、中等教育 Secondary Education	28259773	28088798	83833441
（一）高中阶段教育 Senior Secondary Education	13717336	13978556	40376929
1. 高中 Senior Secondary Schools	8038503	7966066	23809905
普通高中 Regular Senior Secondary Schools	7976535	7966066	23743992
完全中学 Combined Secondary Schools	2474229	2514294	7423958
高级中学 Regular High Schools	5280238	5169187	15558531
十二年一贯制学校 12-year Schools	222068	282585	761503
成人高中 Adult High Schools	61968		65913
2. 中等职业教育 Secondary Vocational Education	5678833	6012490	16567024
普通中专 Regular Specialized Secondary Schools	2367455	2599455	7327076
成人中专 Adult Specialized Secondary Schools	805105	646759	1626741
职业高中 Vocational High Schools	1560094	1551960	4398597
技工学校 Skilled Workers Schools	946179	1214316	3214610
（二）初中阶段教育 Junior Secondary Education	14542437	14110242	43456512
1. 初中 Junior Secondary Schools	14175941	14110242	43119500
初级中学 Regular Junior Secondary Schools	10293001	10119141	31033176
九年一贯制学校 9-year Schools	1754445	1917472	5696085
十二年一贯制学校 12-year Schools	247610	276595	827060
完全中学 Combined Secondary Schools	1878861	1795261	5558098
职业初中 Vocational Junior Secondary Schools	2024	1773	5081
2. 成人初中 Adult Junior Secondary Schools	366496		337012
三、初等教育 Primary Education	15331734	17290429	97869989
（一）普通小学 Regular Primary Schools	14372517	17290429	96921831
小学 Primary Schools	12833772	15549242	86931676
九年一贯制学校 9-year Schools	1406554	1591648	9132151
十二年一贯制学校 12-year Schools	132191	149539	858004
（二）成人小学 Adult Primary Schools	959217		948158
其中：扫盲班 of Which：Literacy Classes	447541		474805
四、工读学校 Correctional Work-Study Schools	4141	3811	7920
五、特殊教育 Special Education Schools	52899	83314	442223
六、学前教育 Pre-school Education Institutions	15902605	20088467	42648284

注：1. 完全中学、九年一贯制学校和十二年一贯制学校的学生数按教育层次分别计入对应教育阶段的学生数中。

2. 特殊教育学生数中包括义务教育阶段随班就读的学生、其他学校附设特教班。

Note：1. Number of the students in Combined Secondary Schools, 9 – year Schools, 12 – year Schools are classified by educational level.

2. Number of the Students Followed in the Regular Primary and Middle School in the Special Education.

各级各类非学历教育学生情况

Number of Students of Non-formal Education by Type and Level

单位：人次

unit:person-time

	结业生数 Completers	注册学生数 Enrolment
总　计 Total	**58166130**	**52873698**
一、高等教育 Higher Education	9075383	7258406
（一）研究生课程进修班 Postgraduate Courses	31260	34799
（二）自考助学班 Classes run by Non-government HEIs for Students Preparing for Self-directed State-administered Examinations	130855	289818
（三）普通预科生 College-preparatory Classes		50048
（四）进修及培训 In-service Training	8913268	6883741
其中：资格证书培训 of Which:For Certificates of Vocational Qualifications	2426509	2303440
岗位证书培训 For Certificates of Job-related Qualifications	2768653	1883342
二、中等职业教育 Secondary Vocational Education	49090747	45615292
其中：资格证书培训 of Which:For Certificates of Vocational Qualifications	7759027	7186436
岗位证书培训 For Certificates of Job-related Qualifications	12240823	11221371
（一）中等职业学校 Secondary Vocational Schools	5295781	3431361
其中：资格证书培训 of Which:For Certificates of Vocational Qualifications	2047174	1503999
岗位证书培训 For Certificates of Job-related Qualifications	1696505	1038118
（二）职业技术培训机构 Other Vocational-technical Training Institutions	43794966	42183931
其中：资格证书培训 of Which:For Certificates of Vocational Qualifications	5711853	5682437
岗位证书培训 For Certificates of Job-related Qualifications	10544318	10183253

各级各类民办教育基本情况

Number of Non-government Schools by Type and Level

单位：人

unit:person

	学校数（所）Schools	毕业生数 Graduates	招生数 Entrants	在校生数 Enrolment	教职工数 Educational Personnel	专任教师 Full-time Teachers	另有其他学生数 Other Students
一、民办高等教育 Non-government Higher Education							
（一）民办高校 Non-government HEIs	734	1512964	1779676	6109013	423620	304817	315265
硕　　士 Master's Degree		170	275	509			
本科学生 Normal Courses		884434	966489	3833316			
专科学生 Short-cycle Courses		628360	812912	2275188			
其中：独立学院 of Which:Independent Institutions	275	642713	632935	2594243	176679	132124	39467
本科学生 Normal Courses		603134	595617	2476834			
专科学生 Short-cycle Courses		39579	37318	117409			
（二）民办其他高等教育机构 Other Non-government HEIs	813				24427	11107	777416
二、民办中等教育 Non-government Secondary Education							
（一）高中阶段教育 Senior Secondary Education	4810	1403068	1654399	4403302	499712	225345	
1. 民办普通高中 Regular Senior Secondary Schools	2585	773912	945055	2569644	393123	153270	
2. 民办中等职业教育 Secondary Vocational Education	2225	629156	709344	1833658	106589	72075	258260
（二）初中阶段教育 Junior Secondary Education	4876	1513174	1707264	5029261	414775	285969	
1. 民办普通初中 Regular Junior Secondary Schools	4875	1513140	1707261	5029229	414770	285965	
2. 民办职业初中 Vocational JSSs	1	34	3	32	5	4	
三、民办普通小学 Non-government Regular Primary Schools	5859	1101053	1243553	7138225	244426	352122	
四、民办幼儿园 Non-government Pre-school Education	146376	7383630	9981890	23024429	2308510	1271211	
另有：民办培训机构（不计校数）Other Vocational-technical Training Institutions	(20089)				230479	139656	8986589

注：1. "另有其他学生数"包括：自考助学班学生、预科生、进修及培训学生数。
2. 民办中等职业教育数据中未含技工学校数据。
3. "( )"内数据为不计校数。

Note: 1. Number of the other Students Followed in the Classes runby Non-government HEIs for Students Preparing for State-administered Examinatims for Self-directed Leamers, College-preparatory Classes, In-service Traning.
2. Data on non-government secondary vocational education does not include those of skilled workers schools.
3. The numbers within "( )" are not included.

各级各类学校女学生数

Number of Female Students of Schools by Type and Level

单位：人
unit:person

	总计 Total	男 Male	女学生 Female Students 人数 Number	女学生 Female Students 占学生总数的比重(%) Percentage
一、高等教育 Higher Education				
(一)研究生 Postgraduates	1911406	961243	950163	49.71
博　士 Doctor's Degree	326687	203034	123653	37.85
硕　士 Master's Degree	1584719	758209	826510	52.15
(二)普通本专科 Undergraduate in Regular HEIs	26252968	12491104	13761864	52.42
本　科 Normal Courses	15766848	7397177	8369671	53.08
专　科 Short-cycle Courses	10486120	5093927	5392193	51.42
(三)成人本专科 Undergraduate in Adult HEIs	6359352	2739624	3619728	56.92
本　科 Normal Courses	2793354	1163377	1629977	58.35
专　科 Short-cycle Courses	3565998	1576247	1989751	55.8
(四)其他各类高等学历教育 Students Enrolled in Other Formal Programs				
1. 在职人员攻读硕士学位 Master's Degree Programs for On-the-job Personnel	587508	374606	212902	36.24
2. 网络本专科生 Web-based Undergraduates	6284671	3245080	3039591	48.37
本　科 Normal Courses	2294807	1104402	1190405	51.87
专　科 Short-cycle Courses	3989864	2140678	1849186	46.35
二、中等教育 Secondary Education	83833441	44323130	39510311	47.13
(一)高中阶段教育 Senior Secondary Education	40376929	21046909	19330020	47.87
1. 高中 Senior Secondary Schools	23809905	11835853	11974052	50.29
普通高中 Regular Senior Secondary Schools	23743992	11804445	11939547	50.28
完全中学 Combined Secondary Schools	7423958	3729899	3694059	49.76
高级中学 Regular High Schools	15558531	7651248	7907283	50.82
十二年一贯制学校 12-Year Schools	761503	423298	338205	44.41
成人高中 Adult High Schools	65913	31408	34505	52.35
2. 中等职业教育 Secondary Vocational Education	16567024	9211056	7355968	44.4
普通中专 Regular Specialized Secondary Schools	7327076	3534159	3792917	51.77
成人中专 Adult Specialized Secondary Schools	1626741	937253	689488	42.38
职业高中 Vocational High Schools	4398597	2435125	1963472	44.64
技工学校 Skilled Workers Schools	3214610	2304519	910091	28.31
(二)初中阶段教育 Junior Secondary Education	43456512	23276221	20180291	46.44
1. 初中 Junior Secondary Schools	43119500	23084651	20034849	46.46
初级中学 Regular Junior Secondary Schools	31033176	16466548	14566628	46.94
九年一贯制学校 9-Year Schools	5696085	3156313	2539772	44.59
十二年一贯制学校 12-Year Schools	827060	485722	341338	41.27
完全中学 Combined Secondary Schools	5558098	2973304	2584794	46.51
职业初中 Vocational Junior Secondary Schools	5081	2764	2317	45.6
2. 成人初中 Adult Junior Secondary Schools	337012	191570	145442	43.16
三、初等教育 Primary Education	97869989	52483459	45386530	46.37
(一)普通小学 Regular Primary Schools	96921831	52018733	44903098	46.33
小学 Primary Schools	86931676	46496918	40434758	46.51
九年一贯制学校 9-Year Schools	9132151	5020247	4111904	45.03
十二年一贯制学校 12-Year Schools	858004	501568	356436	41.54
(二)成人小学 Adult Primary Schools	948158	464726	483432	50.99
其中:扫盲班 of Which: Literacy Classes	474805	214642	260163	54.79
四、工读学校 Correctional Work-Study Schools	7920	6942	978	12.35
五、特殊教育 Special Education Schools	442223	284961	157262	35.56
六、学前教育 Pre-school Education Institutions	42648284	22862794	19785490	46.39

各级各类学校女教师、女教职工数

Number of Female Educational Personnel and Full-time Teachers of Schools by Type and Level

单位：人

unit：person

	教职工 Educational Personnel	其中：女教职工 of Which Female Educational Personnel		专任教师 Full-time Teachers	其中：女专任教师 of Which Female Full-time Teachers	
		人数 Number	占教职工总数的比重（%）Percentage		人数 Number	占专任教师总数的比重（%）Percentage
一、高等教育 Higher Education						
（一）研究生培养机构（不计校数）Institutions Providing Postgraduate Programs						
1. 普通高校 Regular HEIs						
2. 科研机构 Research Institutes						
（二）普通高等学校 Regular HEIs	2369326	1128675	47. 64	1572565	764577	48. 62
1. 本科院校 HEIs Offering Degree Programs	1727571	807135	46. 72	1116372	525701	47. 09
其中：独立学院 of Which：Independent Institutions	176679	90544	51. 25	132124	67279	50. 92
2. 高职（专科）院校 Higher Vocational Colleges	639281	320281	50. 10	454576	238048	52. 37
3. 其他普通高教机构（不计校数）Other Institutions	2474	1259	50. 89	1617	828	51. 21
（三）成人高等学校 Adult HEIs	51292	25421	49. 56	30246	16205	53. 58
（四）民办的其他高等教育机构 Other Non-government HEIs	24427	12691	51. 95	11107	5597	50. 39
二、中等教育 Secondary Education	7630087	3954423	51. 83	6022172		
（一）高中阶段教育 Senior Secondary Education	3649382	1855563	50. 85	2542844		
1. 高中 Senior Secondary Schools	2547568	1330902	52. 24	1698758	872098	51. 34
普通高中 Regular Senior Secondary Schools	2543243	1329067	52. 26	1695354	870620	51. 35
完全中学 Combined Secondary Schools	1040960	551527	52. 98	521363	264377	50. 71
高级中学 Regular High Schools	1286594	641914	49. 89	1121430	579597	51. 68
十二年一贯制学校 12-Year Schools	215689	135626	62. 88	52561	26646	50. 70
成人高中 Adult High Schools	4325	1835	42. 43	3404	1478	43. 42
2. 中等职业教育 Secondary Vocational Education	1101814	524661	47. 62	844086		
普通中专 Regular Specialized Secondary Schools	408775	200205	48. 98	304295	159072	52. 28
成人中专 Adult Specialized Secondary Schools	66003	30967	46. 92	48210	24284	50. 37
职业高中 Vocational High Schools	352756	173329	49. 14	290034	150427	51. 87
技工学校 Skilled Workers Schools	260319	113779	43. 71	191639		
其他中职机构（不计校数）Other Institutions	13961	6381	45. 71	9908	4943	49. 89
（二）初中阶段教育 Junior Secondary Education	3980705	2098860	52. 73	3479328	1861877	53. 51
1. 初中 Junior Secondary Schools	3976291	2097428	52. 75	3475636	1860680	53. 53
初级中学 Regular Junior Secondary Schools	2809241	1419865	50. 54	2533306	1333962	52. 66
九年一贯制学校 9-Year Schools	1166434	677267	58. 06	494711	260085	52. 57
十二年一贯制学校 12-Year Schools				55992	34832	62. 21
完全中学 Combined Secondary Schools				391047	231513	59. 20
职业初中 Vocational Junior Secondary Schools	616	296	48. 05	580	288	49. 66
2. 成人初中 Adult Junior Secondary Schools	4414	1432	32. 44	3692	1197	32. 42
三、初等教育 Primary Education	5519370	3388325	61. 39	5700786	3631311	63. 70
（一）普通小学 Regular Primary Schools	5489441	3374209	61. 47	5685118	3623303	63. 73
小学 Primary Schools	5489441	3374209	61. 47	5112774	3232045	63. 22
九年一贯制学校 9-Year Schools				521434	350569	67. 23
十二年一贯制学校 12-Year Schools				50910	40689	79. 92
（二）成人小学 Adult Primary Schools	29929	14116	47. 16	15668	8008	51. 11
其中：扫盲班 of Which：Literacy Classes	22185	10611	47. 83	10712	5652	52. 76
四、工读学校 Correctional Work-Study Schools	3017	1057	35. 03	2077	831	40. 01
五、特殊教育 Special Education Schools	59548	41320	69. 39	50334	36756	73. 02
六、学前教育 Pre-school Education Institutions	3495791	3211896	91. 88	2051021	2008462	97. 92

注：完全中学的学校数和教职工数计入高中阶段教育，九年一贯制学校的校数和教职工数计入初中阶段教育，十二年一贯制学校的校数和教职工数计入高中阶段教育。专任教师是按照教育层次划分归类。

Note：The numbers of Complete Secondary Schools and their educational personnel are calculated into the number of Senior Secondary education, the numbers of Combined Primary and Lower Secondary Schools and their educational personnel are calculated into the Junior Secondary education, and the numbers of the Combined Primary and Secondary Schools and their educational personnel are calculated into Senior Secondary education. The fulltime teachers are classified by educational level.

各级各类学校少数民族学生数

Number of Minority Students of Schools by Type and Level

单位：人
unit:person

	总计 Total	少数民族学生 Minority Students 人数 Number	占学生总数的比重(%) Percentage
一、高等教育 Higher Education			
(一)研究生 Postgraduates	1911406	109704	5.74
博　士 Doctor's Degree	326687	18932	5.80
硕　士 Master's Degree	1584719	90772	5.73
(二)普通本专科 Undergraduate in Regular HEIs	26252968	2142946	8.16
本　科 Normal Courses	15766848	1349239	8.56
专　科 Short-cycle Courses	10486120	793707	7.57
(三)成人本专科 Undergraduate in Adult HEIs	6359352	529264	8.32
本　科 Normal Courses	2793354	239004	8.56
专　科 Short-cycle Courses	3565998	290260	8.14
(四)其他各类高等学历教育 Students Enrolled in Other Formal Programs			
1. 在职人员攻读硕士学位 Master's Degree Programs for On-the-job Personnel	587508		
2. 网络本专科生 Web-based Undergraduates	6284671	402330	6.40
本　科 Normal Courses	2294807	145201	6.33
专　科 Short-cycle Courses	3989864	257129	6.44
二、中等教育 Secondary Education			
(一)高中阶段教育 Senior Secondary Education			
1. 高中 Senior Secondary Schools			
普通高中 Regular Senior Secondary Schools	23743992	2292711	9.66
完全中学 Combined Secondary Schools	7423958	680473	9.17
高中级学 Regular High Schools	15558531	1571489	10.10
十二年一贯制学校 12-year Schools	761503	40749	5.35
成人高中 Adult High Schools	402925	24797	6.15
2. 中等职业教育 Secondary Vocational Education			
普通中专 Regular Specialized Secondary Schools	7327076	679196	9.27
成人中专 Adult Specialized Secondary Schools	1626741	168783	10.38
职业高中 Vocational High Schools	4398597	373178	8.48
技工学校 Skilled Workers Schools			
(二)初中阶段教育 Junior Secondary Education			
1. 初中 Junior Secondary Schools	43119500	4807978	11.15
初级中学 Regular Junior Secondary Schools	31033176	3663134	11.80
九年一贯制学校 9-year Schools	5696085	551350	9.68
十二年一贯制学校 12-year Schools	827060	44637	5.40
完全中学 Combined Secondary Schools	5558098	546863	9.84
职业初中 Vocational Junior Secondary Schools	5081	1994	39.24
2. 成人初中 Adult Junior Secondary Schools			
三、初等教育 Primary Education			
(一)普通小学 Regular Primary Schools	96921831	10949711	11.30
小学 Primary Schools	86931676	10022351	11.53
九年一贯制学校 9-year Schools	9132151	877912	9.61
十二年一贯制学校 12-year Schools	858004	49448	5.76
(二)成人小学 Adult Primary Schools	948158	78904	8.32
其中：扫盲班 of Which: Literacy Classes			
四、工读学校 Correctional Work-Study Schools			
五、特殊教育 Special Education Schools	442223	39665	8.97
六、学前教育 Pre-school Education Institutions	42648284	3758873	8.81

注：成人高中数据包括成人初中数据。
Note: Data on Minority Students of Adult Junior Secondary Schools are included in the data of Adult High Schools.

各级各类学校少数民族教师、教职工数

Number of Minority Educational Personnel and Full-time Teachers of Schools by Type and Level

单位：人

unit：person

	教职工 Educational Personnel	少数民族教职工 Minority Educational Personnel		专任教师 Full-time Teachers	少数民族专任教师 Minority Full-time Teachers	
		人数 Number	占教职工总数的比重(%) Percentage		人数 Number	占专任教师总数的比重(%) Percentage
一、高等教育 Higher Education						
(一)研究生培养机构(不计校数) Institutions Providing Postgraduate Programs						
1. 普通高校 Regular HEIs						
2. 科研机构 Research Institutes						
(二)普通高等学校 Regular HEIs	2369326	131576	5.55	1572565	85801	5.46
1. 本科院校 HEIs Offering Degree Programs	1727571	97679	5.65	1116372	62032	5.56
其中:独立学院 of Which: Independent Institutions	176679	7520	4.26	132124	5043	3.82
2. 高职(专科)院校 Higher Vocational Colleges	639281	33590	5.25	454576	23591	5.19
3. 其他普通高教机构(不计校数) Other Institutions	2474	307	12.41	1617	178	11.01
(三)成人高等学校 Adult HEIs	51292	2895	5.64	30246	1734	5.73
(四)民办的其他高等教育机构 Other Non-government HEIs	24427	181	0.74	11107	72	0.65
二、中等教育 Secondary Education						
(一)高中阶段教育 Senior Secondary Education						
1. 高中 Senior Secondary Schools	2551982	196237	7.69	1702450	135350	7.95
普通高中 Regular Senior Secondary Schools	2543243	196180	7.71	1695354	135313	7.98
完全中学 Combined Secondary Schools	1040960	80799	7.76	521363	39654	7.61
高级中学 Regular High Schools	1286594	104704	8.14	1121430	92760	8.27
十二年一贯制学校 12-year Schools	215689	10677	4.95	52561	2899	5.52
成人高中 Adult High Schools	8739	57	0.65	7096	37	0.52
2. 中等职业教育 Secondary Vocational Education						
普通中专 Regular Specialized Secondary Schools	408775	24069	5.89	304295	18260	6.00
成人中专 Adult Specialized Secondary Schools	66003	3535	5.36	48210	2585	5.36
职业高中 Vocational High Schools	352756	18705	5.30	290034	15216	5.25
技工学校 Skilled Workers Schools						
其他中职机构(不计校数) Other Institutions	13961	251	1.80	9908	152	1.53
(二)初中阶段教育 Junior Secondary Education						
1. 初中 Junior Secondary Schools	3976291	363026	9.13	3475636	319096	9.18
初级中学 Regular Junior Secondary Schools	2809241	265569	9.45	2533306	241858	9.55
九年一贯制学校 9-year Schools	1166434	97290	8.34	494711	42046	8.50
十二年一贯制学校 12-year Schools				55992	3031	5.41
完全中学 Combined Secondary Schools				391047	32004	8.18
职业初中 Vocational Junior Secondary Schools	616	167	27.11	580	157	27.07
2. 成人初中 Adult Junior Secondary Schools						
三、初等教育 Primary Education						
(一)普通小学 Regular Primary Schools	5489441	592407	10.79	5685118	596682	10.50
小学 Primary Schools	5489441	592407	10.79	5112774	548233	10.72
九年一贯制学校 9-year Schools				521434	45407	8.71
十二年一贯制学校 12-year Schools				50910	3042	5.98
(二)成人小学 Adult Primary Schools	29929	2652	8.86	15668	850	5.43
其中:扫盲班 of Which: Literacy Classes						
四、工读学校 Correctional Work-study Schools						
五、特殊教育 Special Education Schools	59548	4812	8.08	50334	4097	8.14
六、学前教育 Pre-school Education Institutions	3495791	215987	6.18	2051021	141754	6.91

注:1. 完全中学的学校数和教职工数计入高中阶段教育,九年一贯制学校的校数和教职工数计入初中阶段教育,十二年一贯制学校的校数和教职工数计入高中阶段教育。专任教师是按照教育层次划分归类。

2. 成人高中少数民族教职工数和专任教师数包括成人初中少数民族教职工数和专任教师数。

Note: 1. The numbers of Complete Secondary Schools and their educational personnel are calculated into the number of Senior Secondary education, the numbers of Combined Primary and Lower Secondary Schools and their educational personnel are calculated into the Junior Secondary education, and the numbers of the Combined Primary and Secondary Schools and their educational personnel are calculated into Senior Secondary education. The fulltime teachers are classified by educational level.

2. The number of Minority Educational Personnel and Full-time teachers employed by Adult Junior High Schools is included in that employed by Adult High Schools.

各级各类学校校数

Number of Schools by Type and Level

单位：所

unit：institution

	1949	1965	1978	1980	1985	2000	2005	2010	2013	2014	2015
一、高等教育 Higher Education											
（一）研究生培养机构（不计校数） Institutions Providing Postgraduate Programs						738	766	797	830	788	792
1. 普通高校 Regular HEIs						415	450	481	548	571	575
2. 科研机构 Research Institutes						323	316	316	282	217	217
（二）普通高等学校 Regular HEIs	205	434	598	675	1016	1041	1792	2358	2491	2529	2560
1. 本科院校 HEIs Offering Degree Programs						599	701	1112	1170	1202	1219
2. 高职（专科）院校 Higher Vocational Colleges						442	1091	1246	1321	1327	1341
3. 其他普通高教机构（不计校数） Other Institutions							428	56	33	31	28
（三）成人高等学校 Adult HEIs	1	964	10395	2775	1216	772	481	365	297	295	292
（四）民办的其他高等教育机构 Other Non-government HEIs							1077	836	802	799	813
二、中等教育 Secondary Education							96082	85063	80797	79670	78421
（一）高中阶段教育 Senior Secondary Education							31532	28584	26225	25677	24945
1. 高中 Senior Secondary Schools							17066	14712	13963	13799	13743
普通高中 Regular Senior Secondary Schools	1597	4112	49215	31300	17318	14564	16092	14058	13352	13253	13240
成人高中 Adult High Schools						1939	974	654	611	546	503
2. 中等职业教育 Secondary Vocational Education							14466	13872	12262	11878	11202
普通中专 Regular Specialized Secondary Schools	1171	1265	2760	3069	3557	3646	3207	3938	3577	3536	3456
成人中专 Adult Specialized Secondary Schools						4634	2582	1720	1536	1457	1294
职业高中 Vocational High Schools						7655	5822	5206	4267	4067	3907
技工学校 Skilled Workers Schools	3	281	2013	3305	3548	3792	2855	3008	2882	2818	2545
其他中职机构（不计校数） Other Institutions							2386	2012	451	402	486
（二）初中阶段教育 Junior Secondary Education							64550	56479	54572	53993	53476
1. 普通初中 Regular Junior Secondary Schools	2448	13990	113130	87077	75903	62704	61885	54823	52764	52597	52383
2. 职业初中 Vocational Junior Secondary Schools						1194	601	67	40	26	22
3. 成人初中 Adult Junior Secondary Schools						2001	2064	1589	1768	1370	1071
三、初等教育 Primary Education							427697	290597	235369	219632	205283
（一）普通小学 Regular Primary Schools	346769	1681939	949323	917316	832309	553622	366213	257410	213529	201377	190525
（二）成人小学 Adult Primary Schools					100337	156839	61484	33187	21840	18255	14758
其中：扫盲班 of Which：Literacy Classes					176076	104863	43572	22227	15104	12861	10747
四、工读学校 Correctional Work-Study Schools	–	–	–	…	98	74	77	77	78	79	86
五、特殊教育 Special Education Schools	…	266	292	292	375	1539	1593	1706	1933	2000	2053
六、学前教育 Pre-school Education Institutions	…	19226	163952	170419	172262	175836	124402	150420	198553	209881	223683

各级各类学历教育学生数

Number of Students of Formal Education by Type and Level

单位：万人

unit：10 thousand persons

	1949	1965	1978	1980	1985	2000	2005	2010	2013	2014	2015
一、高等教育 Higher Education											
（一）研究生（人） Postgraduates（person）	629	4546	10934	21604	87331	301239	978610	1538416	1793953	1847689	1911406
（二）普通本专科 Undergraduates in Regular HEIs	11. 65	67. 44	85. 63	114. 37	170. 31	556. 09	1561. 78	2231. 79	2468. 07	2547. 70	2625. 30
（三）成人本专科 Undergraduates in Adult HEIs	0. 01	41. 30	140. 80	155. 40	172. 50	353. 64	436. 07	536. 04	626. 41	653. 12	635. 94
（四）其他各类高等学历教育 Students Enrolled in Other Formal Programs											
1. 在职人员攻读硕士学位 Master's Degree Programs for On-the-job Personnel							25. 47	42. 03	55. 87	59. 61	58. 75
2. 网络本专科生 Web-based Undergraduates							265. 27	453. 14	614. 64	631. 45	628. 47
二、中等教育 Secondary Education							10297. 15	10019. 66	8858. 28	8601. 54	8383. 34
（一）高中阶段教育 Senior Secondary Education							4030. 94	4677. 33	4369. 92	4170. 65	4037. 69
1. 高中 Senior Secondary Schools							2430. 90	2438. 83	2446. 95	2415. 37	2380. 99
普通高中 Regular Senior Secondary Schools	20. 72	130. 82	1553. 08	969. 79	741. 13	1201. 26	2409. 09	2427. 34	2435. 88	2400. 47	2374. 40
成人高中 Adult High Schools				75. 12	138. 98	32. 40	21. 81	11. 50	11. 07	14. 90	6. 59
2. 中等职业教育 Secondary Vocational Education							1600. 04	2238. 50	1922. 97	1755. 28	1656. 70
普通中专 Regular Specialized Secondary Schools	22. 88	54. 74	88. 92	124. 34	157. 11	489. 52	629. 77	877. 71	772. 18	749. 14	732. 71
成人中专 Adult Specialized Secondary Schools	0. 01	351. 80	123. 90	449. 40		169. 26	112. 55	212. 40	229. 98	194. 36	162. 67
职业高中 Vocational High Schools	–	77. 50	…	31. 92	184. 34	414. 56	582. 43	726. 33	534. 22	472. 82	439. 86
技工学校 Skilled Workers Schools	0. 27	10. 10	38. 20	70. 04	74. 17	140. 10	275. 30	422. 05	386. 59	338. 97	321. 46
（二）初中阶段教育 Junior Secondary Education							6266. 21	5342. 33	4488. 35	4430. 89	4345. 65
1. 普通初中 Regular Junior Secondary Schools	83. 18	802. 97	4995. 17	4538. 29	3964. 83	6167. 65	6171. 81	5275. 91	4439. 07	4383. 86	4311. 44
2. 职业初中 Vocational Junior Secondary Schools	–	365. 84	…	13. 45	45. 23	88. 64	43. 14	3. 42	1. 05	0. 77	0. 51
3. 成人初中 Adult Junior Secondary Schools				302. 57	273. 30	18. 77	51. 27	63. 00	48. 23	46. 26	33. 70
三、初等教育 Primary Education							11171. 83	10135. 36	9484. 81	9567. 49	9787. 00
（一）普通小学 Regular Primary Schools	2439. 10	11620. 90	14624. 00	14627. 00	13370. 20	13013. 25	10864. 07	9940. 70	9360. 55	9451. 07	9692. 18
（二）成人小学 Adult Primary Schools	1326. 80	823. 70	6467. 20	1646. 10	303. 23	480. 88	307. 76	194. 66	124. 26	116. 43	94. 82
其中：扫盲班 of Which：Literacy Classes	1326. 80		1806. 70	1220. 90	518. 98	249. 32	192. 44	108. 08	61. 92	45. 55	47. 48
四、工读学校 Correctional Work-Study Schools	–	–	–	…	0. 65	0. 77	0. 84	1. 07	0. 93	0. 85	0. 79
五、特殊教育 Special Education Schools	…	2. 29	3. 09	3. 31	4. 17	37. 76	36. 44	42. 56	36. 81	39. 49	44. 22
六、学前教育 Pre-school Education Institutions	…	171. 30	787. 70	1150. 80	1479. 70	2244. 18	2179. 03	2976. 67	3894. 69	4050. 71	4264. 83

各级各类学历教育招生数

Number of Entrants of Formal Education by Type and Level

单位：万人

unit：10 thousand persons

	1949	1965	1978	1980	1985	2000	2005	2010	2013	2014	2015
一、高等教育 Higher Education											
（一）研究生（人） Postgraduates（person）	242	1456	10708	3616	46871	128484	364831	538177	611381	621323	645055
（二）普通本专科 Undergraduates in Regular HEIs	3.06	16.42	40.15	28.12	61.92	220.61	504.46	661.76	699.83	721.40	737.85
（三）成人本专科 Undergraduates in Adult HEIs					78.78	156.15	193.03	208.43	256.49	265.60	236.75
（四）其他各类高等学历教育 Students Enrolled in Other Formal Programs											
1. 在职人员攻读硕士学位 Master's Degree Programs for On-the-job Personnel							10.17	12.49	16.76	16.24	12.79
2. 网络本专科生 Web-based Undergraduates							89.10	166.37	220.07	206.19	203.40
二、中等教育 Secondary Education							3520.98	3423.24	2993.54	2864.18	2808.88
（一）高中阶段教育 Senior Secondary Education							1533.39	1706.66	1497.45	1416.36	1397.86
1. 高中 Senior Secondary Schools							877.73	836.24	822.70	796.60	796.61
普通高中 Regular Senior Secondary Schools	7.11	45.89	692.91	383.40	257.51	472.69	877.73	836.24	822.70	796.60	796.61
成人高中 Adult High Schools				50.05	107.61	30.47					
2. 中等职业教育 Secondary Vocational Education							655.66	870.42	674.76	619.76	601.25
普通中专 Regular Specialized Secondary Schools	9.74	20.85	44.70	46.76	66.83	132.59	241.13	316.61	271.47	259.66	259.95
成人中专 Adult Specialized Secondary Schools				152.22		53.39	47.95	116.11	86.26	74.16	64.68
职业高中 Vocational High Schools	–	55.67	…	24.06	98.49	150.39	248.21	278.67	183.53	161.54	155.20
技工学校 Skilled Workers Schools	…	…	25.70	33.13	35.54	50.38	118.37	159.02	133.50	124.41	121.43
（二）初中阶段教育 Junior Secondary Education							1987.58	1716.58	1496.09	1447.82	1411.02
1. 普通初中 Regular Junior Secondary Schools	34.12	299.89	2005.98	1550.91	1349.40	2263.30	1976.52	1715.49	1495.73	1447.58	1410.85
2. 职业初中 Vocational Junior Secondary Schools	–	250.81	…	6.66	17.61	32.27	11.06	1.09	0.35	0.24	0.18
3. 成人初中 Adult Junior Secondary Schools				194.81	237.02	14.67					
三、初等教育 Primary Education							1671.74	1691.70	1695.36	1658.42	1729.04
（一）普通小学 Regular Primary Schools	680.00	3296.02	3315.36	2942.34	2298.17	1946.47	1671.74	1691.70	1695.36	1658.42	1729.04
（二）成人小学 Adult Primary Schools				248.29	194.95	452.52					
其中：扫盲班 of Which：Literacy Classes				720.48	326.14	210.61					
四、工读学校 Correctional Work-Study Schools	–	–	–	…	0.32	0.44	0.35	0.40	0.39	0.35	0.38
五、特殊教育 Special Education Schools	…	…	0.59	0.59	0.92	5.29	4.93	6.49	6.60	7.07	8.33
六、学前教育 Pre-school Education Institutions	…					1531.11	1356.24	1700.39	1970.03	1987.78	2008.85

各级各类学校教职工数

Number of Educational Personnel of Schools by Type and Level

单位：万人

unit:10 thousand persons

	1949	1965	1978	1980	1985	2000	2005	2010	2013	2014	2015
一、高等教育 Higher Education											
（一）研究生培养机构（不计校数） Institutions Providing Postgraduate Programs											
1. 普通高校 Regular HEIs											
2. 科研机构 Research Institutes											
（二）普通高等学校 Regular HEIs	4.60	33.30	51.80	63.20	87.06	111.28	174.21	215.66	229.63	233.57	236.93
1. 本科院校 HEIs Offering Degree Programs						92.69	119.78	154.80	165.75	170.31	172.76
2. 高职（专科）院校 Higher Vocational Colleges						17.50	44.00	60.32	63.00	62.50	63.93
3. 其他普通高教机构（不计校数） Other Institutions						1.08	10.43	0.54	0.87	0.76	0.25
（三）成人高等学校 Adult HEIs				6.45	14.34	18.70	14.89	7.71	5.64	5.29	5.13
（四）民办的其他高等教育机构 Other Non-government HEIs							4.81	3.81	2.84	2.63	2.44
二、中等教育 Secondary Education							685.77	709.63	756.91	761.55	763.01
（一）高中阶段教育 Senior Secondary Education							682.48	708.68	363.31	365.11	364.94
1. 高中 Senior Secondary Schools							573.16	586.39	247.97	251.90	254.76
普通高中 Regular Senior Secondary Schools	10.40	67.70	391.70	389.70	355.69	491.10	572.02	585.93	247.36	250.94	254.32
成人高中 Adult High Schools					5.65	2.17	1.13	0.47	0.61	0.96	0.43
2. 中等职业教育 Secondary Vocational Education							109.32	122.29	115.34	113.21	110.18
普通中专 Regular Specialized Secondary Schools	2.40	12.20	23.70	29.80	40.32	48.81	33.48	43.50	41.93	41.81	40.88
成人中专 Adult Specialized Secondary Schools				3.19		20.84	12.13	8.53	7.27	7.34	6.60
职业高中 Vocational High Schools	–	30.60	…	4.10	21.59	44.69	38.93	40.32	37.54	36.09	35.28
技工学校 Skilled Workers Schools	…	…	6.66	13.61	21.53	23.96	20.40	26.63	26.94	26.52	26.03
其他中职机构（不计校数） Other Institutions							4.38	3.30	1.66	1.45	1.40
（二）初中阶段教育 Junior Secondary Education							3.29	0.94	393.60	396.45	398.07
1. 普通初中 Regular Junior Secondary Schools									392.77	395.49	397.57
2. 职业初中 Vocational Junior Secondary Schools							2.40	0.22	0.11	0.08	0.06
3. 成人初中 Adult Junior Secondary Schools					7.29	0.79	0.89	0.73	0.73	0.87	0.44
三、初等教育 Primary Education							624.82	617.56	553.85	552.94	551.94
（一）普通小学 Regular Primary Schools	84.90	407.50	562.00	605.40	602.10	645.49	613.22	610.98	549.49	548.89	548.94
（二）成人小学 Adult Primary Schools				2.02		16.24	11.61	6.58	4.36	4.05	2.99
其中：扫盲班 of Which: Literacy Classes				7.40		11.01	8.94	5.04	3.27	2.61	2.22
四、工读学校 Correctional Work-Study Schools	–	–	–	…	0.32	0.27	0.26	0.26	0.27	0.28	0.30
五、特殊教育 Special Education Schools	…	0.37	0.69	0.80	1.15	4.37	4.23	4.92	5.51	5.74	5.95
六、学前教育 Pre-school Education Institutions	…	16.20	46.90	61.00	79.80	114.43	115.20	184.93	282.68	314.22	349.58

各级各类学校专任教师数

Number of Full-time Teachers of Schools by Type and Level

单位：万人

unit:10 thousand persons

	1949	1965	1978	1980	1985	2000	2005	2010	2013	2014	2015
一、高等教育 Higher Education											
（一）研究生培养机构（不计校数） Institutions Providing Postgraduate Programs											
1. 普通高校 Regular HEIs											
2. 科研机构 Research Institutes											
（二）普通高等学校 Regular HEIs	1.61	13.81	20.63	24.69	34.43	46.28	96.58	134.31	149.69	153.45	157.26
1. 本科院校 HEIs Offering Degree Programs						37.08	63.00	93.55	105.50	109.17	111.64
2. 高职（专科）院校 Higher Vocational Colleges						8.66	26.79	40.41	43.66	43.83	45.46
3. 其他普通高教机构（不计校数） Other Institutions						0.53	6.80	0.35	0.53	0.46	0.16
（三）成人高等学校 Adult HEIs				3.32	6.93	9.34	8.43	4.59	3.36	3.15	3.02
（四）民办的其他高等教育机构 Other Non-government HEIs							2.25	1.78	1.34	1.21	1.11
二、中等教育 Secondary Education							555.36	592.30	598.84	602.51	602.22
（一）高中阶段教育 Senior Secondary Education							205.64	239.32	250.16	252.91	254.28
1. 高中 Senior Secondary Schools							130.66	152.17	163.36	167.07	169.88
普通高中 Regular Senior Secondary Schools	1.40	7.79	74.13	57.07	49.17	75.69	129.95	151.82	162.90	166.27	169.54
成人高中 Adult High Schools					3.23	1.35	0.71	0.35	0.46	0.80	0.34
2. 中等职业教育 Secondary Vocational Education							74.98	87.15	86.79	85.84	84.41
普通中专 Regular Specialized Secondary Schools	1.56	5.51	9.96	12.87	17.40	25.64	20.30	29.50	30.36	30.69	30.43
成人中专 Adult Specialized Secondary Schools				1.78		11.83	7.50	5.70	5.20	5.31	4.82
职业高中 Vocational High Schools	–	5.29	…	1.65	11.58	28.18	28.25	30.70	30.14	29.33	29.00
技工学校 Skilled Workers Schools	…	…	2.80	6.14	8.89	14.00	16.11	19.05	19.92	19.46	19.16
其他中职机构（不计校数） Other Institutions							2.82	2.20	1.17	1.04	0.99
（二）初中阶段教育 Junior Secondary Education							349.72	352.97	348.68	349.60	347.93
1. 普通初中 Regular Junior Secondary Schools	5.26	37.92	244.07	244.90	215.99	324.86	347.18	352.34	348.00	348.77	347.51
2. 职业初中 Vocational Junior Secondary Schools	–	14.42	…	0.67	2.49	3.83	2.02	0.20	0.10	0.08	0.06
3. 成人初中 Adult Junior Secondary Schools					5.00	0.43	0.51	0.44	0.58	0.76	0.37
三、初等教育 Primary Education							563.71	564.58	560.73	565.56	570.08
（一）普通小学 Regular Primary Schools	83.60	385.71	522.55	549.94	537.68	586.03	559.25	561.71	558.46	563.39	568.51
（二）成人小学 Adult Primary Schools				1.65	2.87	4.76	4.47	2.87	2.26	2.17	1.57
其中：扫盲班 of Which: Literacy Classes				4.83	4.26	2.93	3.17	1.95	1.54	1.08	1.07
四、工读学校 Correctional Work-Study Schools	–	–	–	…	0.13	0.15	0.17	0.17	0.19	0.19	0.21
五、特殊教育 Special Education Schools	…	0.26	0.42	0.48	0.73	3.20	3.19	3.97	4.57	4.81	5.03
六、学前教育 Pre-school Education Institutions	…	6.18	27.75	41.07	54.99	85.65	72.16	114.42	166.35	184.41	205.10

高中阶段学生数的构成
Composition of Students in Senior Secondary Education

	合计 Total	普通高中 Regular Senior Secondary Schools	成人高中 Adult High Schools	中等职业教育 Secondary Vocational Education				
				小计 Subtotal	中等专业学校 Regular Specialized Secondary Schools	成人中专 Adult Specialized Secondary Schools	职业高中 Vocational High Schools	技工学校 Skilled Workers Schools
学生数(万人) No. of Students (10 thousand persons)								
1985	1295.7	741.1	139.0	415.6	157.1		184.3	74.2
1990	1528.6	717.3	47.8	763.5	224.4	158.8	247.1	133.2
2000	2447.2	1201.3	32.4	1213.5	489.5	169.3	414.6	140.1
2005	4030.9	2409.1	21.8	1600.0	629.8	112.5	582.4	275.3
2006	4341.9	2514.5	17.5	1809.9	725.8	107.6	655.6	320.8
2007	4527.5	2522.4	18.1	1987.0	781.6	113.0	725.2	367.1
2008	4545.7	2476.3	12.7	2056.7	817.3	120.6	750.3	368.5
2009	4624.4	2434.3	11.5	2178.7	840.4	161.0	778.4	398.8
2010	4677.3	2427.3	11.5	2238.5	877.7	212.4	726.3	422.1
2011	4686.6	2454.8	26.5	2205.3	855.2	238.7	681.0	430.4
2012	4595.3	2467.2	14.4	2113.7	812.6	254.3	623.0	423.8
2013	4369.9	2435.9	11.1	1923.0	772.2	230.0	534.2	386.6
2014	4170.7	2400.5	14.9	1755.3	749.1	194.4	472.8	339.0
2015	4037.7	2374.4	6.6	1656.7	732.7	162.7	439.9	321.5
比重(%)Percentage								
1985	100.0	57.2	10.7	32.1	12.1	0.0	14.2	5.7
1990	100.0	46.9	3.1	49.9	14.7	10.4	16.2	8.7
2000	100.0	49.1	1.3	49.6	20.0	6.9	16.9	5.7
2005	100.0	59.8	0.5	39.7	15.6	2.8	14.4	6.8
2006	100.0	57.9	0.4	41.7	16.7	2.5	15.1	7.4
2007	100.0	55.7	0.4	43.9	17.3	2.5	16.0	8.1
2008	100.0	54.5	0.3	45.2	18.0	2.7	16.5	8.1
2009	100.0	52.6	0.2	47.1	18.2	3.5	16.8	8.6
2010	100.0	51.9	0.2	47.9	18.8	4.5	15.5	9.0
2011	100.0	52.4	0.6	47.1	18.2	5.1	14.5	9.2
2012	100.0	53.7	0.3	46.0	17.7	5.5	13.6	9.2
2013	100.0	55.7	0.3	44.0	17.7	5.3	12.2	8.8
2014	100.0	57.6	0.4	42.1	18.0	4.7	11.3	8.1
2015	100.0	58.8	0.2	41.0	18.1	4.0	10.9	8.0

教育规模
Size of Education

单位：万人

unit:10 thousand persons

年份 Year	学校数(万所) Schools (10 thousand)	在校生数 Enrolment	教职工数 Educational Personnel	教育人口 Educational Population	教育人口比重(%) Proportion of Education Population
1985	144.0	21753.0	1261.0	23014.0	22.0
1990	136.0	23654.0	1432.0	25086.0	22.2
1996	155.0	30401.0	1549.0	31950.0	26.2
1997	157.0	31076.0	1577.0	32653.0	26.7
1998	155.0	31809.0	1580.0	33389.0	27.0
1999	159.0	32672.0	1596.0	34268.0	27.5
2000	149.0	32093.0	1592.0	33685.0	26.8
2001	135.0	32135.0	1574.0	33709.0	26.6
2002	117.0	31873.0	1579.0	33452.0	26.2
2003	96.0	31989.0	1610.0	33599.0	26.2
2004	68.0	32557.7	1597.0	34154.7	26.4
2005	65.3	36904.1	1624.2	38528.3	29.6
2006	62.5	31859.5	1652.3	33511.8	25.6
2007	65.5	32187.2	1675.3	33862.5	25.8
2008	57.7	32098.6	1692.3	33790.9	25.6
2009	55.2	32098.4	1715.6	33814.0	25.5
2010	53.1	32217.0	1740.7	33957.7	25.4
2011	52.7	32756.4	1781.6	34538.1	25.9
2012	52.3	32143.4	1810.0	33953.4	25.3
2013	52.0	31813.1	1837.3	33650.4	25.1
2014	51.4	31734.7	1874.0	33608.7	24.7
2015	51.2	31907.1	1915.3	33822.4	25.2

小学学龄儿童净入学率

Net Enrolment Ratio of School-age Children in Primary Schools

单位：万人

unit:10 thousand persons

年 份 Year	学龄儿童净入学率 Net Enrolment Ratio of School-age Children		
	全国学龄儿童数 No. of School-age Children	已入学学龄儿童数 No. of School-age Childen Enrolled	净入学率(%) Net Enrolment Ratio
1985	10362.3	9942.8	95.9
1990	9740.7	9529.7	97.8
1995	12375.4	12192.5	98.5
2000	12445.3	12333.9	99.1
2001	11766.4	11561.2	99.1
2002	11310.4	11150.0	98.6
2003	10908.3	10761.6	98.7
2004	10548.1	10437.1	98.9
2005	10207.0	10120.3	99.2
2006	10075.5	10001.5	99.3
2007	9947.9	9896.8	99.5
2008	9772.0	9727.1	99.5
2009	9606.6	9548.6	99.4
2010	9501.5	9473.3	99.7
2011	9522.4	9502.5	99.8
2012	9296.8	9282.7	99.9
2013	8962.1	8935.7	99.7
2014	9107.1	9090.1	99.8
2015	9368.2	9356.7	99.9

注:1991 年以前的净入学率是按 7 - 11 周岁统一计算的;从 1991 年起净入学率是按各地不同入学年龄和学制分别计算的。

Note: Net Enrolment Ratio of school-age children before 1991 was calculated on the basis of primary school pupils aged 7 - 11 enroled. From 1991 onwards its calculation has taken account of the age of entry and the lenth of schooling prevailing.

各级教育毛入学率

Gross Enrolment Ratio of Education by Level

单位：%

unit:%

年 份 Year	学前教育 Pre-school Education 3 - 5 周岁 the Age of 3 - 5	小学 Primary Education 按各地相应学龄计算 According to Provincial Entrant Age Primary Schools Years	初中阶段 Junior Secondary Education 12 - 14 周岁 the Age of 12 - 14	高中阶段 Senior Secondary Education 15 - 17 周岁 the Age of 15 - 17		高等教育 Higher Education 18 - 22 周岁 the Age of 18 - 22
				职前 Pre. Job	全口径 Full Aperture	
1990		111.0	66.7	21.9		3.4
1995		106.6	78.4	28.8	33.6	7.2
2000		104.6	88.6	38.2	42.8	12.5
2001	35.9	104.5	88.7	38.6	42.8	13.3
2002	36.8	107.5	90.0	38.4	42.8	15.0
2003	37.4	107.2	92.7	42.1	43.8	17.0
2004	40.8	106.6	94.1	46.5	48.1	19.0
2005	41.4	106.4	95.0	50.9	52.7	21.0
2006	42.5	106.3	97.0	57.7	59.8	22.0
2007	44.6	106.2	98.0		66.0	23.0
2008	47.3	105.7	98.5		74.0	23.3
2009	50.9	104.8	99.0		79.2	24.2
2010	56.6	104.6	100.1		82.5	26.5
2011	62.3	104.2	100.1		84.0	26.9
2012	64.5	104.3	102.1		85.0	30.0
2013	67.5	104.4	104.1		86.0	34.5
2014	70.5	103.8	103.5		86.5	37.5
2015	75.0	103.5	104.0		87.0	40.0

各级普通学校毕业生升学率

Promotion Rate of Graduates of Regular Schools by Level

单位：%

unit：%

年　份 Year	小学升初中 Promotion Rate of Primary Schools Graduates	初中升高级中学 Promotion Rate of Junior Secondary Schools Graduates	高中升高等教育 Promotion Rate of Senior Secondary Schools Graduates
1990	74. 6	40. 6	27. 3
1995	90. 8	50. 3	49. 9
2000	94. 9	51. 2	73. 2
2001	95. 5	52. 9	78. 8
2002	97. 0	58. 3	83. 5
2003	97. 9	59. 6	83. 4
2004	98. 1	63. 8	82. 5
2005	98. 4	69. 7	76. 3
2006	100. 0	75. 7	75. 1
2007	99. 9	80. 5	70. 3
2008	99. 7	82. 1	72. 7
2009	99. 1	85. 6	77. 6
2010	98. 7	87. 5	83. 3
2011	98. 3	88. 9	86. 5
2012	98. 3	88. 4	87. 0
2013	98. 3	91. 2	87. 6
2014	98. 0	95. 1	90. 2
2015	98. 2	94. 1	92. 5

注：高中升学率为普通高校招生数与普通高中毕业生数之比。

Note：Promotion Rate of Senior Secondary Schools Graduates is the Ratio of Total Number of New Entrants Admitted to HEIs to the Total Number of Graduates of Regular Senior Secondary Schools of the Current Year.

每十万人口各级学校平均在校生数

Number of Enrolment of Per 100,000 Inhabitants by Level

单位：人

unit：person

年　份 Year	高等教育 Higher Education	高中阶段 Senior Secondary Education	初中阶段 Junior Secondary Education	小学 Primary Education	学前教育 Pre-school Education
1990	326	1337	3426	10707	1725
1995	457	1610	3945	11010	2262
2000	723	2000	4969	10335	1782
2001	931	2021	5161	9937	1602
2002	1146	2283	5240	9525	1595
2003	1298	2523	5209	9100	1560
2004	1420	2824	5058	8725	1617
2005	1613	3070	4781	8358	1676
2006	1816	3321	4557	8192	1731
2007	1924	3409	4364	8037	1787
2008	2042	3463	4227	7819	1873
2009	2128	3495	4097	7584	2001
2010	2189	3504	3955	7448	2230
2011	2253	3495	3779	7403	2554
2012	2335	3411	3535	7196	2736
2013	2418	3227	3279	6913	2876
2014	2488	3100	3222	6946	2977
2015	2524	2965	3152	7086	3118

各级普通学校生师比

Pupil-Teacher Ratio of Regular Schools by Level

年份 Year	普通小学 Regular Primary Schools	初中 Junior Secondary Schools	普通高中 Regular Senior Secondary Schools	中等职业学校 Secondary Vocational Schools	普通高校 Regular HEIs		
					全国 Total	本科院校 HEIs Offering Degree Programs	高职(专科)院校 Higher Vocational Colleges
1993	22.37	15.65	14.96	13.42	8.00	7.82	8.61
1994	22.85	16.07	12.16	14.26	9.25	9.00	10.10
1995	23.30	16.73	12.95	15.98	9.83	9.71	10.16
1996	23.73	17.18	13.45	16.42	10.36	10.32	10.20
1997	24.16	17.33	14.05	16.92	10.87	10.80	10.85
1998	23.98	17.56	14.60	16.36	11.62	11.63	11.09
1999	23.12	18.17	15.16	15.68	13.37	13.67	12.23
2000	22.21	19.03	15.87	15.24	16.30	16.04	17.65
2001	21.64	19.24	16.73	15.04	18.22	18.47	17.15
2002	21.04	19.25	17.80	16.58	19.00	20.60	14.20
2003	20.50	19.13	18.35	17.63	17.00	21.07	14.75
2004	19.98	18.65	18.65	19.15	16.22	17.44	13.15
2005	19.43	17.80	18.54	21.34	16.85	17.75	14.78
2006	19.17	17.15	18.13	22.65	17.93	17.77	18.26
2007	18.82	16.52	17.48	23.13	17.28	17.31	17.20
2008	18.38	16.07	16.78	23.32	17.23	17.21	17.27
2009	17.88	15.47	16.30	25.27	17.27	17.23	17.35
2010	17.70	14.98	15.99	25.69	17.33	17.38	17.21
2011	17.71	14.38	15.77	24.97	17.42	17.48	17.28
2012	17.36	13.59	15.47	24.19	17.52	17.65	17.23
2013	16.76	12.76	14.95	22.64	17.53	17.71	17.11
2014	16.78	12.57	14.44	21.34	17.68	17.73	17.57
2015	17.05	12.41	14.01	20.47	17.73	17.69	17.77

普通高等学校校均规模

Average Size of Regular Higher Educational Institutions

单位:人

unit: person

	1994	1995	1996	1997	1998	1999	2000	2001	2002	2003	2004	2005	2006	2007	2008	2009	2010	2011	2012	2013	2014	2015
全　国 Total	2591	2758	2927	3112	3335	3815	5289	5870	6471	7143	7704	7666	8148	8571	8679	9086	9298	9446	9675	9814	9995	10197
本科院校 HEIs Offering Degree Programs	3418	3632	3857	4062	4418	5275	6916	8730	10454	11662	13561	13514	13937	14057	12097	12634	13100	13564	13999	14261	14342	14444
高职(专科)院校 Higher Vocational Colleges	1338	1405	1466	1594	1701	1975	2282	2337	2523	2893	3209	3909	4515	5095	5564	5903	5904	5813	5858	5876	6057	6336

各级自学考试基本情况

Basic Statistics of State-administered Examination for Self-learners by Level

单位：人，人次

unit：person

	2011		2012		2013		2014		2015	
	上半年 First half year	下半年 Second half year	上半年 First half year	下半年 Second half year	上半年 First half year	下半年 Second half year	上半年 First half year	下半年 Second half year	上半年 First half year	下半年 Second half year
毕业生人数 Graduates	370579	372220	373793	357395	403213	331020	382717	391077	345090	394201
本科 Normal Courses	245765	265090	272829	263114	300028	244401	283415	286031	256910	295187
专科 Short-cycle Courses	124814	107130	100964	94281	103185	86619	99302	105046	88180	99014
单科合格科次数 Passed Main-Courses	4939058	4248183	4717831	4020534	4504154	3791344	4222633	3587751	3253778	2689573
本科 Normal Courses	3662985	3246036	3633315	3162536	3575846	3048174	3432370	2914833	2625944	2205620
专科 Short-cycle Courses	1276073	1002147	1084516	857998	928308	743170	790263	672918	627834	483953
报考人数 Applicants	4955069	4271640	4507361	4031649	4025917	3637105	3751231	3282469	3151436	2664256
本科 Normal Courses	3407382	3008956	3244057	2945818	3015420	2746375	2857969	2517747	2407814	2046837
专科 Short-cycle Courses	1547687	1262684	1263304	1085831	1010497	890730	893262	764722	743622	617419
首次报考人数 First Time	916300	553999	895881	551496	808792	524943	770737	399823	617209	300789
本科 Normal Courses	667822	395108	668477	386221	617437	385927	622598	320900	511236	236177
专科 Short-cycle Courses	248478	158891	227404	165275	191355	139016	148139	78923	105973	64612
报考科次 Main-Courses be Examined	11588813	10015717	10581826	9398641	9318675	8644834	9018778	8048621	7697525	6623765
本科 Normal Courses	8021397	7187670	7739886	7020328	7114731	6645457	6960539	6233502	5927125	5102587
专科 Short-cycle Courses	3567416	2828047	2841940	2378313	2203944	1999377	2058239	1815119	1770400	1521178
实考人数 Actual Examined	4218387	3695715	3576943	3122577	3328968	2840782	2951095	2571533	2505340	2093774
本科 Normal Courses	2941630	2650905	2630548	2333736	2524541	2196518	2309472	2027343	1976240	1667211
专科 Short-cycle Courses	1276757	1044810	946395	788841	804427	644264	641623	544190	529100	426563
实考科次 Actual Main-Courses Examined	8850467	7455512	8012441	6881607	7356184	6331928	6702844	5916683	5740461	4845721
本科 Normal Courses	6267730	5489553	6007967	5282901	5706255	5008220	5344923	4747604	4613569	3930469
专科 Short-cycle Courses	2582737	1965959	2004474	1598706	1649929	1323708	1357921	1169079	1126892	915252
在档考生人数 Exmainees with Study Record	33519159	33700938	34223026	34417127	34822706	35016629	35404649	35413395	35685514	35592102
本科 Normal Courses	13021109	13151127	13546775	13669882	13987291	14128817	14468000	14502869	14757195	14698185
专科 Short-cycle Courses	20359921	20411682	20538122	20609116	20697286	20749683	20798520	20772397	20790190	20755788
其中：新生数 of Which：Current Session	916300	553999	895881	551496	808792	524943	770737	399823	617209	300789
本科 Normal Courses	667822	395108	668477	386221	617437	385927	622598	320900	511236	236177
专科 Short-cycle Courses	248478	158891	227404	165275	191355	139016	148139	78923	105973	64612

二、高等教育
Higher Education

高等教育学校(机构)数
Number of Higher Education Institutions

单位:所
unit: institution

	合计 Total	中央部门 HEIs under Central Ministries & Agencies			地方 HEIs under Local Auth.				民办 Non-government
		小计 Subtotal	教育部 HEIs under MOE	其他部门 HEIs under Other Central Agencies	小计 Subtotal	教育部门 HEIs under MOE	其他部门 Run by Non-ed. Dept.	地方企业 Local Enterprises	
(一)研究生培养机构(不计校数) Institutions Providing Postgraduate Programs	792	287	76	211	500	439	60	1	5
1. 普通高校 Regular HEIs	575	110	76	34	460	438	22		5
2. 科研机构 Research Institutes	217	177		177	40	1	38	1	
(二)普通高等学校 Regular HEIs	2560	118	76	42	1709	1078	586	45	733
1. 本科院校 HEIs Offering Degree Programs	1219	113	76	37	683	616	67		423
其中:独立学院 of Which:Independent Institutions	275								275
2. 高职(专科)院校 Higher Vocational Colleges	1341	5		5	1026	462	519	45	310
(三)成人高等学校 Adult HEIs	292	13	1	12	278	94	145	39	1
(四)民办的其他高等教育机构 Other Non-government HEIs	813								813

普通高等学校校数

Number of Regular Higher Educational Institutions

单位：所

unit: institution

	合　计 Total	本科院校 HEIs Offering Degree Programs	高职(专科)院校 Higher Vocational Colleges	其中：高等职业技术学院 of Which: Tertiary Vocational-technical Colleges
总计 Total	**2560**	**1219**	**1341**	**1204**
综合大学 Comprehensive University	612	296	316	313
理工院校 Natural Sciences & Technology	906	356	550	537
农业院校 Agriculture	81	40	41	41
林业院校 Forestry	19	6	13	13
医药院校 Medicine & Pharmacy	192	105	87	44
师范院校 Teacher Training	219	154	65	4
语文院校 Language & Literature	54	30	24	23
财经院校 Finance & Economics	261	125	136	127
政法院校 Political Science & Law	73	34	39	33
体育院校 Physical Culture	33	16	17	16
艺术院校 Art	92	43	49	49
民族院校 Ethnic Nationality	18	14	4	4
总计中：民办高校 of the Total: Non-government HEIs	733	423	310	303

普通高等学校在校生规模

Size of Enrolment of Regular Higher Educational Institutions

单位：所

unit: institution

	学校数 Institutions	300人及以下 300 and Under	301－500人 301 to 500	501－1000人 501 to 1000	1001－1500人 1001 to 1500	1501－2000人 1501 to 2000	2001－3000人 2001 to 3000	3001－4000人 3001 to 4000	4001－5000人 4001 to 5000	5001－10000人 5001 to 10000	10001－20000人 10001 to 20000	20001－30000人 20001 to 30000	30001人及以上 30001 and Over
总　计 Total	**2560**	**53**	**17**	**56**	**63**	**66**	**121**	**130**	**158**	**821**	**803**	**215**	**57**
综合大学 Comprehensive University	612	11	3	15	10	5	26	19	39	191	200	70	23
理工院校 Natural Sciences & Technology	906	21	4	21	21	25	41	43	49	290	297	75	19
农业院校 Agriculture	81	1	1	1	1	2	3	7		23	29	6	7
林业院校 Forestry	19			1		1		1	1	8	6	1	
医药院校 Medicine & Pharmacy	192	3	1	2	2	2	9	9	13	81	65	5	
师范院校 Teacher Training	219	2	1	2	3	4	7	10	10	55	86	32	7
语文院校 Language & Literature	54	2		1	1	2	2	4	8	18	14	2	
财经院校 Finance & Economics	261	4	1	2	7	8	11	12	13	98	84	20	1
政法院校 Political Science & Law	73	3		5	4	2	7	12	13	21	6		
体育院校 Physical Culture	33	4	3	2	1	4	3		2	13	1		
艺术院校 Art	92	2	3	4	13	11	12	10	10	18	9		
民族院校 Ethnic Nationality	18							3		5	6	4	

普通高等学校设置(研究生、本科)专业数

Number of Specialities and Educational Programs Offered by Regular Higher Educational Institutions

	合计 Total	哲学 Philo-sophy	经济 Econ-omics	法学 Law	教育 Educ-ation	文学 Liter-ature	历史 History	理学 Science	工学 Engin-eering	农学 Agric-ulture	医学 Med-icine	管理学 Admin-istration	其他 other
博士 Doctor's Degree													
种数 No. of Sp.	464	9	18	38	20	24	9	63	149	35	64	19	3
点数 No. of Ed. Prog.	9572	211	511	672	250	534	235	1639	3153	556		498	4
硕士 Master's Degree													
种数 No. of Sp.	472	9	18	38	20	24	9	63	150	35	64	19	10
点数 No. of Ed. Prog.	27818	633	1682	2767	1147	1812	401	4129	8255	1068	3207	2032	15
普通本科 General Bachelor's Degree													
种数 No. of Sp.	584	5	21	37	19	66	7	47	199	35	54		
点数 No. of Ed. Prog.	50519	97	2508	1732	1837	5172	335	4859	16416	1072	1975		
成人本科 Adult Bachelor's Degree													
种数 No. of Sp.	372	1	17	19	17	29	4	27	127	22	33		
点数 No. of Ed. Prog.	13599	2	664	717	893	1091	135	1018	3742	361	946		

普通高等学校设置(专科)专业数

Number of Specialities and Number of Educational Programmes Established by Field of Study in Regular Higher Educational Institutions

	合计 Total	农林牧渔	交通运输	生化与药品	资源开发与测绘	材料与能源	土建	水利	制造	电子信息	环保、气象与安全	轻纺食品	财经	医药卫生	旅游	公共事业	文化教育	艺术设计传媒	公安	法律
普通专科																				
种数	1102	80	101	39	60	59	57	25	96	90	25	69	66	44	24	40	87	93	19	28
点数	48556	1270	2336	1413	919	870	4648	202	6342	6347	366	1243	7869	2145	2252	909	4963	3849	135	478
成人专科																				
种数	697	47	57	30	54	30	34	15	52	57	12	43	43	33	13	25	70	58	15	9
点数	23414	603	679	518	552	372	1828	126	2863	2429	136	342	5285	1335	875	884	2926	1164	30	467

高等教育学校(机构)学生数

Number of Students in Higher Education Institutions

单位：人
unit: person

	毕(结)业生数 Graduates	授予学位数 Degree Awarded	招生数 Entrants 合计 Total	其中 of Which 应届生 Autumn Session	春季招生 Spring Session	预科生转入 Preparatory Students Enrolled	在校生数 Enrolment	预计毕业生数 Estimated Graduates for Next Year
研究生 Postgraduates	551522	546572	645055	438012			1911406	715144
博　士 Doctor's Degree	53778	52654	74416	37865			326687	154102
硕　士 Master's Degree	497744	493918	570639	400147			1584719	561042
普通本专科 Undergraduates in Regular HEIs	6808866	3503230	7378495	6889370	1962	41161	26252968	7254599
本　科 Normal Courses	3585940	3503230	3894184	3552688	1793	39895	15766848	3879845
专　科 Short-cycle Courses	3222926		3484311	3336682	169	1266	10486120	3374754
成人本专科 Undergraduates in Adult HEIs	2362593	151117	2367455				6359352	2622233
本　科 Normal Courses	962495	151117	1014675				2793354	1065045
专　科 Short-cycle Courses	1400098		1352780				3565998	1557188
网络本专科生 Web-based Undergraduates	1799757	51985	2034032		1065105		6284671	
本　科 Normal Courses	649086	51985	748660		392516		2294807	
专　科 Short-cycle Courses	1150671		1285372		672589		3989864	
在职人员攻读硕士学位 Master's Degree Programs for On-the-job Personnel		109202	127858				587508	
自考助学班 Class run by Non-government HEIs for Students Preparing for Self-directed State-administered Examination	73638						169228	
普通预科生 College-preparatory Classes							50048	
研究生课程进修班 Postgraduate Courses	31260						34799	
进修及培训 In-service Training	8228526						6226915	
留学生 Foreign Students	102245	19619	124896		35915		214345	

分部门、分计划
Number of Postgraduate Students

	学校(机构)数(所)(Schools)	毕业生数 Graduates 合计 Total	博士 Doctor's Degree	硕士 Master's Degree	招生数 Entrants 合计 Total	博士 Doctor's Degree	硕士 Master's Degree
总计 Total	**792**	**551522**	**53778**	**497744**	**645055**	**74416**	**570639**
国家任务 State-planned Programs		429535	43378	386157	622712	69145	553567
委托培养 Contractual Programs		28109	8064	20045	22343	5271	17072
自筹经费 Self-financed Programs		93878	2336	91542			
一、中央部门所属 Under Central Ministries& Agencies	**287**	**277552**	**43245**	**234307**	**327904**	**59039**	**268865**
1. 教育部 Under MOE	76	223916	31903	192013	261261	43610	217651
2. 其他部门 Under Other Central Agencies	211	53636	11342	42294	66643	15429	51214
二、地方所属 Under Local Auth.	**505**	**273970**	**10533**	**263437**	**317151**	**15377**	**301774**
1. 教育部门 Run by Edu. Dept.	439	268466	10430	258036	310553	15213	295340
2. 其他部门 Run by Non-ed. Dept.	60	5334	103	5231	6320	164	6156
3. 地方企业 Run by Local Enterprises	1				3		3
4. 民办 Non-government	5	170		170	275		275

分部门、分计划
Number of Postgraduate Students

	学校(机构)数(所)(Schools)	毕业生数 Graduates 合计 Total	博士 Doctor's Degree	硕士 Master's Degree	招生数 Entrants 合计 Total	博士 Doctor's Degree	硕士 Master's Degree
总计 Total	**575**	**544227**	**52453**	**491774**	**636961**	**72524**	**564437**
国家任务 State-planned Programs		422880	42211	380669	614971	67411	547560
委托培养 Contractual Programs		27871	7973	19898	21990	5113	16877
自筹经费 Self-financed Programs		93476	2269	91207			
一、中央部门所属 Under Central Ministries& Agencies	**110**	**271277**	**41971**	**229306**	**320957**	**57204**	**263753**
1. 教育部 Under MOE	76	223916	31903	192013	261261	43610	217651
2. 其他部门 Under Other Central Agencies	34	47361	10068	37293	59696	13594	46102
二、地方所属 Under Local Auth.	**465**	**272950**	**10482**	**262468**	**316004**	**15320**	**300684**
1. 教育部门 Run by Edu. Dept.	438	268450	10430	258020	310537	15213	295324
2. 其他部门 Run by Non-ed. Dept.	22	4330	52	4278	5192	107	5085
3. 地方企业 Run by Local Enterprises							
4. 民办 Non-government	5	170		170	275		275

研究生数(总计)
by Sector and Program (Total)

单位：人
unit:person

在校生数 Enrolment			预计毕业生数 Estimated Graduates for Next Year		
合计 Total	博 士 Doctor's Degree	硕 士 Master's Degree	合计 Total	博 士 Doctor's Degree	硕 士 Master's Degree
1911406	**326687**	**1584719**	**715144**	**154102**	**561042**
1706649	266185	1440464	556994	109297	447697
107467	51143	56324	64760	36720	28040
97290	9359	87931	93390	8085	85305
1010068	**260774**	**749294**	**388227**	**120436**	**267791**
808267	200157	608110	315845	96974	218871
201801	60617	141184	72382	23462	48920
901338	**65913**	**835425**	**326917**	**33666**	**293251**
883532	65341	818191	320576	33448	287128
17291	572	16719	6150	218	5932
6		6			
509		509	191		191

研究生数(普通高校)
by Sector and Program (Regular HEIs)

单位：人
unit:person

在校生数 Enrolment			预计毕业生数 Estimated Graduates for Next Year		
合计 Total	博 士 Doctor's Degree	硕 士 Master's Degree	合计 Total	博 士 Doctor's Degree	硕 士 Master's Degree
1885789	**319318**	**1566471**	**705545**	**150841**	**554704**
1683382	259781	1423601	548461	106510	441951
106087	50453	55634	64150	36353	27797
96320	9084	87236	92934	7978	84956
987790	**253659**	**734131**	**379730**	**117280**	**262450**
808267	200157	608110	315845	96974	218871
179523	53502	126021	63885	20306	43579
897999	**65659**	**832340**	**325815**	**33561**	**292254**
883485	65341	818144	320561	33448	287113
14005	318	13687	5063	113	4950
509		509	191		191

分部门、分计划
Number of Postgraduate Students

	学校(机构)数(所) Institutions	毕业生数 Graduates			招生数 Entrants		
		合计 Total	博士 Doctor's Degree	硕士 Master's Degree	合计 Total	博士 Doctor's Degree	硕士 Master's Degree
总　计 Total	**217**	**7295**	**1325**	**5970**	**8094**	**1892**	**6202**
国家任务 State-planned Programs		6655	1167	5488	7741	1734	6007
委托培养 Contractual Programs		238	91	147	353	158	195
自筹经费 Self-financed Programs		402	67	335			
一、中央部门所属 Under Central Ministries& Agencies	**177**	**6275**	**1274**	**5001**	**6947**	**1835**	**5112**
1. 教育部 Under MOE							
2. 其他部门 Under Other Central Agencies	177	6275	1274	5001	6947	1835	5112
二、地方所属 Under Local Auth.	**40**	**1020**	**51**	**969**	**1147**	**57**	**1090**
1. 教育部门 Run by Edu. Dept.	1	16		16	16		16
2. 其他部门 Run by Non-ed. Dept.	38	1004	51	953	1128	57	1071
3. 地方企业 Run by Local Enterprises	1				3		3
4. 民办 Non-government							

分学科研
Number of Postgraduate

	毕业生数 Graduates			招生数 Entrants		
	合计 Total	博士 Doctor's Degree	硕士 Master's Degree	合计 Total	博士 Doctor's Degree	硕士 Master's Degree
总　计 Total	**551522**	**53778**	**497744**	**645055**	**74416**	**570639**
其中:女 of Which: Female	283302	22564	260738	334279	29679	304600
学术型学位 Academic Degree	350983	51649	299334	381413	72491	308922
专业学位 Professional Degree	200539	2129	198410	263642	1925	261717
哲学 Philosophy	4052	610	3442	4218	833	3385
经济学 Economics	26344	2184	24160	30019	2861	27158
法学 Law	39396	2631	36765	42484	3873	38611
教育学 Education	30488	978	29510	35046	1434	33612
文学 Literature	30912	1811	29101	32713	2433	30280
历史学 History	4994	679	4315	5901	980	4921
理学 Science	48856	10978	37878	63571	15492	48079
工学 Engineering	194859	18729	176130	227167	28462	198705
农学 Agriculture	20288	2549	17739	24147	3172	20975
医学 Medicine	62602	8707	53895	75325	9751	65574
军事学 Military Science	204	30	174	177	27	150
管理学 Administrators	71831	3411	68420	83952	4435	79517
艺术学 Art	16696	481	16215	20335	663	19672

研究生数（科研机构）
by Sector and Program (Research Institutes)

单位：人
unit: person

在校生数 Enrolment			预计毕业生数 Estimated Graduates for Next Year		
合计 Total	博士 Doctor's Degree	硕士 Master's Degree	合计 Total	博士 Doctor's Degree	硕士 Master's Degree
25617	**7369**	**18248**	**9599**	**3261**	**6338**
23267	6404	16863	8533	2787	5746
1380	690	690	610	367	243
970	275	695	456	107	349
22278	**7115**	**15163**	**8497**	**3156**	**5341**
22278	7115	15163	8497	3156	5341
3339	**254**	**3085**	**1102**	**105**	**997**
47		47	15		15
3286	254	3032	1087	105	982
6		6			

究生数（总计）
Students by Academic Field (Total)

单位：人
unit: person

在校生数 Enrolment			预计毕业生数 Estimated Graduates for Next Year		
合计 Total	博士 Doctor's Degree	硕士 Master's Degree	合计 Total	博士 Doctor's Degree	硕士 Master's Degree
1911406	**326687**	**1584719**	**715144**	**154102**	**561042**
950163	123653	826510	340859	57248	283611
1238406	319142	919264	466402	150877	315525
673000	7545	665455	248742	3225	245517
14323	3990	10333	5627	2044	3583
81127	13351	67776	32129	6915	25214
125335	17164	108171	47464	8655	38809
92249	6256	85993	36444	3120	33324
93612	11045	82567	36160	5695	30465
18610	4548	14062	7037	2379	4658
196859	59653	137206	68808	25334	43474
689597	134930	554667	252398	63530	188868
68212	13536	54676	27546	6729	20817
215232	34715	180517	72349	14364	57985
688	165	523	303	112	191
256919	24693	232226	109245	14027	95218
58643	2641	56002	19634	1198	18436

分学科研
Number of Postgraduate Students

	毕业生数 Graduates			招生数 Entrants		
	合计 Total	博士 Doctor's Degree	硕士 Master's Degree	合计 Total	博士 Doctor's Degree	硕士 Master's Degree
总计 Total	**544227**	**52453**	**491774**	**636961**	**72524**	**564437**
其中:女 of Which: Female	280273	22090	258183	330903	28982	301921
学术型学位 Academic Degree	345161	50324	294837	374993	70601	304392
专业学位 Professional Degree	199066	2129	196937	261968	1923	260045
哲学 Philosophy	3923	572	3351	4057	763	3294
经济学 Economics	25673	1995	23678	29216	2605	26611
法学 Law	38562	2488	36074	41449	3569	37880
教育学 Education	30488	978	29510	35046	1434	33612
文学 Literature	30816	1777	29039	32612	2385	30227
历史学 History	4873	662	4211	5753	944	4809
理学 Science	48349	10862	37487	62931	15299	47632
工学 Engineering	192206	18346	173860	224400	27942	196458
农学 Agriculture	19503	2371	17132	23451	3010	20441
医学 Medicine	61977	8586	53391	74656	9600	65056
军事学 Military Science	203	30	173	177	27	150
管理学 Administrators	71127	3360	67767	83050	4338	78712
艺术学 Art	16527	426	16101	20163	608	19555

分学科研
Number of Postgraduate Students

	毕业生数 Graduates			招生数 Entrants		
	合计 Total	博士 Doctor's Degree	硕士 Master's Degree	合计 Total	博士 Doctor's Degree	硕士 Master's Degree
总计 Total	**7295**	**1325**	**5970**	**8094**	**1892**	**6202**
其中:女 of Which: Female	3029	474	2555	3376	697	2679
学术型学位 Academic Degree	5822	1325	4497	6420	1890	4530
专业学位 Professional Degree	1473		1473	1674	2	1672
哲学 Philosophy	129	38	91	161	70	91
经济学 Economics	671	189	482	803	256	547
法学 Law	834	143	691	1035	304	731
教育学 Education						
文学 Literature	96	34	62	101	48	53
历史学 History	121	17	104	148	36	112
理学 Science	507	116	391	640	193	447
工学 Engineering	2653	383	2270	2767	520	2247
农学 Agriculture	785	178	607	696	162	534
医学 Medicine	625	121	504	669	151	518
军事学 Military Science	1		1			
管理学 Administrators	704	51	653	902	97	805
艺术学 Art	169	55	114	172	55	117

究生数(普通高校)
by Academic Field (Regular HEIs)

单位：人
unit:person

在校生数 Enrolment			预计毕业生数 Estimated Graduates for Next Year		
合计 Total	博士 Doctor's Degree	硕士 Master's Degree	合计 Total	博士 Doctor's Degree	硕士 Master's Degree
1885789	**319318**	**1566471**	**705545**	**150841**	**554704**
940137	121218	818919	337410	56348	281062
1217025	311781	905244	458444	147620	310824
668764	7537	661227	247101	3221	243880
13857	3797	10060	5475	1985	3490
78904	12412	66492	31213	6488	24725
122443	16406	106037	46366	8411	37955
92249	6256	85993	36444	3120	33324
93297	10891	82406	36043	5631	30412
18209	4425	13784	6889	2331	4558
194602	58817	135785	67930	24908	43022
680293	132444	547849	248941	62394	186547
65539	12731	52808	26718	6331	20387
213177	34214	178963	71642	14165	57477
687	165	522	302	112	190
254435	24309	230126	108155	13845	94310
58097	2451	55646	19427	1120	18307

究生数(科研机构)
by Academic Field (Research Institutes)

单位：人
unit:persons

在校生数 Enrolment			预计毕业生数 Estimated Graduates for Next Year		
合计 Total	博士 Doctor's Degree	硕士 Master's Degree	合计 Total	博士 Doctor's Degree	硕士 Master's Degree
25617	**7369**	**18248**	**9599**	**3261**	**6338**
10026	2435	7591	3449	900	2549
21381	7361	14020	7958	3257	4701
4236	8	4228	1641	4	1637
466	193	273	152	59	93
2223	939	1284	916	427	489
2892	758	2134	1098	244	854
315	154	161	117	64	53
401	123	278	148	48	100
2257	836	1421	878	426	452
9304	2486	6818	3457	1136	2321
2673	805	1868	828	398	430
2055	501	1554	707	199	508
1		1	1		1
2484	384	2100	1090	182	908
546	190	356	207	78	129

在职人员攻读硕士学位分学科学生数
Number of On-the-job Students Studying for Master's Degree by Discipline

单位：人
unit：person

	授予学位数 Degree Awarded	招生数 Entrants	在校生数 Enrolment
总　计 Total	**109202**	**127858**	**587508**
其中:女 of Which：Female	43019	52558	212902
学术型学位 Academic Degree	5266	4932	32373
专业学位 Professional Degree	103936	122926	555135
哲学 Philosophy	8	5	28
经济学 Economics	438	59	526
法学 Law	5241	6743	23016
教育学 Education	12948	24523	79810
文学 Literature	259	48	1196
历史学 History	12	1	32
理学 Science	177	40	739
工学 Engineering	61769	63479	344597
农学 Agriculture	8123	10681	45936
医学 Medicine	3120	2833	16668
军事学 Military Science			
管理学 Administrators	15556	16821	68149
艺术学 Art	1551	2625	6811

普通高等学校工科分大类本科学生数
Number of Engineering Students for Normal Courses by Subfield of Regular HEIs

单位：人
unit: person

	毕业生数 Graduates	招生数 Entrants	在校生数 Enrolment
总　计 Total	**1180508**	**1324652**	**5247875**
力学类 Mechanics	4479	4826	19376
机械类 Mechanical Engineering	186123	200446	799849
仪器类 Instrument	18491	18125	77028
材料类 Materials Science	59808	70308	268966
能源动力类 Thermal & Nuclear Energy	21130	25443	98752
电气类 Electric	76764	84806	341389
电子信息类 Electronic Information	160809	173199	682234
自动化类 Automation	45279	48681	194973
计算机类 Computer	181436	243777	894314
土木类 Civil Engineering	128717	118052	526407
水利类 Hydraulics	13324	14021	56439
测绘类 Sruvey & Measure	9693	12010	45245
化工与制药类 Chemical Engineering &Pharmaceutics	47972	52237	207894
地质类 Geology	13018	12591	52249
矿业类 Mining Industry	17277	13208	62414
纺织类 Textile	12466	9659	45074
轻工类 Light Industry	8531	8897	34780
交通运输类 Transportation	26861	31205	128475
海洋工程类 Oceanic	3068	3509	12740
航空航天类 Aeronautics & Astronautics	5331	7592	28648
兵器类 Weaponry	3240	3212	13428
核工程类 Nuclear Engineering	2517	2502	10101
农业工程类 Agriculture Engineering	6564	7029	28251
林业工程类 Forestry Engineering	2574	2729	10997
环境科学与工程类 Environmental Science & Engineering	30222	37703	138546
生物医学工程类 Biomedical Engineering	4831	6424	23445
食品科学与工程类 Food Science & Engineering	30545	40074	148081
建筑类 Architectural	28755	34265	158500
安全科学与工程类 Safety Science & Engineering	9065	10456	39946
生物工程类 Biotechnology	16956	19605	73155
公安技术类 Public SecurityTechnology	4662	8061	26179

普通、成人本、专科
Number of Students for Regular and Adult

	毕业生数 Graduates			招生数 Entrants	
	合计 Total	本科 Normal Courses	专科 Short-cycle Courses	合计 Total	本科 Normal Courses
一、普通本、专科总计 Undergraduate in Regular HEIs Total	**6808866**	**3585940**	**3222926**	**7378495**	**3894184**
1. 中央部门所属院校 Under Central Ministries & Agencies	433653	416210	17443	458152	440623
其中:教育部所属院校 of Which: Under MOE	323574	319537	4037	334251	331577
2. 地方所属学校 Under Local Auth.	4901520	2288287	2613233	5201123	2493269
其中:民办 of Which: Non-government	1473693	881443	592250	1719220	960292
二、成人本、专科总计 Undergraduate in Adult HEIs Total	**2362593**	**962495**	**1400098**	**2367455**	**1014675**
1. 中央部门所属院校 Inst. Under SEDC	286817	166555	120262	247888	149689
其中:教育部所属院校 of Which: Under MOE	237033	139200	97833	201393	124509
2. 地方所属学校 Under Local Auth.	2036675	792949	1243726	2059386	858789
其中:民办 of Which: Non-government	39101	2991	36110	60181	6197

普通本、专科分
Number of Students for Regular

	毕业生数 Graduates			招生数 Entrants	
	合计 Total	本科 Normal Courses	专科 Short-cycle Courses	合计 Total	本科 Normal Courses
总　计 Total	**6808866**	**3585940**	**3222926**	**7378495**	**3894184**
其中:女 of Which:Female	3539247	1878725	1660522	4106650	2176950
一、普通高等学校 Regular HEIs	**6777581**	**3585940**	**3191641**	**7347288**	**3894184**
1. 按类型分 by Type					
本科院校 HEIs Offering Degree Programs	4272209	3565389	706820	4441103	3888984
其中:独立学院 of Which: Independent Institutions	641176	602757	38419	631189	595091
高职(专科)院校 Higher Vocational Colleges	2476005	54	2475951	2899105	
其他机构(点)(不计校数) Other Institutions	29367	20497	8870	7080	5200
2. 按性质类别分 by Type of School					
综合大学 Comprehensive Universities	1858468	1014172	844296	2005819	1083693
理工院校 Natural Sciences & Tech.	2454217	1112526	1341691	2682131	1217780
农业院校 Agriculture	261787	156647	105140	282272	173138
林业院校 Forestry	49534	26985	22549	54380	27560
医药院校 Medicine & Pharmacy	406343	198385	207958	435937	216065
师范院校 Teacher Training	699376	510661	188715	715206	542092
语文院校 Language & Literature	104528	57462	47066	126008	70694
财经院校 Finance & Economics	663752	337454	326298	729225	368657
政法院校 Political Science & Law	96995	44942	52053	100342	50370
体育院校 Physical Culture	31025	24413	6612	33809	26337
艺术院校 Art	94284	52531	41753	119713	61393
民族院校 Ethnic Minorities	57272	49762	7510	62446	56405
二、成人高等学校 Adult HEIs	**31285**		**31285**	**31207**	

分举办者学生数
Programs by Providers in HEIs

单位：人
unit：person

专科 Short-cycle Courses	在校生数 Enrolment 合计 Total	在校生数 Enrolment 本科 Normal Courses	在校生数 Enrolment 专科 Short-cycle Courses	预计毕业生数 Estimated Graduates for Next Year 合计 Total	预计毕业生数 Estimated Graduates for Next Year 本科 Normal Courses	预计毕业生数 Estimated Graduates for Next Year 专科 Short-cycle Courses
3484311	**26252968**	**15766848**	**10486120**	**7254599**	**3879845**	**3374754**
17529	1832760	1781922	50838	458232	441847	16385
2674	1358543	1349324	9219	337577	334156	3421
2707854	18454956	10164815	8290141	5208324	2480783	2727541
758928	5965252	3820111	2145141	1588043	957215	630828
1352780	**6359352**	**2793354**	**3565998**	**2622233**	**1065045**	**1557188**
98199	699256	431493	267763	304432	175952	128480
76884	572779	363481	209298	252781	149855	102926
1200597	5516844	2348656	3168188	2273216	884397	1388819
53984	143252	13205	130047	44585	4696	39889

性质类别学生数
Programs by Type of Schools in HEIs

单位：人
unit：person

专科 Short-cycle Courses	在校生数 Enrolment 合计 Total	在校生数 Enrolment 本科 Normal Courses	在校生数 Enrolment 专科 Short-cycle Courses	预计毕业生数 Estimated Graduates for Next Year 合计 Total	预计毕业生数 Estimated Graduates for Next Year 本科 Normal Courses	预计毕业生数 Estimated Graduates for Next Year 专科 Short-cycle Courses
3484311	**26252968**	**15766848**	**10486120**	**7254599**	**3879845**	**3374754**
1929700	13761864	8369671	5392193	3698817	1987753	1711064
3453104	**26159903**	**15766848**	**10393055**	**7222035**	**3879845**	**3342190**
552119	17607235	15730069	1877166	4534475	3864972	669503
36098	2589331	2475666	113665	678078	640652	37426
2899105	8496353		8496353	2663827		2663827
1880	56315	36779	19536	23733	14873	8860
922126	7150170	4376486	2773684	1965670	1087700	877970
1464351	9271450	4887795	4383655	2622385	1216440	1405945
109134	1015206	685675	329531	273134	166145	106989
26820	192331	113209	79122	52814	27628	25186
219872	1673429	993501	679928	433156	212741	220415
173114	2787500	2207825	579675	756056	553623	202433
55314	429883	271108	158775	115997	65128	50869
360568	2524414	1470062	1054352	704547	366353	338194
49972	348422	197422	151000	101452	48893	52559
7472	127120	103205	23915	32069	25234	6835
58320	393911	235939	157972	102649	55502	47147
6041	246067	224621	21446	62106	54458	7648
31207	**93065**		**93065**	**32564**		**32564**

成人本、专科分

Number of Students for Adult

	毕业生数 Graduates			招生数 Entrants	
	合计 Total	本科 Normal Courses	专科 Short-cycle Courses	合计 Total	本科 Normal Courses
总　计 Total	**2362593**	**962495**	**1400098**	**2367455**	**1014675**
其中:女 of Which:Female	1300812	535279	765533	1353930	600320
一、成人高等学校 Adult HEIs	**174950**	**12934**	**162016**	**158175**	**11838**
其中:全脱产 of Which:Full-time	99570	5985	93585	95349	4619
职工高等学校 Workers' Colleges	65896	1984	63912	49646	1588
农民高等学校 Peasants' Colleges	625		625	444	
管理干部学院 Institutes for Administration	18028	2766	15262	9203	909
教育学院 Educational Colleges	31262	7095	24167	29920	6132
独立函授学院 Independent Correspondence Colleges					
广播电视大学 Radio/TV Universities	59135	1089	58046	68952	3209
其他机构 Other Institutions	4		4	10	
二、普通高等学校 Regular HEIs	**2187643**	**949561**	**1238082**	**2209280**	**1002837**
函授 Correspondence	1317761	579459	738302	1345172	599264
业余 Spare time Schools	858269	366256	492013	862175	402628
脱产 Full-time Courses for Adults	11613	3846	7767	1933	945

普通本科分学科学生数

Number of Regular Students for Normal Courses in HEIs by Discipline

单位:人

unit: person

	毕业生数 Graduates	招生数 Entrants	在校生数 Enrolment	预计毕业生数 Estimated Graduates for Next Year
总　计 Total	**3585940**	**3894184**	**15766848**	**3879845**
其中: 女 of Which: Female	1878725	2176950	8369671	1987753
哲学 Philosophy	2039	2585	9357	2089
经济学 Economics	219365	227587	923866	229875
法学 Law	131285	137803	551095	137618
教育学 Education	124108	143625	569142	137895
文学 Literature	367529	360806	1474010	382026
其中:外语 of Which:Foreign Language	201988	193293	790795	209047
历史学 History	17410	18377	73419	18349
理学 Science	255632	273744	1077234	267564
工学 Engineering	1180508	1324652	5247875	1293198
农学 Agriculture	60908	70091	275293	66866
医学 Medicine	223917	247158	1152058	239477
管理学 Administrators	685277	706402	2924188	747847
艺术学 Art	317962	381354	1489311	357041
总计中:师范生 of the Total:Students Enrolled in Teacher Training Institutions	366664	343339	1476598	386925

性质类别学生数

Programs by Type of Schools in HEIs

单位：人

unit：person

专科 Short-cycle Courses	在校生数 Enrolment 合计 Total	本科 Normal Courses	专科 Short-cycle Courses	预计毕业生数 Estimated Graduates for Next Year 合计 Total	本科 Normal Courses	专科 Short-cycle Courses
1352780	**6359352**	**2793354**	**3565998**	**2622233**	**1065045**	**1557188**
753610	3619728	1629977	1989751	1400298	561785	838513
146337	416701	32939	383762	204743	14183	190560
90730	238326	14082	224244	119212	6685	112527
48058	128919	4456	124463	66854	2433	64421
444	1085		1085	641		641
8294	29984	4653	25331	18087	2950	15137
23788	75447	16637	58810	33396	6438	26958
65743	181247	7193	174054	85759	2362	83397
10	19		19	6		6
1206443	**5942651**	**2760415**	**3182236**	**2417490**	**1050862**	**1366628**
745908	3500879	1618689	1882190	1471776	646250	825526
459547	2435066	1138183	1296883	942575	403486	539089
988	6706	3543	3163	3139	1126	2013

普通专科分专业大类学生数

Number of Regular Students for Short-cycle Courses in HEIs by Discipline

单位：人

unit：person

	毕业生数 Graduates	招生数 Entrants	在校生数 Enrolment	预计毕业生数 Estimated Graduates for Next Year
总　计 Total	**3222926**	**3484311**	**10486120**	**3374754**
其中：女 of Which：Female	1660522	1929700	5392193	1711064
农林牧渔大类 Agriculture, Forestry, Husbandry and Fishing	56327	59024	174872	57696
交通运输大类 Transportation and Communication	156838	200611	562145	169677
生化与药品大类 Biochemistry and Medicine	70232	69988	212211	69780
资源开发与测绘大类 Resources Development and Survey	49832	33974	123797	46751
材料与能源大类 Material and Energy	39795	40197	121269	39582
土建大类 Civil Engineering	365832	340934	1181981	412048
水利大类 Water Resources	14050	14450	44672	14944
制造大类 Manufacturing	406492	458388	1359361	422759
电子信息大类 Electronic Information	292557	365308	980799	296294
环保、气象与安全大类 Environment Protection, Meteorology and Safety	14375	15163	45208	15065
轻纺食品大类 Light, Textile and Food	50351	52927	156620	50833
财经大类 Finance	693822	759087	2220100	699993
医药卫生大类 Medical and Health	342616	386246	1178214	371557
旅游大类 Tourism	105073	113982	329658	105474
公共事业大类 Public Service	31308	36576	104543	32326
文化教育大类 Culture and Education	339108	324948	1062055	362521
艺术设计传媒大类 Artistic Design and Mass Media	143578	166223	487890	158353
公安大类 Public Security	11976	10462	32747	11828
法律大类 Law	38764	35823	107978	37273
总计中：师范生 of the Total：Students Enrolled in Teacher Training Institutions	189923	176167	617660	214683

成人本科分学科学生数

Number of Adult Students for Normal Courses in HEIs by Discipline

单位:人

unit:person

	毕业生数 Graduates	招生数 Entrants	在校学生数 Enrolment	预计毕业生数 Estimated Graduates for Next Year
总　计 Total	**962495**	**1014675**	**2793354**	**1065045**
其中：女 of Which：Female	535279	600320	1629977	561785
哲学 Philosophy		13	135	7
经济学 Economics	27851	22065	70533	30144
法学 Law	47782	37120	108890	47943
教育学 Education	56305	67997	162228	61957
文学 Literature	86212	61424	192908	83947
其中:外语 of Which:Foreign Language	24631	15059	51550	23026
历史学 History	1797	1169	3418	1588
理学 Science	21242	15991	46993	20276
工学 Engineering	239971	242285	676609	267514
农学 Agriculture	15306	16957	45261	18302
医学 Medicine	193799	282529	716544	230613
管理学 Administrators	256308	253446	721513	285356
艺术学 Art	15922	13679	48322	17398
总计中:师范生 of the Total:Students Enrolled in Teacher Training Institutions	97029	84113	233280	98805

成人专科分学科学生数

Number of Adult Students for Short-cycle Courses in HEIs by Discipline

单位:人

unit:person

	毕业生数 Graduates	招生数 Entrants	在校学生数 Enrolment	预计毕业生数 Estimated Graduates for Next Year
总　计 Total	**1400098**	**1352780**	**3565998**	**1557188**
其中:女 of Which: Female	765533	753610	1989751	838513
农林牧渔大类 Agriculture, Forestry,Husbandry and Fishing	23103	23001	62128	26930
交通运输大类 Transportation and Communication	47683	50626	125186	51583
生化与药品大类 Biochemistry and Medicine	12137	9340	27954	12338
资源开发与测绘大类 Resources Development and Survey	40165	17102	75141	43319
材料与能源大类 Material and Energy	11181	6437	22527	11973
土建大类 Civil Engineering	110535	121282	304286	131489
水利大类 Water Resources	5540	4072	11768	5916
制造大类 Manufacturing	161382	155011	397291	172378
电子信息大类 Electronic Information	84888	78462	208014	97506
环保、气象与安全大类 Environment Protection,Meteorology and Safety	2285	2633	6115	2981
轻纺食品大类 Light,Textile and Food	6745	6269	17438	8211
财经大类 Finance	358129	360021	883205	395061
医药卫生大类 Medical and Health	212084	198915	623588	227823
旅游大类 Tourism	22252	25808	61814	28709
公共事业大类 Public Service	49054	51577	130351	60909
文化教育大类 Culture and Education	202256	196137	487339	225879
艺术设计传媒大类 Artistic Design and Mass Media	33389	31318	79954	35012
公安大类 Public Security	1687	2074	6902	1639
法律大类 Law	15603	12695	34997	17532
总计中:师范生 of the Total: Students Enrolled in Teacher Training Institutions	119603	114459	280988	132466

网络本科分学科学生数

Number of Web-based Students for Normal Courses in HEIs by Discipline

单位:人

unit:person

	毕业生数 Graduates	招生数 Entrants	在校生数 Enrolment
总　计 Total	**649086**	**748660**	**2294807**
其中：女 of Which：Female	350202	390077	1190405
哲学 Philosophy			
经济学 Economics	30489	29509	99667
法学 Law	57710	58525	206975
教育学 Education	24694	34856	90761
文学 Literature	39942	34037	127336
其中:外语 of Which:Foreign Language	7591	5867	27840
历史学 History	475	378	984
理学 Science	6580	6147	16841
工学 Engineering	141045	188824	504677
农学 Agriculture	5441	7680	17626
医学 Medicine	55401	75561	198642
管理学 Administrators	284915	310259	1019676
艺术学 Art	2394	2884	11622
总计中:师范生 of the Total:Students Enrolled in Teacher Training Institutions	20614	18224	46124

高等教育学生

Changes in Enrolment of

	上学年初报表在校学生数 Enrolment at Beginning of Previous Academic Year	增加学生数 Factors of Increase					
		合计 Total	招生 No. of Students Admitted	复学 Students Resuming Studies	转入 Transfers from Other Inst.	其他 Others	合计 Total
博士生 Doctor's Degrees	312676	77406	74416	1885	52	1053	63395
硕士生 Master's Degrees	1535013	580292	570639	5006	1128	3519	530586
普通本科生 Normal Courses	15410653	4116943	4057273	43466	5674	10530	3760748
普通专科生 Short-cycle Courses	10066346	3843647	3784564	23762	9494	25827	3423873
成人本科生 Normal Courses Provided by Adult HEIs	2797917	1034565	1014675	8354	1667	9869	1039128
成人专科生 Short-cycle Courses Provided by Adult HEIs	3733295	1389771	1352780	9302	4560	23129	1557068
网络本科生 Normal Courses Provided by Web-based Programs	2287010	762615	748660	1507	6271	6177	754818
网络专科生	4027462	1300227	1285372	2714	7325	4816	1337825

网络专科分专业大类学生数

Number of Web-based Students for Short-cycle Courses in HEIs by Discipline

单位：人

unit：person

	毕业生数 Graduates	招生数 Entrants	在校生数 Enrolment
总　计 Total	**1150671**	**1285372**	**3989864**
其中：女 of Which：Female	551110	584289	1849186
农林牧渔大类 Agriculture, Forestry, Husbandry and Fishing	54708	56013	193591
交通运输大类 Transportation and Communication	23060	24976	58740
生化与药品大类 Biochemistry and Medicine	4195	4734	12576
资源开发与测绘大类 Resources Development and Survey	17698	10689	33507
材料与能源大类 Material and Energy	4433	4873	11080
土建大类 Civil Engineering	118881	132232	395771
水利大类 Water Resources	5445	6578	20962
制造大类 Manufacturing	65346	103646	268356
电子信息大类 Electronic Information	43157	57853	175570
环保、气象与安全大类 Environment Protection, Meteorology and Safety	2974	2683	7089
轻纺食品大类 Light, Textile and Food	788	1103	3056
财经大类 Finance	339170	373237	1182267
医药卫生大类 Medical and Health	50079	62032	183248
旅游大类 Tourism	4511	6348	23895
公共事业大类 Public Service	234462	246189	782519
文化教育大类 Culture and Education	109954	117138	379372
艺术设计传媒大类 Artistic Design and Mass Media	4430	5505	28232
公安大类 Public Security	699	950	2027
法律大类 Law	66681	68593	228006
总计中：师范生 of the Total：Students Enrolled in Teacher Training Institutions	16814	15908	37435

数变动情况

Higher Educations

单位：人

unit：person

减少学生数 Factors of Decrease								本学年初报表在校学生数 Enrolment at Beginning of Current Academic Year
毕业 Graduates	结业 Completers of Courses without Formal Diplomas	休学 Suspended	退学 Quitting	开除 Expelled	死亡 Death	转出 Transfers to Other Inst.	其他 Others	
53778	1375	1712	3035	15	40	257	3183	326687
497744	1164	5082	7305	46	137	1574	17534	1584719
3585940	48860	60158	42606	1759	1104	4775	15546	15766848
3222926	37856	46464	75171	2948	549	7332	30627	10486120
962495	5976	11776	29612	425	33	1240	27571	2793354
1400098	12771	18805	53748	887	57	4195	66507	3565998
649086	2425	11825	45703	5	16	343	45415	2294807
1150671	4124	36793	57738	2	22	1332	87143	3989864

高等教育非学历教育学生情况

Number of Students of Non-formal Education of Higher Education

单位：人/人次

unit：person/person-time

	结业生数 Graduates		注册学生数 Enrolment	
	合计 Total	其中:女 of Which:Female	合计 Total	其中:女 of Which:Female
研究生课程进修班 Postgraduate Courses	31260	17449	34799	18646
自考助学班 Classes run by Non – government HEIs for Students Preparing for Self-directed State – administered Examinations	73638	40037	169228	97760
普通预科生 College – preparatory Classes			50048	28265
进修及培训 In – service Training	8228526	3761398	6226915	2808694
一个月以内 1 Month Under	5100171	2115890	4272068	1808707
一个月至三个月以内 1 Month to 3 Months Under	1944309	990038	991027	497828
三个月至半年以内 3 Months to 6 Months Under	695498	398447	472349	247306
半年至一年以内 6 Months to 1 Year Under	448430	237632	447601	233194
一年及以上 1 Year and over	40118	19391	43870	21659
总计中:资格证书培训 of the Total: For Certificates of Vocational Qualifications	2304980	1066859	2191913	1023000
岗位证书培训 For Certificates of Job – related Qualifications	2638364	1132358	1760500	733270
总计中:第一产业类培训 of the Total: Training for first industry	404758	152131	347227	135740
第二产业类培训 Training for Second Industry	1202425	341201	1080692	325123
第三产业类培训 Training for Third Industry	6621343	3268066	4798996	2347831

高等教育学生中其他情况

Other Circumstances of Students in Higher Education

单位:人
unit: person

	共产党员 Member of C. P. A	共青团员 Member of C. Y. L	华 侨 Overseas Chinese	港澳台 From HK, Macao and Taiwan	少数民族 Minorities	残疾人 Disabled
总 计 Total	**2827449**	**27992805**	**4984**	**33974**	**3184244**	**25399**
研究生 Postgraduates	767686	861966	187	7108	109704	584
博 士 Doctor's Degree	158211	70752	48	2963	18932	71
硕 士 Master's Degree	609475	791214	139	4145	90772	513
普通本专科 Undergraduates in Regular HEIs	1099124	22973255	2202	23209	2142946	20496
本 科 Normal Courses	926441	13966730	1578	22996	1349239	9778
专 科 Short-cycle Courses	172683	9006525	624	213	793707	10718
成人本专科 Undergraduates in Adult HEIs	455761	2439156	2592	3038	529264	1446
本 科 Normal Courses	296187	945390	1203	1306	239004	434
专 科 Short-cycle Courses	159574	1493766	1389	1732	290260	1012
网络本专科生 Web-based Undergraduates	504878	1718428	3	619	402330	2873
本 科 Normal Courses	249186	577696	1	162	145201	1049
专 科 Short-cycle Courses	255692	1140732	2	457	257129	1824

	毕(结)业生数 Graduates	授予学位数 Degrees Awarded	招生数 Entrants	
			合计 Total	其中:春季招生 of Which: Spring Term
总　计 Total	**102245**	**19619**	**124896**	**35915**
其中:女 of Which:Female	48321	8405	58622	18353
按层次分 by Level of Training				
博士研究生 Doctor's Degrees	1373	1159	4021	139
硕士研究生 Master's Degrees	7316	6447	12697	414
本科 Normal Courses	14571	12013	26605	3265
专科 Short-cycle Courses	582		1247	171
培训 In-service Training	78403		80326	31926
分大洲 by Continent				
亚洲 Asia	57221	13863	71396	19952
非洲 Africa	9741	2838	14903	2951
欧洲 Europe	22267	1805	24644	7535
北美洲 North America	9760	712	10242	4419
南美洲 South America	1652	220	2009	542
大洋洲 Australia	1604	181	1702	516
分经费来源 by Sources of Support				
国际组织资助 Aided by IGOs	424	18	489	118
中国政府资助 Aided by Chinese Government	17605	6121	27174	3085
本国政府资助 Aided by Home Government	1639	266	962	148
学校间交换 Aided by Inter-institutional Exchanges	14017	379	16020	5717
自费 Self-supporting	68560	12835	80251	26847

生　情　况

International Students

单位：人

unit：person

在校生数 Enrolment					
合计 Total	第一年 1st Year	第二年 2nd Year	第三年 3rd Year	第四年 4th Year	第五年及以上 5th Year and Over
214345	**111634**	**42276**	**29498**	**18838**	**12099**
93691	52576	17531	11860	7547	4177
11841	3930	3037	2302	1509	1063
29351	12489	9243	5311	1660	648
94313	25534	22862	20341	15378	10198
2022	1245	443	309	25	
76818	68436	6691	1235	266	190
135101	64998	27056	20380	13578	9089
32147	14000	7944	5155	3164	1884
29997	21347	4695	2243	1202	510
12276	8233	1759	1230	589	465
2826	1791	514	272	174	75
1998	1265	308	218	131	76
625	401	109	109	4	2
50207	25142	12265	7415	3957	1428
2603	933	662	492	322	194
18095	14714	2189	873	197	122
142815	70444	27051	20609	14358	10353

高等教育学校(机构)
Number of Educational

	合计 Total	校本部 Educational Personnel 小计 Subtotal	专任教师 小计 Subtotal	正高级 Senior	副高级 Sub-senior
总　计 Total	**2420618**	**2309151**	**1602811**	**197511**	**471955**
其中:女 of Which: Female	1154096	1104325	780782	59491	212872
普通高校 Regular HEIs	2369326	2258289	1572565	196038	462825
成人高校 Adult HEIs	51292	50862	30246	1473	9130

高等教育学校(机构)
Number of Educational

	合计 Total	校本部 Educational Personnel 小计 Subtotal	专任教师 小计 Subtotal	正高级 Senior	副高级 Sub-senior
总　计 Total	**2369326**	**2258289**	**1572565**	**196038**	**462825**
其中:女 of Which: Female	1128675	1079087	764577	58845	208181
分类型:本科院校 by Type: HEIs Offering Degree Programs	1727571	1629958	1116372	176073	347794
其中:独立学院 of Which: Independent Institutions	176679	175930	132124	14426	34790
高职(专科)院校 Higher Vocational Colleges	639281	625881	454576	19816	114589
其他机构 Other Institutions	2474	2450	1617	149	442
分举办者:1. 中央部门所属 by Providers: Central Ministries & Agencies	383672	330775	196994	53976	72708
教育部 Under MOE	294336	255283	150646	41605	56379
其他部门 Other Central Agencies	89336	75492	46348	12371	16329
2. 地方所属 Local Authorities	1562034	1506819	1070754	113738	318404
教育部门 Ed. Dept.	1236651	1187472	843224	101923	256195
其他部门 Non-Ed. Dept.	307151	301356	215961	11567	58344
地方企业 Local Enterprises	18232	17991	11569	248	3865
3. 民办 Non-government	423620	420695	304817	28324	71713

教职工情况(总计)
Personnel in HEIs (Total)

单位：人
unit: person

教职工数 Educational Personnel								
教职工 in Main Campus						科研机构人员 Personnel in Affiliated Research Org.	校办企业职工 Employees in School-run Factories & Farms	其他附设机构人员 Personnel in Others Subsidiary Units
Full-time Teachers			行政人员 Adm. Personnel	教辅人员 Supporting Staff	工勤人员 Workers			
中级 Middle	初级 Junior	未定职级 No-ranking						
640551	**197387**	**95407**	**333152**	**217452**	**155736**	**30285**	**24916**	**56266**
343848	112799	51772	158016	120346	45181	11489	7508	30774
627635	191774	94293	323434	210542	151748	30128	24753	56156
12916	5613	1114	9718	6910	3988	157	163	110

教职工情况(普通高校)
Personnel in HEIs (Regular HEIs)

单位：人
unit: person

教职工数 Educational Personnel								
教职工 in Main Campus						科研机构人员 Personnel in Affiliated Research Org.	校办企业职工 Employees in School-run Factories & Farms	其他附设机构人员 Personnel in Others Subsidiary Units
Full-time Teachers			行政人员 Adm. Personnel	教辅人员 Supporting Staff	工勤人员 Workers			
中级 Middle	初级 Junior	未定职级 No-ranking						
627635	**191774**	**94293**	**323434**	**210542**	**151748**	**30128**	**24753**	**56156**
336733	109658	51160	153715	116642	44153	11410	7441	30737
440927	99363	52215	240062	162664	110860	28836	20541	48236
52957	20407	9544	22764	10476	10566	119	222	408
186109	92168	41894	82927	47653	40725	1278	4212	7910
599	243	184	445	225	163	14		10
60659	5690	3961	59440	47280	27061	20089	10154	22654
46042	3537	3083	47184	35841	21612	15660	9339	14054
14617	2153	878	12256	11439	5449	4429	815	8600
450427	129913	58272	207149	133802	95114	9402	13191	32622
354977	87564	42565	162153	107958	74137	8413	11522	29244
90281	40592	15177	42091	24123	19181	934	1548	3313
5169	1757	530	2905	1721	1796	55	121	65
116549	56171	32060	56845	29460	29573	637	1408	880

高等教育学校(机构)
Number of Educational

	合计 Total	校本部 Educational Personnel			
		小计 Subtotal	专任教师		
			小计 Subtotal	正高级 Senior	副高级 Sub-senior
总　计 Total	**51292**	**50862**	**30246**	**1473**	**9130**
其中:女 of Which: Female	25421	25238	16205	646	4691
分类型:职工高等学校 by Type:Workers' Colleges	18031	17889	10963	259	3399
农民高等学校 Peasants' College	130	130	89		14
管理干部学院 Institutes for Administration	6857	6774	4080	488	1382
教育学院 Educational College	7195	7160	4891	230	1619
独立函授学院 Independent Correspondence Colleges					
广播电视大学 Radio/TV Universities	18382	18212	9809	493	2600
其他机构 Other Institutions	697	697	414	3	116
分举办者:1. 中央部门所属	1180	1166	515	52	229
by Provider:Under Central Ministries & Agencies					
教育部 Under MOE	515	501	157	16	79
其他部门 Other Central Agencies	665	665	358	36	150
2. 地方所属 Local Auth.	50112	49696	29731	1421	8901
教育部门 Ed. Dept.	25954	25769	15114	721	4306
其他部门 Non－ed. Dept.	20822	20606	12670	671	3901
地方企业 Local Enterprises	3336	3321	1947	29	694
3. 民办 Non－government					

教职工情况（成人高校）
Personnel in HEIs (Adult HEIs)

单位：人
unit: person

教职工数 Educational Personnel								
教职工 in Main Campus						科研机构人员 Personnel in Affiliated Research Org.	校办企业职工 Employees in School-run	其他附设机构人员 Personnel in Others Subsidiary Units
Full-time Teachers			行政人员 Adm. Personnel	教辅人员 Supporting Staff	工勤人员 Workers			
中级 Middle	初级 Junior	未定职级 No-ranking						
12916	**5613**	**1114**	**9718**	**6910**	**3988**	**157**	**163**	**110**
7115	3141	612	4301	3704	1028	79	67	37
4986	1922	397	3135	2046	1745	7	94	41
40	35		20	14	7			
1485	579	146	1317	754	623	49	4	30
1938	971	133	1077	829	363	18		17
4281	2003	432	4011	3204	1188	83	65	22
186	103	6	158	63	62			
195	30	9	288	275	88	14		
58	2	2	109	206	29	14		
137	28	7	179	69	59			
12721	5583	1105	9430	6635	3900	143	163	110
6639	2912	536	5257	3832	1566	82	62	41
5227	2352	519	3642	2338	1956	61	86	69
855	319	50	531	465	378		15	

研究生指导

Number of Supervisors

	合计 Total	29 岁及以下 29 and Under	30—34 岁 30 to 34	35—39 岁 35 to 39
总　计 Total	**363218**	**1402**	**24867**	**60344**
其中:女 of Which: Female	108808	522	7978	20773
分职称:正高级 by Rank:Senior	176753	47	1807	9622
副高级 Sub-senior	164660	434	14425	43605
中级 Middle	21805	921	8635	7117
分指导关系:博士导师	14844	4	175	715
by Level of Programs Supervised: Supervisors of Doctoral Programs				
其中:女 of Which: Female	2360	1	25	120
硕士导师 Supervisors of Master's Degree Programs	276629	1343	22662	52705
其中:女 of Which: Female	93658	512	7620	19330
博士、硕士导师	71745	55	2030	6924
Supervisors of Doc. & Mas. Degree Programs				
其中:女 of Which: Female	12790	9	333	1323

研究生指导教

Number of Supervisors of

	合计 Total	29 岁及以下 29 and Under	30—34 岁 30 to 34	35—39 岁 35 to 39
总　计 Total	**347912**	**1346**	**24429**	**58506**
其中:女 of Which: Female	105816	506	7884	20309
分职称:正高级 by Rank:Senior	165910	32	1768	9119
副高级 Sub-senior	160260	396	14048	42288
中级 Middle	21742	918	8613	7099
分指导关系:博士导师	12740	4	170	686
by Level of Programs Supervised: Supervisors of Doctoral Programs				
其中:女 of Which: Female	2072	1	25	117
硕士导师 Supervisors of Master's Degree Programs	266479	1287	22325	51305
其中:女 of Which: Female	91542	496	7550	18977
博士、硕士导师	68693	55	1934	6515
Supervisors of Doc. & Mas. Degree Programs				
其中:女 of Which: Female	12202	9	309	1215

教师情况(总计)
of Postgraduate Programs (Total)

单位：人
unit：person

40—44 岁 40 to 44	45—49 岁 44 to 49	50—59 岁 50 to 54	55—59 岁 55 to 59	60—64 岁 60 to 64	65 岁及以上 65 and Over
73376	**71807**	**81009**	**32255**	**11316**	**6842**
26454	22842	20877	6540	1963	859
24606	40427	58799	25763	9717	5965
45798	30308	21527	6260	1534	769
2972	1072	683	232	65	108
1487	2636	4105	2383	1476	1863
339	549	623	320	213	170
61045	54932	55691	20448	5660	2143
23695	19265	16771	4868	1162	435
10844	14239	21213	9424	4180	2836
2420	3028	3483	1352	588	254

师情况(普通高校)
Postgraduate Programs (Regular HEIs)

单位：人
unit：person

40—44 岁 40 to 44	45—49 岁 45 to 49	50—54 岁 50 to 54	55—59 岁 55 to 59	60—64 岁 60 to 64	65 岁及以上 66 and Over
70371	**68400**	**77100**	**30582**	**10729**	**6449**
25730	22165	20209	6305	1871	837
22889	37738	55375	24252	9164	5573
44521	29595	21045	6099	1500	768
2961	1067	680	231	65	108
1308	2242	3489	1991	1231	1619
304	477	535	272	183	158
58819	52539	53207	19506	5416	2075
23154	18787	16325	4717	1107	429
10244	13619	20404	9085	4082	2755
2272	2901	3349	1316	581	250

分学科专任教师数（总计）

Number of Full-time Teachers by Field of Study（Total）

单位：人

unit：person

	合计 Total	正高级 Senior	副高级 Sub-Senior	中级 Middle	初级 Junior	未定职级 No-ranking
总　计 Total	**1602811**	**197511**	**471955**	**640551**	**197387**	**95407**
其中：女 of Which：Female	780782	59491	212872	343848	112799	51772
哲学 Philosophy	41441	5429	12512	16034	4869	2597
经济学 Economics	91566	10958	27572	36042	11052	5942
法学 Law	75300	8693	21343	31298	9490	4476
教育学 Education	135716	10515	37923	55902	21710	9666
其中：体育 of Which：Sport	63811	4688	19762	26391	9599	3371
文学 Literature	226720	17853	59378	106020	30651	12818
其中：外语 of Which：Foreign Language	129937	7339	31417	67496	17216	6469
历史学 History	17639	3169	5573	6494	1600	803
理学 Science	181326	30618	60720	65919	15601	8468
工学 Engineering	436598	58444	136574	171248	46798	23534
其中：计算机 of Which：Computer	98190	8194	27887	45675	12014	4420
农学 Agriculture	39942	7469	13099	13759	3441	2174
其中：林学 of Which：Forestry	6800	1088	2166	2477	706	363
医学 Medicine	120415	22180	37489	40387	14064	6295
管理学 Administrators	132371	13823	37029	53615	18223	9681
艺术学 Art	103777	8360	22743	43833	19888	8953

分学科专任教师数(普通高校)

Number of Full-time Teachers by Field of Study (Regular HEIs)

单位：人
unit：person

	合计 Total	正高级 Senior	副高级 Sub-Senior	中级 Middle	初级 Junior	未定职级 No-ranking
总　计 Total	**1572565**	**196038**	**462825**	**627635**	**191774**	**94293**
其中：女 of Which：Female	764577	58845	208181	336733	109658	51160
哲学 Philosophy	40310	5344	12154	15549	4712	2551
经济学 Economics	88823	10718	26679	34905	10659	5862
法学 Law	73236	8528	20752	30428	9141	4387
教育学 Education	132466	10370	36974	54612	20987	9523
其中：体育 of Which：Sport	62772	4668	19523	25949	9311	3321
文学 Literature	221820	17654	57904	103856	29708	12698
其中：外语 of Which：Foreign Language	127831	7272	30838	66468	16833	6420
历史学 History	17188	3139	5402	6322	1532	793
理学 Science	178110	30475	59643	64535	15079	8378
工学 Engineering	429019	58214	134357	167962	45259	23227
其中：计算机 of Which：Computer	95465	8107	27188	44346	11475	4349
农学 Agriculture	39456	7456	12996	13551	3309	2144
其中：林学 of Which：Forestry	6742	1087	2152	2455	690	358
医学 Medicine	119601	22129	37199	40060	13973	6240
管理学 Administrators	129720	13665	36222	52462	17780	9591
艺术学 Art	102816	8346	22543	43393	19635	8899

分学科专任教师数(成人高校)
Number of Full-time Teachers by Field of Study(Adult HEIs)

单位:人
unit: person

	合计 Total	正高级 Senior	副高级 Sub-Senior	中级 Middle	初级 Junior	未定职级 No-ranking
总　计 Total	**30246**	**1473**	**9130**	**12916**	**5613**	**1114**
其中:女 of Which: Female	16205	646	4691	7115	3141	612
哲学 Philosophy	1131	85	358	485	157	46
经济学 Economics	2743	240	893	1137	393	80
法学 Law	2064	165	591	870	349	89
教育学 Education	3250	145	949	1290	723	143
其中:体育 of Which:Sport	1039	20	239	442	288	50
文学 Literature	4900	199	1474	2164	943	120
其中:外语 of Which:Foreign Language	2106	67	579	1028	383	49
历史学 History	451	30	171	172	68	10
理学 Science	3216	143	1077	1384	522	90
工学 Engineering	7579	230	2217	3286	1539	307
其中:计算机 of Which:Computer	2725	87	699	1329	539	71
农学 Agriculture	486	13	103	208	132	30
其中:林学 of Which:Forestry	58	1	14	22	16	5
医学 Medicine	814	51	290	327	91	55
管理学 Administrators	2651	158	807	1153	443	90
艺术学 Art	961	14	200	440	253	54

分学科专任教师数(民办的其他高等教育机构)
Number of Full-time Teachers by Field of Study (Other Non-government HEIs)

单位：人
unit：person

	合计 Total	正高级 Senior	副高级 Sub-Senior	中级 Middle	初级 Junior	未定职级 No-ranking
总计 Total	**11107**	**908**	**2119**	**3776**	**1828**	**2476**
其中:女 of Which：Female	5597	309	960	1964	1038	1326
哲学 Philosophy	351	55	101	106	47	42
经济学 Economics	914	89	268	337	115	105
法学 Law	388	37	111	126	62	52
教育学 Education	1036	64	190	298	234	250
其中:体育 of Which:Sport	353	9	39	110	96	99
文学 Literature	2678	132	395	1061	409	681
其中:外语 of Which:Foreign Language	1646	65	186	658	271	466
历史学 History	127	14	32	39	20	22
理学 Science	616	70	162	191	87	106
工学 Engineering	2314	138	381	943	382	470
其中:计算机 of Which:Computer	1233	51	196	567	194	225
农学 Agriculture	84	7	22	13	29	13
其中:林学 of Which:Forestry	16	2	4	3	4	3
医学 Medicine	425	52	81	104	63	125
管理学 Administrators	931	109	212	290	142	178
艺术学 Art	1243	141	164	268	238	432

专任教师、聘请校外教师学历情况（总计）

Number of Academic Qualifications of Full-time and Part-time Teachers in HEIs (Total)

单位：人

unit: person

	合计 Total	博士 Doctor's Degrees	硕士 Master's Degrees	本科 Normal Courses	专科及以下 Short-cycle Courses and Under
1. 专任教师 Full-time Teachers	1602811	339331	576134	666243	21103
其中：女 of Which: Female	780782	119409	325439	328294	7640
正高级 Senior	197511	99194	34652	62346	1319
副高级 Sub-senior	471955	129251	116586	221339	4779
中　级 Middle	640551	97160	284497	251232	7662
初　级 Junior	197387	1547	93467	98171	4202
未定职级 No-ranking	95407	12179	46932	33155	3141
2. 聘请校外教师 Part-time Teachers	477973	67434	153869	230150	26520
其中：女 of Which: Female	186407	17026	66566	94243	8572
外籍教师 Foreign Teachers	15767	7040	4233	4405	89
其他高校教师 Other HEI Teachers	129802	26844	52573	48165	2220
正高级 Senior	82283	34149	22278	24681	1175
副高级 Sub-senior	143279	20403	44145	73630	5101
中　级 Middle	151116	9043	53358	79308	9407
初　级 Junior	42403	644	15399	23240	3120
未定职级 No-ranking	58892	3195	18689	29291	7717

注：不包含民办的其他高等教育机构数据。

Note: Data of Non-government HEIs are not included.

专任教师、聘请校外教师学历情况（普通高校）

Number of Academic Qualifications of Full-time and Part-time Teachers in HEIs (Regular HEIs)

单位：人

unit: person

	合计 Total	博士 Doctor's Degrees	硕士 Master's Degrees	本科 Normal Courses	专科及以下 Short-cycle Courses and Under
1. 专任教师 Full-time Teachers	1572565	338442	569321	645068	19734
其中：女 of Which: Female	764577	118982	321432	317006	7157
正高级 Senior	196038	98988	34282	61451	1317
副高级 Sub-senior	462825	128864	114876	214468	4617
中　级 Middle	627635	96897	281314	242414	7010
初　级 Junior	191774	1525	92292	94179	3778
未定职级 No-ranking	94293	12168	46557	32556	3012
2. 聘请校外教师 Part-time Teachers	445853	66872	147046	206424	25511
其中：女 of Which: Female	171043	16853	63181	82861	8148
外籍教师 Foreign Teachers	15743	7040	4223	4391	89
其他高校教师 Other HEI Teachers	122441	26588	50240	43573	2040
正高级 Senior	80941	33935	21828	24010	1168
副高级 Sub-senior	133405	20184	42004	66236	4981
中　级 Middle	136298	8940	50244	68097	9017
初　级 Junior	37734	629	14641	19659	2805
未定职级 No-ranking	57475	3184	18329	28422	7540

专任教师、聘请校外教师学历情况(成人高校)
Number of Academic Qualifications of Full-time and Part-time Teachers in HEIs (Adult HEIs)

单位：人
unit：person

	合计 Total	博士 Doctor's Degrees	硕士 Master's Degrees	本科 Normal Courses	专科及以下 Short-cycle Courses and Under
1. 专任教师 Full-time Teachers	30246	889	6813	21175	1369
其中:女 of Which: Female	16205	427	4007	11288	483
正高级 Senior	1473	206	370	895	2
副高级 Sub-senior	9130	387	1710	6871	162
中　级 Middle	12916	263	3183	8818	652
初　级 Junior	5613	22	1175	3992	424
未定职级 No-ranking	1114	11	375	599	129
2. 聘请校外教师 Part-time Teachers	32120	562	6823	23726	1009
其中:女 of Which: Female	15364	173	3385	11382	424
外籍教师 Foreign Teachers	24		10	14	
其他高校教师 Other HEI Teachers	7361	256	2333	4592	180
正高级 Senior	1342	214	450	671	7
副高级 Sub-senior	9874	219	2141	7394	120
中　级 Middle	14818	103	3114	11211	390
初　级 Junior	4669	15	758	3581	315
未定职级 No-ranking	1417	11	360	869	177

专任教师、聘请校外教师学历情况(民办的其他高等教育机构)
Number of Academic Qualifications of Full-time and Part-time Teachers in HEIs (Other Non-government HEIs)

单位：人
unit：person

	合计 Total	博士 Doctor's Degrees	硕士 Master's Degrees	本科 Normal Courses	专科及以下 Short-cycle Courses and Under
1. 专任教师 Full-time Teachers	11107	330	2174	7667	936
其中:女 of Which: Female	5597	101	1151	3924	421
正高级 Senior	908	130	256	499	23
副高级 Sub-senior	2119	111	515	1391	102
中　级 Middle	3776	61	790	2709	216
初　级 Junior	1828	4	253	1391	180
未定职级 No-ranking	2476	24	360	1677	415
2. 聘请校外教师 Part-time Teachers	10976	1068	3380	6177	351
其中:女 of Which: Female	4532	282	1386	2733	131
外籍教师 Foreign Teachers	32	2	14	16	
其他高校教师 Other HEI Teachers	2605	358	1044	1182	21
正高级 Senior	1657	470	568	588	31
副高级 Sub-senior	3279	435	1163	1633	48
中　级 Middle	3890	128	1133	2467	162
初　级 Junior	1073	10	266	754	43
未定职级 No-ranking	1077	25	250	735	67

专任教师年龄情况(总计)
Number of Full-time Teachers by Age (Total)

单位：人
unit：person

	合计 Total	29岁及以下 29 and Under	30—34岁 30 to 34	35—39岁 35 to 39	40—44岁 40 to 44	45—49岁 45 to 49	50—54岁 50 to 54	55—59岁 55 to 59	60—64岁 60 to 64	65岁及以上 65 and Over
总 计 Total	**1602811**	**219230**	**349193**	**325878**	**238970**	**187637**	**179079**	**71160**	**20956**	**10708**
其中:女 of Which：Female	780782	132942	195313	169070	111315	81258	67306	16708	5092	1778
正高级 Senior	197511	50	1408	8928	27208	45466	64932	31689	11955	5875
副高级 Sub-senior	471955	974	28256	99815	116983	97533	86119	30411	7521	4343
中 级 Middle	640551	51523	234178	193818	86276	40178	25183	7683	1289	423
初 级 Junior	197387	103457	64305	17793	6094	3025	1862	781	59	11
未定职级 No-ranking	95407	63226	21046	5524	2409	1435	983	596	132	56

注:不含民办的其他高等教育机构数据。

Note：Data of Non-government HEIs are not included.

专任教师年龄情况(普通高校)
Number of Full-time Teachers by Age (Regular HEIs)

单位：人
unit：person

	合计 Total	29岁及以下 29 and Under	30—34岁 30 to 34	35—39岁 35 to 39	40—44岁 40 to 44	45—49岁 45 to 49	50—54岁 50 to 54	55—59岁 55 to 59	60—64岁 60 to 64	65岁及以上 65 and Over
总 计 Total	**1572565**	**215290**	**343019**	**320389**	**234002**	**183450**	**175233**	**69589**	**20894**	**10699**
其中:女 of Which：Female	764577	130467	191593	165977	108717	79104	65450	16406	5085	1778
正高级 Senior	196038	50	1407	8899	26990	45086	64397	31405	11931	5873
副高级 Sub-senior	462825	966	27985	98440	114775	95259	84000	29578	7486	4336
中 级 Middle	627635	50785	230342	190492	84059	38842	24119	7287	1286	423
初 级 Junior	191774	101064	62402	17081	5813	2863	1750	731	59	11
未定职级 No-ranking	94293	62425	20883	5477	2365	1400	967	588	132	56

专任教师年龄情况(成人高校)
Number of Full-time Teachers by Age (Adult HEIs)

单位：人
unit：person

	合计 Total	29岁及以下 29 and Under	30—34岁 30 to 34	35—39岁 35 to 39	40—44岁 40 to 44	45—49岁 45 to 49	50—54岁 50 to 54	55—59岁 55 to 59	60—64岁 60 to 64	65岁及以上 65 and Over
总　计 Total	**30246**	**3940**	**6174**	**5489**	**4968**	**4187**	**3846**	**1571**	**62**	**9**
其中:女 of Which：Female	16205	2475	3720	3093	2598	2154	1856	302	7	
正高级 Senior	1473		1	29	218	380	535	284	24	2
副高级 Sub-senior	9130	8	271	1375	2208	2274	2119	833	35	7
中　级 Middle	12916	738	3836	3326	2217	1336	1064	396	3	
初　级 Junior	5613	2393	1903	712	281	162	112	50		
未定职级 No-ranking	1114	801	163	47	44	35	16	8		

专任教师年龄情况(民办的其他高等教育机构)
Number of Full-time Teachers by Age (Other Non-government HEIs)

单位：人
unit：person

	合计 Total	29岁及以下 29 and Under	30—34岁 30 to 34	35—39岁 35 to 39	40—44岁 40 to 44	45—49岁 45 to 49	50—54岁 50 to 54	55—59岁 55 to 59	60—64岁 60 to 64	65岁及以上 65 and Over
总　计 Total	**11107**	**2521**	**2408**	**1778**	**1563**	**958**	**734**	**516**	**297**	**332**
其中:女 of Which：Female	5597	1506	1302	953	754	421	304	186	94	77
正高级 Senior	908	1	31	45	104	140	170	152	108	157
副高级 Sub-senior	2119	23	108	309	390	453	363	239	128	106
中　级 Middle	3776	556	971	845	826	253	138	82	50	55
初　级 Junior	1828	780	570	265	126	49	23	13	2	
未定职级 No-ranking	2476	1161	728	314	117	63	40	30	9	14

专任教师、聘请校外教

Number of Full-time and Part-time Teachers

	专任教师中按授课内容分 Full-time Teachers Classified by Teaching Content			
	合计 Total	公共课基础课 Common Required Course	专业课 Special Subjects	
			小计 Subtotal	其中:双师型 of Which: Double-teacher Type
总　计 Total	**1544152**	**399598**	**1144554**	**263800**
其中:女 of Which: Female	754693	212373	542320	132048
正高级 Senior	191123	33842	157281	25724
副高级 Sub-senior	455134	111696	343438	100006
中级 Middle	617384	171408	445976	138070
初级 Junior	190503	56907	133596	
未定职级 No-ranking	90008	25745	64263	
普通高校 Regular HEIs	**1514736**	**390983**	**1123753**	**258042**
其中:女 of Which: Female	738887	207698	531189	129123
正高级 Senior	189695	33511	156184	25320
副高级 Sub-senior	446239	109258	336981	97622
中级 Middle	604791	167712	437079	135100
初级 Junior	185073	55043	130030	
未定职级 No-ranking	88938	25459	63479	
成人高校 Adult HEIs	**29416**	**8615**	**20801**	**5758**
其中:女 of Which: Female	15806	4675	11131	2925
正高级 Senior	1428	331	1097	404
副高级 Sub-senior	8895	2438	6457	2384
中级 Middle	12593	3696	8897	2970
初级 Junior	5430	1864	3566	
未定职级 No-ranking	1070	286	784	

注:不含民办的其他高等教育机构数据。

Note: Data of Non-government HEIs are not included.

专任教师、聘请校外教

Number of Full-time and Part-time Teachers

	专任教师中按授课内容分 Full-time Teachers Classified by Teaching Content			
	合计 Total	公共课基础课 Common Required Course	专业课 Special Subjects	
			小计 Subtotal	其中:双师型 of Which: Double-teacher Type
总　计 Total	**10884**	**3615**	**7269**	**1258**
其中:女 of Which: Female	5519	1871	3648	566
正高级 Senior	882	287	595	150
副高级 Sub-senior	2090	691	1399	426
中级 Middle	3733	1359	2374	682
初级 Junior	1813	628	1185	
未定职级 No-ranking	2366	650	1716	

师岗位分类情况(总计)
Classified by Teaching Content in HEIs (Total)

单位：人
unit：person

聘请校外教师按授课内容分 Part-time Teachers Classfied by Teaching Content				专任教师中不任课人数 Full-time Teachers by Non-teaching				
合计 Total	公共课基础课 Common Required Course	专业课 Special Subjects		合计 Total	进修 In-service	科研 Research	病休 Sick Leave	其他 Others
		小计 Subtotal	其中：双师型 of Which: Double-teacher Type					
477973	**91061**	**386912**	**79442**	**58659**	**24960**	**11126**	**2186**	**20387**
186407	40939	145468	31350	26089	11785	3784	1236	9284
82283	12192	70091	10577	6388	1879	2460	168	1881
143279	26462	116817	32270	16821	8054	3727	508	4532
151116	30759	120357	36595	23167	11475	3719	995	6978
42403	9857	32546		6884	2468	539	427	3450
58892	11791	47101		5399	1084	681	88	3546
445853	**80671**	**365182**	**74764**	**57829**	**24920**	**11018**	**2148**	**19743**
171043	35656	135387	29129	25690	11764	3737	1218	8971
80941	11829	69112	10286	6343	1876	2438	167	1862
133405	23273	110132	30330	16586	8041	3695	505	4345
136298	26094	110204	34148	22844	11455	3692	975	6722
37734	8064	29670		6701	2465	512	413	3311
57475	11411	46064		5355	1083	681	88	3503
32120	**10390**	**21730**	**4678**	**830**	**40**	**108**	**38**	**644**
15364	5283	10081	2221	399	21	47	18	313
1342	363	979	291	45	3	22	1	19
9874	3189	6685	1940	235	13	32	3	187
14818	4665	10153	2447	323	20	27	20	256
4669	1793	2876		183	3	27	14	139
1417	380	1037		44	1			43

师岗位分类情况(民办的其他高等教育机构)
Classified by Teaching Content in HEIs (Other Non-government HEIs)

单位：人
unit：person

聘请校外教师按授课内容分 Part-time Teachers Classfied by Teaching Content				专任教师中不任课人数 Full-time Teachers by Non-teaching				
合计 Total	公共课基础课 Common Required Course	专业课 Special Subjects		合计 Total	进修 In-service	科研 Research	病休 Sick Leave	其他 Others
		小计 Subtotal	其中：双师型 of Which: Double-teacher Type					
10976	**3415**	**7561**	**976**	**223**	**34**	**6**	**7**	**176**
4532	1498	3034	392	78	10		5	63
1657	543	1114	187	26		2		24
3279	1044	2235	395	29		4		25
3890	1247	2643	394	43	2		4	37
1073	309	764		15	4		3	8
1077	272	805		110	28			82

专任教师

Changes of Full-time

	上学年初报表专任教师数 Number of Full-time Teachers at Beginning of Previous Academic Year	增加专任 Factors of			
		合计 Total	录用毕业生 New Recruits from Current Year Graduates		
			小计 Subtotal	其中 of Which:	
				研究生 Completing Doc. & Mas. Deg.	本科 Completing Normal Courses
总　计 Total	**1566048**	**103367**	**53996**	**45552**	**4032**
其中:女 of Which: Female	755423	53916	30020	25381	1628
普通高校 Regular HEIs	**1534510**	**101867**	**53568**	**45299**	**4032**
其中:女 of Which: Female	738695	53070	29746	25211	1628
成人高校 Adult HEIs	**31538**	**1500**	**428**	**253**	
其中:女 of Which: Female	16728	846	274	170	

注:不含民办的其他高等教育机构数据。

Note: Data of Non-government HEIs are not included.

专任教师

Changes of Full-time Teachers in HEIs

	上学年初报表专任教师数 Number of Full-time Teachers at Beginning of Previous Academic Year	增加专任 Factors of			
		合计 Total	录用毕业生 New Recruits from Current Year Graduates		
			小计 Subtotal	其中 of Which:	
				研究生 Completing Doc. & Mas. Deg.	本科 Completing Normal Courses
总　计 Total	**12522**	**1419**	**443**	**44**	
其中:女 of Which: Female	6443	732	245	26	

变动情况(总计)
Teachers in HEIs (Total)

单位:人
unit: person

教师数 Increase				减少专任教师数 Factors of Decrease				本学年初报表专任教师数 Number of Full-time Teachers at Beginning of Current Academic Year
外单位教师调入 Teachers Recruited from Other Units		校内、外非教师调入 Non-teaching Personnel Changed into Teachers						
小计 Subtotal	其中:高校调入 of Which: from Reg. HEIs	小计 Subtotal	其中:本校调整 of Which: with Change of Status in Their Own Institutions	合计 Total	自然减员 Retired from their Posts during Previous Academic Year	调离教师岗位 Transferred from Teaching to Non-teaching Posts	其他 Others	
25996	**12476**	**23375**	**12635**	**66604**	**24866**	**13768**	**27970**	**1602811**
12566	5928	11330	6437	28557	10280	5701	12576	780782
25182	**12343**	**23117**	**12484**	**63812**	**24227**	**13222**	**26363**	**1572565**
12136	5837	11188	6355	27188	9961	5467	11760	764577
814	**133**	**258**	**151**	**2792**	**639**	**546**	**1607**	**30246**
430	91	142	82	1369	319	234	816	16205

变动情况(民办的其他高等教育机构)
(Other Non-government HEIs)

单位:人
unit: person

教师数 Increase				减少专任教师数 Factors of Decrease				本学年初报表专任教师数 Number of Full-time Teachers at Beginning of Current Academic Year
外单位教师调入 Teachers Recruited from Other Units		校内、外非教师调入 Non-teaching Personnel Changed into Teachers						
小计 Subtotal	其中:高校调入 of Which: from Reg. HEIs	小计 Subtotal	其中:本校调整 of Which: with Change of Status in Their Own Institutions	合计 Total	自然减员 Retired from their Posts during Previous Academic Year	调离教师岗位 Transferred from Teaching to Non-teaching Posts	其他 Others	
541	**40**	**435**	**59**	**2834**	**729**	**1045**	**1060**	**11107**
244	17	243	26	1578	359	692	527	5597

资产
Condition of Fixed Assets

	占地面积(平方米) Area of School sites (m^2)			图书音像资料情况 Audio-visual ed. Resources	
				图书(万册) Books & Magazines in Libraries (10,000 volume)	
	合计 Total	其中:绿化用地面积 of Which: Green Areas	其中:运动场地面积 of Which: Sports Areas	合计 Total	当年新增 New Added in Current Year
学校产权 Owned by HEIs	**1741743250.16**	**554159107.45**	**130748365.58**	**243335.91**	**11593.75**
非学校产权中独立使用 Not Owned by HEIs	244859478.35	49435433.41	13936371.54	5328.75	217.93
普通高校 Regular HEIs					
学校产权 Owned by HEIs	1716670288.69	548850977.36	128189895.65	239563.55	11491.27
非学校产权中独立使用 Not Owned by HEIs	219493141.08	44214318.66	11151615.55	1897.57	119.71
成人高校 Adult HEIs					
学校产权 Owned by HEIs	25072961.47	5308130.09	2558469.93	3772.36	102.48
非学校产权中独立使用 Not Owned by HEIs	25366337.27	5221114.75	2784755.99	3431.18	98.22

注:不含民办的其他高等教育机构数据。

Note: Data of Non-government HEIs are not included.

资产情况
Condition of Fixed Assets

	占地面积(平方米) Area of School sites (m^2)			图书音像资料情况 Audio-visual ed. Resources	
				图书(万册) Books & Magazines in Libraries (10,000 volume)	
	合计 Total	其中:绿化用地面积 of Which: Green Areas	其中:运动场地面积 of Which: Sports Areas	合计 Total	当年新增 New Added in Current Year
学校产权 Owned by HEIs	**5500584.02**	**1220962.41**	**532648.63**	**1141.9101**	**34.212**
非学校产权中独立使用 Not Owned by HEIs	5799979.8	1109545.52	768977.37	24230.5222	1014.1596

情况(总计)
and Teaching Resources (Total)

计算机数(台) No. of Computers			教室(间) Classroom(room)		固定资产值(万元) Fixed Assets (10,000 yuan)				
合计 Total	其中:教学用计算机 No. of Computers Used for Instruction		合计 Total	其中:网络多媒体教室 of Which: Network Multimedia Classroom	合计 Total	其中:教学、科研仪器设备资产 of Which: Teaching Equipment & Instruments		其中:信息化设备资产值 of Which: Assets of Information Facilities	
	小计 Subtotal	其中:平板电脑 of Which: Tablet PC				小计 Subtotal	当年新增 New Added in Current Year	小计 Subtotal	其中:软件 of Which: Software
11067815	**8367861**	**83865**	**602486**	**313100**	**179320745.69**	**40485282.47**	**4820665.36**	**11209011.46**	**1856877.70**
296597	205830	4527	96613	46220	10471590.47	847146.63	81967.73		
10855782	8209786	80945	581733	305636	177227211.28	40062497.37	4785871.58	11021423.08	1835754.46
56569	48156	173	71447	33951	9100708.85	523468.67	62041.24		
212033	158075	2920	20753	7464	2093534.40	422785.10	34793.79	187588.38	21123.24
240028	157674	4354	25166	12269	1370881.62	323677.96	19926.49		

(民办的其他高等教育机构)
and Teaching Resources (Other Non-government HEIs)

计算机数(台) No. of Computers			教室(间) Classroom(room)		固定资产值(万元) Fixed Assets (10,000 yuan)				
合计 Total	其中:教学用计算机 No. of Computers Used for Instruction		合计 Total	其中:网络多媒体教室 of Which: Network Multimedia Classroom	合计 Total	其中:教学、科研仪器设备资产 of Which: Teaching Equipment & Instruments		其中:信息化设备资产值 of Which: Assets of Information Facilities	
	小计 Subtotal	其中:平板电脑 of Which: Tablet PC				小计 Subtotal	当年新增 New Added in Current Year	小计 Subtotal	其中:软件 of Which: Software
72306	**60124**	**3219**	**5106**	**1490**	**466276.93**	**94502.67**	**5388.51**	**25607.53**	**4771.47**
12285	9876	1059	5246	1820	288644.39	70380.64	1429.68		

校舍情况(总计)
Condition of School Buildings (Total)

单位：平方米
unit：m^2

	学校产权建筑面积 Floor Area of School Building Owned by HEIs				正在施工面积 Floor Area Under Construction	独立使用非学校产权建筑面积 Floor Area of School Building Not Owned by HEIs
	合计 Total	其中:危房 of Which: Dilapidated Buildings	其中:当年新增校舍 of Which: New Added in Current Year	其中:被外单位借用 of Which: Floor Space Hired by Other Schools or Units		
总　计 Total	**813139095.02**	**1399977.55**	**27838779.66**	**1222321.55**	**59172095.70**	**103274266.81**
一、教学及辅助用房 Buildings for Instraction and Ancillary Uses	**364637117.79**	**574544.34**	**12891831.83**	**436983.46**	**30410465.54**	**45952427.00**
教室 Classroom	137815146.43	184672.56	3832677.90	179353.88	7305553.73	20393264.13
图书馆 Library	43759854.78	64570.14	1264243.04	25331.43	5052341.29	4625967.15
实验室、实习场所 Lab. And Practice Facilities	134724590.14	271567.96	5476575.96	176909.02	11162125.24	16120839.72
专用科研用房 Office Special for Research	17104174.63	19482.25	835255.76	25488.13	3818283.79	774114.69
体育馆 Gymnasium	23642525.07	9732.30	1184231.54	21482.00	2237204.54	2884027.31
会堂 Hall	7590826.74	24519.13	298847.63	8419.00	834956.95	1154214.00
二、行政办公用房 Administrative	**46758288.89**	**108601.51**	**1316977.59**	**48970.75**	**2599192.69**	**5624781.94**
三、生活用房 Residential Buildings	**299152303.68**	**459111.32**	**10279918.45**	**487499.59**	**17114034.84**	**49642043.44**
学生宿舍(公寓)Students' Dormitories	224336879.44	291714.42	7572671.22	317820.18	11454081.47	39806587.35
学生食堂 Students' Dining Halls	32290154.74	15168.94	1051304.46	26444.08	1605960.17	4812147.15
教工宿舍(公寓) Apartments for Single	14912162.41	82189.43	977428.81	3547.80	2511497.68	2577103.53
教工食堂 Dining Halls for Teachers, Staff and Workers	1845674.86	3154.28	51750.40	300.00	93928.56	250067.98
生活福利及附属用房 Residential, Welfare and Anxiliary Buildings	25767432.23	66884.25	626763.56	139387.53	1448566.96	2196137.43
四、教工住宅 Residential Quarters for Teachers &Workers	**85813912.39**	**210858.10**	**2250475.75**	**40433.54**	**5754828.78**	
五、其他用房 Other	**16777472.27**	**46862.28**	**1099576.04**	**208434.21**	**3293573.85**	**2055014.43**

注:不包含民办的其他高等教育机构数据。

Note: Data of Non-government HEIs are not included.

校舍情况(普通高校)

Condition of School Buildings (Regular HEIs)

单位：平方米

unit: m^2

	学校产权建筑面积 Floor Area of School Building Owned by HEIs				正在施工面积 Floor Area Under Construction	独立使用非学校产权建筑面积 Floor Area of School Building Not Owned by HEIs
	合计 Total	其中:危房 of Which: Dilapidated Buildings	其中:当年新增校舍 of Which: New Added in Current Year	其中:被外单位借用 of Which: Floor Space Hired by Other Schools or Units		
总　计 Total	**799261464.28**	**1314395.26**	**27554062.02**	**1200833.52**	**58402339.60**	**92152345.11**
一、教学及辅助用房 Buildings for Instraction and Ancillary Uses	**358242567.58**	**558092.34**	**12744477.90**	**429498.46**	**30154078.81**	**39805852.73**
教室 Classroom	134338068.70	180814.56	3769181.00	177228.88	7160440.51	17122063.56
图书馆 Library	43185121.56	62843.14	1259591.19	24911.43	5019866.17	4153805.02
实验室、实习场所 Lab. And Practice Facilities	133149648.71	264300.96	5438150.78	176269.02	11117881.04	14250593.42
专用科研用房 Office Special for Research	17071621.57	19482.25	831455.76	25488.13	3797802.79	760515.95
体育馆 Gymnasium	23134717.31	9732.30	1148751.54	17982.00	2226666.35	2597112.42
会堂 Hall	7363389.73	20919.13	297347.63	7619.00	831421.95	921762.36
二、行政办公用房 Administrative	**45334675.19**	**99475.23**	**1293867.86**	**48820.52**	**2282321.48**	**4667070.92**
三、生活用房 Residential Buildings	**294699477.27**	**423869.32**	**10175462.85**	**474855.59**	**16937015.68**	**45733783.46**
学生宿舍(公寓) Students' Dormitories	221316014.87	265827.42	7498396.42	312590.18	11347151.55	37049702.70
学生食堂 Students' Dining Halls	31681128.71	15168.94	1032695.26	24944.08	1593577.93	4249917.91
教工宿舍(公寓) Apartments for Single	14778818.41	82189.43	974553.81	3497.80	2477346.68	2408558.68
教工食堂 Dining Halls for Teachers, Staff and Workers	1767420.08	1568.28	51650.40		86884.56	182277.57
生活福利及附属用房 Residential, Welfare and Anxiliary Buildings	25156095.20	59115.25	618166.96	133823.53	1432054.96	1843326.60
四、教工住宅 Residential Quarters for Teachers &Workers	**84406845.30**	**186096.09**	**2247699.75**	**40433.54**	**5754828.78**	
五、其他用房 Other	**16577898.94**	**46862.28**	**1092553.66**	**207225.41**	**3274094.85**	**1945638.00**

校舍情况（成人高校）

Condition of School Buildings（Adult HEIs）

单位：平方米

unit：m^2

	学校产权建筑面积 Floor Area of School Building Owned by HEIs				正在施工面积 Floor Area Under Construction	独立使用非学校产权建筑面积 Floor Area of School Building Not Owned by HEIs
	合计 Total	其中：危房 of Which：Dilapidated Buildings	其中：当年新增校舍 of Which：New Added in Current Year	其中：被外单位借用 of Which：Floor Space Hired by Other Schools or Units		
总　计 Total	**13877630.74**	**85582.29**	**284717.64**	**21488.03**	**769756.1**	**11121921.70**
一、教学及辅助用房 Buildings for Instraction and Ancillary Uses	**6394550.21**	**16452.00**	**147353.93**	**7485.00**	**256386.73**	**6146574.27**
教室 Classroom	3477077.73	3858.00	63496.90	2125.00	145113.22	3271200.57
图书馆 Library	574733.22	1727.00	4651.85	420.00	32475.12	472162.13
实验室、实习场所 Lab. And Practice Facilities	1574941.43	7267.00	38425.18	640.00	44244.20	1870246.30
专用科研用房 Office Special for Research	32553.06		3800.00		20481.00	13598.74
体育馆 Gymnasium	507807.76		35480.00	3500.00	10538.19	286914.89
会堂 Hall	227437.01	3600.00	1500.00	800.00	3535.00	232451.64
二、行政办公用房 Administrative	**1423613.70**	**9126.28**	**23109.73**	**150.23**	**316871.21**	**957711.02**
三、生活用房 Residential Buildings	**4452826.41**	**35242.00**	**104455.60**	**12644.00**	**177019.16**	**3908259.98**
学生宿舍（公寓）Students'Dormitories	3020864.57	25887.00	74274.80	5230.00	106929.92	2756884.65
学生食堂 Students'Dining Halls	609026.03		18609.20	1500.00	12382.24	562229.24
教工宿舍（公寓） Apartments for Single	133344.00		2875.00	50.00	34151.00	168544.85
教工食堂 Dining Halls for Teachers, Staff and Workers	78254.78	1586.00	100.00	300.00	7044.00	67790.41
生活福利及附属用房 Residential, Welfare and Anxiliary Buildings	611337.03	7769.00	8596.60	5564.00	16512.00	352810.83
四、教工住宅 Residential Quarters for Teachers &Workers	**1407067.09**	**24762.01**	**2776.00**			
五、其他用房 Other	**199573.33**		**7022.38**	**1208.80**	**19479.00**	**109376.43**

校舍情况(民办的其他高等教育机构)

Condition of School Buildings (Other Non-government HEIs)

单位：平方米

unit: m²

	学校产权建筑面积 Floor Area of School Building Owned by HEIs				正在施工面积 Floor Area Under Construction	独立使用非学校产权建筑面积 Floor Area of School Building Not Owned by HEIs
	合计 Total	其中:危房 of Which: Dilapidated Buildings	其中:当年新增校舍 of Which: New Added in Current Year	其中:被外单位借用 of Which: Floor Space Hired by Other Schools or Units		
总　计 Total	**2884597. 02**		**9633**	**1779**	**254585**	**3889884. 14**
一、教学及辅助用房 Buildings for Instraction and Ancillary Uses	**1374064. 30**		**2651**	**1729**	**158790**	**1876722. 10**
教室 Classroom	846927. 98		1651	1729	103967	1198950. 76
图书馆 Library	98783. 74		200		25756	207544. 23
实验室、实习场所 Lab. And Practice Facilities	291412. 57		300		5600	279611. 56
专用科研用房 Office Special for Research	3132. 00		100			23760. 00
体育馆 Gymnasium	77256. 00		300		6800	113627. 54
会堂 Hall	56552. 01		100		16667	53228. 01
二、行政办公用房 Administrative	**205245. 31**		**532**	**50**	**24713**	**290745. 81**
三、生活用房 Residential Buildings	**1154919. 34**		**6450**		**61016**	**1699580. 63**
学生宿舍(公寓)Students' Dormitories	781727. 44		6000		40694	1364384. 11
学生食堂 Students' Dining Halls	180068. 91		300		9128	184591. 71
教工宿舍(公寓) Apartments for Single	93086. 71				8316	82743. 65
教工食堂 Dining Halls for Teachers, Staff and Workers	15711. 02		150		350	11785. 00
生活福利及附属用房 Residential, Welfare and Anxiliary Buildings	84325. 26				2528	56076. 16
四、教工住宅 Residential Quarters for Teachers &Workers	**104715. 07**				**8316**	
五、其他用房 Other	**45653. 00**				**1750**	**22835. 60**

三、中等教育
Secondary Education

(一)高中阶段教育
Senior Secondary Education

普通高中校数、班数

Number of Regular Senior Secondary Schools and Classes

	学校数(所) Schools				班数(个) Classes
	合计 Total	完全中学 Combined Secondary Schools	高级中学 Regular High Schools	十二年一贯制学校 12 - year Schools	
总　计 Total	**13240**	**5538**	**6628**	**1074**	**445724**
教育部门办 Run by Ed. Dept.	10478	4504	5743	231	391598
其他部门办 Run by Non-ed. Dept.	170	57	70	43	3393
地方企业办 Run by Local Enterprises	7	2	1	4	121
民办 Non-government	2585	975	814	796	50612
城区 Urban Area	6425	2709	3074	642	215036
教育部门办 Run by Ed. Dept.	4817	2104	2560	153	185902
其他部门办 Run by Non-ed. Dept.	81	26	33	22	1642
地方企业办 Run by Local Enterprises	4	2	1	1	71
民办 Non-government	1523	577	480	466	27421
其中:城乡结合区 of Which: Urban-rural Transitional Area	954	338	474	142	33546
教育部门办 Run by Ed. Dept.	630	233	383	14	27609
其他部门办 Run by Non-ed. Dept.	9		5	4	97
地方企业办 Run by Local Enterprises	1	1			11
民办 Non-government	314	104	86	124	5829
镇区 Counties & Towns Area	6147	2506	3302	339	215799
教育部门办 Run by Ed. Dept.	5183	2145	2977	61	194078
其他部门办 Run by Non-ed. Dept.	83	27	37	19	1612
地方企业办 Run by Local Enterprises	2			2	50
民办 Non-government	879	334	288	257	20059
其中:镇乡结合区 of Which: County-town Transitional Area	1493	542	849	102	52557
教育部门办 Run by Ed. Dept.	1192	427	751	14	45779
其他部门办 Run by Non-ed. Dept.	3		1	2	49
地方企业办 Run by Local Enterprises	1			1	7
民办 Non-government	297	115	97	85	6722
乡村 Rural Area	668	323	252	93	14889
教育部门办 Run by Ed. Dept.	478	255	206	17	11618
其他部门办 Run by Non-ed. Dept.	6	4		2	139
地方企业办 Run by Local Enterprises	1			1	
民办 Non-government	183	64	46	73	3132
总计中:其他学校附设班 of the Total: Classes Attached to Other Schools					1802
独立设置少数民族学校 Inde. Sec. Schools for Minorities	470	264	169	37	12447

普通高中班额情况

Size of Class in Regular Senior Secondary Schools

单位：个

unit:class

	合计 Total	一年级 Grade 1	二年级 Grade 2	三年级 Grade 3
总　计 Total	**445724**	**148996**	**146910**	**149818**
城区 Urban Area				
25 人及以下 Under 25 Persons	4556	1205	1512	1839
26 - 35 人 Between 26 - 35	12545	3517	4309	4719
36 - 45 人 Between 36 - 45	40724	13553	13681	13490
46 - 55 人 Between 46 - 55	91764	32511	30321	28932
56 - 65 人 Between 56 - 65	46870	14895	14952	17023
66 人及以上 Over 66 Persons	18577	5823	6106	6648
其中:城乡结合区 of Which:Urban-rural Transitional Area				
25 人及以下 Under 25 Persons	480	169	147	164
26 - 35 人 Between 26 - 35	1167	313	427	427
36 - 45 人 Between 36 - 45	5076	1700	1615	1761
46 - 55 人 Between 46 - 55	16170	5780	5373	5017
56 - 65 人 Between 56 - 65	7194	2169	2377	2648
66 人及以上 Over 66 Persons	3459	1193	1099	1167
镇区 Counties & Towns Area				
25 人及以下 Under 25 Persons	1894	492	589	813
26 - 35 人 Between 26 - 35	5957	1620	2038	2299
36 - 45 人 Between 36 - 45	27486	8567	9133	9786
46 - 55 人 Between 46 - 55	84381	28653	27998	27730
56 - 65 人 Between 56 - 65	61305	20497	19978	20830
66 人及以上 Over 66 Persons	34776	12455	11410	10911
其中:镇乡结合区 of Which: County-town Transitional Area				
25 人及以下 Under 25 Persons	483	142	155	186
26 - 35 人 Between 26 - 35	1304	320	469	515
36 - 45 人 Between 36 - 45	6913	2290	2260	2363
46 - 55 人 Between 46 - 55	22290	7671	7335	7284
56 - 65 人 Between 56 - 65	14069	4493	4721	4855
66 人及以上 Over 66 Persons	7498	2825	2401	2272
乡村 Rural Area				
25 人及以下 Under 25 Persons	390	136	121	133
26 - 35 人 Between 26 - 35	767	231	234	302
36 - 45 人 Between 36 - 45	2691	888	880	923
46 - 55 人 Between 46 - 55	6360	2241	2087	2032
56 - 65 人 Between 56 - 65	3145	1147	1051	947
66 人及以上 Over 66 Persons	1536	565	510	461

普通高中学生数

Number of Students in Regular Senior Secondary Schools

单位：人

unit：person

	毕业生数 Graduates	招生数 Entrants	在校生数 Enrolment 合计 Total	其中：女 of Which：Female	一年级 Grade 1	二年级 Grade 2	三年级 Grade 3	预计毕业生数 Estimated Graduates for Next Year
总　计 Total	**7976535**	**7966066**	**23743992**	**11939547**	**7971124**	**7806772**	**7966096**	**7966096**
其中：女 of Which：Female	3992839	4025882	11939547		4028049	3918806	3992692	3992692
少数民族学生 Minority Students	682121	817266	2292711	1201209	818787	752854	721070	721070
十二年一贯制学校 12-year Schools	222068	282585	761503	338205	282732	247428	231343	231343
完全中学 Complete Schools	2474229	2514294	7423958	3694059	2515126	2435002	2473830	2473830
附设普通高中班 Regular Senior School Classes Attached	30408	30386	80661	38379	30394	24954	25313	25313
独立设置少数民族学校 Independent Schools for Minority	180645	239646	651871	347093	240451	215279	196141	196141
残疾人 Schools for Handicapped	6194	4467	12836	5563	4494	4129	4213	4213
随迁子女 Migrant Children	208666	349247	988392	442531	356253	331205	300934	296987
其中：外省迁入 of Which：from Other Province	45819	103188	268771	122974	105182	89689	73900	72967
本省外县迁入 From Other County	162847	246059	719621	319557	251071	241516	227034	224020
教育部门 Run by Ed. Dept.	7144282	6961425	20999419	10701018	6965432	6923982	7110005	7110005
其他部门 Run by Non－ed. Dept.	56346	57940	169926	87557	57940	55721	56265	56265
地方企业办 Run by Local Enterprises	1995	1646	5003	2436	1648	1628	1727	1727
民办 Non－government	773912	945055	2569644	1148536	946104	825441	798099	798099
城区 Urban Area	3730523	3648655	10987760	5562675	3651362	3610295	3726103	3726103
教育部门办 Run by Ed. Dept.	3301331	3129426	9575596	4925828	3132074	3160106	3283416	3283416
其他部门办 Run by Non-ed. Dept.	28329	28220	82111	41756	28220	26468	27423	27423
地方企业办 Run by Local Enterprises	1182	878	2809	1342	880	917	1012	1012
民办 Non-government	399681	490131	1327244	593749	490188	422804	414252	414252
其中：城乡结合区 of Which：Urban-rural Transitional Area	584606	594628	1765914	874481	594790	581597	589527	589527
教育部门办 Run by Ed. Dept.	499655	484211	1475191	749638	484365	489617	501209	501209
其他部门办 Run by Non-ed. Dept.	1874	1390	4175	1778	1390	1394	1391	1391
地方企业办 Run by Local Enterprises	200	179	547	266	179	157	211	211
民办 Non－government	82877	108848	286001	122799	108856	90429	86716	86716
镇区 Counties & Towns Area	3999408	4046934	11986174	5995941	4049205	3943365	3993604	3993604
教育部门办 Run by Ed. Dept.	3641675	3622804	10812984	5463550	3624096	3563264	3625624	3625624
其他部门办 Run by Non-ed. Dept.	25472	27574	80849	42067	27574	26991	26284	26284
地方企业办 Run by Local Enterprises	813	768	2194	1094	768	711	715	715
民办 Non－government	331448	395788	1090147	489230	396767	352399	340981	340981
其中：镇乡结合区 of Which：County-town Transitional Area	947112	982191	2888940	1448542	983598	951152	954190	954190
教育部门办 Run by Ed. Dept.	840518	853616	2533753	1288264	854077	836277	843399	843399
其他部门办 Run by Non-ed. Dept.	1227	1263	3561	1812	1263	1194	1104	1104
地方企业办 Run by Local Enterprises	99	47	179	89	47	57	75	75
民办 Non-government	105268	127265	351447	158377	128211	113624	109612	109612
乡村 Rural Area	246604	270477	770058	380931	270557	253112	246389	246389
教育部门办 Run by Ed. Dept.	201276	209195	610839	311640	209262	200612	200965	200965
其他部门办 Run by Non-ed. Dept.	2545	2146	6966	3734	2146	2262	2558	2558
地方企业办 Run by Local Enterprises								
民办 Non-government	42783	59136	152253	65557	59149	50238	42866	42866

中学学校教职工数(初级中学、九年一贯制学校、
Number of Educational Personnel in

	教职工数 Educational Personnel			
	合计 Total	专任教师 Full-time Teachers	行政人员 Adm. Personnel	教辅人员 Supporting Staff
总　计 Total	**6519534**	**5743334**	**212356**	**272680**
其中:女 of Which: Female	3426495	3122558	55159	132311
少数民族 Minority	559206	502858	15048	20972
教育部门 Run by Ed. Dept.	5644081	5079396	168980	231702
其他部门 Run by Non-ed. Dept.	65326	53212	3637	2664
地方企业办 Run by Local Enterprises	2229	1904	117	74
民办 Non-government	807898	608822	39622	38240
城区 Urban Area	2470395	2142718	97727	115604
教育部门办 Run by Ed. Dept.	2012721	1791600	73840	92533
其他部门办 Run by Non-ed. Dept.	19113	15793	1148	1162
地方企业办 Run by Local Enterprises	1119	916	93	44
民办 Non-government	437442	334409	22646	21865
其中:城乡结合区 of Which: Urban-rural Transitional Area	424810	367131	14187	17883
教育部门办 Run by Ed. Dept.	311127	281468	8982	12440
其他部门办 Run by Non-ed. Dept.	2022	1629	84	150
地方企业办 Run by Local Enterprises	123	102	5	5
民办 Non-government	111538	83932	5116	5288
镇区 Counties & Towns Area	3113513	2755912	86603	130502
教育部门办 Run by Ed. Dept.	2770034	2496264	70752	116036
其他部门办 Run by Non-ed. Dept.	41147	33084	2286	1371
地方企业办 Run by Local Enterprises	846	770	12	29
民办 Non-government	301486	225794	13553	13066
其中:镇乡结合区 of Which: County-town Transitional Area	773779	682551	21492	32042
教育部门办 Run by Ed. Dept.	662846	599083	16531	27209
其他部门办 Run by Non-ed. Dept.	1149	942	36	72
地方企业办 Run by Local Enterprises	185	174		
民办 Non-government	109599	82352	4925	4761
乡村 Rural Area	935626	844704	28026	26574
教育部门办 Run by Ed. Dept.	861326	791532	24388	23133
其他部门办 Run by Non-ed. Dept.	5066	4335	203	131
地方企业办 Run by Local Enterprises	264	218	12	1
民办 Non-government	68970	48619	3423	3309

职业初中、完全中学、高级中学、十二年一贯制学校）
General Secondary Schools

单位：人
unit：person

工勤人员 Workers	校办企业职工 Employees in School-run Factories & Farms	代课教师 Substitute Teachers	兼任教师 Part-time Teachers
288751	**2413**	**57934**	**20259**
115448	1019	37376	10802
20213	115	3843	3946
162958	1045	43843	13472
5790	23	879	183
134		28	
119869	1345	13184	6604
112990	1356	26630	7576
54135	613	22019	3402
1007	3	257	127
66		11	
57782	740	4343	4047
25368	241	3659	890
8194	43	2766	358
159		18	1
11			
17004	198	875	531
139631	865	22727	8438
86577	405	15039	6116
4396	10	597	48
35			
48623	450	7091	2274
37425	269	6062	1674
19911	112	4110	989
99		14	
11			
17404	157	1938	685
36130	192	8577	4245
22246	27	6785	3954
387	10	25	8
33		17	
13464	155	1750	283

普通高中分课程专

Number of Full-time Teachers in Regular Senior Secondary Schools

	合计 Total	其中:女 of Which: Female	思想品德(政治) Rirtue Education	语文 Language & Literature	数学 Mathe-matics	外语 Foreign Language				物理 Physics
						小计 Subtotal	英语 English	日语 Japanese	俄语 Russian	
总 计 Total	**1695354**	**870620**	**105268**	**262776**	**261097**	**253215**	**251173**	**597**	**488**	**148068**
其中:女 of Which: Female	870620		56044	156721	110029	186730	185217	473	377	47233
少数民族 Minorities	135313	71597	9126	21551	19237	17333	17056	171	36	11334
研究生毕业 Graduate	121289	76944	8726	19228	17754	19317	19041	97	37	9320
本科毕业 Under-graduate	1535109	781010	94398	238528	238560	229419	227697	482	443	135670
专科毕业 Associate Bachelor	38103	12451	2097	4941	4726	4437	4393	18	8	3060
高中阶段毕业 High School Graduate	829	210	46	78	57	41	41			18
高中阶段以下毕业 Below High School Graduate	24	5	1	1		1	1			
城区 Urban Area	818567	454126	49870	125248	125755	123498	122208	425	220	72040
其中:城乡结合区 of Which: Urban-rural Transitional Area	128004	67863	8059	19671	19441	19103	18947	46	18	11071
镇区 Counties & Towns Area	821705	390215	51888	128986	126986	121757	121042	164	261	71461
其中:镇乡结合区 of Which: County-town Transitional Area	201767	98601	12884	31457	30758	29697	29570	36	68	17354
乡村 Rural Area	55082	26279	3510	8542	8356	7960	7923	8	7	4567

普通高中专任教师专业技术

Number of Full-time Teachers in Regular

	合计 Total	其中:女 of Which: Female	24岁及以下 24 Years and Under	25－29 25 to 29	30－34 30 to 34
总 计 Total	**1695354**	**870620**	**62181**	**257731**	**370730**
其中:女 of Which: Female	870620		42485	170278	221588
少数民族 Minorities	135313	71597	7150	26403	27545
中学高级 Senior	460246	180156	1	12	3500
中学一级 1st Grade	620948	312699	255	16914	157409
中学二级 2nd Grade	481659	292169	19132	175207	193903
中学三级 3rd Grade	11204	6323	1742	5462	2470
未定职级 No-ranking	121297	79273	41051	60136	13448
城区 Urban Area	818567	454126	27397	113332	175230
其中:城乡结合区 of Which: Urban-rural Transitional Area	128004	67863	5285	21224	29814
镇区 Counties & Towns Area	821705	390215	31851	133635	182969
其中:镇乡结合区 of Which: County-town Transitional Area	201767	98601	8083	34438	45847
乡村 Rural Area	55082	26279	2933	10764	12531

任教师学历情况

by Subject Taught & Academic Qualifications

单位：人

unit：person

化学 Chemistry	生物 Biology	地理 Geography	历史 History	信息技术 Infor Technology	通用技术 General Technology	体育与健康 Physical Training and Healthy	艺术 Art	音乐 Music	美术 Fine Arts	综合实践活动 Composite Practice	其他 Others	当年不任课 No Teaching Load in Current Year
142849	**106119**	**91411**	**97570**	**40629**	**12116**	**81527**	**2883**	**30022**	**31983**	**3275**	**12000**	**12546**
69475	59703	44915	49412	18216	3916	16560	1557	20564	15207	1289	7300	5749
11184	8572	7597	8058	3407	929	6613	208	2700	2330	170	3675	1289
10803	10664	6231	9263	2080	454	3004	109	1066	1593	112	1096	469
129372	93650	83185	86559	37418	11038	74900	2588	27812	29140	2876	9548	10448
2656	1790	1962	1720	1109	602	3492	178	1123	1224	270	1223	1493
18	14	32	26	22	22	128	7	21	25	17	126	131
	1	1	2			3	1		1		7	5
69401	51189	44107	46773	19650	6097	40179	1195	14674	15634	1375	5373	6509
10636	8118	7049	7477	3145	926	6170	187	2482	2696	310	594	869
68975	51507	44251	47575	19602	5561	38655	1550	14374	15314	1774	5907	5582
16652	12728	11126	11944	4989	1430	9400	420	3769	4141	481	1325	1212
4473	3423	3053	3222	1377	458	2693	138	974	1035	126	720	455

职称、年龄结构情况

Senior Secondary Schools by Rank and Age

单位：人

unit：person

35－39 35 to 39	40－44 40 to 44	45－49 45 to 49	50－54 50 to 54	55－59 55 to 59	60 岁及以上 60 Years and Over
332677	**261404**	**237363**	**137684**	**33758**	**1826**
174298	120824	96006	43663	1119	359
23672	20258	18566	9656	2002	61
39182	110068	165981	112892	27127	1483
219446	134316	65025	21923	5452	208
69406	15313	5399	2320	935	44
912	329	147	101	37	4
3731	1378	811	448	207	87
161316	126637	119872	76320	17263	1200
25111	18601	16059	9509	2214	187
160628	126757	111504	58228	15609	524
40795	30943	25386	12662	3423	190
10733	8010	5987	3136	886	102

普通高中专任

Changes of Full-time Teachers in

	上学年初报表专任教师数 Total Number of Full-time Teachers at Beginning of Previous Academic Year	增加教师 Factors of Increase				
		合计 Total	录用毕业生 New Recruits from Current Year Graduates		调入 Teachers Recruited from Other Units	校内调整 of Which: with Change of Status in Their Own Institutions
			小计 Subtotal	其中:师范生 of Which:Students Enrolled in Teacher Training Institutions		
总　计 Total	**1662700**	**126975**	**47748**	**38043**	**49393**	**22009**
其中:女 of Which: Female	841510	73485	33045	26515	25860	10505
城区 Urban Area	800897	60887	21692	17385	23488	11521
其中:女 of Which: Female	439205	36541	15320	12341	12878	6077
其中:城乡结合区 of Which: Urban-rural Transitional Area	123126	12639	4312	3631	5727	1930
其中:女 of Which: Female	64353	7389	3110	2667	2978	989
镇区 Counties & Towns Area	808423	59805	23825	18872	23071	9612
其中:女 of Which: Female	377394	33549	16190	12909	11668	4061
其中:镇乡结合区 of Which: County-town Transitional Area	198610	15193	6103	4999	5915	2469
其中:女 of Which: Female	95450	8640	4214	3487	3114	998
乡村 Rural Area	53380	6283	2231	1786	2834	876
其中:女 of Which: Female	24911	3395	1535	1265	1314	367

普通高中学生、专任

Supplementary Information on Students and Full-time

	在校学生中 of Total Students			
	共产党员 Member of C. P. C.	共青团员 Member of C. Y. L.	华侨 Overseas Chinese	港澳台 From H. K, Macao and Taiwan
总　计 Total	**7691**	**18091578**	**1616**	**6170**
其中:女 of Which: Female	3389	9344748	717	2871
城区 Urban Area	2492	8454816	844	5327
其中:女 of Which: Female	1122	4416129	410	2493
其中:城乡结合区 of Which: Urban-rural Transitional Area	233	1350096	99	1281
其中:女 of Which: Female	89	695042	49	588
镇区 Counties & Towns Area	4866	9092934	747	447
其中:女 of Which: Female	2124	4649177	292	182
其中:镇乡结合区 of Which: County-town Transitional Area	2497	2216582	34	103
其中:女 of Which: Female	1191	1139725	17	40
乡村 Rural Area	333	543828	25	396
其中:女 of Which: Female	143	279442	15	196

教师变动情况
Regular Senior Secondary Schools

单位：人
unit：person

其他 Others	减少教师 Factors of Decrease 合计 Total	自然减员 Retired from Their Posts during Previcus Academic Year	调出 Transferred from Teaching to Non-Teaching Posts	校内调整 with Change of Status in Their Own Institutions	其他 Others	本学年初报表专任教师数 Total Number of Full-time Teachers at Beginning of Current Academic Year
7825	**94321**	**13494**	**47814**	**24391**	**8622**	**1695354**
4075	44375	5205	23926	11137	4107	870620
4186	43217	7424	19819	11561	4413	818567
2266	21620	3139	10536	5719	2226	454126
670	7761	1012	3901	1974	874	128004
312	3879	443	1992	1020	424	67863
3297	46523	5620	25126	11810	3967	821705
1630	20728	1862	12084	5004	1778	390215
706	12036	1377	7029	2551	1079	201767
314	5489	413	3415	1147	514	98601
342	4581	450	2869	1020	242	55082
179	2027	204	1306	414	103	26279

教师政治面貌及其他
Teachers of Regular Senior Secondary Schools

单位：人
unit：person

专任教师中 of Total Full-time Teachers 共产党员 Member of C. P. C.	共青团员 Member of C. Y. L.	民主党派 Member of Non-Communist Part	华侨 Overseas Chinese
565832	**95904**	**29686**	**75**
250909	60447	13661	37
306512	44337	24472	62
153287	29243	11802	29
43031	6942	2205	5
19936	4521	895	3
242669	47263	4795	13
91016	28584	1711	8
57466	11509	1071	4
21758	6767	422	3
16651	4304	419	
6606	2620	148	

普通高中

Condition of School Buildings in

	合计 Total	城区 Urban Area	其中:城乡结合区 of Which: Urban-rural Transitional Area
总　计 Total	**471359607.52**	**237698927.23**	**41905203.17**
其中: 危房 of Which: Floor Space of Dilapidated Buildings	4910722.54	1771344.75	121510.84
当年新增校舍 New Floor Space Added in Current Year	17714024.50	8145857.56	1244487.44
一、教学及辅助用房 Teaching & Assistant Buildings	183107810.83	95901859.82	15553257.95
教室 Classroom	113108457.01	56689749.01	9403178.11
实验室 Laboratory	29689653.51	15569978.40	2427904.58
图书室 Library	15265868.75	8380989.01	1337572.35
微机室 PC-room	7190305.54	3777467.45	604844.15
语音室 Linguistic	2888992.02	1448117.30	270100.33
体育馆 Gymnasium	14964534.00	10035558.65	1509658.43
二、行政办公用房 Administrative	38099702.92	21012838.63	3211972.68
其中:教师办公室 of Which: for Teachers	22544585.86	12076309.02	1828578.99
三、生活用房 Residential and Welfare	218159864.91	99969953.66	20115861.74
教工宿舍 Apartments for Single	40620946.71	15325266.92	3305985.92
其中:教师周转宿舍 Accommodation for Circulation of Teachers	8213976.89	3056933.27	799577.42
学生宿舍 Students' Dormitories	117701356.64	53900660.93	11042848.53
食堂 Dining Halls	37487913.36	17941499.80	3599497.75
厕所 Toilet	11241411.60	6299880.25	1125640.80
其他 Others	11108236.60	6502645.76	1041888.74
四、其他用房 Rooms for Other Purposes	31992228.86	20814275.12	3024110.80

普通高中

Condition of School Buildings in

	占地面积(平方米) Areas of School Sites (m^2)			图书(册) Books & Magazines in Libraries (volume)	计算机数(台) No. of Computers		
	合计 Total	其中 of Which			合计 Total	其中:教学用计算机 No. of Computers Used for Instruction	
		绿化用地面积 Green Areas	运动场地面积 Sports Areas			小计 Subtotal	其中:平板电脑 of Which: Tablet PC
总　计 Total	**968539681.35**	**251829238.89**	**225333985.65**	**835909722**	**4548524**	**3768520**	**155405**
城区 Urban Area	441239498.24	122876785.27	107505512.85	441539411	2617688	2155082	100685
其中:城乡结合区 of Which: Urban-rural Transitional Area	85059761.02	26070651.26	18953210.91	68192814	374868	315196	16140
镇区 Counties & Towns Area	477054547.28	115807146.92	107294607.31	364855550	1771208	1480177	48532
其中:镇乡结合区 of Which: County-town Transitional Area	122642183.62	30936966.32	26810732.70	89649698	441173	374274	12242
乡村 Rural Area	50245635.83	13145306.70	10533865.49	29514761	159628	133261	6188

办学条件(一)

Regular Senior Secondary Schools (1)

单位：平方米

unit：m^2

镇区 Counties & Towns Area	其中:镇乡结合区 of Which：County-town Transitional Area	乡村 Rural Area
213089154. 80	**54237699. 44**	**20571525. 49**
2916527. 89	531534. 10	222849. 90
8443347. 87	1984950. 48	1124819. 07
80094004. 54	19947522. 24	7111946. 47
51708299. 91	12661324. 48	4710408. 09
13103064. 28	3346782. 16	1016610. 83
6327803. 39	1631025. 91	557076. 35
3150419. 77	802615. 35	262418. 32
1342492. 74	342700. 61	98381. 98
4461924. 45	1163073. 73	467050. 90
15779339. 27	3931919. 87	1307525. 02
9704300. 50	2500620. 40	763976. 34
107495755. 26	27890227. 31	10694155. 99
22630133. 32	5667044. 46	2665546. 47
4495271. 34	1184442. 84	661772. 28
58309213. 10	15278608. 35	5491482. 61
17878208. 37	4749150. 46	1668205. 19
4507790. 62	1162122. 86	433740. 73
4170409. 85	1033301. 18	435180. 99
9720055. 73	2468030. 02	1457898. 01

办学条件(二)

Regular Senior Secondary Schools (2)

教室中：Classroom		教室中:普通教室(间) of Which：General Classroom		固定资产总值(万元) Total Value of Fixed Asset (10,000 yuan)		
合计 Total	其中:网络多媒体教室 of Which：Network Multimedia Classroom	合计 Total	其中:网络多媒体教室 of Which：Network Multimedia Classroom	合计 Total	其中:教学仪器设备资产值 of Which：Total Value of Equip & Instru. 小计 Subtotal	其中:实验设备 for Profession
936098	**586386**	**739681**	**522571**	**67893025. 62**	**7120828. 20**	**2407798. 39**
474912	325859	366528	283596	37151833. 26	4411829. 43	1333339. 60
74840	49970	57586	43971	6411270. 10	597536. 73	215720. 85
423430	239729	343972	220452	27873407. 65	2451222. 72	987694. 53
102721	59609	83641	54834	7107469. 71	614237. 40	248940. 67
37756	20798	29181	18523	2867784. 71	257776. 06	86764. 26

普通高中办学条件(三)

Condition of School Buildings in Regular Senior Secondary Schools (3)

单位：所

unit：school

	体育运动场(馆)面积达标校数 Schools No.: Sprots Areas Reached Standard	体育器械配备达标校数 Schools No.: Sports Equip. Reached Standard	音乐器械配备达标校数 Schools No.: Musical Instru. Reached Standard	美术器械配备达标校数 Schools No.: Fine Arts Instru. Reached Standard	理科实验仪器达标校数 Schools No.: Equip. of Natural Sci. Reached Standard	建立校园网校数 Schools No.: Campus Networks Set	接入互联网校数 School No.: Campus Networks Set
总计 Total	**11527**	**11756**	**11582**	**11600**	**11889**	**11582**	**13044**
城区 Urban Area	5694	5872	5802	5821	5902	5882	6326
其中:城乡结合区 of Which:Urban-rural Transitional Area	873	880	871	876	878	858	939
镇区 Counties & Towns Area	5258	5310	5220	5213	5396	5162	6065
其中:镇乡结合区 of Which:County-town Transitional Area	1297	1311	1286	1292	1308	1279	1470
乡村 Rural Area	575	574	560	566	591	538	653

成人高中

Basic Statistics of

	学校数(所) Schools	教学班(点)(个) External Teaching Sites	毕(结)业生数 Graduates	
			合计 Total	其中:女 of Which: Female
总　计 Total	**503**	**1312**	**61968**	**31684**
职工高中 Senior Sec. Schools for Staff &workers	156	406	21014	9626
农民高中 Senior Sec. Shools for Peasants	347	906	40954	22058

中等职业学校(机构)数

Number of Secondary Vocational Schools (Institutions)

单位：所

unit: institution

	合　计 Total	中央部门 under Central Ministries & Agencies	地方 Under Local Authorities				民办 Non-government
			小计 Subtotal	教育部门 Run by Ed. Dept.	其他部门 Run by other Dept.	地方企业 Run by Local Enterprises	
中等职业学校 Secondary Vocational Schools	**8657**	**21**	**6411**	**5071**	**1267**	**73**	**2225**
其中:普通中等专业学校 of Which: Reg. Specialized Sec. chools	3456	16	2600	1643	927	30	840
成人中等专业学校 Adults Specialized Sec. Schools	1294	2	1164	976	170	18	128
职业高中学校 Vocational High Schools	3907	3	2647	2452	170	25	1257
其他中职机构(不计校数) Other Institutions	486	2	435	303	127	5	49
附设中职班(不计校数)	1242	2	973	609	350	14	267

注:未含技工学校数据(下同)。

Note: Data on Skilled Workers are not included(Same as the Followings).

基本情况

Adult High Schools

单位：人

unit: person

注册学生数 Enrolment		教职工数 Educational Personnel		专任教师 Full-time Teacher		聘请校外教师 Part-time Teachers
合计 Total	其中:女 of Which: Female	合计 Total	其中:女 of Which: Female	合计 Total	其中:女 of Which: Female	
65913	**34505**	**4325**	**1835**	**3404**	**1478**	**3197**
23794	11437	1594	755	1318	638	868
42119	23068	2731	1080	2086	840	2329

中等职业学校分办学类型及
Number of Students and Educational Personnel of Secondary

	合计 Total			中职全日制学生 Full-time Students of SVSs		
	毕业生数 Graduates	招生数 Entrants	在校学生数 Enrolment	毕业生数 Graduates	招生数 Entrants	在校学生数 Enrolment
总　计 Total	**4732654**	**4798174**	**13352414**	**4055657**	**4244684**	**12001485**
其中:女 of Which: Female	2363150	2238496	6445877	2066753	2008264	5882531
分办学类型:普通中专学校 by Type: Reg. Specialized Sec. Schools	2311404	2318646	6628265	1965776	2075109	5902160
成人中等专业学校 Adults Specialized Sec. Schools	191692	185574	432230	98682	101947	264392
职业高中学校 Vocational High Schools	1782090	1809743	4895887	1571433	1609630	4507912
其他机构 Other Institutions	87346	71328	203042	67836	52846	157413
附设中职班 Secondary Vocational Classes Attached	360122	412883	1192990	351930	405152	1169608
分举办者:1. 中央部门 by Providers: Under Central Ministries & Agencies	3424	2616	8761	3424	2616	8761
2. 地方 Under Local Authorities	4100074	4086214	11509995	3505414	3603561	10294346
教育部门 Under Ed. Dept	3219002	3210822	8965430	2719607	2803994	7965050
其他部门 Run by Non-ed. Dept	857806	841286	2460802	763034	767087	2248485
地方企业 Run by Local Enterprises	23266	34106	83763	22773	32480	80811
3. 民办 Non-government	629156	709344	1833658	546819	638507	1698378

举办者的中职学生及教职工情况

Vocational Schools by Types and Providers

单位：人
unit：person

中职非全日制学生 Part-time Students of SVSs			教职工数 Educational Personnel							聘请校外教师 Part-time Teachers
				其中：专任教师 of Which：Full-time Teachers						
毕业生数 Graduates	招生数 Entrants	在校学生数 Enrolment	合计 Total	小计 Subtotal	正高级 Senior	副高级 Sub-senior	中级 Middle	初级 Junior	未定职级 No-ranking	
676997	**553490**	**1350929**	**841495**	**652447**	**2869**	**157931**	**261890**	**171569**	**58188**	**99379**
296397	230232	563346	410882	338726	1168	72689	137081	96033	31755	42400
345628	243537	726105	408775	304295	1804	76104	119010	77946	29431	46603
93010	83627	167838	66003	48210	357	13650	21274	9868	3061	22650
210657	200113	387975	352756	290034	655	65732	117271	81670	24706	28421
19510	18482	45629	13961	9908	53	2445	4335	2085	990	1705
8192	7731	23382								
			1968	1206	13	339	570	241	43	87
594660	482653	1215649	732938	579166	1513	150030	238557	153713	35353	88829
499395	406828	1000380	580606	477584	796	122712	199408	127308	27360	52519
94772	74199	212317	145445	97323	680	26224	37627	25205	7587	35459
493	1626	2952	6887	4259	37	1094	1522	1200	406	851
82337	70837	135280	106589	72075	1343	7562	22763	17615	22792	10463

中等职业学校

Number of students in Secondary

	毕业生数 Graduates		招生数 Entrants		
	合计 Total	其中:获得职业资格证书 of Which: Recipients of Vocational Qualifications	合计 Total	其中:应届毕业 of Which: Graduates of Current Year	
				小计 Subtotal	其中:初中毕业生 of Which: Junior Secondary School Graduates
一、中职学生总计 Students of SVSs Total	4732654	3813336	4798174	4273824	4125112
其中:中职全日制学生 of Which: Full-time Students of SVSs	4055657	3321378	4244684	4027457	3910419
中职非全日制学生 Part-time Students of SVSs	676997	491958	553490	246367	214693
1. 普通中专学生 Students of Regular SSSs	2367455	1835546	2599455	2447103	2358658
2. 成人中专学生 Students of Adult SSSs	805105	585360	646759	327770	293781
3. 职业高中学生 Students of Vocational High Schools	1560094	1392430	1551960	1498951	1472673
二、培训学生 Trainees	5295781				
三、外国留学生 Foreign Students	991				

注:SSSs = 中等专业学校

Note: SSSs = Specialized Secondary Schools

中等职业学校

Number of Female students in Secondary

	毕业生数 Graduates		招生数 Entrants		
	合计 Total	其中:获得职业资格证书 of Which: Recipients of Vocational Qualifications	合计 Total	其中:应届毕业 of Which: Graduates of Current Year	
				小计 Subtotal	其中:初中毕业生 of Which: Junior Secondary School Graduates
一、中职学生总计 Students of SVSs Total	2363150	1874329	2238496	2017120	1950545
其中:中职全日制学生 of Which: Full-time Students of SVSs	2066753	1658633	2008264	1913915	1862203
中职非全日制学生 Part-time Students of SVSs	296397	215696	230232	103205	88342
1. 普通中专学生 Students of Regular SSSs	1281761	970642	1290358	1222224	1181093
2. 成人中专学生 Students of Adult SSSs	358022	260445	270948	139809	123996
3. 职业高中学生 Students of Vocational High Schools	723367	643242	677190	655087	645456
二、培训学生 Trainees	2381842				
三、外国留学生 Foreign Students	522				

注:SSSs = 中等专业学校

Note: SSSs = Specialized Secondary Schools

(机构)各类学生数

Vocational Schools (Institutions)

单位：人
unit：person

其中：五年制高职中职段 of Which：5-year Secondary Vocational Education	在校学生数 Enrolment 合计 Total	一年级 Grade 1	二年级 Grade 2	三年级 Grade 3	四年级及以上 Over Grade 4	预计毕业生数 Estimated Graduates for Next Year 合计 Total	其中：五年制高职中职段 of Which：5-year Secondary Vocational Education
449461	13352414	4800392	4280100	4161011	110911	4560122	353073
449461	12001485	4246004	3885405	3782594	87482	3905141	353073
	1350929	554388	394695	378417	23429	654981	
401306	7327076	2600235	2376000	2284708	66133	2343738	324928
3523	1626741	647635	489828	464747	24531	749875	2187
44632	4398597	1552522	1414272	1411556	20247	1466509	25958
	3431361						
	1678						

(机构)各类女学生数

Vocational Schools (Institutions)

单位：人
unit：person

其中：五年制高职中职段 of Which：5-year Secondary Vocational Education	在校学生数 Enrolment 合计 Total	一年级 Grade 1	二年级 Grade 2	三年级 Grade 3	四年级及以上 Over Grade 4	预计毕业生数 Estimated Graduates for Next Year 合计 Total	其中：五年制高职中职段 of Which：5-year Secondary Vocational Education
234683	6445877	2237771	2074458	2072422	61226	2171134	198983
234683	5882531	2006416	1913368	1911340	51407	1900730	198983
	563346	231355	161090	161082	9819	270404	
211828	3792917	1288888	1235225	1227109	41695	1204382	184734
1539	689488	271926	203837	203404	10321	315090	1099
21316	1963472	676957	635396	641909	9210	651662	13150
	1596620						
	785						

中等职业学校（机构）学生分科类情况（总计）

Number of Students by Field of Education in Secondary Vocational Schools (Institutions) (Total)

单位：人

unit: person

	毕业生数 Graduates		招生数 Entrants			在校学生数 Enrolment	预计毕业生数 Estimated Graduates for Next Year
				其中：应届毕业 of Which: Graduates of Current Year			
	合计 Total	其中：获得职业资格证书 of Which: Recipients of Vocational Qualifications	合计 Total	小计 Subtotal	其中：初中毕业生 of Which: Junior Secondary School Graduates		
总　计 Total	**4732654**	**3813336**	**4798174**	**4273824**	**4125112**	**13352414**	**4560122**
其中：女 of Which: Female	2363150	1874329	2238496	2017120	1950545	6445877	2171134
农林牧渔类 Agriculture, Forestry, Husbandry & Fisheries	538412	396586	343258	222786	213484	1047703	416801
资源环境类 Resources & Environment	32264	28599	13386	10778	10218	46447	22840
能源与新能源类 Energy Resources & New ER	19624	17162	14966	13958	12663	46348	16340
土木水利类 Civil Engineering & Water Conservancy	193818	161698	174109	152139	145526	557218	207251
加工制造类 Manufacturing	692565	608863	640537	578452	564185	1856250	656834
石油化工 Petroleum & Chemical Industries	32155	26875	20558	18391	17434	74518	30145
轻纺食品 Light, Textile & Food Industries	41937	36701	42475	35694	32795	113942	44530
交通运输类 Communication & Transport	354168	298141	531295	487228	474684	1345075	392479
信息技术类 Information Technology	794393	673675	800078	718909	696086	2143348	754772
医药卫生类 Medicine, Pharmaceuticals & Health Care	460809	313538	468240	435150	413217	1401127	460499
休闲保健类 Recreations Services & Make-up Artists	22865	19618	33247	29478	28866	85487	26586
财经商贸类 Finance, Economics, Commerce & Trade	500715	393593	568162	523323	506466	1544103	496429
旅游服务类 Tourist Services	220283	182960	254921	231226	224861	656555	212999
文化艺术类 Culture & Arts	217085	168357	236961	216283	207002	680186	221757
体育与健身 Sports & Body-building	36585	26124	47162	44284	42447	124200	39623
教育类 Educational Services	462312	380171	483463	447846	437708	1312967	441595
司法服务类 Legal Services	19066	11896	16869	14814	12056	46100	15315
公共管理与服务类 Public Administration & Services	53427	39810	57179	47724	43386	141419	55012
其他 Others	40171	28969	51308	45361	42028	129421	48315

中等职业学校(机构)学生分科类情况(全日制学生)

Number of Students by Field of Education in Secondary Vocational Schools (Institutions) (Full-time Students)

单位：人

unit: person

	毕业生数 Graduates		招生数 Entrants			在校学生数 Enrolment	预计毕业生数 Estimated Graduates for Next Year
				其中:应届毕业 of Which: Graduates of Current Year			
	合计 Total	其中:获得职业资格证书 of Which: Reciptents of Vocational Qualifications	合计 Total	小计 Subtotal	其中:初中毕业生 of Which: Junior Secondary School Graduates		
总　计 Total	**4055657**	**3321378**	**4244684**	**4027457**	**3910419**	**12001485**	**3905141**
其中:女 of Which: Female	2066753	1658633	2008264	1913915	1862203	5882531	1900730
农林牧渔类 Agriculture, Forestry, Husbandry & Fisheries	383239	294322	214165	180679	174518	685001	262531
资源环境类 Resources & Environment	27065	23494	10617	8894	8357	39207	19456
能源与新能源类 Energy Resources & New ER	18035	16042	13802	12992	11986	43634	15539
土木水利类 Civil Engineering & WaterConservancy	175874	148622	155005	143186	137555	519610	189369
加工制造类 Manufacturing	593843	531253	560178	540996	529503	1644823	556219
石油化工 Petroleum & Chemical Industries	30114	25186	19298	17986	17141	70136	28303
轻纺食品 Light, Textile & Food Industries	34213	29511	30675	28350	27590	92464	31050
交通运输类 Communication & Transport	303365	261855	491188	472098	461042	1246433	347143
信息技术类 Information Technology	639271	552035	687279	659738	645765	1875514	613915
医药卫生类 Medicine, Pharmaceuticals & Health Care	447288	301558	463951	432493	410852	1385354	449019
休闲保健类 Recreations Services & Make-up Artists	20681	17676	29233	27369	26813	78377	24522
财经商贸类 Finance, Economics, Commerce & Trade	464221	371802	534216	509468	494371	1451691	456139
旅游服务类 Tourist Services	185698	158365	227188	217324	212687	594850	179595
文化艺术类 Culture & Arts	194561	152061	216343	205189	197022	629683	196446
体育与健身 Sports & Body-building	33642	23191	45886	43475	41638	120730	36743
教育类 Educational Services	419522	351478	447615	434876	427815	1259159	408157
司法服务类 Legal Services	16284	9210	15556	14100	11538	42989	13596
公共管理与服务类 Public Administration & Services	37221	27565	43259	40409	37573	109975	38461
其他 Others	31520	26152	39230	37835	36653	111855	38938

中等职业学校(机构)学生分科类情况(普通中专)

Number of Students by Field of Education in Secondary Vocational Schools (Institutions) (Regular SSSs)

单位：人

unit：person

	毕业生数 Graduates		招生数 Entrants			在校学生数 Enrolment	预计毕业生数 Estimated Graduates for Next Year
				其中:应届毕业 of Which：Graduates of Current Year			
	合计 Total	其中:获得职业资格证书 of Which：Recipients of Vocational Qualifications	合计 Total	小计 Subtotal	其中:初中毕业生 of Which：Junior Secondary School Graduates		
总　计 Total	**2367455**	**1835546**	**2599455**	**2447103**	**2358658**	**7327076**	**2343738**
其中:女 of Which：Female	1281761	970642	1290358	1222224	1181093	3792917	1204382
农林牧渔类 Agriculture, Forestry, Husbandry & Fisheries	166005	121592	94376	77185	74338	287874	103751
资源环境类 Resources & Environment	16249	13408	7806	6313	5817	25562	12300
能源与新能源类 Energy Resources & New ER	15295	13562	10856	10494	9680	34403	12131
土木水利类 Civil Engineering & Water Conservancy	124435	103007	113560	105083	100171	377034	134952
加工制造类 Manufacturing	296012	257378	310530	297574	290967	892594	292390
石油化工 Petroleum & Chemical Industries	21055	17308	14265	13476	12818	53256	21631
轻纺食品 Light, Textile & Food Industries	15312	12214	14211	13514	12865	42543	13323
交通运输类 Communication & Transport	174487	146176	296258	283251	274598	745721	205184
信息技术类 Information Technology	296971	245561	340953	322945	313538	918475	295636
医药卫生类 Medicine, Pharmaceuticals & Health Care	400133	261595	402711	374291	354107	1215901	396755
休闲保健类 Recreations Services & Make-up Artists	9543	7865	15755	14510	14100	42254	13316
财经商贸类 Finance, Economics, Commerce & Trade	294603	221122	354918	335342	322637	959217	300162
旅游服务类 Tourist Services	85914	69766	110840	105444	102297	287206	82686
文化艺术类 Culture & Arts	97196	69288	121715	112644	105986	352218	104298
体育与健身 Sports & Body-building	22844	14062	29481	27139	25792	83299	26834
教育类 Educational Services	290645	236121	314197	304987	300067	884080	285791
司法服务类 Legal Services	10308	4911	7647	6359	5631	23497	7761
公共管理与服务类 Public Administration & Services	17067	10105	21372	19191	16821	52886	19788
其他 Others	13381	10505	18004	17361	16428	49056	15049

中等职业学校(机构)学生分科类情况(成人中专)

Number of Students by Field of Education in Secondary Vocational Schools (Institutions) (Adult SSSs)

单位:人
unit: person

	毕业生数 Graduates		招生数 Entrants			在校学生数 Enrolment	预计毕业生数 Estimated Graduates for Next Year
	合计 Total	其中:获得职业资格证书 of Which: Recipients of Vocational Qualifications	合计 Total	其中:应届毕业 of Which: Graduates of Current Year 小计 Subtotal	其中:初中毕业生 of Which: Junior Secondary School Graduates		
总 计 Total	**805105**	**585360**	**646759**	**327770**	**293781**	**1626741**	**749875**
其中:女 of Which: Female	358022	260445	270948	139809	123996	689488	315090
农林牧渔类 Agriculture, Forestry, Husbandry & Fisheries	189053	120049	141247	47949	44733	399632	169584
资源环境类 Resources & Environment	6485	5845	2933	1994	1966	8553	4132
能源与新能源类 Energy Resources & New ER	1795	1234	1359	1161	866	3237	995
土木水利类 Civil Engineering & Water Conservancy	24556	17941	23347	11627	10594	51615	23968
加工制造类 Manufacturing	113340	89914	89068	45766	42437	239278	110624
石油化工 Petroleum & Chemical Industries	2113	1693	1374	471	359	4673	2025
轻纺食品 Light, Textile & Food Industries	7984	7450	11894	7438	5299	21771	13605
交通运输类 Communication & Transport	62776	47634	55205	29616	27952	140483	58284
信息技术类 Information Technology	173179	135517	124978	70660	61244	305217	153345
医药卫生类 Medicine, Pharmaceuticals & Health Care	21578	18771	11611	9539	9027	38018	18428
休闲保健类 Recreations Services & Make-up Artists	2243	1998	4374	2466	2406	8438	2605
财经商贸类 Finance, Economics, Commerce & Trade	49121	31884	43185	22525	20655	121735	49736
旅游服务类 Tourist Services	37393	26667	32149	18202	16410	74187	37853
文化艺术类 Culture & Arts	25823	18735	23600	13711	12513	58997	28081
体育与健身 Sports & Body-building	5219	4435	7729	7243	7068	16755	5412
教育类 Educational Services	51291	35479	41636	18488	15354	72162	40422
司法服务类 Legal Services	3560	3176	2506	1823	1627	6317	2618
公共管理与服务类 Public Administration & Services	18058	13278	15964	9043	7374	36435	18292
其他 Others	9538	3660	12600	8048	5897	19238	9866

中等职业学校(机构)学生分科类情况(职业高中)

Number of Students by Field of Education in Secondary Vocational Schools (Institutions) (Vocational High Schools)

单位：人

unit: person

	毕业生数 Graduates		招生数 Entrants			在校学生数 Enrolment	预计毕业生数 Estimated Graduates for Next Year
				其中:应届毕业 of Which: Graduates of Current Year			
	合计 Total	其中:获得职业资格证书 of Which: Reciptents of Vocational Qualifications	合计 Total	小计 Subtotal	其中:初中毕业生 of Which: Junior Secondary School Graduates		
总　计 Total	**1560094**	**1392430**	**1551960**	**1498951**	**1472673**	**4398597**	**1466509**
其中:女 of Which: Female	723367	643242	677190	655087	645456	1963472	651662
农林牧渔类 Agriculture, Forestry, Husbandry & Fisheries	183354	154945	107635	97652	94413	360197	143466
资源环境类 Resources & Environment	9530	9346	2647	2471	2435	12332	6408
能源与新能源类 Energy Resources & New ER	2534	2366	2751	2303	2117	8708	3214
土木水利类 Civil Engineering & Water Conservancy	44827	40750	37202	35429	34761	128569	48331
加工制造类 Manufacturing	283213	261571	240939	235112	230781	724378	253820
石油化工 Petroleum & Chemical Industries	8987	7874	4919	4444	4257	16589	6489
轻纺食品 Light, Textile & Food Industries	18641	17037	16370	14742	14631	49628	17602
交通运输类 Communication & Transport	116905	104331	179832	174361	172134	458871	129011
信息技术类 Information Technology	324243	292597	334147	325304	321304	919656	305791
医药卫生类 Medicine, Pharmaceuticals & Health Care	39098	33172	53918	51320	50083	147208	45316
休闲保健类 Recreations Services & Make-up Artists	11079	9755	13118	12502	12360	34795	10665
财经商贸类 Finance, Economics, Commerce & Trade	156991	140587	170059	165456	163174	463151	146531
旅游服务类 Tourist Services	96976	86527	111932	107580	106154	295162	92460
文化艺术类 Culture & Arts	94066	80334	91646	89928	88503	268971	89378
体育与健身 Sports & Body-building	8522	7627	9952	9902	9587	24146	7377
教育类 Educational Services	120376	108571	127630	124371	122287	356725	115382
司法服务类 Legal Services	5198	3809	6716	6632	4798	16286	4936
公共管理与服务类 Public Administration & Services	18302	16427	19843	19490	19191	52098	16932
其他 Others	17252	14804	20704	19952	19703	61127	23400

中等职业学校(机构)分年龄学生数

Number of Students by Age in Secondary Vocational Schools (Institutions)

单位：人

unit: person

	合计 Total	14岁及以下 14 Years and Under	15岁 15 Years	16岁 16 Years	17岁 17 Years	18岁 18 Years	19岁 19 Years	20岁 20 Years	21岁 21 Years	22岁及以上 22 Years and Over
总　计 Total	**13352414**	**194938**	**2029987**	**3307371**	**3343095**	**2048296**	**828884**	**378683**	**236882**	**984278**
其中:中职全日制学生 of Which: Full-time Students of SVSs	12001485	192418	1962977	3197135	3237232	1946027	732420	274489	137905	320882
中职非全日制学生 Part-time Students of SVSs	1350929	2520	67010	110236	105863	102269	96464	104194	98977	663396
1. 普通中专学生 Students of Regular SSSs	7327076	125896	1157945	1935623	1963195	1207985	478938	192210	90733	174551
2. 成人中专学生 Students of Adult SSSs	1626741	4913	109632	178316	171804	140524	114729	112529	105874	688420
3. 职业高中学生 Students of Vocational High Schools	4398597	64129	762410	1193432	1208096	699787	235217	73944	40275	121307

中等职业学校(机构)分年龄女学生数

Number of Female Students by Age in Secondary Vocational Schools (Institutions)

单位：人

unit: person

	合计 Total	14岁及以下 14 Years and Under	15岁 15 Years	16岁 16 Years	17岁 17 Years	18岁 18 Years	19岁 19 Years	20岁 20 Years	21岁 21 Years	22岁及以上 22 Years and Over
总　计 Total	**6445877**	**101629**	**983309**	**1612093**	**1640819**	**997730**	**402262**	**178502**	**104042**	**425491**
其中:中职全日制学生 of Which: Full-time Students of SVSs	5882531	100496	955179	1562871	1595183	953059	362168	134840	65644	153091
中职非全日制学生 Part-time Students of SVSs	563346	1133	28130	49222	45636	44671	40094	43662	38398	272400
1. 普通中专学生 Students of Regular SSSs	3792917	69065	596423	998575	1025630	623817	250069	99070	44847	85421
2. 成人中专学生 Students of Adult SSSs	689488	2442	48608	80942	76022	61326	48300	47024	40933	283891
3. 职业高中学生 Students of Vocational High Schools	1963472	30122	338278	532576	539167	312587	103893	32408	18262	56179

中等职业学校(机构)

Changes in Enrolment of Secondary

	上学年初报表在校学生数 Enrolment at Beginning of Previous Academic Year	增加学生数 Factors of Increase				
		合计 Total	招生 No. of Students Admitted	复学 Students Resuming Studies	转入 Transfers from Other Inst.	其他 Others
总　计 Total	**14163127**	**5137187**	**4798174**	**10663**	**251482**	**76868**
其中:中职全日制学生 of Which: Full-time Students of SVSs	12564639	4535693	4244684	8866	216922	65221
中职非全日制学生 Part-time Students of SVSs	1598488	601494	553490	1797	34560	11647
1. 普通中专学生 Students of Regular SSSs	7501420	2765849	2599455	5073	126611	34710
2. 成人中专学生 Students of Adult SSSs	1940748	707202	646759	1907	42267	16269
3. 职业高中学生 Students of Vocational High Schools	4720959	1664136	1551960	3683	82604	25889

中等职业学校(机构)

Changes in Female Enrolment of

	上学年初报表在校学生数 Enrolment at Beginning of Previous Academic Year	增加学生数 Factors of Increase				
		合计 Total	招生 No. of Students Admitted	复学 Students Resuming Studies	转入 Transfers from Other Inst.	其他 Others
总　计 Total	**6972046**	**2402439**	**2238496**	**4367**	**121087**	**38489**
其中:中职全日制学生 of Which: Full-time Students of SVSs	6287917	2152161	2008264	3456	107110	33331
中职非全日制学生 Part-time Students of SVSs	684129	250278	230232	911	13977	5158
1. 普通中专学生 Students of Regular SSSs	3973533	1381007	1290358	1961	68123	20565
2. 成人中专学生 Students of Adult SSSs	846913	297887	270948	934	17930	8075
3. 职业高中学生 Students of Vocational High Schools	2151600	723545	677190	1472	35034	9849

学生变动情况

Vocational Schools (Institutions)

单位：人
unit: person

减少学生数 Factors of Decrease									本学年初报表在校学生数 Total Enrolment at Beginning of Current Academic Year
合计 Total	毕业 Graduates	结业 Completers of Courses without Formal Awards	休学 Suspended	退学 Quitting	开除 Expelled	死亡 Dead	转出 Transfers to Other Inst.	其他 Others	
5947900	**4732654**	**128248**	**22420**	**431321**	**7155**	**326**	**439183**	**186593**	**13352414**
5098847	4055657	71403	21538	382291	7005	317	410721	149915	12001485
849053	676997	56845	882	49030	150	9	28462	36678	1350929
2940193	2367455	37054	14755	243870	5276	191	188554	83038	7327076
1021209	805105	58975	1380	57200	208	12	51984	46345	1626741
1986498	1560094	32219	6285	130251	1671	123	198645	57210	4398597

女学生变动情况

Secondary Vocational Schools (Institutions)

单位：人
unit: person

减少学生数 Factors of Decrease									本学年初报表在校学生数 Total Enrolment at Beginning of Current Academic Year
合计 Total	毕业 Graduates	结业 Completers of Courses Without Formal Awards	休学 Suspended	退学 Quitting	开除 Expelled	死亡 Dead	转出 Transfers to Other Inst.	其他 Others	
2928608	**2363150**	**55798**	**8844**	**189345**	**1944**	**91**	**223711**	**85725**	**6445877**
2557547	2066753	32876	8592	167447	1912	90	211929	67948	5882531
371061	296397	22922	252	21898	32	1	11782	17777	563346
1561623	1281761	18006	5980	110747	1425	64	105490	38150	3792917
455312	358022	23354	434	25240	65	4	25636	22557	689488
911673	723367	14438	2430	53358	454	23	92585	25018	1963472

中等职业学校(机构)学生其他情况

Supplementary Information on Students in Secondary Vocational Schools (Institutions)

单位:人
unit:person

	共产党员 Member of C. P. A	共青团员 Member of C. Y. L	华侨 Overseas Chinese	港澳台 From H. K, Macao and Taiwan	少数民族 Minorities	残疾人 Disabled
总计 Total	**32554**	**7943441**	**207**	**1291**	**1221157**	**17551**
其中:女 of Which: Female	8432	4039182	82	523	578220	6027
中职全日制学生 Full-time Students of SVSs	15319	7610856	207	1291	1074116	17018
中职非全日制学生 Part-time Students of SVSs	17235	332585			147041	533
1. 普通中专学生 Students of Regular SSSs	9120	4482105	60	1043	679196	9523
2. 成人中专学生 Students of Adult SSSs	18521	472918		21	168783	1220
3. 职业高中学生 Students of Vocational High Schools	4913	2988418	147	227	373178	6808

中等职业学校(机构)培训学生情况

Number of Trainees in Secondary Vocational Schools (Institutions)

单位:人次
unit:person-time

	结业生数 Graduates		注册学生数 Enrolment	
	合计 Total	其中:女 of Which: Female	合计 Total	其中:女 of Which: Female
总计 Total	**5295781**	**2381842**	**3431361**	**1596620**
其中:少数民族 of Which: Minority	390762	175871	227552	92650
资格证书培训 for Certificates of Vocational Qualifications	2047174	897647	1503999	666273
岗位证书培训 for Certificates of Job-related Qualifications	1696505	737280	1038118	456741
按产业结构分:第一产业类培训 by Industry: Training for First Industry	1278245	572989	794538	357826
第二产业类培训 Training for Second Industry	1090638	336560	740776	236011
第三产业类培训 Training for Third Industry	2926898	1472293	1896047	1002783
按培训时间分:一个月以内 by Length of Training: 1 Month Under	3326366	1463652	1875024	859060
一个月至三个月以内 1 Month to 3 Months Under	918132	419272	640933	300171
三个月至半年以内 3 Months to 6 Months	428575	197575	297071	140225
半年至一年以内 6 Months to 1 Year	371800	186153	253609	125960
一年及以上 1 Year and Over	250908	115190	364724	171204

中等职业学校(机构)外国留学生情况

Number of Foreign Students in Secondary Vocational Schools (Institutions)

单位:人

unit: person

	结业生数 Graduates		注册学生数 Enrolment	
	合计 Total	其中:女 of Which: Female	合计 Total	其中:女 of Which: Female
总　计 Total	**991**	**522**	**1678**	**785**
按时间分 by Time				
一个月以内 1 Month Under	559	287	379	210
一个月至三个月以内 1 Month to 3 Months	9	7	12	10
三个月至半年以内 3 Months to 6 Months	8	5	12	8
半年至一年以内 6 Months to 1 Year	112	80	124	86
一年及以上 1 Year and Over	303	143	1151	471
按大洲分 by Continent				
亚洲 Asia	855	445	1419	665
非洲 Africa	15	8	47	14
欧洲 Europe	77	39	186	94
北美洲 North America	31	20	4	3
南美洲 South America	4	2	10	4
大洋洲 Oceania	9	8	12	5

中等职业学校

Number of Educational Personnel in

	教职工数 Educational		
	合计 Total	校本部 Educational Personnel	
		小计 Subtotal	专任教师 Full-time Teachers
总　计	**841495**	**833140**	**652447**
其中:女 of Which: Female	410882	406895	338726
正高级 Senior	4077	4067	2869
副高级 Sub-senior	183063	182776	157931
中　级 Middle	301282	300374	261890
初　级 Junior	202402	201226	171569
未定职级 No-ranking	150671	144697	58188
总计中:聘任制 of the Total: Part-time	181717	179651	140059
其中:女 of Which: Female	89968	88907	72230
正高级 Senior	1181	1181	892
副高级 Sub-senior	31843	31831	28237
中　级 Middle	59964	59800	53132
初　级 Junior	45686	45208	38680
未定职级 No-ranking	43043	41631	19118

中等职业学校(机构)

Number of Educational Personnel in

	教职工数 Educational		
	合计 Total	校本部 Educational Personnel	
		小计 Subtotal	专任教师 Full-time Teachers
总　计	**408775**	**404034**	**304295**
其中:女 of Which: Female	200205	197954	159072
正高级 Senior	2478	2468	1804
副高级 Sub-senior	87286	87209	76104
中　级 Middle	139461	139075	119010
初　级 Junior	95887	95152	77946
未定职级 No-ranking	83663	80130	29431
总计中:聘任制 of the Total: Part-time	89530	88125	65520
其中:女 of Which: Female	44693	43922	34052
正高级 Senior	681	681	522
副高级 Sub-senior	14282	14271	12657
中　级 Middle	27883	27779	24303
初　级 Junior	22385	21963	17922
未定职级 No-ranking	24299	23431	10116

（机构）教职工数（总计）

Secondary Vocational Schools (Total)

单位：人
unit: person

Personnel					聘请校外教师 Part-time Teachers
教 职 工 in Main Campus			校办企业职工 Employees in School-run Factories & Farms	其他附设机构人员 Personnel in Other Subsidiary Units	
行政人员 Adm. Personnel	教辅人员 Supporting Staff	工勤人员 Workers			
72553	**52481**	**55659**	**4088**	**4267**	**99379**
26157	25322	16690	1665	2322	42400
1036	135	27		10	2798
18588	5810	447	18	269	19940
19431	17559	1494	113	795	35845
12177	15909	1571	157	1019	16339
21321	13068	52120	3800	2174	24457
15075	11427	13090	669	1397	
6213	5667	4797	217	844	
252	37				
2655	878	61	5	7	
3457	2949	262	27	137	
2954	3238	336	45	433	
5757	4325	12431	592	820	

教职工数（普通中专）

Secondary Vocational Schools (Institutions) (Regular SSSs)

单位：人
unit: person

Personnel					聘请校外教师 Part-time Teachers
教 职 工 in Main Campus			校办企业职工 Employees in School-run Factories & Farms	其他附设机构人员 Personnel in Others Subsidiary Units	
行政人员 Adm. Personnel	教辅人员 Supporting Staff	工勤人员 Workers			
41775	**26691**	**31273**	**2173**	**2568**	**46603**
16147	13533	9202	735	1516	21965
553	100	11		10	1434
8489	2355	261	14	63	8576
10700	8529	836	24	362	15325
7967	8305	934	52	683	8440
14066	7402	29231	2083	1450	12828
8583	6426	7596	332	1073	
3767	3289	2814	98	673	
126	33				
1212	358	44	5	6	
1875	1456	145	8	96	
1938	1915	188	12	410	
3432	2664	7219	307	561	

中等职业学校(机构)

Number of Educational Personnel in Secondary

	教职工数 Educational		
	合计 Total	校本部 Educational Personnel	
		小计 Subtotal	专任教师 Full-time Teachers
总　计	**66003**	**64979**	**48210**
其中:女 of Which: Female	30967	30458	24284
正高级 Senior	478	478	357
副高级 Sub-senior	16529	16485	13650
中　级 Middle	25871	25806	21274
初　级 Junior	12567	12532	9868
未定职级 No-ranking	10558	9678	3061
总计中:聘任制 of the Total: Part-time	10988	10910	8123
其中:女 of Which: Female	5290	5242	4052
正高级 Senior	89	89	71
副高级 Sub-senior	2388	2388	2026
中　级 Middle	3981	3981	3361
初　级 Junior	2061	2061	1677
未定职级 No-ranking	2469	2391	988

中等职业学校(机构)

Number of Educational Personnel in Secondary

	教职工数 Educational		
	合计 Total	校本部 Educational Personnel	
		小计 Subtotal	专任教师 Full-time Teachers
总　计	**352756**	**350250**	**290034**
其中:女 of Which: Female	173329	172142	150427
正高级 Senior	1046	1046	655
副高级 Sub-senior	76146	75980	65732
中　级 Middle	130589	130132	117271
初　级 Junior	91195	90789	81670
未定职级 No-ranking	53780	52303	24706
总计中:聘任制 of the Total: Part-time	78498	77919	64427
其中:女 of Which: Female	38640	38401	33036
正高级 Senior	388	388	277
副高级 Sub-senior	14808	14807	13254
中　级 Middle	27063	27003	24662
初　级 Junior	20611	20555	18603
未定职级 No-ranking	15628	15166	7631

教职工数(成人中专学校)

Vocational Schools (Institutions) (Adult SSSs)

单位：人
unit：person

Personnel 教 职 工 in Main Campus 行政人员 Adm. Personnel	教辅人员 Supporting Staff	工勤人员 Workers	校办企业职工 Employees in School-run Factories & Farms	其他附设机构人员 Personnel in Others Subsidiary Units	聘请校外教师 Part-time Teachers
7313	**5100**	**4356**	**696**	**328**	**22650**
2483	2375	1316	354	155	7212
112	4	5			915
2112	667	56		44	6592
2225	2117	190		65	11669
1129	1339	196		35	2356
1735	973	3909	696	184	1118
1266	920	601	53	25	
484	474	232	29	19	
18					
192	168	2			
288	320	12			
209	165	10			
559	267	577	53	25	

教职工数(职业高中学校)

Vocational Schools (Institutions) (Vocational High Schools)

单位：人
unit：person

Personnel 教 职 工 in Main Campus 行政人员 Adm. Personnel	教辅人员 Supporting Staff	工勤人员 Workers	校办企业职工 Employees in School-run Factories & Farms	其他附设机构人员 Personnel in Others Subsidiary Units	聘请校外教师 Part-time Teachers
21834	**19308**	**19074**	**1165**	**1341**	**28421**
7020	8806	5889	546	641	12505
351	29	11			426
7521	2600	127	4	162	4394
5985	6420	456	89	368	8147
2790	5905	424	105	301	5232
5187	4354	18056	967	510	10222
4980	3755	4757	284	295	
1872	1792	1701	90	149	
107	4				
1210	328	15		1	
1223	1013	105	19	41	
746	1078	128	33	23	
1694	1332	4509	232	230	

中等职业学校(机构)

Number of Educational Personnel in Secondary

	教职工数 Educational		
	合计 Total	校本部 Educational Personnel	
		小计 Subtotal	专任教师 Full-time Teachers
总　计	**13961**	**13877**	**9908**
其中:女 of Which: Female	6381	6341	4943
正高级 Senior	75	75	53
副高级 Sub-senior	3102	3102	2445
中　级 Middle	5361	5361	4335
初　级 Junior	2753	2753	2085
未定职级 No-ranking	2670	2586	990
总计中:聘任制 of the Total: Part-time	2701	2697	1989
其中:女 of Which: Female	1345	1342	1090
正高级 Senior	23	23	22
副高级 Sub-senior	365	365	300
中　级 Middle	1037	1037	806
初　级 Junior	629	629	478
未定职级 No-ranking	647	643	383

教职工数(其他机构)

Vocational Schools (Institutions) (Other Institutions)

单位：人
unit：person

Personnel					
教　职　工 in Main Campus			校办企业职工 Employees in School-run Factories & Farms	其他附设机构人员 Personnel in Others Subsidiary Units	聘请校外教师 Part-time Teachers
行政人员 Adm. Personnel	教辅人员 Supporting Staff	工勤人员 Workers			
1631	**1382**	**956**	**54**	**30**	**1705**
507	608	283	30	10	718
20	2				23
466	188	3			378
521	493	12			704
291	360	17			311
333	339	924	54	30	289
246	326	136		4	
90	112	50		3	
1					
41	24				
71	160				
61	80	10			
72	62	126		4	

中等职业学校(机构)分科专任教师数(总计)

Number of Full-time Teachers by Field of Education in Secondary Vocational Schools (Institutions) (Total)

单位：人

unit: person

	合计 Total	其中:女 of Which: Female	正高级 Senior	副高级 Sub-Senior	中级 Middle	初级 Junior	未定职级 No-ranking
总 计 Total	**652447**	**338726**	**2869**	**157931**	**261890**	**171569**	**58188**
其中:女 of Which: Female	338726		1168	72689	137081	96033	31755
文化基础课 Common Required Subject	270472	150029	773	73747	113339	64352	18261
专业课 Specialized Subjects	356690	180223	1991	80003	138333	99714	36649
农林牧渔类 Agriculture, Forestry, Animal Husbandry & Fisheries	22137	9347	180	6536	9179	5083	1159
资源环境类 Resources & Environment09	1693	698	7	443	614	483	146
能源与新能源类 Energy Resources & New ER	2544	1029	19	707	921	636	261
土木水利类 Civil Engineering & Water Conservancy	11280	5012	49	2641	3987	3122	1481
加工制造类 Manufacturing	48647	17718	221	11793	18528	13503	4602
石油化工类 Petroleum & Chemical Industries	2898	1352	15	862	1077	700	244
轻纺食品类 Light, Textile & Food Industries	4420	2548	18	947	1612	1334	509
交通运输类 Communication & Transport	19668	6414	134	3486	6909	5968	3171
信息技术类 Information Technology	60446	29676	201	12134	25999	16999	5113
医药卫生类 Medicine, Pharmacy & Health Care	24967	16079	424	6485	9148	6363	2547
休闲保健类 Recreation Services & Make-up Artists	1711	1009	11	339	699	453	209
财经商贸类 Finance, Economics, Commerce & Trade	36831	23856	135	9093	14210	9860	3533
旅游服务类 Tourist Services	16743	10691	44	3219	6392	5051	2037
文化艺术类 Culture & Arts	33603	21061	289	5506	12303	11075	4430
体育与健身 Sports & Body-building	14626	4085	52	3057	5839	4358	1320
教育类 Educational Services	35315	20441	108	8817	13731	9395	3264
司法服务类 Legal Services	1662	751	11	291	616	440	304
公共管理与服务类 Public Administration & Services	5559	2893	30	1056	2135	1609	729
其他 Others	11940	5563	43	2591	4434	3282	1590
实习指导课 Practice Guidance Lessons	25285	8474	105	4181	10218	7503	3278

中等职业学校(机构)分科专任教师数(普通中专学校)

Number of Full-time Teachers by Field of Education in Secondary Vocational Schools (Institutions) (Regular SSSs)

单位：人

unit：person

	合计 Total	其中：女 of Which：Female	正高级 Senior	副高级 Sub-Senior	中级 Middle	初级 Junior	未定职级 No-ranking
总　计 Total	**304295**	**159072**	**1804**	**76104**	**119010**	**77946**	**29431**
其中：女 of Which：Female	159072		765	35996	62439	43739	16133
文化基础课 Common Required Subject	109436	61272	439	30948	44936	25131	7982
专业课 Specialized Subjects	181914	93395	1309	43148	69077	48778	19602
农林牧渔类 Agriculture, Forestry, Animal Husbandry & Fisheries	7439	3110	64	2552	2877	1492	454
资源环境类 Resources & Environment09	991	425	2	292	351	254	92
能源与新能源类 Energy Resources & New ER	1647	668	17	488	566	368	208
土木水利类 Civil Engineering & Water Conservancy	6768	3195	41	1735	2286	1757	949
加工制造类 Manufacturing	25256	9409	155	6450	9532	6669	2450
石油化工类 Petroleum & Chemical Industries	1850	879	14	607	662	421	146
轻纺食品类 Light, Textile & Food Industries	1972	1153	14	475	727	511	245
交通运输类 Communication & Transport	9956	3315	83	1812	3328	2905	1828
信息技术类 Information Technology	27786	13419	114	5827	12226	7233	2386
医药卫生类 Medicine, Pharmacy & Health Care	19475	12831	355	5424	6974	4822	1900
休闲保健类 Recreation Services & Make-up Artists	850	520	8	180	357	199	106
财经商贸类 Finance, Economics, Commerce & Trade	20726	13392	81	5451	7956	5217	2021
旅游服务类 Tourist Services	7218	4407	26	1420	2742	2083	947
文化艺术类 Culture & Arts	17846	11220	199	3018	6504	5807	2318
体育与健身 Sports & Body-building	8489	2372	44	1998	3346	2488	613
教育类 Educational Services	14869	8756	57	3539	5459	4202	1612
司法服务类 Legal Services	880	414	4	180	313	247	136
公共管理与服务类 Public Administration & Services	2438	1282	11	450	891	696	390
其他 Others	5458	2628	20	1250	1980	1407	801
实习指导课 Practice Guidance Lessons	12945	4405	56	2008	4997	4037	1847

中等职业学校(机构)分科专任教师数(成人中专学校)

Number of Full-time Teachers by Field of Education in Secondary Vocational Schools (Institutions) (Adult SSSs)

单位：人
unit: person

	合计 Total	其中:女 of Which: Female	正高级 Senior	副高级 Sub-Senior	中级 Middle	初级 Junior	未定职级 No-ranking
总　计 Total	**48210**	**24284**	**357**	**13650**	**21274**	**9868**	**3061**
其中:女 of Which: Female	24284		131	6134	11417	5235	1367
文化基础课 Common Required Subject	24882	13573	96	7545	11146	4653	1442
专业课 Specialized Subjects	21310	9896	242	5600	9169	4881	1418
农林牧渔类 Agriculture, Forestry, Animal Husbandry & Fisheries	5451	2128	97	1267	2470	1400	217
资源环境类 Resources & Environment09	188	74	1	66	61	49	11
能源与新能源类 Energy Resources & New ER	131	36		38	67	24	2
土木水利类 Civil Engineering & Water Conservancy	503	227	1	119	224	124	35
加工制造类 Manufacturing	1201	384	16	319	413	316	137
石油化工类 Petroleum & Chemical Industries	26	8		5	14	7	
轻纺食品类 Light, Textile & Food Industries	206	63		30	81	83	12
交通运输类 Communication & Transport	849	350	23	165	310	249	102
信息技术类 Information Technology	1758	760	23	379	728	428	200
医药卫生类 Medicine, Pharmacy & Health Care	900	514	21	243	387	204	45
休闲保健类 Recreation Services & Make-up Artists	42	25		7	14	16	5
财经商贸类 Finance, Economics, Commerce & Trade	1030	592	20	315	411	217	67
旅游服务类 Tourist Services	312	215	1	50	124	89	48
文化艺术类 Culture & Arts	718	410	6	100	303	202	107
体育与健身 Sports & Body-building	388	97		47	182	78	81
教育类 Educational Services	6306	3444	16	2185	2825	1076	204
司法服务类 Legal Services	51	23	2	8	18	11	12
公共管理与服务类 Public Administration & Services	355	189	11	76	148	74	46
其他 Others	895	357	4	181	389	234	87
实习指导课 Practice Guidance Lessons	2018	815	19	505	959	334	201

中等职业学校(机构)分科专任教师数(职业高中学校)

Number of Full-time Teachers by Field of Education in Secondary Vocational Schools (Institutions) (Vocational High Schools)

单位：人

unit: person

	合计 Total	其中:女 of Which: Female	正高级 Senior	副高级 Sub-Senior	中级 Middle	初级 Junior	未定职级 No-ranking
总　计 Total	**290034**	**150427**	**655**	**65732**	**117271**	**81670**	**24706**
其中:女 of Which: Female	150427		249	29523	61094	45871	13690
文化基础课 Common Required Subject	131810	72826	222	34093	55401	33673	8421
专业课 Specialized Subjects	148338	74481	404	30078	57843	44938	15075
农林牧渔类 Agriculture, Forestry, Animal Husbandry & Fisheries	9026	4020	15	2640	3727	2158	486
资源环境类 Resources & Environment09	481	190	4	74	191	169	43
能源与新能源类 Energy Resources & New ER	745	316	2	178	278	238	49
土木水利类 Civil Engineering & Water Conservancy	3920	1552	7	763	1444	1217	489
加工制造类 Manufacturing	21573	7706	50	4873	8312	6358	1980
石油化工类 Petroleum & Chemical Industries	1001	457	1	248	397	264	91
轻纺食品类 Light, Textile & Food Industries	2225	1326	4	439	799	733	250
交通运输类 Communication & Transport	8674	2683	28	1479	3211	2765	1191
信息技术类 Information Technology	30203	15143	62	5814	12712	9163	2452
医药卫生类 Medicine, Pharmacy & Health Care	4201	2564	37	724	1595	1276	569
休闲保健类 Recreation Services & Make-up Artists	819	464	3	152	328	238	98
财经商贸类 Finance, Economics, Commerce & Trade	14595	9575	32	3241	5636	4313	1373
旅游服务类 Tourist Services	9082	5971	17	1732	3483	2830	1020
文化艺术类 Culture & Arts	14624	9174	83	2325	5315	4969	1932
体育与健身 Sports & Body-building	5381	1492	7	934	2176	1700	564
教育类 Educational Services	13063	7676	26	2752	4935	3954	1396
司法服务类 Legal Services	627	270	2	82	238	163	142
公共管理与服务类 Public Administration & Services	2648	1376	7	503	1056	821	261
其他 Others	5450	2526	17	1125	2010	1609	689
实习指导课 Practice Guidance Lessons	9886	3120	29	1561	4027	3059	1210

中等职业学校(机构)分科专任教师数(其他机构)
Number of Full-time Teachers by Field of Education in Secondary Vocational Schools (Institutions) (Other Institutions)

单位：人
unit: person

	合计 Total	其中:女 of Which: Female	正高级 Senior	副高级 Sub-Senior	中级 Middle	初级 Junior	未定职级 No-ranking
总　计 Total	**9908**	**4943**	**53**	**2445**	**4335**	**2085**	**990**
其中:女 of Which: Female	4943		23	1036	2131	1188	565
文化基础课 Common Required Subject	4344	2358	16	1161	1856	895	416
专业课 Specialized Subjects	5128	2451	36	1177	2244	1117	554
农林牧渔类 Agriculture, Forestry, Animal Husbandry & Fisheries	221	89	4	77	105	33	2
资源环境类 Resources & Environment09	33	9		11	11	11	
能源与新能源类 Energy Resources & New ER	21	9		3	10	6	2
土木水利类 Civil Engineering & Water Conservancy	89	38		24	33	24	8
加工制造类 Manufacturing	617	219		151	271	160	35
石油化工类 Petroleum & Chemical Industries	21	8		2	4	8	7
轻纺食品类 Light, Textile & Food Industries	17	6		3	5	7	2
交通运输类 Communication & Transport	189	66		30	60	49	50
信息技术类 Information Technology	699	354	2	114	333	175	75
医药卫生类 Medicine, Pharmacy & Health Care	391	170	11	94	192	61	33
休闲保健类 Recreation Services & Make-up Artists							
财经商贸类 Finance, Economics, Commerce & Trade	480	297	2	86	207	113	72
旅游服务类 Tourist Services	131	98		17	43	49	22
文化艺术类 Culture & Arts	415	257	1	63	181	97	73
体育与健身 Sports & Body-building	368	124	1	78	135	92	62
教育类 Educational Services	1077	565	9	341	512	163	52
司法服务类 Legal Services	104	44	3	21	47	19	14
公共管理与服务类 Public Administration & Services	118	46	1	27	40	18	32
其他 Others	137	52	2	35	55	32	13
实习指导课 Practice Guidance Lessons	436	134	1	107	235	73	20

中等职业学校(机构)专任教师、聘请校外教师学历情况(合计)
Number of Full-time and Part-time Teachers by Academic Qualifications in Secondary Vocational Schools (Institutions) (Total)

单位：人
unit：person

	合计 Total	博士研究生 Doctors	硕士研究生 Masters	本科 Normal Courses	专科 Short-cycle Courses	高中阶段及以下 Below High School Graduate
1. 专任教师 Full-time Teacher	**652447**	**705**	**43304**	**544070**	**61795**	**2573**
其中:女 of Which: Female	338726	371	26602	286208	24791	754
实习指导课教师 Practice Course Teacher	25285	1	802	18441	5576	465
正高级 Senior	2869	88	551	1985	237	8
副高级 Sub-senior	157931	252	11508	138686	7332	153
中　级 Middle	261890	237	17784	220009	23080	780
初　级 Junior	171569	65	8404	142715	19527	858
未定职级 No-ranking	58188	63	5057	40675	11619	774
2. 聘请校外教师 Part-time Teacher	**99379**	**541**	**7352**	**72177**	**17947**	**1362**
其中:女 of Which: Female	42400	176	3462	32060	6406	296
实习指导课教师 Practice Course Teacher	10217	53	577	6865	2420	302
外籍教师 Foreign Teachers Among Part-time Teachers	318	6	35	250	25	2
正高级 Senior	2798	155	640	1803	179	21
副高级 Sub-senior	19940	164	2255	15488	1915	118
中　级 Middle	35845	134	2311	26792	6266	342
初　级 Junior	16339	20	977	11724	3435	183
未定职级 No-ranking	24457	68	1169	16370	6152	698

中等职业学校(机构)专任教师、聘请校外教师学历情况(普通中专学校)

Number of Full-time and Part-time Teachers by Academic Qualifications in Secondary Vocational Schools (Institutions) (Regular SSSs)

单位：人

unit: person

	合计 Total	博士研究生 Doctors	硕士研究生 Masters	本科 Normal Courses	专科 Short-cycle Courses	高中阶段及以下 Below High School Graduate
1. 专任教师 Full-time Teacher	**304295**	**443**	**28948**	**248986**	**24511**	**1407**
其中:女 of Which: Female	159072	215	17898	130900	9674	385
实习指导课教师 Practice Course Teacher	12945	1	535	9014	3098	297
正高级 Senior	1804	62	364	1220	150	8
副高级 Sub-senior	76104	176	7838	65316	2674	100
中　级 Middle	119010	125	12105	97792	8579	409
初　级 Junior	77946	37	5515	64262	7683	449
未定职级 No-ranking	29431	43	3126	20396	5425	441
2. 聘请校外教师 Part-time Teacher	**46603**	**409**	**4648**	**34765**	**6136**	**645**
其中:女 of Which: Female	21965	141	2357	17029	2302	136
实习指导课教师 Practice Course Teacher	4469	51	366	2923	985	144
外籍教师 Foreign Teachers Among Part-time Teachers	243	6	21	196	18	2
正高级 Senior	1434	92	299	921	101	21
副高级 Sub-senior	8576	124	1290	6369	731	62
中　级 Middle	15325	119	1545	11831	1724	106
初　级 Junior	8440	20	722	6390	1246	62
未定职级 No-ranking	12828	54	792	9254	2334	394

中等职业学校(机构)专任教师、聘请校外教师学历情况(成人中专学校)

Number of Full-time and Part-time Teachers by Academic Qualifications in Secondary Vocational Schools (Institutions) (Adult SSSs)

单位：人
unit：person

	合计 Total	博士研究生 Doctors	硕士研究生 Masters	本科 Normal Courses	专科 Short-cycle Courses	高中阶段及以下 Below High School Graduate
1. 专任教师 Full-time Teacher	**48210**	**163**	**2205**	**37235**	**8341**	**266**
其中:女 of Which: Female	24284	103	1177	19096	3806	102
实习指导课教师 Practice Course Teacher	2018		62	1564	367	25
正高级 Senior	357	11	72	259	15	
副高级 Sub-senior	13650	56	785	11565	1229	15
中　级 Middle	21274	73	810	16478	3777	136
初　级 Junior	9868	23	296	6939	2532	78
未定职级 No-ranking	3061		242	1994	788	37
2. 聘请校外教师 Part-time Teacher	**22650**	**65**	**1297**	**15630**	**5411**	**247**
其中:女 of Which: Female	7212	13	449	4941	1743	66
实习指导课教师 Practice Course Teacher	2397	2	90	1751	503	51
外籍教师 Foreign Teachers Among Part-time Teachers	5		4		1	
正高级 Senior	915	49	253	574	39	
副高级 Sub-senior	6592	15	547	5229	769	32
中　级 Middle	11669		324	8021	3157	167
初　级 Junior	2356		69	1309	937	41
未定职级 No-ranking	1118	1	104	497	509	7

中等职业学校（机构）专任教师、聘请校外教师学历情况（职业高中学校）

Number of Full-time and Part-time Teachers by Academic Qualifications in Secondary Vocational Schools (Institutions) (Vocational High Schools)

单位：人

unit：person

	合计 Total	博士研究生 Doctors	硕士研究生 Masters	本科 Normal Courses	专科 Short-cycle Courses	高中阶段及以下 Below High School Graduate
1. 专任教师 Full-time Teacher	**290034**	**90**	**11050**	**250039**	**27990**	**865**
其中：女 of Which：Female	150427	50	6858	132374	10885	260
实习指导课教师 Practice Course Teacher	9886		177	7524	2043	142
正高级 Senior	655	15	108	462	70	
副高级 Sub-senior	65732	18	2604	59720	3354	36
中　级 Middle	117271	33	4361	102333	10315	229
初　级 Junior	81670	5	2412	69870	9057	326
未定职级 No-ranking	24706	19	1565	17654	5194	274
2. 聘请校外教师 Part-time Teacher	**28421**	**56**	**1113**	**20550**	**6232**	**470**
其中：女 of Which：Female	12505	20	524	9588	2279	94
实习指导课教师 Practice Course Teacher	3170		114	2038	911	107
外籍教师 Foreign Teachers Among Part-time Teachers	70		10	54	6	
正高级 Senior	426	14	82	291	39	
副高级 Sub-senior	4394	22	331	3617	400	24
中　级 Middle	8147	12	337	6422	1307	69
初　级 Junior	5232		120	3827	1205	80
未定职级 No-ranking	10222	8	243	6393	3281	297

中等职业学校(机构)专任教师、聘请校外教师学历情况(其他机构)
Number of Full-time and Part-time Teachers by Academic Qualifications in Secondary Vocational Schools (Institutions) (Other Institutions)

单位：人
unit: person

	合计 Total	博士研究生 Doctors	硕士研究生 Masters	本科 Normal Courses	专科 Short-cycle Courses	高中阶段及以下 Below High School Graduate
1. 专任教师 Full-time Teacher	**9908**	**9**	**1101**	**7810**	**953**	**35**
其中:女 of Which: Female	4943	3	669	3838	426	7
实习指导课教师 Practice Course Teacher	436		28	339	68	1
正高级 Senior	53		7	44	2	
副高级 Sub-senior	2445	2	281	2085	75	2
中　级 Middle	4335	6	508	3406	409	6
初　级 Junior	2085		181	1644	255	5
未定职级 No-ranking	990	1	124	631	212	22
2. 聘请校外教师 Part-time Teacher	**1705**	**11**	**294**	**1232**	**168**	
其中:女 of Which: Female	718	2	132	502	82	
实习指导课教师 Practice Course Teacher	181		7	153	21	
外籍教师 Foreign Teachers Among Part-time Teachers						
正高级 Senior	23		6	17		
副高级 Sub-senior	378	3	87	273	15	
中　级 Middle	704	3	105	518	78	
初　级 Junior	311		66	198	47	
未定职级 No-ranking	289	5	30	226	28	

中等职业学校(机构)

Number of Full-time Teachers by Age in

	合计 Total	29岁及以下 29 and Under	30－34岁 30 to 34	35－39岁 35 to 39
总　计 Total	**652447**	**114158**	**125327**	**116082**
其中:女 of Which: Female	338726	70105	73458	63917
正高级 Senior	2869	11	11	156
副高级 Sub-senior	157931	23	1735	13667
中　级 Middle	261890	10234	54018	70533
初　级 Junior	171569	62549	59589	28228
未定职级 No-ranking	58188	41341	9974	3498
普通中专学校 Regular SSSs	304295	58190	61460	50373
其中:女 of Which: Female	159072	35989	36274	27470
正高级 Senior	1804	6	3	88
副高级 Sub-senior	76104	11	869	6824
中　级 Middle	119010	5459	28955	31170
初　级 Junior	77946	31558	26580	10699
未定职级 No-ranking	29431	21156	5053	1592
成人中专学校 Adult SSSs	48210	5420	6560	8215
其中:女 of Which: Female	24284	2887	3489	4647
正高级 Senior	357			26
副高级 Sub-senior	13650		154	769
中　级 Middle	21274	872	2794	4859
初　级 Junior	9868	2645	3035	2231
未定职级 No-ranking	3061	1903	577	330
职业高中学校 Vocational High Schools	290034	48776	55363	55762
其中:女 of Which: Female	150427	30142	32540	30881
正高级 Senior	655	5	8	42
副高级 Sub-senior	65732	12	667	5831
中　级 Middle	117271	3648	21285	33386
初　级 Junior	81670	27540	29222	14983
未定职级 No-ranking	24706	17571	4181	1520
其他机构 Other Institutions	9908	1772	1944	1732
其中:女 of Which: Female	4943	1087	1155	919
正高级 Senior	53			
副高级 Sub-senior	2445		45	243
中　级 Middle	4335	255	984	1118
初　级 Junior	2085	806	752	315
未定职级 No-ranking	990	711	163	56

专任教师分年龄情况
Secondary Vocational Schools（Institutions）

单位：人
unit：person

40－44 岁 40 to 44	45－49 岁 45 to 49	50－54 岁 50 to 54	55－59 岁 55 to 59	60 岁及以上 60 and over
113114	**99203**	**62627**	**20802**	**1134**
58394	46177	25507	912	256
357	605	973	551	205
37857	52281	39383	12440	545
61426	38483	20061	6866	269
11762	6779	1892	753	17
1712	1055	318	192	98
49215	44569	30334	9579	575
24966	20848	12917	487	121
216	386	648	339	118
18091	24687	19539	5799	284
25088	16218	9060	2948	112
5021	2794	906	373	15
799	484	181	120	46
9118	9429	6916	2486	66
5096	4957	3110	83	15
39	69	143	66	14
2534	4444	4197	1525	27
5407	4111	2383	829	19
1001	720	173	62	1
137	85	20	4	5
53265	43607	24449	8329	483
27563	19735	9130	321	115
98	141	165	128	68
16683	22374	15070	4863	232
30091	17449	8313	2962	137
5645	3184	786	309	1
748	459	115	67	45
1516	1598	928	408	10
769	637	350	21	5
4	9	17	18	5
549	776	577	253	2
840	705	305	127	1
95	81	27	9	
28	27	2	1	2

	本学年授课专任教师 Full-time Teacher by Teaching Content			
	合计 Total	文化基础课 Common Required Subject	专业课、实习指导课 Special Subject and Practice Course	
			小计 Subtotal	其中：双师型 of Which: Double-teacher Type
总　计 Total	**645248**	**267374**	**377874**	**187331**
其中：女 of Which: Female	335440	148512	186928	87817
正高级 Senior	2829	764	2065	972
副高级 Sub-senior	155949	72851	83098	49054
中　级 Middle	258929	112031	146898	82817
初　级 Junior	169749	63606	106143	46563
未定职级 No-ranking	57792	18122	39670	7925
普通中专学校 Regular SSSs	301462	108405	193057	100756
其中：女 of Which: Female	157754	60814	96940	47847
正高级 Senior	1783	433	1350	703
副高级 Sub-senior	75388	30641	44747	28244
中　级 Middle	117905	44554	73351	44667
初　级 Junior	77194	24884	52310	22900
未定职级 No-ranking	29192	7893	21299	4242
成人中专学校 Adult SSSs	46254	23984	22270	5796
其中：女 of Which: Female	23358	13040	10318	2375
正高级 Senior	349	96	253	72
副高级 Sub-senior	13030	7292	5738	1543
中　级 Middle	20397	10730	9667	2742
初　级 Junior	9461	4448	5013	1171
未定职级 No-ranking	3017	1418	1599	268
职业高中学校 Vocational High Schools	287698	130658	157040	78723
其中：女 of Which: Female	149407	72302	77105	36705
正高级 Senior	644	219	425	183
副高级 Sub-senior	65105	33762	31343	18714
中　级 Middle	116327	54898	61429	34414
初　级 Junior	81027	33384	47643	22136
未定职级 No-ranking	24595	8395	16200	3276
其他机构 Other Institutions	9834	4327	5507	2056
其中：女 of Which: Female	4921	2356	2565	890
正高级 Senior	53	16	37	14
副高级 Sub-senior	2426	1156	1270	553
中　级 Middle	4300	1849	2451	994
初　级 Junior	2067	890	1177	356
未定职级 No-ranking	988	416	572	139

聘请校外教师岗位分类情况

by Teaching Course in Secondary Vocational Schools (Institutions)

单位：人
unit: person

本学年授课聘请校外教师 Part-time Teacher by Teaching Content				本学年授课专任教师 Full-time Teacher by Non - teaching			
合计 Total	文化基础课 Common Required Subject	专业课、实习指导课 Special Subject and Practice Course		合计 Total	进修 In-service	病休 Sick-Leave	其他 Others
		小计 Subtotal	其中：双师型 of Which: Double-teacher Type				
99379	**23182**	**76197**	**27012**	**7199**	**832**	**612**	**5755**
42400	12144	30256	10756	3286	393	328	2565
2798	465	2333	1022	40	2	3	35
19940	3822	16118	6936	1982	193	140	1649
35845	7671	28174	11496	2961	367	243	2351
16339	4419	11920	3926	1820	208	208	1404
24457	6805	17652	3632	396	62	18	316
46603	11242	35361	13542	2833	296	250	2287
21965	6221	15744	6003	1318	132	151	1035
1434	192	1242	642	21	2	2	17
8576	1514	7062	3247	716	34	64	618
15325	3395	11930	5243	1105	151	105	849
8440	2193	6247	2204	752	80	67	605
12828	3948	8880	2206	239	29	12	198
22650	5320	17330	5565	1956	288	17	1651
7212	2330	4882	1788	926	152	9	765
915	167	748	230	8		1	7
6592	1434	5158	1809	620	127	2	491
11669	2482	9187	3025	877	125	5	747
2356	736	1620	472	407	33	9	365
1118	501	617	29	44	3		41
28421	6186	22235	7570	2336	247	340	1749
12505	3352	9153	2864	1020	109	165	746
426	103	323	143	11			11
4394	769	3625	1794	627	32	74	521
8147	1615	6532	3058	944	90	131	723
5232	1380	3852	1201	643	95	129	419
10222	2319	7903	1374	111	30	6	75
1705	434	1271	335	74	1	5	68
718	241	477	101	22		3	19
23	3	20	7				
378	105	273	86	19			19
704	179	525	170	35	1	2	32
311	110	201	49	18		3	15
289	37	252	23	2			2

中等职业学校(机构)

Changes of Full – time Teachers in Secondary

	上学年初报表专任教师数 Number of Full-time Teachers at Beginning of Previous Academic Year	增加专任 Factors of				
		合计 Total	录用毕业生 New Recruits from Current Year Graduates			外单位 Teachers Recruited
			小计 Subtotal	研究生 Completing Doc, & Mas. Deg. Prog.	本科生 Completing 1st Degree Courses	小计 Subtotal
总　计 Total	**663991**	**46689**	**15260**	**2142**	**11892**	**18762**
其中:女 of Which: Female	340975	25200	9566	1550	7421	9187
普通中专学校 Regular SSSs	308465	21188	8084	1376	6062	6201
其中:女 of Which: Female	158982	11980	5105	1005	3816	3287
成人中专学校 Adult SSSs	48654	3829	518	91	373	2508
其中:女 of Which: Female	24441	1840	336	63	235	1052
职业高中学校 Vocational High Schools	292502	20172	6380	615	5288	9247
其中:女 of Which: Female	149953	10594	3979	447	3275	4439
其他机构 Other Institutions	14370	1500	278	60	169	806
其中:女 of Which: Female	7599	786	146	35	95	409

专任教师变动情况
Vocational Schools (Institutions)

单位：人
unit: person

教师数 Increase				减少专任教师数 Factors of Decrease				本学年初报表专任教师数 Number of Full-time Teachers at Beginning of Current Academic Year
教师调入 from Other Units	非教师调入 Non-teaching Personnel Changed into Teachers		其他 Others	合计 Total	自然减员 Retired from Their Posts during Previcus Academic Year	调离教师岗位 Transferred from Teaching to Non-teaching Posts	其他 Others	
其中:中职学校调入 of Which: from Other SVSs	小计 Subtotal	其中:本校调整 of Which: with Change of Status in Their Own Institutions						
6006	**6816**	**4622**	**5851**	**58233**	**13251**	**15751**	**29231**	**652447**
2873	3417	2220	3030	27449	5968	6890	14591	338726
2736	3444	2354	3459	25358	6433	6008	12917	304295
1344	1727	1124	1861	11890	3004	2484	6402	159072
386	503	223	300	4273	1016	968	2289	48210
173	302	110	150	1997	434	453	1110	24284
2656	2680	1899	1865	22640	5398	7529	9713	290034
1235	1279	910	897	10120	2296	3308	4516	150427
228	189	146	227	5962	404	1246	4312	9908
121	109	76	122	3442	234	645	2563	4943

	学校占地面积(平方米) Area of School sites (m^2)			图书(册) Books (volume)	
	合计 Total	其中:绿化用地面积 of Which: Green Areas	其中:运动场地面积 of Which: Sports Areas	合计 Total	当年新增 New Added in Current Year
总　计 Total					
学校产权 Owned by SVSs	477544874. 00	110897425. 78	74047045. 19	335528945	13228697
非学校产权中独立使用 Not Owned by SVSs	38815167. 33	6964230. 64	6302750. 75	8031452	477800
普通中专学校 Regular SSSs					
学校产权 Owned by SSSs	249962517. 22	63070723. 97	36604549. 20	182799607	6444849
非学校产权中独立使用 Not Owned by SSSs	18874816. 77	3813623. 57	3136181. 41	4114728	195798
成人中专学校 Adult SSSs					
学校产权 Owned by Adult SSSs	21615669. 35	3892934. 50	3060680. 02	21004445	995024
非学校产权中独立使用 Not Owned by Adult SSSs	2396328. 47	336387. 34	366693. 47	1540688	122119
职业高中学校 Vocational High Schools					
学校产权 Owned by VHSs	196405499. 80	42068860. 15	33069896. 11	125684636	5631377
非学校产权中独立使用 Not Owned by VHSs	16445962. 14	2603495. 73	2648992. 87	2095313	156810
其他机构 Other Institutions					
学校产权 Owned by SVSs	9561187. 63	1864907. 16	1311919. 86	6040257	157447
非学校产权中独立使用 Not Owned by SVSs	1098059. 95	210724. 00	150883. 00	280723	3073

(机构)资产情况
Secondary Vocational Schools (Institutions)

计算机数(台) No. of Computers			教室中:普通教室(间) of Which: General Classroom		固定资产总值(万元) Total Value of Fixed Asset (10,000 yuan)		
合计 Total	其中:教学用计算机 of Which:No. of Computers Used for Instruction		合计 Total	其中:网络多媒体教室 of Which: Network Multimedia Classroom	合计 Total	其中:教学、实习仪器设备资产值 of Which: Teaching Equipment & Instruments	
	小计 Subtotal	其中:平板电脑 of Which: Tablet PC				小计 Subtotal	当年新增 New Added in Current Year
3133552	2615597	110123	450782	177989	29393382.35	6528462.28	804070.49
73352	61561	4534	42705	12380	1371846.97	161588.37	23387.67
1664840	1389330	51014	219346	85669	16403572.49	3649680.27	435873.19
35061	29985	1108	19433	5345	690763.87	80765.32	12181.92
158922	127171	7491	27145	7690	1051987.10	214337.97	27508.08
10777	8983	552	4268	1236	82554.92	14490.30	2641.43
1262453	1060622	50243	196072	81827	11479996.03	2582022.73	332234.16
26000	21307	2864	18144	5425	574833.65	59030.39	7959.27
47337	38474	1375	8219	2803	457826.74	82421.32	8455.07
1514	1286	10	860	374	23694.53	7302.36	605.05

中等职业学校(机构)教职工其他情况
Supplementary Information on Educational Personnel in Secondary Vocational Schools (Institutions)

单位:人
unit: person

	共产党员 Member of C. P. A	共青团员 Member of C. Y. L	民主党派 Member of Non-Communist Part	华侨 Overseas Chinese	港澳台 From H. K, Macao and Taiwan	少数民族 Minorities
总计 Total						
教职工 Educational Personnel	295730	47710	11644	49	21	46560
其中:女 of Which: Female	123935	26897	6149	17	11	23095
专任教师 Full-time Teachers	219356	36589	9610	21	12	36213
其中:女 of Which: Female	99549	21612	5269	9	8	18724
普通中专学校 Regular SSSs						
教职工 Educational Personnel	153590	24511	7152	38	19	24069
其中:女 of Which: Female	67658	13810	3786	11	9	11997
专任教师 Full-time Teachers	110244	18361	5999	13	11	18260
其中:女 of Which: Female	52983	10888	3263	3	7	9470
成人中专学校 Adult SSSs						
教职工 Educational Personnel	26440	3218	592			3535
其中:女 of Which: Female	10019	1652	313			1639
专任教师 Full-time Teachers	18560	2095	418			2585
其中:女 of Which: Female	7657	1148	230			1274
职业高中学校 Vocational High Schools						
教职工 Educational Personnel	109902	19128	3699	10	2	18705
其中:女 of Which: Female	43983	10947	1935	5	2	9336
专任教师 Full-time Teachers	86427	15445	3035	7	1	15216
其中:女 of Which: Female	37146	9171	1678	5	1	7899
其他机构 Other Institutions						
教职工 Educational Personnel	5798	853	201	1		251
其中:女 of Which: Female	2275	488	115	1		123
专任教师 Full-time Teachers	4125	688	158	1		152
其中:女 of Which: Female	1763	405	98	1		81

中等职业学校(机构)校舍情况

Condition of School Buildings in Secondary Vocational Schools (Institutions) (Total)

单位:平方米

unit: m^2

	学校产权建筑面积 Floor Area of School Building Owned by SVSs				正在施工校舍建筑面积 Floor Area Under Construction	独立使用非学校产权校舍建筑面积 Floor Area of School Building Not Owned by SVSs
	合计 Total	其中:危房 of Which: Dilapidated Buildings	其中:当年新增 of Which: New Added in Current Year	其中:被外单位借用 of Which: Floor Space Hired by Other Schools or Units		
总　计 Total	**213114059.53**	**1569589.09**	**5453999.26**	**726114.01**	**9311397.17**	**19121789.53**
一、教学及辅助用房 Buildings for Instruction and Ancillary Uses	102609660.14	660594.22	2914803.40	320887.94	5287108.74	9385556.75
教室 Classroom	47383881.94	392971.43	1178410.93	211889.16	1980459.64	4418993.65
图书馆 Library	7102799.82	33745.97	133496.94	5504.75	572808.48	673273.23
实验室、实习场所 Lab. and Practice Facilities	39480864.52	187578.82	1418566.24	95714.03	2177578.00	3134047.45
体育馆 Gymnasium	5752362.59	12271.00	122383.17	4944.00	454661.86	803205.42
会堂 Hall	2889751.27	34027.00	61946.12	2836.00	101600.76	356037.00
二、行政办公用房 Administrative	14523550.82	124646.49	336233.88	82244.14	575805.52	1155706.06
三、生活用房 Residential Buildings	79412151.44	657567.27	1921909.02	303018.93	3039090.33	7988047.07
学生宿舍(公寓) Students' Dormitories	53135589.94	434958.14	1331033.96	227538.21	2120195.98	5590736.98
学生食堂 Students' Dining Halls	13168273.17	57726.51	279570.72	29223.50	558838.65	1134366.68
教工宿舍(公寓) Apartments for Single	5530314.23	91496.33	203688.34	26204.00	231269.20	644310.00
教工食堂 Dining Halls for Teachers, Staff and Workers	1142847.32	5436.00	19622.81	792.78	28029.70	129487.63
生活福利及附属用房 Residential, Welfare and Anxiliary Buildings	6435126.78	67950.29	87993.19	19260.44	100756.80	489145.78
四、教工住宅 Residential Quarters for Teachers & Workers	10520748.48	83241.50	61493.10	8328.00	138501.77	
五、其他用房 Other	6047948.65	43539.61	219559.86	11635.00	270890.81	592479.65

中等职业学校（机构）校舍情况（普通中专学校）
Condition of School Buildings in Secondary Vocational Schools (Institutions) (Regular SSSs)

单位：平方米
unit: m^2

	学校产权建筑面积 Floor Area of School Building Owned by Regular SSSs				正在施工校舍建筑面积 Floor Area Under Construction	独立使用非学校产权校舍建筑面积 Floor Area of School Building Not Owned by Regular SSSs
	合计 Total	其中：危房 of Which: Dilapidated Buildings	其中：当年新增 of Which: New Added in Current Year	其中：被外单位借用 of Which: Floor Space Hired by Other Schools or Units		
总　计 Total	**115546523.96**	**871352.73**	**2561208.99**	**408796.38**	**6549742.54**	**10156820.73**
一、教学及辅助用房 Buildings for Instruction and Ancillary Uses	55197468.38	346130.69	1376085.24	175270.29	3583943.22	4967748.80
教室 Classroom	24201576.46	172142.70	503372.36	103712.29	1392432.19	2271732.70
图书馆 Library	4056644.33	20804.00	74087.11	2708.00	453871.39	310104.35
实验室、实习场所 Lab. and Practice Facilities	21680960.90	119862.99	692574.11	65149.00	1363703.36	1675605.63
体育馆 Gymnasium	3761883.55	10174.00	76317.31	2244.00	315432.40	540067.24
会堂 Hall	1496403.14	23147.00	29734.35	1457.00	58503.88	170238.88
二、行政办公用房 Administrative	7467451.20	62173.47	186760.50	44981.99	448677.11	566245.30
三、生活用房 Residential Buildings	42897448.86	397610.07	864691.47	173475.10	2260692.81	4298848.38
学生宿舍（公寓）Students' Dormitories	29476968.06	281575.97	623316.09	141979.18	1579067.32	3067948.80
学生食堂 Students' Dining Halls	6895755.94	29184.51	118353.30	12637.50	406004.22	570160.86
教工宿舍（公寓）Apartments for Single	2611907.05	49268.42	78225.19	10412.00	177597.80	308390.11
教工食堂 Dining Halls for Teachers, Staff and Workers	587241.70	3512.00	12638.59	260.60	22999.00	67587.94
生活福利及附属用房 Residential, Welfare and Anxiliary Buildings	3325576.11	34069.17	32158.30	8185.82	75024.47	284760.67
四、教工住宅 Residential Quarters for Teachers & Workers	7083312.24	43062.50	41795.10	6610.00	77371.60	
五、其他用房 Other	2900843.28	22376.00	91876.68	8459.00	179057.80	323978.25

中等职业学校(机构)校舍情况(成人中专学校)
Condition of School Buildings in Secondary Vocational Schools (Institutions) (Adult SSSs)

单位：平方米
unit：m^2

	学校产权建筑面积 Floor Area of School Building Owned by Adult SSSs				正在施工校舍建筑面积 Floor Area Under Construction	独立使用非学校产权校舍建筑面积 Floor Area of School Building Not Owned by Adult SSSs
	合计 Total	其中:危房 of Which: Dilapidated Buildings	其中:当年新增 of Which: New Added in Current Year	其中:被外单位借用 of Which: Floor Space Hired by Other Schools or Units		
总 计 Total	**9487841.36**	**130992.12**	**197225.25**	**85502.33**	**232155.00**	**1629344.76**
一、教学及辅助用房 Buildings for Instruction and Ancillary Uses	4048706.58	53437.00	75973.54	32878.05	154284.01	799746.05
教室 Classroom	2435896.96	45890.00	54905.43	24350.05	86048.01	401694.32
图书馆 Library	340358.35	2086.00	4483.88	1208.00	29612.00	86580.53
实验室、实习场所 Lab. and Practice Facilities	936212.99	3333.00	12644.01	4620.00	13066.00	232208.82
体育馆 Gymnasium	154443.05		1840.00	2100.00	25558.00	46441.20
会堂 Hall	181795.23	2128.00	2100.22	600.00		32821.18
二、行政办公用房 Administrative	1131662.17	21103.00	12849.95	18182.05	499.20	164921.13
三、生活用房 Residential Buildings	3415297.21	42837.12	97390.13	34157.23	53655.58	621954.03
学生宿舍(公寓) Students' Dormitories	2128912.21	18853.00	86585.00	25208.00	43554.18	403010.99
学生食堂 Students' Dining Halls	506951.03	3352.00	2554.31	3100.00	9991.00	101705.50
教工宿舍(公寓) Apartments for Single	246536.84	10307.00	6607.01	3362.00		72589.22
教工食堂 Dining Halls for Teachers, Staff and Workers	79801.01	1128.00	120.00	360.00		13379.93
生活福利及附属用房 Residential, Welfare and Anxiliary Buildings	453096.12	9197.12	1523.81	2127.23	110.40	31268.39
四、教工住宅 Residential Quarters for Teachers & Workers	536103.07	9764.00	2120.00	85.00		
五、其他用房 Other	356072.33	3851.00	8891.63	200.00	23716.21	42723.55

中等职业学校（机构）校舍情况（职业高中学校）
Condition of School Buildings in Secondary Vocational Schools (Institutions) (Vocational High Schools)

单位：平方米
unit：m^2

	学校产权建筑面积 Floor Area of School Building Owned by VHSs				正在施工校舍建筑面积 Floor Area Under Construction	独立使用非学校产权校舍建筑面积 Floor Area of School Building Not Owned by VHSs
	合计 Total	其中：危房 of Which: Dilapidated Buildings	其中：当年新增 of Which: New Added in Current Year	其中：被外单位借用 of Which: Floor Space Hired by Other Schools or Units		
总　计 Total	**84390540.12**	**552289.24**	**2631707.71**	**215822.32**	**2467876.49**	**6989310.19**
一、教学及辅助用房 Buildings for Instruction and Ancillary Uses	41722247.94	254573.53	1429817.91	103208	1526961.71	3472377.9
教室 Classroom	19876084.78	170536.73	599532.45	74895.22	488961.64	1666023.63
图书馆 Library	2529697.14	10805.97	54447.95	1588.75	89325.09	255890.35
实验室、实习场所 Lab. and Practice Facilities	16466604.71	62881.83	707713.26	25345.03	794108.64	1188032
体育馆 Gymnasium	1698784.95	2097	38968.86	600	113671.46	212496.98
会堂 Hall	1151076.36	8252	29155.39	779	40894.88	149934.94
二、行政办公用房 Administrative	5658963.9	40055.02	135089.43	14814.9	126132.35	402216.9
三、生活用房 Residential Buildings	31700581.63	209944.08	934099.64	93190.42	701651.46	2915629.02
学生宿舍（公寓） Students' Dormitories	20628255.96	130799.17	601259.42	60351.03	477898.2	2011434.19
学生食堂 Students' Dining Halls	5522494.84	23948	154648.98	12504	139429.23	443483.72
教工宿舍（公寓） Apartments for Single	2557232.33	29936.91	117355.94	11590	53671.4	247878.67
教工食堂 Dining Halls for Teachers, Staff and Workers	444925.35	796	6644.22		5030.7	47567.16
生活福利及附属用房 Residential, Welfare and Anxiliary Buildings	2547673.15	24464	54191.08	8745.39	25621.93	165265.28
四、教工住宅 Residential Quarters for Teachers & Workers	2619091.84	30404	17578	1633	45014.17	
五、其他用房 Other	2689654.81	17312.61	115122.73	2976	68116.8	199086.37

中等职业学校(机构)校舍情况(其他机构)
Condition of School Buildings in Secondary Vocational Schools (Institutions)(Other Institutions)

单位：平方米
unit：m^2

	学校产权建筑面积 Floor Area of School Building Owned by SVSs				正在施工校舍建筑面积 Floor Area Under Construction	独立使用非学校产权校舍建筑面积 Floor Area of School Building Not Owned by SVSs
	合计 Total	其中:危房 of Which: Dilapidated Buildings	其中:当年新增 of Which: New Added in Current Year	其中:被外单位借用 of Which: Floor Space Hired by Other Schools or Units		
总　计 Total	**3689154.09**	**14955.00**	**63857.31**	**15992.98**	**61623.14**	**346313.85**
一、教学及辅助用房 Buildings for Instruction and Ancillary Uses	1641237.24	6453.00	32926.71	9531.60	21919.80	145684.00
教室 Classroom	870323.74	4402.00	20600.69	8931.60	13017.80	79543.00
图书馆 Library	176100.00	50.00	478.00			20698.00
实验室、实习场所 Lab. and Practice Facilities	397085.92	1501.00	5634.86	600.00	6700.00	38201.00
体育馆 Gymnasium	137251.04		5257.00			4200.00
会堂 Hall	60476.54	500.00	956.16		2202.00	3042.00
二、行政办公用房 Administrative	265473.55	1315.00	1534.00	4265.20	496.86	22322.73
三、生活用房 Residential Buildings	1398823.74	7176.00	25727.78	2196.18	23090.48	151615.64
学生宿舍(公寓) Students' Dormitories	901453.71	3730.00	19873.45		19676.28	108343.00
学生食堂 Students' Dining Halls	243071.36	1242.00	4014.13	982.00	3414.20	19016.60
教工宿舍(公寓) Apartments for Single	114638.01	1984.00	1500.20	840.00		15452.00
教工食堂 Dining Halls for Teachers, Staff and Workers	30879.26		220.00	172.18		952.60
生活福利及附属用房 Residential, Welfare and Anxiliary Buildings	108781.40	220.00	120.00	202.00		7851.44
四、教工住宅 Residential Quarters for Teachers & Workers	282241.33	11.00			16116.00	
五、其他用房 Other	101378.23		3668.82			26691.48

职业技术培训

Basic Statistics of Vocational-Technical

	学校数（所）Schools	教学班（点）（个）External Teaching Sites (class)	结业生数
			合计 Total
总　计 Total	**98958**	**601691**	**43794966**
职工技术培训学校（机构）Vocational Technical Training Schools	2340	45637	2953297
教育部门办 Run by Ed. Dept.	918	27185	1404702
其他部门办 Run by Non-Ed. Dept.	928	14915	1273281
民办 Non-government	494	3537	275314
农村成人文化技术培训学校（机构）Technical Training Schools for Peasants	76244	251165	31125154
教育部门办 Run by Ed. Dept.	73245	236802	29836157
其中：县办 of Which：County-run	2165	22696	2917979
乡办 Township-run	11830	104645	14914706
村办 Village-run	59250	109461	12003472
其他部门办 Run by Non-Ed. Dept.	2180	7014	991444
民办 Non-government	819	7349	297553
其他培训机构（含社会培训机构）Others	20374	304889	9716515
教育部门办 Run by Ed. Dept.	665	5469	599208
其他部门办 Run by Non-Ed. Dept.	933	16448	1494212
民办 Non-government	18776	282972	7623095
总计中：少数民族 of the Total ：Minority			2950228
培训形式：资格证书培训 Mode of Training：for Certificates of Vocational Qualifications			5711853
岗位证书培训 for Certificates of Job-related Qualifications			10544318
按产业结构分：第一产业类培训 by Industry：Training for First Industry			17340114
第二产业类培训 Training for Second Industry			7609598
第三产业类培训 Training for Third Industry			18845254
按培训时间分：by Lengh of Training：			
一个月以内 1 Month			27681819
一个月至三个月以内 1 Month to 3 Months			7325567
三个月至半年以内 3 Months to 6 Months			3914220
半年至一年以内 6 Months to 1 Year			3972603
一年及以上 1 Year and Over			900757

机构基本情况
Training Institutions

单位：人/人次
unit：person/person-time

Graduates	注册学生数 Enrolment		教职工数 Educational Personnel		聘请校外教师 Part-time Teachers
其中：女 of Which：Female	合计 Total	其中：女 of Which：Female	合计 Total	其中：专任教师 of Which：Full-time Teacher	
21227890	**42183931**	**20456376**	**472971**	**284217**	**245606**
1242139	2919683	1220249	70631	53902	15445
726729	1367387	709139	51111	40737	7748
375408	1312447	383154	11323	7632	4430
140002	239849	127956	8197	5533	3267
15079490	28701386	13883324	145393	80969	145394
14430049	27673864	13364337	133995	74225	138369
1421879	2706039	1299413	19177	14198	14306
7169309	13797177	6665966	49844	29284	59329
5838861	11170648	5398958	64974	30743	64734
492485	727246	363618	3828	2232	4946
156956	300276	155369	7570	4512	2079
4906261	10562862	5352803	256947	149346	84767
330942	616701	371909	11924	8554	4677
712714	1499697	621604	30311	11181	12762
3862605	8446464	4359290	214712	129611	67328
1424957	2953600	1392339	12711	5955	8810
2577066	5682437	2668547			
4931281	10183253	4691486			
8224113	16596832	7795936			
3417704	7181823	3201710			
9586073	18405276	9458730			
13447664	25636978	12381168			
3395757	7183633	3418871			
1973435	3997710	1960112			
1970143	4216800	2098051			
440891	1148810	598174			

职业技术培训机构资产情况

Condition of Fixed Assets and Teaching Resources in Vocational Technical Training Institutions

	合 计 Total	职工技术培训学校(机构) Vocational Technical Training Schools (Institutions)	农村成人文化技术培训学校(机构) Technical Training Schools for Peasants	其他培训机构(含社会培训机构) Others
占地面积(平方米) Area of School Sites (m^2)	111478436.38	27687031.89	53657072.52	30134331.97
教学行政用房建筑面积(平方米) Administrative (m^2)	51977649.18	10066202.33	15262464.22	26648982.63
图书(册) Books (volume)	132121251	22855205	44217296	65048750
计算机数(台) No. of Computers	758456	166034	252966	339456
其中:教学用计算机 No. of Computers Used for Instruction	614307	143290	198294	272723
其中:平板电脑 of Which: Tablet PC	61982	8834	14745	38403
教室(间) Classroom (room)	309778	65071	103522	141185
其中:网络多媒体教室 of Which: Network Multimedia Classroom	74709	11112	21928	41669
固定资产总值(万元) Fixed Assets (in 10,000 yuan)	28330602.03	2049632.90	12311689.73	13969279.40
其中:教学、实习仪器设备资产值 of Which: Teaching Equipment &Instruments	18164877.77	542203.91	11092007.61	6530666.25

（二）初中阶段教育
Junior Secondary Education

初中阶段校数、班数

Number of Schools, Classes of Junior Secondary Education

	学校数(所) Schools				班数(个) Classes				
	合计 Total	初级中学 Regular Junior Secondary Schools	九年一贯制学校 9-year Schools	职业初中 Vocational Junior Secondary Schools	合计 Total	一年级 Grade 1	二年级 Grade 2	三年级 Grade 3	四年级 Grade 4
总　计 Total	**52405**	**37217**	**15166**	**22**	**903564**	**298843**	**298223**	**296415**	**10083**
教育部门 Run by Ed. Dept.	46975	35711	11244	20	794395	261322	261978	262001	9094
其他部门 Run by Non-ed. Dept.	527	164	362	1	6158	1910	1986	2043	219
地方企业办 Run by Local Enterprises	27	7	20		237	83	81	73	
民办 Non-government	4876	1335	3540	1	102774	35528	34178	32298	770
城区 Urban Area	11499	7635	3861	3	305483	99933	100223	99209	6118
教育部门 Run by Ed. Dept.	9114	6985	2127	2	248989	80685	81460	81451	5393
其他部门 Run by Non-ed. Dept.	135	66	68	1	1984	633	645	673	33
地方企业办 Run by Local Enterprises	8	1	7		124	42	42	40	
民办 Non-government	2242	583	1659		54386	18573	18076	17045	692
其中:城乡结合区 of Which: Urban-rural Transitional Area	2468	1489	979		50303	16906	16648	16040	709
教育部门 Run by Ed. Dept.	1850	1395	455		38177	12567	12562	12383	665
其他部门 Run by Non-ed. Dept.	19	12	7		162	50	50	53	9
地方企业办 Run by Local Enterprises					13	6	4	3	
民办 Non-government	599	82	517		11951	4283	4032	3601	35
镇区 Counties & Towns Area	23915	18448	5457	10	440747	146710	145726	145311	3000
教育部门 Run by Ed. Dept.	21687	17808	3870	9	396751	131477	131141	131369	2764
其他部门 Run by Non-ed. Dept.	329	85	244		3696	1123	1183	1204	186
地方企业办 Run by Local Enterprises	9	3	6		81	29	27	25	
民办 Non-government	1890	552	1337	1	40219	14081	13375	12713	50
其中:镇乡结合区 of Which: County-town Transitional Area	6112	4643	1468	1	109325	36591	36235	35772	727
教育部门 Run by Ed. Dept.	5403	4449	953	1	94700	31415	31341	31243	701
其他部门 Run by Non-ed. Dept.	15	7	8		178	59	60	56	3
地方企业办 Run by Local Enterprises	1		1		16	6	5	5	
民办 Non-government	693	187	506		14431	5111	4829	4468	23
乡村 Rural Area	16991	11134	5848	9	157334	52200	52274	51895	965
教育部门 Run by Ed. Dept.	16174	10918	5247	9	148655	49160	49377	49181	937
其他部门 Run by Non-ed. Dept.	63	13	50		478	154	158	166	
地方企业办 Run by Local Enterprises	10	3	7		32	12	12	8	
民办 Non-government	744	200	544		8169	2874	2727	2540	28
总计中:四年制 of the Total:4-year					41436	10907	10286	10160	10083
其他学校附设班 Classes Attached to Others Schools					4521	1473	1495	1494	59
独立设置少数民族学校 Inde. Sec. Schools for Minorities	1631	1085	543	3	29524	9836	9808	9836	44

初中班额情况

Size of Junior Secondary Schools Education Classes

单位:个

unit:class

	合计 Total	一年级 Grade 1	二年级 Grade 2	三年级 Grade 3	四年级 Grade 4
总　计 Total	**903564**	**298843**	**298223**	**296415**	**10083**
城区 Urban Area					
25 人及以下 Under 25 Persons	9560	3128	2600	3077	755
26 - 35 人 Between 26 - 35	31492	10821	9697	9707	1267
36 - 45 人 Between 36 - 45	87047	30175	28419	26882	1571
46 - 55 人 Between 46 - 55	122962	40505	41875	39074	1508
56 - 65 人 Between 56 - 65	38505	11350	12549	13931	675
66 人及以上 Over 66 Persons	15917	3954	5083	6538	342
其中:城乡结合区 of Which:Urban-rural Transitional Area	1322	460	378	435	49
25 人及以下 Under 25 Persons					
26 - 35 人 Between 26 - 35	5108	1736	1628	1623	121
36 - 45 人 Between 36 - 45	15149	5306	4997	4642	204
46 - 55 人 Between 46 - 55	20689	6778	7014	6662	235
56 - 65 人 Between 56 - 65	5597	1869	1821	1826	81
66 人及以上 Over 66 Persons	2438	757	810	852	19
镇区 Counties & Towns Area	8990	3158	2783	2789	260
25 人及以下 Under 25 Persons					
26 - 35 人 Between 26 - 35	39255	13517	12445	12719	574
36 - 45 人 Between 36 - 45	114227	38447	37752	37016	1012
46 - 55 人 Between 46 - 55	176107	58830	58381	58017	879
56 - 65 人 Between 56 - 65	63615	20760	21211	21436	208
66 人及以上 Over 66 Persons	38553	11998	13154	13334	67
其中:镇乡结合区 of Which: County-town Transitional Area	2172	766	678	674	54
25 人及以下 Under 25 Persons					
26 - 35 人 Between 26 - 35	9210	3117	2967	3022	104
36 - 45 人 Between 36 - 45	28282	9639	9324	9069	250
46 - 55 人 Between 46 - 55	44200	14959	14651	14321	269
56 - 65 人 Between 56 - 65	16227	5265	5513	5416	33
66 人及以上 Over 66 Persons	9234	2845	3102	3270	17
乡村 Rural Area	8759	3069	2843	2724	123
25 人及以下 Under 25 Persons					
26 - 35 人 Between 26 - 35	24767	8211	8050	8229	277
36 - 45 人 Between 36 - 45	49755	16175	16664	16603	313
46 - 55 人 Between 46 - 55	51126	17043	17107	16792	184
56 - 65 人 Between 56 - 65	15283	5131	5024	5063	65
66 人及以上 Over 66 Persons	7644	2571	2586	2484	3

初　中

Number of Students in Junior

	毕业生数 Graduates	招生数 Entrants	合计 Total	其中:女 of Which: Female
总　计 Total	**14175941**	**14110242**	**43119500**	**20034849**
其中:女 of Which: Female	6679302	6509871	20034849	
少数民族学生 Minority Students	1507514	1629867	4807978	2283004
四年制 4-year	413277	468033	1739989	828332
九年一贯制学校 9-year Schools	1754445	1917472	5696085	2539772
十二年一贯制学校 12-year Schools	247610	276595	827060	341338
完全中学 Complete Secondary Schools	1878861	1795261	5558098	2584794
附设普通初中班 Junior Sec. Classes Attached	71604	64434	200478	88881
附设职业初中班 Vocational Junior Sec. Classes Attached	90	106	309	85
独立设置少数民族学校 Inde. Sec. Schools for Minorities	447315	459766	1393311	671249
随迁子女 Migrant Children	1106491	1581827	4674284	1943447
其中:外省迁入 of Which: from Other Province	407769	657986	1862635	768322
本省外县迁入 From Other County	698722	923841	2811649	1175125
进城务工人员随迁子女 Children of Migrant Workers	835043	1199478	3535380	1469463
其中:外省迁入 of Which: from Other Province	298806	489361	1375604	565377
本省外县迁入 From Other County	536237	710117	2159776	904086
农村留守儿童 Children Left Behind	1655717	2147779	6355741	2897555
教育部门 Run by Ed. Dept.	12580288	12328205	37847335	17838137
其他部门 Run by Non-ed. Dept.	79178	71529	233005	106250
地方企业办 Run by Local Enterprises	3301	3244	9899	4402
民办 Non-government	1513174	1707264	5029261	2086060
城区 Urban Area	4663670	4631437	14410106	6623916
教育部门 Run by Ed. Dept.	3866884	3737325	11751058	5485980
其他部门 Run by Non-ed. Dept.	29364	26008	84988	36818
地方企业办 Run by Local Enterprises	1802	1511	4943	2180
民办 Non-government	765620	866593	2569117	1098938
其中:城乡结合区 of Which: Urban-rural Transitional Area	731888	787064	2359193	1058498
教育部门 Run by Ed. Dept.	575448	586389	1792790	831413
其他部门 Run by Non-ed. Dept.	2328	1813	6526	2806
地方企业办 Run by Local Enterprises	175	250	612	270
民办 Non-government	153937	198612	559265	224009
镇区 Counties & Towns Area	7158941	7156160	21684430	10114467
教育部门 Run by Ed. Dept.	6479222	6403119	19466773	9208341
其他部门 Run by Non-ed. Dept.	43504	40293	131292	61581
地方企业办 Run by Local Enterprises	1243	1321	3913	1831
民办 Non-government	634972	711427	2082452	842714
其中:镇乡结合区 of Which: County-town Transitional Area	1732598	1787505	5378779	2493175
教育部门 Run by Ed. Dept.	1516523	1527966	4630174	2189814
其他部门 Run by Non-ed. Dept.	1484	2753	8447	3919
地方企业办 Run by Local Enterprises	241	225	676	289
民办 Non-government	214350	256561	739482	299153
乡村 Rural Area	2353330	2322645	7024964	3296466
教育部门 Run by Ed. Dept.	2234182	2187761	6629504	3143816
其他部门 Run by Non-ed. Dept.	6310	5228	16725	7851
地方企业办 Run by Local Enterprises	256	412	1043	391
民办 Non-government	112582	129244	377692	144408

学　生　数

Secondary Schools

单位：人

unit：person

在校生数 Enrolment				预计毕业生数 Estimated Graduates for Next Year
一年级 Grade 1	二年级 Grade 2	三年级 Grade 3	四年级 Grade 4	
14116336	**14284220**	**14296291**	**422653**	**14295091**
6511918	6629409	6692145	201377	6685809
1630570	1608446	1560503	8459	1559597
468240	425243	423853	422653	422653
1919206	1886542	1812869	77468	1810588
276664	278390	267097	4909	266995
1796273	1836488	1890360	34977	1891028
64437	66226	67371	2444	68164
106	83	115	5	78
460246	462301	469157	1607	469105
1605312	1562694	1442865	63413	1409800
666883	624972	539815	30965	520861
938429	937722	903050	32448	888939
1214907	1183421	1087572	49480	1064125
495442	461429	397049	21684	383405
719465	721992	690523	27796	680720
2153406	2131047	2061695	9593	2047207
12333864	12524031	12604790	384650	12604773
71529	74700	79293	7483	79279
3244	3412	3243		3243
1707699	1682077	1608965	30520	1607796
4633768	4754192	4762590	259556	4760015
3739314	3865372	3915855	230517	3914470
26008	27395	30160	1425	30246
1511	1736	1696		1696
866935	859689	814879	27614	813603
787237	784212	756619	31125	756029
586483	591842	585005	29460	584580
1813	1958	2252	503	2301
250	210	152		152
198691	190202	169210	1162	168996
7159582	7192747	7205848	126253	7206539
6406486	6454194	6487882	118211	6488535
40293	41732	43209	6058	43109
1321	1318	1274		1274
711482	695503	673483	1984	673621
1787886	1790813	1768728	31352	1769680
1528332	1539343	1532295	30204	1533150
2753	2902	2658	134	2669
225	226	225		225
256576	248342	233550	1014	233636
2322986	2337281	2327853	36844	2328537
2188064	2204465	2201053	35922	2201768
5228	5573	5924		5924
412	358	273		273
129282	126885	120603	922	120572

初中学龄人口及在校学生情况

Number of School-age Population and Enrolment of Junior Secondary Schools

单位：人
unit：person

	在校学龄人口数 School-age Population		在校生数 Enrolment					
	合计 Total	其中：女 of Which：Female	合计 Total	其中：女 of Which：Female	一年级 Grade 1	二年级 Grade 2	三年级 Grade 3	四年级 Grade 4
总　计 Total	**38220162**	**17816584**	**43119500**	**20034849**	**14116336**	**14284220**	**14296291**	**422653**
10 岁及以下 Under 10 Years			20179	10574	18482	1389	304	4
11 岁 11 Years	339459	164643	920334	457520	891989	25964	2364	17
12 岁 12 Years	8936628	4209338	9531065	4507967	8526391	965740	38345	589
13 岁 13 Years	13559724	6318713	13559724	6318713	3955014	8567118	1026176	11416
14 岁 14 Years	13419924	6203111	13422654	6204396	607315	3972315	8570142	272882
15 岁 15 Years	1964427	920779	4796616	2164785	93969	637002	3942562	123083
16 岁 16 Years			724041	309076	16740	91122	603127	13052
17 岁 17 Years			117627	49718	4430	18096	93683	1418
18 岁及以上 Over 18 Years			27260	12100	2006	5474	19588	192
城区 Urban Area	12817737	5918400	14410106	6623916	4633768	4754192	4762590	259556
10 岁及以下 Under 10 Years			9891	5136	9208	544	137	2
11 岁 11 Years	215924	104162	425716	211095	412589	12081	1036	10
12 岁 12 Years	3272224	1535737	3413501	1606971	2950119	443798	19020	564
13 岁 13 Years	4606056	2127974	4606056	2127974	1104775	3020537	472265	8479
14 岁 14 Years	4433450	2020200	4434205	2020549	136988	1110986	3003522	182709
15 岁 15 Years	290083	130327	1324350	573026	16179	144123	1102994	61054
16 岁 16 Years			168717	68389	2924	17823	141896	6074
17 岁 17 Years			23213	8920	728	3457	18430	598
18 岁及以上 Over 18 Years			4457	1856	258	843	3290	66
其中：城乡结合区 of Which：Urban-rural Transitional Area	2093912	944712	2359193	1058498	787237	784212	756619	31125
10 岁及以下 Under 10 Years			839	431	766	56	17	
11 岁 11 Years	26608	12871	59251	28575	58045	1143	63	
12 岁 12 Years	526847	241427	544440	250192	480711	62001	1724	4
13 岁 13 Years	747927	336919	747927	336919	210941	473541	62958	487
14 岁 14 Years	730056	325225	730230	325305	32285	215020	461828	21097
15 岁 15 Years	62474	28270	239775	102238	3645	27683	199882	8565
16 岁 16 Years			30792	12486	618	3874	25486	814
17 岁 17 Years			4977	1935	167	747	3917	146
18 岁及以上 Over 18 Years			962	417	59	147	744	12

初中学龄人口及在校学生情况(续)

Number of School-age Population and Enrolment of Junior Secondary Schools (Cont.)

单位：人

unit: person

	在校学龄人口数 School-age Population		在校学生数 Enrolment					
	合计 Total	其中:女 of Which: Female	合计 Total	其中:女 of Which: Female	一年级 Grade 1	二年级 Grade 2	三年级 Grade 3	四年级 Grade 4
镇区 Counties & Towns Area	19203763	8979853	21684430	10114467	7159582	7192747	7205848	126253
10 岁及以下 Under 10 Years			7965	4177	7231	620	113	1
11 岁 11 Years	101395	49633	375115	187148	363272	10819	1020	4
12 岁 12 Years	4350048	2048314	4695123	2222173	4284150	395925	15025	23
13 岁 13 Years	6784612	3170262	6784612	3170262	2105828	4258119	418362	2303
14 岁 14 Years	6795379	3157817	6797332	3158749	333370	2113883	4279412	70667
15 岁 15 Years	1172329	553827	2543586	1164107	53053	350424	2092654	47455
16 岁 16 Years			399766	172726	9017	50163	335473	5113
17 岁 17 Years			65667	28259	2495	9717	52850	605
18 岁及以上 Over 18 Years			15264	6866	1166	3077	10939	82
其中:镇乡结合区	4794148	2229833	5378779	2493175	1787886	1790813	1768728	31352
10 岁及以下 Under 10 Years			1920	1002	1795	103	22	
11 岁 11 Years	32179	15977	106549	52537	104049	2331	169	
12 岁 12 Years	1174907	551702	1230542	579483	1118628	108430	3477	7
13 岁 13 Years	1700267	790476	1700267	790476	479482	1111947	108378	460
14 岁 14 Years	1676394	772199	1676686	772326	70221	482117	1106197	18151
15 岁 15 Years	210401	99479	561410	254162	11328	72356	466992	10734
16 岁 16 Years			84371	35938	1676	11164	69774	1757
17 岁 17 Years			14491	6097	462	1875	11934	220
18 岁及以上 Over 18 Years			2543	1154	245	490	1785	23
乡村 Rural Area	6198662	2918331	7024964	3296466	2322986	2337281	2327853	36844
10 岁及以下 Under 10 Years			2323	1261	2043	225	54	1
11 岁 11 Years	22140	10848	119503	59277	116128	3064	308	3
12 岁 12 Years	1314356	625287	1422441	678823	1292122	126017	4300	2
13 岁 13 Years	2169056	1020477	2169056	1020477	744411	1288462	135549	634
14 岁 14 Years	2191095	1025094	2191117	1025098	136957	747446	1287208	19506
15 岁 15 Years	502015	236625	928680	427652	24737	142455	746914	14574
16 岁 16 Years			155558	67961	4799	23136	125758	1865
17 岁 17 Years			28747	12539	1207	4922	22403	215
18 岁及以上 Over 18 Years			7539	3378	582	1554	5359	44

初中分课程专任
Number of Full-time Teachers in Junior Secondary

	合计 Total	其中:女 of Which: Female	思想品德(政治) Politics	语文 Language & Literature	数学 Mathe-matics	外语 Foreign Languages				科学 Science	物理 Physics
						小计 Subtotal	英语 English	日语 Japanese	俄语 Russian		
总　计 Total	**3475636**	**1860680**	**227632**	**614560**	**592798**	**540883**	**538865**	**346**	**221**	**30754**	**236711**
其中:女 of Which: Female	1860680		115713	384077	289321	420309	418895	305	180	13302	82730
少数民族 Minorities	319096	164794	23044	58399	52553	40685	40374	142	28	559	22462
研究生毕业 Graduate	65193	47444	4503	11566	9708	11854	11769	29	17	650	3988
本科毕业 Under-graduate	2723316	1547875	174987	505696	473670	450618	449052	265	175	25500	185672
专科毕业 Associate Bachelor	675293	262883	47351	96272	108183	77931	77565	51	29	4478	46679
高中阶段毕业 High School Graduate	11459	2424	777	1001	1213	471	470	1		122	359
高中阶段以下毕业 Below High School Graduate	375	54	14	25	24	9	9			4	13
城区 Urban Area	1111803	711039	67990	193670	189681	184027	182829	260	130	12447	76207
其中:城乡结合区 of Which: Urban-rural Transitional Area	184923	108017	11698	32661	31474	29615	29493	16	2	2582	11997
镇区 Counties & Towns Area	1718633	859358	115659	305315	293598	264054	263440	76	60	14303	116089
其中:镇乡结合区 of Which: County-town Transitional Area	424871	219346	28782	76024	72865	65338	65181	10	5	4579	27767
乡村 Rural Area	645200	290283	43983	115575	109519	92802	92596	10	31	4004	44415

教师学历情况

Schools by Subject Taught & Educational Attainment

单位：人

unit: person

化学 Chemistry	生物 Biology	历史与社会 History and Society	地理 Geography	历史 History	体育与健康 Physical Training and Healthy	艺术 Art	音乐 Music	美术 Fine Arts	综合实践活动 Comprehensive Practice			其他 Others	当年不任课 No Teaching Load in Current Year
									小计 Subtotal	信息技术 Information Technique	劳动与技术 Skills Teaching		
151407	**143057**	**30932**	**135974**	**177409**	**187385**	**6261**	**90322**	**86420**	**131824**	**89191**	**36398**	**45036**	**46271**
71085	76649	14206	65622	88610	37379	3067	64131	45852	47987	34538	11401	21889	18751
14234	12976	1433	12202	16370	18066	326	8706	7349	10724	8003	2451	12936	6072
3282	3151	550	2449	3904	3390	73	1256	1422	1854	1575	226	987	606
120321	105511	23357	97476	132833	140768	3853	68668	64405	93879	69060	20592	27995	28107
27574	33846	6877	35419	40046	42081	2251	19993	20098	34743	18203	14665	15104	16367
224	538	146	609	612	1099	81	399	489	1302	349	877	903	1114
6	11	2	21	14	47	3	6	6	46	4	38	47	77
48345	42856	9765	40002	54142	65730	1210	29210	27492	40779	28603	9731	12109	16141
7617	7412	1815	7023	9194	10419	276	4881	4708	7258	4674	1879	2042	2251
73834	72248	15055	69284	89925	89243	3454	44189	42422	65249	42974	19412	21776	22936
17563	18028	4208	17361	22121	21574	928	10823	10444	16439	10654	4965	4703	5324
29228	27953	6112	26688	33342	32412	1597	16923	16506	25796	17614	7255	11151	7194

初中专任教师专业技术

Number of Full-time Teachers in Junior Secondary

	合 计 Total	其中:女 of Which: Female	24 岁及以下 24 Years and Under	25 – 29 25 to 29	30 – 34 30 to 34
总 计 Total	**3475636**	**1860680**	**117301**	**446636**	**601788**
其中:女 of Which:Female	1860680		85285	312977	377798
少数民族 Minorities	319096	164794	11498	46385	60462
中学高级 Senior	607661	270395	5	30	2318
中学一级 1st Grade	1503841	750496	474	20565	190840
中学二级 2nd Grade	1064162	641094	26483	286306	368435
中学三级 3rd Grade	44360	26476	6505	21081	9665
未定职级 No-ranking	255612	172219	83834	118654	30530
城区 Urban Area	1111803	711039	37227	133575	188527
其中:城乡结合区 of Which: Urban-rural Transitional Area	184923	108017	7548	23914	31640
镇区 Counties & Towns Area	1718633	859358	53118	210204	295656
其中:镇乡结合区 of Which: County-town Transitional Area	424871	219346	13872	53044	73839
乡村 Rural Area	645200	290283	26956	102857	117605

职称、年龄结构情况

Schools by Professional Rank and Age

单位：人

unit: person

35－39 35 to 39	40－44 40 to 44	45－49 45 to 49	50－54 50 to 54	55－59 55 to 59	60岁及以上 60 Years and Over
710537	**646948**	**531296**	**305312**	**113977**	**1841**
396087	326508	243689	115696	2121	519
66864	58698	45781	22585	6730	93
38163	141184	219592	152687	52702	980
424996	407832	271108	134325	53123	578
232380	91039	36281	16077	7083	78
4089	1352	813	513	329	13
10909	5541	3502	1710	740	192
219655	211257	186614	105571	28296	1081
37565	34698	29040	15492	4841	185
359351	326252	263399	149471	60640	542
91792	81057	61999	34325	14757	186
131531	109439	81283	50270	25041	218

初中专任

Changes of Full-time Teachers in

	上学年初报表专任教师数 Number of Full-time Teachers at Beginning of Previous Academic Year	增加教师 Factors of Increase					
		合计 Total	录用毕业生 New Recruits from Current Year Graduates		调入 Teachers Recruited from Other Units	校内调整 of Which: with Change of Status in Their Own Institutions	其他 Others
			小计 Subtotal	其中:师范生 of Which: Students Enrolled in Teacher Training Institutions			
总　计 Total	**3488430**	**293799**	**76007**	**56081**	**152040**	**50108**	**15644**
其中:女 of Which: Female	1834243	169223	55179	40947	82558	22447	9039
城区 Urban Area	1090916	99117	25311	19606	48672	16399	8735
其中:女 of Which: Female	691177	62536	18871	14764	29657	8644	5364
其中:城乡结合区 of Which: Urban-rural Transitional Area	182439	18461	4958	3974	9185	2482	1836
其中:女 of Which: Female	104996	11094	3554	2870	5292	1259	989
镇区 Counties & Towns Area	1732107	139343	33050	24067	76395	24833	5065
其中:女 of Which: Female	851041	76342	23794	17476	39640	10270	2638
其中:镇乡结合区 of Which: County-town Transitional Area	426245	36912	8622	6217	20994	6028	1268
其中:女 of Which: Female	215834	20809	6334	4630	11123	2686	666
乡村 Rural Area	665407	55339	17646	12408	26973	8876	1844
其中:女 of Which: Female	292025	30345	12514	8707	13261	3533	1037

教师变动情况
Junior Secondary Schools

单位：人
unit: person

减少教师 Factors of Decrease					本学年初报表专任教师数 Number of Full-time Teachers at Beginning of Current Academic Year
合计 Total	自然减员 Retired from Their Posts during Previous Academic Year	调出 Transferred from Teaching to Non-Teaching Posts	校内调整 of Which: with Change of Status in Their Own Institutions	其他 Others	
306593	**42322**	**178753**	**66960**	**18558**	**3475636**
142786	14888	89627	29065	9206	1860680
78230	14253	37123	19197	7657	1111803
42674	6807	21377	10216	4274	711039
15977	2212	8330	3584	1851	184923
8073	910	4467	1774	922	108017
152817	19991	91730	33301	7795	1718633
68025	6109	44812	13526	3578	859358
38286	4884	23489	7794	2119	424871
17297	1416	11733	3121	1027	219346
75546	8078	49900	14462	3106	645200
32087	1972	23438	5323	1354	290283

初中学生、专任教师政治面貌及其他
Supplementary Information on Students and Full-time Teachers of Junior Secondary Schools

单位：人
unit：person

	在校学生中 of Total Students			专任教师中 of Total Full-time Teachers			
	共青团员 Member of C. Y. L.	华侨 Overseas Chinese	港澳台 From H. K, Macao and Taiwan	共产党员 Member of C. P. C.	共青团员 Member of C. Y. L.	民主党派 Member of Non-Communist Part	华侨 Overseas Chinese
总计 Total	**12010919**	**3055**	**10343**	**1021255**	**160715**	**22617**	**123**
其中：女 of Which：Female	6100055	1410	4809	404988	108390	13350	63
城区 Urban Area	3247043	1412	9115	363750	58149	18562	80
其中：女 of Which：Female	1683786	625	4262	200929	41853	11632	43
其中：城乡结合区 of Which：Urban-rural Transitional Area	578331	193	1675	54194	10411	1122	21
其中：女 of Which：Female	291449	79	792	24824	7206	577	10
镇区 Counties & Towns Area	6507957	1450	875	470826	70348	3010	37
其中：女 of Which：Female	3275633	705	400	151956	46113	1312	16
其中：镇乡结合区 of Which：County-town Transitional Area	1611786	202	199	112143	17521	530	5
其中：女 of Which：Female	800958	97	84	35901	11609	194	2
乡村 Rural Area	2255919	193	353	186679	32218	1045	6
其中：女 of Which：Female	1140636	80	147	52103	20424	406	4

初中办学条件(一)
Condition of School Buildings in Junior Secondary Schools (1)

单位:平方米
unit:m²

	合计 Total	城区 Urban Area	其中:城乡结合区 of Which: Urban-rural Transitional Area	镇区 Counties & Towns Area	其中:镇乡结合区 of Which: County-town Transitional Area	乡村 Rural Area
总　计 Total	**550420676.98**	**161225141.67**	**32832231.07**	**274412779.70**	**71315925.56**	**114782755.61**
其中:危房 of Which: Floor Space of Dilapidated Buildings	7763686.19	938669.60	178964.50	3958329.64	841557.01	2866686.95
当年新增校舍 New Floor Space Added in Current Year	26028125.84	7050929.71	1373075.10	12640901.98	3840406.93	6336294.15
一、教学及辅助用房 Teaching & Assistant Buildings	228392275.71	75801076.08	14777408.81	107872440.62	27944682.90	44718759.01
教室 Classroom	159997178.27	50415110.32	10080317.58	76969762.81	20043868.51	32612305.14
实验室 Laboratory	33325464.01	11061988.27	2135688.25	15797862.55	4063470.67	6465613.19
图书室 Library	12764607.02	4606192.24	828298.24	5819203.81	1497840.90	2339210.97
微机室 PC-room	10042401.29	3060792.19	577959.42	4833882.33	1211993.21	2147726.77
语音室 Linguistic	3407034.46	1069238.76	191109.01	1735676.13	431174.21	602119.57
体育馆 Gymnasium	8855590.66	5587754.30	964036.31	2716052.99	696335.40	551783.37
二、行政办公用房 Administrative	48778638.65	17790496.98	3006449.27	22216229.28	5851742.73	8771912.39
其中:教师办公室 of Which: for Teachers	29972478.12	10311360.62	1764848.77	13925833.36	3610267.44	5735284.14
三、生活用房 Residential and Welfare	229546819.57	47417822.65	11804192.15	127446312.23	32963832.79	54682684.69
教工宿舍 Apartments for Single	54092451.23	8064165.92	2187604.95	30554014.50	7403401.96	15474270.81
其中:教师周转宿舍 of Which: Accommodation for Circulation of Teachers	13053777.94	1384432.47	370806.25	7408798.12	1657750.80	4260547.35
学生宿舍 Students' Dormitories	99538679.03	17074338.48	4806935.89	59166237.79	15378086.48	23298102.76
食堂 Dining Halls	42718431.80	10084690.11	2444923.38	22947374.57	6185474.26	9686367.12
厕所 Toilet	16286919.36	5427273.61	1090759.59	7566105.28	2035012.85	3293540.47
其他 Others	16910338.15	6767354.53	1273968.34	7212580.09	1961857.24	2930403.53
四、其他用房 Rooms for Other Purposes	43702943.05	20215745.96	3244180.84	16877797.57	4555667.14	6609399.52

初中办学

Condition of School Buildings in

	占地面积(平方米) Areas Occupied(m^2)			图书(册) Books & Magazines in Libraries (volume)	计算机 No.
	合计 Total	其中 of Which			合计 Total
		绿化用地面积 Green Areas	运动场地面积 Sports Areas		
总　计 Total	**1535692233.85**	**305132288.12**	**421629930.76**	**1397856013**	**6518775**
城区 Urban Area	344128916.01	77367417.72	110577723.8	446265642	2436470
其中:城乡结合区 of Which: Urban-rural Transitional Area	80455511.29	19005908.55	24029872.88	85646297	441329
镇区 Counties & Towns Area	795363964.75	156566909.65	211791239.71	670503117	2917275
其中:镇乡结合区 of Which: County-town Transitional Area	202183365.77	39279572.15	53216598.85	172293616	747968
乡村 Rural Area	396199353.09	71197960.75	99260967.25	281087254	1165030

初中办学

Condition of School Buildings in

	体育运动场(馆)面积达标校数 Schools No: Sprots Areas Reached Standard	体育器械配备达标校数 Schools No: Sports Equip. Reached Standard
总　计 Total	**41248**	**43784**
城区 Urban Area	9744	10369
其中:城乡结合区 of Which: Urban-rural Transitional Area	2107	2211
镇区 Counties & Towns Area	19150	20239
其中:镇乡结合区 of Which: County-town Transitional Area	4896	5152
乡村 Rural Area	12354	13176

条件(二)
Junior Secondary Schools (2)

数(台) of Computers		教室(间) Classroom(room)		教室中:普通教室(间) of Which: General Classroom		固定资产总值(万元) Total Volue of Fixed Asset (10,000 yuan)		
其中:教学用计算机 No. of Computers Used for Instruction		合计 Total	其中:网络多媒体教室 of Which: Network Multimedia Classroom	合计 Total	其中:网络多媒体教室 of Which: Network Multimedia Classroom	合计 Total	其中:教学仪器设备资产值 of Which: Total Volue of Equip & Instru.	
小计 Subtotal	其中:平板电脑 of Which: Tablet PC						小计 Subtotal	其中:实验设备 for Profession
5455667	**169735**	**1607283**	**899997**	**1240197**	**784901**	**66051327. 05**	**7527685. 50**	**2409215. 36**
2027595	80705	492511	337501	370318	286698	23809638. 77	3177803. 29	830382. 99
372297	15920	97716	65766	74241	56916	4779604. 66	539470. 75	174621. 58
2454906	63388	758342	410208	592192	363186	31002897. 25	3128982. 11	1105956. 55
635702	18343	195196	106834	153606	94121	8245844. 53	780893. 35	280690. 14
973166	25642	356430	152288	277687	135017	11238791. 04	1220900. 11	472875. 82

条件(三)
Junior Secondary Schools (3)

单位:所
unit: school

音乐器械配备达标校数 Schools No: Musical Instru. Reached Standard	美术器械配备达标校数 Schools No: Fine Arts Instru. Reached Standard	理科实验仪器达标校数 Schools No: Equip. of Natural Sci. Reached Standard	建立校园网校数 Schools No: Campus Networks Set	接入互联网校数 Schools No: Internet Access
43149	**42991**	**45003**	**36590**	**51005**
10235	10207	10326	9589	11236
2178	2167	2203	1972	2413
19972	19898	20936	17028	23405
5066	5045	5298	4366	5947
12942	12886	13741	9973	16364

成人初中基本情况

Basic Statistics of Adult Junior Secondary Schools

单位：人（人次）

unit: person

	学校数（所）Schools	教学班（点）（个）External Teaching Sites	毕（结）业生数 Graduates		注册学生数 Enrolment		教职工数 Educational Personnel		专任教师 Full-time Teachers		聘请校外教师 Part-time Teachers
			合计 Total	其中:女 of Which: Female	合计 Total	其中:女 of Which: Female	合计 Total	其中:女 of Which: Female	合计 Total	其中:女 of Which: Female	
总　计 Total	**1071**	**2621**	**366496**	**155842**	**337012**	**145442**	**4414**	**1432**	**3692**	**1197**	**2237**
职工初中 Junior Secondary Schools for Staff & workers	65	193	22395	11240	34613	15761	1307	500	1066	426	274
农民初中 Junior Secondary Schools for Peasants	1006	2428	344101	144602	302399	129681	3107	932	2626	771	1963

四、初等教育(小学)

Primary Education
(Primary Schools)

小学校数、教学点数及班数

Number of Schools, External Teaching Sites & Classes in Primary Schools

	学校数(所) Schools	教学点数(个) External Teaching Sites	班数(个) Classes
总　计 Total	**190525**	**93035**	**2569847**
教育部门 Run by Ed. Dept.	184271	92540	2385956
其他部门 Run by Non-ed. Dept.	350	96	10694
地方企业办 Run by Local Enterprises	45		618
民办 Non-government	5859	399	172579
城区 Urban Area	26058	1521	664436
教育部门 Run by Ed. Dept.	23887	1500	572747
其他部门 Run by Non-ed. Dept.	123	2	2743
地方企业办 Run by Local Enterprises	14		276
民办 Non-government	2034	19	88670
其中:城乡结合区 of Which: Urban-rural Transitional Area	7749	1181	135693
教育部门 Run by Ed. Dept.	7162	1172	107730
其他部门 Run by Non-ed. Dept.	17		267
地方企业办 Run by Local Enterprises	3		43
民办 Non-government	567	9	27653
镇区 Counties & Towns Area	46086	9696	836275
教育部门 Run by Ed. Dept.	43862	9606	772711
其他部门 Run by Non-ed. Dept.	166	25	6516
地方企业办 Run by Local Enterprises	13		199
民办 Non-government	2045	65	56849
其中:镇乡结合区 of Which: County-town Transitional Area	20618	7292	272020
教育部门 Run by Ed. Dept.	19783	7238	250014
其他部门 Run by Non-ed. Dept.	12	4	198
地方企业办 Run by Local Enterprises	5		53
民办 Non-government	818	50	21755
乡村 Rural Area	118381	81818	1069136
教育部门 Run by Ed. Dept.	116522	81434	1040498
其他部门 Run by Non-ed. Dept.	61	69	1435
地方企业办 Run by Local Enterprises	18		143
民办 Non-government	1780	315	27060
总计中:五年制 of the Total: 5-year			67276
九年一贯制学校 9-year Schools			218426
十二年一贯制学校 12-year Schools			21932
其他学校附设 Other Primary Schools Attached			7375
独立设置的少数民族学校 Inde. Sec. Schools for Minorities	7544		79389

小学班额情况

Size of Primary Classes

单位：个

unit：class

	合计 Total	一年级 Grade 1	二年级 Grade 2	三年级 Grade 3	四年级 Grade 4	五年级 Grade 5	六年级 Grade 6	复式班 Multiple-grade Classes
总　计 Total	**2569847**	**485382**	**459027**	**438316**	**417503**	**396833**	**362050**	**10736**
城区 Urban Area								
25 人及以下 Under 25 Persons	30623	5509	5448	5180	5140	4804	4488	54
26 －35 人 Between 26 －35	72449	12866	12417	11857	12755	11963	10589	2
36 －45 人 Between 36 －45	230795	47986	44013	39295	36040	33737	29724	
46 －55 人 Between 46 －55	208112	38826	37707	36464	33302	32951	28862	
56 －65 人 Between 56 －65	82397	13088	13264	15123	13925	14099	12897	1
66 人及以上 Over 66 Persons	40060	4931	5587	7029	7433	7926	7154	
其中:城乡结合区 of Which: Urban-rural Transitional Area								
25 人及以下 Under 25 Persons	14192	2612	2608	2482	2275	2171	2009	35
26 －35 人 Between 26 －35	19570	3445	3396	3286	3306	3188	2947	2
36 －45 人 Between 36 －45	49012	10032	9050	8210	7786	7330	6604	
46 －55 人 Between 46 －55	36145	6805	6491	6417	5844	5685	4903	
56 －65 人 Between 56 －65	11697	2107	1872	1898	2054	2038	1728	
66 人及以上 Over 66 Persons	5077	774	810	885	893	869	846	
镇区 Counties & Towns Area								
25 人及以下 Under 25 Persons	89118	18652	18158	15175	13200	12202	11025	706
26 －35 人 Between 26 －35	117958	21513	20826	19955	19518	18669	17444	33
36 －45 人 Between 36 －45	282915	52850	48555	46845	46125	45325	43204	11
46 －55 人 Between 46 －55	196927	34462	32014	32682	33142	32929	31697	1
56 －65 人 Between 56 －65	88061	13583	13347	14716	15471	15326	15618	
66 人及以上 Over 66 Persons	61296	8742	8746	10689	11173	11099	10847	
其中:镇乡结合区 of Which: County-town Transitional Area								
25 人及以下 Under 25 Persons	53679	11298	11072	9270	7989	7277	6298	475
26 －35 人 Between 26 －35	50933	9338	8950	8745	8530	7994	7360	16
36 －45 人 Between 36 －45	87100	16062	14880	14579	14472	14019	13082	6
46 －55 人 Between 46 －55	50045	8880	7912	8206	8450	8443	8153	1
56 －65 人 Between 56 －65	19219	3117	2952	3139	3339	3293	3379	
66 人及以上 Over 66 Persons	11044	1676	1588	1881	2012	1970	1917	
乡村 Rural Area								
25 人及以下 Under 25 Persons	485051	110121	104037	83125	68945	59145	50248	9430
26 －35 人 Between 26 －35	247023	45026	42474	42952	41862	39218	35112	379
36 －45 人 Between 36 －45	208436	36743	33663	35440	36306	34672	31528	84
46 －55 人 Between 46 －55	90546	14901	13579	15305	16138	15916	14684	23
56 －65 人 Between 56 －65	28324	4286	3970	4785	5197	5040	5039	7
66 人及以上 Over 66 Persons	9756	1297	1222	1699	1831	1812	1890	5

小　　学
Number of Students

	毕业生数 Graduates	招　生　数 Entrants			
		合计 Total	其中:受过学前教育 of Which: Those Received the Pre-school Education	合计 Total	其中:女 of Which: Female
总　计 Total	**14372517**	**17290429**	**16942010**	**96921831**	**44903098**
其中:女 of Which: Female	6609602	8039696	7880413	44903098	
少数民族 Minorities	1641092	1999213	1825150	10949711	5146414
五年制 5-year	492433	519505	518321	2621208	1228849
九年一贯制学校 9-year Schools	1406554	1591648	1563866	9132151	4111904
十二年一贯制学校 12-year Schools	132191	149539	146109	858004	356436
附设小学班 Primary School Classes	169430	26202	24738	328443	145300
复式班 Morning & Afternoon Shift Classes	1650	38789	35186	115543	55812
小学教学点 External Teaching Sites	295854	1102450	1062497	4025280	1917156
独立设置少数民族学校 Inde. Sec. Schools for Minorities	462586	535878	467871	2976661	1427147
随迁子女 Migrant Children	1539036	2440994	2412017	13434343	5694535
其中:外省迁入 of Which: from Other Province	749770	1155684	1144587	6431055	2713673
本省外县迁入 From Other County	789266	1285310	1267430	7003288	2980862
进城务工人员随迁子女 Children of Migrant Workers	1169812	1835257	1820589	10135581	4314315
其中:外省迁入 of Which: from Other Province	544630	822075	817159	4608081	1955337
本省外县迁入 From Other County	625182	1013182	1003430	5527500	2358978
农村留守儿童 Children Left Behind	1567732	2394528	2339703	13836634	6272572
教育部门 Run by Ed. Dept.	13204768	15981050	15654232	89381938	41747350
其他部门 Run by Non-ed. Dept.	63437	62307	61357	380660	180132
地方企业办 Run by Local Enterprises	3259	3519	3465	21008	9624
民办 Non-government	1101053	1243553	1222956	7138225	2965992
城区 Urban Area	4309730	5575609	5514779	30708802	14054998
教育部门 Run by Ed. Dept.	3766707	4847128	4800959	26833313	12401335
其他部门 Run by Non-ed. Dept.	16803	17845	17776	108712	51221
地方企业办 Run by Local Enterprises	1361	1774	1760	9834	4511
民办 Non-government	524859	708862	694284	3756943	1597931
其中:城乡结合区 of Which:Urban-rural Transitional Area	783691	1085970	1072214	5745610	2589345
教育部门 Run by Ed. Dept.	613333	859170	850650	4517808	2076270
其他部门 Run by Non-ed. Dept.	1510	1383	1351	8904	4270
地方企业办 Run by Local Enterprises	199	493	493	1824	839
民办 Non-government	168649	224924	219720	1217074	507966
镇区 Counties & Towns Area	5653816	6323325	6248210	36554044	16815634
教育部门 Run by Ed. Dept.	5193199	5929960	5859771	33976568	15769782
其他部门 Run by Non-ed. Dept.	40042	37116	36648	227860	107998
地方企业办 Run by Local Enterprises	1364	1226	1187	7397	3472
民办 Non-government	419211	355023	350604	2342219	934382
其中:镇乡结合区 of Which: County-town Transitional Area	1572949	1864286	1844558	10458650	4814912
教育部门 Run by Ed. Dept.	1416653	1727396	1709480	9564265	4456754
其他部门 Run by Non-ed. Dept.	1409	1200	1191	7728	3540
地方企业办 Run by Local Enterprises	349	262	223	1866	841
民办 Non-government	154538	135428	133664	884791	353777
乡村 Rural Area	4408971	5391495	5179021	29658985	14032466
教育部门 Run by Ed. Dept.	4244862	5203962	4993502	28572057	13576233
其他部门 Run by Non-ed. Dept.	6592	7346	6933	44088	20913
地方企业办 Run by Local Enterprises	534	519	518	3777	1641
民办 Non-government	156983	179668	178068	1039063	433679

学　生　数

in Primary Schools

单位：人

unit：person

在校生数 Enrolment						预计毕业生数 Estimated Graduates for Next Year
一年级 Grade 1	二年级 Grade 2	三年级 Grade 3	四年级 Grade 4	五年级 Grade 5	六年级 Grade 6	
17295004	**16448469**	**16605350**	**16253165**	**15755897**	**14563946**	**15095430**
8041128	7610764	7696881	7539527	7277738	6737060	6983790
1999606	1882494	1845692	1810758	1742690	1668471	1677091
519621	523264	535602	511237	531484		531484
1591205	1495151	1526865	1539742	1523765	1455423	1530846
149880	144262	140412	136745	142117	144588	149279
26109	22733	25966	29495	46620	177520	178436
38948	40924	16916	10376	5312	3067	3061
1103098	980833	766462	549540	377732	247615	254220
537172	505541	499310	497780	478931	457927	461227
2462376	2378997	2377407	2273930	2116360	1825273	1931258
1165256	1136281	1164005	1114031	1016964	834518	911669
1297120	1242716	1213402	1159899	1099396	990755	1019589
1847671	1792343	1793053	1721901	1599447	1381166	1462342
826824	811504	833920	802004	731477	602352	658005
1020847	980839	959133	919897	867970	778814	804337
2402554	2298922	2360407	2357660	2251340	2165751	2173040
15987126	15223616	15348562	14976229	14498001	13348404	13836499
62264	61376	65752	65300	65672	60296	66129
3519	3428	3518	3460	3627	3456	3499
1242095	1160049	1187518	1208176	1188597	1151790	1189303
5574442	5400876	5350177	5042452	4945694	4395161	4697648
4847492	4724561	4686952	4402642	4334520	3837146	4113123
17800	18194	18980	17655	18109	17974	18177
1774	1661	1569	1611	1698	1521	1561
707376	656460	642676	620544	591367	538520	564787
1086207	1015620	983077	943818	909214	807674	852038
859372	807097	771788	735041	713157	631353	667146
1362	1403	1426	1411	1619	1683	1683
493	376	268	191	253	243	243
224980	206744	209595	207175	194185	174395	182966
6326058	5986917	6134108	6173729	6070372	5862860	6011641
5932619	5609385	5720703	5725716	5606406	5381739	5518535
37118	35895	38929	40165	40431	35322	40949
1226	1178	1326	1130	1271	1266	1266
355095	340459	373150	406718	422264	444533	450891
1865062	1740386	1754229	1761350	1711093	1626530	1668641
1728115	1611037	1610992	1605100	1548857	1460164	1498950
1200	1068	1211	1492	1307	1450	1454
262	307	294	309	344	350	350
135485	127974	141732	154449	160585	164566	167887
5394504	5060676	5121065	5036984	4739831	4305925	4386141
5207015	4889670	4940907	4847871	4557075	4129519	4204841
7346	7287	7843	7480	7132	7000	7003
519	589	623	719	658	669	672
179624	163130	171692	180914	174966	168737	173625

小学学龄人口入学
Number of Schools-age Population

	在校学龄人口数 School-age Population		招生数 Entrants		
	合计 Total	其中:女 of Which: Female	合计 Total	其中:受过学前教育 of Which: Those Received the Pre-school Education	合计 Total
总 计 Total	**93566575**	**43407292**	**17290429**	**16942010**	**96921831**
5 岁及以下 Under 5 Years			139387		140140
6 岁 6 Years	12989158	6093045	13673597		13895479
7 岁 7 Years	16480754	7653267	3293536		16480754
8 岁 8 Years	16465245	7654364	150781		16465245
9 岁 9 Years	16114646	7490019	20986		16114646
10 岁 10 Years	15593599	7214777	6832		15593599
11 岁 11 Years	14163837	6486339	2998		14250312
12 岁 12 Years	1759336	815481	1344		3480862
13 岁 13 Years			502		391356
14 岁 14 Years			266		79025
15 岁及以上 Over 15 Years			200		30413
城区 Urban Area	29829316	13675940	5575609	5514779	30708802
5 岁及以下 Under 5 Years			34218		34370
6 岁 6 Years	4572868	2132607	4689673		4751474
7 岁 7 Years	5423192	2487385	816888		5423192
8 岁 8 Years	5374059	2471543	28577		5374059
9 岁 9 Years	5049556	2313965	3220		5049556
10 岁 10 Years	4917873	2243875	1670		4917873
11 岁 11 Years	4293491	1938308	922		4332703
12 岁 12 Years	198277	88257	283		741346
13 岁 13 Years			98		70872
14 岁 14 Years			38		10354
15 岁及以上 Over 15 Years			22		3003
其中:城乡结合区 of Which: Urban-rural Transitional Area	5562989	2512349	1085970	1072214	5745610
5 岁及以下 Under 5 Years			5416		5440
6 岁 6 Years	870863	399917	887614		898343
7 岁 7 Years	1024735	464709	183834		1024735
8 岁 8 Years	985477	445512	6827		985477
9 岁 9 Years	944074	426500	1065		944074
10 岁 10 Years	900906	404948	653		900906
11 岁 11 Years	792467	350877	313		798729
12 岁 12 Years	44467	19886	147		166728
13 岁 13 Years			72		17451
14 岁 14 Years			24		2929
15 岁及以上 Over 15 Years			5		798

及在校生情况
of Primary Schools

单位：人

unit：person

在校学生数 Enrolment						
其中：女 of Which：Female	一年级 Grade 1	二年级 Grade 2	三年级 Grade 3	四年级 Grade 4	五年级 Grade 5	六年级 Grade 6
44903098	**17295004**	**16448469**	**16605350**	**16253165**	**15755897**	**14563946**
70328	139357	742	41			
6535276	13678307	213687	3399	86		
7653267	3296582	12808862	369070	6119	121	
7654364	150654	3205015	12643997	457484	7948	147
7490019	20157	184651	3301870	12117489	480620	9859
7214777	5760	24561	237038	3312703	11477069	536468
6524017	2142	6370	36008	293072	3385757	10526963
1551031	1112	2398	8230	48231	330258	3090633
162906	477	1228	3218	11638	54290	320505
33373	256	496	1344	3850	13248	59831
13740	200	459	1135	2493	6586	19540
14054998	5574442	5400876	5350177	5042452	4945694	4395161
18316	34222	127	21			
2219483	4690416	60163	857	38		
2487385	818347	4487673	115526	1591	55	
2471543	27671	814229	4385940	144117	2042	60
2313965	2334	34832	798808	4055508	155282	2792
2243875	843	2825	43816	782871	3905830	181688
1955193	329	658	4028	50908	814442	3462338
312953	162	208	749	5767	58572	675888
27217	73	82	246	1191	7449	61831
3844	26	37	115	296	1457	8423
1224	19	42	71	165	565	2141
2589345	1086207	1015620	983077	943818	909214	807674
2853	5417	18	5			
413328	888202	9935	191	15		
464709	184295	820067	19975	378	20	
445512	6649	176493	776531	25256	528	20
426500	863	7927	174793	730926	28730	835
404948	425	830	10227	172540	685590	31294
353606	184	231	1088	12550	177079	607597
69819	105	76	171	1719	14514	150143
6640	51	24	59	313	2178	14826
1104	12	12	26	78	427	2374
326	4	7	11	43	148	585

小学学龄人口入学

Number of Schools-age Population

	在校学龄人口数 School-age Population		招生数 Entrants		
	合计 Total	其中:女 of Which: Female	合计 Total	其中:受过学前教育 of Which: Those Received the Pre-school Education	合计 Total
镇区 Counties & Towns Area	35248616	16235874	6323325	6248210	36554044
5 岁及以下 Under 5 Years			58244		58572
6 岁 6 Years	4782989	2232379	5058581		5152500
7 岁 7 Years	6008105	2774118	1149384		6008105
8 岁 8 Years	6069423	2798156	48925		6069423
9 岁 9 Years	6090114	2810568	5337		6090114
10 岁 10 Years	5988433	2750684	1706		5988433
11 岁 11 Years	5627028	2557513	733		5658935
12 岁 12 Years	682524	312456	235		1349181
13 岁 13 Years			93		143570
14 岁 14 Years			52		26434
15 岁及以上 Over 15 Years			35		8777
其中:镇乡结合区 of Which: County-town Transitional Area	10122801	4668040	1864286	1844558	10458650
5 岁及以下 Under 5 Years			18651		18678
6 岁 6 Years	1461430	683609	1505086		1533633
7 岁 7 years	1746763	806236	326199		1746763
8 岁 8 Years	1743285	805692	12373		1743285
9 岁 9 Years	1743873	805228	1324		1743873
10 岁 10 Years	1694336	777494	386		1694336
11 岁 11 Years	1563542	711950	144		1571730
12 岁 12 Years	169572	77831	60		362243
13 岁 13 Years			36		35027
14 岁 14 Years			18		6836
15 岁及以上 Over 15 Years			9		2246
乡村 Rural Area	28488643	13495478	5391495	5179021	29658985
5 岁及以下 Under 5 Years			46925		47198
6 岁 6 Years	3633301	1728059	3925343		3991505
7 岁 7 Years	5049457	2391764	1327264		5049457
8 岁 8 Years	5021763	2384665	73279		5021763
9 岁 9 Years	4974976	2365486	12429		4974976
10 岁 10 Years	4687293	2220218	3456		4687293
11 岁 11 Years	4243318	1990518	1343		4258674
12 岁 12 Years	878535	414768	826		1390335
13 岁 13 Years			311		176914
14 岁 14 Years			176		42237
15 岁及以上 Over 15 Years			143		18633

及在校生情况(续)

of Primary Schools (Cont.)

单位：人

unit: person

在校学生数 Enrolment						
其中:女 of Which: Female	一年级 Grade 1	二年级 Grade 2	三年级 Grade 3	四年级 Grade 4	五年级 Grade 5	六年级 Grade 6
16815634	6326058	5986917	6134108	6173729	6070372	5862860
28977	58228	335	9			
2412137	5061206	90128	1146	20		
2774118	1149654	4709209	147046	2161	35	
2798156	49300	1116969	4714046	186247	2818	43
2810568	5317	60980	1175028	4647303	197755	3731
2750684	1461	6601	82356	1211695	4462577	223743
2571259	478	1670	11000	105847	1262733	4277207
595974	235	515	2176	15179	120310	1210766
58777	92	308	818	3526	18363	120463
11066	52	111	277	1083	4013	20898
3918	35	91	206	668	1768	6009
4814912	1865062	1740386	1754229	1761350	1711093	1626530
9103	18627	50	1			
718773	1505613	27784	231	5		
806236	326460	1376781	42939	570	13	
805692	12379	318364	1356308	55416	804	14
805228	1328	15010	330782	1339408	56330	1015
777494	387	1635	20389	334755	1273494	63676
715431	145	488	2650	26106	343869	1198472
159099	60	148	579	3771	30241	327444
13994	36	70	207	852	4786	29076
2850	18	31	87	294	1070	5336
1012	9	25	56	173	486	1497
14032466	5394504	5060676	5121065	5036984	4739831	4305925
23035	46907	280	11			
1903656	3926685	63396	1396	28		
2391764	1328581	3611980	106498	2367	31	
2384665	73683	1273817	3544011	127120	3088	44
2365486	12506	88839	1328034	3414678	127583	3336
2220218	3456	15135	110866	1318137	3108662	131037
1997565	1335	4042	20980	136317	1308582	2787418
642104	715	1675	5305	27285	151376	1203979
76912	312	838	2154	6921	28478	138211
18463	178	348	952	2471	7778	30510
8598	146	326	858	1660	4253	11390

小学教

Number of Educational

	教职 Educational			
	合计 Total	专任教师 Full-time Teachers	行政人员 Adm. Personnel	教辅人员 Supporting Staff
总　计 Total	**5489441**	**5112774**	**154942**	**98886**
其中:女 of Which:Female	3374209	3232045	44595	44348
少数民族 Minorities	592407	548233	14922	11208
教育部门 Run by Ed. Dept.	5225274	4913749	141868	89391
其他部门 Run by Non-ed. Dept.	18594	15521	889	675
地方企业办 Run by Local Enterprises	1147	965	65	37
民办 Non-government	244426	182539	12120	8783
城区 Urban Area	1520629	1407205	49686	27096
教育部门 Run by Ed. Dept.	1398923	1314228	43585	22541
其他部门 Run by Non-ed. Dept.	5929	5025	299	281
地方企业办 Run by Local Enterprises	559	470	29	14
民办 Non-government	115218	87482	5773	4260
其中:城乡结合区 of Which: Urban-rural Transitional Area	276145	254842	8819	4142
教育部门 Run by Ed. Dept.	245755	231724	7198	3382
其他部门 Run by Non-ed. Dept.	916	780	45	18
地方企业办 Run by Local Enterprises	153	111	8	6
民办 Non-government	29321	22227	1568	736
镇区 Counties & Towns Area	1957270	1814017	52417	42395
教育部门 Run by Ed. Dept.	1860509	1742823	47724	38773
其他部门 Run by Non-ed. Dept.	10495	8584	521	348
地方企业办 Run by Local Enterprises	266	228	13	3
民办 Non-government	86000	62382	4159	3271
其中:镇乡结合区 of Which: County-town Transitional Area	589674	552088	14608	9949
教育部门 Run by Ed. Dept.	557738	528491	13089	8820
其他部门 Run by Non-ed. Dept.	340	295	13	8
地方企业办 Run by Local Enterprises	88	79	5	3
民办 Non-government	31508	23223	1501	1118
乡村 Rural Area	2011542	1891552	52839	29395
教育部门 Run by Ed. Dept.	1965842	1856698	50559	28077
其他部门 Run by Non-ed. Dept.	2170	1912	69	46
地方企业办 Run by Local Enterprises	322	267	23	20
民办 Non-government	43208	32675	2188	1252

职工数

Personnel in Primary Schools

单位：人
unit：person

工　数 Personnel		代课教师 Substitute Teachers	兼任教师 Part-time Teachers
工勤人员 Workers	校办企业职工 Employees in School-run Factories & Farms		
122321	**518**	**146683**	**28177**
52985	236	110681	17514
18033	11	12996	6867
80062	204	139908	26974
1492	17	239	51
80		59	3
40687	297	6477	1149
36368	274	36138	5604
18459	110	35325	5030
324		72	13
46		10	
17539	164	731	561
8290	52	5279	812
3450	1	5098	738
73			
28			
4739	51	181	74
48231	210	40102	6170
31124	65	36798	5801
1026	16	129	27
22		39	
16059	129	3136	342
12967	62	14412	1757
7326	12	13543	1612
24		1	2
1			
5616	50	868	143
37722	34	70443	16403
30479	29	67785	16143
142	1	38	11
12		10	3
7089	4	2610	246

小学分课程专任教师
Number of Full-time Teachers in Primary School

	合计 Total	其中:女 of Which: Female	品德与生活(社会) Virtue Education	语文 Language & Literature	数学 Mathematics	外语 Foreign		
						小计 Subtotal	英语 English	日语 Japanese
总计 Total	**5685118**	**3623303**	**223687**	**2092837**	**1680707**	**406009**	**405001**	**68**
其中:女 Female	3623303		106135	1542438	1010277	344733	344055	56
少数民族 Minorities	596682	345695	23943	222510	178827	26036	25880	35
研究生毕业 Graduate	35417	28626	951	12138	6528	5159	5150	2
本科毕业 Under-graduate	2575703	1908234	72838	991831	706024	262018	261513	43
专科毕业 Associate Bachelor	2612994	1554112	117028	945560	820345	133411	132974	22
高中阶段毕业 High School Graduate	456061	131368	32445	141945	146331	5395	5339	1
高中阶段以下毕业 Below High School Graduate	4943	963	425	1363	1479	26	25	

小学专任教师专业
Number of Full-time Teachers in Primary

	合计 Total	其中:女 of Which Female	24岁及以下 24 Years and Under	25－29 25 to 29	30－34 30 to 34
总计 Total	**5685118**	**3623303**	**288269**	**796255**	**947123**
女 Female	3623303		241182	636787	698556
少数民族 Minorities	596682	345695	26646	86020	107046
中学高级 Senior Secondary	139889	73961	12	99	1213
小学高级 Senior Primary	2883062	1662891	618	27343	263659
小学一级 1st Grade Primary	1873513	1272109	45111	429839	571669
小学二级 2nd Grade Primary	186614	134149	26044	83731	41921
小学三级 3rd Grade Primary	12890	9108	2531	5348	2184
未定职级 No-ranking	589150	471085	213953	249895	66477

学历情况

by Subject Taught and Educational Attainment

单位：人
unit: person

Languages 俄语 Russian	体 育 Physical	科 学 Science	艺 术 Art	音 乐 Music	美 术 Fine Arts	综合实践活动 Practical Activities 小 计 Subtotal	信息技术 Information Technique	劳动与技术 Skills Teaching	其他 Others	当年不任课 No Teaching Load in Current Year
26	**296726**	**186282**	**23543**	**203216**	**189150**	**202064**	**140408**	**53764**	**123533**	**57364**
19	70107	80197	14110	157426	118232	78000	51272	22758	75070	26578
8	28165	17880	1919	19340	16265	17886	12189	4960	34932	8979
	3367	1295	118	1631	1925	1288	1080	158	670	347
14	132416	66383	7818	105767	91492	82274	63984	15426	39073	17769
11	130891	96111	13141	83924	80296	98815	66558	28223	66435	27037
1	29704	22254	2443	11776	15291	19468	8680	9851	17013	11996
	348	239	23	118	146	219	106	106	342	215

技术职称、年龄结构情况

Schools by Professional Rank and Age

单位：人
unit: person

35－39 35 to 39	40－44 40 to 44	45－49 45 to 49	50－54 50 to 54	55－59 55 to 59	60岁及以上 60 Years and Over
1059395	**839940**	**703684**	**665012**	**382295**	**3145**
736225	551032	424708	330238	3877	698
111245	93937	78507	63380	29768	133
11028	30995	41885	38143	16356	158
596545	604353	539946	532898	315606	2094
405139	181955	107750	85681	45974	395
18868	6860	4189	3028	1919	54
1162	580	400	356	318	11
26653	15197	9514	4906	2122	433

小学专任教
Changes of Full-time

	上学年初报表专任教师数 Number of Full-time Teachers at Beginning of Previous Academic Year	增加教师 Factors of Increase				
		合计 Total	录用毕业生 New Recruits from Current Year Graduates		调入 Teachers Recruited from Other Units	校内调整 of Which: with Change of Status in Their Own Institutions
			小计 Subtotal	其中:师范生 of Which:Students Enrolled in Teacher Training Institutions		
总　计 Total	**5633906**	**725646**	**166156**	**116183**	**403205**	**119111**
其中:女 of Which: Female	3500101	470024	135538	95023	248205	59582
城区 Urban Area	1550432	191636	47760	36536	102589	21633
其中:女 of Which: Female	1205401	144188	39671	30372	75149	14317
城乡结合区 Urban-rural Transitional Area	297331	43744	11041	8746	23115	5133
其中:女 of Which: Female	212121	31384	8999	7143	15957	3158
镇区 Counties & Towns Area	1991580	248253	50070	34799	147866	41096
其中:女 of Which: Female	1305048	162846	41534	28937	94435	20648
镇乡结合区 County-town Transitional Area	602175	78469	14742	10170	48327	13012
其中:女 of Which: Female	382687	51764	12352	8591	30957	6844
乡村 Rural Area	2091894	285757	68326	44848	152750	56382
其中:女 of Which: Female	989652	162990	54333	35714	78621	24617

小学学生、教职工
Supplementary Information on Students and

	在校学生中 of Total Students			教职 of Total Educational	
	共青团员 Member of C. Y. L.	华侨 Overseas Chinese	港澳台 From H. K, Macao and Taiwan	共产党员 Member of C. P. C.	共青团员 Member of C. Y. L.
总　计 Total	**151089**	**11807**	**71595**	**1424742**	**238328**
其中:女 of Which: Female	70861	5445	32222	681601	192668
城区 Urban Area	31118	5249	61528	467195	101049
其中:女 of Which: Female	14277	2366	27841	322043	84999
城乡结合区 Urban-rural Transitional Area	10873	812	9877	74402	17800
其中:女 of Which: Female	5061	387	4400	42149	14719
镇区 Counties & Towns Area	76860	4309	6928	485186	69859
其中:女 of Which: Female	35686	2017	3062	218200	57294
镇乡结合区 County-town Transitional Area	26480	820	2131	133013	19562
其中:女 of Which: Female	11947	361	937	56221	15985
乡村 Rural Area	43111	2249	3139	472361	67420
其中:女 of Which: Female	20898	1062	1319	141358	50375

师变动情况

Teachers in Primary Schools

单位：人

unit：person

其他 Others	减少教师 Factors of Decrease 合计 Total	自然减员 Retired from Their Posts during Previous Academic Year	调出 Transferred from Teaching to Non-teaching Posts	校内调整 of Which：with Change of Status in Their Own Institutions	其他 Others	本学年初报表专任教师数 Number of Full-time Teachers at Beginning of Current Academic Year
37174	**674434**	**135559**	**380581**	**125188**	**33106**	**5685118**
26699	346822	51961	216344	58889	19628	3623303
19654	122515	25452	67737	16398	12928	1619553
15051	82488	15877	47540	10007	9064	1267101
4455	32029	6176	17524	4710	3619	309046
3270	19732	3300	11369	2695	2368	223773
9221	210242	44009	117448	39439	9346	2029591
6229	116437	18883	71954	19909	5691	1351457
2388	72643	14240	41952	13878	2573	608001
1611	38591	5632	24387	7011	1561	395860
8299	341677	66098	195396	69351	10832	2035974
5419	147897	17201	96850	28973	4873	1004745

政治面貌及其他

Educational Personnel of Primary Schools

单位：人

unit：person

工　　中 Personnel		专任教师中 of Total Full-time Teachers			
民主党派 Member of Dem. Parties	华　侨 Overseas Chinese	共产党员 Member of C. P. C.	共青团员 Member of C. Y. L.	民主党派 Member of Dem. Parties	华　侨 Overseas Chinese
12518	**207**	**1434647**	**288568**	**12754**	**209**
8864	130	715378	234447	9079	143
8811	82	475541	127758	8965	85
6729	63	335691	107563	6868	70
455	18	77324	26143	482	24
299	14	46224	21669	312	20
2066	70	488058	84989	2123	75
1433	44	230682	69801	1478	48
457	8	132203	23721	451	8
296	7	58867	19516	291	8
1641	55	471048	75821	1666	49
702	23	149005	57083	733	25

	合计 Total	城区 Urban Area
总　计 Total	**673520395. 18**	**180098464. 29**
其中:危房 of Which:Floor Space of Dilapidated Buildings	12666766. 18	1501733. 29
当年新增 New Floor Space Added in Current Year	35793879. 91	8199259. 74
一、教学及辅助用房 Teaching & Assistant Buildings	370626428. 23	100320532. 72
教室 Classroom	306668513. 46	80047080. 57
实验室 Laboratory	20406233. 23	5401331. 88
图书室 Library	17735395. 50	4635114. 69
微机室 PC-room	13984353. 08	3849011. 08
语音室 Linguistic	3868479. 70	1199363. 52
体育馆 Gymnasium	7963453. 26	5188630. 98
二、行政办公用房 Administrative	61737449. 62	19014908. 47
其中:教师办公室 of Which: for Teachers	41673426. 11	11649595. 77
三、生活用房 Residential and Welfare	172470933. 59	31687333. 69
教工宿舍 Apartments for Single	52353790. 29	6231665. 09
其中:教师周转宿舍 Accommodation for Circulation of Teachers	12373451. 77	898417. 53
学生宿舍 Students' Dormitories	35051562. 98	3698022. 94
食堂 Dining Halls	35374708. 36	7123942. 41
厕所 Toilet	28388077. 43	7386119. 26
其他 Others	21302794. 53	7247583. 99
四、其他用房 Rooms for Other Purposes	68685583. 74	29075689. 41

条件(一)
in Primary Schools (1)

单位：平方米
unit：m^2

其中:城乡结合区 of Which: Urban-rural Transitional Area	镇区 Counties & Towns Area	其中:镇乡结合区 of Which: County-town Transitional Area	乡村 Rural Area
36399023.24	**225836263.87**	**72136985.61**	**267585667.02**
300704.45	3313444.92	1192192.79	7851587.97
1905842.70	13035583.90	4108739.31	14559036.27
19842550.44	122630611.63	40663696.86	147675283.88
15876465.54	102145268.79	33769240.27	124476164.10
1137827.16	6692354.14	2316571.40	8312547.21
966856.50	5518407.95	1955971.67	7581872.86
798477.61	4685357.59	1584076.76	5449984.41
240034.58	1508176.23	450193.24	1160939.95
822889.05	2081046.93	587643.52	693775.35
3416865.48	20542931.38	6638459.30	22179609.77
2133871.63	13725561.37	4565816.23	16298268.97
7527055.52	63200166.93	18370197.32	77583432.97
1959442.48	19289120.63	5479101.14	26833004.57
243972.50	4838523.01	1122436.44	6636511.23
1015657.48	15607408.82	3714703.99	15746131.22
1651654.68	12928199.09	3862810.60	15322566.86
1561703.43	8683182.53	3077910.26	12318775.64
1338597.45	6692255.86	2235671.33	7362954.68
5612551.80	19462553.93	6464632.13	20147340.40

	占地面积(平方米) Areas Occupied			图书(册) Books & Magazines in Libraries (volume)	计算机数(台)	
	合计 Total	其中 of Which			合计 Total	其中:教学用 No. of Computers
		绿化用地面积 Green Areas	运动场地面积 Sports Areas			小计 Subtotal
总　计 Total	**2265025223.18**	**383953092.42**	**685930662.14**	**1981448509**	**9665916**	**8196205**
城区 Urban Area	379654554.72	75045720.17	140136747.65	650412631	3646341	3103403
其中:城乡结合区 of Which: Urban-rural Transitional Area	104606601.22	22099785.23	35740617.26	115963823	645124	552421
镇区 Counties & Towns Area	686252150.60	116821663.86	215116385.15	695024835	3233724	2755096
其中:镇乡结合区 of Which: County-town Transitional Area	248259217.36	41932325.68	75864052.26	211338465	997652	858003
乡村 Rural Area	1199118517.86	192085708.39	330677529.34	636011043	2785851	2337706

小学办学条件(三)
Condition of School Buildings in Primary Schools (3)

单位:所
unit: school

	体育运动场(馆)面积达标校数 Schools No: Sprots Areas Reached Standard	体育器械配备达标校数 Schools No: Sports Equip. Reached Standard	音乐器械配备达标校数 Schools No: Musical Instru. Reached Standard	美术器械配备达标校数 Schools No: Fine Arts Instru. Reached Standard	教学自然实验仪器达标校数 Schools No: Equip. of Natural Sci. Reached Standard	建立校园网校数 Schools No: Campus Networks Set	接入互联网校数 Schools No: Internet Access
总　计 Total	**122901**	**131268**	**129275**	**128837**	**131515**	**87342**	**163097**
城区 Urban Area	20764	22961	22906	22838	22730	19871	25235
其中:城乡结合区 of Which: Urban-rural Transitional Area	6045	6464	6389	6378	6388	5030	7350
镇区 Counties & Towns Area	32267	35095	34703	34576	35175	25867	42919
其中:镇乡结合区 of Which: County-town Transitional Area	13564	14613	14384	14358	14630	10121	18676
乡村 Rural Area	69870	73212	71666	71423	73610	41604	94943

条件(二)
in Primary Schools (2)

No. of Computers 计算机 Used for Instruction	教室(间) Classroom(room)		教室中:普通教室(间) of Which: General Classroom		固定资产总值(万元) Total Volue of Fixed Asset (10,000 yuan)		
其中:平板电脑 of Which: Tablet PC	合计 Total	其中:网络多媒体教室 of Which: Network Multimedia Classroom	合计 Total	其中:网络多媒体教室 of Which: Network Multimedia Classroom	合计 Total	其中:教学仪器设备资产值 of Which: Total Volue of Equip & Instru. 小计 Subtotal	其中:实验设备 of Which: for Profession
255519	**3619223**	**1531810**	**2929149**	**1347362**	**78422429.88**	**10121437.27**	**2222815.34**
130228	822278	578496	635295	494143	27115972.74	4475416.15	752352.51
17437	171551	101671	130933	87568	5167555.63	676027.20	144809.13
69347	1107887	536861	907818	485749	26410896.69	3082741.45	739884.75
21020	390920	157165	318119	139689	7769401.27	863625.40	227401.74
55944	1689058	416453	1386036	367470	24895560.44	2563279.67	730578.08

成人小学基本情况
Basic Statistics of Adult Primary Schools by Province

单位:人(人次)
unit: person

	学校数(所) Schools	教学班(点)(个) External Teaching Sites	毕(结)业生数 Graduates		注册学生数 Enrolment		教职工数 Educational Personnel		专任教师 Full-time Teachers		聘请校外教师 Part-time Teachers
			合计 Total	其中:女 of Which: Female	合计 Total	其中:女 of Which: Female	合计 Total	其中:女 of Which: Female	合计 Total	其中:女 of Which: Female	
总计 Total	**14758**	**29960**	**959217**	**443276**	**948158**	**483432**	**29929**	**14116**	**15668**	**8008**	**20043**
其中:少数民族 of Which: Minority	1020	3451	65308	32506	78904	37913	2652	1062	850	354	3401
职工小学 General Primary Schools for Staff & Workers	91	466	5447	2710	4802	2493	115	50	59	26	110
农民小学 General Primary Shools for Peasants	14667	29494	953770	440566	943356	480939	29814	14066	15609	7982	19933
小学班 Primary Classes	3920	7234	506229	225317	468551	220776	7629	3455	4897	2330	7229
扫盲班 Literacy Classes	10747	22260	447541	215249	474805	260163	22185	10611	10712	5652	12704

五、工读学校
Correctional Work-study Schools

工读学校基本情况
Basic Statistics of Correctional Work-study Schools

单位：人
unit: person

	学校数（所）Schools	班 数（个）Classes	离校人数 Sclools Leavers	入校人数 No. of Persons Enrolled	在校生数 Enrolment	教职工数 Educational Personnel	
						合计 Total	其中:专任教师 of Which: Full-time Teachers
总 计 Total	**86**	**337**	**4141**	**3811**	**7920**	**3017**	**2077**
其中:女 of Which:Female			586	395	978	1057	831

六、特殊教育
Special Education

特殊教育

Basic Statistics of

	学校数（所）Schools	班 数（个）Classes	毕业生数 Graduates	招生数 Entrants				
							小学	
					合计 Total	其中:女 of Which: Female	一年级 Grade 1	二年级 Grade 2
总　计 Total	**2053**	**20913**	**52899**	**83314**	**442223**	**157262**	**56649**	**54110**
女 Female			18038	30004	157262		20215	19081
少数民族学生 Minority Students			3957	8254	39665	16201	5725	4919
寄宿生 Of the TotalBoarders			13094	22699	132926	50065	15045	14699
特殊教育学校中:寄宿生 of the Special Education Schools: Boarders			7887	16487	105597	39498	14042	13518
职业技术班 Vocational and Technical Classes			782	876	3348	1183	5	34
视力残疾 Visual Impairment	30	1155	6233	7183	36651	13556	3319	3648
听力残疾 Hearing Impairment	437	7203	12915	13855	89444	36417	9053	9245
智力残疾 Intellectual Disability	458	11929	23652	45017	232084	79543	34871	31837
其他残疾 Other Disability	1128	626	10099	17259	84044	27746	9406	9380
特殊教育学校 Schools for Special Edu.		20392	20988	38521	202526	76075	32628	26530
视力残疾 Visual Impairment		1138	1427	1601	8762	3188	961	815
听力残疾 Hearing Impariment		7161	9944	9055	64759	27964	6284	6116
智力残疾 Intellecutual Disability		11529	9248	26081	123120	43004	23430	18719
其他残疾 Other Disability		564	369	1784	5885	1919	1953	880
小学附设特教班 Classes Attached to Primary Schools		478	385	385	2858	1053	468	413
视力残疾 Visual Impairment		16	14	15	78	41	16	12
听力残疾 Hearing Impariment		36	50	49	227	82	34	53
智力残疾 Intellecutual Disability		368	307	302	2357	871	401	314
其他残疾 Other Disability		58	14	19	196	59	17	34
小学随班就读 Followers In Primary Schools			16441	23071	169124	56645	23517	27157
视力残疾 Visual Impairment			2127	2313	17884	6488	2342	2821
听力残疾 Hearing Impariment			1478	2674	17784	5995	2731	3076
智力残疾 Intellecutual Disability			8543	10819	82125	27593	11008	12796
其他残疾 Other Disability			4293	7265	51331	16569	7436	8464
初中附设特教班 Special Classes Attached to Junior High Schools		33	31	21	157	52	21	10
视力残疾 Visual Impairment		1			2	2		
听力残疾 Hearing Impariment		5			22	5		
智力残疾 Intellecutual Disability		23	30	21	126	43	21	8
其他残疾 Other Disability		4	1		7	2		2
初中随班就读 Followers in Junior High Schools			15039	21276	67467	23404		
视力残疾 Visual Impairment			2665	3254	9925	3837		
听力残疾 Hearing Impariment			1443	2076	6648	2369		
智力残疾 Intellecutual Disability			5509	7755	24269	8001		
其他残疾 Other Disability			5422	8191	26625	9197		
其他学校附设特教班 Special Classes Attached to Other Schools		10	15	40	91	33	15	
视力残疾 Visual Impairment								
听力残疾 Hearing Impariment		1		1	4	2	4	
智力残疾 Intellecutual Disability		9	15	39	87	31	11	
其他残疾 Other Disability								
城区 Urban Area	975	11812	22265	29012	166518	60253	20461	18570
其中:城乡结合区 of Which: Urban-rural Transitional Area	145	1772	3026	5628	28025	9864	4274	3330
镇区 County and Town Area	958	8067	21313	36961	181288	65238	23864	22166
其中:镇乡结合区 of Which: County-town Transitional Area	305	2525	4784	10395	50094	17947	7465	6620
乡村 Rural Area	120	1034	9321	17341	94417	31771	12324	13374

基本情况
Special Education

单位：人
unit：person

在校生数 Enrolment										
阶段 Primary Education				初中阶段 Junior Secondary Education				高中阶段 Senior Secondary Education		
三年级 Grade 3	四年级 Grade 4	五年级 Grade 5	六年级 Grade 6	一年级 Grade 1	二年级 Grade 2	三年级 Grade 3	四年级 Grade 4	一年级 Grade 1	二年级 Grade 2	三年级及以上 Over 3 Grade
56124	**55401**	**50970**	**46092**	**37636**	**37284**	**36148**	**1742**	**3932**	**3145**	**2990**
19829	19387	17834	16081	13800	13385	13064	630	1597	1257	1102
5638	5005	4360	4115	3306	3246	2766	16	233	174	162
15875	15298	13736	12468	14144	13003	12456	310	2289	1931	1672
14106	13254	11291	9725	8858	7666	6938	307	2289	1931	1672
31	27	38	79	166	81	132	26	1088	849	792
3948	4051	4241	4094	3970	3982	4049	42	441	375	491
10403	10615	9807	9378	8236	8384	8082	283	2140	1983	1835
32065	30887	27517	23784	16861	15789	14500	1267	1311	754	641
9708	9848	9405	8836	8569	9129	9517	150	40	33	23
25896	24064	20446	17765	16048	14484	13499	1161	3898	3117	2990
911	832	943	875	692	728	670	28	441	375	491
7202	7342	6864	6670	6136	6048	5894	245	2140	1983	1835
17113	15290	12118	9791	8976	7507	6716	816	1277	726	641
670	600	521	429	244	201	219	72	40	33	23
412	529	530	391	42	49	24				
9	13	20	8							
27	56	24	25	8						
349	408	443	336	34	48	24				
27	52	43	22		1					
29788	30796	29940	27926							
3028	3204	3278	3211							
3169	3211	2914	2683							
14581	15185	14907	13648							
9010	9196	8841	8384							
18	12	54	6	20	7	9				
	2									
5	6	5		2	4					
12	4	49	5	15	3	9				
1			1	3						
				21526	22744	22616	581			
				3278	3254	3379	14			
				2090	2332	2188	38			
				7836	8231	7751	451			
				8322	8927	9298	78			
10			4					34	28	
10			4					34	28	
18454	18900	18435	16417	14920	14924	14924	1398	3549	2821	2745
3284	3347	3167	2730	2427	2226	2298	142	371	235	194
23475	22698	20060	18449	17015	16711	15744	283	305	286	232
6885	6649	5618	4860	4129	3927	3537	76	124	112	92
14195	13803	12475	11226	5701	5649	5480	61	78	38	13

特殊教育学

Number of Educational Personnel

	教职 Educational		
	合计 Total	专任教师 Full-time Teachers	行政人员 Adm. Personnel
总　计 Total	**59548**	**50334**	**3523**
其中:女 of Which:Female	41320	36756	1712
少数民族 Minorities	4812	4097	287

特殊教育学校专任

Number of Full-time Teachers in Special Education

	合计 Total	按学历分 By Educational Attainment				
		研究生毕业 Graduate	本科毕业 Under-graduate	专科毕业 Associate Bachelor	高中阶段毕业 High School Graduate	高中阶段以下毕业 Below High School Graduate
总　计 Total	**50334**	**957**	**30244**	**17414**	**1670**	**49**
其中:女 of Which:Female	36756	758	22438	12575	949	36
受过特教专业培训 Trained in Special Education	32650	664	20523	10587	862	14

特殊教育专任

Changes of Full-time Teachers in

	上学年初报表专任教师数 Number of Full-time Teachers at Beginning of Previous Academic Year	增加教师 Factors of Increase					
		合计 Total	录用毕业生 New Recruits from Current Year Graduates		调入 Teachers Recruited from Other Units	校内调整 of Which: with Change of Status in Their Own Institutions	其他 Others
			小计 Subtotal	其中:师范生 of Which: Students Enrolled in Teacher Training Institutions			
总　计 Total	**48125**	**4720**	**1679**	**1353**	**2241**	**502**	**298**
其中:女 of Which: Female	34988	3409	1370	1122	1547	270	222

校教职工数
in Special Education Schools

单位：人
unit：person

工数 Personnel		代课教师 Substitute Teachers	兼任教师 Part-time Teachers
教辅人员 Supporting Staff	工勤人员 Workers		
2258	**3433**	**1260**	**238**
1450	1402	1000	129
171	257	51	16

教师学历、职称情况
Schools by Educational Attainment and Professional Rank

单位：人
unit：person

按职称分 By Professional Rank					
中学高级 Senior Secondary	小学高级 Senior Primary	小学一级 1st Grade Primary	小学二级 2nd Grade Primary	小学三级 3rd Grade Primary	未定职级 No-ranking
5066	**24346**	**14435**	**1629**	**158**	**4700**
3040	17617	10813	1290	132	3864
2973	15466	9725	1114	122	3250

教师变动情况
Special Education Schools

单位：人
unit：person

减少教师 Factors of Decrease					本学年初报表专任教师数 Number of Full-time Teachers at Beginning of Current Academic Year
合计 Total	自然减员 Retired from Their Posts during Previous Academic Year	调出 Transferred from Teaching to Non-Teaching Posts	校内调整 of Which：with Change of Status in Their Own Institutions	其他 Others	
2511	**724**	**1070**	**481**	**236**	**50334**
1641	445	738	276	182	36756

特殊教育学校办学条件(一)
Condition of School Buildings in Special Education Schools (1)

单位:平方米
unit: m^2

	合计 Total
总　计 Total	**8755223.52**
其中:危房 of Which:Floor Space of Dilapidated Buildings	65111.06
当年新增校舍 New Added in Current Year	429385.44
一、教学及辅助用房 Teaching & Assistant Buildings	4007151.05
教室 Classroom Only	2206443.44
专用教室 Classroom	1331404.48
实验室 Laboratory	158591.74
微机室 PC-room	142800.60
图书室 Library	167910.79
二、行政办公用房 Administrative	872878.46
其中:教师办公室 of Which: for Teachers	489369.69
三、生活用房 Residential and Welfare	2516806.26
四、其他用房 Rooms for Other Purposes	1358387.75

特殊教育学校办学条件(二)
Condition of School Buildings in Special Education Schools (2)

	占地面积(平方米) Areas Occupied (m^2)			图书(册) Books & Magazines in Libraries (volume)	数字资源(GB) Digital Resources
	合计 Total	其中 of Which			
		绿化用地面积 Green Areas	运动场地面积 Sports Areas		
总　计 Total	**19334685.15**	**3934831.92**	**4796685.00**	**8270347**	**576162.13**

七、学前教育
Pre-primary Education

幼儿园园数、班数
Number of Kindergartens, Classes in Pre-primary Education

	园数(所) Kindergartens		班数(个) Classes
	合计 Total	其中:少数民族幼儿园 of Which: Minorities	
总　计 Total	**223683**	**4922**	**1460469**
教育部门 Run by Ed. Dept.	57485	4219	522393
其他部门办 Run by Non-ed. Dept.	1936	31	18667
地方企业 Run by Local Enterprises	1339		10786
事业单位 Run by Public Institutions	3070	36	17788
部队 Run by Army	505		4339
集体办 Run by Communities	12972	65	66776
民办 Non-government	146376	571	819720
城区 Urban Area	69021	339	513148
教育部门 Run by Ed. Dept.	8915	158	100821
其他部门办 Run by Non-ed. Dept.	1165	3	13032
地方企业 Run by Local Enterprises	1068		8832
事业单位 Run by Public Institutions	970	15	7849
部队 Run by Army	478		4202
集体办 Run by Communities	4038	16	28827
民办 Non-government	52387	147	349585
其中:城乡结合区 of Which: Urban-rural Transitional Area	13607	72	90560
教育部门 Run by Ed. Dept.	1742	52	16024
其他部门办 Run by Non-ed. Dept.	57		562
地方企业 Run by Local Enterprises	81		603
事业单位 Run by Public Institutions	124	1	661
部队 Run by Army	14		113
集体办 Run by Communities	1797	4	10619
民办 Non-government	9792	15	61978

幼儿园园数、班数(续)

Number of Kindergartens, Classes in Pre-primary Education(Cont.)

	园数(所) Kindergartens		班数(个) Classes
	合计 Total	其中:少数民族幼儿园 of Which:Minorities	
镇区 Counties & Towns Area	77402	991	525459
教育部门 Run by Ed. Dept.	19819	699	190977
其他部门办 Run by Non-ed. Dept.	612	11	4905
地方企业 Run by Local Enterprises	232		1744
事业单位 Run by Public Institutions	888	12	5242
部队 Run by Army	11		61
集体办 Run by Communities	2786	10	18033
民办 Non-government	53054	259	304497
其中:镇乡结合区 of Which: County-town Transitional Area	23883	212	150754
教育部门 Run by Ed. Dept.	6075	158	55048
其他部门办 Run by Non-ed. Dept.	67	1	541
地方企业 Run by Local Enterprises	49		323
事业单位 Run by Public Institutions	245	1	1219
部队 Run by Army	1		6
集体办 Run by Communities	1491	7	7861
民办 Non-government	15955	45	85756
乡村 Rural Area	77260	3592	421862
教育部门 Run by Ed. Dept.	28751	3362	230595
其他部门办 Run by Non-ed. Dept.	159	17	730
地方企业 Run by Local Enterprises	39		210
事业单位 Run by Public Institutions	1212	9	4697
部队 Run by Army	16		76
集体办 Run by Communities	6148	39	19916
民办 Non-government	40935	165	165638
总计中:独立设置幼儿园 of the Total:Inde. Kinder.			1256201
附设幼儿班 Kinder. Classes Attached to School			204268

学前教育分年龄幼儿数(总计)

Number of Children in Pre-primary Education by Age (Total)

单位：人

unit：person

	入园(班)人数 Entrants	在园(班)人数 Enrolment	离园(班)人数 Leavers
总　计 Total	**20088467**	**42648284**	**15902605**
其中:女 of Which:Female	9387411	19785490	7500788
少数民族 Minorities	2086510	3758873	1632596
残疾人 Disability	7560	18063	35309
教育部门 Run by Ed. Dept.	8744969	16064658	7287770
2 岁以下 2 Years and Under	121974	129580	
3 岁 3 Years	2915348	3166565	
4 岁 4 Years	1708456	4458341	
5 岁 5 Years	3109163	6824951	1583435
6 岁及以上 6 Years and Over	890028	1485221	5704335
其他部门 Run by Non-ed. Dept.	248389	628599	208259
2 岁以下 2 Years and Under	17374	18418	
3 岁 3 Years	142456	167107	
4 岁 4 years	41182	195707	
5 岁 5 Years	37521	218267	32849
6 岁及以上 6 Years and Over	9856	29100	175410
地方企业 Run by Local Enterprises	118765	337447	107551
2 岁以下 2 Years and Under	11833	13155	
3 岁 3 Years	72671	96406	
4 岁 4 Years	18292	105695	
5 岁 5 Years	14042	110566	15574
6 岁及以上 6 Years and Over	1927	11625	91977
事业单位 Run by Public Institutions	235395	528962	225088
2 岁以下 2 Years and Under	12662	14082	
3 岁 3 Years	86292	111756	
4 岁 4 Years	45723	150327	
5 岁 5 Years	76100	219456	36141
6 岁及以上 6 Years and Over	14618	33341	188947
部队 Run by Army	49271	142856	41247
2 岁以下 2 Years and Under	5494	5801	
3 岁 3 Years	35271	45358	
4 岁 4 Years	4671	45863	
5 岁 5 Years	3484	43692	4734
6 岁及以上 6 Years and Over	351	2142	36513
集体 Run by Communities	709788	1921333	649060
2 岁以下 2 Years and Under	32084	35241	
3 岁 3 Years	442567	524704	
4 岁 4 Years	123067	618254	
5 岁 5 Years	99641	688535	61211
6 岁及以上 6 Years and Over	12429	54599	587849
民办 Non-government	9981890	23024429	7383630
2 岁以下 2 Years and Under	739086	849812	
3 岁 3 Years	4200236	5600630	
4 岁 4 Years	2386422	7195283	
5 岁 5 Years	2284043	8315252	1562570
6 岁及以上 6 Years and Over	372103	1063452	5821060

注:幼儿数包括:独立设置幼儿园和附设幼儿班的幼儿数,下同。

Note:Data on Independent Set Kindergarten and Attached Preschool are included in the number of Children. The same below.

学前教育分年龄幼儿数(城区)

Number of Children in Pre-primary Education by Age (Urban Area)

单位：人

unit: person

	入园(班)人数 Entrants	在园(班)人数 Enrolment	离园(班)人数 Leavers
总　计 Total	**5833308**	**14897875**	**4767926**
其中:女 of Which:Female	2728029	6893204	2221931
少数民族 Minorities	282133	647561	226888
残疾人 Disability	2718	7841	5781
教育部门 Run by Ed. Dept.	1501635	3436009	1251795
2 岁以下 2 Years and Under	38311	40222	
3 岁 3 Years	869025	944291	
4 岁 4 Years	202602	1048417	
5 岁 5 Years	318383	1267175	225539
6 岁及以上 6 Years and Over	73314	135904	1026256
其他部门 Run by Non-ed. Dept.	157018	444450	141327
2 岁以下 2 Years and Under	15011	15955	
3 岁 3 Years	109892	130156	
4 岁 4 Years	17405	140330	
5 岁 5 Years	13205	148392	20256
6 岁及以上 6 Years and Over	1505	9617	121071
地方企业 Run by Local Enterprises	94769	275964	86351
2 岁以下 2 Years and Under	10126	11267	
3 岁 3 Years	57974	78458	
4 岁 4 Years	14147	85901	
5 岁 5 Years	10803	90421	11338
6 岁及以上 6 Years and Over	1719	9917	75013
事业单位 Run by Public Institutions	99154	253781	95859
2 岁以下 2 Years and Under	9086	9814	
3 岁 3 Years	48519	64386	
4 岁 4 Years	12158	72667	
5 岁 5 Years	24975	97306	15867
6 岁及以上 6 and Over	4416	9608	79992
部队 Run by Army	47795	138890	40166
2 岁以下 2 Years and Under	5405	5671	
3 岁 3 Years	34242	44154	
4 岁 4 Years	4470	44557	
5 岁 5 Years	3337	42407	4560
6 岁及以上 6 Years and Over	341	2101	35606
集体 Run by Communities	331591	914861	296055
2 岁以下 2 Years and Under	18352	20270	
3 岁 3 Years	213200	257670	
4 岁 4 Years	51995	292258	
5 岁 5 Years	43051	322353	28324
6 岁及以上 6 Years and Over	4993	22310	267731
民办 Non-government	3601346	9433920	2856373
2 岁以下 2 Years and Under	367405	429993	
3 岁 3 Years	1668892	2398169	
4 岁 4 Years	754507	2880907	
5 岁 5 Years	701720	3340020	456181
6 岁及以上 6 Years and Over	108822	384831	2400192

学前教育分年龄幼儿数(城乡结合区)
Number of Children in Pre-primary Education by Age
(Urban-rural Transitional Area)

单位：人
unit：person

	入园(班)人数 Entrants	在园(班)人数 Enrolment	离园(班)人数 Leavers
总　计 Total	**1063337**	**2627094**	**859372**
其中：女 of Which：Female	492457	1203487	394141
少数民族 Minorities	45338	93554	33941
残疾人 Disability	367	1075	887
教育部门 Run by Ed. Dept.	260480	513147	206558
2岁以下 2 Years and Under	5134	5510	
3岁 3 Years	106841	117402	
4岁 4 Years	44590	144299	
5岁 5 Years	81866	207084	39286
6岁及以上 6 Years and Over	22049	38852	167272
其他部门 Run by Non-ed. Dept.	7877	18752	6120
2岁以下 2 Years and Under	266	292	
3岁 3 Years	4748	5282	
4岁 4 Years	1299	5759	
5岁 5 Years	1219	6792	1480
6岁及以上 6 Years and Over	345	627	4640
地方企业 Run by Local Enterprises	7633	18307	6178
2岁以下 2 Years and Under	546	598	
3岁 3 Years	4147	5200	
4岁 4 Years	1441	5727	
5岁 5 Years	1096	5882	346
6岁及以上 6 Years and Over	403	900	5832
事业单位 Run by Public Institutions	10648	23963	9977
2岁以下 2 Years and Under	175	253	
3岁 3 Years	4174	5020	
4岁 4 Years	1901	6887	
5岁 5 Years	3823	10621	3217
6岁及以上 6 Years and Over	575	1182	6760
部队 Run by Army	1624	3750	874
2岁以下 2 Years and Under	165	165	
3岁 3 Years	982	1183	
4岁 4 Years	234	1180	
5岁 5 Years	217	1160	136
6岁及以上 6 Years and Over	26	62	738
集体 Run by Communities	117106	325748	104170
2岁以下 2 Years and Under	5643	6403	
3岁 3 Years	72037	89371	
4岁 4 Years	21256	104057	
5岁 5 Years	16548	116896	12701
6岁及以上 6 Years and Over	1622	9021	91469
民办 Non-government	657969	1723427	525495
2岁以下 2 Years and Under	54206	62765	
3岁 3 Years	300083	420342	
4岁 4 Years	151454	540718	
5岁 5 Years	132446	624702	81843
6岁及以上 6 Years and Over	19780	74900	443652

学前教育分年龄幼儿数(镇区)

Number of Children in Pre-primary Education by Age (Counties & Towns Area)

单位：人

unit：person

	入园(班)人数 Entrants	在园(班)人数 Enrolment	离园(班)人数 Leavers
总　计 Total	**8045427**	**16614616**	**6241375**
其中：女 of Which：Female	3739887	7683241	2943025
少数民族 Minorities	814296	1552905	629652
残疾人 Disability	3027	6344	14652
教育部门 Run by Ed. Dept.	3480843	6687311	2925306
2 岁以下 2 Years and Under	57782	61696	
3 岁 3 Years	1273126	1388942	
4 岁 4 Years	708712	1924640	
5 岁 5 Years	1146516	2801478	668488
6 岁及以上 6 Years and Over	294707	510555	2256818
其他部门 Run by Non-ed. Dept.	79156	163129	58665
2 岁以下 2 Years and Under	2319	2419	
3 岁 3 Years	29400	33449	
4 岁 4 Years	20369	49082	
5 岁 5 Years	19864	60985	11220
6 岁及以上 6 Years and Over	7204	17194	47445
地方企业 Run by Local Enterprises	21851	55775	19253
2 岁以下 2 Years and Under	1536	1717	
3 岁 3 Years	13587	16529	
4 岁 4 Years	3643	17909	
5 岁 5 Years	2909	18087	3864
6 岁及以上 6 Years and Over	176	1533	15389
事业单位 Run by Public Institutions	76548	160570	74077
2 岁以下 2 Years and Under	2327	2635	
3 岁 3 Years	23399	30239	
4 岁 4 Years	17318	44884	
5 岁 5 Years	27818	69908	11294
6 岁及以上 6 Years and Over	5686	12904	62783
部队 Run by Army	677	2115	569
2 岁以下 2 Years and Under	58	99	
3 岁 3 Years	490	568	
4 岁 4 Years	75	694	
5 岁 5 Years	46	722	123
6 岁及以上 6 Years and Over	8	32	446
集体 Run by Communities	210569	561966	194376
2 岁以下 2 Years and Under	7494	8120	
3 岁 3 Years	134514	153546	
4 岁 4 Years	34782	181211	
5 岁 5 Years	29998	202389	17374
6 岁及以上 6 Years and Over	3781	16700	177002
民办 Non-government	4175783	8983750	2969129
2 岁以下 2 Years and Under	269242	304847	
3 岁 3 Years	1646450	2118653	
4 岁 4 Years	1052951	2818882	
5 岁 5 Years	1032452	3289345	702996
6 岁及以上 6 Years and Over	174688	452023	2266133

学前教育分年龄幼儿数(镇乡结合区)
Number of Children in Pre-primary Education by Age (County-town Transitional Area)

单位:人
unit: person

	入园(班)人数 Entrants	在园(班)人数 Enrolment	离园(班)人数 Leavers
总　计 Total	**2212034**	**4517455**	**1729146**
其中:女 of Which:Female	1028718	2090165	815009
少数民族 Minorities	153669	283479	122419
残疾人 Disability	731	1377	2826
教育部门 Run by Ed. Dept.	964899	1743523	808559
2 岁以下 2 Years and Under	12766	13920	
3 岁 3 Years	314917	341112	
4 岁 4 Years	192160	486970	
5 岁 5 Years	354798	763734	183480
6 岁及以上 6 Years and Over	90258	137787	625079
其他部门 Run by Non-ed. Dept.	9035	20187	6264
2 岁以下 2 Years and Under	355	356	
3 岁 3 Years	4084	4488	
4 岁 4 Years	2138	6651	
5 岁 5 Years	2218	7514	963
6 岁及以上 6 Years and Over	240	1178	5301
地方企业 Run by Local Enterprises	3801	10332	3164
2 岁以下 2 Years and Under	165	174	
3 岁 3 Years	2564	3116	
4 岁 4 Years	510	3274	
5 岁 5 Years	508	3391	341
6 岁及以上 6 Years and Over	54	377	2823
事业单位 Run by Public Institutions	16187	35907	16336
2 岁以下 2 Years and Under	333	379	
3 岁 3 Years	6698	7864	
4 岁 4 Years	3752	10794	
5 岁 5 Years	4703	15053	2513
6 岁及以上 6 Years and Over	701	1817	13823
部队 Run by Army	41	219	57
2 岁以下 2 Years and Under		41	
3 岁 3 Years	35	35	
4 岁 4 Years	3	59	
5 岁 5 Years	1	72	
6 岁及以上 6 Years and Over	2	12	57
集体 Run by Communities	86507	231881	80913
2 岁以下 2 Years and Under	3125	3372	
3 岁 3 Years	52682	61270	
4 岁 4 Years	15808	74727	
5 岁 5 Years	13047	84817	8194
6 岁及以上 6 Years and Over	1845	7695	72719
民办 Non-government	1131564	2475406	813853
2 岁以下 2 Years and Under	75169	84490	
3 岁 3 Years	463795	594213	
4 岁 4 Years	281681	786281	
5 岁 5 Years	270278	899016	181344
6 岁及以上 6 Years and Over	40641	111406	632509

学前教育分年龄幼儿数(乡村)
Number of Children in Pre-primary Education by Age (Rural Area)

单位:人
unit: person

	入园(班)人数 Entrants	在园(班)人数 Enrolment	离园(班)人数 Leavers
总 计 Total	**6209732**	**11135793**	**4893304**
其中:女 of Which:Female	2919495	5209045	2335832
少数民族 Minorities	990081	1558407	776056
残疾人 Disability	1815	3878	14876
教育部门 Run by Ed. Dept.	3762491	5941338	3110669
2岁以下 2 Years and Under	25881	27662	
3岁 3 Years	773197	833332	
4岁 4 Years	797142	1485284	
5岁 5 Years	1644264	2756298	689408
6岁及以上 6 Years and Over	522007	838762	2421261
其他部门 Run by Non-ed. Dept.	12215	21020	8267
2岁以下 2 Years and Under	44	44	
3岁 3 Years	3164	3502	
4岁 4 Years	3408	6295	
5岁 5 Years	4452	8890	1373
6岁及以上 6 Years and Over	1147	2289	6894
地方企业 Run by Local Enterprises	2145	5708	1947
2岁以下 2 Years and Under	171	171	
3岁 3 Years	1110	1419	
4岁 4 Years	502	1885	
5岁 5 Years	330	2058	372
6岁及以上 6 Years and Over	32	175	1575
事业单位 Run by Public Institutions	59693	114611	55152
2岁以下 2 Years and Under	1249	1633	
3岁 3 Years	14374	17131	
4岁 4 Years	16247	32776	
5岁 5 Years	23307	52242	8980
6岁及以上 6 Years and Over	4516	10829	46172
部队 Run by Army	799	1851	512
2岁以下 2 Years and Under	31	31	
3岁 3 Years	539	636	
4岁 4 Years	126	612	
5岁 5 Years	101	563	51
6岁及以上 6 Years and Over	2	9	461
集体 Run by Communities	167628	444506	158629
2岁以下 2 Years and Under	6238	6851	
3岁 3 Years	94853	113488	
4岁 4 Years	36290	144785	
5岁 5 Years	26592	163793	15513
6岁及以上 6 Years and Over	3655	15589	143116
民办 Non-government	2204761	4606759	1558128
2岁以下 2 Years and Under	102439	114972	
3岁 3 Years	884894	1083808	
4岁 4 Years	578964	1495494	
5岁 5 Years	549871	1685887	403393
6岁及以上 6 Years and Over	88593	226598	1154735

幼儿园教

Number of Educational Personnel

	教职 Educational	
	合计 Total	园长 Kindergarten Heads
总计 Total	**3495791**	**252113**
其中:女 of Which: Female	3211896	227179
少数民族 Minorities	215987	17884
学前教育专业 Pre-primary Education Programmes	1584638	137726
教育部门 Run by Ed. Dept.	818496	53497
其他部门办 Run by Non-ed. Dept.	75254	3475
地方企业 Run by Local Enterprises	44202	2237
事业单位 Run by Public Institutions	43961	3153
部队 Run by Army	20396	869
集体办 Run by Communities	184972	12256
民办 Non-government	2308510	176626
城区 Urban Area	1708000	97369
教育部门 Run by Ed. Dept.	302813	13348
其他部门办 Run by Non-ed. Dept.	57438	2492
地方企业 Run by Local Enterprises	36312	1821
事业单位 Run by Public Institutions	28459	1490
部队 Run by Army	19857	832
集体办 Run by Communities	100145	5233
民办 Non-government	1162976	72153
其中:城乡结合区 of Which: Urban-rural Transitional Area	271734	17120
教育部门 Run by Ed. Dept.	33230	1866
其他部门办 Run by Non-ed. Dept.	2455	92
地方企业 Run by Local Enterprises	2563	151
事业单位 Run by Public Institutions	1399	127
部队 Run by Army	471	25
集体办 Run by Communities	34553	2143
民办 Non-government	197063	12716
镇区 Counties & Towns Area	1225876	89166
教育部门 Run by Ed. Dept.	354939	21133
其他部门办 Run by Non-ed. Dept.	16117	848
地方企业 Run by Local Enterprises	7056	360
事业单位 Run by Public Institutions	9756	824
部队 Run by Army	219	16
集体办 Run by Communities	48977	2858
民办 Non-government	788812	63127
其中:镇乡结合区 of Which: County-town Transitional Area	320358	25923
教育部门 Run by Ed. Dept.	77614	5756
其他部门办 Run by Non-ed. Dept.	1808	110
地方企业 Run by Local Enterprises	1344	71
事业单位 Run by Public Institutions	2355	238
部队 Run by Army	16	1
集体办 Run by Communities	20296	1421
民办 Non-government	216925	18326
乡村 Rural Area	561915	65578
教育部门 Run by Ed. Dept.	160744	19016
其他部门办 Run by Non-ed. Dept.	1699	135
地方企业 Run by Local Enterprises	834	56
事业单位 Run by Public Institutions	5746	839
部队 Run by Army	320	21
集体办 Run by Communities	35850	4165
民办 Non-government	356722	41346

职工数

in Kindergarten

单位：人
unit：person

工　数 Personnel				代课教师 Substitute Teachers	兼任教师 Part-time Teachers
专任教师 Full-time Teachers	保健医 Health Physician	保 育 员 Caretaker	其　他 Other		
2051021	**89095**	**632829**	**470733**	**159942**	**24768**
2008462	79535	618024	278696	150856	20840
141754	3337	30276	22736	10000	3941
1346856	10906	65384	23766	54863	6222
564507	14082	106906	79504	114210	11359
41665	2083	13757	14274	2300	320
24384	1211	8053	8317	1155	115
26640	1056	6936	6176	3316	1630
10306	680	4019	4522	228	93
112308	3942	31372	25094	7613	949
1271211	66041	461786	332846	31120	10302
956261	49597	333915	270858	42144	7478
198587	7651	43995	39232	26549	2046
31419	1679	10580	11268	1287	260
19965	1043	6580	6903	790	106
15844	833	5220	5072	1543	600
9985	665	3933	4442	228	93
57263	2524	19384	15741	1476	209
623198	35202	244223	188200	10271	4164
151352	7493	53755	42014	7698	1041
21818	635	5242	3669	4274	406
1448	66	402	447	25	63
1389	70	455	498	56	14
850	28	246	148	548	50
241	15	94	96	36	
19928	806	6307	5369	613	49
105678	5873	41009	31787	2146	459
753314	27412	213346	142638	75304	9958
251706	4942	46557	30601	57993	5053
9255	375	2904	2735	889	45
3991	146	1283	1276	338	9
6889	158	1167	718	754	706
139	7	32	25		
31318	884	8047	5870	2878	471
450016	20900	153356	101413	12452	3674
193019	7525	56017	37874	20484	2292
53637	1049	10583	6589	14706	995
1138	47	286	227	114	6
860	24	216	173	156	
1590	46	306	175	283	110
15					
13112	380	3068	2315	1322	129
122667	5979	41558	28395	3903	1052
341446	12086	85568	57237	42494	7332
114214	1489	16354	9671	29668	4260
991	29	273	271	124	15
428	22	190	138	27	
3907	65	549	386	1019	324
182	8	54	55		
23727	534	3941	3483	3259	269
197997	9939	64207	43233	8397	2464

幼儿园园长、专任教师

Number of Kindergarten Heads, Full-time Teachers

	合计 Total	按学历分 By Educational Attainment				
		研究生毕业 Graduate	本科毕业 Under-graduate	专科毕业 Associate Bachelor	高中阶段毕业 High School Graduate	高中阶段以下毕业 Below High School Graduate
总　计 Total	**2303134**	**5875**	**448990**	**1270226**	**529441**	**48602**
园长 Kindergarten Heads	252113	2597	72965	135855	37412	3284
专任教师 Full-time Teachers	2051021	3278	376025	1134371	492029	45318
城区 Urban Area	1053630	4689	254130	595173	188606	11032
园长 Kindergarten Heads	97369	2038	36617	48815	9334	565
专任教师 Full-time Teachers	956261	2651	217513	546358	179272	10467
其中：城乡结合区 of Which：Urban-rural Transitional Area	168472	328	25779	96250	43034	3081
园长 Kindergarten Heads	17120	157	5155	9351	2313	144
专任教师 Full-time Teachers	151352	171	20624	86899	40721	2937
镇区 Counties & Towns Area	842480	935	148930	469225	204247	19143
园长 Kindergarten Heads	89166	440	24323	49978	13413	1012
专任教师 Full-time Teachers	753314	495	124607	419247	190834	18131
其中：镇乡结合区 of Which：County-town Transitional Area	218942	169	31300	119034	62237	6202
园长 Kindergarten Heads	25923	74	6292	14656	4545	356
专任教师 Full-time Teachers	193019	95	25008	104378	57692	5846
乡村 Rural Area	407024	251	45930	205828	136588	18427
园长 Kindergarten Heads	65578	119	12025	37062	14665	1707
专任教师 Full-time Teachers	341446	132	33905	168766	121923	16720

学历、职称情况
by Educational Attainment and Professional Rank

单位：人
unit: person

按职称分 By Professional Rank					
中学高级 Senior Secondary	小学高级 Senior Primary	小学一级 1st Grade Primary	小学二级 2nd Grade Primary	小学三级 3rd Grade Primary	未定职级 No-ranking
16891	**222002**	**276233**	**105051**	**18561**	**1664396**
9178	45553	28105	8267	1685	159325
7713	176449	248128	96784	16876	1505071
9124	102728	130397	48487	8522	754372
5318	18426	11806	3606	798	57415
3806	84302	118591	44881	7724	696957
677	8569	13837	6014	1318	138057
383	2192	2048	782	178	11537
294	6377	11789	5232	1140	126520
6016	86600	103049	38640	6911	601264
2943	16179	8723	2441	521	58359
3073	70421	94326	36199	6390	542905
1083	17589	22609	8192	1242	168227
561	4167	2501	676	116	17902
522	13422	20108	7516	1126	150325
1751	32674	42787	17924	3128	308760
917	10948	7576	2220	366	43551
834	21726	35211	15704	2762	265209

	教职工中 of Total Educational Personnel		
	共产党员 Member of C. P. C.	共青团员 Member of C. Y. L.	民主党派 Member of Dem. Parties
总　计 Total	**225667**	**617973**	**5081**
其中:女 of Which: Female	196273	606149	4686
城区 Urban Area	118035	373290	3100
其中:女 of Which: Female	108328	367055	2851
城乡结合区 Urban-rural Transitional Area	11327	57791	423
其中:女 of Which: Female	9873	56819	359
镇区 Counties & Towns Area	77057	179184	1435
其中:女 of Which: Female	66233	175907	1351
镇乡结合区 County-town Transitional Area	15910	44786	255
其中:女 of Which: Female	13110	43946	233
乡村 Rural Area	30575	65499	546
其中:女 of Which: Female	21712	63187	484

政治面貌及其他

Educational Personnel of Kindergarten

单位：人

unit：person

	专任教师中 of Total Full-time Teachers			
华　侨 Overseas Chinese	共产党员 Member of C. P. C.	共青团员 Member of C. Y. L.	民主党派 Member of Dem. Parties	华　侨 Overseas Chinese
393	**152102**	**536180**	**2643**	**205**
363	142834	530614	2581	196
198	78541	325352	1531	91
187	76337	322401	1491	87
36	7228	49261	164	10
33	6890	48898	159	10
151	54859	155083	813	87
139	50908	153694	799	86
25	10570	38127	154	9
22	9662	37869	151	9
44	18702	55745	299	27
37	15589	54519	291	23

幼儿园办学条件(一)

Condition of Kindergarten Buildings (1)

单位: 平方米

unit: m^2

	合计 Total	城区 Urban Area	其中:城乡结合区 of Which: Urban-rural Transitional Area	镇区 Counties & Towns Area	其中:镇乡结合区 of Which: County-town Transitional Area	乡村 Rural Area
总　计 Total	**258436365.60**	**113079961.66**	**19616067.00**	**96626116.13**	**25574590.86**	**48730287.81**
其中:of Which:						
危房 Floor Space of Dilapidated Buildings	834905.50	313160.56	23712.60	331758.50	75548.01	189986.44
当年新增 New Added in Current Year	13048739.95	3860620.95	739705.72	5947376.7	1542655.91	3240742.30
一、教学及辅助用房 Teaching & Assistant Buildings	179403520.69	77731017.95	13220794.44	67647540.23	17858107.68	34024962.51
活动室 Recreational	104739143.36	45315781.35	7782723.43	39352714.71	10433274.45	20070647.30
洗手间 Toilet	16881375.79	7325095.88	1246269.61	6359639.70	1687719.38	3196640.21
睡眠室 Bedroom	45211537.14	20634590.98	3351947.67	16973647.60	4338931.49	7603298.56
保健室 Health Care Room	5454271.20	1804549.99	341550.21	2183436.49	615666.60	1466284.72
图书室 Reading Room	7117193.20	2650999.75	498303.52	2778101.73	782515.76	1688091.72
二、行政办公用房 Administrative	18058164.30	7160009.80	1212923.36	6998019.53	1910067.50	3900134.97
其中:教师办公室 of Which: for Teachers	10551345.81	3610448.39	655106.32	4276006.61	1179555.13	2664890.81
三、生活用房 Residential and Welfare	27161294.81	11712036.01	2252221.23	9936880.02	2627896.96	5512378.78
其中:厨房 of Which:Kitchen	12790677.70	5589599.50	974602.42	4601963.63	1237478.52	2599114.57
四、其他用房 Rooms for Other Purposes	33813385.80	16476897.90	2930127.97	12043676.35	3178518.72	5292811.55

幼儿园办学条件(二)

Condition of Kindergarten Buildings (2)

	占地面积(平方米)Areas Occupied(m^2)			图书(册)Books & Magazines in Libraries (volume)	数字资源(GB) Digital Resources
	合计 Total	其中 of Which			
		绿化用地面积 Green Areas	运动场地面积 Sports Areas		
总　计 Total	**477021986.31**	**79664542.88**	**159234178.82**	**294672988**	**74427352.53**
城区 Urban Area	163519671.81	28878041.34	56392265.48	129082547	56060696.21
其中:城乡结合区 of Which: Urban-rural Transitional Area	30833474.27	5589385.02	10745693.64	20643015	8826051.82
镇区 Counties & Towns Area	179973814.58	29566901.76	59195458.58	112253195	12495151.06
其中:镇乡结合区 of Which: County-town Transitional Area	50854099.72	8436228.25	16996637.65	29518342	4404528.10
乡村 Rural Area	133528499.92	21219599.78	43646454.76	53337246	5871505.26

八、各级各类学校分布情况

Geographical Distribution of Schools by Type and Level

高等教育学校(机构)数

Number of Higher Education Institutions

单位:所

unit: institution

地 区 Region	普通高校 Regular HEIs 合计 Total	其中:中央部门 of Which: HEIs under Central Ministries & Agencies	本科院校 HEIs Offering Degree Programs	高职(专科)院校 Higher Vocational Colleges	成人高等学校 Adult HEIs 合计 Total	其中:中央部门 of Which: HEIs under Central Ministries & Agencies	民办的其他高等教育机构 Other Non-government HEIs
总 计 Total	**2560**	**118**	**1219**	**1341**	**292**	**13**	**813**
北 京 Beijing	91	37	66	25	24	8	66
天 津 Tianjin	55	3	29	26	14		
河 北 Hebei	118	4	58	60	7	1	36
山 西 Shanxi	79		31	48	12		48
内蒙古 Inner Mongolia	53		17	36	2		
辽 宁 Liaoning	116	5	65	51	20	2	70
吉 林 Jilin	58	2	37	21	14		14
黑龙江 Heilongjiang	81	3	38	43	21		36
上 海 Shanghai	67	10	38	29	14		215
江 苏 Jiangsu	162	10	77	85	8	1	
浙 江 Zhejiang	105	2	57	48	9		20
安 徽 Anhui	119	2	44	75	6		7
福 建 Fujian	88	2	35	53	3		
江 西 Jiangxi	97		42	55	8		23
山 东 Shandong	143	3	67	76	11		79
河 南 Henan	129	1	52	77	12		51
湖 北 Hubei	126	8	67	59	14		19

高等教育学校(机构)数(续)

Number of Higher Education Institutions (Cont.)

单位:所
unit: institution

地区 Region	普通高校 Regular HEIs 合计 Total	其中:中央部门 of Which: HEIs under Central Ministries & Agencies	本科院校 HEIs Offering Degree Programs	高职(专科)院校 Higher Vocational Colleges	成人高等学校 Adult HEIs 合计 Total	其中:中央部门 of Which: HEIs under Central Ministries & Agencies	民办的其他高等教育机构 Other Non-government HEIs
湖　南 Hunan	124	3	51	73	12		13
广　东 Guangdong	143	5	62	81	15		31
广　西 Guangxi	71		36	35	6		
海　南 Hainan	17		6	11	1		
重　庆 Chongqing	64	2	25	39	4		7
四　川 Sichuan	109	6	51	58	17	1	39
贵　州 Guizhou	59		27	32	4		
云　南 Yunnan	69	1	31	38	2		
西　藏 Tibet	6		3	3			
陕　西 Shaanxi	92	6	55	37	16		
甘　肃 Gansu	45	2	22	23	6		39
青　海 Qinghai	12		4	8	2		
宁　夏 Ningxia	18	1	8	10	1		
新　疆 Xinjiang	44		18	26	7		

高等学校(机

Number of Postgraduate Students in

地 区 Region	毕(结)业生数 Graduates				授予学位数 Degrees Awarded	招生数	
	合计 Total	其中:女 of Which: Female	博 士 Doctor's Degree	硕 士 Master's Degree		合计 Total	其中:女 of Which: Female
总 计 Total	**551522**	**283302**	**53778**	**497744**	**546572**	**645055**	**334279**
北 京 Beijing	85549	43451	16881	68668	85022	103456	51068
天 津 Tianjin	16253	8946	1729	14524	16155	18047	10248
河 北 Hebei	12337	7407	389	11948	12297	14053	8183
山 西 Shanxi	8795	4971	364	8431	8739	9769	5953
内蒙古 Inner Mongolia	5386	3410	149	5237	5229	6195	3878
辽 宁 Liaoning	30011	16175	1729	28282	29721	32970	18122
吉 林 Jilin	18100	10433	1823	16277	18084	19101	10854
黑龙江 Heilongjiang	19151	9723	1700	17451	19116	21172	10737
上 海 Shanghai	37868	18710	4490	33378	37837	46005	23616
江 苏 Jiangsu	42763	20487	4162	38601	42488	51015	24557
浙 江 Zhejiang	17117	8545	1680	15437	17170	21496	10764
安 徽 Anhui	15409	6441	1294	14115	13894	17946	7908
福 建 Fujian	10969	5952	935	10034	10873	13288	6951
江 西 Jiangxi	8829	4506	171	8658	8821	10313	5324
山 东 Shandong	23192	12892	1494	21698	23184	27548	15702
河 南 Henan	10607	6256	201	10406	10552	13561	8014
湖 北 Hubei	34391	16824	3524	30867	34523	40060	19571
湖 南 Hunan	18526	9370	1495	17031	18478	21649	11222
广 东 Guangdong	26174	13002	2947	23227	26082	30650	15647
广 西 Guangxi	8444	4355	136	8308	8448	9619	5084
海 南 Hainan	1224	714	27	1197	1173	1547	912
重 庆 Chongqing	14866	7893	827	14039	14837	17231	9254
四 川 Sichuan	25445	11814	2085	23360	24894	28895	14001
贵 州 Guizhou	4538	2378	47	4491	4492	5407	2986
云 南 Yunnan	9667	5240	331	9336	9576	10774	6093
西 藏 Tibet	423	231	5	418	416	503	278
陕 西 Shaanxi	28491	14048	2332	26159	28008	33294	16572
甘 肃 Gansu	9195	4610	644	8551	8841	10089	5210
青 海 Qinghai	939	498	8	931	962	1218	670
宁 夏 Ningxia	1410	847	29	1381	1394	1703	1064
新 疆 Xinjiang	5453	3173	150	5303	5266	6481	3836

构)研究生数
Higher Education Institutions

单位：人
unit: person

Entrants		在校生数 Enrolment				预计毕业生数 Estimated Graduates for Next Year			
博士 Doctor's Degree	硕士 Master's Degree	合计 Total	其中:女 of Which: Female	博士 Doctor's Degree	硕士 Master' Degree	合计 Total	其中:女 of Which: Female	博士 Doctor's Degree	硕士 Master's Degree
74416	**570639**	**1911406**	**950163**	**326687**	**1584719**	**715144**	**340859**	**154102**	**561042**
22214	81242	309960	145037	91686	218274	116390	53343	39061	77329
2170	15877	53002	29205	8691	44311	19557	9964	3693	15864
595	13458	40046	22963	2719	37327	14423	7923	1417	13006
497	9272	28668	16684	2543	26125	10312	5933	1448	8864
267	5928	17962	10851	1292	16670	6735	3806	386	6349
2699	30271	94387	50430	13748	80639	35518	17725	7042	28476
2206	16895	58087	33214	9786	48301	20569	11433	5406	15163
2570	18602	62044	30661	11872	50172	23658	12047	4789	18869
6493	39512	138287	66621	28610	109677	53259	24404	12893	40366
5776	45239	155560	72441	26896	128664	59227	26613	13934	45293
2421	19075	63528	30405	10863	52665	21001	9813	3574	17427
1788	16158	50410	21719	5893	44517	17927	7127	2469	15458
1258	12030	41338	20976	5479	35859	16036	7823	2915	13121
296	10017	28868	14583	1127	27741	9903	4369	569	9334
2025	25523	77630	42986	8913	68717	28300	14398	4417	23883
500	13061	37559	21663	1792	35767	12501	6892	608	11893
4950	35110	117934	55083	22093	95841	47721	21229	12137	35584
2145	19504	68870	33557	11633	57237	29576	13751	6927	22649
3540	27110	89404	43712	14474	74930	34991	16515	7132	27859
268	9351	26731	13934	1047	25684	9781	4728	530	9251
58	1489	4519	2582	218	4301	1641	822	109	1532
1283	15948	50534	25915	5658	44876	18026	9729	1976	16050
2966	25929	89858	40428	14057	75801	34613	14413	7454	27159
135	5272	15484	8385	496	14988	5281	2829	238	5043
501	10273	32005	17461	2333	29672	11831	6164	1337	10494
21	482	1476	838	43	1433	531	309	6	525
3589	29705	101962	48112	17934	84028	35883	16330	9165	26718
825	9264	29637	14662	3516	26121	10694	5076	1879	8815
35	1183	3222	1730	87	3135	1074	583	27	1047
56	1647	4403	2710	138	4265	1575	968	34	1541
269	6212	18031	10615	1050	16981	6610	3800	530	6080

地区 Region	毕(结)业生数 Graduates				授予学位数 Degrees Awarded	招生数	
	合计 Total	其中:女 of Which: Female	博士 Doctor's Degree	硕士 Master's Degree		合计 Total	其中:女 of Which: Female
总计 Total	**544227**	**280273**	**52453**	**491774**	**539276**	**636961**	**330903**
北京 Beijing	80658	41302	15686	64972	80127	97880	48614
天津 Tianjin	16253	8946	1729	14524	16155	18047	10248
河北 Hebei	12301	7395	389	11912	12261	14023	8176
山西 Shanxi	8738	4946	364	8374	8682	9717	5920
内蒙古 Inner Mongolia	5382	3409	149	5233	5225	6190	3878
辽宁 Liaoning	29968	16167	1729	28239	29678	32927	18108
吉林 Jilin	18072	10417	1823	16249	18057	19058	10829
黑龙江 Heilongjiang	18909	9615	1684	17225	18877	20940	10662
上海 Shanghai	37289	18462	4450	32839	37251	45400	23348
江苏 Jiangsu	42601	20430	4149	38452	42325	50841	24512
浙江 Zhejiang	17037	8523	1679	15358	17092	21390	10736
安徽 Anhui	15401	6441	1294	14107	13886	17939	7908
福建 Fujian	10902	5905	935	9967	10806	13203	6896
江西 Jiangxi	8829	4506	171	8658	8821	10313	5324
山东 Shandong	23146	12878	1494	21652	23138	27498	15681
河南 Henan	10542	6243	201	10341	10487	13494	7994
湖北 Hubei	34116	16742	3520	30596	34248	39785	19487
湖南 Hunan	18502	9369	1495	17007	18454	21621	11219
广东 Guangdong	26088	12967	2937	23151	25996	30550	15608
广西 Guangxi	8444	4355	136	8308	8448	9619	5084
海南 Hainan	1224	714	27	1197	1173	1547	912
重庆 Chongqing	14847	7884	827	14020	14818	17203	9243
四川 Sichuan	25164	11707	2065	23099	24613	28583	13875
贵州 Guizhou	4538	2378	47	4491	4492	5407	2986
云南 Yunnan	9642	5235	327	9315	9551	10746	6081
西藏 Tibet	423	231	5	418	416	503	278
陕西 Shaanxi	28266	13998	2318	25948	27788	33096	16529
甘肃 Gansu	9143	4590	636	8507	8789	10039	5197
青海 Qinghai	939	498	8	931	962	1218	670
宁夏 Ningxia	1410	847	29	1381	1394	1703	1064
新疆 Xinjiang	5453	3173	150	5303	5266	6481	3836

研究生数
Regular Higher Education Institutions

单位：人
unit：person

Entrants		在校生数 Enrolment				预计毕业生数 Estimated Graduates for Next Year			
博 士 Doctor's Degree	硕 士 Master's Degree	合计 Total	其中:女 of Which: Female	博 士 Doctor's Degree	硕 士 Master's Degree	合计 Total	其中:女 of Which: Female	博 士 Doctor's Degree	硕 士 Master's Degree
72524	**564437**	**1885789**	**940137**	**319318**	**1566471**	**705545**	**337410**	**150841**	**554704**
20528	77352	291902	137702	85240	206662	109493	50842	36206	73287
2170	15877	53002	29205	8691	44311	19557	9964	3693	15864
595	13428	39951	22939	2719	37232	14385	7919	1417	12968
497	9220	28499	16590	2543	25956	10253	5905	1448	8805
267	5923	17952	10851	1292	16660	6733	3806	386	6347
2695	30232	94248	50394	13735	80513	35466	17711	7037	28429
2206	16852	57971	33156	9786	48185	20535	11418	5406	15129
2547	18393	61229	30359	11737	49492	23356	11932	4730	18626
6417	38983	136539	65868	28298	108241	52604	24113	12739	39865
5756	45085	155017	72285	26796	128221	59034	26560	13882	45152
2420	18970	63259	30326	10857	52402	20925	9790	3573	17352
1788	16151	50390	21718	5893	44497	17921	7127	2469	15452
1258	11945	41153	20860	5479	35674	15956	7773	2915	13041
296	10017	28868	14583	1127	27741	9903	4369	569	9334
2025	25473	77482	42924	8913	68569	28252	14381	4417	23835
498	12996	37368	21619	1783	35585	12435	6881	605	11830
4940	34845	117085	54839	22049	95036	47436	21155	12130	35306
2145	19476	68786	33547	11631	57155	29545	13749	6927	22618
3532	27018	89125	43589	14443	74682	34894	16472	7117	27777
268	9351	26731	13934	1047	25684	9781	4728	530	9251
58	1489	4519	2582	218	4301	1641	822	109	1532
1283	15920	50468	25886	5658	44810	18008	9722	1976	16032
2935	25648	88944	40085	13932	75012	34289	14296	7399	26890
135	5272	15484	8385	496	14988	5281	2829	238	5043
497	10249	31912	17435	2312	29600	11791	6154	1321	10470
21	482	1476	838	43	1433	531	309	6	525
3569	29527	101287	47967	17832	83455	35640	16276	9135	26505
818	9221	29486	14616	3493	25993	10641	5056	1870	8771
35	1183	3222	1730	87	3135	1074	583	27	1047
56	1647	4403	2710	138	4265	1575	968	34	1541
269	6212	18031	10615	1050	16981	6610	3800	530	6080

地 区 Region	毕(结)业生数 Graduates				授予学位数 Degrees Awarded	招生数	
	合计 Total	其中:女 of Which: Female	博 士 Doctor's Degree	硕 士 Master's Degree		合计 Total	其中:女 of Which: Female
总 计 Total	**7295**	**3029**	**1325**	**5970**	**7296**	**8094**	**3376**
北 京 Beijing	4891	2149	1195	3696	4895	5576	2454
天 津 Tianjin							
河 北 Hebei	36	12		36	36	30	7
山 西 Shanxi	57	25		57	57	52	33
内蒙古 Inner Mongolia	4	1		4	4	5	
辽 宁 Liaoning	43	8		43	43	43	14
吉 林 Jilin	28	16		28	27	43	25
黑龙江 Heilongjiang	242	108	16	226	239	232	75
上 海 Shanghai	579	248	40	539	586	605	268
江 苏 Jiangsu	162	57	13	149	163	174	45
浙 江 Zhejiang	80	22	1	79	78	106	28
安 徽 Anhui	8			8	8	7	
福 建 Fujian	67	47		67	67	85	55
江 西 Jiangxi							
山 东 Shandong	46	14		46	46	50	21
河 南 Henan	65	13		65	65	67	20
湖 北 Hubei	275	82	4	271	275	275	84
湖 南 Hunan	24	1		24	24	28	3
广 东 Guangdong	86	35	10	76	86	100	39
广 西 Guangxi							
海 南 Hainan							
重 庆 Chongqing	19	9		19	19	28	11
四 川 Sichuan	281	107	20	261	281	312	126
贵 州 Guizhou							
云 南 Yunnan	25	5	4	21	25	28	12
西 藏 Tibet							
陕 西 Shaanxi	225	50	14	211	220	198	43
甘 肃 Gansu	52	20	8	44	52	50	13
青 海 Qinghai							
宁 夏 Ningxia							
新 疆 Xinjiang							

研究生数
Research Institutes

单位：人
unit：person

Entrants		在校生数 Enrolment				预计毕业生数 Estimated Graduates for Next Year			
博士 Doctor's Degree	硕士 Master's Degree	合计 Total	其中：女 of Which: Female	博士 Doctor's Degree	硕士 Master's Degree	合计 Total	其中：女 of Which: Female	博士 Doctor's Degree	硕士 Master's Degree
1892	**6202**	**25617**	**10026**	**7369**	**18248**	**9599**	**3449**	**3261**	**6338**
1686	3890	18058	7335	6446	11612	6897	2501	2855	4042
	30	95	24		95	38	4		38
	52	169	94		169	59	28		59
	5	10			10	2			2
4	39	139	36	13	126	52	14	5	47
	43	116	58		116	34	15		34
23	209	815	302	135	680	302	115	59	243
76	529	1748	753	312	1436	655	291	154	501
20	154	543	156	100	443	193	53	52	141
1	105	269	79	6	263	76	23	1	75
	7	20	1		20	6			6
	85	185	116		185	80	50		80
	50	148	62		148	48	17		48
2	65	191	44	9	182	66	11	3	63
10	265	849	244	44	805	285	74	7	278
	28	84	10	2	82	31	2		31
8	92	279	123	31	248	97	43	15	82
	28	66	29		66	18	7		18
31	281	914	343	125	789	324	117	55	269
4	24	93	26	21	72	40	10	16	24
20	178	675	145	102	573	243	54	30	213
7	43	151	46	23	128	53	20	9	44

Number of Students Enrolled in Normal and

地 区 Region	毕(结)业生数 Graduates				授予学位数 Degrees Awarded	招生数	
	合计 Total	其中:女 of Which: Female	本 科 Normal Courses	专 科 Short-cycle Courses		合计 Total	其中:女 of Which: Female
总 计 Total	**9171459**	**4840059**	**4548435**	**4623024**	**3654347**	**9745950**	**5460580**
北 京 Beijing	251913	132993	173647	78266	131407	229468	123203
天 津 Tianjin	165283	86308	92523	72760	73239	169969	89116
河 北 Hebei	441364	241592	218018	223346	164150	475962	267844
山 西 Shanxi	254533	129010	115121	139412	91815	249669	143971
内蒙古 Inner Mongolia	162714	86813	80434	82280	52879	132727	76951
辽 宁 Liaoning	347251	177019	191368	155883	164324	324875	170663
吉 林 Jilin	240511	121884	145255	95256	108761	240941	131827
黑龙江 Heilongjiang	279377	143806	166195	113182	126599	263908	139205
上 海 Shanghai	178394	95844	120476	57918	92984	184653	100253
江 苏 Jiangsu	641570	326337	324478	317092	267637	629156	349651
浙 江 Zhejiang	382412	217486	176890	205522	146057	380882	223132
安 徽 Anhui	380964	196167	177798	203166	141987	418508	234861
福 建 Fujian	237680	127385	126616	111064	111082	256665	143947
江 西 Jiangxi	291939	143889	141408	150531	116207	344115	186080
山 东 Shandong	635572	338589	304705	330867	232661	703821	418232
河 南 Henan	611200	324425	278841	332359	227047	666702	385098
湖 北 Hubei	495572	243319	247363	248209	207465	484492	243955
湖 南 Hunan	405630	208786	196677	208953	155140	443716	245719
广 东 Guangdong	660404	365401	279858	380546	229825	791794	444053
广 西 Guangxi	266868	148517	110597	156271	85236	341815	194174
海 南 Hainan	56260	31410	28823	27437	24389	57092	31803
重 庆 Chongqing	240276	129158	111478	128798	96806	265043	150920
四 川 Sichuan	506563	279879	211593	294970	173311	565760	327956
贵 州 Guizhou	146664	80259	70938	75726	54308	189503	113433
云 南 Yunnan	204144	115098	112385	91759	88000	245784	151861
西 藏 Tibet	12587	6807	7264	5323	5943	16602	9207
陕 西 Shaanxi	361964	179926	190050	171914	166897	342677	186449
甘 肃 Gansu	153192	72873	79668	73524	66266	151770	75384
青 海 Qinghai	18680	10167	10392	8288	8491	22342	12817
宁 夏 Ningxia	39842	21016	18719	21123	14854	43637	24173
新 疆 Xinjiang	100136	57896	38857	61279	28580	111902	64642

本、专科学生数
Short-cycle Courses in Higher Education

单位：人
unit: person

Entrants		在校生数 Enrolment				预计毕业生数 Estimated Graduates for Next Year			
本 科 Normal Courses	专 科 Short-cycle Courses	合计 Total	其中:女 of Which: Female	本 科 Normal Courses	专 科 Short-cycle Courses	合计 Total	其中:女 of Which: Female	本 科 Normal Courses	专 科 Short-cycle Courses
4908859	**4837091**	**32612320**	**17381592**	**18560202**	**14052118**	**9876832**	**5099115**	**4944890**	**4931942**
170205	59263	813005	423414	635167	177838	259553	127123	179896	79657
96950	73019	581800	297070	367546	214254	177845	89042	100528	77317
248244	227718	1540653	841210	885876	654777	462729	245590	231669	231060
134657	115012	884739	480635	517292	367447	263529	136908	126419	137110
68583	64144	491891	266978	279065	212826	165068	87938	82438	82630
195777	129098	1168588	598476	789440	379148	350996	170387	206185	144811
152347	88594	814127	432540	560586	253541	263549	132789	157965	105584
155713	108195	903084	464281	598071	305013	287372	144389	169310	118062
121803	62850	669635	358244	479869	189766	200356	101042	135215	65141
352034	277122	2149394	1072792	1269971	879423	694607	339567	351759	342848
189160	191722	1265991	702861	699604	566387	418978	232412	194485	224493
202451	216057	1353940	705724	731796	622144	419705	215152	196679	223026
140793	115872	913169	483541	551760	361409	257067	131423	136595	120472
147916	196199	1176576	588701	587800	588776	321003	154353	146372	174631
323011	380810	2385105	1307320	1248260	1136845	687790	367290	325887	361903
303833	362869	2125927	1150222	1154869	971058	658113	340295	316007	342106
249349	235143	1649207	805725	967912	681295	504951	239857	260596	244355
215409	228307	1423040	750281	784769	638271	448299	228010	217726	230573
329910	461884	2520850	1400967	1213408	1307442	725746	400622	301884	423862
148776	193039	1008726	565232	490379	518347	320283	164581	135352	184931
29198	27894	202279	112015	115698	86581	60965	32380	30542	30423
120328	144715	867972	469927	473388	394584	260449	138664	126072	134377
242512	323248	1792049	985911	883089	908960	552395	294411	230722	321673
80706	108797	622459	351421	337953	284506	158405	87544	81389	77016
126947	118837	825389	479282	478443	346946	222651	128301	114335	108316
10555	6047	54693	28698	35882	18811	14423	7722	8623	5800
183890	158787	1267596	659965	772490	495106	392084	194386	215534	176550
83083	68687	538873	261042	330930	207943	155401	71479	85441	69960
11190	11152	71137	38755	42546	28591	21174	11430	12265	8909
23087	20550	144179	77707	83853	60326	45143	23912	22076	23067
50442	61460	386247	220655	192490	193757	106203	60116	44924	61279

Number of Regular Students Enrolled in Normal and

地 区 Region	毕(结)业生数 Graduates				授予学位数 Degrees Awarded	招生数	
	合计 Total	其中:女 of Which: Female	本 科 Normal Courses	专 科 Short-cycle Courses		合计 Total	其中:女 of Which: Female
总 计 Total	**6808866**	**3539247**	**3585940**	**3222926**	**3503230**	**7378495**	**4106650**
北 京 Beijing	154449	80020	117651	36798	115735	153510	81878
天 津 Tianjin	132072	68273	75586	56486	72662	138637	73653
河 北 Hebei	327981	180867	158486	169495	155847	329120	187780
山 西 Shanxi	191273	100031	91445	99828	89203	213470	124938
内蒙古 Inner Mongolia	107863	58101	54471	53392	52763	119001	68312
辽 宁 Liaoning	258296	131600	160236	98060	158727	263334	138926
吉 林 Jilin	157048	81816	109828	47220	106721	170014	90554
黑龙江 Heilongjiang	193980	100219	124928	69052	123205	198547	105426
上 海 Shanghai	128711	67913	85435	43276	83241	136803	74301
江 苏 Jiangsu	484096	244909	245932	238164	238108	448619	257318
浙 江 Zhejiang	263981	148293	140318	123663	137344	264434	157256
安 徽 Anhui	292469	144894	141294	151175	138138	326492	180868
福 建 Fujian	194652	102580	109789	84863	109028	206680	115713
江 西 Jiangxi	234541	109105	114970	119571	112458	286796	148645
山 东 Shandong	474195	246586	227503	246692	223932	540809	321605
河 南 Henan	465782	241205	222696	243086	217928	514726	296019
湖 北 Hubei	389206	190643	209246	179960	204823	385353	190447
湖 南 Hunan	300459	152516	154185	146274	150590	336341	187315
广 东 Guangdong	476901	249403	224145	252756	221458	550601	296136
广 西 Guangxi	182658	96019	76807	105851	75020	234161	126028
海 南 Hainan	48245	26059	25013	23232	23904	52438	28687
重 庆 Chongqing	181068	98139	99729	81339	95912	205453	116961
四 川 Sichuan	361510	195867	175724	185786	171750	413253	234861
贵 州 Guizhou	116824	63679	57994	58830	53899	154215	91654
云 南 Yunnan	146031	82184	89104	56927	86720	176636	109154
西 藏 Tibet	9536	5141	5060	4476	4933	9884	5519
陕 西 Shaanxi	299738	153606	167256	132482	163834	287484	158384
甘 肃 Gansu	124003	59490	67158	56845	65352	124328	62327
青 海 Qinghai	13403	7065	7384	6019	7094	17969	9887
宁 夏 Ningxia	28235	14735	15487	12748	14408	32198	17641
新 疆 Xinjiang	69660	38289	31080	38580	28493	87189	48457

普通本、专科学生数

Short-cycle Courses in Higher Education

单位：人

unit：person

Entrants		在校生数 Enrolment				预计毕业生数 Estimated Graduates for Next Year			
本科 Normal Courses	专科 Short-cycle Courses	合计 Total	其中：女 of Which：Female	本科 Normal Courses	专科 Short-cycle Courses	合计 Total	其中：女 of Which：Female	本科 Normal Courses	专科 Short-cycle Courses
3894184	**3484311**	**26252968**	**13761864**	**15766848**	**10486120**	**7254599**	**3698817**	**3879845**	**3374754**
126283	27227	603557	309458	505674	97883	162402	80992	125413	36989
82110	56527	512854	261728	334106	178748	143804	70997	84014	59790
167153	161967	1179172	640439	682562	496610	339583	181128	166977	172606
116711	96759	740245	412299	451952	288293	201043	109688	102187	98856
59641	59360	420807	226366	239344	181463	115496	61977	57474	58022
166000	97334	1005650	511614	710863	294787	273803	134183	173827	99976
117817	52197	632723	330682	471344	161379	168826	86389	116724	52102
123406	75141	735151	378934	513966	221185	203473	105012	130224	73249
89218	47585	511623	271215	367233	144390	142131	73321	94986	47145
256045	192574	1715749	852778	1032506	683243	499767	245733	255451	244316
147966	116468	991149	547855	608378	382771	283352	154817	152579	130773
157618	168874	1130748	568710	623547	507201	313920	149441	150160	163760
121701	84979	758452	394213	491779	266673	209871	105210	117617	92254
123830	162966	984489	467697	506759	477730	261369	118171	124130	137239
236952	303857	1900612	1026461	975856	924756	520417	272725	242723	277694
241712	273014	1766869	937584	995493	771376	495601	247933	248658	246943
207692	177661	1410567	684623	863760	546807	403662	194017	222652	181010
167748	168593	1180643	619015	678314	502329	324720	163698	167230	157490
269550	281051	1856355	983556	1040784	815571	508552	264269	244017	264535
106246	127915	751181	402546	387593	363588	199306	99178	87776	111530
26951	25487	182944	98085	105955	76989	51831	26496	26314	25517
110013	95440	716580	388968	443402	273178	195917	105217	113867	82050
205929	207324	1387889	740606	783639	604250	378077	201368	192517	185560
64376	89839	500882	278605	281700	219182	118391	64244	65494	52897
97015	79621	614569	351642	385948	228621	155148	87495	87626	67522
6072	3812	34203	17833	23186	11017	9185	4729	5248	3937
159352	128132	1099693	579130	698475	401218	328446	165731	189647	138799
71009	53319	450463	222054	290834	159629	122277	58553	72239	50038
8886	9083	57460	30085	35436	22024	14741	7410	8510	6231
18941	13257	115007	60906	74582	40425	30748	16170	17905	12843
40241	46948	304682	166177	161878	142804	78740	42525	35659	43081

Number of Adult Students Enrolled in Normal and

地 区 Region	毕(结)业生数 Graduates				授予学位数 Degrees Awarded	招生数	
	合计 Total	其中:女 of Which: Female	本 科 Normal Courses	专 科 Short – cycle Courses		合计 Total	其中:女 of Which: Female
总 计 Total	**2362593**	**1300812**	**962495**	**1400098**	**151117**	**2367455**	**1353930**
北 京 Beijing	97464	52973	55996	41468	15672	75958	41325
天 津 Tianjin	33211	18035	16937	16274	577	31332	15463
河 北 Hebei	113383	60725	59532	53851	8303	146842	80064
山 西 Shanxi	63260	28979	23676	39584	2612	36199	19033
内蒙古 Inner Mongolia	54851	28712	25963	28888	116	13726	8639
辽 宁 Liaoning	88955	45419	31132	57823	5597	61541	31737
吉 林 Jilin	83463	40068	35427	48036	2040	70927	41273
黑龙江 Heilongjiang	85397	43587	41267	44130	3394	65361	33779
上 海 Shanghai	49683	27931	35041	14642	9743	47850	25952
江 苏 Jiangsu	157474	81428	78546	78928	29529	180537	92333
浙 江 Zhejiang	118431	69193	36572	81859	8713	116448	65876
安 徽 Anhui	88495	51273	36504	51991	3849	92016	53993
福 建 Fujian	43028	24805	16827	26201	2054	49985	28234
江 西 Jiangxi	57398	34784	26438	30960	3749	57319	37435
山 东 Shandong	161377	92003	77202	84175	8729	163012	96627
河 南 Henan	145418	83220	56145	89273	9119	151976	89079
湖 北 Hubei	106366	52676	38117	68249	2642	99139	53508
湖 南 Hunan	105171	56270	42492	62679	4550	107375	58404
广 东 Guangdong	183503	115998	55713	127790	8367	241193	147917
广 西 Guangxi	84210	52498	33790	50420	10216	107654	68146
海 南 Hainan	8015	5351	3810	4205	485	4654	3116
重 庆 Chongqing	59208	31019	11749	47459	894	59590	33959
四 川 Sichuan	145053	84012	35869	109184	1561	152507	93095
贵 州 Guizhou	29840	16580	12944	16896	409	35288	21779
云 南 Yunnan	58113	32914	23281	34832	1280	69148	42707
西 藏 Tibet	3051	1666	2204	847	1010	6718	3688
陕 西 Shaanxi	62226	26320	22794	39432	3063	55193	28065
甘 肃 Gansu	29189	13383	12510	16679	914	27442	13057
青 海 Qinghai	5277	3102	3008	2269	1397	4373	2930
宁 夏 Ningxia	11607	6281	3232	8375	446	11439	6532
新 疆 Xinjiang	30476	19607	7777	22699	87	24713	16185

成人本、专科学生数

Short-cycle Courses in Higher Education

单位：人

unit：person

Entrants		在校生数 Enrolment				预计毕业生数 Estimated Graduates for Next Year			
本 科 Normal Courses	专 科 Short-cycle Courses	合计 Total	其中：女 of Which：Female	本 科 Normal Courses	专 科 Short-cycle Courses	合计 Total	其中：女 of Which：Female	本 科 Normal Courses	专 科 Short-cycle Courses
1014675	**1352780**	**6359352**	**3619728**	**2793354**	**3565998**	**2622233**	**1400298**	**1065045**	**1557188**
43922	32036	209448	113956	129493	79955	97151	46131	54483	42668
14840	16492	68946	35342	33440	35506	34041	18045	16514	17527
81091	65751	361481	200771	203314	158167	123146	64462	64692	58454
17946	18253	144494	68336	65340	79154	62486	27220	24232	38254
8942	4784	71084	40612	39721	31363	49572	25961	24964	24608
29777	31764	162938	86862	78577	84361	77193	36204	32358	44835
34530	36397	181404	101858	89242	92162	94723	46400	41241	53482
32307	33054	167933	85347	84105	83828	83899	39377	39086	44813
32585	15265	158012	87029	112636	45376	58225	27721	40229	17996
95989	84548	433645	220014	237465	196180	194840	93834	96308	98532
41194	75254	274842	155006	91226	183616	135626	77595	41906	93720
44833	47183	223192	137014	108249	114943	105785	65711	46519	59266
19092	30893	154717	89328	59981	94736	47196	26213	18978	28218
24086	33233	192087	121004	81041	111046	59634	36182	22242	37392
86059	76953	484493	280859	272404	212089	167373	94565	83164	84209
62121	89855	359058	212638	159376	199682	162512	92362	67349	95163
41657	57482	238640	121102	104152	134488	101289	45840	37944	63345
47661	59714	242397	131266	106455	135942	123579	64312	50496	73083
60360	180833	664495	417411	172624	491871	217194	136353	57867	159327
42530	65124	257545	162686	102786	154759	120977	65403	47576	73401
2247	2407	19335	13930	9743	9592	9134	5884	4228	4906
10315	49275	151392	80959	29986	121406	64532	33447	12205	52327
36583	115924	404160	245305	99450	304710	174318	93043	38205	136113
16330	18958	121577	72816	56253	65324	40014	23300	15895	24119
29932	39216	210820	127640	92495	118325	67503	40806	26709	40794
4483	2235	20490	10865	12696	7794	5238	2993	3375	1863
24538	30655	167903	80835	74015	93888	63638	28655	25887	37751
12074	15368	88410	38988	40096	48314	33124	12926	13202	19922
2304	2069	13677	8670	7110	6567	6433	4020	3755	2678
4146	7293	29172	16801	9271	19901	14395	7742	4171	10224
10201	14512	81565	54478	30612	50953	27463	17591	9265	18198

高等教育网络本科、专科

Number of Web-based Students Enrolled in Normal and

地　区 Region	毕(结)业生数 Graduates				授予学位数 Degrees Awarded	招生
	合计 Total	其中:女 of Which: Female	本　科 Normal Courses	专　科 Short-cycle Courses		合计 Total
总　计 Total	**1799757**	**901312**	**649086**	**1150671**	**51985**	**2034032**
北　京 Beijing	1061989	550992	328777	733212	23252	1150950
天　津 Tianjin	27260	14952	12994	14266	628	40328
河　北 Hebei						
山　西 Shanxi						
内蒙古 Inner Mongolia						
辽　宁 Liaoning	94383	38066	46194	48189	4697	107842
吉　林 Jilin	52090	29533	22760	29330	542	93890
黑龙江 Heilongjiang	21393	8221	6403	14990	554	26205
上　海 Shanghai	47701	27318	15192	32509	1679	44175
江　苏 Jiangsu	22625	12137	11867	10758	5028	26918
浙　江 Zhejiang	16190	10316	12144	4046	2730	14891
安　徽 Anhui	161	41	161			140
福　建 Fujian	26170	15828	14452	11718	748	25029
江　西 Jiangxi						
山　东 Shandong	44960	18523	20534	24426	2397	52272
河　南 Henan	27221	14699	12532	14689	1652	20435
湖　北 Hubei	62000	24295	22314	39686	1867	70921
湖　南 Hunan	27105	14221	10279	16826	629	28049
广　东 Guangdong	33890	20821	14102	19788	978	29544
广　西 Guangxi						
海　南 Hainan						
重　庆 Chongqing	65011	25666	28329	36682	731	76766
四　川 Sichuan	92969	37310	36661	56308	1567	117618
贵　州 Guizhou						
云　南 Yunnan						
西　藏 Tibet						
陕　西 Shaanxi	59833	28859	25733	34100	2306	87322
甘　肃 Gansu	16806	9514	7658	9148		20737
青　海 Qinghai						
宁　夏 Ningxia						
新　疆 Xinjiang						

生学生数

Short-cycle Courses in Higher Education

单位：人
unit：person

数 Entrants			在校生数 Enrolment			
其中:女 of Which: Female	本科 Normal Courses	专科 Short-cycle Courses	合计 Total	其中:女 of Which: Female	本科 Normal Courses	专科 Short-cycle Courses
974366	**748660**	**1285372**	**6284671**	**3039591**	**2294807**	**3989864**
558305	357981	792969	4148059	2033156	1317342	2830717
20981	18813	21515	101139	56328	47694	53445
47604	57130	50712	267720	117358	147276	120444
51772	41450	52440	198153	106923	92213	105940
10053	8793	17412	57758	22398	19932	37826
24315	13978	30197	113564	59832	32599	80965
14170	13424	13494	63988	33271	36423	27565
9211	11268	3623	45606	26670	33746	11860
40	140		1967	647	1034	933
13307	12158	12871	58752	30497	29274	29478
22580	23830	28442	141092	60085	65395	75697
8941	8587	11848	93504	47962	40655	52849
30382	25486	45435	184623	76350	69063	115560
15653	13476	14573	67737	35706	31775	35962
16017	12806	16738	93857	56258	42732	51125
31455	33097	43669	156777	59219	70066	86711
47760	49626	67992	277981	111090	124159	153822
39915	38050	49272	156205	73508	67408	88797
11905	8567	12170	56189	32333	26021	30168

综合大学本科、专科生
Number of Students of

地区 Region	毕（结）业生数 Graduates			招生数 Entrants		
	合计 Total	本科 Normal Courses	专科 Short-cycle Courses	合计 Total	本科 Normal Courses	专科 Short-cycle Courses
总计 Total	**1858468**	**1014172**	**844296**	**2005819**	**1083693**	**922126**
北京 Beijing	20389	15993	4396	18000	16112	1888
天津 Tianjin	37011	11885	25126	36294	13285	23009
河北 Hebei	61878	25248	36630	60984	27807	33177
山西 Shanxi	56248	26512	29736	49747	30701	19046
内蒙古 Inner Mongolia	45949	27591	18358	51970	32135	19835
辽宁 Liaoning	40627	19724	20903	38295	20081	18214
吉林 Jilin	27702	25678	2024	28593	26821	1772
黑龙江 Heilongjiang	52147	31245	20902	55622	31891	23731
上海 Shanghai	17528	16255	1273	15979	15739	240
江苏 Jiangsu	80292	67227	13065	75471	69634	5837
浙江 Zhejiang	102123	41952	60171	101567	43423	58144
安徽 Anhui	31116	22898	8218	34911	26720	8191
福建 Fujian	62612	43945	18667	67273	45504	21769
江西 Jiangxi	86551	39644	46907	111533	41971	69562
山东 Shandong	228876	102255	126621	262826	107665	155161
河南 Henan	62232	45481	16751	63057	49965	13092
湖北 Hubei	45686	41749	3937	40502	38748	1754
湖南 Hunan	133722	80568	53154	146282	84230	62052
广东 Guangdong	235867	95362	140505	271709	117422	154287
广西 Guangxi	45228	26693	18535	60119	33811	26308
海南 Hainan	20133	15784	4349	20458	16644	3814
重庆 Chongqing	48407	30160	18247	51964	30332	21632
四川 Sichuan	123061	48614	74447	132647	50946	81701
贵州 Guizhou	43416	18121	25295	51717	15581	36136
云南 Yunnan	30337	21694	8643	34015	22094	11921
西藏 Tibet	4026	1832	2194	3847	1937	1910
陕西 Shaanxi	64421	37816	26605	59728	33054	26674
甘肃 Gansu	23856	12988	10868	24719	15308	9411
青海 Qinghai	3619	3619		6791	4607	2184
宁夏 Ningxia	7614	5190	2424	7777	5735	2042
新疆 Xinjiang	15794	10449	5345	21422	13790	7632

学生数
Comprehensive Universities

单位：人
unit：person

在校生数 Enrolment			预计毕业生数 Estimated Graduates for Next Year		
合计 Total	本科 Normal Courses	专科 Short-cycle Courses	合计 Total	本科 Normal Courses	专科 Short-cycle Courses
7150170	**4376486**	**2773684**	**1965670**	**1087700**	**877970**
74042	66130	7912	20625	16920	3705
125592	53257	72335	37878	13807	24071
209584	110508	99076	60344	26275	34069
188822	124593	64229	55106	29910	25196
189336	127602	61734	49956	29589	20367
146619	89180	57439	43118	22711	20407
116251	109303	6948	29264	26683	2581
200798	132350	68448	55642	33601	22041
68810	68043	767	18582	18282	300
313261	282857	30404	82404	69734	12670
367289	177577	189712	109391	44812	64579
128412	101738	26674	33427	24845	8582
252107	188164	63943	67312	46737	20575
370138	172618	197520	99822	42823	56999
921000	432171	488829	250208	107291	142917
245418	206856	38562	67251	51995	15256
175368	167993	7375	47395	44454	2941
527137	343304	183833	142095	85950	56145
892049	444415	447634	249436	104555	144881
193101	119682	73419	51050	28862	22188
78139	65992	12147	22210	16732	5478
185755	124743	61012	50702	32345	18357
438753	201083	237670	124524	51425	73099
159274	70073	89201	40042	18536	21506
120930	85304	35626	30427	19704	10723
13461	8336	5125	3670	2037	1633
232037	146513	85524	69688	41103	28585
89212	60001	29211	23699	13952	9747
21679	18593	3086	4341	4341	
29513	23147	6366	7691	5638	2053
76283	54360	21923	18370	12051	6319

高等理工院校本科、
Number of Students of Institutions

地　区 Region	毕(结)业生数 Graduates 合计 Total	本　科 Normal Courses	专　科 Short-cycle Courses	招生数 合计 Total	本　科 Normal Courses
总　计 Total	**2454217**	**1112526**	**1341691**	**2682131**	**1217780**
北　京 Beijing	64900	49326	15574	64226	53685
天　津 Tianjin	49101	28473	20628	53305	32193
河　北 Hebei	124617	59805	64812	126941	62108
山　西 Shanxi	55297	27292	28005	65387	34401
内蒙古 Inner Mongolia	29461	5181	24280	33961	5407
辽　宁 Liaoning	120840	81198	39642	125125	83387
吉　林 Jilin	57201	30749	26452	63007	33109
黑龙江 Heilongjiang	54791	37155	17636	55948	37645
上　海 Shanghai	47731	31295	16436	52657	32958
江　苏 Jiangsu	273926	107626	166300	249495	111837
浙　江 Zhejiang	66370	40737	25633	66683	42800
安　徽 Anhui	122396	42625	79771	146943	51956
福　建 Fujian	58982	29723	29259	65128	35029
江　西 Jiangxi	74259	39684	34575	93788	43266
山　东 Shandong	112054	51967	60087	138442	55457
河　南 Henan	210426	76019	134407	241242	81887
湖　北 Hubei	239337	100956	138381	240191	100797
湖　南 Hunan	85183	36568	48615	96383	38584
广　东 Guangdong	110049	35821	74228	130665	45934
广　西 Guangxi	61062	18732	42330	76706	28304
海　南 Hainan	5820		5820	7406	
重　庆 Chongqing	66756	23627	43129	78829	28057
四　川 Sichuan	116717	56906	59811	138297	70357
贵　州 Guizhou	13953		13953	22987	2828
云　南 Yunnan	27905	8629	19276	33166	9365
西　藏 Tibet					
陕　西 Shaanxi	130099	72927	57172	128461	71493
甘　肃 Gansu	43435	15863	27572	44835	17205
青　海 Qinghai	3212		3212	3233	
宁　夏 Ningxia	7552	3493	4059	10105	5904
新　疆 Xinjiang	20785	149	20636	28589	1827

专科生学生数
of Science & Technology

单位：人
unit: person

Entrants	在校生数 Enrolment			预计毕业生数 Estimated Graduates for Next Year		
专科 Short-cycle Courses	合计 Total	本科 Normal Courses	专科 Short-cycle Courses	合计 Total	本科 Normal Courses	专科 Short-cycle Courses
1464351	**9271450**	**4887795**	**4383655**	**2622385**	**1216440**	**1405945**
10541	255236	214280	40956	68214	52629	15585
21112	198317	129176	69141	55665	31956	23709
64833	451063	251847	199216	130984	62988	67996
30986	221065	130571	90494	58640	29441	29199
28554	105864	21971	83893	31236	5562	25674
41738	476979	353400	123579	128790	88416	40374
29898	223584	131074	92510	62310	32567	29743
18303	206910	151909	55001	56809	38449	18360
19699	192667	134545	58122	53491	35130	18361
137658	931612	446241	485371	284487	111684	172803
23883	255553	176725	78828	71338	44409	26929
94987	471344	197516	273828	132544	46402	86142
30099	229379	136315	93064	65643	32935	32708
50522	321525	176702	144823	82053	43606	38447
82985	459655	225127	234528	125186	56514	68672
159355	775230	336990	438240	220912	84723	136189
139394	848861	416628	432233	250209	107705	142504
57799	323320	153887	169433	91700	38537	53163
84731	419623	175967	243656	121681	41015	80666
48402	241863	103510	138353	64124	22871	41253
7406	22613		22613	6485		6485
50772	250167	108084	142083	69739	28040	41699
67940	461261	263948	197313	126376	66475	59901
20159	60722	8711	52011	12655		12655
23801	108643	38889	69754	30500	8888	21612
56968	482184	307155	175029	143130	82777	60353
27630	150236	70612	79624	41470	17512	23958
3233	9687		9687	3437		3437
4201	32833	20689	12144	8220	4558	3662
26762	83454	5326	78128	24357	651	23706

高等农业院校本科、
Number of Students of

地 区 Region	毕(结)业生数 Graduates			招生数	
	合计 Total	本 科 Normal Courses	专 科 Short-cycle Courses	合计 Total	本 科 Normal Courses
总 计 Total	**261787**	**156647**	**105140**	**282272**	**173138**
北 京 Beijing	6231	4402	1829	5766	4358
天 津 Tianjin	3597	2959	638	3077	2596
河 北 Hebei	11226	8218	3008	9635	8833
山 西 Shanxi	8816	8157	659	10047	9264
内蒙古 Inner Mongolia	8071	7010	1061	7861	6897
辽 宁 Liaoning	11587	5547	6040	11615	6198
吉 林 Jilin	11069	8376	2693	12948	9021
黑龙江 Heilongjiang	20346	9954	10392	20604	9090
上 海 Shanghai	4186	3061	1125	4128	2924
江 苏 Jiangsu	17092	4021	13071	16792	4346
浙 江 Zhejiang	4091	2130	1961	3974	2265
安 徽 Anhui	4987	4987		4251	4251
福 建 Fujian	11054	5472	5582	11949	5701
江 西 Jiangxi	5738	4337	1401	8908	4827
山 东 Shandong	16446	13112	3334	21352	15164
河 南 Henan	24057	5914	18143	27024	10549
湖 北 Hubei	4241	4241		4607	4607
湖 南 Hunan	9123	6374	2749	9907	6530
广 东 Guangdong	19321	18634	687	22785	22785
广 西 Guangxi	6452		6452	8002	
海 南 Hainan					
重 庆 Chongqing					
四 川 Sichuan	11072	7422	3650	12578	9519
贵 州 Guizhou				438	
云 南 Yunnan	7869	4197	3672	9291	4557
西 藏 Tibet	1547	1299	248	1682	1482
陕 西 Shaanxi	11577	5367	6210	11294	5163
甘 肃 Gansu	9177	4096	5081	7941	4130
青 海 Qinghai	1022		1022	1163	
宁 夏 Ningxia					
新 疆 Xinjiang	11792	7360	4432	12653	8081

专科生学生数
Institutions of Agriculture

单位：人
unit: person

Entrants	在校生数 Enrolment			预计毕业生数 Estimated Graduates for Next Year		
专科 Short-cycle Courses	合计 Total	本科 Normal Courses	专科 Short-cycle Courses	合计 Total	本科 Normal Courses	专科 Short-cycle Courses
109134	**1015206**	**685675**	**329531**	**273134**	**166145**	**106989**
1408	22926	17743	5183	6249	4412	1837
481	12399	10909	1490	3400	2839	561
802	40287	35004	5283	11431	8595	2836
783	39170	37187	1983	9938	9309	629
964	31113	27684	3429	8126	6903	1223
5417	43539	25994	17545	12809	6137	6672
3927	46423	35933	10490	11994	9093	2901
11514	72790	38569	34221	21446	10320	11126
1204	15532	11987	3545	4173	3091	1082
12446	57825	17791	40034	17766	4399	13367
1709	15348	9195	6153	4290	2208	2082
	18457	18457		5101	5101	
6248	40669	23020	17649	11161	5517	5644
4081	27559	19045	8514	6137	4617	1520
6188	78247	61261	16986	19666	14297	5369
16475	84346	34915	49431	22007	6873	15134
	18796	18796		4611	4611	
3377	36158	26009	10149	9677	6622	3055
	87451	87050	401	20945	20544	401
8002	23145		23145	7417		7417
3059	45096	34273	10823	11657	7811	3846
438	438		438			
4734	31323	17656	13667	8422	4064	4358
200	5500	4740	760	1238	940	298
6131	39939	21521	18418	11679	5414	6265
3811	29152	16850	12302	8145	4178	3967
1163	3227		3227	1107		1107
4572	48351	34086	14265	12542	8250	4292

高等林业院校本科、
Number of Students of

地 区 Region	毕(结)业生数 Graduates			招生数	
	合计 Total	本 科 Normal Courses	专 科 Short-cycle Courses	合计 Total	本 科 Normal Courses
总 计 Total	**49534**	**26985**	**22549**	**54380**	**27560**
北 京 Beijing	3178	3178		3292	3292
天 津 Tianjin					
河 北 Hebei					
山 西 Shanxi	1998		1998	1580	
内蒙古 Inner Mongolia					
辽 宁 Liaoning	2160		2160	2210	
吉 林 Jilin					
黑龙江 Heilongjiang	8129	4660	3469	8874	4714
上 海 Shanghai					
江 苏 Jiangsu	6561	6561		6570	6570
浙 江 Zhejiang	3368	3368		3389	3389
安 徽 Anhui	958		958	1160	
福 建 Fujian	2108		2108	2069	
江 西 Jiangxi	2114		2114	2748	
山 东 Shandong					
河 南 Henan				1044	
湖 北 Hubei	2651		2651	3031	
湖 南 Hunan	6201	5559	642	6424	5859
广 东 Guangdong					
广 西 Guangxi	1503		1503	2671	
海 南 Hainan					
重 庆 Chongqing					
四 川 Sichuan					
贵 州 Guizhou					
云 南 Yunnan	5499	3659	1840	6238	3736
西 藏 Tibet					
陕 西 Shaanxi					
甘 肃 Gansu	2906		2906	2767	
青 海 Qinghai					
宁 夏 Ningxia	200		200	313	
新 疆 Xinjiang					

专科生学生数
Institutions of Forestry

单位：人
unit：person

Entrants	在校生数 Enrolment			预计毕业生数 Estimated Graduates for Next Year		
专　科 Short-cycle Courses	合计 Total	本　科 Normal Courses	专　科 Short-cycle Courses	合计 Total	本　科 Normal Courses	专　科 Short-cycle Courses
26820	**192331**	**113209**	**79122**	**52814**	**27628**	**25186**
	13324	13324		3300	3300	
1580	4852		4852	1743		1743
2210	6310		6310	1925		1925
4160	30850	18805	12045	8705	4525	4180
	26827	26827		6614	6614	
	14377	14377		3676	3676	
1160	3324		3324	1032		1032
2069	6462		6462	2368		2368
2748	8813		8813	2446		2446
1044	1778		1778	273		273
3031	10132		10132	3596		3596
565	25412	23678	1734	6346	5760	586
2671	7207		7207	2056		2056
2502	23299	16198	7101	5805	3753	2052
2767	8585		8585	2732		2732
313	779		779	197		197

高等医药院校本科、

Number of Students of Institutions

地　区 Region	毕(结)业生数 Graduates			招生数	
	合计 Total	本　科 Normal Courses	专　科 Short-cycle Courses	合计 Total	本　科 Normal Courses
总　计 Total	**406343**	**198385**	**207958**	**435937**	**216065**
北　京 Beijing	3138	1850	1288	3861	2495
天　津 Tianjin	8208	4090	4118	8737	4509
河　北 Hebei	28744	10554	18190	30435	10237
山　西 Shanxi	10293	6512	3781	14729	10050
内蒙古 Inner Mongolia	4531	2493	2038	3718	2331
辽　宁 Liaoning	18272	13085	5187	21033	15828
吉　林 Jilin	8772	3475	5297	9958	3684
黑龙江 Heilongjiang	13793	8601	5192	13891	8768
上　海 Shanghai	5203	871	4332	3449	958
江　苏 Jiangsu	18032	10988	7044	19649	11725
浙　江 Zhejiang	12933	6249	6684	12827	6826
安　徽 Anhui	20990	10569	10421	23753	12329
福　建 Fujian	13221	4783	8438	14746	5105
江　西 Jiangxi	12645	6088	6557	13193	6276
山　东 Shandong	45722	20239	25483	43347	17749
河　南 Henan	32433	9608	22825	34244	8953
湖　北 Hubei	10428	6292	4136	9902	6231
湖　南 Hunan	20730	7183	13547	23004	8788
广　东 Guangdong	22687	17139	5548	21479	13566
广　西 Guangxi	14191	7190	7001	18207	10364
海　南 Hainan	2432	1415	1017	2698	1708
重　庆 Chongqing	11874	4328	7546	11995	4134
四　川 Sichuan	18352	10224	8128	20933	13882
贵　州 Guizhou	15577	8400	7177	22177	11134
云　南 Yunnan	11397	6002	5395	13852	6968
西　藏 Tibet	159	159		280	240
陕　西 Shaanxi	10234	5173	5061	7929	5137
甘　肃 Gansu	3941	1686	2255	4771	2639
青　海 Qinghai	898		898	893	
宁　夏 Ningxia	1984	1172	812	1529	958
新　疆 Xinjiang	4529	1967	2562	4718	2493

专科生学生数
of Medicine & Pharmacy

单位：人
unit：person

Entrants	在校生数 Enrolment			预计毕业生数 Estimated Graduates for Next Year		
专 科 Short-cycle Courses	合计 Total	本 科 Normal Courses	专 科 Short-cycle Courses	合计 Total	本 科 Normal Courses	专 科 Short-cycle Courses
219872	**1673429**	**993501**	**679928**	**433156**	**212741**	**220415**
1366	15031	10687	4344	3355	2056	1299
4228	32990	19811	13179	8672	4313	4359
20198	109612	49756	59856	31478	10731	20747
4679	51670	38849	12821	10660	6745	3915
1387	16180	10643	5537	4442	2399	2043
5205	90089	73798	16291	20817	14980	5837
6274	33692	16404	17288	8984	3713	5271
5123	59564	42724	16840	15094	9493	5601
2491	16575	3878	12697	5920	993	4927
7924	73926	51455	22471	18548	11447	7101
6001	49932	29682	20250	13511	6494	7017
11424	92932	55448	37484	23881	11686	12195
9641	54689	23908	30781	14681	4708	9973
6917	52931	28678	24253	14020	6630	7390
25598	174432	90380	84052	50414	22738	27676
25291	114247	45476	68771	33040	10596	22444
3671	40827	29491	11336	10736	6861	3875
14216	83242	38465	44777	22552	7705	14847
7913	92300	70785	21515	23007	16555	6452
7843	65803	42968	22835	14401	7706	6695
990	10448	7369	3079	2622	1624	998
7861	44841	20598	24243	12461	4802	7659
7051	79730	56034	23696	19400	11381	8019
11043	79489	51292	28197	16086	8893	7193
6884	53063	30184	22879	12707	5916	6791
40	1177	1137	40	175	175	
2792	37370	26276	11094	10014	5729	4285
2132	16343	9700	6643	3901	1917	1984
893	2399		2399	660		660
571	7412	5136	2276	2132	1274	858
2225	20493	12489	8004	4785	2481	2304

高等师范院校本科、

Number of Students of

地　区 Region	毕(结)业生数 Graduates			招生数	
	合计 Total	本　科 Normal Courses	专　科 Short-cycle Courses	合计 Total	本　科 Normal Courses
总　计 Total	**699376**	**510661**	**188715**	**715206**	**542092**
北　京 Beijing	4777	4613	164	5354	5222
天　津 Tianjin	10045	9338	707	9784	9286
河　北 Hebei	51029	32185	18844	47814	32198
山　西 Shanxi	22779	12530	10249	27354	15559
内蒙古 Inner Mongolia	10788	7776	3012	11066	8005
辽　宁 Liaoning	20685	12454	8231	20676	11609
吉　林 Jilin	23875	20542	3333	24804	21974
黑龙江 Heilongjiang	19864	15577	4287	17834	13524
上　海 Shanghai	8847	8370	477	8418	8418
江　苏 Jiangsu	46727	29889	16838	35817	30635
浙　江 Zhejiang	24015	21955	2060	24210	22794
安　徽 Anhui	59890	48630	11260	55924	50214
福　建 Fujian	22822	17224	5598	21786	18189
江　西 Jiangxi	23293	15487	7806	22409	16121
山　东 Shandong	21640	16810	4830	22683	17049
河　南 Henan	68714	55630	13084	74296	57391
湖　北 Hubei	24750	15197	9553	25927	15054
湖　南 Hunan	10812	8505	2307	15151	11984
广　东 Guangdong	25734	20829	4905	25043	21928
广　西 Guangxi	21245	14054	7191	24594	16532
海　南 Hainan	6908	4051	2857	7115	4563
重　庆 Chongqing	14732	11060	3672	16378	14216
四　川 Sichuan	44040	28251	15789	47425	33520
贵　州 Guizhou	26344	21173	5171	30084	20848
云　南 Yunnan	23339	14964	8375	28892	19096
西　藏 Tibet	869		869	1021	
陕　西 Shaanxi	27681	19205	8476	26892	19858
甘　肃 Gansu	18326	14168	4158	18015	14376
青　海 Qinghai	2433	1873	560	3203	2121
宁　夏 Ningxia	1334	1334		2062	1467
新　疆 Xinjiang	11039	6987	4052	13175	8341

专科生学生数

Institutions of Teachers

单位：人

unit：person

Entrants	在校生数 Enrolment			预计毕业生数 Estimated Graduates for Next Year		
专 科 Short-cycle Courses	合计 Total	本 科 Normal Courses	专 科 Short-cycle Courses	合计 Total	本 科 Normal Courses	专 科 Short-cycle Courses
173114	**2787500**	**2207825**	**579675**	**756056**	**553623**	**202433**
132	21406	20631	775	5121	4824	297
498	42232	40266	1966	11193	10375	818
15616	183423	133857	49566	52819	34221	18598
11795	97303	61413	35890	26428	13910	12518
3061	42755	32781	9974	11564	8247	3317
9067	78139	51697	26442	21547	13292	8255
2830	97845	86567	11278	25713	21667	4046
4310	71374	57362	14012	20963	15607	5356
	35241	34630	611	9710	9199	511
5182	159076	123334	35742	46532	31269	15263
1416	99089	93230	5859	25771	23782	1989
5710	228881	200903	27978	61142	49702	11440
3597	87428	76044	11384	23573	19146	4427
6288	90328	65988	24340	24318	16043	8275
5634	87495	68738	18757	22704	16932	5772
16905	288490	237364	51126	78135	61291	16844
10873	91256	61346	29910	25927	16207	9720
3167	55461	45389	10072	13900	10750	3150
3115	104311	91661	12650	28012	22868	5144
8062	87055	63257	23798	24368	15517	8851
2552	25508	17610	7898	6985	4234	2751
2162	68992	57771	11221	18512	14075	4437
13905	175715	123952	51763	46907	29408	17499
9236	117086	95033	22053	29865	24638	5227
9796	99234	71259	27975	24832	15649	9183
1021	2841		2841	1118		1118
7034	111059	88151	22908	32593	24032	8561
3639	71453	60260	11193	19473	15739	3734
1082	10863	8561	2302	2754	2214	540
595	7246	5992	1254	1501	1443	58
4834	48915	32778	16137	12076	7342	4734

高等语文院校本科、
Number of Students of Institutions

地区 Region	毕(结)业生数 Graduates			招生数	
	合计 Total	本科 Normal Courses	专科 Short-cycle Courses	合计 Total	本科 Normal Courses
总计 Total	**104528**	**57462**	**47066**	**126008**	**70694**
北京 Beijing	11138	8407	2731	11838	8835
天津 Tianjin	4236	3401	835	5371	3618
河北 Hebei	6334		6334	8735	1908
山西 Shanxi	6439		6439	8081	2263
内蒙古 Inner Mongolia	61		61	98	
辽宁 Liaoning	3636	3343	293	3175	3175
吉林 Jilin	4665	4665		5152	5152
黑龙江 Heilongjiang	2261	2261		2323	2323
上海 Shanghai	4652	1453	3199	5934	1471
江苏 Jiangsu					
浙江 Zhejiang	7307	6718	589	9827	9196
安徽 Anhui	2929	429	2500	5537	1936
福建 Fujian	1969		1969	2257	
江西 Jiangxi					
山东 Shandong	2053		2053	3966	
河南 Henan					
湖北 Hubei	3004	1811	1193	2145	2145
湖南 Hunan	9666	1765	7901	11187	2500
广东 Guangdong	7008	7008		7341	7341
广西 Guangxi	2745	645	2100	4088	2443
海南 Hainan	1111		1111	1282	
重庆 Chongqing	5933	5933		6761	6761
四川 Sichuan	3487	2664	823	7368	2899
贵州 Guizhou					
云南 Yunnan	217		217	1125	
西藏 Tibet					
陕西 Shaanxi	10619	6959	3660	9892	6728
甘肃 Gansu	3058		3058	2525	
青海 Qinghai					
宁夏 Ningxia					
新疆 Xinjiang					

专科生学生数
of Languages & Literatures

单位：人
unit：person

Entrants	在校生数 Enrolment			预计毕业生数 Estimated Graduates for Next Year		
专科 Short-cycle Courses	合计 Total	本科 Normal Courses	专科 Short-cycle Courses	合计 Total	本科 Normal Courses	专科 Short-cycle Courses
55314	**429883**	**271108**	**158775**	**115997**	**65128**	**50869**
3003	43149	34391	8758	11944	8647	3297
1753	19111	14501	4610	5019	3717	1302
6827	25695	5940	19755	7399	898	6501
5818	22173	4937	17236	5661		5661
98	260		260	73		73
	13715	13510	205	3618	3414	204
	20683	20683		4872	4872	
	9109	9109		2221	2221	
4463	19001	5990	13011	5462	1479	3983
631	37793	35778	2015	9367	8670	697
3601	16547	6052	10495	4331	1057	3274
2257	7575		7575	2819		2819
3966	10970		10970	3186		3186
	8057	8029	28	1962	1947	15
8687	35005	9709	25296	10504	2258	8246
	29096	29096		7246	7246	
1645	13195	7307	5888	3167	1096	2071
1282	3577		3577	1023		1023
	26646	26646		6864	6864	
4469	19216	10653	8563	4371	2817	1554
1125	2278		2278	425		425
3164	38771	28777	9994	11636	7925	3711
2525	8261		8261	2827		2827

高等财经院校本科、
Number of Students of Institutions

地 区 Region	毕(结)业生数 Graduates			招生数	
	合计 Total	本 科 Normal Courses	专 科 Short-cycle Courses	合计 Total	本 科 Normal Courses
总 计 Total	**663752**	**337454**	**326298**	**729225**	**368657**
北 京 Beijing	21941	14550	7391	20532	14812
天 津 Tianjin	14169	11706	2463	14914	12402
河 北 Hebei	23998	14798	9200	23943	16536
山 西 Shanxi	22839	10442	12397	28712	14473
内蒙古 Inner Mongolia	8811	4420	4391	9035	4488
辽 宁 Liaoning	19195	9932	9263	20419	10231
吉 林 Jilin	12598	9396	3202	13844	10180
黑龙江 Heilongjiang	18211	14087	4124	17601	14117
上 海 Shanghai	29248	16099	13149	35615	18967
江 苏 Jiangsu	28944	11471	17473	31365	11725
浙 江 Zhejiang	36146	14738	21408	34759	14395
安 徽 Anhui	42330	11156	31174	47184	10212
福 建 Fujian	20131	8546	11585	17920	10832
江 西 Jiangxi	21994	8198	13796	21879	8797
山 东 Shandong	32784	14921	17863	33480	14548
河 南 Henan	55009	28794	26215	59895	30849
湖 北 Hubei	36217	21401	14816	34102	22400
湖 南 Hunan	15239	6671	8568	18311	7685
广 东 Guangdong	44686	23523	21163	58865	34881
广 西 Guangxi	16467	3477	12990	21397	4917
海 南 Hainan	10585	3763	6822	11871	4036
重 庆 Chongqing	26411	18459	7952	30908	19590
四 川 Sichuan	17663	5294	12369	20278	5235
贵 州 Guizhou	11627	6316	5311	19476	8360
云 南 Yunnan	27433	20205	7228	36772	21117
西 藏 Tibet	302	35	267	194	154
陕 西 Shaanxi	32037	11567	20470	30103	10103
甘 肃 Gansu	10069	10069		8503	8503
青 海 Qinghai					
宁 夏 Ningxia	3248		3248	3236	
新 疆 Xinjiang	3420	3420		4112	4112

专科生学生数

of Finance & Economies

单位：人

unit: person

Entrants	在校生数 Enrolment			预计毕业生数 Estimated Graduates for Next Year		
专 科 Short-cycle Courses	合计 Total	本 科 Normal Courses	专 科 Short-cycle Courses	合计 Total	本 科 Normal Courses	专 科 Short-cycle Courses
360568	**2524414**	**1470062**	**1054352**	**704547**	**366353**	**338194**
5720	81135	60117	21018	23321	15557	7764
2512	57111	49146	7965	15503	12889	2614
7407	89765	64293	25472	24533	15362	9171
14239	93088	54402	38686	25321	12872	12449
4547	32364	18285	14079	9382	4774	4608
10188	72702	43122	29580	20261	10662	9599
3664	50947	40752	10195	13365	10397	2968
3484	67224	57426	9798	17886	14599	3287
16648	122902	75865	47037	33112	18585	14527
19640	102586	45643	56943	29988	11233	18755
20364	124402	59713	64689	37317	15621	21696
36972	149884	43433	106451	45053	11367	33686
7088	69510	40157	29353	19769	8124	11645
13082	78068	34657	43411	23440	8530	14910
18932	115456	60547	54909	33123	15795	17328
29046	213375	127229	86146	61203	32158	29045
11702	124607	88556	36051	34416	21923	12493
10626	61080	31312	29768	17269	8238	9031
23984	190149	120489	69660	46914	25938	20976
16480	63620	18660	44960	18165	4743	13422
7835	38132	14984	23148	11143	3724	7419
11318	108314	77802	30512	29724	20830	8894
15043	59436	21127	38309	17133	5754	11379
11116	55939	33307	22632	13355	8202	5153
15655	126138	86241	39897	29478	19949	9529
40	835	449	386	288	88	200
20000	110332	47600	62732	36341	14269	22072
	37892	37892		10407	10407	
3236	10565		10565	3574		3574
	16856	16856		3763	3763	

高等政法院校本科、

Number of Students of Institutions of

地 区 Region	毕(结)业生数 Graduates			招生数	
	合计 Total	本 科 Normal Courses	专 科 Short-cycle Courses	合计 Total	本 科 Normal Courses
总 计 Total	**96995**	**44942**	**52053**	**100342**	**50370**
北 京 Beijing	10036	7011	3025	11045	8171
天 津 Tianjin	665		665	1085	
河 北 Hebei	7254	2313	4941	8222	1946
山 西 Shanxi	2689		2689	1824	
内蒙古 Inner Mongolia				418	
辽 宁 Liaoning	5361	2825	2536	4018	2466
吉 林 Jilin	2972	1038	1934	2922	1313
黑龙江 Heilongjiang	1060		1060	1648	
上 海 Shanghai	6524	5315	1209	5760	4950
江 苏 Jiangsu	2062	1923	139	2970	2970
浙 江 Zhejiang	1939	841	1098	2433	1330
安 徽 Anhui	2889		2889	2645	
福 建 Fujian	175	96	79	1341	1341
江 西 Jiangxi	3446	932	2514	3339	1008
山 东 Shandong	6082	2825	3257	6886	3416
河 南 Henan	6001	1250	4751	5833	2118
湖 北 Hubei	3289	516	2773	4790	1054
湖 南 Hunan	2924	992	1932	2991	1588
广 东 Guangdong	3633	1893	1740	3190	1522
广 西 Guangxi	1282		1282	1510	992
海 南 Hainan	1256		1256	1608	
重 庆 Chongqing	4785	4785		5138	5138
四 川 Sichuan	4028	2066	1962	2606	1307
贵 州 Guizhou	1758		1758	1711	
云 南 Yunnan	2601	1618	983	2324	1132
西 藏 Tibet	330		330	300	
陕 西 Shaanxi	6105	3900	2205	5463	3325
甘 肃 Gansu	3271	2803	468	3604	2653
青 海 Qinghai	218		218	325	
宁 夏 Ningxia	918		918	1038	
新 疆 Xinjiang	1442		1442	1355	630

专科生学生数

Political Science & Law

单位：人

unit: person

Entrants	在校生数 Enrolment			预计毕业生数 Estimated Graduates for Next Year		
专 科 Short-cycle Courses	合计 Total	本 科 Normal Courses	专 科 Short-cycle Courses	合计 Total	本 科 Normal Courses	专 科 Short-cycle Courses
49972	**348422**	**197422**	**151000**	**101452**	**48893**	**52559**
2874	39738	31657	8081	10936	8117	2819
1085	2822		2822	779		779
6276	26374	9518	16856	7668	2675	4993
1824	7404		7404	2973		2973
418	1130		1130	307		307
1552	14639	8925	5714	5005	2500	2505
1609	10714	4967	5747	3451	1348	2103
1648	3739		3739	1193		1193
810	22762	20704	2058	6377	5271	1106
	11171	11171		2251	2251	
1103	8791	5325	3466	2612	1256	1356
2645	8689		8689	3366		3366
	4422	4171	251	701	450	251
2331	11313	4213	7100	3393	1019	2374
3470	22691	13159	9532	6539	3130	3409
3715	17597	6663	10934	5075	1022	4053
3736	14224	3737	10487	4022	860	3162
1403	11202	6561	4641	3156	1410	1746
1668	10192	5627	4565	3218	1646	1572
518	4360	992	3368	1406		1406
1608	4527		4527	1363		1363
	20480	20480		5273	5273	
1299	10538	6529	4009	3417	2065	1352
1711	4588		4588	1103		1103
1192	8481	5304	3177	2400	1450	950
300	816		816	257		257
2138	21423	14645	6778	6352	4010	2342
951	13420	10832	2588	3478	2777	701
325	997		997	375		375
1038	3187		3187	1116		1116
725	5991	2242	3749	1890	363	1527

高等体育院校本科、

Number of Students of Institutions

地 区 Region	毕(结)业生数 Graduates			招生数	
	合计 Total	本 科 Normal Courses	专 科 Short-cycle Courses	合计 Total	本 科 Normal Courses
总 计 Total	**31025**	**24413**	**6612**	**33809**	**26337**
北 京 Beijing	2666	2608	58	3131	3069
天 津 Tianjin	2113	1953	160	2696	2460
河 北 Hebei	1328	1243	85	1322	1248
山 西 Shanxi	573		573	442	
内蒙古 Inner Mongolia	95		95	178	
辽 宁 Liaoning	1996	1932	64	2036	1844
吉 林 Jilin	1513	1513		1555	1555
黑龙江 Heilongjiang	1388	1388		1813	1334
上 海 Shanghai	1122	970	152	1117	970
江 苏 Jiangsu	1235	1162	73	1707	1707
浙 江 Zhejiang	223		223	125	
安 徽 Anhui	479		479	537	
福 建 Fujian	460		460	439	
江 西 Jiangxi					
山 东 Shandong	1788	1788		1956	1956
河 南 Henan	1079		1079	440	
湖 北 Hubei	4128	3856	272	4212	3905
湖 南 Hunan	534		534	825	
广 东 Guangdong	3314	1837	1477	3199	1803
广 西 Guangxi	360		360	811	
海 南 Hainan					
重 庆 Chongqing					
四 川 Sichuan	2153	2153		2431	2431
贵 州 Guizhou					
云 南 Yunnan	414		414	627	
西 藏 Tibet					
陕 西 Shaanxi	2010	2010		2055	2055
甘 肃 Gansu					
青 海 Qinghai					
宁 夏 Ningxia					
新 疆 Xinjiang	54		54	155	

专科生学生数
of Physical Culture

单位：人
unit：person

Entrants	在校生数 Enrolment			预计毕业生数 Estimated Graduates for Next Year		
专 科 Short-cycle Courses	合计 Total	本 科 Normal Courses	专 科 Short-cycle Courses	合计 Total	本 科 Normal Courses	专 科 Short-cycle Courses
7472	**127120**	**103205**	**23915**	**32069**	**25234**	**6835**
62	11954	11809	145	2955	2894	61
236	10312	9689	623	2509	2273	236
74	5244	5063	181	1349	1266	83
442	930		930	393		393
178	428		428	149		149
192	8033	7740	293	2025	1962	63
	6218	6218		1598	1598	
479	6204	5712	492	1409	1409	
147	4422	4060	362	1194	1079	115
	6265	6212	53	1432	1379	53
125	756		756	362		362
537	1509		1509	528		528
439	1303		1303	391		391
	7363	7363		1647	1647	
440	5472		5472	1131		1131
307	16234	15478	756	4235	4028	207
825	2210		2210	723		723
1396	10846	6433	4413	2782	1433	1349
811	1796		1796	391		391
	9208	9208		2218	2218	
627	1775		1775	474		474
	8220	8220		2048	2048	
155	418		418	126		126

高等艺术院校本科、
Number of Students of

地区 Region	毕(结)业生数 Graduates			招生数	
	合计 Total	本科 Normal Courses	专科 Short-cycle Courses	合计 Total	本科 Normal Courses
总计 Total	**94284**	**52531**	**41753**	**119713**	**61393**
北京 Beijing	3395	3053	342	3673	3440
天津 Tianjin	2892	1781	1111	3321	1761
河北 Hebei	6807	4122	2685	7645	4332
山西 Shanxi	667		667	831	
内蒙古 Inner Mongolia	96		96	696	378
辽宁 Liaoning	10437	6711	3726	10386	6835
吉林 Jilin	4447	4396	51	5008	5008
黑龙江 Heilongjiang	441		441	867	
上海 Shanghai	3670	1746	1924	3746	1863
江苏 Jiangsu	8469	5064	3405	8591	4896
浙江 Zhejiang	4412	1630	2782	3811	1548
安徽 Anhui	873		873	987	
福建 Fujian	1029		1029	1724	
江西 Jiangxi	2759	600	2159	5226	1564
山东 Shandong	4191	3586	605	5540	3948
河南 Henan	2715		2715	3891	
湖北 Hubei	4663	3005	1658	5307	2792
湖南 Hunan	2580		2580	3212	
广东 Guangdong	4602	2099	2503	6325	2368
广西 Guangxi	3620	2502	1118	6976	4925
海南 Hainan					
重庆 Chongqing	2170	1377	793	3480	1785
四川 Sichuan	12292	4774	7518	19404	7122
贵州 Guizhou					
云南 Yunnan	3826	3005	821	4725	3425
西藏 Tibet					
陕西 Shaanxi	2426	2332	94	3097	2436
甘肃 Gansu					
青海 Qinghai					
宁夏 Ningxia				234	
新疆 Xinjiang	805	748	57	1010	967

专科生学生数
Institutions of Art

单位：人
unit：person

Entrants	在校生数 Enrolment			预计毕业生数 Estimated Graduates for Next Year		
专 科 Short-cycle Courses	合计 Total	本 科 Normal Courses	专 科 Short-cycle Courses	合计 Total	本 科 Normal Courses	专 科 Short-cycle Courses
58320	**393911**	**235939**	**157972**	**102649**	**55502**	**47147**
233	14256	13545	711	3506	3181	325
1560	11680	7351	4329	3126	1845	1281
3313	26192	16776	9416	6845	3966	2879
831	2348		2348	803		803
318	1377	378	999	261		261
3551	38661	27407	11254	10090	6090	4000
	19496	19443	53	4839	4786	53
867	1991		1991	546		546
1883	13711	7531	6180	4110	1877	2233
3695	32050	20975	11075	9088	5441	3647
2263	14785	6776	8009	4625	1651	2974
987	2995		2995	997		997
1724	4643		4643	1324		1324
3662	14403	4858	9545	3448	862	2586
1592	20078	17110	2968	5157	4379	778
3891	9162		9162	2745		2745
2515	18388	11718	6670	4991	3111	1880
3212	9215		9215	2917		2917
3957	20338	9261	11077	5311	2217	3094
2051	21175	15708	5467	4608	3266	1342
1695	11385	7278	4107	2642	1638	1004
12282	52344	22774	29570	12660	4828	7832
1300	18029	13692	4337	4648	3266	1382
661	11009	9617	1392	2531	2340	191
234	279		279			
43	3921	3741	180	831	758	73

高等民族院校本科、
Number of Students of

地 区 Region	毕(结)业生数 Graduates			招生数	
	合计 Total	本 科 Normal Courses	专 科 Short-cycle Courses	合计 Total	本 科 Normal Courses
总 计 Total	**57272**	**49762**	**7510**	**62446**	**56405**
北 京 Beijing	2660	2660		2792	2792
天 津 Tianjin					
河 北 Hebei					
山 西 Shanxi					
内蒙古 Inner Mongolia					
辽 宁 Liaoning	3485	3485		4346	4346
吉 林 Jilin					
黑龙江 Heilongjiang	703		703	1088	
上 海 Shanghai					
江 苏 Jiangsu					
浙 江 Zhejiang					
安 徽 Anhui					
福 建 Fujian					
江 西 Jiangxi					
山 东 Shandong					
河 南 Henan					
湖 北 Hubei	10227	10222	5	9959	9959
湖 南 Hunan	3447		3447	2664	
广 东 Guangdong					
广 西 Guangxi	3800	3514	286	4209	3958
海 南 Hainan					
重 庆 Chongqing					
四 川 Sichuan	8433	7356	1077	9134	8711
贵 州 Guizhou	4149	3984	165	5625	5625
云 南 Yunnan	5194	5131	63	5609	5525
西 藏 Tibet	2303	1735	568	2560	2259
陕 西 Shaanxi					
甘 肃 Gansu	5485	5485		6195	6195
青 海 Qinghai	2001	1892	109	2361	2158
宁 夏 Ningxia	5385	4298	1087	5904	4877
新 疆 Xinjiang					

专科生学生数

Nationalities Institutions

单位：人

unit: person

Entrants	在校生数 Enrolment			预计毕业生数 Estimated Graduates for Next Year		
专科 Short-cycle Courses	合计 Total	本科 Normal Courses	专科 Short-cycle Courses	合计 Total	本科 Normal Courses	专科 Short-cycle Courses
6041	**246067**	**224621**	**21446**	**62106**	**54458**	**7648**
	11360	11360		2876	2876	
	16090	16090		3663	3663	
1088	3129		3129	1003		1003
	41988	41988		10945	10945	
2664	10369		10369	3496		3496
251	16204	15509	695	3934	3715	219
423	36144	34058	2086	9294	8335	959
	23346	23284	62	5285	5225	60
84	21376	21221	155	5030	4987	43
301	9573	8524	1049	2439	2008	431
	24687	24687		5757	5757	
203	8608	8282	326	2067	1955	112
1027	23193	19618	3575	6317	4992	1325

高等职业学校本科、

Number of Students of Higher

地　区 Region	毕(结)业生数 Graduates			招生数	
	合计 Total	本　科 Normal Courses	专　科 Short-cycle Courses	合计 Total	本　科 Normal Courses
总　计 Total	**2240999**	**54**	**2240945**	**2627010**	
北　京 Beijing	22005		22005	17488	
天　津 Tianjin	50107		50107	50416	
河　北 Hebei	96202		96202	103660	
山　西 Shanxi	62599		62599	68323	
内蒙古 Inner Mongolia	40117		40117	48470	
辽　宁 Liaoning	64286		64286	73133	
吉　林 Jilin	24617		24617	28640	
黑龙江 Heilongjiang	48193		48193	56940	
上　海 Shanghai	26140		26140	35753	
江　苏 Jiangsu	213859		213859	184588	
浙　江 Zhejiang	108155		108155	104990	
安　徽 Anhui	116512		116512	143977	
福　建 Fujian	58532		58532	69703	
江　西 Jiangxi	62448		62448	103819	
山　东 Shandong	154847		154847	214744	
河　南 Henan	133528		133528	163026	
湖　北 Hubei	127880		127880	140333	
湖　南 Hunan	118142		118142	143140	
广　东 Guangdong	215112		215112	245708	
广　西 Guangxi	62859		62859	84618	
海　南 Hainan	15750		15750	18586	
重　庆 Chongqing	61546		61546	79162	
四　川 Sichuan	114743		114743	149901	
贵　州 Guizhou	41844		41844	65121	
云　南 Yunnan	30849		30849	45089	
西　藏 Tibet	2042		2042	1830	
陕　西 Shaanxi	84710		84710	90029	
甘　肃 Gansu	40994		40994	41638	
青　海 Qinghai	5350		5350	7704	
宁　夏 Ningxia	9268		9268	9784	
新　疆 Xinjiang	27763	54	27709	36697	

专科生学生数
Vocational Colleges

单位：人
unit：person

Entrants	在校生数 Enrolment			预计毕业生数 Estimated Graduates for Next Year		
专科 Short-cycle Courses	合计 Total	本 科 Normal Courses	专 科 Short-cycle Courses	合计 Total	本 科 Normal Courses	专 科 Short-cycle Courses
2627010	**7682995**		**7682995**	**2404766**		**2404766**
17488	63501		63501	23192		23192
50416	159168		159168	53129		53129
103660	304672		304672	101078		101078
68323	194729		194729	64700		64700
48470	142745		142745	44212		44212
73133	214035		214035	68430		68430
28640	86806		86806	27662		27662
56940	163749		163749	53214		53214
35753	103500		103500	31819		31819
184588	635491		635491	223691		223691
104990	340270		340270	115296		115296
143977	410198		410198	127710		127710
69703	208832		208832	67754		67754
103819	284567		284567	75639		75639
214744	613796		613796	175932		175932
163026	447954		447954	137992		137992
140333	424332		424332	136026		136026
143140	421984		421984	131654		131654
245708	700501		700501	225846		225846
84618	231221		231221	66241		66241
18586	55415		55415	17725		17725
79162	216145		216145	63572		63572
149901	401729		401729	114674		114674
65121	162482		162482	39397		39397
45089	130105		130105	38388		38388
1830	4883		4883	1496		1496
90029	283032		283032	95761		95761
41638	122006		122006	36846		36846
7704	19302		19302	5579		5579
9784	30148		30148	9963		9963
36697	105697		105697	30148		30148

广播电视大学本、
Number of Students in Radio/TV

地 区 Region	毕业生数 Graduates			招生数	
	合 计 Total	本 科 Normal Courses	专 科 Short-cycle Courses	合 计 Total	本 科 Normal Courses
总 计 Total	**59135**	**1089**	**58046**	**68952**	**3209**
北 京 Beijing	156		156		
天 津 Tianjin	73		73	26	
河 北 Hebei	1763		1763	3933	56
山 西 Shanxi	1735		1735	1070	
内蒙古 Inner Mongolia	906		906	233	
辽 宁 Liaoning	3160		3160	1919	
吉 林 Jilin	1577		1577	699	
黑龙江 Heilongjiang	1306		1306	1138	
上 海 Shanghai					
江 苏 Jiangsu	2200	10	2190	5076	767
浙 江 Zhejiang	5307		5307	5171	
安 徽 Anhui	489	89	400	440	232
福 建 Fujian	3771		3771	5810	
江 西 Jiangxi	602		602	2089	501
山 东 Shandong	1484		1484	5756	486
河 南 Henan	256	22	234	332	19
湖 北 Hubei	909	256	653	1072	163
湖 南 Hunan	1047		1047	211	
广 东 Guangdong	2754		2754	4442	188
广 西 Guangxi	272	144	128	452	284
海 南 Hainan	115		115	98	
重 庆 Chongqing	7355		7355	10532	
四 川 Sichuan	8953	541	8412	6088	283
贵 州 Guizhou	3292		3292	1650	
云 南 Yunnan	2473	27	2446	3850	96
西 藏 Tibet					
陕 西 Shaanxi	1561		1561	2007	134
甘 肃 Gansu	2039		2039	1795	
青 海 Qinghai	395		395	318	
宁 夏 Ningxia	1735		1735	1451	
新 疆 Xinjiang	1450		1450	1294	

专科学生数
Universities

单位：人
unit：person

Entrants	在校生数 Enrolment			预计毕业生数 Estimated Graduates for Next Year		
专 科 Short-cycle Courses	合 计 Total	本 科 Normal Courses	专 科 Short-cycle Courses	合 计 Total	本 科 Normal Courses	专 科 Short-cycle Courses
65743	**181247**	**7193**	**174054**	**85759**	**2362**	**83397**
	663		663	663		663
26	228		228	202		202
3877	8121	118	8003	2328	40	2288
1070	2349		2349	1279		1279
233	1467		1467	1234		1234
1919	3380		3380	1461		1461
699	2639		2639	1940		1940
1138	2800		2800	998		998
4309	12637	1449	11188	6971	92	6879
5171	15864		15864	6012		6012
208	1544	666	878	503	123	380
5810	14011		14011	3955		3955
1588	3920	1128	2792	1831	627	1204
5270	8739	486	8253	2974		2974
313	742	48	694	410	29	381
909	3503	773	2730	2120	300	1820
211	857		857	484		484
4254	10256	188	10068	3325		3325
168	1141	643	498	344	137	207
98	189		189	91		91
10532	30090		30090	13936		13936
5805	22120	1222	20898	15635	939	14696
1650	7488		7488	5105		5105
3754	6945	133	6812	3044	37	3007
1873	6515	339	6176	3109	38	3071
1795	4554		4554	1866		1866
318	1053		1053	542		542
1451	3500		3500	1514		1514
1294	3932		3932	1883		1883

职工高等学校本、

Number of Students in

地 区 Region	毕业生数 Graduates			招生数	
	合 计 Total	本 科 Normal Courses	专 科 Short-cycle Courses	合 计 Total	本科 Normal Courses
总 计 Total	**65896**	**1984**	**63912**	**49646**	**1588**
北 京 Beijing	4361	304	4057	4882	39
天 津 Tianjin	4660		4660	5850	
河 北 Hebei	600		600	737	
山 西 Shanxi	7802	961	6841	3591	734
内蒙古 Inner Mongolia					
辽 宁 Liaoning	9245		9245	4291	
吉 林 Jilin	3384	597	2787	3003	745
黑龙江 Heilongjiang	2410		2410	1013	
上 海 Shanghai	2637		2637	1709	
江 苏 Jiangsu	796		796	103	
浙 江 Zhejiang	1633		1633	2179	
安 徽 Anhui	656		656	653	
福 建 Fujian					
江 西 Jiangxi	781		781	838	
山 东 Shandong	1144		1144	642	
河 南 Henan	6184		6184	3723	
湖 北 Hubei					
湖 南 Hunan	2737		2737	2527	
广 东 Guangdong	1791		1791	2415	
广 西 Guangxi	268		268	107	
海 南 Hainan					
重 庆 Chongqing	241		241	121	
四 川 Sichuan	6562	76	6486	4944	34
贵 州 Guizhou	1214		1214	1223	
云 南 Yunnan				156	
西 藏 Tibet					
陕 西 Shaanxi	5448	46	5402	3861	36
甘 肃 Gansu	354		354	187	
青 海 Qinghai	820		820	799	
宁 夏 Ningxia					
新 疆 Xinjiang	168		168	92	

专科学生数
Workers' Colleges

单位：人
unit：person

Entrants	在校生数 Enrolment			预计毕业生数 Estimated Graduates for Next Year		
专　科 Short-cycle Courses	合　计 Total	本　科 Normal Courses	专　科 Short-cycle Courses	合　计 Total	本　科 Normal Courses	专　科 Short-cycle Courses
48058	**128919**	**4456**	**124463**	**66854**	**2433**	**64421**
4843	11121	453	10668	4766	188	4578
5850	12352		12352	6502		6502
737	1568		1568	824		824
2857	13023	1856	11167	7116	914	6202
4291	11310		11310	7016		7016
2258	7466	1976	5490	4463	1231	3232
1013	3699		3699	2024		2024
1709	5873		5873	3879		3879
103	159		159	56		56
2179	4495		4495	2171		2171
653	1351		1351	698		698
838	1956		1956	976		976
642	3352		3352	1609		1609
3723	9057		9057	5091		5091
2527	5697		5697	2979		2979
2415	5411		5411	2237		2237
107	262		262	167		167
121	469		469	174		174
4910	13638	113	13525	6904	79	6825
1223	3436		3436	1667		1667
156	233		233			
3825	9993	58	9935	3922	21	3901
187	873		873	570		570
799	1919		1919	960		960
92	206		206	83		83

教育学院本、

Number of Students in

地 区 Region	毕业生数 Graduates			招生数	
	合 计 Total	本 科 Normal Courses	专 科 Short-cycle Courses	合 计 Total	本 科 Normal Courses
总 计 Total	**31262**	**7095**	**24167**	**29920**	**6132**
北 京 Beijing	1150	288	862	732	289
天 津 Tianjin					
河 北 Hebei					
山 西 Shanxi	207		207	117	
内蒙古 Inner Mongolia					
辽 宁 Liaoning	2149	433	1716	1417	446
吉 林 Jilin	3152	1136	2016	1225	635
黑龙江 Heilongjiang	5155	1691	3464	2788	1014
上 海 Shanghai					
江 苏 Jiangsu	1483		1483	1462	
浙 江 Zhejiang	3209	1195	2014	2037	902
安 徽 Anhui					
福 建 Fujian	4968	894	4074	7049	1619
江 西 Jiangxi	731		731	4404	
山 东 Shandong	10		10	13	
河 南 Henan	3634	430	3204	4509	445
湖 北 Hubei	1301		1301	856	
湖 南 Hunan	497		497	276	
广 东 Guangdong	676		676	475	
广 西 Guangxi	2012	1028	984	1388	782
海 南 Hainan					
重 庆 Chongqing					
四 川 Sichuan					
贵 州 Guizhou					
云 南 Yunnan					
西 藏 Tibet					
陕 西 Shaanxi	241		241	666	
甘 肃 Gansu					
青 海 Qinghai					
宁 夏 Ningxia					
新 疆 Xinjiang	687		687	506	

专科学生数
Educational Colleges

单位：人
unit：person

Entrants	在校生数 Enrolment			预计毕业生数 Estimated Graduates for Next Year		
专科 Short-cycle Courses	合计 Total	本科 Normal Courses	专科 Short-cycle Courses	合计 Total	本科 Normal Courses	专科 Short-cycle Courses
23788	**75447**	**16637**	**58810**	**33396**	**6438**	**26958**
443	2548	1029	1519	942	301	641
117	364		364	247		247
971	2979	876	2103	1562	430	1132
590	4147	2098	2049	2493	1034	1459
1774	8550	3189	5361	5482	1895	3587
1462	3020		3020	1558		1558
1135	6847	2925	3922	3384	840	2544
5430	18827	3513	15314	3736	232	3504
4404	8904		8904	4405		4405
13	33		33	20		20
4064	8308	866	7442	3792	421	3371
856	1838		1838	982		982
276	1280		1280	1003		1003
475	1889		1889	717		717
606	3476	2141	1335	2014	1285	729
666	1129		1129	463		463
506	1308		1308	596		596

管理干部学院本、

Number of Students in Institutes

地　区 Region	毕业生数 Graduates			招生数	
	合　计 Total	本　科 Normal Courses	专　科 Short-cycle Courses	合　计 Total	本　科 Normal Courses
总　计 Total	**18028**	**2766**	**15262**	**9203**	**909**
北　京 Beijing	2332	220	2112	1673	
天　津 Tianjin	102		102	23	
河　北 Hebei	56		56	61	
山　西 Shanxi	2903		2903	1379	
内蒙古 Inner Mongolia					
辽　宁 Liaoning	163	151	12	120	89
吉　林 Jilin	776	179	597	507	111
黑龙江 Heilongjiang	2615	525	2090	2012	268
上　海 Shanghai	338		338	359	
江　苏 Jiangsu	2467		2467	1550	
浙　江 Zhejiang					
安　徽 Anhui	346		346	149	
福　建 Fujian					
江　西 Jiangxi	1949	805	1144	16	16
山　东 Shandong	2231	510	1721		
河　南 Henan					
湖　北 Hubei	83		83		
湖　南 Hunan					
广　东 Guangdong					
广　西 Guangxi	747	376	371	1013	425
海　南 Hainan					
重　庆 Chongqing					
四　川 Sichuan					
贵　州 Guizhou					
云　南 Yunnan					
西　藏 Tibet					
陕　西 Shaanxi	920		920	341	
甘　肃 Gansu					
青　海 Qinghai					
宁　夏 Ningxia					
新　疆 Xinjiang					

专科学生数
for Administration

单位：人
unit：person

Entrants	在校生数 Enrolment			预计毕业生数 Estimated Graduates for Next Year		
专科 Short-cycle Courses	合计 Total	本科 Normal Courses	专科 Short-cycle Courses	合计 Total	本科 Normal Courses	专科 Short-cycle Courses
8294	**29984**	**4653**	**25331**	**18087**	**2950**	**15137**
1673	4081	255	3826	2298	144	2154
23	23		23			
61	135		135	66		66
1379	6671		6671	3949		3949
31	281	245	36	111	106	5
396	1284	351	933	777	240	537
1744	4730	719	4011	2718	451	2267
359	971		971	334		334
1550	4587		4587	3037		3037
149	310		310	161		161
	421	350	71	142	125	17
	2932	1401	1531	2932	1401	1531
	43		43	43		43
588	2824	1332	1492	1169	483	686
341	691		691	350		350

普通高等学校举办函授、业余、

Number of Students in Correspondence Courses for Adults run

地区 Region	函授、业余 Divisions of Correspondence, Sparetime Schools							
	毕业生数 Graduates			招生数 Entrants			在校生数 Enrolment	
	合计 Total	本科 Normal Courses	专科 Short-cycle Courses	合计 Total	本科 Normal Courses	专科 Short-cycle Courses	合计 Total	本科 Normal Courses
总计 Total	**2176030**	**945715**	**1230315**	**2207347**	**1001892**	**1205455**	**5935945**	**2756872**
北京 Beijing	89428	55147	34281	68671	43594	25077	191035	127756
天津 Tianjin	28376	16937	11439	25433	14840	10593	56343	33440
河北 Hebei	109923	59056	50867	141447	80371	61076	349473	201115
山西 Shanxi	50603	22715	27888	30042	17212	12830	122087	63484
内蒙古 Inner Mongolia	53945	25963	27982	13493	8942	4551	69617	39721
辽宁 Liaoning	74238	30548	43690	53794	29242	24552	144988	77456
吉林 Jilin	73949	33515	40434	65049	33039	32010	164783	84817
黑龙江 Heilongjiang	73911	39051	34860	58410	31025	27385	148154	80197
上海 Shanghai	46708	35041	11667	45782	32585	13197	151168	112636
江苏 Jiangsu	150362	78420	71942	172087	95222	76865	412293	235741
浙江 Zhejiang	107928	35228	72700	106723	40140	66583	246408	87632
安徽 Anhui	87004	36415	50589	90774	44601	46173	219987	107583
福建 Fujian	34289	15933	18356	37126	17473	19653	121879	56468
江西 Jiangxi	44901	22710	22191	49972	23569	26403	176312	79390
山东 Shandong	156507	76691	79816	156601	85573	71028	469437	270517
河南 Henan	134554	55693	78861	143412	61657	81755	340950	158462
湖北 Hubei	104066	37857	66209	97211	41494	55717	233246	103369
湖南 Hunan	100889	42491	58398	104361	47661	56700	234563	106455
广东 Guangdong	178282	55713	122569	233861	60172	173689	646939	172436
广西 Guangxi	80904	32240	48664	104694	41039	63655	249842	98670
海南 Hainan	7900	3810	4090	4556	2247	2309	19146	9743
重庆 Chongqing	51612	11749	39863	48937	10315	38622	120833	29986
四川 Sichuan	129537	35251	94286	141473	36266	105207	368398	98115
贵州 Guizhou	25327	12937	12390	32415	16330	16085	110653	56253
云南 Yunnan	55640	23254	32386	65142	29836	35306	203642	92362
西藏 Tibet	3051	2204	847	6718	4483	2235	20490	12696
陕西 Shaanxi	54055	22747	31308	48318	24368	23950	149575	73618
甘肃 Gansu	26796	12510	14286	25460	12074	13386	82983	40096
青海 Qinghai	4062	3008	1054	3256	2304	952	10705	7110
宁夏 Ningxia	9872	3232	6640	9988	4146	5842	25672	9271
新疆 Xinjiang	27411	7649	19762	22141	10072	12069	74344	30277

脱产分本专科学生数

divisions, Sparetime Schools & Short-cycle by Regular HEIs

单位：人
unit: person

	脱产 Short-cycle Courses for Adults								
	毕业生数 Graduates			招生数 Entrants			在校生数 Enrolment		
专科 Short-cycle Courses	合计 Total	本科 Normal Courses	专科 Short-cycle Courses	合计 Total	本科 Normal Courses	专科 Short-cycle Courses	合计 Total	本科 Normal Courses	专科 Short-cycle Courses
3179073	**11613**	**3846**	**7767**	**1933**	**945**	**988**	**6706**	**3543**	**3163**
63279	37	37							
22903									
148358	1041	476	565	664	664		2184	2081	103
58603	10		10						
29896									
67532									
79966									
67957									
38532									
176552	166	116	50	259		259	949	275	674
158776	350	149	201	328	152	176	1209	669	540
112404									
65411									
96922	8434	2923	5511				574	173	401
198920	1	1							
182488	790		790				1		1
129877	7	4	3				10	10	
128108	1	1							
474503									
151172	7	2	5						
9403									
90847									
270283	1	1		2		2	4		4
54400	7	7							
111280									
7794									
75957	1	1							
42887									
3595									
16401									
44067	760	128	632	680	129	551	1775	335	1440

在职人员攻读硕士
Number of On-the-job

地　区 Region	授予学位数 Degrees Awarded
总　计 Total	**109202**
北　京 Beijing	15865
天　津 Tianjin	3655
河　北 Hebei	2074
山　西 Shanxi	1218
内蒙古 Inner Mongolia	1259
辽　宁 Liaoning	5347
吉　林 Jilin	3847
黑龙江 Heilongjiang	3337
上　海 Shanghai	9234
江　苏 Jiangsu	8585
浙　江 Zhejiang	4353
安　徽 Anhui	1837
福　建 Fujian	3038
江　西 Jiangxi	1553
山　东 Shandong	6161
河　南 Henan	2126
湖　北 Hubei	9338
湖　南 Hunan	3114
广　东 Guangdong	3560
广　西 Guangxi	683
海　南 Hainan	280
重　庆 Chongqing	4300
四　川 Sichuan	4738
贵　州 Guizhou	428
云　南 Yunnan	3032
西　藏 Tibet	6
陕　西 Shaanxi	4116
甘　肃 Gansu	717
青　海 Qinghai	300
宁　夏 Ningxia	396
新　疆 Xinjiang	705

学位学生数

Students Studying for Master's Degree

单位:人
unit: person

招生数(人) Entrants	在校生数(人) Enrolment
127858	**587508**
15463	85973
3610	16225
2694	9625
1899	7242
1652	7100
4763	21024
3567	17781
3698	16603
9530	44491
10946	49533
4149	18074
2841	11005
2392	13666
2440	11759
7373	27353
2710	11300
12500	58229
4334	21271
5243	20974
1187	4858
488	2308
5364	21136
5401	25124
950	3820
2030	12031
	22
7142	36035
1503	6368
300	1157
448	1175
1241	4246

地 区 Region	毕(结)业生数 Graduates												
	自考助学班 Classes Run by Non-government HEIs for Students Preparing for Self-directed State-administered Examinations	普通预科生 College-preparatory Classes	研究生课程进修班 Postgraduate Courses	进修及培训 In-service Training									
				合计 Total	其中:资格证书培训 of Which: For Certificates of Vocational Qualifications	岗位证书培训 For Certificates of Job-related Qualifications	其中:第一产业类培训 of Which: Training for First Industry	第二产业类培训 Training for Second Industry	第三产业类培训 Training for Third Industry	一个月以内 1 Month Under	一个月至三个月以内 1 Month to 3 Months Under	三个月至半年以内 3 Months to 6 Months Under	半年至一年以内 6 Months to 1 Year Under
总 计 Total	**130855**		**31260**	**8913268**	**2426509**	**2768653**	**449134**	**1300265**	**7163869**	**5429378**	**2016129**	**875731**	**486987**
北 京 Beijing	7710		7569	947366	55477	159996	46934	46379	854053	595226	96116	156423	83333
天 津 Tianjin	3090		1717	198898	81922	84534	21841	58041	119016	166984	21529	5840	4274
河 北 Hebei	3187		507	104127	23581	20597	3360	40595	60172	87322	12135	2240	2287
山 西 Shanxi	2506			58601	26266	24295	175	11216	47210	37626	2449	341	2903
内蒙古 Inner Mongolia			160	88751	62178	25379	11597	49366	27788	75810	9947	2015	979
辽 宁 Liaoning	10329			244095	46670	129113	8690	107433	127972	171321	19272	42350	10524
吉 林 Jilin	9159		2194	51265	14356	8804	3302	4116	43847	43670	5348	1734	365
黑龙江 Heilongjiang	352		134	72084	18717	30567	4990	42058	25036	67555	3007	668	768
上 海 Shanghai	2739		1980	704585	98428	124838	1153	66921	636511	377831	66689	195706	39247
江 苏 Jiangsu	14443		1412	524703	214857	130189	50680	114086	359937	388908	71346	38353	18616
浙 江 Zhejiang	11226		2784	813442	160337	243221	26417	67071	719954	736073	56990	9980	8774
安 徽 Anhui	560		85	347474	82320	59769	10419	38739	298316	122376	13145	5436	203034
福 建 Fujian	1234		180	140891	100220	21055	69577	5872	65442	101892	9508	22397	4280
江 西 Jiangxi	3002			81961	23491	27866	29240	6297	46424	66442	10315	3522	269
山 东 Shandong	3870		1274	401971	124417	205622	9726	114900	277345	317950	51692	21169	10347
河 南 Henan	5422		1696	351938	238373	73300	2945	28436	320557	299004	43398	3684	3414
湖 北 Hubei	20389		1154	297204	97691	112677	6679	114313	176212	222487	42945	16745	14447
湖 南 Hunan	10039		291	383517	147583	45365	21063	43106	319348	106042	40310	220906	14521
广 东 Guangdong	5683		2571	1050060	231973	595177	13038	43242	993780	379063	604570	25889	31778
广 西 Guangxi	4567		2065	215296	77965	101950	11318	102071	101907	184366	27099	439	3305
海 南 Hainan	783			18488	4073	1361	14	1005	17469	12896	1824	1273	2307
重 庆 Chongqing	1504			539058	54792	36091	2183	20795	516080	98851	433939	2700	2778
四 川 Sichuan	4721		2493	426242	110110	109101	37936	41746	346560	336366	38220	36723	7567
贵 州 Guizhou	384		136	77859	29458	23942	7491	14313	56055	59232	16507	2120	
云 南 Yunnan	489		524	141289	53331	57817	9030	33657	98602	104442	31082	5207	558
西 藏 Tibet	435		214	6557	2490	2740	1523		5034	4735	1780		
陕 西 Shaanxi			107	170980	69009	43508	10107	51380	109493	114724	34641	14968	2660
甘 肃 Gansu	2173			286803	128173	157318	7057	6843	272903	55159	193732	25604	11172
青 海 Qinghai	300			17393	3874	13519		7625	9768	15043	1973	377	
宁 夏 Ningxia			13	18697	9757	8936	3073	7394	8230	10058	2681	3616	2342
新 疆 Xinjiang	559			131673	34620	90006	17576	11249	102848	69924	51940	7306	138

注:包含民办的其他高等教育机构数据。

Note: Data of Non-government HEIs are included.

教育学生情况（总计）
of HEIs（Total）

单位：人/人次
unit：person/person-time

	注册学生数 Enrolment													
				进修及培训 In-service Training										
一年及以上 1 Year and Over	自考助学班 Classes Run by Non-government HEIs for Students Preparing for Self-directed State-administered Examinations	普通预科生 College-preparatory Classes	研究生课程进修班 Postgraduate Courses	合计 Total	其中：资格证书培训 of Which：For Certificates of Vocational Qualifications	岗位证书培训 ForCertificates of Job-related Qualifications	其中：第一产业类培训 of Which：Training for First Industry	第二产业类培训 Training for Second Industry	第三产业类培训 Training for Third Industry	一个月以内 1 Month Under	一个月至三个月以内 1 Month to 3 Months Under	三个月至半年以内 3 Months to 6 Months Under	半年至一年以内 6 Months to 1 Year Under	一年及以上 1 Year and Over
105043	**289818**	**50048**	**34799**	**6883741**	**2303440**	**1883342**	**393344**	**1174376**	**5316021**	**4567734**	**1058365**	**592950**	**493631**	**171061**
16268	19156	1540	13891	830944	67290	113756	46526	63637	720781	509687	84058	116186	88706	32307
271	12041	613	640	146821	73503	41653	22898	55613	68310	120160	13436	11704	444	1077
143	6384	841	1226	104955	29100	16123	4970	41371	58614	86567	13334	2236	1712	1106
15282	5268			60305	25758	25785	190	9895	50220	33187	3738	1116	4227	18037
		1694	189	78380	55992	21675	7569	45796	25015	67557	7890	1888	1045	
628	18662	1379		184028	41721	116472	7692	98122	78214	120654	14362	42698	5944	370
148	36268	2014	1947	55348	14857	11985	3093	4141	48114	46351	5724	2085	487	701
86	1872	1021		52891	18959	29096	2479	25164	25248	45533	4408	1568	1229	153
25112	8576	1139	143	670294	109526	121781	2022	69310	598962	360295	69893	144699	42787	52620
7480	27062	2301	574	355134	168363	79277	41499	82396	231239	242758	55893	30486	19379	6618
1625	24747	513	3427	643772	151503	183190	17952	33293	592527	570556	52104	10429	7056	3627
3483	1117	449	85	351117	87292	58254	10600	37656	302861	122580	13934	5907	203249	5447
2814	5542	862		109648	84803	5514	60649	6719	42280	74828	8254	20092	4289	2185
1413	4453	3533		47734	21530	18289	2749	6755	38230	31564	10348	4889	271	662
813	6163	610	879	413823	96975	177825	22624	131469	259730	329807	42200	22367	15331	4118
2438	4925	3483	1850	346766	245812	67491	2195	19481	325090	294652	42050	3594	5442	1028
580	37108	3049	1453	250836	92862	83244	6289	91560	152987	176659	42616	18516	12165	880
1738	19578	1352		150890	91030	30219	19188	38990	92712	97695	29551	12907	8646	2091
8760	14269	1118	5910	516078	264505	108186	12917	46422	456739	308054	124313	40772	33004	9935
87	9061	4164	1205	148323	72346	53035	3979	56299	88045	114476	30381	767	2418	281
188	4171	120		8945	6199	2309	34	1005	7906	2489	2629	1273	2310	244
790	2855	1295		79356	40305	32564	2897	30920	45539	60353	13422	3076	2505	
7366	10052	2635		445601	109520	112237	40840	46424	358337	336406	45848	37628	8312	17407
	1450	3988	172	68512	29719	14333	7500	15146	45866	59087	7168	2257		
	65	2343	874	142566	54070	55575	9065	35016	98485	104803	30852	6526	385	
42	233		214	5935	1902	2740	1270	280	4385	4147	1780	8		
3987		534	107	185816	82929	46498	9613	54126	122077	121085	38449	16812	5451	4019
1136	5573	2058		291750	129461	157290	7611	7678	276461	55790	193744	25363	13940	2913
	1400	1096												
		3244	13	19997	10458	9535	3224	8298	8475	10941	2759	3819	2478	
2365	1767	1060		117176	25150	87411	13210	11394	92572	59013	53227	1282	419	3235

地 区 Region	毕(结)业生数 Graduates												
	自考助学班 Classes Run by Non-government HEIs for Students Preparing for Self-directed State-administered Examinations	普通预科生 College-preparatory Classes	研究生课程进修班 Postgraduate Courses	进修及培训 In-service Training									
				合计 Total	其中:资格证书培训 of Which: For Certificates of Vocational Qualifications	岗位证书培训 For Certificates of Job-related Qualific-ations	其中:第一产业类培训 of Which: Training for First Industry	第二产业类培训 Training for Second Industry	第三产业类培训 Training for Third Industry	一个月以内 1 Month Under	一个月至三个月以内 1 Month to 3 Months Under	三个月至半年以内 3 Months to 6 Months Under	半年至一年以内 6 Months to 1 Year Under
总 计 Total	**71544**		**31063**	**5517427**	**1700373**	**1721788**	**292968**	**1137775**	**4086684**	**4184052**	**704607**	**412005**	**187280**
北 京 Beijing	592		7372	510570	41901	129396	12867	39354	458349	333016	54401	76160	40381
天 津 Tianjin	3090		1717	132681	55239	45208	1207	45088	86386	104951	18559	5090	3810
河 北 Hebei	155		507	97073	21741	19797	1695	40595	54783	83323	11155	1074	1521
山 西 Shanxi				33908	4934	23457		7684	26224	33278	630		
内蒙古 Inner Mongolia			160	88656	62083	25379	11502	49366	27788	75715	9947	2015	979
辽 宁 Liaoning	147			179614	18846	101571	8140	105293	66181	158636	11766	2920	6034
吉 林 Jilin	8867		2194	43835	10714	5374	3302	3436	37097	39348	2450	1734	165
黑龙江 Heilongjiang			134	63036	17501	22735	4358	36437	22241	58507	3007	668	768
上 海 Shanghai			1980	200622	41053	32801	556	4371	195695	145630	22094	19390	10094
江 苏 Jiangsu	14443		1412	489861	196143	116418	43762	99353	346746	367569	64470	35325	16682
浙 江 Zhejiang	3152		2784	740269	155702	238380	25730	63996	650543	674651	52883	7406	5182
安 徽 Anhui	395		85	120902	54227	55326	9091	37234	74577	96601	11781	4285	8101
福 建 Fujian	1234		180	72638	45710	15612	6172	5872	60594	40345	9508	19889	82
江 西 Jiangxi	1219			70726	21955	24862	29093	5346	36287	60811	7025	2890	
山 东 Shandong	62		1274	292484	89254	150191	8397	92745	191342	236169	35170	12588	7953
河 南 Henan	2733		1696	119957	39396	44312	2019	27726	90212	99261	14224	3160	2574
湖 北 Hubei	14188		1154	296586	97305	112445	6679	114255	175652	222477	42584	16498	14447
湖 南 Hunan	6194		291	271938	113548	37598	20007	42302	209629	101851	38905	115762	13802
广 东 Guangdong	2854		2571	497252	222884	78701	11435	41481	444336	330811	108494	23798	30895
广 西 Guangxi	4559		2065	207907	77965	100843	8045	101773	98089	178283	27044	439	2054
海 南 Hainan	20			5855	4073	1361	14	1005	4836	263	1824	1273	2307
重 庆 Chongqing	300			111385	53313	34149	1175	19468	90742	96962	11466	1341	826
四 川 Sichuan	3787		2493	392781	102177	95745	36456	39067	317258	317187	35256	33708	6187
贵 州 Guizhou	384		136	74102	28424	23063	6517	12366	55219	56812	15682	1608	
云 南 Yunnan	249		524	137524	49566	57817	9030	30391	98103	104442	27317	5207	558
西 藏 Tibet	435		214	6557	2490	2740	1523		5034	4735	1780		
陕 西 Shaanxi			107	90047	22944	14182	1743	39260	49044	73831	7228	6478	1596
甘 肃 Gansu	1626			14513	10921	3592	6195	6243	2075	4685	2026		7802
青 海 Qinghai	300			17393	3874	13519		7625	9768	15043	1973	377	
宁 夏 Ningxia			13	18697	9757	8936	3073	7394	8230	10058	2681	3616	2342
新 疆 Xinjiang	559			118058	24733	86278	13185	11249	93624	58801	51277	7306	138

教育学生情况(普通高校)
Education of Regular HEIs

单位：人/人次
unit：person/person-time

	注册学生数 Enrolment													
				进修及培训 In-service Training										
一年及以上 1 Year and Over	自考助学班 Classes Run by Non-government HEIs for Students Preparing for Self-directed State-administered Examinations	普通预科生 College-preparatory Classes	研究生课程进修班 Postgraduate Courses	合计 Total	其中:资格证书培训 of Which: For Certificates of Vocational Qualifications	岗位证书培训 For Certificates of Job-related Qualifications	其中:第一产业类培训 of Which: Training for First Industry	第二产业类培训 Training for Second Industry	第三产业类培训 Training for Third Industry	一个月以内 1 Month Under	一个月至三个月以内 1 Month to 3 Months Under	三个月至半年以内 3 Months to 6 Months Under	半年至一年以内 6 Months to 1 Year Under	一年及以上 1 Year and Over
29483	**165500**	**50048**	**34634**	**4644442**	**1632598**	**1394714**	**253948**	**1047964**	**3342530**	**3466296**	**674337**	**290881**	**181478**	**31450**
6612	1036	1540	13726	377617	54952	78044	12878	55715	309024	256532	41904	32988	39283	6910
271	12041	613	640	101464	48965	24359	839	54291	46334	76199	12040	11704	444	1077
	463	841	1226	100612	26762	15396	3086	41222	56304	85784	12096	1059	930	743
				31960	5298	24187		8803	23157	29852	1121		987	
		1694	189	78380	55992	21675	7569	45796	25015	67557	7890	1888	1045	
258	882	1379		133676	15881	91960	7692	97159	28825	118784	9590	3738	1454	110
138	36069	2014	1947	47505	11215	8555	3078	3436	40991	42029	2804	2060	236	376
86	929	1021		52041	18959	28246	2479	25164	24398	44683	4408	1568	1229	153
3414		1139	143	183666	43296	27314	1189	6589	175888	127369	21400	20506	11164	3227
5815	27062	2301	574	344558	162641	74697	39572	79402	225584	238402	55449	30334	15927	4446
147	6645	513	3427	569708	146386	178144	17238	29012	523458	508540	47627	7817	5582	142
134	930	449	85	122638	57258	53795	9240	36040	77358	96766	12575	4716	8447	134
2814	5542	862		50442	30451	660	6291	6719	37432	20470	8254	19442	91	2185
	1146	3533		36173	20033	14913	2629	5840	27704	24973	6950	4250		
604	2449	610	879	331134	77742	134070	21727	115157	194250	266586	35296	15112	11604	2536
738	2846	3483	1850	114497	46924	38733	1386	19115	93996	94161	12637	3128	4351	220
580	19110	3049	1453	250012	92416	82986	6289	91500	152223	176649	42133	18251	12165	814
1618	12602	1352		143368	84937	28997	18132	38107	87129	93184	28066	12467	7635	2016
3254	10688	1118	5910	489409	256109	97797	11404	45661	432344	293625	121691	39405	32106	2582
87	9061	4164	1205	145034	72346	51939	690	56299	88045	111247	30321	767	2418	281
188	1721	120		8945	6199	2309	34	1005	7906	2489	2629	1273	2310	244
790	885	1295		75496	38807	30202	2121	30055	43320	60353	13422	1390	331	
443	4356	2635		402241	104409	98796	37295	43933	321013	316233	42900	35565	6453	1090
	1450	3988	172	64722	28662	13444	6517	13179	45026	56652	6325	1745		
	35	2343	874	138801	50305	55575	9065	31750	97986	104803	27087	6526	385	
42	233		214	5935	1902	2740	1270	280	4385	4147	1780	8		
914		534	107	93228	27840	14541	1257	39965	52006	73057	7918	8073	3234	946
	4152	2058		16024	12320	3694	6547	7078	2399	5216	2038		8770	
	1400	1096												
		3244	13	19997	10458	9535	3224	8298	8475	10941	2759	3819	2478	
536	1767	1060		115159	23133	87411	13210	11394	90555	59013	53227	1282	419	1218

地　区 Region	毕(结)业生数 Graduates												
	自考助学班 Classes Run by Non-government HEIs for Students Preparing for Self-directed State-administered Examinations	普通预科生 College-preparatory Classes	研究生课程进修班 Postgraduate Courses	进修及培训 In-service Training									
				合计 Total	其中:资格证书培训 of Which: For Certificates of Vocational Qualifications	岗位证书培训 For Certificates of Job-related Qualific-ations	其中:第一产业类培训 of Which: Training for First Industry	第二产业类培训 Training for Second Industry	第三产业类培训 Training for Third Industry	一个月以内 1 Month Under	一个月至三个月以内 1 Month to 3 Months Under	三个月至半年以内 3 Months to 6 Months Under	半年至一年以内 6 Months to 1 Year Under
总　计 Total	**2094**			**2711099**	**604607**	**916576**	**111790**	**64650**	**2534659**	**916119**	**1239702**	**283493**	**261150**
北　京 Beijing				357007	6633	26533		3086	353921	194549	39283	78959	42775
天　津 Tianjin				66217	26683	39326	20634	12953	32630	62033	2970	750	464
河　北 Hebei				3363	137	94	137		3226	3363			
山　西 Shanxi				3190	3190			3190		3190			
内蒙古 Inner Mongolia				95	95		95			95			
辽　宁 Liaoning	879			64481	27824	27542	550	2140	61791	12685	7506	39430	4490
吉　林 Jilin				7072	3642	3430		680	6392	4322	2750		
黑龙江 Heilongjiang				8952	1156	7796	632	5621	2699	8952			
上　海 Shanghai				103074	17146	35964			103074	76239	4276	15389	6490
江　苏 Jiangsu				34842	18714	13771	6918	14733	13191	21339	6876	3028	1934
浙　江 Zhejiang	204			63243	1355	1777	659		62584	57720	1944	754	1368
安　徽 Anhui				220189	24171	2052	30	85	220074	25265	506	275	194143
福　建 Fujian				68253	54510	5443	63405		4848	61547		2508	4198
江　西 Jiangxi				1140	583			375	765	736	349	55	
山　东 Shandong				23239	6325	9311			23239	18646	1519	3074	
河　南 Henan				227676	197556	28569	425		227251	199276	28400		
湖　北 Hubei				455	233	222		48	407		208	247	
湖　南 Hunan				111579	34035	7767	1056	804	109719	4191	1405	105144	719
广　东 Guangdong				513001	1382	509556		670	512331	18418	493609	848	126
广　西 Guangxi	8			7389		1107	3273	298	3818	6083	55		1251
海　南 Hainan	763			12633					12633	12633			
重　庆 Chongqing				424362	110		247	383	423732	1889	422473		
四　川 Sichuan				20394	3389	10187		2251	18143	18202	1539	398	255
贵　州 Guizhou				3757	1034	879	974	1947	836	2420	825	512	
云　南 Yunnan	240			3765	3765			3266	499		3765		
西　藏 Tibet													
陕　西 Shaanxi				80933	46065	29326	8364	12120	60449	40893	27413	8490	1064
甘　肃 Gansu				267183	114987	152196			267183	50310	191368	23632	1873
青　海 Qinghai													
宁　夏 Ningxia													
新　疆 Xinjiang				13615	9887	3728	4391		9224	11123	663		

教育学生情况（成人高校）
Education of Adults HEIs

单位：人/人次

unit：person/person-time

	注册学生数 Enrolment													
				进修及培训 In-service Training										
一年及以上 1 Year and Over	自考助学班 Classes Run by Non-government HEIs for Students Preparing for Self-directed State-administered Examinations	普通预科生 College-preparatory Classes	研究生课程进修班 Postgraduate Courses	合计 Total	其中：资格证书培训 of Which：For Certificates of Vocational Qualifications	岗位证书培训 ForCertificates of Job-related Qualifications	其中：第一产业类培训 of Which：Training for First Industry	第二产业类培训 Training for Second Industry	第三产业类培训 Training for Third Industry	一个月以内 1 Month Under	一个月至三个月以内 1 Month to 3 Months Under	三个月至半年以内 3 Months to 6 Months Under	半年至一年以内 6 Months to 1 Year Under	一年及以上 1 Year and Over
10635	**3728**			**1582473**	**559315**	**365786**	**93279**	**32728**	**1456466**	**805772**	**316690**	**181468**	**266123**	**12420**
1441				359112	5227	30895		3086	356026	186500	40122	82044	49070	1376
				45357	24538	17294	22059	1322	21976	43961	1396			
				137	137		137			137				
370				50352	25840	24512		963	49389	1870	4772	38960	4490	260
				7072	3642	3430		680	6392	4322	2750			
				850		850			850	850				
680				104100	22381	36219			104100	75093	4434	20370	4203	
1665				10576	5722	4580	1927	2994	5655	4356	444	152	3452	2172
1457	348			65752	1355	1620	659		65093	58064	1944	1086	1211	3447
				220189	24171	2052	30	85	220074	25265	506	275	194143	
				59206	54352	4854	54358		4848	54358		650	4198	
	900			1140	583			375	765	736	349	55		
				23920	6325	9311		675	23245	19327	1519	3074		
				227676	197556	28569	425		227251	199276	28400			
				485	237	248		50	435		220	265		
120				7522	6093	1222	1056	883	5583	4511	1485	440	1011	75
				5930	852	3734			5930	4911	203	816		
				3289		1096	3289			3229	60			
	2450													
				20465	3389	10258		2221	18244	18233	1579	398	255	
				3790	1057	889	983	1967	840	2435	843	512		
	30			3765	3765			3266	499		3765			
3073				92588	55089	31957	8356	14161	70071	48028	30531	8739	2217	3073
				267183	114987	152196			267183	50310	191368	23632	1873	
1829				2017	2017				2017					2017

高等教育非学历

Number of Students in Non-formal Education

地 区 Region	毕(结)业生数 Graduates												
	自考助学班 Classes Run by Non-government HEIs for Students Preparing for Self-directed State-administered Examinations	普通预科生 College-preparatory Classes	研究生课程进修班 Postgraduate Courses	进修及培训 In-service Training									
				合计 Total	其中:资格证书培训 of Which: For Certificates of Vocational Qualifications	岗位证书培训 For Certificates of Job-related Qualific-ations	其中:第一产业类培训 of Which: Training for First Industry	第二产业类培训 Training for Second Industry	第三产业类培训 Training for Third Industry	一个月以内 1 Month Under	一个月至三个月以内 1 Month to 3 Months Under	三个月至半年以内 3 Months to 6 Months Under	半年至一年以内 6 Months to 1 Year Under
总 计 Total	**57217**			**684742**	**121529**	**130289**	**44376**	**97840**	**542526**	**329207**	**71820**	**180233**	**38557**
北 京 Beijing	7118			79789	6943	4067	34067	3939	41783	67661	2432	1304	177
天 津 Tianjin													
河 北 Hebei	3032			3691	1703	706	1528		2163	636	980	1166	766
山 西 Shanxi	2506			21503	18142	838	175	342	20986	1158	1819	341	2903
内蒙古 Inner Mongolia													
辽 宁 Liaoning	9303												
吉 林 Jilin	292			358					358		148		200
黑龙江 Heilongjiang	352			96	60	36			96	96			
上 海 Shanghai	2739			400889	40229	56073	597	62550	337742	155962	40319	160927	22663
江 苏 Jiangsu													
浙 江 Zhejiang	7870			9930	3280	3064	28	3075	6827	3702	2163	1820	2224
安 徽 Anhui	165			6383	3922	2391	1298	1420	3665	510	858	876	790
福 建 Fujian													
江 西 Jiangxi	1783			10095	953	3004	147	576	9372	4895	2941	577	269
山 东 Shandong	3808			86248	28838	46120	1329	22155	62764	63135	15003	5507	2394
河 南 Henan	2689			4305	1421	419	501	710	3094	467	774	524	840
湖 北 Hubei	6201			163	153	10		10	153	10	153		
湖 南 Hunan	3845												
广 东 Guangdong	2829			39807	7707	6920	1603	1091	37113	29834	2467	1243	757
广 西 Guangxi													
海 南 Hainan													
重 庆 Chongqing	1204			3311	1369	1942	761	944	1606			1359	1952
四 川 Sichuan	934			13067	4544	3169	1480	428	11159	977	1425	2617	1125
贵 州 Guizhou													
云 南 Yunnan													
西 藏 Tibet													
陕 西 Shaanxi													
甘 肃 Gansu	547			5107	2265	1530	862	600	3645	164	338	1972	1497
青 海 Qinghai													
宁 夏 Ningxia													
新 疆 Xinjiang													

教育学生情况(民办的其他高等教育机构)

of Other Non-government HEIs

单位：人/人次

unit：person/person-time

	注册学生数 Enrolment													
				进修及培训 In-service Training										
一年及以上 1 Year and Over	自考助学班 Classes run by Non-government HEIs for Students Preparing for Self-directed State-administered Examinations	普通预科生 College-preparatory Classes	研究生课程进修班 Postgraduate Courses	合计 Total	其中：资格证书培训 of Which：For Certificates of Vocational Qualifications	岗位证书培训 ForCertificates of Job-related Qualifications	其中：第一产业类培训 of Which：Training for First Industry	第二产业类培训 Training for Second Industry	第三产业类培训 Training for Third Industry	一个月以内 1 Month Under	一个月至三个月以内 1 Month to 3 Months Under	三个月至半年以内 3 Months to 6 Months Under	半年至一年以内 6 Months to 1 Year Under	一年及以上 1 Year and Over
64925	**120590**			**656826**	**111527**	**122842**	**46117**	**93684**	**517025**	**295666**	**67338**	**120601**	**46030**	**127191**
8215	18120			94215	7111	4817	33648	4836	55731	66655	2032	1154	353	24021
143	5921			4206	2201	727	1747	149	2310	646	1238	1177	782	363
15282	5268			28345	20460	1598	190	1092	27063	3335	2617	1116	3240	18037
	17780													
10	199			771			15	25	731		170	25	251	325
	943													
21018	8576			382528	43849	58248	833	62721	318974	157833	44059	103823	27420	49393
21	17754			8312	3762	3426	55	4281	3976	3952	2533	1526	263	38
3349	187			8290	5863	2407	1330	1531	5429	549	853	916	659	5313
1413	2407			10421	914	3376	120	540	9761	5855	3049	584	271	662
209	3714			58769	12908	34444	897	15637	42235	43894	5385	4181	3727	1582
1700	2079			4593	1332	189	384	366	3843	1215	1013	466	1091	808
	17998			339	209	10		10	329	10	263			66
	6976													
5506	3581			20739	7544	6655	1513	761	18465	9518	2419	551	898	7353
	1970			3860	1498	2362	776	865	2219			1686	2174	
6923	5696			22895	1722	3183	3545	270	19080	1940	1369	1665	1604	16317
1136	1421			8543	2154	1400	1064	600	6879	264	338	1731	3297	2913

地　区 Region	毕(结)业生数 Graduates	授予学位数 Degrees Awarded	招生数 Entrants	
			合计 Total	其中:春季招生 of Which:Spring Term
总　计 Total	**102245**	**19619**	**124896**	**35915**
北　京 Beijing	25335	4872	28081	8656
天　津 Tianjin	4616	640	4534	1147
河　北 Hebei	716	257	1228	447
山　西 Shanxi	88		231	148
内蒙古 Inner Mongolia	480	215	562	29
辽　宁 Liaoning	4424	1421	5934	1732
吉　林 Jilin	1684	509	2406	670
黑龙江 Heilongjiang	3492	533	4279	1647
上　海 Shanghai	12521	1708	17110	5044
江　苏 Jiangsu	6893	1342	9802	2221
浙　江 Zhejiang	8379	857	8125	2735
安　徽 Anhui	489	127	880	136
福　建 Fujian	1324	345	1780	403
江　西 Jiangxi	587	432	970	202
山　东 Shandong	5776	582	6659	1969
河　南 Henan	758	51	1252	266
湖　北 Hubei	4438	1348	5547	1441
湖　南 Hunan	1019	324	1574	442
广　东 Guangdong	3380	1122	4467	974
广　西 Guangxi	2632	627	3135	1304
海　南 Hainan	453	121	771	147
重　庆 Chongqing	3069	409	3370	807
四　川 Sichuan	2234	345	2497	768
贵　州 Guizhou	426	18	822	239
云　南 Yunnan	2605	515	2514	796
西　藏 Tibet	27			
陕　西 Shaanxi	2241	445	3864	1013
甘　肃 Gansu	473	143	526	17
青　海 Qinghai	98	1	117	68
宁　夏 Ningxia	99	16	270	67
新　疆 Xinjiang	1489	294	1589	380

学生情况

Foreign Students

单位:人

unit: person

在校生数 Enrolment					
合计 Total	第一年 1st Year	第二年 2nd Year	第三年 3rd Year	第四年 4th year	第五年及以上 5th year
214345	**111634**	**42276**	**29498**	**18838**	**12099**
39459	22644	6779	4772	3623	1641
7231	3702	1063	1249	666	551
3205	1207	680	657	350	311
292	231	45	13	1	2
1979	551	480	446	316	186
13646	5415	3259	2583	1591	798
4760	2665	690	661	366	378
6032	2912	1284	1054	553	229
29242	17201	5780	3232	1774	1255
17560	9293	3408	2258	1458	1143
13471	7105	2574	1831	1205	756
1901	888	508	314	148	43
3601	1608	886	567	313	227
3222	1027	697	470	570	458
9995	6499	1611	971	529	385
2380	1249	481	319	193	138
12126	5404	2812	1828	1103	979
3065	1568	608	515	249	125
9704	4293	2098	1518	956	839
4446	2138	892	757	504	155
1264	769	189	136	152	18
3199	1665	658	431	244	201
4831	2466	1134	550	356	325
1390	821	341	156	48	24
5579	2769	1155	878	553	224
5767	3105	1205	684	438	335
1154	529	258	208	122	37
259	155	50	22	12	20
487	166	105	94	72	50
3098	1589	546	324	373	266

高等教育学校(机构)
Number of Educational Personnel

地区 Region	合计 Total	教职 Educational				
		校本部 Educational Personnel				
		小计 Subtotal	专任教师 Full-time Teachers			
			小计 Subtotal	正高级 Senior	副高级 Sub-senior	中级 Middle
总计 Total	**2420618**	**2309151**	**1602811**	**197511**	**471955**	**640551**
北京 Beijing	145772	127263	70281	18021	25190	22665
天津 Tianjin	48378	47437	31813	4808	10373	12320
河北 Hebei	104225	101170	70232	9926	21129	28065
山西 Shanxi	62093	59770	41874	2894	10989	16526
内蒙古 Inner Mongolia	39235	38414	25792	2699	8083	10230
辽宁 Liaoning	101747	99370	67478	9334	21144	27579
吉林 Jilin	65100	62297	40435	6197	12878	15715
黑龙江 Heilongjiang	78784	75990	48166	7515	16094	19627
上海 Shanghai	75051	69486	42334	7558	13737	16810
江苏 Jiangsu	163413	154344	107837	14227	36272	45554
浙江 Zhejiang	90251	86126	60430	8480	18626	26098
安徽 Anhui	80679	78223	58866	4889	15930	22584
福建 Fujian	67995	65487	45239	5090	12677	18587
江西 Jiangxi	80407	77672	58155	5909	15361	23838
山东 Shandong	149235	144347	106217	10615	30274	45991
河南 Henan	136344	130836	100052	8502	26025	40736
湖北 Hubei	130098	124256	84101	10914	26762	31220
湖南 Hunan	99882	95544	67341	7166	19518	27955
广东 Guangdong	149809	144174	101449	12319	26334	42344
广西 Guangxi	61641	56024	39691	4199	10732	16069
海南 Hainan	14316	14143	9115	983	2357	3721
重庆 Chongqing	57487	55684	40517	4487	11583	16588
四川 Sichuan	124191	118146	85629	8891	22305	33548
贵州 Guizhou	42727	42205	30894	2944	9600	9843
云南 Yunnan	50490	49470	36992	3911	10058	13934
西藏 Tibet	3643	3571	2619	187	779	1090
陕西 Shaanxi	106824	101502	68119	8296	18932	28311
甘肃 Gansu	39242	35786	26576	3075	8321	10133
青海 Qinghai	6619	6321	4300	805	1469	1054
宁夏 Ningxia	11592	11188	8063	1277	2250	2263
新疆 Xinjiang	33348	32905	22204	1393	6173	9553

注:不含民办的其他高等教育机构数据。

Note:Data of Non-government HEIs are not included.

教职工情况(总计)
in HEIs (Total)

单位：人
unit：person

工　　数 Personnel							
教职工 in Main Campus					科研机构人员 Personnel in Affiliated Research Org.	校办企业职工 Employees in School-run Factories & Farms	其他附设机构人员 Personnel in Others Subsidiary Units
		行政人员 Adm. Personnel	教辅人员 Supporting Staff	工勤人员 Workers			
初级 Junior	未定职级 No-Ranking						
197387	**95407**	**333152**	**217452**	**155736**	**30285**	**24916**	**56266**
2575	1830	23854	19279	13849	7325	1322	9862
2958	1354	7942	4762	2920	399	289	253
7854	3258	14443	9007	7488	419	894	1742
8219	3246	7830	5795	4271	585	443	1295
3343	1437	5817	4228	2577	149	192	480
6844	2577	15711	8312	7869	673	618	1086
4942	703	8922	6649	6291	1076	268	1459
3595	1335	11895	8219	7710	1124	532	1138
2828	1401	12644	9414	5094	1965	1887	1713
8479	3305	23181	14359	8967	2663	1745	4661
3697	3529	14448	8099	3149	1526	792	1807
12018	3445	8627	6130	4600	844	436	1176
7109	1776	10988	6306	2954	558	1473	477
9016	4031	9455	6175	3887	605	1334	796
14305	5032	17946	12255	7929	1172	2434	1282
18380	6409	13500	8910	8374	483	736	4289
10181	5024	18977	12543	8635	1576	2253	2013
7770	4932	13300	9473	5430	841	1330	2167
9047	11405	21516	13633	7576	1661	1038	2936
4063	4628	8045	4585	3703	72	599	4946
1286	768	2212	1413	1403	64	26	83
5125	2734	7842	4259	3066	236	436	1131
15329	5556	14947	9187	8383	1209	2021	2815
4650	3857	6272	3289	1750	342	44	136
6132	2957	5770	3690	3018	282	322	416
443	120	484	219	249	34		38
9029	3551	15042	10272	8069	1343	1066	2913
3628	1419	4363	2583	2264	556	289	2611
528	444	790	716	515	288		10
1212	1061	1568	898	659	136		268
2802	2283	4821	2793	3087	79	97	267

高等教育学校(机构)
Number of Female Educational Personnel

地 区 Region	教职 Educational					
	合计 Total	校本部 Educational				
		小计 Subtotal	专任教师 Full-time Teachers			
			小计 Subtotal	正高级 Senior	副高级 Sub-senior	中级 Middle
总 计 Total	**1154096**	**1104325**	**780782**	**59491**	**212872**	**343848**
北 京 Beijing	71687	62249	31884	4678	12069	12792
天 津 Tianjin	23729	23383	16083	1554	5055	7181
河 北 Hebei	54814	53522	39631	4391	11481	16811
山 西 Shanxi	32562	31272	23477	1269	5844	9360
内蒙古 Inner Mongolia	20292	19991	14592	1231	4499	6064
辽 宁 Liaoning	51720	50807	36968	3675	11316	16380
吉 林 Jilin	31726	30602	21712	2567	6707	9126
黑龙江 Heilongjiang	38546	37326	25827	3244	8312	11311
上 海 Shanghai	35314	33490	20088	1615	6341	9677
江 苏 Jiangsu	74660	70571	48975	3270	15004	24125
浙 江 Zhejiang	42177	40801	27492	2051	7639	13902
安 徽 Anhui	34009	33120	25097	1018	5678	10409
福 建 Fujian	32772	31726	21970	1354	5456	9948
江 西 Jiangxi	35077	34028	25305	1768	5742	11069
山 东 Shandong	70982	69278	53564	3218	13770	25193
河 南 Henan	63502	60630	48029	2799	11167	20515
湖 北 Hubei	58521	55958	37504	2482	10728	16067
湖 南 Hunan	47543	46083	32651	1803	8512	14911
广 东 Guangdong	71726	68929	48111	3265	11110	22484
广 西 Guangxi	31245	27459	19301	1318	4754	8536
海 南 Hainan	7347	7263	4728	295	1000	2200
重 庆 Chongqing	26572	25911	18846	1084	4704	8506
四 川 Sichuan	57891	55312	40285	2368	9489	17126
贵 州 Guizhou	21168	20951	15674	1155	4808	5176
云 南 Yunnan	25570	25049	19450	1394	4901	7803
西 藏 Tibet	1796	1756	1318	66	376	579
陕 西 Shaanxi	48492	46154	31703	2232	7764	14580
甘 肃 Gansu	17235	15722	11993	873	3502	4916
青 海 Qinghai	3085	2972	2199	359	781	545
宁 夏 Ningxia	5996	5875	4449	548	1194	1268
新 疆 Xinjiang	16340	16135	11876	547	3169	5288

注:不含民办的其他高等教育机构数据。

Note:Data of Non-government HEIs are not included.

女教职工情况(总计)

in HEIs (Total)

单位：人
unit: person

工数(人) Personnel							
教职工 Personnel in Main Campus					科研机构人员 Personnel in Affiliated Research Org.	校办企业职工 Employees in School-run Factories & Farms	其他附设机构人员 Personnel in Others Subsidiary Units
		行政人员 Adm. Personnel	教辅人员 Supporting Staff	工勤人员 Workers			
初　级 Junior	未定职级 No-Ranking						
112799	**51772**	**158016**	**120346**	**45181**	**11489**	**7508**	**30774**
1464	881	13624	11940	4801	3087	350	6001
1620	673	4033	2586	681	118	57	171
4978	1970	6507	5223	2161	175	250	867
5004	2000	3323	3324	1148	205	215	870
1968	830	2405	2444	550	68	35	198
4120	1477	7528	4780	1531	259	138	516
3011	301	3832	3718	1340	390	49	685
2103	857	5186	4397	1916	563	152	505
1689	766	7280	4939	1183	727	443	654
4806	1770	11054	7822	2720	906	425	2758
2070	1830	7751	4619	939	430	189	757
6375	1617	3617	3095	1311	197	120	572
4232	980	5367	3424	965	185	592	269
4735	1991	4215	3173	1335	190	503	356
8533	2850	6726	6809	2179	494	576	634
10315	3233	5671	4714	2216	185	212	2475
5679	2548	8940	6898	2616	624	960	979
4577	2848	6286	5535	1611	249	323	888
4973	6279	11007	7305	2506	673	339	1785
2125	2568	4041	2560	1557	42	248	3496
762	471	1132	789	614	33	3	48
3097	1455	3949	2287	829	63	93	505
8433	2869	7293	4739	2995	494	758	1327
2497	2038	3070	1715	492	113	9	95
3749	1603	2577	1940	1082	133	84	304
244	53	212	168	58	15		25
5179	1948	6613	5545	2293	530	286	1522
1918	784	1733	1418	578	152	68	1293
279	235	279	384	110	106		7
753	686	667	548	211	47		74
1511	1361	2098	1508	653	36	31	138

高等教育学校(机构)
Number of Educational Personnel

地区 Region	教职 Educational					
	合计 Total	校本部 Educational Personnel				
		小计 Subtotal	专任教师 Full-time Teachers			
			小计 Subtotal	正高级 Senior	副高级 Sub-senior	中级 Middle
总　计 Total	**2369326**	**2258289**	**1572565**	**196038**	**462825**	**627635**
北　京 Beijing	142440	123971	68739	17915	24699	21917
天　津 Tianjin	47077	46136	31128	4762	10059	12067
河　北 Hebei	102778	99735	69397	9863	20865	27734
山　西 Shanxi	59508	57222	40406	2838	10476	15999
内蒙古 Inner Mongolia	38648	37827	25523	2684	7958	10128
辽　宁 Liaoning	97924	95550	65179	9209	20267	26681
吉　林 Jilin	63043	60255	39152	6089	12407	15212
黑龙江 Heilongjiang	76086	73310	46806	7388	15490	19216
上　海 Shanghai	73578	68037	41570	7541	13541	16358
江　苏 Jiangsu	162257	153192	107154	14127	36044	45276
浙　江 Zhejiang	88744	84636	59472	8463	18310	25600
安　徽 Anhui	79397	76971	58113	4862	15736	22217
福　建 Fujian	67155	64647	44791	5068	12511	18443
江　西 Jiangxi	78938	76234	57271	5799	15098	23546
山　东 Shandong	147035	142147	104724	10559	29824	45361
河　南 Henan	133369	127861	98010	8416	25460	39862
湖　北 Hubei	129118	123276	83444	10901	26572	30983
湖　南 Hunan	98746	94411	66615	7149	19269	27624
广　东 Guangdong	145449	139888	98897	12267	25824	41124
广　西 Guangxi	60203	54589	38625	4100	10401	15574
海　南 Hainan	14137	13964	9028	980	2343	3674
重　庆 Chongqing	56283	54505	39891	4450	11409	16296
四　川 Sichuan	122099	116088	84430	8876	22004	32970
贵　州 Guizhou	42097	41581	30515	2930	9500	9717
云　南 Yunnan	50303	49283	36940	3906	10033	13916
西　藏 Tibet	3643	3571	2619	187	779	1090
陕　西 Shaanxi	103911	98623	66506	8246	18521	27542
甘　肃 Gansu	38641	35185	26132	3065	8178	9928
青　海 Qinghai	6357	6059	4127	796	1426	970
宁　夏 Ningxia	11469	11065	7987	1269	2219	2237
新　疆 Xinjiang	28893	28470	19374	1333	5602	8373

教职工情况(普通高校)
in Regular HEIs

单位: 人
unit: person

工数(人) Personnel							
教职工 in Main Campus					科研机构人员 Personnel in Affiliated Research Org.	校办企业职工 Employees in School-run Factories & Farms	其他附设机构人员 Personnel in Others Subsidiary Units
初 级 Junior	未定职级 No-Ranking	行政人员 Adm. Personnel	教辅人员 Supporting Staff	工勤人员 Workers			
191774	**94293**	**323434**	**210542**	**151748**	**30128**	**24753**	**56156**
2426	1782	22918	18652	13662	7307	1320	9842
2892	1348	7718	4447	2843	399	289	253
7707	3228	14132	8848	7358	407	894	1742
7928	3165	7329	5443	4044	581	425	1280
3317	1436	5722	4103	2479	149	192	480
6522	2500	15021	7795	7555	673	618	1083
4759	685	8550	6382	6171	1061	268	1459
3398	1314	11392	7659	7453	1124	514	1138
2743	1387	12385	9098	4984	1955	1873	1713
8408	3299	22998	14131	8909	2659	1745	4661
3601	3498	14173	7927	3064	1515	792	1801
11890	3408	8420	5932	4506	844	436	1146
7025	1744	10750	6183	2923	558	1473	477
8828	4000	9163	6022	3778	578	1330	796
13962	5018	17661	12089	7673	1172	2434	1282
17873	6399	13008	8617	8226	483	736	4289
9981	5007	18777	12453	8602	1576	2253	2013
7679	4894	13099	9381	5316	841	1330	2164
8552	11130	20556	13156	7279	1647	978	2936
3960	4590	7868	4496	3600	69	599	4946
1265	766	2147	1403	1386	64	26	83
5020	2716	7613	4006	2995	236	419	1123
15060	5520	14502	9029	8127	1177	2021	2813
4533	3835	6105	3225	1736	336	44	136
6129	2956	5686	3654	3003	282	322	416
443	120	484	219	249	34		38
8686	3511	14520	9818	7779	1343	1042	2903
3556	1405	4270	2545	2238	556	289	2611
504	431	753	682	497	288		10
1206	1056	1538	890	650	136		268
1921	2145	4176	2257	2663	78	91	254

高等教育学校（机构）

Number of Female Educational

地 区 Region	教 职 Educational					
	合计 Total	校本部 Educational Personnel				
		小计 Subtotal	专任教师 Full-time Teachers			
			小计 Subtotal	正高级 Senior	副高级 Sub-senior	中级 Middle
总 计 Total	**1128675**	**1079087**	**764577**	**58845**	**208181**	**336733**
北 京 Beijing	69744	60322	30894	4631	11755	12282
天 津 Tianjin	23022	22676	15650	1533	4854	7015
河 北 Hebei	54041	52756	39126	4357	11329	16596
山 西 Shanxi	31183	29901	22571	1246	5537	9021
内蒙古 Inner Mongolia	20014	19713	14433	1221	4422	6008
辽 宁 Liaoning	49693	48782	35595	3610	10763	15838
吉 林 Jilin	30643	29529	20944	2493	6437	8826
黑龙江 Heilongjiang	37228	36011	25093	3173	8008	11074
上 海 Shanghai	34545	32732	19628	1610	6235	9379
江 苏 Jiangsu	74090	70005	48652	3249	14893	23984
浙 江 Zhejiang	41433	40067	26982	2044	7486	13628
安 徽 Anhui	33437	32559	24766	1012	5601	10257
福 建 Fujian	32387	31341	21753	1346	5396	9857
江 西 Jiangxi	34459	33420	24922	1731	5645	10941
山 东 Shandong	70109	68405	52889	3198	13599	24891
河 南 Henan	61939	59067	46896	2758	10900	20013
湖 北 Hubei	58064	55501	37181	2478	10647	15945
湖 南 Hunan	47073	45613	32312	1793	8404	14754
广 东 Guangdong	69495	66744	46792	3242	10872	21853
广 西 Guangxi	30548	26763	18761	1288	4590	8257
海 南 Hainan	7258	7174	4676	293	990	2170
重 庆 Chongqing	26041	25383	18555	1073	4640	8362
四 川 Sichuan	56996	54433	39740	2365	9358	16851
贵 州 Guizhou	20838	20626	15468	1145	4753	5113
云 南 Yunnan	25473	24952	19415	1392	4884	7791
西 藏 Tibet	1796	1756	1318	66	376	579
陕 西 Shaanxi	47075	44749	30895	2209	7583	14199
甘 肃 Gansu	16975	15462	11792	870	3447	4815
青 海 Qinghai	2979	2866	2122	357	756	509
宁 夏 Ningxia	5940	5819	4415	543	1182	1256
新 疆 Xinjiang	14157	13960	10341	519	2839	4669

女教职工情况（普通高校）
Personnel in Regular HEIs

单位：人
unit:person

工数 Personnel							
教职工 in Main Campus					科研机构人员 Personnel in Affiliated Research Org.	校办企业职工 Employees in School-run Factories & Farms	其他附设机构人员 Personnel in Others Subsidiary Units
初级 Junior	未定职级 No-ranking	行政人员 Adm. Personnel	教辅人员 Supporting Staff	工勤人员 Workers			
109658	**51160**	**153715**	**116642**	**44153**	**11410**	**7441**	**30737**
1374	852	13082	11567	4779	3079	348	5995
1580	668	3937	2412	677	118	57	171
4893	1951	6377	5133	2120	168	250	867
4824	1943	3126	3129	1075	201	213	868
1953	829	2381	2373	526	68	35	198
3942	1442	7214	4507	1466	259	138	514
2891	297	3701	3556	1328	380	49	685
1998	840	4953	4095	1870	563	149	505
1643	761	7151	4783	1170	722	437	654
4759	1767	10959	7693	2701	902	425	2758
2014	1810	7631	4545	909	424	189	753
6301	1595	3522	2984	1287	197	120	561
4198	956	5281	3350	957	185	592	269
4639	1966	4088	3107	1303	182	501	356
8361	2840	6650	6750	2116	494	576	634
9997	3228	5450	4556	2165	185	212	2475
5570	2541	8861	6853	2606	624	960	979
4532	2829	6219	5499	1583	249	323	888
4673	6152	10525	7041	2386	666	300	1785
2082	2544	3963	2513	1526	41	248	3496
753	470	1099	788	611	33	3	48
3040	1440	3850	2160	818	63	92	503
8311	2855	7095	4659	2939	480	758	1325
2437	2020	2981	1689	488	108	9	95
3746	1602	2539	1917	1081	133	84	304
244	53	212	168	58	15		25
4977	1927	6408	5260	2186	530	278	1518
1882	778	1701	1401	568	152	68	1293
267	233	273	366	105	106		7
749	685	650	544	210	47		74
1028	1286	1836	1244	539	36	27	134

地区 Region	教职 Educational					
	合计 Total	校本部 Educational Personnel				
		小计 Subtotal	专任教师 Full-time Teachers			
			小计 Subtotal	正高级 Senior	副高级 Sub-senior	中级 Middle
总　计 Total	**51292**	**50862**	**30246**	**1473**	**9130**	**12916**
北　京 Beijing	3332	3292	1542	106	491	748
天　津 Tianjin	1301	1301	685	46	314	253
河　北 Hebei	1447	1435	835	63	264	331
山　西 Shanxi	2585	2548	1468	56	513	527
内蒙古 Inner Mongolia	587	587	269	15	125	102
辽　宁 Liaoning	3823	3820	2299	125	877	898
吉　林 Jilin	2057	2042	1283	108	471	503
黑龙江 Heilongjiang	2698	2680	1360	127	604	411
上　海 Shanghai	1473	1449	764	17	196	452
江　苏 Jiangsu	1156	1152	683	100	228	278
浙　江 Zhejiang	1507	1490	958	17	316	498
安　徽 Anhui	1282	1252	753	27	194	367
福　建 Fujian	840	840	448	22	166	144
江　西 Jiangxi	1469	1438	884	110	263	292
山　东 Shandong	2200	2200	1493	56	450	630
河　南 Henan	2975	2975	2042	86	565	874
湖　北 Hubei	980	980	657	13	190	237
湖　南 Hunan	1136	1133	726	17	249	331
广　东 Guangdong	4360	4286	2552	52	510	1220
广　西 Guangxi	1438	1435	1066	99	331	495
海　南 Hainan	179	179	87	3	14	47
重　庆 Chongqing	1204	1179	626	37	174	292
四　川 Sichuan	2092	2058	1199	15	301	578
贵　州 Guizhou	630	624	379	14	100	126
云　南 Yunnan	187	187	52	5	25	18
西　藏 Tibet						
陕　西 Shaanxi	2913	2879	1613	50	411	769
甘　肃 Gansu	601	601	444	10	143	205
青　海 Qinghai	262	262	173	9	43	84
宁　夏 Ningxia	123	123	76	8	31	26
新　疆 Xinjiang	4455	4435	2830	60	571	1180

教职工情况(成人高校)
in Adult HEIs

单位：人
unit：person

工　　数 Personnel							
教职工 in Main Campus					科研机构人员 Personnel in Affiliated Research Org.	校办企业职工 Employees in School-run Factories & Farms	其他附设机构人员 Personnel in Others Subsidiary Units
		行政人员 Adm. Personnel	教辅人员 Supporting Staff	工勤人员 Workers			
初　级 Junior	未定职级 No-ranking						
5613	**1114**	**9718**	**6910**	**3988**	**157**	**163**	**110**
149	48	936	627	187	18	2	20
66	6	224	315	77			
147	30	311	159	130	12		
291	81	501	352	227	4	18	15
26	1	95	125	98			
322	77	690	517	314			3
183	18	372	267	120	15		
197	21	503	560	257		18	
85	14	259	316	110	10	14	
71	6	183	228	58	4		
96	31	275	172	85	11		6
128	37	207	198	94			30
84	32	238	123	31			
188	31	292	153	109	27	4	
343	14	285	166	256			
507	10	492	293	148			
200	17	200	90	33			
91	38	201	92	114			3
495	275	960	477	297	14	60	
103	38	177	89	103	3		
21	2	65	10	17			
105	18	229	253	71		17	8
269	36	445	158	256	32		2
117	22	167	64	14	6		
3	1	84	36	15			
343	40	522	454	290		24	10
72	14	93	38	26			
24	13	37	34	18			
6	5	30	8	9			
881	138	645	536	424	1	6	13

高等教育学校(机构)

Number of Female Educational

地　区 Region	合计 Total	教　职 Educational				
		校本部 Educational Personnel				
		小计 Subtotal	专任教师 Full-time Teachers			
			小计 Subtotal	正高级 Senior	副高级 Sub-senior	中级 Middle
总　计 Total	**25421**	**25238**	**16205**	**646**	**4691**	**7115**
北　京 Beijing	1943	1927	990	47	314	510
天　津 Tianjin	707	707	433	21	201	166
河　北 Hebei	773	766	505	34	152	215
山　西 Shanxi	1379	1371	906	23	307	339
内蒙古 Inner Mongolia	278	278	159	10	77	56
辽　宁 Liaoning	2027	2025	1373	65	553	542
吉　林 Jilin	1083	1073	768	74	270	300
黑龙江 Heilongjiang	1318	1315	734	71	304	237
上　海 Shanghai	769	758	460	5	106	298
江　苏 Jiangsu	570	566	323	21	111	141
浙　江 Zhejiang	744	734	510	7	153	274
安　徽 Anhui	572	561	331	6	77	152
福　建 Fujian	385	385	217	8	60	91
江　西 Jiangxi	618	608	383	37	97	128
山　东 Shandong	873	873	675	20	171	302
河　南 Henan	1563	1563	1133	41	267	502
湖　北 Hubei	457	457	323	4	81	122
湖　南 Hunan	470	470	339	10	108	157
广　东 Guangdong	2231	2185	1319	23	238	631
广　西 Guangxi	697	696	540	30	164	279
海　南 Hainan	89	89	52	2	10	30
重　庆 Chongqing	531	528	291	11	64	144
四　川 Sichuan	895	879	545	3	131	275
贵　州 Guizhou	330	325	206	10	55	63
云　南 Yunnan	97	97	35	2	17	12
西　藏 Tibet						
陕　西 Shaanxi	1417	1405	808	23	181	381
甘　肃 Gansu	260	260	201	3	55	101
青　海 Qinghai	106	106	77	2	25	36
宁　夏 Ningxia	56	56	34	5	12	12
新　疆 Xinjiang	2183	2175	1535	28	330	619

女教职工情况(成人高校)

Personnel in Adult HEIs

单位：人
unit：person

工　数 Personnel							
教职工 in Main Campus					科研机构人员 Personnel in Affiliated Research Org.	校办企业职工 Employees in School-run Factories & Farms	其他附设机构人员 Personnel in Others Subsidiary Units
		行政人员 Adm. Personnel	教辅人员 Supporting Staff	工勤人员 Workers			
初　级 Junior	未定职级 No-ranking						
3141	**612**	**4301**	**3704**	**1028**	**79**	**67**	**37**
90	29	542	373	22	8	2	6
40	5	96	174	4			
85	19	130	90	41	7		
180	57	197	195	73	4	2	2
15	1	24	71	24			
178	35	314	273	65			2
120	4	131	162	12	10		
105	17	233	302	46		3	
46	5	129	156	13	5	6	
47	3	95	129	19	4		
56	20	120	74	30	6		4
74	22	95	111	24			11
34	24	86	74	8			
96	25	127	66	32	8	2	
172	10	76	59	63			
318	5	221	158	51			
109	7	79	45	10			
45	19	67	36	28			
300	127	482	264	120	7	39	
43	24	78	47	31	1		
9	1	33	1	3			
57	15	99	127	11		1	2
122	14	198	80	56	14		2
60	18	89	26	4	5		
3	1	38	23	1			
202	21	205	285	107		8	4
36	6	32	17	10			
12	2	6	18	5			
4	1	17	4	1			
483	75	262	264	114		4	4

高等教育学校(机构)教职工
Number of Educational Personnel

地 区 Region	合计 Total	教 职 Educational				
		校本部 Educational Personnel				
		小计 Subtotal	专任教师 Full-time Teachers			
			小计 Subtotal	正高级 Senior	副高级 Sub-senior	中级 Middle
总　计 Total	**24427**	**24256**	**11107**	**908**	**2119**	**3776**
北　京 Beijing	4590	4570	1734	218	320	558
天　津 Tianjin						
河　北 Hebei	998	998	544	62	102	127
山　西 Shanxi	1432	1432	846	97	155	234
内蒙古 Inner Mongolia						
辽　宁 Liaoning	1514	1514	945	53	232	545
吉　林 Jilin	339	339	196	23	56	68
黑龙江 Heilongjiang	75	75	28		11	4
上　海 Shanghai	4885	4876	1599	139	290	539
江　苏 Jiangsu						
浙　江 Zhejiang	1734	1732	714	17	87	295
安　徽 Anhui	482	482	202	2	15	46
福　建 Fujian						
江　西 Jiangxi	399	399	200	14	30	67
山　东 Shandong	2956	2858	1651	107	319	547
河　南 Henan	476	476	243	11	41	96
湖　北 Hubei	598	598	154	19	68	43
湖　南 Hunan	299	299	144	16	30	44
广　东 Guangdong	1053	1038	481	28	102	153
广　西 Guangxi						
海　南 Hainan						
重　庆 Chongqing	530	519	262	11	89	121
四　川 Sichuan	1498	1498	831	44	78	211
贵　州 Guizhou						
云　南 Yunnan						
西　藏 Tibet						
陕　西 Shaanxi						
甘　肃 Gansu	569	553	333	47	94	78
青　海 Qinghai						
宁　夏 Ningxia						
新　疆 Xinjiang						

情况（民办的其他高等教育机构）

in Other Non-government HEIs

单位：人
unit: person

工　数 Personnel							
教职工 in Main Campus					科研机构人员 Personnel in Affiliated Research Org.	校办企业职工 Employees in School-run Factories & Farms	其他附设机构人员 Personnel in Others Subsidiary Units
		行政人员 Adm. Personnel	教辅人员 Supporting Staff	工勤人员 Workers			
初　级 Junior	未定职级 No-ranking						
1828	**2476**	**7175**	**3416**	**2558**	**23**	**35**	**113**
229	409	1542	703	591	7	4	9
80	173	230	123	101			
148	212	320	128	138			
110	5	331	157	81			
24	25	82	29	32			
10	3	16	11	20			
182	449	1886	1052	339	2	1	6
194	121	538	253	227	2		
24	115	175	59	46			
37	52	112	50	37			
342	336	699	226	282	7	17	74
35	60	115	69	49			
17	7	209	136	99			
29	25	83	45	27			
69	129	246	142	169	5	10	
32	9	143	64	50		3	8
213	285	302	127	238			
53	61	146	42	32			16

高等教育学校(机构)

Number of Female Educational Personnel

地 区 Region	合计 Total	教 职 Educational					
		校本部 Educational Personnel					
		小计 Subtotal	专任教师 Full-time Teachers				
			小计 Subtotal	正高级 Senior	副高级 Sub-senior	中级 Middle
总 计 Total	**12691**	**12601**	**5597**	**309**	**960**	**1964**
北 京 Beijing	2377	2370	868	65	157	301
天 津 Tianjin						
河 北 Hebei	450	450	294	23	39	83
山 西 Shanxi	711	711	420	44	92	116
内蒙古 Inner Mongolia						
辽 宁 Liaoning	839	839	512	37	134	289
吉 林 Jilin	199	199	120	8	32	45
黑龙江 Heilongjiang	56	56	21		10	3
上 海 Shanghai	2876	2868	810	33	107	256
江 苏 Jiangsu						
浙 江 Zhejiang	1020	1019	420	6	48	180
安 徽 Anhui	233	233	93		5	21
福 建 Fujian						
江 西 Jiangxi	167	167	75	2	6	29
山 东 Shandong	1337	1278	769	38	150	263
河 南 Henan	227	227	115	3	16	46
湖 北 Hubei	329	329	74	8	30	19
湖 南 Hunan	164	164	92	11	16	33
广 东 Guangdong	502	497	224	5	27	69
广 西 Guangxi						
海 南 Hainan						
重 庆 Chongqing	213	209	102	3	28	53
四 川 Sichuan	755	755	447	14	29	124
贵 州 Guizhou						
云 南 Yunnan						
西 藏 Tibet						
陕 西 Shaanxi						
甘 肃 Gansu	236	230	141	9	34	34
青 海 Qinghai						
宁 夏 Ningxia						
新 疆 Xinjiang						

女教职工情况(民办的其他高等教育机构)
in Other Non-government HEIs

单位：人
unit：person

工　数 Personnel							
教职工 in Main Campus					科研机构人员 Personnel in Affiliated Research Org.	校办企业职工 Employees in School-run Factories & Farms	其他附设机构人员 Personnel in Others Subsidiary Units
		行政人员 Adm. Personnel	教辅人员 Supporting Staff	工勤人员 Workers			
初　级 Junior	未定职级 No-ranking						
1038	**1326**	**3869**	**2015**	**1120**	**6**	**18**	**66**
131	214	841	390	271	2	2	3
61	88	85	47	24			
88	80	159	83	49			
49	3	181	97	49			
14	21	53	18	8			
7	1	11	10	14			
127	287	1147	721	190	1	1	6
112	74	323	154	122	1		
9	58	93	29	18			
12	26	52	23	17			
165	153	310	105	94	2	10	47
18	32	67	30	15			
13	4	114	92	49			
21	11	40	22	10			
37	86	128	79	66		5	
14	4	59	31	17			4
125	155	153	62	93			
35	29	53	22	14			6

专任教师学历、职称情况(总计)

Number of Full-time Teacher by Academic Qualification and Professional Rank(Total)

单位：人

unit：person

地　区 Region	合计 Total	按学历分 By Academic Qualification				按职称分 By Professional Rank				
		博　士 Doctor's Degrees	硕　士 Master's Degrees	本　科 Normal Courses	专科及以下 Short-cycle Courses and Under	正高级 Senior	副高级 Sub-Senior	中　级 Middle	初　级 Junior	未定职级 No-ranking
总　计 Total	**1602811**	**339331**	**576134**	**666243**	**21103**	**197511**	**471955**	**640551**	**197387**	**95407**
北　京 Beijing	70281	39929	18229	11625	498	18021	25190	22665	2575	1830
天　津 Tianjin	31813	10053	11175	10422	163	4808	10373	12320	2958	1354
河　北 Hebei	70232	9565	25555	34172	940	9926	21129	28065	7854	3258
山　西 Shanxi	41874	5081	15669	20412	712	2894	10989	16526	8219	3246
内蒙古 Inner Mongolia	25792	2912	8995	13309	576	2699	8083	10230	3343	1437
辽　宁 Liaoning	67478	14151	24895	27404	1028	9334	21144	27579	6844	2577
吉　林 Jilin	40435	9002	16475	14517	441	6197	12878	15715	4942	703
黑龙江 Heilongjiang	48166	10442	16884	20539	301	7515	16094	19627	3595	1335
上　海 Shanghai	42334	20220	13185	8430	499	7558	13737	16810	2828	1401
江　苏 Jiangsu	107837	31396	36694	39177	570	14227	36272	45554	8479	3305
浙　江 Zhejiang	60430	17017	20916	22055	442	8480	18626	26098	3697	3529
安　徽 Anhui	58866	8414	25109	24812	531	4889	15930	22584	12018	3445
福　建 Fujian	45239	9402	16645	18723	469	5090	12677	18587	7109	1776
江　西 Jiangxi	58155	6409	18663	32078	1005	5909	15361	23838	9016	4031
山　东 Shandong	106217	18706	37020	48960	1531	10615	30274	45991	14305	5032
河　南 Henan	100052	13408	38760	46561	1323	8502	26025	40736	18380	6409
湖　北 Hubei	84101	20372	29970	32583	1176	10914	26762	31220	10181	5024
湖　南 Hunan	67341	11000	21678	33747	916	7166	19518	27955	7770	4932
广　东 Guangdong	101449	22201	36813	40713	1722	12319	26334	42344	9047	11405
广　西 Guangxi	39691	4691	17623	16808	569	4199	10732	16069	4063	4628
海　南 Hainan	9115	1312	3509	4173	121	983	2357	3721	1286	768
重　庆 Chongqing	40517	7623	16275	15967	652	4487	11583	16588	5125	2734
四　川 Sichuan	85629	14035	31784	37906	1904	8891	22305	33548	15329	5556
贵　州 Guizhou	30894	3062	10751	16598	483	2944	9600	9843	4650	3857
云　南 Yunnan	36992	5113	13322	17819	738	3911	10058	13934	6132	2957
西　藏 Tibet	2619	219	1261	1085	54	187	779	1090	443	120
陕　西 Shaanxi	68119	16067	26035	25247	770	8296	18932	28311	9029	3551
甘　肃 Gansu	26576	3840	10438	11981	317	3075	8321	10133	3628	1419
青　海 Qinghai	4300	368	1181	2635	116	805	1469	1054	528	444
宁　夏 Ningxia	8063	968	2930	4068	97	1277	2250	2263	1212	1061
新　疆 Xinjiang	22204	2353	7695	11717	439	1393	6173	9553	2802	2283

注：不含民办的其他高等教育机构数据。

Note：Data of Non-government HEIs are not included.

专任教师学历、职称情况(普通高校)

Number of Full-time Teacher by Academic Qualification and Professional Rank (Regular HEIs)

单位:人

unit: person

地 区 Region	合计 Total	按学历分 By Academic Qualification				按职称分 By Professional Rank				
		博 士 Doctor's Degrees	硕 士 Master's Degrees	本 科 Normal Courses	专科及以下 Short-cycle Courses and Under	正高级 Senior	副高级 Sub-Senior	中 级 Middle	初 级 Junior	未定职级 No-ranking
总 计 Total	**1572565**	**338442**	**569321**	**645068**	**19734**	**196038**	**462825**	**627635**	**191774**	**94293**
北 京 Beijing	68739	39655	17641	10961	482	17915	24699	21917	2426	1782
天 津 Tianjin	31128	9994	11025	9948	161	4762	10059	12067	2892	1348
河 北 Hebei	69397	9548	25262	33657	930	9863	20865	27734	7707	3228
山 西 Shanxi	40406	5055	15388	19321	642	2838	10476	15999	7928	3165
内蒙古 Inner Mongolia	25523	2909	8944	13097	573	2684	7958	10128	3317	1436
辽 宁 Liaoning	65179	14120	24507	25662	890	9209	20267	26681	6522	2500
吉 林 Jilin	39152	8945	16041	13754	412	6089	12407	15212	4759	685
黑龙江 Heilongjiang	46806	10426	16725	19398	257	7388	15490	19216	3398	1314
上 海 Shanghai	41570	20172	12935	7967	496	7541	13541	16358	2743	1387
江 苏 Jiangsu	107154	31340	36454	38808	552	14127	36044	45276	8408	3299
浙 江 Zhejiang	59472	17000	20725	21322	425	8463	18310	25600	3601	3498
安 徽 Anhui	58113	8397	24938	24268	510	4862	15736	22217	11890	3408
福 建 Fujian	44791	9382	16485	18455	469	5068	12511	18443	7025	1744
江 西 Jiangxi	57271	6369	18456	31447	999	5799	15098	23546	8828	4000
山 东 Shandong	104724	18701	36766	47834	1423	10559	29824	45361	13962	5018
河 南 Henan	98010	13367	38389	44961	1293	8416	25460	39862	17873	6399
湖 北 Hubei	83444	20370	29742	32158	1174	10901	26572	30983	9981	5007
湖 南 Hunan	66615	10995	21627	33148	845	7149	19269	27624	7679	4894
广 东 Guangdong	98897	22157	36193	38971	1576	12267	25824	41124	8552	11130
广 西 Guangxi	38625	4646	17181	16232	566	4100	10401	15574	3960	4590
海 南 Hainan	9028	1312	3488	4107	121	980	2343	3674	1265	766
重 庆 Chongqing	39891	7613	16030	15654	594	4450	11409	16296	5020	2716
四 川 Sichuan	84430	14020	31573	37200	1637	8876	22004	32970	15060	5520
贵 州 Guizhou	30515	3058	10649	16335	473	2930	9500	9717	4533	3835
云 南 Yunnan	36940	5111	13319	17776	734	3906	10033	13916	6129	2956
西 藏 Tibet	2619	219	1261	1085	54	187	779	1090	443	120
陕 西 Shaanxi	66506	16052	25730	24074	650	8246	18521	27542	8686	3511
甘 肃 Gansu	26132	3839	10360	11653	280	3065	8178	9928	3556	1405
青 海 Qinghai	4127	368	1159	2525	75	796	1426	970	504	431
宁 夏 Ningxia	7987	968	2926	3999	94	1269	2219	2237	1206	1056
新 疆 Xinjiang	19374	2334	7402	9291	347	1333	5602	8373	1921	2145

专任教师学历、职称情况(成人高校)

Number of Full-time Teacher by Academic Qualification and Professional Rank (Adult HEIs)

单位：人

unit: person

地 区 Region	合计 Total	按学历分 By Academic Qualification				按职称分 By Professional Rank				
		博 士 Doctor's Degrees	硕 士 Master's Degrees	本 科 Normal Courses	专科及以下 Short-cycle Courses and Under	正高级 Senior	副高级 Sub-Senior	中 级 Middle	初 级 Junior	未定职级 No-ranking
总 计 Total	**30246**	**889**	**6813**	**21175**	**1369**	**1473**	**9130**	**12916**	**5613**	**1114**
北 京 Beijing	1542	274	588	664	16	106	491	748	149	48
天 津 Tianjin	685	59	150	474	2	46	314	253	66	6
河 北 Hebei	835	17	293	515	10	63	264	331	147	30
山 西 Shanxi	1468	26	281	1091	70	56	513	527	291	81
内蒙古 Inner Mongolia	269	3	51	212	3	15	125	102	26	1
辽 宁 Liaoning	2299	31	388	1742	138	125	877	898	322	77
吉 林 Jilin	1283	57	434	763	29	108	471	503	183	18
黑龙江 Heilongjiang	1360	16	159	1141	44	127	604	411	197	21
上 海 Shanghai	764	48	250	463	3	17	196	452	85	14
江 苏 Jiangsu	683	56	240	369	18	100	228	278	71	6
浙 江 Zhejiang	958	17	191	733	17	17	316	498	96	31
安 徽 Anhui	753	17	171	544	21	27	194	367	128	37
福 建 Fujian	448	20	160	268		22	166	144	84	32
江 西 Jiangxi	884	40	207	631	6	110	263	292	188	31
山 东 Shandong	1493	5	254	1126	108	56	450	630	343	14
河 南 Henan	2042	41	371	1600	30	86	565	874	507	10
湖 北 Hubei	657	2	228	425	2	13	190	237	200	17
湖 南 Hunan	726	5	51	599	71	17	249	331	91	38
广 东 Guangdong	2552	44	620	1742	146	52	510	1220	495	275
广 西 Guangxi	1066	45	442	576	3	99	331	495	103	38
海 南 Hainan	87		21	66		3	14	47	21	2
重 庆 Chongqing	626	10	245	313	58	37	174	292	105	18
四 川 Sichuan	1199	15	211	706	267	15	301	578	269	36
贵 州 Guizhou	379	4	102	263	10	14	100	126	117	22
云 南 Yunnan	52	2	3	43	4	5	25	18	3	1
西 藏 Tibet										
陕 西 Shaanxi	1613	15	305	1173	120	50	411	769	343	40
甘 肃 Gansu	444	1	78	328	37	10	143	205	72	14
青 海 Qinghai	173		22	110	41	9	43	84	24	13
宁 夏 Ningxia	76		4	69	3	8	31	26	6	5
新 疆 Xinjiang	2830	19	293	2426	92	60	571	1180	881	138

专任教师学历、职称情况(民办的其他高等教育机构)

Number of Full-time Teacher by Academic Qualification and Professional Rank (Other Non-government HEIs)

单位:人

unit: person

地区 Region	合计 Total	按学历分 By Academic Qualification				按职称分 By Professional Rank				
		博士 Doctor's Degrees	硕士 Master's Degrees	本科 Normal Courses	专科及以下 Short-cycle Courses and Under	正高级 Senior	副高级 Sub-Senior	中级 Middle	初级 Junior	未定职级 No-ranking
总计 Total	**11107**	**330**	**2174**	**7667**	**936**	**908**	**2119**	**3776**	**1828**	**2476**
北京 Beijing	1734	86	422	1111	115	218	320	558	229	409
天津 Tianjin										
河北 Hebei	544	1	134	320	89	62	102	127	80	173
山西 Shanxi	846	31	177	550	88	97	155	234	148	212
内蒙古 Inner Mongolia										
辽宁 Liaoning	945		187	740	18	53	232	545	110	5
吉林 Jilin	196	32	68	92	4	23	56	68	24	25
黑龙江 Heilongjiang	28		1	24	3		11	4	10	3
上海 Shanghai	1599	67	340	1078	114	139	290	539	182	449
江苏 Jiangsu										
浙江 Zhejiang	714	12	164	512	26	17	87	295	194	121
安徽 Anhui	202	3	36	159	4	2	15	46	24	115
福建 Fujian										
江西 Jiangxi	200	8	31	128	33	14	30	67	37	52
山东 Shandong	1651	23	177	1184	267	107	319	547	342	336
河南 Henan	243	4	49	173	17	11	41	96	35	60
湖北 Hubei	154	13	50	80	11	19	68	43	17	7
湖南 Hunan	144	16	36	77	15	16	30	44	29	25
广东 Guangdong	481	18	110	328	25	28	102	153	69	129
广西 Guangxi										
海南 Hainan										
重庆 Chongqing	262		19	231	12	11	89	121	32	9
四川 Sichuan	831	10	101	649	71	44	78	211	213	285
贵州 Guizhou										
云南 Yunnan										
西藏 Tibet										
陕西 Shaanxi										
甘肃 Gansu	333	6	72	231	24	47	94	78	53	61
青海 Qinghai										
宁夏 Ningxia										
新疆 Xinjiang										

聘请校外教师学历情况(总计)

Number of Part-time Teacher by Academic Qualification (Total)

单位：人

unit: person

地　区 Region	合计 Total	博　士 Doctor's Degrees	硕　士 Master's Degrees	本　科 Normal Courses	专科及以下 Short-cycle Courses and Under
总　计 Total	**477973**	**67434**	**153869**	**230150**	**26520**
北　京 Beijing	15587	5112	5031	4958	486
天　津 Tianjin	11323	1236	3664	5704	719
河　北 Hebei	14231	1392	4676	7381	782
山　西 Shanxi	6291	721	2397	2894	279
内蒙古 Inner Mongolia	7318	485	2585	3848	400
辽　宁 Liaoning	16318	2383	5399	7692	844
吉　林 Jilin	8636	1330	2635	4314	357
黑龙江 Heilongjiang	17224	2910	6529	7251	534
上　海 Shanghai	15463	5017	4645	5268	533
江　苏 Jiangsu	43515	6860	12897	20474	3284
浙　江 Zhejiang	25008	2905	6750	13489	1864
安　徽 Anhui	19155	3206	7622	7874	453
福　建 Fujian	12512	2124	3262	6113	1013
江　西 Jiangxi	12353	1006	4471	6501	375
山　东 Shandong	37165	4542	10880	19656	2087
河　南 Henan	24058	2268	9236	11854	700
湖　北 Hubei	27276	4700	9954	11267	1355
湖　南 Hunan	20416	2324	6408	11139	545
广　东 Guangdong	38864	3954	10312	20650	3948
广　西 Guangxi	15080	978	4617	8409	1076
海　南 Hainan	2854	379	885	1455	135
重　庆 Chongqing	15368	1790	5757	7329	492
四　川 Sichuan	20190	3430	6378	9277	1105
贵　州 Guizhou	6417	476	1860	3679	402
云　南 Yunnan	12096	1361	3861	5744	1130
西　藏 Tibet	182	42	49	88	3
陕　西 Shaanxi	19858	2943	7215	9011	689
甘　肃 Gansu	4713	885	1447	2233	148
青　海 Qinghai	811	19	97	516	179
宁　夏 Ningxia	1426	30	439	867	90
新　疆 Xinjiang	6265	626	1911	3215	513

注：不含民办的其他高等教育机构数据。

Note: Data of Non-government HEIs are not included.

聘请校外教师学历情况(普通高校)

Number of Part-time Teacher by Academic Qualification (Regular HEIs)

单位：人

unit: person

地区 Region	合计 Total	博士 Doctor's Degrees	硕士 Master's Degrees	本科 Normal Courses	专科及以下 Short-cycle Courses and Under
总计 Total	**445853**	**66872**	**147046**	**206424**	**25511**
北京 Beijing	14954	5077	4759	4682	436
天津 Tianjin	9643	1233	3357	4342	711
河北 Hebei	13936	1387	4583	7237	729
山西 Shanxi	5718	710	2234	2520	254
内蒙古 Inner Mongolia	7232	485	2569	3778	400
辽宁 Liaoning	13979	2272	4695	6312	700
吉林 Jilin	7535	1328	2553	3314	340
黑龙江 Heilongjiang	15995	2884	6373	6228	510
上海 Shanghai	15055	4994	4497	5033	531
江苏 Jiangsu	39167	6837	12128	16951	3251
浙江 Zhejiang	21643	2877	6088	10871	1807
安徽 Anhui	18922	3203	7519	7747	453
福建 Fujian	12467	2123	3231	6100	1013
江西 Jiangxi	12133	1005	4336	6417	375
山东 Shandong	36687	4539	10845	19219	2084
河南 Henan	21516	2253	8740	9865	658
湖北 Hubei	27142	4685	9901	11201	1355
湖南 Hunan	20302	2324	6391	11056	531
广东 Guangdong	34410	3926	9546	17222	3716
广西 Guangxi	14674	968	4513	8121	1072
海南 Hainan	2786	375	857	1426	128
重庆 Chongqing	15044	1787	5660	7115	482
四川 Sichuan	18792	3361	6196	8173	1062
贵州 Guizhou	6202	475	1833	3545	349
云南 Yunnan	12096	1361	3861	5744	1130
西藏 Tibet	182	42	49	88	3
陕西 Shaanxi	15338	2829	5991	5972	546
甘肃 Gansu	4659	885	1433	2193	148
青海 Qinghai	771	19	97	494	161
宁夏 Ningxia	1323	30	435	768	90
新疆 Xinjiang	5550	598	1776	2690	486

聘请校外教师学历情况(成人高校)

Number of Part-time Teacher by Academic Qualification (Adult HEIs)

单位：人

unit: person

地 区 Region	合计 Total	博 士 Doctor's Degrees	硕 士 Master's Degrees	本 科 Normal Courses	专科及以下 Short-cycle Courses and Under
总 计 Total	**32120**	**562**	**6823**	**23726**	**1009**
北 京 Beijing	633	35	272	276	50
天 津 Tianjin	1680	3	307	1362	8
河 北 Hebei	295	5	93	144	53
山 西 Shanxi	573	11	163	374	25
内蒙古 Inner Mongolia	86		16	70	
辽 宁 Liaoning	2339	111	704	1380	144
吉 林 Jilin	1101	2	82	1000	17
黑龙江 Heilongjiang	1229	26	156	1023	24
上 海 Shanghai	408	23	148	235	2
江 苏 Jiangsu	4348	23	769	3523	33
浙 江 Zhejiang	3365	28	662	2618	57
安 徽 Anhui	233	3	103	127	
福 建 Fujian	45	1	31	13	
江 西 Jiangxi	220	1	135	84	
山 东 Shandong	478	3	35	437	3
河 南 Henan	2542	15	496	1989	42
湖 北 Hubei	134	15	53	66	
湖 南 Hunan	114		17	83	14
广 东 Guangdong	4454	28	766	3428	232
广 西 Guangxi	406	10	104	288	4
海 南 Hainan	68	4	28	29	7
重 庆 Chongqing	324	3	97	214	10
四 川 Sichuan	1398	69	182	1104	43
贵 州 Guizhou	215	1	27	134	53
云 南 Yunnan					
西 藏 Tibet					
陕 西 Shaanxi	4520	114	1224	3039	143
甘 肃 Gansu	54		14	40	
青 海 Qinghai	40			22	18
宁 夏 Ningxia	103		4	99	
新 疆 Xinjiang	715	28	135	525	27

聘请校外教师学历情况(民办的其他高等教育机构)

Number of Part-time Teacher by Academic Qualification (Other Non-government HEIs)

单位：人
unit: person

地　区 Region	合计 Total	博　士 Doctor's Degrees	硕　士 Master's Degrees	本　科 Normal Courses	专科及以下 Short-cycle Courses and Under
总　计 Total	**10976**	**1068**	**3380**	**6177**	**351**
北　京 Beijing	1575	140	454	924	57
天　津 Tianjin					
河　北 Hebei	244	6	100	128	10
山　西 Shanxi	370	37	89	213	31
内蒙古 Inner Mongolia					
辽　宁 Liaoning	393	35	130	228	
吉　林 Jilin	108	29	27	50	2
黑龙江 Heilongjiang	73		15	54	4
上　海 Shanghai	4484	556	1126	2659	143
江　苏 Jiangsu					
浙　江 Zhejiang	605	24	250	329	2
安　徽 Anhui	129	24	64	38	3
福　建 Fujian					
江　西 Jiangxi	93	2	36	54	1
山　东 Shandong	863	52	308	418	85
河　南 Henan	192	36	77	70	9
湖　北 Hubei	402	44	191	164	3
湖　南 Hunan					
广　东 Guangdong	420	36	198	186	
广　西 Guangxi					
海　南 Hainan					
重　庆 Chongqing	211	3	84	124	
四　川 Sichuan	526	31	138	356	1
贵　州 Guizhou					
云　南 Yunnan					
西　藏 Tibet					
陕　西 Shaanxi					
甘　肃 Gansu	288	13	93	182	
青　海 Qinghai					
宁　夏 Ningxia					
新　疆 Xinjiang					

资产情况(学校
Condition of Fixed Assets and Teaching

地　区 Region	占地面积(平方米) Area of School Sites (m^2)			图书(万册) Books & Magazines in Libraries (10,000 volume)		
	合计 Total	其中:绿化用地面积 of Which: Green Areas	其中:运动场地面积 of Which: Sports Areas	合计 Total	当年新增 New Added in Current Year	合计 Total
总　计 Total	**1741743250.16**	**554159107.45**	**130748365.58**	**243335.91**	**11593.75**	**11067815**
北　京 Beijing	46421782.75	13088948.94	3693148.66	11567.73	370.45	724919
天　津 Tianjin	39970714.35	10664528.20	3068909.60	5118.52	184.18	227678
河　北 Hebei	70755873.47	19180130.68	6648494.03	9999.24	456.01	400532
山　西 Shanxi	35725550.30	9224601.47	3450011.87	5799.95	205.07	210169
内蒙古 Inner Mongolia	34902757.97	8529088.39	2664199.86	3474.63	129.99	164588
辽　宁 Liaoning	68288457.55	20228730.81	5412149.35	9172.54	309.97	471896
吉　林 Jilin	42818625.52	12012461.93	3318618.22	6203.40	296.04	280691
黑龙江 Heilongjiang	61376421.16	14303060.85	4583002.30	7612.07	275.41	332592
上　海 Shanghai	33974985.02	12359599.58	2684288.34	7251.91	340.53	458836
江　苏 Jiangsu	126528238.09	44609660.11	9477049.33	16682.06	709.69	930079
浙　江 Zhejiang	59731649.89	18628597.64	5296746.04	10378.01	572.25	559297
安　徽 Anhui	68764325.39	20559913.23	5554767.48	8840.46	508.84	367399
福　建 Fujian	47254706.70	16482285.40	3620094.37	7239.54	404.65	319005
江　西 Jiangxi	67269897.86	25825958.97	5594595.45	8897.50	501.03	338278
山　东 Shandong	133728962.14	45511815.77	9275225.55	16817.06	760.88	650426
河　南 Henan	110868624.00	31395414.31	8154450.93	15116.23	962.26	578117
湖　北 Hubei	91270670.00	32873755.45	6714166.61	13063.88	445.00	586389
湖　南 Hunan	75026240.15	23447084.22	4894726.40	10456.17	470.55	413225
广　东 Guangdong	97444187.12	36130020.36	6843512.95	15075.01	831.91	716042
广　西 Guangxi	43846800.56	13693032.39	3017453.11	5902.56	360.54	256850
海　南 Hainan	13159452.51	3641359.57	814695.12	1538.19	91.22	58897
重　庆 Chongqing	51416761.94	19274776.73	3671528.01	6218.69	316.50	289833
四　川 Sichuan	91867303.00	29650267.10	6369553.82	12106.02	570.84	523088
贵　州 Guizhou	41323290.47	15280260.49	2590391.97	4160.58	344.34	158666
云　南 Yunnan	40475116.83	13356800.71	3014158.26	5552.74	262.84	214015
西　藏 Tibet	3284346.00	906240.00	243214.00	359.97	16.94	13712
陕　西 Shaanxi	59275843.05	16187083.70	4519627.08	10538.53	530.24	467809
甘　肃 Gansu	27460002.20	7807607.55	1993081.23	3516.05	162.99	152786
青　海 Qinghai	4703068.74	1597079.95	407744.00	544.57	20.30	23014
宁　夏 Ningxia	11602138.50	3936227.83	767557.21	956.22	60.09	52608
新　疆 Xinjiang	41206456.93	13772715.12	2391204.43	3175.92	122.18	126379

注:不含民办的其他高等教育机构数据。

Note: Data of Non-government HEIs are not included.

产权)(总计)
Resources (Owned by HEIs)(Total)

计算机数(台) No. of Computers		教室(间) Classroom(room)		固定资产值(万元) Fixed Assets (10,000 yuan)				
其中:教学用计算机 of Which: No. of Computers Used for Instruction		合计 Total	其中:网络多媒体教室 of Which: Network Multimedia Classroom	合计 Total	其中:教学、科研仪器设备资产 of Which: Teaching Equipment & Instruments		其中:信息化设备资产值 of Which: Assets of Information Facilities	
小计 Subtotal	其中:平板电脑 of Which: Tablet PC				小计 Subtotal	当年新增 New Added in Current Year	小计 Subtotal	其中:软件 of Which: Software
8367861	**83865**	**602486**	**313100**	**179320745.69**	**40485282.47**	**4820665.36**	**11209011.46**	**1856877.70**
435507	8368	19353	13149	14781237.15	5005693.93	497138.14	1171203.95	273423.24
166503	1079	9716	5060	3883105.47	1029061.16	116574.07	251746.98	44033.87
317136	1335	24735	11839	6331704.21	1232539.33	148360.63	332236.12	51002.76
175584	1611	18659	8115	3135989.28	716969.13	96095.91	198598.17	21633.27
137692	935	12442	6269	3042869.40	615424.84	93090.58	154742.90	29076.90
373666	3837	27830	11332	7158123.57	1472404.27	173744.30	485448.90	77768.59
204757	2790	13175	5207	4252321.60	1005086.35	135593.49	282722.41	34093.31
264623	515	20955	8028	5654569.73	1351401.53	146623.07	346047.22	31959.03
307486	5662	13141	9311	8267631.87	2444322.64	348856.46	660217.55	129178.56
721433	12282	37728	25132	15227102.26	3378990.36	372554.12	876951.21	121091.10
421732	4628	23487	15664	8960917.82	2016834.31	231551.10	609497.90	110764.08
290353	1625	27646	11778	5341050.55	1266650.81	165344.25	286342.08	41976.82
240800	1013	14578	8306	5475028.70	1060442.54	141231.08	304958.86	54754.37
268311	3988	24314	12428	5118005.46	911914.95	132353.85	267156.57	37159.34
508872	2367	44219	20898	11378382.26	2135051.96	224436.46	600617.35	80443.30
475866	5718	43107	20933	7863832.12	1667819.02	264826.96	539482.71	63066.95
430968	2322	37222	17451	8908423.11	1952458.38	207334.92	484881.60	75123.16
320827	7179	26342	15440	6242505.40	1268480.33	124062.48	370138.54	49188.38
559866	3879	22156	15897	10071654.78	2371014.59	278976.30	728234.43	128388.96
210643	1638	12795	6838	3089715.68	799735.20	111721.39	219515.99	35997.75
49210	245	3098	1750	1168010.44	195342.63	23380.36	45070.41	9053.17
217076	1294	17423	10752	5398519.79	791147.55	89727.69	301477.92	43565.27
387072	1823	29085	16080	8503401.89	1880915.84	212218.69	566875.10	148455.46
129387	1395	16777	7662	2455421.83	474154.53	78875.54	164246.68	22404.85
164485	246	14473	6709	4153591.24	565261.62	60847.01	222456.09	26809.19
9226	39	770	550	251339.23	49920.34	8092.71	18681.71	3557.96
314921	2198	22024	10208	7998911.24	1693790.17	202446.79	401740.03	68122.97
111804	1639	9361	3980	2390632.22	495793.56	56274.34	118932.62	11872.32
18094	159	1532	779	297303.47	76899.28	13806.96	22125.63	4198.64
38801	126	2591	1288	834892.98	175897.82	27571.37	57607.39	11083.59
95160	1930	11752	4267	1684550.96	383863.49	36954.33	119056.41	17630.54

资产情况(学校

Condition of Fixed Assets and Teaching

地　区 Region	占地面积(平方米) Area of School Sites (m^2)			图书(万册) Books & Magazines in Libraries (10,000 volume)		
	合计 Total	其中:绿化用地面积 of Which: Green Areas	其中:运动场地面积 of Which: Sports Areas	合计 Total	当年新增 New Added in Current Year	合计 Total
总　计 Total	**1716670288.69**	**548850977.36**	**128189895.65**	**239563.55**	**11491.27**	**10855782**
北　京 Beijing	45126982.68	12863407.48	3616183.66	11344.73	366.55	709145
天　津 Tianjin	39524303.35	10623030.20	2959739.86	4951.39	183.75	221942
河　北 Hebei	69740115.47	19030896.68	6531939.03	9858.59	432.57	393071
山　西 Shanxi	34517476.00	9001025.47	3315269.87	5634.77	202.29	203307
内蒙古 Inner Mongolia	34618570.97	8495428.39	2632899.86	3435.59	129.99	161894
辽　宁 Liaoning	67143473.76	20068710.09	5184312.75	8947.40	307.86	454230
吉　林 Jilin	42014281.67	11930341.10	3238787.09	6100.53	290.35	275267
黑龙江 Heilongjiang	60559802.70	14148259.64	4484086.85	7405.63	271.38	326020
上　海 Shanghai	33338666.75	12284236.50	2644422.40	7117.81	339.89	444642
江　苏 Jiangsu	125957534.09	44477716.11	9418992.33	16590.02	707.60	922227
浙　江 Zhejiang	59385913.39	18551004.64	5241712.04	10291.89	570.57	551826
安　徽 Anhui	68055270.39	20443755.23	5471527.48	8744.38	506.43	362146
福　建 Fujian	47058896.70	16450150.40	3605472.37	7175.42	404.12	316881
江　西 Jiangxi	65929719.86	25350171.97	5512572.45	8711.78	486.86	329297
山　东 Shandong	132086284.94	45075822.37	9127995.35	16694.73	759.48	643382
河　南 Henan	109464590.77	31103512.95	8012241.55	14819.68	954.97	566127
湖　北 Hubei	90791149.84	32753716.45	6677572.61	12968.98	441.25	583879
湖　南 Hunan	74402484.15	23273003.22	4826885.40	10335.52	466.56	405629
广　东 Guangdong	96542631.44	35889537.99	6778331.95	14965.46	830.01	705348
广　西 Guangxi	43167849.82	13570659.39	2967692.11	5733.84	357.96	249829
海　南 Hainan	13076661.51	3607594.57	812175.12	1528.89	91.02	57967
重　庆 Chongqing	50364439.94	18883733.73	3581888.01	6124.21	312.78	281615
四　川 Sichuan	90478960.63	29360768.81	6176639.82	11995.11	569.35	517381
贵　州 Guizhou	40823247.52	15123219.63	2544428.06	4103.54	341.99	155034
云　南 Yunnan	40326032.83	13305221.71	3005308.26	5464.72	262.84	210087
西　藏 Tibet	3284346.00	906240.00	243214.00	359.97	16.94	13712
陕　西 Shaanxi	57692030.35	15825627.69	4371303.80	10318.50	526.44	458610
甘　肃 Gansu	27353287.40	7789767.55	1985480.23	3470.36	162.54	150130
青　海 Qinghai	4620100.74	1580785.95	387635.00	532.83	20.30	22015
宁　夏 Ningxia	11579661.50	3929427.83	763937.21	952.92	60.09	51582
新　疆 Xinjiang	37645521.53	13154203.62	2069249.13	2884.37	116.51	111560

产权)(普通高校)

Resources (Owned by HEIs)(Regular HEIs)

计算机数(台) No. of Computers		教室(间) Classroom(room)		固定资产值(万元) Fixed Assets (10,000 yuan)				
其中:教学用计算机 of Which: No. of Computers Used for Instruction		合计 Total	其中:网络多媒体教室 of Which: Network Multimedia Classroom	合计 Total	其中:教学、科研仪器设备资产 of Which: Teaching Equipment & Instruments		其中:信息化设备资产值 of Which: Assets of Information Facilities	
小计 Subtotal	其中:平板电脑 of Which: Tablet PC				小计 Subtotal	当年新增 New Added in Current Year	小计 Subtotal	其中:软件 of Which: Software
8209786	**80945**	**581733**	**305636**	**177227211.28**	**40062497.37**	**4785871.58**	**11021423.08**	**1835754.46**
424740	8296	18301	12445	14489311.92	4969262.37	495347.74	1142301.81	270068.25
162762	1075	9117	4872	3843746.64	1017478.14	116212.38	250225.91	43953.56
311670	1335	24243	11549	6225082.15	1217889.18	145799.87	326864.37	50760.44
170030	1611	17594	7889	3076887.93	699390.25	92787.79	193384.03	21410.78
135928	935	12288	6226	3031570.91	611940.75	92794.49	152848.90	28998.35
360793	3748	26648	10865	7040899.14	1449722.25	172372.17	477854.94	77127.11
200504	2670	12644	5067	4196044.15	990666.57	134297.10	279109.27	33043.25
259484	509	19989	7811	5597812.70	1339104.85	146053.48	339995.48	31275.62
297014	5271	12284	8726	8138085.40	2413327.33	347177.94	636564.71	127122.20
716216	12266	37399	24933	15120933.76	3371008.52	372326.91	870173.93	120353.06
415602	4608	22918	15339	8904814.79	2005075.64	230671.45	598675.64	109781.74
286445	1601	27198	11628	5298631.44	1260227.56	164915.68	280302.08	41287.55
239321	1013	14477	8261	5448966.15	1053364.29	140692.45	302281.10	54131.14
260521	2934	23866	12137	5027080.51	893895.55	128055.74	258268.26	35606.26
503681	2366	43296	20602	11278259.99	2117010.56	223919.34	596414.72	79865.34
465570	5556	41949	20553	7778844.16	1645904.47	263788.20	533786.44	61852.73
429050	2269	36591	17366	8862304.36	1943270.40	205801.18	482224.85	75031.56
315273	6958	25552	14984	6191388.33	1255257.35	123007.47	366782.89	48755.75
551708	3665	21546	15470	9994424.86	2346219.51	277650.15	719359.09	127888.80
204773	1634	12434	6638	3031297.63	786639.00	110936.36	214899.53	35526.99
48512	245	3060	1726	1163966.32	193521.37	23164.36	43337.89	8927.31
212076	1269	16746	10331	5297162.73	775973.52	87389.14	293899.02	42722.35
382839	1749	28207	15886	8415248.08	1862931.12	210370.67	562068.27	147426.93
126363	1395	16345	7540	2376067.63	464669.84	77345.31	156646.29	21664.39
162884	246	14421	6688	4125613.90	557256.58	60847.01	220031.69	26689.19
9226	39	770	550	251339.23	49920.34	8092.71	18681.71	3557.96
308127	2117	20433	9940	7908362.17	1665696.56	201362.22	396318.97	67209.10
109765	1633	9213	3934	2374727.62	491434.60	56164.10	116251.62	11706.15
17284	75	1477	757	291337.47	75409.28	13589.96	21591.63	4020.64
37793	125	2571	1274	832380.70	175129.35	27570.17	57148.39	10946.11
83832	1732	8156	3649	1614618.54	363900.26	35368.02	113129.64	17043.84

资产情况(学校
Condition of Fixed Assets and Teaching

地 区 Region	占地面积(平方米) Area of School Sites (m^2)			图书(万册) Books & Magazines in Libraries (10,000 volume)		
	合计 Total	其中:绿化用地面积 of Which: Green Areas	其中:运动场地面积 of Which: Sports Areas	合计 Total	当年新增 New Added in Current Year	合计 Total
总 计 Total	**25072961.47**	**5308130.09**	**2558469.93**	**3772.36**	**102.48**	**212033**
北 京 Beijing	1294800.07	225541.46	76965.00	223.00	3.91	15774
天 津 Tianjin	446411.00	41498.00	109169.74	167.13	0.43	5736
河 北 Hebei	1015758.00	149234.00	116555.00	140.65	23.44	7461
山 西 Shanxi	1208074.30	223576.00	134742.00	165.18	2.78	6862
内蒙古 Inner Mongolia	284187.00	33660.00	31300.00	39.04		2694
辽 宁 Liaoning	1144983.79	160020.72	227836.60	225.14	2.11	17666
吉 林 Jilin	804343.85	82120.83	79831.13	102.87	5.69	5424
黑龙江 Heilongjiang	816618.46	154801.21	98915.45	206.44	4.03	6572
上 海 Shanghai	636318.27	75363.08	39865.94	134.10	0.64	14194
江 苏 Jiangsu	570704.00	131944.00	58057.00	92.04	2.09	7852
浙 江 Zhejiang	345736.50	77593.00	55034.00	86.12	1.68	7471
安 徽 Anhui	709055.00	116158.00	83240.00	96.08	2.41	5253
福 建 Fujian	195810.00	32135.00	14622.00	64.12	0.53	2124
江 西 Jiangxi	1340178.00	475787.00	82023.00	185.72	14.17	8981
山 东 Shandong	1642677.20	435993.40	147230.20	122.33	1.40	7044
河 南 Henan	1404033.23	291901.36	142209.38	296.54	7.28	11990
湖 北 Hubei	479520.16	120039.00	36594.00	94.90	3.75	2510
湖 南 Hunan	623756.00	174081.00	67841.00	120.65	3.99	7596
广 东 Guangdong	901555.68	240482.37	65181.00	109.55	1.90	10694
广 西 Guangxi	678950.74	122373.00	49761.00	168.72	2.58	7021
海 南 Hainan	82791.00	33765.00	2520.00	9.30	0.20	930
重 庆 Chongqing	1052322.00	391043.00	89640.00	94.48	3.72	8218
四 川 Sichuan	1388342.37	289498.29	192914.00	110.91	1.50	5707
贵 州 Guizhou	500042.95	157040.86	45963.91	57.04	2.35	3632
云 南 Yunnan	149084.00	51579.00	8850.00	88.02		3928
西 藏 Tibet						
陕 西 Shaanxi	1583812.70	361456.01	148323.28	220.02	3.80	9199
甘 肃 Gansu	106714.80	17840.00	7601.00	45.69	0.45	2656
青 海 Qinghai	82968.00	16294.00	20109.00	11.74		999
宁 夏 Ningxia	22477.00	6800.00	3620.00	3.30		1026
新 疆 Xinjiang	3560935.40	618511.50	321955.30	291.54	5.66	14819

产权)(成人高校)
Resources (Owned by HEIs) (Adult HEIs)

计算机数(台) No. of Computers		教室(间) Classroom (room)		固定资产值(万元) Fixed Assets (10,000 yuan)				
其中:教学用计算机 of Which: No. of Computers Used for Instruction		合计 Total	其中:网络多媒体教室 of Which: Network Multimedia Classroom	合计 Total	其中:教学、科研仪器设备资产 of Which: Teaching Equipment & Instruments		其中:信息化设备资产值 of Which: Assets of Information Facilities	
小计 Subtotal	其中:平板电脑 of Which: Tablet PC				小计 Subtotal	当年新增 New Added in Current Year	小计 Subtotal	其中:软件 of Which: Software
158075	**2920**	**20753**	**7464**	**2093534.40**	**422785.10**	**34793.79**	**187588.38**	**21123.24**
10767	72	1052	704	291925.23	36431.56	1790.40	28902.14	3354.99
3741	4	599	188	39358.83	11583.02	361.69	1521.08	80.31
5466		492	290	106622.06	14650.15	2560.76	5371.75	242.32
5554		1065	226	59101.35	17578.88	3308.12	5214.14	222.49
1764		154	43	11298.49	3484.09	296.09	1894.00	78.55
12873	89	1182	467	117224.43	22682.02	1372.13	7593.96	641.48
4253	120	531	140	56277.45	14419.78	1296.39	3613.15	1050.06
5139	6	966	217	56757.03	12296.68	569.59	6051.74	683.41
10472	391	857	585	129546.47	30995.31	1678.52	23652.83	2056.35
5217	16	329	199	106168.50	7981.84	227.22	6777.29	738.04
6130	20	569	325	56103.03	11758.67	879.64	10822.26	982.33
3908	24	448	150	42419.11	6423.24	428.56	6040.00	689.27
1479		101	45	26062.55	7078.25	538.63	2677.76	623.23
7790	1054	448	291	90924.95	18019.40	4298.11	8888.31	1553.08
5191	1	923	296	100122.27	18041.40	517.12	4202.64	577.96
10296	162	1158	380	84987.96	21914.55	1038.76	5696.27	1214.22
1918	53	631	85	46118.75	9187.98	1533.74	2656.75	91.60
5554	221	790	456	51117.07	13222.98	1055.01	3355.65	432.63
8158	214	610	427	77229.92	24795.08	1326.15	8875.34	500.16
5870	4	361	200	58418.06	13096.20	785.03	4616.46	470.76
698		38	24	4044.12	1821.26	216.00	1732.52	125.86
5000	25	677	421	101357.06	15174.03	2338.55	7578.90	842.92
4233	74	878	194	88153.81	17984.72	1848.02	4806.83	1028.54
3024		432	122	79354.20	9484.69	1530.23	7600.39	740.46
1601		52	21	27977.34	8005.04		2424.40	120.00
6794	81	1591	268	90549.07	28093.62	1084.57	5421.05	913.86
2039	6	148	46	15904.60	4358.96	110.24	2681.00	166.17
810	84	55	22	5966.00	1490.00	217.00	534.00	178.00
1008	1	20	14	2512.28	768.47	1.20	459.00	137.48
11328	198	3596	618	69932.42	19963.23	1586.31	5926.77	586.70

资产情况(学校

Condition of Fixed Assets and Teaching

地 区 Region	占地面积(平方米) Area of School Sites (m^2)			图书(万册) Books & Magazines in Libraries (10,000 volume)		
	合计 Total	其中:绿化用地面积 of Which: Green Areas	其中:运动场地面积 of Which: Sports Areas	合计 Total	当年新增 New Added in Current Year	合计 Total
总 计 Total	**5500584.02**	**1220962.41**	**532648.63**	**1141.91**	**34.21**	**72306**
北 京 Beijing	369068.00	85119.00	17672.00	235.75	5.82	16513
天 津 Tianjin						
河 北 Hebei	183650.00	67066.00	14800.00	35.23	0.60	1438
山 西 Shanxi	422636.00	37022.00	35576.00	118.42	0.01	3212
内蒙古 Inner Mongolia						
辽 宁 Liaoning	129150.00	24452.00	14900.00	108.10		1393
吉 林 Jilin	29086.00	3000.00	10000.00	16.40	0.10	584
黑龙江 Heilongjiang	21942.00	2000.00	5000.00	2.00		272
上 海 Shanghai	163047.00	43419.00	21601.00	47.16	3.47	7731
江 苏 Jiangsu						
浙 江 Zhejiang	156256.00	87748.00	19385.00	52.98	1.75	5894
安 徽 Anhui	366997.00	86770.00	23044.00	54.80	0.05	7151
福 建 Fujian						
江 西 Jiangxi	631590.00	147765.00	105663.00	39.04	0.18	3433
山 东 Shandong	2156496.05	417078.12	157483.08	193.72	3.02	10209
河 南 Henan	112088.21	8517.11	2781.01	37.42	9.77	976
湖 北 Hubei	71457.00	21373.00	5456.00	18.08	1.00	1971
湖 南 Hunan	6360.00		1000.00	17.10	0.55	1143
广 东 Guangdong	237652.56	47409.18	25500.54	47.41	0.56	3813
广 西 Guangxi						
海 南 Hainan						
重 庆 Chongqing	61969.00	12069.00	10255.00	39.17	4.14	2379
四 川 Sichuan	376385.20	129655.00	61198.00	69.35	2.57	3359
贵 州 Guizhou						
云 南 Yunnan						
西 藏 Tibet						
陕 西 Shaanxi						
甘 肃 Gansu	4754.00	500.00	1334.00	9.78	0.62	835
青 海 Qinghai						
宁 夏 Ningxia						
新 疆 Xinjiang						

产权)(民办的其他高等教育机构)
Resources (Owned by HEIs)(Other Non-government HEIs)

计算机数(台) No. of Computers		教室(间) Classroom(room)		固定资产值(万元) Fixed Assets (10,000 yuan)				
其中:教学用计算机 of Which: No. of Computers Used for Instruction		合计 Total	其中:网络多媒体教室 of Which: Network Multimedia Classroom	合计 Total	其中:教学、科研仪器设备资产 of Which: Teaching Equipment & Instruments		其中:信息化设备资产值 of Which: Assets of Information Facilities	
小计 Subtotal	其中:平板电脑 of Which: Tablet PC				小计 Subtotal	当年新增 New Added in Current Year	小计 Subtotal	其中:软件 of Which: Software
60124	**3219**	**5106**	**1490**	**466276.93**	**94502.67**	**5388.51**	**25607.53**	**4771.47**
13347	123	1011	194	129532.12	23321.93	1763.23	6565.47	1276.92
1186	62	99	36	5635.68	1915.18	49.50	506.48	85.87
2530	4	644	40	17204.66	3590.20	125.91	1372.18	316.09
1045		532	225	5254.00	2902.00	1.00	43.90	7.40
474		73	23	997.10	357.20	15.00	88.00	5.00
260		60		980.00	180.00		30.00	10.00
6434	557	137	69	21214.73	6675.53	731.51	1735.40	169.66
4902	241	333	143	32868.50	7108.37	413.10	2507.99	286.95
6819	11	320	218	14533.64	7430.08	475.50	3452.00	176.80
3074	432	307	22	26132.80	1791.35	80.00	964.00	243.90
7581	544	833	163	119512.48	18443.60	521.56	4176.76	1194.24
870	126	111	19	4701.08	962.70	51.72	1314.30	217.07
1646	81	104	36	30133.48	2556.57	25.95	477.40	12.80
952		16	4	1644.00	1084.00	153.00	228.00	114.00
3180	283	234	145	21767.05	5238.21	338.58	867.14	129.69
2049	411	82	34	10929.08	2532.70	177.00	581.10	335.60
3044	196	166	86	21572.56	7742.87	373.35	587.28	171.58
731	148	44	33	1663.97	670.18	92.60	110.12	17.90

地 区 Region	占地面积(平方米) Area of School Sites (m^2)			图书(万册) Books & Magazines in Libraries (10,000 volume)		
	合计 Total	其中:绿化用地面积 of Which: Green Areas	其中:运动场地面积 of Which: Sports Areas	合计 Total	当年新增 New Added in Current Year	合计 Total
总 计 Total	**244859478.35**	**49435433.41**	**13936371.54**	**5328.75**	**217.93**	**296597**
北 京 Beijing	15405715.10	1621413.01	511625.49	30.20		962
天 津 Tianjin	2407965.70	172737.00	141434.00	679.86	3.80	9427
河 北 Hebei	6034013.10	602565.67	407601.00	55.77	0.46	3690
山 西 Shanxi	4405501.21	873065.13	533669.22	131.56	2.68	8375
内蒙古 Inner Mongolia	1783811.90	108800.00	221598.40	0.98	0.31	499
辽 宁 Liaoning	6369711.52	1206892.30	588249.51	190.57	6.05	12453
吉 林 Jilin	7844426.15	1325773.30	205211.00	57.03	1.03	3969
黑龙江 Heilongjiang	5011306.65	889888.80	304494.00	174.17		8178
上 海 Shanghai	5807838.09	1131555.82	315859.60	40.58	8.67	2688
江 苏 Jiangsu	24878202.15	4961961.15	1321876.74	467.51	16.57	34884
浙 江 Zhejiang	11005911.78	2273029.04	648723.79	383.47	23.01	27651
安 徽 Anhui	4600537.47	728676.00	289233.00	195.23	2.00	11070
福 建 Fujian	13233726.50	3790668.85	990658.74	54.39	2.66	5031
江 西 Jiangxi	8394187.41	1790256.00	656686.00	44.29	5.03	549
山 东 Shandong	13204582.28	2887198.11	764588.45	227.92	2.09	4458
河 南 Henan	10129253.19	948688.25	519073.20	464.85	19.42	14481
湖 北 Hubei	12695021.70	2205566.50	670438.50	367.39	3.10	15057
湖 南 Hunan	7601224.56	1236926.19	278494.37	395.47	3.93	4425
广 东 Guangdong	29316013.14	8289308.74	1758488.02	633.94	57.14	51248
广 西 Guangxi	7800150.86	2139311.47	621417.00	193.08	22.03	48493
海 南 Hainan	2618458.44	572090.83	13495.00			
重 庆 Chongqing	2718596.48	575844.13	55200.11	12.91	0.00	365
四 川 Sichuan	12340873.35	2381406.67	675710.18	41.04	20.37	1728
贵 州 Guizhou	2718074.10	1042563.75	100512.86	139.11		6838
云 南 Yunnan	4312633.90	784182.00	191633.86	86.61	1.10	1561
西 藏 Tibet				2.03	1.39	
陕 西 Shaanxi	16655778.01	4493908.01	1038071.78	191.81	13.05	16142
甘 肃 Gansu	4431859.63	268157.46	100081.72	2.91		180
青 海 Qinghai	33333.00					369
宁 夏 Ningxia	317453.69			32.00		
新 疆 Xinjiang	783317.29	132999.23	12246.00	32.08	2.05	1826

注:不含民办的其他高等教育机构数据。

Note: Data of Non-government HEIs are not included.

(非学校产权独立使用)
Resources (Not Owned by HEIs)

计算机数(台) No. of Computers		教室(间) Classroom(room)		固定资产值(万元) Fixed Assets (10,000 yuan)				
其中:教学用计算机 of Which: No. of Computers Used for Instruction		合计 Total	其中:网络多媒体教室 of Which: Network Multimedia Classroom	合计 Total	其中:教学、科研仪器设备资产 of Which: Teaching Equipment & Instruments		其中:信息化设备资产值 of Which: Assets of Information Facilities	
小计 Subtotal	其中:平板电脑 of Which: Tablet PC				小计 Subtotal	当年新增 New Added in Current Year	小计 Subtotal	其中:软件 of Which: Software
205830	**4527**	**96613**	**46220**	**10471590.47**	**847146.63**	**81967.73**		
841		1352	693	318078.71	20962.00			
8181		2746	1353	219089.69	16208.98	710.54		
3202		1220	420	234971.10	20751.34	260.88		
7081		2246	1067	133008.46	11947.61	115.61		
453		434	107	1437.69	802.20	80.00		
9193	276	3421	1113	714733.52	58361.50	5933.25		
2920	85	2172	571	82886.95	6245.28	691.85		
6622		2030	1108	57468.71	12544.41			
2299	1	2419	1155	236770.35	14801.41	1178.83		
28256	429	9531	5982	838141.13	96995.58	6227.29		
22450	253	6009	3119	1049422.12	45828.85	2272.86		
9454		3122	1135	224325.80	20406.93	679.06		
4449		3921	2112	354504.79	40638.69	19610.12		
549		2700	556	173290.00	11345.40	236.50		
3317		4313	1360	535386.39	34471.22	13559.91		
11623		4283	2597	240022.11	31642.43	1253.55		
12001	120	6021	1519	573025.30	46430.10	2435.98		
4233	2	2927	2470	343798.57	29736.34	2015.81		
40249	2822	14236	8775	2205833.30	84407.04	5342.06		
4778	348	3505	1746	260595.11	30482.78	2870.95		
		217	90	59055.96	856.90	56.20		
308	1	1196	561	173526.58	4866.06	415.08		
1635	33	4556	2475	816073.88	90930.91	9356.52		
6061	2	1312	283	142411.92	21314.14	978.15		
1386		2811	954	239955.51	65855.30	234.90		
12492	30	7281	2692	141157.70	18957.61	4679.68		
120	80	492	145	77673.22	4299.20	251.00		
300		13	13	3652.00	995.00			
				7556.00				
1377	45	127	49	13737.89	4061.42	521.15		

地区 Region	占地面积(平方米) Area of School Sites (m^2)			图书(万册) Books & Magazines in Libraries (10,000 volume)		
	合计 Total	其中:绿化用地面积 of Which: Green Areas	其中:运动场地面积 of Which: Sports Areas	合计 Total	当年新增 New Added in Current Year	合计 Total
总计 Total	**219493141.08**	**44214318.66**	**11151615.55**	**1897.57**	**119.71**	**56569**
北京 Beijing	15390212.10	1621413.01	511625.49	28.00		912
天津 Tianjin	1823844.70	132056.00	38425.00	14.43	0.10	734
河北 Hebei	6034013.10	602565.67	407601.00	55.77	0.46	3690
山西 Shanxi	4293052.21	862465.13	514509.22	95.58	2.68	4761
内蒙古 Inner Mongolia	1783811.90	108800.00	221598.40	0.98	0.31	499
辽宁 Liaoning	4974364.00	861608.55	417817.53	46.89	0.25	3101
吉林 Jilin	7443170.15	1220499.30	109122.00			
黑龙江 Heilongjiang	4052048.65	791300.80	75944.00	10.70		128
上海 Shanghai	5788877.09	1127953.52	314809.60	40.58	8.67	2688
江苏 Jiangsu	17078930.95	3752029.45	804671.63	61.67	2.87	1486
浙江 Zhejiang	7908259.78	1310460.54	263124.79	13.47		586
安徽 Anhui	2850153.47	495932.00	187429.00	99.98	2.00	2450
福建 Fujian	13233726.50	3790668.85	990658.74	54.39	2.66	5031
江西 Jiangxi	8290627.41	1760256.00	615686.00	44.29	5.03	549
山东 Shandong	13204582.28	2887198.11	764588.45	227.92	2.09	4458
河南 Henan	8448982.07	474978.25	401164.20	111.14	5.84	5318
湖北 Hubei	10820274.70	1865819.50	477365.50	85.96	2.10	2968
湖南 Hunan	7549274.56	1211926.19	278494.37	387.27	3.93	4157
广东 Guangdong	25748086.04	7210512.32	1152488.20	90.27	36.95	767
广西 Guangxi	7644583.86	2116330.47	595589.00	124.73	20.93	3542
海南 Hainan	2618458.44	572090.83	13495.00			
重庆 Chongqing	2718596.48	575844.13	55200.11	12.91	0.00	365
四川 Sichuan	12152613.02	2313726.84	633893.28	41.04	20.37	1713
贵州 Guizhou	2587073.50	1028153.50	96519.68	128.91		4603
云南 Yunnan	4254276.90	779338.00	188327.86	83.76	1.10	1156
西藏 Tibet				2.03	1.39	
陕西 Shaanxi	15541611.61	4387022.01	925185.78			127
甘肃 Gansu	4390300.63	254157.46	94281.72	2.91		180
青海 Qinghai	33333.00					
宁夏 Ningxia	317453.69			32.00		
新疆 Xinjiang	518548.29	99212.23	2000.00			600

(非学校产权独立使用)(普通高校)

Resources (Not Owned by HEIs) (Regular HEIs)

计算机数(台) No. of Computers		教室(间) Classroom(room)		固定资产值(万元) Fixed Assets (10,000 yuan)				
其中:教学用计算机 of Which: No. of Computers Used for Instruction		合计 Total	其中:网络多媒体教室 of Which: Network Multimedia Classroom	合计 Total	其中:教学、科研仪器设备资产 of Which: Teaching Equipment & Instruments		其中:信息化设备资产值 of Which: Assets of Information Facilities	
小计 Subtotal	其中:平板电脑 of Which: Tablet PC				小计 Subtotal	当年新增 New Added in Current Year	小计 Subtotal	其中:软件 of Which: Software
48156	**173**	**71447**	**33951**	**9100708.85**	**523468.67**	**62041.24**		
837		1337	690	318038.71	20957.00			
600		1043	328	193927.13	6808.87	150.54		
3202		1208	420	233971.10	20701.34	260.88		
4362		2019	990	120991.80	9600.20	115.61		
453		434	107	1437.69	802.20	80.00		
2598		2603	709	586683.68	26674.30	2204.59		
		1664	433	64323.06	1494.43	40.00		
115		874	160	13544.99	2725.16			
2299	1	2327	1120	234828.02	13922.22	1178.83		
1179	56	6780	4304	491085.66	22003.88	473.62		
503		2604	1306	834084.06	9653.62	16.60		
2295		1554	500	152354.41	7023.93	679.06		
4449		3921	2112	354504.79	40638.69	19610.12		
549		2635	556	173290.00	11345.40	236.50		
3317		4313	1360	535386.39	34471.22	13559.91		
5209		1120	535	164364.60	11754.74	880.86		
2597		3876	1309	504710.48	27934.57	2089.98		
3965	2	2867	2435	339829.57	28601.29	1925.81		
662		9707	6208	1938518.96	8223.53	1276.71		
943		3052	1650	230553.17	25357.27	2624.01		
		217	90	59055.96	856.90	56.20		
308	1	1196	561	173526.58	4866.06	415.08		
1620	33	4511	2472	813015.32	90898.16	9356.52		
4193		1145	235	134061.11	17485.26	831.45		
1091		2653	954	235651.01	65366.30	234.90		
90		5206	2245	105234.18	8770.23	3439.75		
120	80	492	145	77673.22	4299.20	251.00		
		13	13	986.00	8.00			
				7556.00				
600		76	4	7521.21	224.70	52.70		

地 区 Region	占地面积(平方米) Area of School Sites (m^2)			图书(万册) Books & Magazines in Libraries (10,000 volume)		
	合计 Total	其中:绿化用地面积 of Which: Green Areas	其中:运动场地面积 of Which: Sports Areas	合计 Total	当年新增 New Added in Current Year	合计 Total
总 计 Total	**25366337.27**	**5221114.75**	**2784755.99**	**3431.18**	**98.22**	**240028**
北 京 Beijing	15503.00			2.20		50
天 津 Tianjin	584121.00	40681.00	103009.00	665.43	3.70	8693
河 北 Hebei						
山 西 Shanxi	112449.00	10600.00	19160.00	35.98		3614
内蒙古 Inner Mongolia						
辽 宁 Liaoning	1395347.52	345283.75	170431.98	143.68	5.80	9352
吉 林 Jilin	401256.00	105274.00	96089.00	57.03	1.03	3969
黑龙江 Heilongjiang	959258.00	98588.00	228550.00	163.47		8050
上 海 Shanghai	18961.00	3602.30	1050.00			
江 苏 Jiangsu	7799271.20	1209931.70	517205.11	405.84	13.70	33398
浙 江 Zhejiang	3097652.00	962568.50	385599.00	370.00	23.01	27065
安 徽 Anhui	1750384.00	232744.00	101804.00	95.25		8620
福 建 Fujian						
江 西 Jiangxi	103560.00	30000.00	41000.00			
山 东 Shandong						
河 南 Henan	1680271.12	473710.00	117909.00	353.71	13.58	9163
湖 北 Hubei	1874747.00	339747.00	193073.00	281.43	1.00	12089
湖 南 Hunan	51950.00	25000.00		8.20		268
广 东 Guangdong	3567927.10	1078796.42	605999.82	543.67	20.19	50481
广 西 Guangxi	155567.00	22981.00	25828.00	68.36	1.11	44951
海 南 Hainan						
重 庆 Chongqing						
四 川 Sichuan	188260.33	67679.83	41816.90			15
贵 州 Guizhou	131000.60	14410.25	3993.18	10.20		2235
云 南 Yunnan	58357.00	4844.00	3306.00	2.85		405
西 藏 Tibet						
陕 西 Shaanxi	1114166.40	106886.00	112886.00	191.81	13.05	16015
甘 肃 Gansu	41559.00	14000.00	5800.00			
青 海 Qinghai						369
宁 夏 Ningxia						
新 疆 Xinjiang	264769.00	33787.00	10246.00	32.08	2.05	1226

(非学校产权独立使用)(成人高校)
Resources (Not Owned by HEIs) (Adult HEIs)

计算机数(台) No. of Computers		教室(间) Classroom (room)		固定资产值(万元) Fixed Assets (10,000 yuan)				
其中:教学用计算机 of Which: No. of Computers Used for Instruction		合计 Total	其中:网络多媒体教室 of Which: Network Multimedia Classroom	合计 Total	其中:教学、科研仪器设备资产 of Which: Teaching Equipment & Instruments		其中:信息化设备资产值 of Which: Assets of Information Facilities	
小计 Subtotal	其中:平板电脑 of Which: Tablet PC				小计 Subtotal	当年新增 New Added in Current Year	小计 Subtotal	其中:软件 of Which: Software
157674	**4354**	**25166**	**12269**	**1370881.62**	**323677.96**	**19926.49**		
4		15	3	40.00	5.00			
7581		1703	1025	25162.56	9400.11	560.00		
		12		1000.00	50.00			
2719		227	77	12016.66	2347.41			
6595	276	818	404	128049.84	31687.19	3728.66		
2920	85	508	138	18563.89	4750.85	651.85		
6507		1156	948	43923.72	9819.25			
		92	35	1942.33	879.19			
27077	373	2751	1678	347055.47	74991.70	5753.67		
21947	253	3405	1813	215338.06	36175.23	2256.26		
7159		1568	635	71971.39	13383.00			
		65						
6414		3163	2062	75657.52	19887.69	372.69		
9404	120	2145	210	68314.82	18495.53	346.00		
268		60	35	3969.00	1135.05	90.00		
39587	2822	4529	2567	267314.35	76183.51	4065.35		
3835	348	453	96	30041.95	5125.52	246.94		
15		45	3	3058.56	32.75			
1868	2	167	48	8350.81	3828.88	146.70		
295		158		4304.50	489.00			
12402	30	2075	447	35923.52	10187.38	1239.93		
300				2666.00	987.00			
777	45	51	45	6216.68	3836.72	468.45		

地　区 Region	占地面积(平方米) Area of School Sites (m^2)			图书(万册) Books & Magazines in Libraries (10,000 volume)		
	合计 Total	其中:绿化用地面积 of Which: Green Areas	其中:运动场地面积 of Which: Sports Areas	合计 Total	当年新增 New Added in Current Year	合计 Total
总　计 Total	**5799979.80**	**1109545.52**	**768977.37**	**24230.52**	**1014.16**	**12285**
北　京 Beijing	1473076.40	425522.00	284516.00	14015.23	1003.61	620
天　津 Tianjin						
河　北 Hebei	158652.00	18850.00	7100.00			560
山　西 Shanxi	593315.00	131237.00	44350.00	10067.90	1.14	492
内蒙古 Inner Mongolia						
辽　宁 Liaoning	71286.00	7360.00	10750.00	3.50		2412
吉　林 Jilin	967514.00	7370.00	10750.00	10.40	0.10	120
黑龙江 Heilongjiang	1660.00	1000.00	660.00			100
上　海 Shanghai	377958.70	102896.00	110217.00	58.60	1.01	3928
江　苏 Jiangsu						
浙　江 Zhejiang	346658.00	94626.00	50939.00	2.07	0.02	890
安　徽 Anhui	148070.00	20000.00	10000.00	6.70		
福　建 Fujian						
江　西 Jiangxi	15113.00	3020.00	1300.00			37
山　东 Shandong	424443.22	72460.00	67165.00	21.87	0.23	608
河　南 Henan	154533.58	17385.37	23318.60	7.00	4.20	230
湖　北 Hubei	113531.00	21873.00	22454.00	11.50		10
湖　南 Hunan	43154.00	1000.00	2000.00	0.50		
广　东 Guangdong	243103.00	21438.00	36177.00	5.20	0.20	857
广　西 Guangxi						
海　南 Hainan						
重　庆 Chongqing	154304.00	37955.00	25825.00	1.00	0.50	160
四　川 Sichuan	465339.90	120405.15	51095.77	16.30	2.60	1048
贵　州 Guizhou						
云　南 Yunnan						
西　藏 Tibet						
陕　西 Shaanxi						
甘　肃 Gansu	48268.00	5148.00	10360.00	2.75	0.55	213
青　海 Qinghai						
宁　夏 Ningxia						
新　疆 Xinjiang						

(非学校产权独立使用)(民办的其他高等教育机构)
(Not Owned by HEIs)(Other Non-government HEIs)

计算机数(台) No. of Computers		教室(间) Classroom(room)		固定资产值(万元) Fixed Assets (10,000 yuan)				
其中:教学用计算机 of Which: No. of Computers Used for Instruction		合计 Total	其中:网络多媒体教室 of Which: Network Multimedia Classroom	合计 Total	其中:教学、科研仪器设备资产 of Which: Teaching Equipment & Instruments		其中:信息化设备资产值 of Which: Assets of Information Facilities	
小计 Subtotal	其中:平板电脑 of Which: Tablet PC				小计 Subtotal	当年新增 New Added in Current Year	小计 Subtotal	其中:软件 of Which: Software
9876	**1059**	**5246**	**1820**	**288644.39**	**70380.64**	**1429.68**		
477	57	826	357	19614.69	2866.35	54.54		
497	2	111	37	1536.50	616.70	43.20		
394	5	539	145	57813.44	38668.40	19.71		
2021		326	135	4834.00	2052.10			
110		55		840.00	39.00	0.50		
100	30	20	5					
3402	279	974	356	42131.11	4508.53	471.03		
755	630	170	59	20512.69	2945.54	214.30		
		77	30	3880.00	19.00	19.00		
28		39	1	410.00	30.00			
398		682	163	13786.10	926.12	42.54		
14		203	152	7652.42	1566.38	1.83		
5		220	43	2814.50	643.60	50.00		
596	4	326	99	2288.28	847.35	105.07		
100		166	106	92077.00	2425.00	92.00		
873	40	284	82	16576.80	11823.84	298.00		
106	12	228	50	1876.86	402.74	17.96		

校舍情况（总计）

Condition of School Buidings (Total)

单位：平方米

unit: m2

地　区 Region	学校产权建筑面积 Floor Area of School Building Owned by HEIs				正在施工面积 Floor Area Under Construction	独立使用非学校产权建筑面积 Floor Area of School Building Not Owned by HEIs
	合计 Total	其中：危房 of Which: Dilapidated Buildings	其中：当年新增 of Which: New Added in Current Year	其中：被外单位借用 of Which: Floor Space Hired by Other Schools or Units		
总　计 Total	**813139095.02**	**1399977.55**	**27838779.66**	**1222321.55**	**59172095.70**	**103274266.81**
北　京 Beijing	38154274.97	140724.80	1589751.99	131043.22	2544781.83	1763054.14
天　津 Tianjin	15715205.28		586456.54		2453242.73	1372031.30
河　北 Hebei	34956933.65		1058375.34		1530878.24	1760566.00
山　西 Shanxi	20629555.26	31504.00	764113.93	13590.00	1517285.19	2211689.71
内蒙古 Inner Mongolia	13359279.19	18883.28	128797.80		828171.83	618893.72
辽　宁 Liaoning	29916486.49	45265.34	794396.03	2048.00	2478954.38	4380842.15
吉　林 Jilin	19599786.31	5897.01	211881.74		706315.62	1994699.49
黑龙江 Heilongjiang	26748825.29	18358.00	715405.81	16405.00	1174461.66	1908733.75
上　海 Shanghai	20351349.08		1461953.61	191885.16	2099720.29	3248651.97
江　苏 Jiangsu	54876385.10	59755.60	1051193.75	175436.79	4253426.83	9940987.74
浙　江 Zhejiang	30277089.69	1320.41	1270453.02	145203.84	3458681.53	6507115.21
安　徽 Anhui	32042178.67	80706.00	1448202.13		1899412.92	2132715.62
福　建 Fujian	20245101.85	11799.00	476155.51	4002.10	1895344.09	5614043.49
江　西 Jiangxi	31629307.78		1322672.41	211444.09	795000.49	3197096.95
山　东 Shandong	56089604.19	337522.48	1238810.25	23791.30	2902511.08	5676713.87
河　南 Henan	57994096.84	18607.00	2796151.17	106249.16	2483826.78	3519648.62
湖　北 Hubei	47773503.53	31433.55	1555153.88	73325.00	1679880.19	6251246.33
湖　南 Hunan	33768293.09	73549.47	923581.27		2112601.31	3856074.44
广　东 Guangdong	39763196.53	27425.30	578293.79	1104.00	2285675.32	15401242.77
广　西 Guangxi	20146486.16	47711.28	842627.10		1900572.31	3857703.29
海　南 Hainan	4829812.51	26469.00	49951.77		340807.03	812310.22
重　庆 Chongqing	22636539.18	9040.00	713327.20		1084594.61	1551185.38
四　川 Sichuan	38165634.55	60337.27	1315145.78	26959.06	3782062.51	5276780.85
贵　州 Guizhou	17858411.71	7075.33	2108677.54	8431.00	2527072.15	950463.63
云　南 Yunnan	15489193.09	145164.11	494311.78	78399.83	2072603.73	3395728.95
西　藏 Tibet	1182602.80	6602.00	52075.84	6265.00	82901.19	
陕　西 Shaanxi	37464001.75	40336.95	588281.09		4756355.31	5048490.93
甘　肃 Gansu	13283608.62	45042.37	556389.46		1421693.63	802560.42
青　海 Qinghai	1820820.37	2309.00	230366.33		513557.37	19124.00
宁　夏 Ningxia	3749071.37		266679.15	6589.00	147882.00	12491.00
新　疆 Xinjiang	12622460.12	107139.00	649146.65	150.00	1441821.55	191380.87

注：不含民办的其他高等教育机构数据。

Note: Data of Non-government HEIs are not included.

校舍情况(普通高校)
Condition of School Buidings (Regular HEIs)

单位:平方米
unit: m²

地区 Region	学校产权建筑面积 Floor Area of School Building Owned by HEIs				正在施工面积 Floor Area Under Construction	独立使用非学校产权建筑面积 Floor Area of School Building Not Owned by HEIs
	合计 Total	其中:危房 of Which: Dilapidated Buildings	其中:当年新增 of Which: New Added in Current Year	其中:被外单位借用 of Which: Floor Space Hired by Other Schools or Units		
总 计 Total	**799261464.28**	**1314395.26**	**27554062.02**	**1200833.52**	**58402339.60**	**92152345.11**
北 京 Beijing	37254652.89	140724.80	1549751.99	131043.22	2544781.83	1754026.14
天 津 Tianjin	15484529.91		586456.54		2376142.73	851338.30
河 北 Hebei	34354505.65		1058375.34		1521019.24	1747164.00
山 西 Shanxi	19844151.26	31504.00	764113.93	13590.00	1517285.19	2173116.71
内蒙古 Inner Mongolia	13264641.19	8408.00	128797.80		828171.83	618893.72
辽 宁 Liaoning	29210274.68	45265.34	783336.03	2048.00	2458954.38	3473000.26
吉 林 Jilin	19173350.43	4400.00	211881.74		474326.97	1798197.49
黑龙江 Heilongjiang	26147719.28	18358.00	715405.81	1690.00	1174461.66	1423723.75
上 海 Shanghai	19834045.57		1461953.61	185262.13	2099720.29	3178088.07
江 苏 Jiangsu	54531214.10	59755.60	1051193.75	175436.79	4253426.83	7959490.34
浙 江 Zhejiang	30000236.71	1320.41	1265192.02	145203.84	3352901.53	5346963.01
安 徽 Anhui	31646158.67	80706.00	1418912.13		1851449.92	1683108.62
福 建 Fujian	20132700.85	11799.00	458654.51	4002.10	1895344.09	5614043.49
江 西 Jiangxi	31023824.61		1276101.65	211444.09	795000.49	3138216.95
山 东 Shandong	55425700.19	337522.48	1238810.25	23791.30	2851717.08	5676713.87
河 南 Henan	57051020.13	18607.00	2793114.17	106249.16	2482826.78	2219388.79
湖 北 Hubei	47516211.53	31433.55	1552399.88	73325.00	1679880.19	5434215.33
湖 南 Hunan	33318981.09	72749.47	923581.27		2035814.51	3829176.44
广 东 Guangdong	39327758.31	27425.30	578293.79	1104.00	2285675.32	13430518.63
广 西 Guangxi	19696807.16	19939.28	842627.10		1837068.31	3729893.29
海 南 Hainan	4787193.51	26469.00	41472.77		311702.33	812310.22
重 庆 Chongqing	22134219.18	9040.00	713327.20		1066594.61	1551185.38
四 川 Sichuan	37355851.93	60337.27	1262391.40	26959.06	3756088.56	5241475.85
贵 州 Guizhou	17551167.01	7075.33	2108677.54	8431.00	2527072.15	712078.29
云 南 Yunnan	15368803.09	143213.11	494311.78	78399.83	2072603.73	3227796.95
西 藏 Tibet	1182602.80	6602.00	52075.84	6265.00	82901.19	
陕 西 Shaanxi	36451044.15	40336.95	588033.09		4756355.31	4513867.93
甘 肃 Gansu	13158841.62	45042.37	556389.46		1421693.63	802560.42
青 海 Qinghai	1788665.37	2309.00	230366.33		513557.37	19124.00
宁 夏 Ningxia	3720200.37		266679.15	6589.00	147882.00	12491.00
新 疆 Xinjiang	11524391.04	64052.00	581384.15		1429919.55	180177.87

校舍情况(成人高校)
Condition of School Buidings (Adult HEIs)

单位:平方米
unit: m^2

地 区 Region	学校产权建筑面积 Floor Area of School Building Owned by HEIs				正在施工面积 Floor Area Under Construction	独立使用非学校产权建筑面积 Floor Area of School Building Not Owned by HEIs
	合计 Total	其中:危房 of Which: Dilapidated Buildings	其中:当年新增 of Which: New Added in Current Year	其中:被外单位借用 of Which: Floor Space Hired by Other Schools or Units		
总 计 Total	**13877630.74**	**85582.29**	**284717.64**	**21488.03**	**769756.10**	**11121921.70**
北 京 Beijing	899622.08		40000.00			9028.00
天 津 Tianjin	230675.37				77100.00	520693.00
河 北 Hebei	602428.00				9859.00	13402.00
山 西 Shanxi	785404.00					38573.00
内蒙古 Inner Mongolia	94638.00	10475.28				
辽 宁 Liaoning	706211.81		11060.00		20000.00	907841.89
吉 林 Jilin	426435.88	1497.01			231988.65	196502.00
黑龙江 Heilongjiang	601106.01			14715.00		485010.00
上 海 Shanghai	517303.51			6623.03		70563.90
江 苏 Jiangsu	345171.00					1981497.40
浙 江 Zhejiang	276852.98		5261.00		105780.00	1160152.20
安 徽 Anhui	396020.00		29290.00		47963.00	449607.00
福 建 Fujian	112401.00		17501.00			
江 西 Jiangxi	605483.17		46570.76			58880.00
山 东 Shandong	663904.00				50794.00	
河 南 Henan	943076.71		3037.00		1000.00	1300259.83
湖 北 Hubei	257292.00		2754.00			817031.00
湖 南 Hunan	449312.00	800.00			76786.80	26898.00
广 东 Guangdong	435438.22					1970724.14
广 西 Guangxi	449679.00	27772.00			63504.00	127810.00
海 南 Hainan	42619.00		8479.00		29104.70	
重 庆 Chongqing	502320.00				18000.00	
四 川 Sichuan	809782.62		52754.38		25973.95	35305.00
贵 州 Guizhou	307244.70					238385.34
云 南 Yunnan	120390.00	1951.00				167932.00
西 藏 Tibet						
陕 西 Shaanxi	1012957.60		248.00			534623.00
甘 肃 Gansu	124767.00					
青 海 Qinghai	32155.00					
宁 夏 Ningxia	28871.00					
新 疆 Xinjiang	1098069.08	43087.00	67762.50	150.00	11902.00	11203.00

校舍情况(民办的其他高等教育机构)
Condition of School Buidings (Other Non-government HEIs)

单位:平方米
unit: m²

地 区 Region	学校产权建筑面积 Floor Area of School Building Owned by HEIs				正在施工面积 Floor Area Under Construction	独立使用非学校产权建筑面积 Floor Area of School Building Not Owned by HEIs
	合计 Total	其中:危房 of Which: Dilapidated Buildings	其中:当年新增 of Which: New Added in Current Year	其中:被外单位借用 of Which: Floor Space Hired by Other Schools or Units		
总 计 Total	**2884597.02**		**9633.00**	**1779.00**	**254585.00**	**3889884.14**
北 京 Beijing	476525.83					1306244.68
天 津 Tianjin						
河 北 Hebei	171041.00		1.00		117228.00	68597.00
山 西 Shanxi	242590.00					151289.00
内蒙古 Inner Mongolia						
辽 宁 Liaoning	199023.00					107734.00
吉 林 Jilin	43524.00					301747.00
黑龙江 Heilongjiang	10651.00					1660.00
上 海 Shanghai	61681.00			1779.00		333469.47
江 苏 Jiangsu						
浙 江 Zhejiang	166819.00					371896.00
安 徽 Anhui	195058.00					42612.00
福 建 Fujian						
江 西 Jiangxi	189445.00				74836.00	24130.00
山 东 Shandong	579847.93					302394.79
河 南 Henan	158245.27		182.00			80586.03
湖 北 Hubei	48065.00					177898.14
湖 南 Hunan	6700.00					66746.00
广 东 Guangdong	76721.33					194535.74
广 西 Guangxi						
海 南 Hainan						
重 庆 Chongqing	72997.00		9450.00		59571.00	125514.00
四 川 Sichuan	169627.66					190637.29
贵 州 Guizhou						
云 南 Yunnan						
西 藏 Tibet						
陕 西 Shaanxi						
甘 肃 Gansu	16035.00				2950.00	42193.00
青 海 Qinghai						
宁 夏 Ningxia						
新 疆 Xinjiang						

普通高中校数、班数(总计)
Number of Schools and Classes in Regular Senior Secondary Schools (Total)

地　区 Region	学校数(所) Schools				班数(个) Classes			
	合计 Total	完全中学 Combined Secondary Schools	高级中学 Regular High Schools	十二年一贯制学校 12 – year Schools	合计 Total	一年级 Grade 1	二年级 Grade 2	三年级 Grade 3
总　计 Total	**13240**	**5538**	**6628**	**1074**	**445724**	**148996**	**146910**	**149818**
北　京 Beijing	306	193	38	75	5424	1709	1765	1950
天　津 Tianjin	180	102	71	7	4039	1287	1346	1406
河　北 Hebei	578	196	350	32	20451	7114	6695	6642
山　西 Shanxi	505	218	245	42	15608	5055	5203	5350
内蒙古 Inner Mongolia	284	116	147	21	9358	3109	3109	3140
辽　宁 Liaoning	412	65	327	20	13338	4457	4383	4498
吉　林 Jilin	239	66	165	8	7841	2634	2571	2636
黑龙江 Heilongjiang	377	98	261	18	10789	3529	3564	3696
上　海 Shanghai	253	93	141	19	4656	1559	1540	1557
江　苏 Jiangsu	569	118	410	41	21920	7088	7166	7666
浙　江 Zhejiang	563	75	450	38	18171	6115	5947	6109
安　徽 Anhui	666	327	274	65	21786	7070	7303	7413
福　建 Fujian	540	418	95	27	13198	4458	4360	4380
江　西 Jiangxi	460	243	146	71	16110	5511	5274	5325
山　东 Shandong	555	103	416	36	30506	10072	10104	10330
河　南 Henan	770	152	547	71	29728	10293	9702	9733
湖　北 Hubei	532	79	414	39	16103	5129	5309	5665
湖　南 Hunan	575	209	312	54	18476	6359	6085	6032
广　东 Guangdong	1019	573	340	106	40182	13079	13369	13734
广　西 Guangxi	445	176	255	14	14249	4996	4696	4557
海　南 Hainan	106	77	11	18	3331	1124	1093	1114
重　庆 Chongqing	261	228	32	1	11086	3603	3620	3863
四　川 Sichuan	726	514	154	58	25974	8587	8497	8890
贵　州 Guizhou	430	195	205	30	16571	5808	5508	5255
云　南 Yunnan	465	306	136	23	13816	4728	4566	4522
西　藏 Tibet	30	4	23	3	1118	382	357	379
陕　西 Shaanxi	488	204	246	38	15155	5001	4949	5205
甘　肃 Gansu	386	166	207	13	11491	3731	3777	3983
青　海 Qinghai	101	41	40	20	2204	754	724	726
宁　夏 Ningxia	62	20	42		2808	919	920	969
新　疆 Xinjiang	357	163	128	66	10237	3736	3408	3093

普通高中校数、班数(城区)
Number of Schools and Classes in Regular Senior Secondary Schools (Urban Area)

地区 Region	学校数(所) Schools				班数(个) Classes			
	合计 Total	完全中学 Combined Secondary Schools	高级中学 Regular High Schools	十二年一贯制学校 12 - year Schools	合计 Total	一年级 Grade 1	二年级 Grade 2	三年级 Grade 3
总　计 Total	**6425**	**2709**	**3074**	**642**	**215036**	**71504**	**70881**	**72651**
北　京 Beijing	268	170	30	68	4790	1499	1562	1729
天　津 Tianjin	133	94	34	5	2886	925	971	990
河　北 Hebei	251	118	121	12	8492	2954	2766	2772
山　西 Shanxi	247	151	76	20	6768	2186	2257	2325
内蒙古 Inner Mongolia	147	61	74	12	4711	1560	1552	1599
辽　宁 Liaoning	307	59	234	14	9264	3090	3031	3143
吉　林 Jilin	145	34	105	6	5397	1806	1772	1819
黑龙江 Heilongjiang	210	50	146	14	6340	2050	2087	2203
上　海 Shanghai	221	83	119	19	4021	1343	1332	1346
江　苏 Jiangsu	323	66	231	26	12140	3965	3981	4194
浙　江 Zhejiang	298	45	226	27	10124	3451	3295	3378
安　徽 Anhui	212	102	88	22	7278	2409	2441	2428
福　建 Fujian	205	150	41	14	5850	2008	1933	1909
江　西 Jiangxi	174	108	35	31	5602	1943	1815	1844
山　东 Shandong	305	62	223	20	16335	5348	5386	5601
河　南 Henan	308	77	205	26	11290	3866	3690	3734
湖　北 Hubei	311	52	232	27	9590	3042	3162	3386
湖　南 Hunan	208	88	92	28	6814	2316	2236	2262
广　东 Guangdong	632	313	234	85	27009	8888	8992	9129
广　西 Guangxi	174	69	96	9	5564	1940	1831	1793
海　南 Hainan	60	43	6	11	2024	676	664	684
重　庆 Chongqing	129	115	13	1	5586	1821	1835	1930
四　川 Sichuan	256	168	52	36	10477	3444	3450	3583
贵　州 Guizhou	148	62	72	14	5205	1774	1726	1705
云　南 Yunnan	174	109	48	17	4665	1569	1529	1567
西　藏 Tibet	9	1	5	3	278	93	91	94
陕　西 Shaanxi	220	125	68	27	5736	1916	1910	1910
甘　肃 Gansu	122	46	71	5	3597	1157	1206	1234
青　海 Qinghai	38	13	16	9	766	262	249	255
宁　夏 Ningxia	35	11	24		1716	577	565	574
新　疆 Xinjiang	155	64	57	34	4721	1626	1564	1531

普通高中校数、班数(城乡结合区)

Number of Schools and Classes in Regular Senior Secondary Schools (Urban-rural Transitional Area)

地 区 Region	学校数(所) Schools				班数(个) Classes			
	合计 Total	完全中学 Combined Secondary Schools	高级中学 Regular High Schools	十二年一贯制学校 12 - year Schools	合计 Total	一年级 Grade 1	二年级 Grade 2	三年级 Grade 3
总　计 Total	**954**	**338**	**474**	**142**	**33546**	**11324**	**11038**	**11184**
北　京 Beijing	21	10	4	7	304	100	95	109
天　津 Tianjin	10	5	5		260	87	84	89
河　北 Hebei	45	12	27	6	1844	645	609	590
山　西 Shanxi	32	13	16	3	895	289	295	311
内蒙古 Inner Mongolia	8	2	6		214	74	67	73
辽　宁 Liaoning	30	5	24	1	1047	355	344	348
吉　林 Jilin	11	4	6	1	211	69	68	74
黑龙江 Heilongjiang	21	8	12	1	484	152	153	179
上　海 Shanghai	13	3	7	3	197	69	63	65
江　苏 Jiangsu	33	7	21	5	1292	427	404	461
浙　江 Zhejiang	73	13	53	7	2240	764	734	742
安　徽 Anhui	42	22	15	5	1165	387	383	395
福　建 Fujian	28	21	3	4	736	259	241	236
江　西 Jiangxi	17	8	4	5	531	191	171	169
山　东 Shandong	81	13	62	6	4484	1493	1486	1505
河　南 Henan	56	6	38	12	1995	706	662	627
湖　北 Hubei	39	7	23	9	1201	394	400	407
湖　南 Hunan	28	10	11	7	786	274	258	254
广　东 Guangdong	181	81	73	27	8011	2663	2679	2669
广　西 Guangxi	30	13	14	3	1082	370	360	352
海　南 Hainan	8	5	2	1	214	66	71	77
重　庆 Chongqing	4	3	1		196	69	63	64
四　川 Sichuan	28	14	4	10	963	329	300	334
贵　州 Guizhou	26	13	9	4	845	292	274	279
云　南 Yunnan	41	26	8	7	1112	376	365	371
西　藏 Tibet								
陕　西 Shaanxi	21	6	12	3	561	187	185	189
甘　肃 Gansu	8	3	5		194	66	65	63
青　海 Qinghai	4	1	3		113	38	36	39
宁　夏 Ningxia	2	1	1		81	26	26	29
新　疆 Xinjiang	13	3	5	5	288	107	97	84

普通高中校数、班数(镇区)
Number of Schools and Classes in Regular Senior Secondary Schools (Counties & Towns Area)

地 区 Region	学校数(所) Schools				班数(个) Classes			
	合计 Total	完全中学 Combined Secondary Schools	高级中学 Regular High Schools	十二年一贯制学校 12 - year Schools	合计 Total	一年级 Grade 1	二年级 Grade 2	三年级 Grade 3
总 计 Total	**6147**	**2506**	**3302**	**339**	**215799**	**72284**	**71146**	**72369**
北 京 Beijing	24	14	7	3	450	148	146	156
天 津 Tianjin	43	8	33	2	1076	337	350	389
河 北 Hebei	303	72	216	15	11339	3918	3719	3702
山 西 Shanxi	221	50	153	18	7905	2556	2632	2717
内蒙古 Inner Mongolia	129	49	73	7	4500	1495	1510	1495
辽 宁 Liaoning	98	5	89	4	3888	1307	1288	1293
吉 林 Jilin	85	28	56	1	2385	801	787	797
黑龙江 Heilongjiang	159	44	111	4	4278	1422	1421	1435
上 海 Shanghai	25	6	19		529	175	174	180
江 苏 Jiangsu	240	50	176	14	9632	3073	3136	3423
浙 江 Zhejiang	233	22	203	8	7182	2374	2369	2439
安 徽 Anhui	419	211	172	36	13515	4363	4518	4634
福 建 Fujian	290	227	52	11	6701	2229	2214	2258
江 西 Jiangxi	263	124	104	35	10188	3445	3356	3387
山 东 Shandong	234	38	184	12	13820	4584	4602	4634
河 南 Henan	432	71	320	41	17873	6201	5837	5835
湖 北 Hubei	193	24	159	10	5913	1892	1953	2068
湖 南 Hunan	327	110	194	23	10714	3718	3533	3463
广 东 Guangdong	323	221	90	12	11249	3543	3742	3964
广 西 Guangxi	242	95	144	3	7746	2718	2559	2469
海 南 Hainan	41	32	4	5	1178	403	386	389
重 庆 Chongqing	121	103	18		5079	1645	1647	1787
四 川 Sichuan	439	324	100	15	15052	4980	4913	5159
贵 州 Guizhou	262	119	132	11	11070	3912	3686	3472
云 南 Yunnan	262	180	79	3	8602	2967	2852	2783
西 藏 Tibet	11	1	10		488	160	154	174
陕 西 Shaanxi	248	71	167	10	8820	2891	2842	3087
甘 肃 Gansu	230	97	129	4	7350	2385	2395	2570
青 海 Qinghai	59	26	22	11	1337	456	441	440
宁 夏 Ningxia	27	9	18		1092	342	355	395
新 疆 Xinjiang	164	75	68	21	4848	1844	1629	1375

普通高中校数、班数(镇乡结合区)
Number of Schools and Classes in Regular Senior Secondary Schools (County-town Transitional Area)

地 区 Region	学校数(所) Schools				班数(个) Classes			
	合计 Total	完全中学 Combined Secondary Schools	高级中学 Regular High Schools	十二年一贯制学校 12 - year Schools	合计 Total	一年级 Grade 1	二年级 Grade 2	三年级 Grade 3
总 计 Total	**1493**	**542**	**849**	**102**	**52557**	**17741**	**17341**	**17475**
北 京 Beijing	7	4	2	1	122	35	39	48
天 津 Tianjin	19	1	17	1	473	150	156	167
河 北 Hebei	125	39	81	5	4389	1557	1424	1408
山 西 Shanxi	85	18	57	10	2854	922	954	978
内蒙古 Inner Mongolia	12	3	8	1	457	147	158	152
辽 宁 Liaoning	18	3	14	1	685	228	227	230
吉 林 Jilin	4	2	2		129	41	40	48
黑龙江 Heilongjiang	16	4	11	1	454	158	145	151
上 海 Shanghai	4	2	2		77	24	25	28
江 苏 Jiangsu	58	12	41	5	2376	759	798	819
浙 江 Zhejiang	79	7	69	3	2492	822	829	841
安 徽 Anhui	83	38	32	13	2156	722	709	725
福 建 Fujian	72	57	10	5	1556	525	514	517
江 西 Jiangxi	38	15	15	8	1444	498	483	463
山 东 Shandong	104	18	80	6	6084	1988	2017	2079
河 南 Henan	138	23	104	11	5108	1760	1653	1695
湖 北 Hubei	41	5	34	2	1212	388	415	409
湖 南 Hunan	92	27	56	9	2861	997	954	910
广 东 Guangdong	117	75	38	4	4553	1474	1502	1577
广 西 Guangxi	27	11	15	1	726	269	234	223
海 南 Hainan	11	9	1	1	295	101	99	95
重 庆 Chongqing	19	17	2		1056	343	340	373
四 川 Sichuan	58	34	21	3	1949	653	630	666
贵 州 Guizhou	55	26	25	4	1914	709	647	558
云 南 Yunnan	71	45	26		2352	823	778	751
西 藏 Tibet	2		2		95	31	28	36
陕 西 Shaanxi	57	19	35	3	2005	656	658	691
甘 肃 Gansu	47	17	29	1	1588	531	518	539
青 海 Qinghai	12	5	6	1	370	124	124	122
宁 夏 Ningxia	3		3		108	37	34	37
新 疆 Xinjiang	19	6	11	2	617	269	209	139

普通高中校数、班数(乡村)
Number of Schools and Classes in Regular Senior Secondary Schools (Rural Area)

地区 Region	学校数(所) Schools				班数(个) Classes			
	合计 Total	完全中学 Combined Secondary Schools	高级中学 Regular High Schools	十二年一贯制学校 12 – year Schools	合计 Total	一年级 Grade 1	二年级 Grade 2	三年级 Grade 3
总计 Total	**668**	**323**	**252**	**93**	**14889**	**5208**	**4883**	**4798**
北京 Beijing	14	9	1	4	184	62	57	65
天津 Tianjin	4		4		77	25	25	27
河北 Hebei	24	6	13	5	620	242	210	168
山西 Shanxi	37	17	16	4	935	313	314	308
内蒙古 Inner Mongolia	8	6		2	147	54	47	46
辽宁 Liaoning	7	1	4	2	186	60	64	62
吉林 Jilin	9	4	4	1	59	27	12	20
黑龙江 Heilongjiang	8	4	4		171	57	56	58
上海 Shanghai	7	4	3		106	41	34	31
江苏 Jiangsu	6	2	3	1	148	50	49	49
浙江 Zhejiang	32	8	21	3	865	290	283	292
安徽 Anhui	35	14	14	7	993	298	344	351
福建 Fujian	45	41	2	2	647	221	213	213
江西 Jiangxi	23	11	7	5	320	123	103	94
山东 Shandong	16	3	9	4	351	140	116	95
河南 Henan	30	4	22	4	565	226	175	164
湖北 Hubei	28	3	23	2	600	195	194	211
湖南 Hunan	40	11	26	3	948	325	316	307
广东 Guangdong	64	39	16	9	1924	648	635	641
广西 Guangxi	29	12	15	2	939	338	306	295
海南 Hainan	5	2	1	2	129	45	43	41
重庆 Chongqing	11	10	1		421	137	138	146
四川 Sichuan	31	22	2	7	445	163	134	148
贵州 Guizhou	20	14	1	5	296	122	96	78
云南 Yunnan	29	17	9	3	549	192	185	172
西藏 Tibet	10	2	8		352	129	112	111
陕西 Shaanxi	20	8	11	1	599	194	197	208
甘肃 Gansu	34	23	7	4	544	189	176	179
青海 Qinghai	4	2	2		101	36	34	31
宁夏 Ningxia								
新疆 Xinjiang	38	24	3	11	668	266	215	187

普通高中学生数(总计)

Number of Students in Regular Senior Secondary Schools (Total)

单位:人

unit: person

地 区 Region	毕业生数 Graduates	招生数 Entrants	在校生数 Enrolment					预计毕业生数 Estimated Graduates for Next Year
			合 计 Total	其中:女 of Which: Female	一年级 Grade 1	二年级 Grade 2	三年级 Grade 3	
总 计 Total	**7976535**	**7966066**	**23743992**	**11939547**	**7971124**	**7806772**	**7966096**	**7966096**
北 京 Beijing	57738	56743	169412	87839	56937	54117	58358	58358
天 津 Tianjin	58350	53822	165561	85315	53829	55593	56139	56139
河 北 Hebei	352416	407691	1157877	610258	407761	381719	368397	368397
山 西 Shanxi	283568	248426	793767	413936	248443	258844	286480	286480
内蒙古 Inner Mongolia	165936	148389	463037	242203	148389	153810	160838	160838
辽 宁 Liaoning	223546	209790	634787	332016	209799	206961	218027	218027
吉 林 Jilin	139932	135162	406263	212361	135164	131462	139637	139637
黑龙江 Heilongjiang	193938	180950	554173	292205	180950	181666	191557	191557
上 海 Shanghai	51227	53439	158201	82602	53721	52482	51998	51998
江 苏 Jiangsu	368844	319487	977955	471263	319755	318453	339747	339747
浙 江 Zhejiang	270956	259850	773359	394710	259918	250758	262683	262683
安 徽 Anhui	433003	363302	1135543	530087	364249	381905	389389	389389
福 建 Fujian	208113	215655	626272	315287	215725	206150	204397	204397
江 西 Jiangxi	287377	320383	929129	403610	320543	305123	303463	303463
山 东 Shandong	568865	553698	1691196	863185	553703	557870	579623	579623
河 南 Henan	610455	679812	1943101	974986	679836	629831	633434	633434
湖 北 Hubei	316918	278614	875967	408318	278798	291173	305996	305996
湖 南 Hunan	334954	380349	1074382	525884	380378	352132	341872	341872
广 东 Guangdong	726690	664376	2054033	1006948	664663	683856	705514	705514
广 西 Guangxi	257331	310448	865740	465118	310514	284511	270715	270715
海 南 Hainan	60551	57353	172326	83363	57364	56065	58897	58897
重 庆 Chongqing	223647	198552	623179	320943	198591	204156	220432	220432
四 川 Sichuan	497843	489960	1470578	749832	490153	482431	497994	497994
贵 州 Guizhou	280735	343484	978870	498604	343498	326160	309212	309212
云 南 Yunnan	240680	274510	782813	421985	274692	258353	249768	249768
西 藏 Tibet	18109	19598	57961	31500	19615	18436	19910	19910
陕 西 Shaanxi	290052	264270	804919	391912	264720	262184	278015	278015
甘 肃 Gansu	224408	199426	629365	305606	199434	206984	222947	222947
青 海 Qinghai	35882	40030	116628	60157	40770	37711	38147	38147
宁 夏 Ningxia	55417	50825	159663	84380	50847	52294	56522	56522
新 疆 Xinjiang	139054	187672	497935	273134	188365	163582	145988	145988

普通高中学生数(城区)
Number of Students in Regular Senior Secondary Schools (Urban Area)

单位:人
unit: person

地区 Region	毕业生数 Graduates	招生数 Entrants	在校生数 Enrolment 合计 Total	其中:女 of Which: Female	一年级 Grade 1	二年级 Grade 2	三年级 Grade 3	预计毕业生数 Estimated Graduates for Next Year
总计 Total	**3730523**	**3648655**	**10987760**	**5562675**	**3651362**	**3610295**	**3726103**	**3726103**
北京 Beijing	50544	50125	149656	77482	50305	48026	51325	51325
天津 Tianjin	39776	37794	115226	59250	37801	39087	38338	38338
河北 Hebei	145994	160928	463318	245591	160929	151239	151150	151150
山西 Shanxi	123177	107124	342463	180263	107128	111731	123604	123604
内蒙古 Inner Mongolia	88024	74982	237257	124609	74982	77537	84738	84738
辽宁 Liaoning	151803	141147	426869	222257	141155	138555	147159	147159
吉林 Jilin	96842	92475	278110	145386	92477	89811	95822	95822
黑龙江 Heilongjiang	113830	103169	316649	166626	103169	102973	110507	110507
上海 Shanghai	43753	46053	135831	70627	46279	45110	44442	44442
江苏 Jiangsu	195081	175477	531108	260440	175713	173563	181832	181832
浙江 Zhejiang	147571	146524	431723	219224	146557	139675	145491	145491
安徽 Anhui	135718	121994	373768	178271	121997	126197	125574	125574
福建 Fujian	90201	98319	280679	143859	98339	92372	89968	89968
江西 Jiangxi	97494	111089	323091	142112	111120	105185	106786	106786
山东 Shandong	303638	285515	886650	456559	285515	291280	309855	309855
河南 Henan	219868	238188	687344	349777	238197	223367	225780	225780
湖北 Hubei	183878	161996	512284	241653	162165	169416	180703	180703
湖南 Hunan	121498	130881	379161	186107	130883	123408	124870	124870
广东 Guangdong	472328	447602	1369905	672296	447879	457091	464935	464935
广西 Guangxi	99886	113775	323988	172331	113822	106992	103174	103174
海南 Hainan	36111	34445	105043	49766	34452	34100	36491	36491
重庆 Chongqing	109996	97666	306985	160972	97676	101481	107828	107828
四川 Sichuan	199466	191215	582642	298378	191292	192127	199223	199223
贵州 Guizhou	90199	100193	296899	153977	100199	97839	98861	98861
云南 Yunnan	81856	86301	251989	138222	86311	82437	83241	83241
西藏 Tibet	5086	4746	14679	7698	4746	4750	5183	5183
陕西 Shaanxi	101156	99756	301381	149967	99955	100099	101327	101327
甘肃 Gansu	65972	61808	192171	92631	61810	63523	66838	66838
青海 Qinghai	12712	13320	39722	20253	13803	12782	13137	13137
宁夏 Ningxia	33124	32338	97718	51468	32340	32125	33253	33253
新疆 Xinjiang	73941	81710	233451	124623	82366	76417	74668	74668

普通高中学生数(城乡结合区)
Number of Students in Regular Senior Secondary Schools (Urban-rural Transitional Area)

单位:人
unit: person

地区 Region	毕业生数 Graduates	招生数 Entrants	在校生数 Enrolment					预计毕业生数 Estimated Graduates for Next Year
			合计 Total	其中:女 of Which: Female	一年级 Grade 1	二年级 Grade 2	三年级 Grade 3	
总计 Total	**584606**	**594628**	**1765914**	**874481**	**594790**	**581597**	**589527**	**589527**
北京 Beijing	3142	3325	9645	5115	3328	3029	3288	3288
天津 Tianjin	3395	3688	11395	6268	3688	3812	3895	3895
河北 Hebei	31694	36558	103246	53329	36558	34533	32155	32155
山西 Shanxi	15813	13925	45377	23664	13925	14877	16575	16575
内蒙古 Inner Mongolia	3469	3439	10519	5293	3439	3313	3767	3767
辽宁 Liaoning	17996	16970	50487	25518	16970	16513	17004	17004
吉林 Jilin	3298	3479	10236	5312	3479	3204	3553	3553
黑龙江 Heilongjiang	8802	7033	22536	11556	7033	7402	8101	8101
上海 Shanghai	2136	2478	6988	3764	2482	2246	2260	2260
江苏 Jiangsu	22748	19471	58768	27499	19472	18466	20830	20830
浙江 Zhejiang	30172	32799	96241	47350	32812	30991	32438	32438
安徽 Anhui	22619	18823	58006	27391	18825	19226	19955	19955
福建 Fujian	11139	12923	35881	17710	12929	11551	11401	11401
江西 Jiangxi	9762	11925	33026	14092	11932	10603	10491	10491
山东 Shandong	85332	81505	248687	123987	81505	81851	85331	85331
河南 Henan	36002	44057	123995	62142	44057	41171	38767	38767
湖北 Hubei	23344	20594	64304	29800	20598	21634	22072	22072
湖南 Hunan	13623	15595	43261	20833	15595	14194	13472	13472
广东 Guangdong	141822	136458	414311	199278	136573	138870	138868	138868
广西 Guangxi	19868	22513	64729	33755	22519	21600	20610	20610
海南 Hainan	3727	3601	12098	5575	3601	4043	4454	4454
重庆 Chongqing	3636	3841	11008	5307	3841	3517	3650	3650
四川 Sichuan	16885	16517	48418	25371	16517	14988	16913	16913
贵州 Guizhou	13367	18067	51478	27027	18067	16582	16829	16829
云南 Yunnan	20817	22717	66643	35201	22717	22083	21843	21843
西藏 Tibet								
陕西 Shaanxi	9302	9710	29420	14624	9711	9689	10020	10020
甘肃 Gansu	3376	3938	11358	5457	3938	3712	3708	3708
青海 Qinghai	1938	1940	5855	2859	1940	1950	1965	1965
宁夏 Ningxia	1461	1268	3910	2118	1268	1252	1390	1390
新疆 Xinjiang	3921	5471	14088	7286	5471	4695	3922	3922

普通高中学生数(镇区)
Number of Students in Regular Senior Secondary Schools (Counties & Towns Area)

单位:人
unit: person

地区 Region	毕业生数 Graduates	招生数 Entrants	在校生数 Enrolment 合计 Total	在校生数 Enrolment 其中:女 of Which: Female	在校生数 Enrolment 一年级 Grade 1	在校生数 Enrolment 二年级 Grade 2	在校生数 Enrolment 三年级 Grade 3	预计毕业生数 Estimated Graduates for Next Year
总计 Total	**3999408**	**4046934**	**11986174**	**5995941**	**4049205**	**3943365**	**3993604**	**3993604**
北京 Beijing	5277	4580	13992	7461	4587	4312	5093	5093
天津 Tianjin	17179	14893	46733	24241	14893	15359	16481	16481
河北 Hebei	197080	231455	656150	344750	231524	217230	207396	207396
山西 Shanxi	147581	126032	405036	210939	126045	131661	147330	147330
内蒙古 Inner Mongolia	76149	70614	218164	113787	70614	73830	73720	73720
辽宁 Liaoning	68684	65783	199196	105584	65784	65296	68116	68116
吉林 Jilin	42341	41597	125644	65854	41597	41104	42943	42943
黑龙江 Heilongjiang	77068	74698	228396	120742	74698	75712	77986	77986
上海 Shanghai	6429	6196	18929	10091	6250	6224	6455	6455
江苏 Jiangsu	171379	141607	439830	207453	141625	142553	155652	155652
浙江 Zhejiang	108885	101177	305200	157215	101203	99023	104974	104974
安徽 Anhui	276668	225922	709878	326986	226866	238083	244929	244929
福建 Fujian	108693	107004	316239	158304	107054	104134	105051	105051
江西 Jiangxi	185892	203090	590104	255710	203219	194848	192037	192037
山东 Shandong	258118	261329	786962	398455	261334	260914	264714	264714
河南 Henan	380285	427643	1220052	607971	427654	395554	396844	396844
湖北 Hubei	121045	106275	332446	153297	106283	111473	114690	114690
湖南 Hunan	196808	230261	641665	314376	230288	210990	200387	200387
广东 Guangdong	220666	185254	588525	287299	185258	194753	208514	208514
广西 Guangxi	140858	175584	482962	261816	175601	158306	149055	149055
海南 Hainan	22493	20700	61254	30642	20704	20019	20531	20531
重庆 Chongqing	106256	93106	292260	147963	93134	94905	104221	104221
四川 Sichuan	290842	290692	865819	440028	290808	283440	291571	291571
贵州 Guizhou	186498	236598	665977	336798	236606	223139	206232	206232
云南 Yunnan	150787	177848	502078	268259	178016	166079	157983	157983
西藏 Tibet	8235	8245	25098	13897	8245	7933	8920	8920
陕西 Shaanxi	176777	155267	473951	227894	155517	152345	166089	166089
甘肃 Gansu	148751	127383	407108	198001	127389	133603	146116	146116
青海 Qinghai	21627	24704	71519	37014	24956	23184	23379	23379
宁夏 Ningxia	22293	18487	61945	32912	18507	20169	23269	23269
新疆 Xinjiang	57764	92910	233062	130202	92946	77190	62926	62926

普通高中学生数（镇乡结合区）
Number of Students in Regular Senior Secondary Schools（County-town Transitional Area）

单位：人
unit: person

地　区 Region	毕业生数 Graduates	招生数 Entrants	在校生数 Enrolment					预计毕业生数 Estimated Graduates for Next Year
			合　计 Total	其中：女 of Which: Female	一年级 Grade 1	二年级 Grade 2	三年级 Grade 3	
总　计 Total	**947112**	**982191**	**2888940**	**1448542**	**983598**	**951152**	**954190**	**954190**
北　京 Beijing	1290	569	2421	1173	569	651	1201	1201
天　津 Tianjin	7474	6632	20784	10799	6632	6831	7321	7321
河　北 Hebei	75675	92697	255489	133787	92722	84464	78303	78303
山　西 Shanxi	51349	44617	144035	74394	44628	46920	52487	52487
内蒙古 Inner Mongolia	7810	6817	21856	10999	6817	7681	7358	7358
辽　宁 Liaoning	11977	11258	34210	18461	11258	11083	11869	11869
吉　林 Jilin	2258	1905	6065	3273	1905	1951	2209	2209
黑龙江 Heilongjiang	8505	7935	23499	12278	7935	7265	8299	8299
上　海 Shanghai	1003	940	2910	1492	941	980	989	989
江　苏 Jiangsu	42650	35113	110495	51781	35113	37010	38372	38372
浙　江 Zhejiang	37360	35020	106334	54714	35029	35041	36264	36264
安　徽 Anhui	41977	35153	108575	50931	36080	35581	36914	36914
福　建 Fujian	25640	25127	73334	36037	25135	24094	24105	24105
江　西 Jiangxi	24127	29120	81866	34324	29122	27041	25703	25703
山　东 Shandong	112717	112736	342866	174023	112736	113338	116792	116792
河　南 Henan	107134	119413	340780	170884	119419	109765	111596	111596
湖　北 Hubei	22121	22488	70142	33721	22496	24546	23100	23100
湖　南 Hunan	52298	62133	171305	84094	62156	56761	52388	52388
广　东 Guangdong	85223	76254	235169	114468	76258	77381	81530	81530
广　西 Guangxi	11734	16362	42178	21975	16362	13378	12438	12438
海　南 Hainan	5359	5320	15412	7668	5320	5088	5004	5004
重　庆 Chongqing	21606	19714	62567	32341	19726	20209	22632	22632
四　川 Sichuan	35326	36189	109150	57156	36209	35077	37864	37864
贵　州 Guizhou	26655	42523	112958	57225	42523	38656	31779	31779
云　南 Yunnan	40506	48663	134723	72056	48728	44609	41386	41386
西　藏 Tibet	2117	1785	5315	2993	1785	1584	1946	1946
陕　西 Shaanxi	39287	35056	108264	50733	35097	35884	37283	37283
甘　肃 Gansu	30783	27839	88683	43061	27844	29284	31555	31555
青　海 Qinghai	6823	7021	20863	10793	7261	6786	6816	6816
宁　夏 Ningxia	1972	1871	5977	3206	1871	1997	2109	2109
新　疆 Xinjiang	6356	13921	30715	17702	13921	10216	6578	6578

普通高中学生数(乡村)

Number of Students in Regular Senior Secondary Schools (Rural Area)

单位:人
unit: person

地 区 Region	毕业生数 Graduates	招生数 Entrants	在校生数 Enrolment					预计毕业生数 Estimated Graduates for Next Year
			合 计 Total	其中:女 of Which: Female	一年级 Grade 1	二年级 Grade 2	三年级 Grade 3	
总 计 Total	**246604**	**270477**	**770058**	**380931**	**270557**	**253112**	**246389**	**246389**
北 京 Beijing	1917	2038	5764	2896	2045	1779	1940	1940
天 津 Tianjin	1395	1135	3602	1824	1135	1147	1320	1320
河 北 Hebei	9342	15308	38409	19917	15308	13250	9851	9851
山 西 Shanxi	12810	15270	46268	22734	15270	15452	15546	15546
内蒙古 Inner Mongolia	1763	2793	7616	3807	2793	2443	2380	2380
辽 宁 Liaoning	3059	2860	8722	4175	2860	3110	2752	2752
吉 林 Jilin	749	1090	2509	1121	1090	547	872	872
黑龙江 Heilongjiang	3040	3083	9128	4837	3083	2981	3064	3064
上 海 Shanghai	1045	1190	3441	1884	1192	1148	1101	1101
江 苏 Jiangsu	2384	2403	7017	3370	2417	2337	2263	2263
浙 江 Zhejiang	14500	12149	36436	18271	12158	12060	12218	12218
安 徽 Anhui	20617	15386	51897	24830	15386	17625	18886	18886
福 建 Fujian	9219	10332	29354	13124	10332	9644	9378	9378
江 西 Jiangxi	3991	6204	15934	5788	6204	5090	4640	4640
山 东 Shandong	7109	6854	17584	8171	6854	5676	5054	5054
河 南 Henan	10302	13981	35705	17238	13985	10910	10810	10810
湖 北 Hubei	11995	10343	31237	13368	10350	10284	10603	10603
湖 南 Hunan	16648	19207	53556	25401	19207	17734	16615	16615
广 东 Guangdong	33696	31520	95603	47353	31526	32012	32065	32065
广 西 Guangxi	16587	21089	58790	30971	21091	19213	18486	18486
海 南 Hainan	1947	2208	6029	2955	2208	1946	1875	1875
重 庆 Chongqing	7395	7780	23934	12008	7781	7770	8383	8383
四 川 Sichuan	7535	8053	22117	11426	8053	6864	7200	7200
贵 州 Guizhou	4038	6693	15994	7829	6693	5182	4119	4119
云 南 Yunnan	8037	10361	28746	15504	10365	9837	8544	8544
西 藏 Tibet	4788	6607	18184	9905	6624	5753	5807	5807
陕 西 Shaanxi	12119	9247	29587	14051	9248	9740	10599	10599
甘 肃 Gansu	9685	10235	30086	14974	10235	9858	9993	9993
青 海 Qinghai	1543	2006	5387	2890	2011	1745	1631	1631
宁 夏 Ningxia								
新 疆 Xinjiang	7349	13052	31422	18309	13053	9975	8394	8394

普通高中女学生数

Number of Female Students in Regular Senior Secondary Schools

单位：人

unit: person

地　区 Region	毕业生数 Graduates	招生数 Entrants	在校生数 Enrolment				预计毕业生数 Estimated Graduates for Next Year
			合计 Total	一年级 Grade 1	二年级 Grade 2	三年级 Grade 3	
总　计 Total	**3992839**	**4025882**	**11939547**	**4028049**	**3918806**	**3992692**	**3992692**
北　京 Beijing	30230	29495	87839	29598	28138	30103	30103
天　津 Tianjin	30031	27889	85315	27892	28641	28782	28782
河　北 Hebei	186715	215862	610258	215886	200300	194072	194072
山　西 Shanxi	146448	130554	413936	130566	135545	147825	147825
内蒙古 Inner Mongolia	85798	78096	242203	78096	80324	83783	83783
辽　宁 Liaoning	116020	110426	332016	110430	107666	113920	113920
吉　林 Jilin	72932	70880	212361	70881	68262	73218	73218
黑龙江 Heilongjiang	101956	95578	292205	95578	95795	100832	100832
上　海 Shanghai	26739	27909	82602	28027	27454	27121	27121
江　苏 Jiangsu	176811	155167	471263	155323	152854	163086	163086
浙　江 Zhejiang	137754	133404	394710	133434	127450	133826	133826
安　徽 Anhui	200520	170172	530087	170628	178136	181323	181323
福　建 Fujian	103505	110480	315287	110497	103376	101414	101414
江　西 Jiangxi	122015	140860	403610	140906	132427	130277	130277
山　东 Shandong	287604	285903	863185	285904	283961	293320	293320
河　南 Henan	302662	341596	974986	341607	316094	317285	317285
湖　北 Hubei	145707	132241	408318	132307	135673	140338	140338
湖　南 Hunan	166573	185113	525884	185118	171440	169326	169326
广　东 Guangdong	360673	326089	1006948	326423	334875	345650	345650
广　西 Guangxi	137408	165987	465118	166005	152798	146315	146315
海　南 Hainan	28443	27751	83363	27752	27238	28373	28373
重　庆 Chongqing	116519	101884	320943	101896	104887	114160	114160
四　川 Sichuan	255453	248542	749832	248609	246650	254573	254573
贵　州 Guizhou	140979	176788	498604	176788	165630	156186	156186
云　南 Yunnan	129451	148859	421985	148942	139648	133395	133395
西　藏 Tibet	9745	10390	31500	10398	10179	10923	10923
陕　西 Shaanxi	142365	128814	391912	128908	127514	135490	135490
甘　肃 Gansu	106947	98153	305606	98154	100065	107387	107387
青　海 Qinghai	18888	20546	60157	20814	19609	19734	19734
宁　夏 Ningxia	29387	27303	84380	27303	26860	30217	30217
新　疆 Xinjiang	76561	103151	273134	103379	89317	80438	80438

普通中学教职工数(总计)

Number of Educational Personnel in General Secondary Schools (Total)

单位:人
unit: person

地区 Region	教职工数 Educational Personnel						代课教师 Substitute Teachers	兼任教师 Part-time Teachers
	合计 Total	专任教师 Full-time Teachers	行政人员 Adm. Personnel	教辅人员 Supporting Staff	工勤人员 Workers	校办企业职工 Employees in School-run Factories & Farms		
总　计 Total	**6519534**	**5743334**	**212356**	**272680**	**288751**	**2413**	**57934**	**20259**
北　京 Beijing	83970	63391	7996	9010	3532	41		906
天　津 Tianjin	53489	44485	3995	3629	1350	30	228	656
河　北 Hebei	320969	277855	11973	16996	13846	299	3024	438
山　西 Shanxi	219989	189137	5995	10738	14031	88	8319	1237
内蒙古 Inner Mongolia	131307	103111	6915	12785	8487	9	2367	115
辽　宁 Liaoning	203962	173212	20620	5465	4640	25	37	73
吉　林 Jilin	132683	106729	8681	12973	4239	61	1044	153
黑龙江 Heilongjiang	180505	152969	9606	9600	8314	16	1606	275
上　海 Shanghai	79571	64302	5736	6118	3369	46	303	301
江　苏 Jiangsu	344377	299976	8359	18586	17287	169	1423	295
浙　江 Zhejiang	238241	210491	5899	9867	11818	166		591
安　徽 Anhui	289300	253143	8067	10029	18015	46	4073	746
福　建 Fujian	176318	155775	5249	7942	7209	143	696	112
江　西 Jiangxi	210511	193628	3033	4136	9445	269	1647	519
山　东 Shandong	475798	425155	10692	24994	14871	86	2199	470
河　南 Henan	482231	428748	15205	15081	23180	17	9775	1197
湖　北 Hubei	246443	213988	6914	12630	12704	207	3328	394
湖　南 Hunan	302504	271175	9000	11286	10992	51	2264	407
广　东 Guangdong	564701	501071	16099	18426	28699	406	3116	238
广　西 Guangxi	201064	177066	4654	8813	10514	17	1505	1562
海　南 Hainan	51948	45050	1172	1430	4261	35	594	346
重　庆 Chongqing	133092	121041	3575	3687	4762	27	910	861
四　川 Sichuan	388288	354149	8425	8970	16709	35	4066	1356
贵　州 Guizhou	207990	191491	4537	3118	8837	7	21	4929
云　南 Yunnan	198828	182726	2842	4106	9096	58	50	729
西　藏 Tibet	15213	14603	147	129	333	1	91	3
陕　西 Shaanxi	200853	174775	10495	8827	6738	18	680	209
甘　肃 Gansu	150014	140116	2643	3957	3287	11	1052	833
青　海 Qinghai	31296	29799	276	391	830		713	25
宁　夏 Ningxia	33850	31711	340	1000	799		591	95
新　疆 Xinjiang	170229	152466	3216	7961	6557	29	2212	188

普通中学教职工数(城区)

Number of Educational Personnel in General Secondary Schools (Urban Area)

单位:人

unit: person

地 区 Region	教职工数 Educational Personnel						代课教师 Substitute Teachers	兼任教师 Part-time Teachers
	合计 Total	专任教师 Full-time Teachers	行政人员 Adm. Personnel	教辅人员 Supporting Staff	工勤人员 Workers	校办企业职工 Employees in School-run Factories & Farms		
总 计 Total	**2470395**	**2142718**	**97727**	**115604**	**112990**	**1356**	**26630**	**7576**
北 京 Beijing	68457	52459	6457	6756	2744	41		894
天 津 Tianjin	35494	28994	2743	2718	1011	28	142	494
河 北 Hebei	102064	88387	3715	5374	4421	167	1629	171
山 西 Shanxi	76957	64730	3041	3888	5230	68	4139	850
内蒙古 Inner Mongolia	51221	41485	3688	3753	2290	5	1335	85
辽 宁 Liaoning	108066	92238	10819	2572	2420	17	6	63
吉 林 Jilin	58042	47823	3296	4784	2083	56	595	113
黑龙江 Heilongjiang	79130	67573	4331	4461	2761	4	598	167
上 海 Shanghai	64408	52220	4462	5173	2522	31	259	250
江 苏 Jiangsu	166115	145906	4461	8535	7170	43	859	77
浙 江 Zhejiang	121450	106400	3194	5076	6626	154		319
安 徽 Anhui	68968	60518	2046	2302	4095	7	1857	352
福 建 Fujian	64192	56324	2083	2563	3190	32	442	99
江 西 Jiangxi	55370	50853	1032	1230	2159	96	495	153
山 东 Shandong	197013	175055	5063	10867	5974	54	1005	345
河 南 Henan	130935	115337	5649	4391	5544	14	2584	211
湖 北 Hubei	108438	93220	3620	5847	5635	116	1868	159
湖 南 Hunan	75172	65977	2492	3585	3118		954	136
广 东 Guangdong	332605	289526	9139	13193	20489	258	2965	148
广 西 Guangxi	54548	47647	1437	2581	2870	13	871	174
海 南 Hainan	23381	19542	718	832	2261	28	442	116
重 庆 Chongqing	53310	47807	1575	1920	1992	16	164	743
四 川 Sichuan	109119	96353	2646	4137	5951	32	1028	310
贵 州 Guizhou	48041	43391	1432	972	2241	5	10	268
云 南 Yunnan	45195	40286	1175	1279	2402	53	5	201
西 藏 Tibet	2920	2738	64	21	97		80	
陕 西 Shaanxi	60295	50897	4849	2442	2104	3	326	81
甘 肃 Gansu	34501	31430	959	974	1132	6	16	521
青 海 Qinghai	8573	8005	110	171	287		124	
宁 夏 Ningxia	14502	13665	191	324	322		297	5
新 疆 Xinjiang	51913	45932	1240	2883	1849	9	1535	71

普通中学教职工数(城乡结合区)
Number of Educational Personnel in General Secondary Schools (Urban – rural Transitional Area)

单位:人
unit: person

地区 Region	教职工数 Educational Personnel						代课教师 Substitute Teachers	兼任教师 Part-time Teachers
	合计 Total	专任教师 Full-time Teachers	行政人员 Adm. Personnel	教辅人员 Supporting Staff	工勤人员 Workers	校办企业职工 Employees in School-run Factories & Farms		
总　计 Total	**424810**	**367131**	**14187**	**17883**	**25368**	**241**	**3659**	**890**
北　京 Beijing	5976	4079	658	793	446			54
天　津 Tianjin	2980	2548	201	182	49			
河　北 Hebei	23601	20270	675	1168	1470	18	173	30
山　西 Shanxi	9663	7798	348	550	957	10	535	283
内蒙古 Inner Mongolia	1358	1075	77	115	91		36	
辽　宁 Liaoning	10646	9161	1020	175	286	4	4	
吉　林 Jilin	2464	2008	183	199	71	3	3	12
黑龙江 Heilongjiang	7681	6342	399	512	428		31	10
上　海 Shanghai	4517	3857	255	236	169		49	9
江　苏 Jiangsu	19809	17338	436	1103	912	20	112	2
浙　江 Zhejiang	28591	24097	801	974	2718	1		29
安　徽 Anhui	11763	10081	370	336	976		362	54
福　建 Fujian	9556	7938	326	417	868	7	27	
江　西 Jiangxi	6591	5999	150	154	283	5	16	15
山　东 Shandong	55912	49721	1398	3058	1701	34	750	99
河　南 Henan	22996	20247	743	538	1468		239	17
湖　北 Hubei	14373	12067	409	736	1157	4	99	56
湖　南 Hunan	10572	9312	339	388	533		59	29
广　东 Guangdong	108172	93969	3286	3782	7006	129	764	26
广　西 Guangxi	10760	9608	234	418	500		179	6
海　南 Hainan	2247	1942	36	106	163		25	20
重　庆 Chongqing	3219	2914	58	66	181			10
四　川 Sichuan	14414	11822	371	1002	1216	3	120	17
贵　州 Guizhou	7351	6717	196	77	361		2	19
云　南 Yunnan	10932	9684	344	204	697	3		22
西　藏 Tibet								
陕　西 Shaanxi	7772	6473	683	353	263		7	14
甘　肃 Gansu	2591	2425	56	45	65			
青　海 Qinghai	1289	1224	15	23	27		6	
宁　夏 Ningxia	931	902	8	6	15		1	
新　疆 Xinjiang	6083	5513	112	167	291		60	57

普通中学教职工数（镇区）
Number of Educational Personnel in General Secondary Schools（Counties & Towns Area）

单位：人
unit：person

地 区 Region	教职工数 Educational Personnel 合计 Total	专任教师 Full-time Teachers	行政人员 Adm. Personnel	教辅人员 Supporting Staff	工勤人员 Workers	校办企业职工 Employees in School-run Factories & Farms	代课教师 Substitute Teachers	兼任教师 Part-time Teachers
总 计 Total	**3113513**	**2755912**	**86603**	**130502**	**139631**	**865**	**22727**	**8438**
北 京 Beijing	10066	6986	940	1571	569			6
天 津 Tianjin	14037	11993	935	824	285		2	162
河 北 Hebei	172768	148327	6327	10115	7867	132	979	183
山 西 Shanxi	108072	94252	2134	5212	6458	16	3356	335
内蒙古 Inner Mongolia	70300	54027	2834	8050	5385	4	913	
辽 宁 Liaoning	75408	63462	7645	2354	1940	7	21	1
吉 林 Jilin	49554	39238	3238	5501	1577		351	11
黑龙江 Heilongjiang	74761	62162	3922	3952	4716	9	666	77
上 海 Shanghai	12721	10191	1059	780	676	15	37	36
江 苏 Jiangsu	163130	141030	3515	9343	9116	126	514	210
浙 江 Zhejiang	96334	86248	2128	3997	3949	12		270
安 徽 Anhui	162743	141138	4575	5828	11173	29	1579	282
福 建 Fujian	84133	74581	2258	4205	2999	90	146	5
江 西 Jiangxi	116619	106646	1473	2543	5788	169	888	275
山 东 Shandong	237643	213216	4839	12168	7388	32	1113	76
河 南 Henan	266385	235110	7377	9182	14714	2	5735	739
湖 北 Hubei	106896	93345	2566	5435	5466	84	1134	185
湖 南 Hunan	156888	139822	4418	6463	6139	46	639	222
广 东 Guangdong	182474	167853	5138	4323	5125	35	149	57
广 西 Guangxi	118180	104219	2485	5345	6127	4	534	1132
海 南 Hainan	25029	22415	372	531	1709	2	107	209
重 庆 Chongqing	68350	62804	1679	1572	2285	10	455	105
四 川 Sichuan	205175	188740	3843	4244	8345	3	1593	587
贵 州 Guizhou	120185	110788	2234	1901	5260	2	10	2469
云 南 Yunnan	106665	98176	1159	2428	4897	5	19	347
西 藏 Tibet	9114	8867	47	39	160	1	11	3
陕 西 Shaanxi	122200	107878	4648	5656	4003	15	309	91
甘 肃 Gansu	73618	68321	1201	2515	1576	5	299	184
青 海 Qinghai	16855	16131	146	179	399		458	24
宁 夏 Ningxia	14748	13586	129	629	404		250	84
新 疆 Xinjiang	72462	64360	1339	3617	3136	10	460	71

普通中学教职工数(镇乡结合区)
Number of Educational Personnel in General Secondary Schools (County-town Transitional Area)

单位:人
unit: person

地区 Region	教职工数 Educational Personnel 合计 Total	专任教师 Full-time Teachers	行政人员 Adm. Personnel	教辅人员 Supporting Staff	工勤人员 Workers	校办企业职工 Employees in School-run Factories & Farms	代课教师 Substitute Teachers	兼任教师 Part-time Teachers
总 计 Total	**773779**	**682551**	**21492**	**32042**	**37425**	**269**	**6062**	**1674**
北 京 Beijing	3370	2178	470	457	265			6
天 津 Tianjin	5274	4516	369	294	95		2	15
河 北 Hebei	72585	62491	2611	3946	3536	1	293	71
山 西 Shanxi	35024	29814	800	1845	2551	14	1085	232
内蒙古 Inner Mongolia	7039	5164	277	1083	515		167	
辽 宁 Liaoning	10733	9001	1024	441	266	1	3	
吉 林 Jilin	4429	3499	329	499	102		31	1
黑龙江 Heilongjiang	6551	5590	274	423	264		63	4
上 海 Shanghai	3097	2486	225	198	185	3	7	
江 苏 Jiangsu	39510	34190	906	2302	2093	19	252	14
浙 江 Zhejiang	33750	30093	804	1390	1454	9		153
安 徽 Anhui	32775	27214	1064	1219	3276	2	403	68
福 建 Fujian	22040	19480	635	978	889	58	46	
江 西 Jiangxi	20436	17786	359	455	1754	82	118	114
山 东 Shandong	93320	83764	1879	4696	2959	22	638	9
河 南 Henan	85366	74489	2424	3086	5367		1239	257
湖 北 Hubei	24482	21160	562	1205	1526	29	455	88
湖 南 Hunan	48334	43808	1308	1579	1633	6	259	47
广 东 Guangdong	57295	52702	1645	1306	1635	7	7	26
广 西 Guangxi	19492	17419	382	684	1007		75	107
海 南 Hainan	3054	2677	30	59	288		18	56
重 庆 Chongqing	12998	11902	288	334	474		233	37
四 川 Sichuan	31615	28591	863	697	1464		276	57
贵 州 Guizhou	19948	18389	350	209	1000			200
云 南 Yunnan	24013	21800	288	677	1243	5		50
西 藏 Tibet	1298	1250	10	16	22		4	
陕 西 Shaanxi	25714	22820	958	1057	871	8	26	25
甘 肃 Gansu	15558	14598	198	439	320	3	66	17
青 海 Qinghai	4040	3985	13	13	29		90	
宁 夏 Ningxia	1732	1632	15	50	35		195	20
新 疆 Xinjiang	8907	8063	132	405	307		11	

普通中学教职工数(乡村)

Number of Educational Personnel in General Secondary Schools (Rural Area)

单位:人

unit: person

地 区 Region	教职工数 Educational Personnel						代课教师 Substitute Teachers	兼任教师 Part-time Teachers
	合计 Total	专任教师 Full-time Teachers	行政人员 Adm. Personnel	教辅人员 Supporting Staff	工勤人员 Workers	校办企业职工 Employees in School-run Factories & Farms		
总 计 Total	**935626**	**844704**	**28026**	**26574**	**36130**	**192**	**8577**	**4245**
北 京 Beijing	5447	3946	599	683	219			6
天 津 Tianjin	3958	3498	317	87	54	2	84	
河 北 Hebei	46137	41141	1931	1507	1558		416	84
山 西 Shanxi	34960	30155	820	1638	2343	4	824	52
内蒙古 Inner Mongolia	9786	7599	393	982	812		119	30
辽 宁 Liaoning	20488	17512	2156	539	280	1	10	9
吉 林 Jilin	25087	19668	2147	2688	579	5	98	29
黑龙江 Heilongjiang	26614	23234	1353	1187	837	3	342	31
上 海 Shanghai	2442	1891	215	165	171		7	15
江 苏 Jiangsu	15132	13040	383	708	1001		50	8
浙 江 Zhejiang	20457	17843	577	794	1243			2
安 徽 Anhui	57589	51487	1446	1899	2747	10	637	112
福 建 Fujian	27993	24870	908	1174	1020	21	108	8
江 西 Jiangxi	38522	36129	528	363	1498	4	264	91
山 东 Shandong	41142	36884	790	1959	1509		81	49
河 南 Henan	84911	78301	2179	1508	2922	1	1456	247
湖 北 Hubei	31109	27423	728	1348	1603	7	326	50
湖 南 Hunan	70444	65376	2090	1238	1735	5	671	49
广 东 Guangdong	49622	43692	1822	910	3085	113	2	33
广 西 Guangxi	28336	25200	732	887	1517		100	256
海 南 Hainan	3538	3093	82	67	291	5	45	21
重 庆 Chongqing	11432	10430	321	195	485	1	291	13
四 川 Sichuan	73994	69056	1936	589	2413		1445	459
贵 州 Guizhou	39764	37312	871	245	1336		1	2192
云 南 Yunnan	46968	44264	508	399	1797		26	181
西 藏 Tibet	3179	2998	36	69	76			
陕 西 Shaanxi	18358	16000	998	729	631		45	37
甘 肃 Gansu	41895	40365	483	468	579		737	128
青 海 Qinghai	5868	5663	20	41	144		131	1
宁 夏 Ningxia	4600	4460	20	47	73		44	6
新 疆 Xinjiang	45854	42174	637	1461	1572	10	217	46

普通中学女教职工数
Number of Female Educational Personnel in General Secondary Schools

单位：人
unit: person

地 区 Region	教职工数 Educational Personnel						代课教师 Substitute Teachers	兼任教师 Part-time Teachers
	合计 Total	专任教师 Full-time Teachers	行政人员 Adm. Personnel	教辅人员 Supporting Staff	工勤人员 Workers	校办企业职工 Employees in School-run Factories & Farms		
总 计 Total	**3426495**	**3122558**	**55159**	**132311**	**115448**	**1019**	**37376**	**10802**
北 京 Beijing	58806	47821	4213	5683	1086	3		617
天 津 Tianjin	34601	30794	1528	2009	261	9	168	450
河 北 Hebei	203993	187082	2606	8712	5451	142	1890	187
山 西 Shanxi	136542	123131	1651	5437	6288	35	5583	726
内蒙古 Inner Mongolia	75602	65355	2047	5899	2300	1	1679	58
辽 宁 Liaoning	128856	117648	7153	3302	750	3	35	56
吉 林 Jilin	80460	70750	2262	6107	1327	14	659	71
黑龙江 Heilongjiang	108694	97986	3106	4671	2923	8	1102	166
上 海 Shanghai	54534	46383	2973	4209	943	26	210	220
江 苏 Jiangsu	169957	154832	1701	7141	6218	65	657	170
浙 江 Zhejiang	133617	120799	1489	5063	6170	96		295
安 徽 Anhui	117012	102830	1436	4488	8235	23	2339	256
福 建 Fujian	82065	74008	1124	3789	3080	64	462	36
江 西 Jiangxi	89671	82528	650	1970	4396	127	1029	228
山 东 Shandong	241761	226066	2117	9389	4158	31	1325	221
河 南 Henan	268984	247812	3840	7328	9994	10	6364	697
湖 北 Hubei	103001	92132	1366	4743	4667	93	1944	135
湖 南 Hunan	141135	130732	1065	5300	4015	23	1670	165
广 东 Guangdong	316009	287664	3191	11050	13944	160	1981	87
广 西 Guangxi	102859	92582	984	4404	4882	7	1082	843
海 南 Hainan	26352	22997	341	825	2170	19	404	211
重 庆 Chongqing	62808	59131	854	1619	1202	2	558	492
四 川 Sichuan	183514	171125	1638	4750	5981	20	2815	649
贵 州 Guizhou	90316	83182	869	1499	4766		11	2751
云 南 Yunnan	97662	90884	694	2014	4049	21	34	399
西 藏 Tibet	7581	7307	66	66	141	1	56	3
陕 西 Shaanxi	106353	97184	2776	4090	2300	3	437	112
甘 肃 Gansu	61847	59112	278	1560	892	5	529	334
青 海 Qinghai	16508	15863	67	193	385		405	3
宁 夏 Ningxia	17799	17022	60	460	257		286	55
新 疆 Xinjiang	107596	99816	1014	4541	2217	8	1662	109

普通中学教职工总数中

Number of General Secondary Schools Educational

地　区 Region	教职工数 Educational Personnel		
	合计 Total	专任教师 Full-time Teachers	行政人员 Adm. Personnel
总　计 Total	**807898**	**608822**	**39622**
北　京 Beijing	10299	6466	1463
天　津 Tianjin	2982	2151	304
河　北 Hebei	40696	31275	1992
山　西 Shanxi	43511	31295	1762
内蒙古 Inner Mongolia	5030	3747	436
辽　宁 Liaoning	10259	8708	990
吉　林 Jilin	9861	7767	498
黑龙江 Heilongjiang	6778	5104	474
上　海 Shanghai	10726	8017	802
江　苏 Jiangsu	46186	36060	1749
浙　江 Zhejiang	50799	38613	1927
安　徽 Anhui	58198	41597	2925
福　建 Fujian	22017	16366	1145
江　西 Jiangxi	28272	19242	1430
山　东 Shandong	46977	37756	2090
河　南 Henan	89109	67481	4680
湖　北 Hubei	23946	17442	1089
湖　南 Hunan	28297	22750	994
广　东 Guangdong	136839	106967	4908
广　西 Guangxi	17250	12134	972
海　南 Hainan	9161	6123	475
重　庆 Chongqing	9287	6867	521
四　川 Sichuan	40306	28914	1870
贵　州 Guizhou	22597	17104	1109
云　南 Yunnan	11564	8795	804
西　藏 Tibet	86	74	6
陕　西 Shaanxi	18754	13955	1718
甘　肃 Gansu	3901	3027	253
青　海 Qinghai	479	322	40
宁　夏 Ningxia	911	758	39
新　疆 Xinjiang	2820	1945	157

民办教职工数
Personnel Maintained by the Communties

单位:人
unit:person

			代课教师 Substitute Teachers	兼任教师 Part-time Teachers
教辅人员 Supporting Staff	工勤人员 Workers	校办企业职工 Employees in School-run Factories & Farms		
38240	**119869**	**1345**	**13184**	**6604**
1083	1287			49
292	223	12	185	598
1709	5635	85		187
2066	8381	7	3128	824
218	629		290	26
340	217	4		11
487	1102	7	177	1
320	872	8		107
1110	773	24		188
2343	6014	20	199	146
2606	7523	130		541
2802	10842	32	1889	392
1083	3298	125	11	72
1225	6118	257	104	155
2058	5034	39	840	130
3583	13364	1	5217	432
1102	4268	45	345	138
1344	3177	32	59	198
5460	19109	395	177	86
1008	3126	10	33	344
371	2177	15	1	14
436	1455	8	284	717
2802	6691	29		84
635	3749		5	165
362	1545	58		404
	5	1	5	3
839	2241	1	138	66
200	421			523
27	90		15	
51	63		63	3
278	440		19	

普通高中专任教师
Number of Full-time Teachers in Regular Senior Secondary Schools

地　区 Region	合　计 Total	其中:女 of Which: Female	按学历分 By Academic Qualification			
			研究生毕业 Graduate	本科毕业 Under-graduate	专科毕业 Associate Bachelor	高中阶段毕业 High School Graduate
总　计 Total	**1695354**	**870620**	**121289**	**1535109**	**38103**	**829**
北　京 Beijing	21322	15214	5015	16242	63	2
天　津 Tianjin	16162	11273	2369	13653	133	7
河　北 Hebei	85356	54004	5420	77761	2145	28
山　西 Shanxi	61946	38077	4774	55568	1585	19
内蒙古 Inner Mongolia	34108	20263	3240	29998	870	
辽　宁 Liaoning	50054	33865	4446	44942	619	44
吉　林 Jilin	28788	18567	2334	26150	297	6
黑龙江 Heilongjiang	42314	26892	2609	39045	646	13
上　海 Shanghai	17398	11398	3030	14350	16	2
江　苏 Jiangsu	95387	45965	11284	83388	694	21
浙　江 Zhejiang	66379	34202	5275	60609	486	9
安　徽 Anhui	76341	29250	4223	70636	1466	16
福　建 Fujian	50463	23921	2479	46725	1226	30
江　西 Jiangxi	53156	20885	3762	45797	3550	47
山　东 Shandong	125209	64016	9583	113872	1615	133
河　南 Henan	114037	57893	8666	102084	3247	40
湖　北 Hubei	67017	26282	4442	60681	1787	102
湖　南 Hunan	70019	29187	2861	65190	1908	60
广　东 Guangdong	150861	80639	12690	136293	1855	23
广　西 Guangxi	50733	26699	3000	46416	1298	19
海　南 Hainan	12604	6674	584	11605	415	
重　庆 Chongqing	39153	18673	2213	36143	760	36
四　川 Sichuan	94333	42558	4131	87555	2644	3
贵　州 Guizhou	56198	25190	1747	52813	1606	32
云　南 Yunnan	51491	25515	1929	48446	1083	31
西　藏 Tibet	4679	2336	223	4341	114	1
陕　西 Shaanxi	57078	29982	4743	51026	1279	30
甘　肃 Gansu	44764	17759	2342	39941	2433	48
青　海 Qinghai	8664	4364	330	7863	465	6
宁　夏 Ningxia	10463	5429	518	9735	204	6
新　疆 Xinjiang	38877	23648	1027	36241	1594	15

学历、职称情况(总计)

by Academic Qualification and Professional Rank (Total)

单位:人

unit: person

	按职称分 By Professional Rank				
高中阶段毕业以下 Below High School Graduate	中学高级 Senior Secondary	中学一级 1st Grade	中学二级 2nd Grade	中学三级 3rd Grade	未定职级 No-ranking
24	**460246**	**620948**	**481659**	**11204**	**121297**
	7289	6827	5081	87	2038
	5763	7183	2550	12	654
2	21655	34863	22778	933	5127
	11706	18701	23589	656	7294
	11383	11987	8142		2596
3	19399	17441	9055	291	3868
1	7831	11764	7069	88	2036
1	14084	16377	10083	245	1525
	5453	7877	3157	24	887
	34330	38533	19344	52	3128
	22094	24773	14968	222	4322
	22555	26785	19153	891	6957
3	15743	18902	14028	126	1664
	19342	17814	11354	855	3791
6	26948	46715	43103	246	8197
	26177	38586	41279	1684	6311
5	21905	27150	15037	643	2282
	20655	28222	16778	386	3978
	32845	61970	41462	746	13838
	10819	20699	14167	904	4144
	3374	4172	4010	103	945
1	8490	13813	14577	57	2216
	27162	34782	27177	128	5084
	12080	16347	18713	671	8387
2	14584	16070	16626	126	4085
	578	1663	1689	46	703
	13291	19924	19891	296	3676
	8164	15149	18110	183	3158
	2429	2803	1927	275	1230
	2678	2998	3712	82	993
	9440	10058	13050	146	6183

普通高中专任教师
Number of Full-time Teachers in Regular Senior Secondary Schools

地 区 Region	合 计 Total	其中:女 of Which: Female	按学历分 By Academic Qualifications			
			研究生毕业 Graduate	本科毕业 Under-graduate	专科毕业 Associate Bachelor	高中阶段毕业 High School Graduate
总 计 Total	**818567**	**454126**	**80705**	**725330**	**12261**	**264**
北 京 Beijing	18796	13511	4485	14258	51	2
天 津 Tianjin	11632	8383	2086	9469	73	4
河 北 Hebei	35932	23601	2859	32166	901	6
山 西 Shanxi	26393	17015	2535	23378	474	6
内蒙古 Inner Mongolia	17312	10647	2040	14913	359	
辽 宁 Liaoning	35204	24391	3532	31329	322	20
吉 林 Jilin	19127	12502	1787	17163	173	3
黑龙江 Heilongjiang	24964	16284	2009	22596	353	6
上 海 Shanghai	15038	9984	2786	12237	13	2
江 苏 Jiangsu	52523	26916	7650	44467	388	18
浙 江 Zhejiang	36969	19462	3431	33329	203	6
安 徽 Anhui	24649	10987	1716	22478	450	5
福 建 Fujian	21556	11880	1682	19429	427	18
江 西 Jiangxi	19203	8642	2088	16085	1022	8
山 东 Shandong	68338	37116	6080	61553	681	22
河 南 Henan	41903	22510	4551	36827	518	7
湖 北 Hubei	39755	17042	3551	35395	783	23
湖 南 Hunan	25770	11780	1600	23671	482	17
广 东 Guangdong	99907	55033	10573	88588	729	17
广 西 Guangxi	19748	11093	1880	17547	319	2
海 南 Hainan	7499	4081	389	6918	192	
重 庆 Chongqing	20419	10199	1718	18428	251	22
四 川 Sichuan	38111	17982	2582	34735	792	2
贵 州 Guizhou	18396	9518	1070	16890	428	8
云 南 Yunnan	17351	9207	1147	15952	246	6
西 藏 Tibet	1199	582	86	1101	12	
陕 西 Shaanxi	20280	11580	2452	17439	379	10
甘 肃 Gansu	13478	6129	1066	11876	523	13
青 海 Qinghai	2927	1544	116	2659	147	5
宁 夏 Ningxia	6402	3489	423	5870	104	5
新 疆 Xinjiang	17786	11036	735	16584	466	1

学历、职称情况(城区)
by Academic Qualification and Professional Rank (Urban Area)

单位:人
unit: person

	按职称分 By Professional Rank				
高中阶段毕业以下 Below High School Graduate	中学高级 Senior Secondary	中学一级 1st Grade	中学二级 2nd Grade	中学三级 3rd Grade	未定职级 No-ranking
7	**250291**	**304866**	**203218**	**4209**	**55983**
	6628	6130	4380	79	1579
	4295	5150	1712	12	463
	9874	14863	8635	522	2038
	5705	8200	8897	170	3421
	6135	5804	3980		1393
1	14017	12536	5725	191	2735
1	5457	7546	4560	52	1512
	9006	9794	5300	115	749
	4780	6791	2659	24	784
	20935	21187	8485	51	1865
	13348	13507	7569	138	2407
	7781	8679	5661	272	2256
	7175	7817	5664	54	846
	7923	6210	3634	211	1225
2	15401	25919	22079	130	4809
	11135	14868	12980	483	2437
3	14714	15114	8271	321	1335
	8591	10500	5192	140	1347
	24914	40778	25706	272	8237
	4899	7466	5468	292	1623
	2178	2580	2158	12	571
	5204	7308	6738	20	1149
	11981	14483	9756	51	1840
	4977	5311	5452	103	2553
	5806	5511	4602	73	1359
	227	447	410	13	102
	5599	7266	5847	103	1465
	3450	5059	4096	73	800
	914	867	585	145	416
	1892	1912	1917	39	642
	5350	5263	5100	48	2025

普通高中专任教师

Number of Full-time Teachers in Regular Senior Secondary Schools

地　区 Region	合　计 Total	其中：女 of Which: Female	按学历分 By Academic Qualifications			
			研究生毕业 Graduate	本科毕业 Under- graduate	专科毕业 Associate Bachelor	高中阶段毕业 High School Graduate
总　计 Total	**128004**	**67863**	**10753**	**115131**	**2078**	**42**
北　京 Beijing	1135	731	276	853	6	
天　津 Tianjin	1159	801	146	1002	10	1
河　北 Hebei	7415	4734	543	6623	247	2
山　西 Shanxi	3475	2161	341	3058	75	1
内蒙古 Inner Mongolia	749	482	55	680	14	
辽　宁 Liaoning	3954	2631	333	3585	33	3
吉　林 Jilin	784	488	30	742	12	
黑龙江 Heilongjiang	1891	1183	164	1699	28	
上　海 Shanghai	796	534	152	642	2	
江　苏 Jiangsu	5559	2630	530	4968	61	
浙　江 Zhejiang	8068	4206	610	7404	52	2
安　徽 Anhui	4057	1651	223	3726	108	
福　建 Fujian	2788	1428	169	2523	96	
江　西 Jiangxi	1758	704	93	1587	77	1
山　东 Shandong	18384	9705	1830	16304	244	6
河　南 Henan	7564	3980	954	6506	103	1
湖　北 Hubei	4912	1965	426	4387	97	2
湖　南 Hunan	3134	1310	153	2901	77	3
广　东 Guangdong	29777	15941	2406	27089	272	10
广　西 Guangxi	3950	2184	278	3554	118	
海　南 Hainan	819	442	42	758	19	
重　庆 Chongqing	652	289	38	611	3	
四　川 Sichuan	3538	1606	310	3194	34	
贵　州 Guizhou	2756	1399	117	2555	84	
云　南 Yunnan	4302	2200	202	4011	84	5
西　藏 Tibet						
陕　西 Shaanxi	2044	1147	209	1808	27	
甘　肃 Gansu	825	362	57	732	36	
青　海 Qinghai	423	184	6	394	18	5
宁　夏 Ningxia	329	150	18	311		
新　疆 Xinjiang	1007	635	42	924	41	

学历、职称情况（城乡结合区）

by Academic Qualification and Professional Rank (Urban-rural Transitional Area)

单位：人

unit: person

	按职称分 By Professional Rank				
高中阶段毕业以下 Below High School Graduate	中学高级 Senior Secondary	中学一级 1st Grade	中学二级 2nd Grade	中学三级 3rd Grade	未定职级 No-ranking
	32375	**46105**	**37034**	**730**	**11760**
	326	313	268		228
	421	537	153		48
	1917	3069	1904	65	460
	582	1066	1358	37	432
	283	255	155		56
	1644	1280	672	52	306
	256	348	157		23
	775	586	466	1	63
	283	301	152	10	50
	1956	2205	1093	35	270
	2320	2895	2141	71	641
	1190	1275	810	77	705
	1009	937	695		147
	580	507	534	15	122
	3484	6202	7117	58	1523
	1692	2577	2546	78	671
	1876	1797	1054	51	134
	975	1251	676	5	227
	5846	12296	8198	76	3361
	760	1385	1382	20	403
	113	184	368		154
	140	214	271		27
	1072	1209	984	27	246
	568	737	973	1	477
	1262	1284	1260	12	484
	515	607	748	3	171
	154	254	330		87
	112	150	104	18	39
	114	129	64		22
	150	255	401	18	183

普通高中专任教师
Number of Full-time Teachers in Regular Senior Secondary Schools

地　区 Region	合　计 Total	其中:女 of Which: Female	按学历分 By Academic Qualification			
			研究生毕业 Graduate	本科毕业 Under-graduate	专科毕业 Associate Bachelor	高中阶段毕业 High School Graduate
总　计 Total	**821705**	**390215**	**37424**	**759613**	**24119**	**533**
北　京 Beijing	1680	1174	363	1306	11	
天　津 Tianjin	4205	2696	271	3874	57	3
河　北 Hebei	46987	29007	2379	43388	1196	22
山　西 Shanxi	32329	19261	1925	29439	952	13
内蒙古 Inner Mongolia	16320	9332	1175	14653	492	
辽　宁 Liaoning	14271	9126	862	13095	288	24
吉　林 Jilin	9234	5808	529	8596	107	2
黑龙江 Heilongjiang	16602	10151	586	15732	276	7
上　海 Shanghai	2016	1202	195	1820	1	
江　苏 Jiangsu	42190	18732	3582	38313	292	3
浙　江 Zhejiang	26464	13306	1599	24622	240	3
安　徽 Anhui	48559	17248	2348	45230	972	9
福　建 Fujian	26415	11061	734	24925	742	11
江　西 Jiangxi	33146	11968	1653	29062	2402	29
山　东 Shandong	55258	26068	3397	50822	924	111
河　南 Henan	69765	34216	3917	63125	2691	32
湖　北 Hubei	24716	8316	756	22983	899	77
湖　南 Hunan	40869	16112	1159	38352	1317	41
广　东 Guangdong	43786	22246	1536	41227	1017	6
广　西 Guangxi	27728	13919	1016	25903	799	10
海　南 Hainan	4639	2358	176	4246	217	
重　庆 Chongqing	17367	7832	468	16428	456	14
四　川 Sichuan	54357	23728	1451	51128	1777	1
贵　州 Guizhou	36987	15338	656	35174	1133	24
云　南 Yunnan	32202	15336	712	30672	791	25
西　藏 Tibet	1884	924	92	1760	31	1
陕　西 Shaanxi	34551	17206	2126	31565	843	17
甘　肃 Gansu	29235	10883	1222	26175	1803	35
青　海 Qinghai	5357	2634	199	4852	305	1
宁　夏 Ningxia	4061	1940	95	3865	100	1
新　疆 Xinjiang	18525	11087	245	17281	988	11

学历、职称情况(镇区)

by Academic Qualification and Professional Rank (Counties & Towns Area)

单位:人

unit: person

	按职称分 By Professional Rank				
高中阶段毕业以下 Below High School Graduate	中学高级 Senior Secondary	中学一级 1st Grade	中学二级 2nd Grade	中学三级 3rd Grade	未定职级 No-ranking
16	**199242**	**296539**	**260955**	**6380**	**58589**
	448	424	429	8	371
	1368	1863	799		175
2	11340	19105	13481	400	2661
	5589	9694	13602	439	3005
	5135	5993	4047		1145
2	5246	4728	3174	98	1025
	2292	4035	2397	20	490
1	4850	6375	4511	110	756
	563	938	446		69
	13214	17097	10623	1	1255
	8063	10090	6628	74	1609
	14145	17134	12321	593	4366
3	8029	10131	7467	60	728
	11262	11312	7565	614	2393
4	11254	20236	20470	112	3186
	14610	23025	27236	1161	3733
1	6619	11008	5975	297	817
	11198	16262	10756	215	2438
	6663	18124	14042	393	4564
	5343	11948	7855	529	2053
	1013	1443	1756	79	348
1	3094	6052	7284	36	901
	14665	19555	16941	77	3119
	6979	10804	12944	550	5710
2	8419	10039	11294	36	2414
	213	689	662	3	317
	7264	11897	13151	172	2067
	4453	9418	13087	76	2201
	1415	1793	1280	95	774
	786	1086	1795	43	351
	3710	4241	6937	89	3548

普通高中专任教师

Number of Full-time Teachers in Regular Senior Secondary Schools

地区 Region	合计 Total	其中：女 of Which: Female	按学历分 By Academic Qualifications			
			研究生毕业 Graduate	本科毕业 Under-graduate	专科毕业 Associate Bachelor	高中阶段毕业 High School Graduate
总　计 Total	**201767**	**98601**	**9557**	**186019**	**6014**	**172**
北　京 Beijing	395	283	125	269	1	
天　津 Tianjin	1816	1138	110	1668	36	2
河　北 Hebei	18471	11457	1010	16918	525	16
山　西 Shanxi	11575	6938	537	10744	293	1
内蒙古 Inner Mongolia	1680	951	105	1523	52	
辽　宁 Liaoning	2542	1645	137	2347	55	2
吉　林 Jilin	530	316	87	442	1	
黑龙江 Heilongjiang	1569	971	65	1491	13	
上　海 Shanghai	264	160	23	241		
江　苏 Jiangsu	10150	4644	983	9110	57	
浙　江 Zhejiang	9070	4596	555	8404	110	1
安　徽 Anhui	7706	2651	331	7179	196	
福　建 Fujian	5987	2511	108	5676	200	3
江　西 Jiangxi	4521	1676	199	3875	447	
山　东 Shandong	24718	11661	1449	22828	362	78
河　南 Henan	20220	10135	1226	17846	1125	23
湖　北 Hubei	4842	1597	123	4590	114	15
湖　南 Hunan	10691	4319	308	9960	416	7
广　东 Guangdong	17096	8737	519	16191	384	2
广　西 Guangxi	2528	1335	72	2370	83	3
海　南 Hainan	1142	640	40	1077	25	
重　庆 Chongqing	3562	1632	109	3385	63	5
四　川 Sichuan	7385	3395	283	6904	198	
贵　州 Guizhou	6228	2451	81	5996	149	2
云　南 Yunnan	8811	4358	205	8405	196	4
西　藏 Tibet	417	213	10	404	3	
陕　西 Shaanxi	7382	3578	403	6687	289	3
甘　肃 Gansu	6291	2314	283	5646	358	4
青　海 Qinghai	1555	753	37	1430	87	1
宁　夏 Ningxia	388	208	5	372	11	
新　疆 Xinjiang	2235	1338	29	2041	165	

学历、职称情况（镇乡结合区）

by Academic Qualification and Professional Rank (County-town Transitional Area)

单位：人

unit: person

	按职称分 By Professional Rank				
高中阶段毕业以下 Below High School Graduate	中学高级 Senior Secondary	中学一级 1st Grade	中学二级 2nd Grade	中学三级 3rd Grade	未定职级 No-ranking
5	**45083**	**71948**	**66874**	**1998**	**15864**
	70	93	69		163
	546	764	397		109
2	4440	7348	5205	150	1328
	1944	3331	4771	258	1271
	521	599	446		114
1	929	893	564	6	150
	152	228	132		18
	530	494	428	6	111
	78	128	49		9
	3070	4004	2738		338
	2547	3325	2467	53	678
	2029	2716	1841	204	916
	1606	2213	1912	39	217
	1274	1464	1068	129	586
1	4870	9237	9314	54	1243
	4221	6556	7799	335	1309
	1332	2171	1057	85	197
	2880	4247	2940	42	582
	2491	7050	5733	144	1678
	418	1110	771	83	146
	194	287	515	64	82
	572	1103	1690		197
	1933	2655	2461	21	315
	920	1760	2137	151	1260
1	2318	2732	3001	13	747
	41	135	126		115
	1471	2367	2900	45	599
	958	1833	2823	10	667
	365	554	376	73	187
	67	101	173	15	32
	296	450	971	18	500

普通高中专任教师

Number of Full-time Teachers in Regular Senior Secondary Schools

地 区 Region	合 计 Total	其中:女 of Which: Female	按学历分 By Academic Qualifications			
			研究生毕业 Graduate	本科毕业 Under-graduate	专科毕业 Associate Bachelor	高中阶段毕业 High School Graduate
总 计 Total	**55082**	**26279**	**3160**	**50166**	**1723**	**32**
北 京 Beijing	846	529	167	678	1	
天 津 Tianjin	325	194	12	310	3	
河 北 Hebei	2437	1396	182	2207	48	
山 西 Shanxi	3224	1801	314	2751	159	
内蒙古 Inner Mongolia	476	284	25	432	19	
辽 宁 Liaoning	579	348	52	518	9	
吉 林 Jilin	427	257	18	391	17	1
黑龙江 Heilongjiang	748	457	14	717	17	
上 海 Shanghai	344	212	49	293	2	
江 苏 Jiangsu	674	317	52	608	14	
浙 江 Zhejiang	2946	1434	245	2658	43	
安 徽 Anhui	3133	1015	159	2928	44	2
福 建 Fujian	2492	980	63	2371	57	1
江 西 Jiangxi	807	275	21	650	126	10
山 东 Shandong	1613	832	106	1497	10	
河 南 Henan	2369	1167	198	2132	38	1
湖 北 Hubei	2546	924	135	2303	105	2
湖 南 Hunan	3380	1295	102	3167	109	2
广 东 Guangdong	7168	3360	581	6478	109	
广 西 Guangxi	3257	1687	104	2966	180	7
海 南 Hainan	466	235	19	441	6	
重 庆 Chongqing	1367	642	27	1287	53	
四 川 Sichuan	1865	848	98	1692	75	
贵 州 Guizhou	815	334	21	749	45	
云 南 Yunnan	1938	972	70	1822	46	
西 藏 Tibet	1596	830	45	1480	71	
陕 西 Shaanxi	2247	1196	165	2022	57	3
甘 肃 Gansu	2051	747	54	1890	107	
青 海 Qinghai	380	186	15	352	13	
宁 夏 Ningxia						
新 疆 Xinjiang	2566	1525	47	2376	140	3

学历、职称情况(乡村)

by Academic Qualification and Professional Rank (Rural Area)

单位:人

unit: person

	按职称分 By Professional Rank				
高中阶段毕业以下 Below High School Graduate	中学高级 Senior Secondary	中学一级 1st Grade	中学二级 2nd Grade	中学三级 3rd Grade	未定职级 No-ranking
1	**10713**	**19543**	**17486**	**615**	**6725**
	213	273	272		88
	100	170	39		16
	441	895	662	11	428
	412	807	1090	47	868
	113	190	115		58
	136	177	156	2	108
	82	183	112	16	34
	228	208	272	20	20
	110	148	52		34
	181	249	236		8
	683	1176	771	10	306
	629	972	1171	26	335
	539	954	897	12	90
	157	292	155	30	173
	293	560	554	4	202
	432	693	1063	40	141
1	572	1028	791	25	130
	866	1460	830	31	193
	1268	3068	1714	81	1037
	577	1285	844	83	468
	183	149	96	12	26
	192	453	555	1	166
	516	744	480		125
	124	232	317	18	124
	359	520	730	17	312
	138	527	617	30	284
	428	761	893	21	144
	261	672	927	34	157
	100	143	62	35	40
	380	554	1013	9	610

普通高中办学
Condition of School Buildings in Regular Senior

地 区 Region	校舍建筑面积 Floor Space	教学及辅助用房 Teaching & Assistant Buildings							行政办公用房 Administrative	
		合计 Total	其中 of Which:						合计 Total	其中:教师办公室 of Which: for Teachers
			教室 Classroom	实验室 Laboratory	图书室 Library	微机室 PC-room	语音室 Linguistic	体育馆 Gymnasium		
总 计 Total	**471359607.52**	**183107810.83**	**113108457.01**	**29689653.51**	**15265868.75**	**7190305.54**	**2888992.02**	**14964534.00**	**38099702.92**	**22544585.86**
北 京 Beijing	9337169.65	3350162.75	1878955.17	559259.87	267546.31	135616.08	25400.10	483385.22	947098.38	485367.21
天 津 Tianjin	4520021.60	1699038.20	907929.03	292106.38	151155.80	73347.38	24983.52	249516.09	568568.32	353847.71
河 北 Hebei	20980749.42	8083282.55	4755909.38	1606435.78	791811.25	346559.09	137316.73	445250.32	1776347.29	1225123.63
山 西 Shanxi	16837368.39	6088914.18	3792168.63	1072049.97	545413.94	231845.53	94196.43	353239.68	1427972.78	900795.18
内蒙古 Inner Mongolia	9180810.49	3789295.50	2295705.37	533274.10	299880.81	129420.34	64326.85	466688.03	847563.39	599425.58
辽 宁 Liaoning	10436181.14	3837314.76	2122826.12	547976.85	364713.65	159053.35	71662.08	571082.71	1031630.85	584561.34
吉 林 Jilin	5633194.40	2261022.44	1480061.48	259394.63	138805.35	81717.19	34590.10	266453.69	586558.83	336320.89
黑龙江 Heilongjiang	8175475.84	3300906.49	1942990.62	485458.46	222832.96	134189.60	69407.86	446026.99	970771.55	594531.89
上 海 Shanghai	6669799.36	2703400.49	1231600.28	506402.67	270361.90	113433.08	45522.49	536080.07	713917.68	307804.71
江 苏 Jiangsu	28062347.95	12549416.60	6569514.49	2323052.72	1396550.46	667252.13	219463.27	1373583.53	2563084.81	1502695.39
浙 江 Zhejiang	22856134.54	8701862.61	4318383.41	1622010.06	1004066.28	291775.68	120927.82	1344699.36	1782951.70	1036544.93
安 徽 Anhui	23462817.50	8891254.71	5721649.25	1428525.63	717160.83	359740.48	120322.97	543855.55	1755847.22	926456.04
福 建 Fujian	17896272.09	7699435.50	4191639.37	1699479.89	831409.37	255350.70	80345.68	641210.49	1318387.18	648887.30
江 西 Jiangxi	16344888.29	6748742.27	4455996.55	885726.00	555631.71	309965.12	153233.64	388189.25	1212591.35	719439.67
山 东 Shandong	28402613.64	10318969.59	6149914.98	1902451.61	858266.26	455215.83	239394.34	713726.57	2740048.85	1540487.53
河 南 Henan	28275546.76	9902658.46	6811387.04	1456507.13	756980.30	372086.31	133775.67	371922.01	2453983.25	1674713.15
湖 北 Hubei	17885091.24	5794574.85	3536412.45	965919.09	496207.77	212674.55	122517.93	460843.06	1466375.28	839298.21
湖 南 Hunan	22672343.45	8839097.80	5819865.32	1118683.18	704751.94	278762.61	117005.89	800028.86	1373726.94	777399.82
广 东 Guangdong	47828464.99	20518003.70	13471315.64	2937310.18	1365468.96	675786.43	293143.89	1774978.60	3200629.46	1827086.86
广 西 Guangxi	14282454.79	4829535.14	3250265.07	661305.60	432778.88	172637.87	56453.96	256093.76	819283.64	560622.11
海 南 Hainan	4289744.86	1655569.26	1115764.73	240933.85	126979.48	54615.23	19973.52	97302.45	236746.56	125418.12
重 庆 Chongqing	12869528.25	4760694.72	3239607.61	654152.27	318431.77	175776.00	60538.31	312188.76	853891.55	456382.93
四 川 Sichuan	26831318.40	10346150.88	7108245.41	1492899.76	654080.27	417610.96	164815.06	508499.42	1700034.24	1020204.34
贵 州 Guizhou	14343430.79	4937474.99	3131412.06	832194.80	411604.51	176430.42	83097.35	302735.85	1065873.26	593497.37
云 南 Yunnan	14069575.82	5598826.29	3681144.62	885862.41	432269.08	222417.83	82523.83	294608.52	874974.24	499911.38
西 藏 Tibet	1208644.59	421830.76	239304.88	51339.22	54171.86	8035.95	6292.16	62686.69	72078.05	45992.76
陕 西 Shaanxi	13882028.63	5259566.60	3231509.86	993682.77	396447.65	225835.32	123471.81	288619.19	1405347.08	890666.30
甘 肃 Gansu	9062334.54	3696969.79	2552444.66	592131.11	227299.87	169533.26	43388.00	112172.89	896352.74	623621.74
青 海 Qinghai	2077049.42	842206.26	522496.14	155603.61	69202.24	30798.08	10581.20	53524.99	183790.39	118707.65
宁 夏 Ningxia	2537319.39	1132851.48	623122.32	245655.92	88435.92	57862.27	26788.80	90986.25	290157.56	183170.07
新 疆 Xinjiang	10448887.30	4548781.21	2958915.07	681867.99	315151.37	194960.87	43530.76	354355.15	963118.50	545604.05

条件(一)(总计)
Secondary Schools (1) (Total)

单位:平方米
unit: m^2

生活用房 Residential and Welfare							其他用房 Rooms for Other Purposes	校舍面积中 of the Floor Space	
合计 Total	教工宿舍 Apartments for Single		学生宿舍 Students' Dormitories	食堂 Dining Halls	厕所 Toilet	其他 Others		危房面积 Floor Space of Dilapidated Buildings	当年新增校舍 New Floor Space Added in Current Year
	小计 Subtotal	其中:教师周转宿舍 of Which: Accommodation for Circulation of Teachers							
218159864.91	**40620946.71**	**8213976.89**	**117701356.64**	**37487913.36**	**11241411.60**	**11108236.60**	**31992228.86**	**4910722.54**	**17714024.50**
2796285.49	391178.87	67663.10	1124636.22	585131.26	311456.16	383882.98	2243623.03		323559.32
1505385.27	128176.15	13150.56	661752.85	306856.74	171038.63	237560.90	747029.81		125148.82
9931641.67	1212506.52	272970.97	5905138.26	1910928.70	415038.02	488030.17	1189477.91	5378.00	1279255.40
7893289.10	1243514.04	116248.04	4233952.80	1538694.90	430476.85	446650.51	1427192.33	143748.07	530456.76
3818771.71	213254.24	52910.60	2315576.18	790473.47	242861.92	256605.90	725179.89		381166.63
4462227.21	245916.96	24454.16	2497897.63	981730.34	333268.54	403413.74	1105008.32	8821.12	466471.35
2227855.59	66370.62	2894.61	1230013.21	522938.40	201066.23	207467.13	557757.54	30941.00	214441.66
3112920.07	107198.98	28502.95	1782170.66	658173.34	209732.79	355644.30	790877.73	69200.00	153632.56
2283608.40	126850.96	18648.00	1063960.97	446275.53	241635.37	404885.57	968872.79		136163.60
11394333.88	1657267.55	256272.57	6113069.08	2412576.54	595505.01	615915.70	1555512.66		662003.21
10614328.27	1373182.45	233789.93	6045114.59	2149251.07	610232.10	436548.06	1756991.96		604076.69
11597024.90	2566667.12	305631.34	6228130.47	1886646.65	498062.27	417518.39	1218690.67	75126.27	937382.79
7411188.62	1930185.00	343127.37	3668269.15	1155334.13	350948.33	306452.01	1467260.79	45674.00	595225.67
7639812.87	1565113.15	259172.33	4235399.66	1285711.56	304949.78	248638.72	743741.80	410380.86	510283.83
13736347.43	1842138.26	429722.76	7647460.18	2878554.95	742175.95	626018.09	1607247.77	20350.00	430208.70
14641891.05	2463582.24	345582.78	8546642.46	2515675.24	629625.85	486365.26	1277014.00	108526.82	575160.72
9682458.34	3049709.28	411458.95	4457867.82	1398836.40	345449.86	430594.98	941682.77	212222.54	211632.10
11255700.30	3532899.64	661926.92	5111435.26	1748787.14	426427.32	436150.94	1203818.41	211323.91	432324.90
20219855.25	4669129.38	813335.71	10459785.33	2775153.89	1195623.18	1120163.47	3889976.58	32896.00	953937.91
8105067.57	2314423.62	432458.11	4297616.05	974857.22	250960.07	267210.61	528568.44	479351.90	686992.91
2187285.59	722652.91	239097.54	1043186.95	268328.20	95645.53	57472.00	210143.45	35175.80	150238.44
6624623.18	1674298.84	273035.02	3443727.68	995876.53	270222.78	240497.35	630318.80	80840.00	330312.64
13602888.96	2467405.80	796875.65	7907038.67	2208904.47	617958.97	401581.05	1182244.32	166893.00	1692313.60
7434399.35	1435235.63	648992.18	4313443.72	1054601.22	318838.79	312279.99	905683.19	4373.00	1690186.71
6906055.85	1125526.53	333102.14	3955409.36	1140372.86	297398.31	387348.79	689719.44	1204388.00	1019805.51
664763.17	205992.90	183449.27	311299.33	96974.48	13841.81	36654.65	49972.61		83892.21
6416493.40	1272461.86	243477.14	3410285.93	994198.34	387054.05	352493.22	800621.55	220852.66	976690.22
3848373.04	488301.69	101043.33	2215052.75	599567.22	285141.89	260309.49	620638.97	1327861.03	722007.78
861129.20	112143.28	69327.46	462785.02	154540.68	61482.08	70178.14	189923.57	8389.00	201986.14
974531.08	28493.81	8811.00	593434.86	224746.87	79545.69	48309.85	139779.27	1376.56	105032.21
4309329.10	389168.43	226844.40	2419803.54	827215.02	307747.47	365394.64	627658.49	6633.00	532033.51

普通高中办学
Condition of School Buildings in Regular Senior

地 区 Region	校舍建筑面积 Floor Space	教学及辅助用房 Teaching & Assistant Buildings							行政办公用房 Administrative	
		合计 Total	其中 of Which:						合计 Total	其中:教师办公室 of Which: for Teachers
			教室 Classroom	实验室 Laboratory	图书室 Library	微机室 PC-room	语音室 Linguistic	体育馆 Gymnasium		
总　计 Total	**237698927.23**	**95901859.82**	**56689749.01**	**15569978.40**	**8380989.01**	**3777467.45**	**1448117.30**	**10035558.65**	**21012838.63**	**12076309.02**
北　京 Beijing	8125180.09	2930948.74	1674129.08	454980.64	234234.41	117529.87	20868.50	429206.24	846798.57	428873.07
天　津 Tianjin	3564525.08	1358354.68	701354.40	224088.79	122994.78	60443.02	19191.84	230281.85	479351.11	304237.71
河　北 Hebei	9241997.63	3722073.83	2098851.83	710527.79	416407.72	166301.79	62590.40	267394.30	865481.72	618871.78
山　西 Shanxi	7656076.10	2831149.48	1765923.23	475650.66	246727.33	104165.04	37444.86	201238.36	740120.04	446679.08
内蒙古 Inner Mongolia	4558763.98	1914321.38	1166096.50	242221.45	156282.78	63045.15	36000.23	250675.27	438704.38	317297.64
辽　宁 Liaoning	7243367.22	2736515.51	1473061.40	391139.73	266171.53	115156.14	50344.96	440641.75	725166.44	416041.17
吉　林 Jilin	3640142.22	1516592.67	948361.33	181488.71	101475.65	55382.64	22780.97	207103.37	386116.75	232086.51
黑龙江 Heilongjiang	4980181.52	2041675.40	1167832.69	290106.59	141340.09	83442.71	40647.45	318305.87	625490.07	355278.66
上　海 Shanghai	5784771.43	2402969.12	1109012.64	454033.61	233494.95	97969.11	41554.49	466904.32	609084.13	267884.40
江　苏 Jiangsu	15929564.92	7214547.57	3765420.34	1295388.14	814313.39	377982.62	90592.17	870850.91	1538169.94	886528.26
浙　江 Zhejiang	13746802.67	5283175.23	2570536.55	946388.22	620296.60	177325.58	76698.30	891929.98	1106154.27	621546.44
安　徽 Anhui	7089238.65	3054252.19	1882222.71	512706.61	266678.32	127343.69	42077.93	223222.93	643946.99	334507.56
福　建 Fujian	7607343.16	3454435.81	1798013.76	771438.68	379821.40	111665.85	29286.39	364209.73	647212.90	324728.53
江　西 Jiangxi	6463912.83	2966443.87	1799808.43	423397.09	256505.91	136358.80	90757.64	259616.00	544734.90	329389.76
山　东 Shandong	15511788.56	5748158.14	3290001.00	1123833.11	519879.30	255699.99	131181.60	427563.14	1612864.72	875499.56
河　南 Henan	10697873.86	4040614.80	2643532.71	668753.40	312917.97	134524.98	52508.58	228377.16	1002282.57	642562.94
湖　北 Hubei	10503467.68	3699938.55	2236396.59	621064.08	321009.91	133026.48	74138.43	314303.06	943043.04	520529.42
湖　南 Hunan	8977190.61	3965567.20	2472000.76	521769.52	316226.14	122737.46	44736.73	488096.59	546008.52	302164.65
广　东 Guangdong	32706558.91	13636544.77	8610746.78	1968420.58	975020.63	459967.68	191452.79	1430936.31	2325827.26	1296654.45
广　西 Guangxi	5914329.77	2183269.53	1396623.33	306625.73	200227.48	81811.99	23300.86	174680.14	367307.50	229932.61
海　南 Hainan	2650349.42	1018012.26	676906.73	155025.85	77091.48	37730.23	11946.52	59311.45	163315.56	88342.90
重　庆 Chongqing	6906156.13	2743950.06	1802646.78	351427.38	216353.61	103499.43	35780.31	234242.55	518263.65	274342.75
四　川 Sichuan	11577809.82	4705064.26	3131294.46	684204.05	309039.12	180844.53	71647.85	328034.25	796130.12	482427.20
贵　州 Guizhou	4588112.23	1546915.85	908697.19	253668.71	143917.77	57810.95	20661.06	162160.17	422412.19	225459.13
云　南 Yunnan	5877819.02	2341041.52	1425781.12	373964.83	207090.70	110975.53	33144.31	190085.03	436234.16	225647.15
西　藏 Tibet	341642.95	137267.49	63462.58	12984.30	29354.24	2287.39	1505.02	27673.96	22135.53	11793.44
陕　西 Shaanxi	5717941.16	2272069.65	1378760.70	425368.90	166610.59	99981.07	44653.15	156695.24	635991.49	389925.21
甘　肃 Gansu	2899306.50	1229659.62	788937.45	200976.61	90471.38	57991.83	20787.04	70495.31	325307.71	210280.10
青　海 Qinghai	742738.37	294084.37	163909.52	62939.39	22414.44	11277.08	3641.20	29902.74	77722.57	43867.83
宁　夏 Ningxia	1634354.42	750913.68	410860.21	157695.75	63407.69	35331.91	12296.64	71321.48	191417.28	116483.89
新　疆 Xinjiang	4819620.32	2161332.59	1368566.21	307699.50	153211.70	97856.91	13899.08	220099.19	430042.55	256445.22

条件(一)(城区)
Secondary Schools (1) (Urban Area)

单位:平方米
unit: m^2

生活用房 Residential and Welfare							其他用房 Rooms for Other Purposes	校舍面积中 of the Floor Space	
合计 Total	教工宿舍 Apartments for Single: 小计 Subtotal	教工宿舍 Apartments for Single: 其中:教师周转宿舍 of Which: Accommodation for Circulation of Teachers	学生宿舍 Students' Dormitories	食堂 Dining Halls	厕所 Toilet	其他 Others		危房面积 Floor Space of Dilapidated Buildings	当年新增校舍 New Floor Space Added in Current Year
99969953.66	**15325266.92**	**3056933.27**	**53900660.93**	**17941499.80**	**6299880.25**	**6502645.76**	**20814275.12**	**1771344.75**	**8145857.56**
2313583.33	336051.87	66700.10	869106.45	489663.07	278079.63	340682.31	2033849.45		240453.72
1044019.29	86761.21	6132.56	398411.65	229517.02	135959.97	193369.44	682800.00		52711.40
3973899.61	447322.33	144484.99	2311101.61	746026.32	194976.76	274472.59	680542.47	717.00	598542.30
3285440.74	489835.00	36098.44	1730965.95	622405.80	218630.62	223603.37	799365.84	100351.07	319917.29
1839551.48	119980.24	46172.00	1141668.30	372786.68	132328.26	72788.00	366186.74		183981.39
2923772.34	157299.06	14171.58	1544661.08	665486.10	243120.05	313206.05	857912.93	8821.12	280235.43
1369079.80	51089.61	2372.60	696177.35	325378.54	132418.79	164015.51	368353.00	30941.00	150076.40
1844957.76	60213.14	4957.65	975836.70	396616.21	136163.37	276128.34	468058.29	60822.00	127287.66
1940440.44	104319.73	15476.00	876660.93	374420.09	210420.55	374619.14	832277.74		132359.60
6118057.33	519016.97	80431.52	3461085.14	1369542.38	386844.24	381568.60	1058790.08		351037.10
6177578.89	724054.82	142876.23	3532177.62	1252191.20	373853.80	295301.45	1179894.28		493929.02
2916769.15	379661.43	46736.66	1685403.98	500207.15	173905.47	177591.12	474270.32	8801.94	402459.92
2712773.74	540819.72	122623.68	1411719.01	451307.06	161760.38	147167.57	792920.71	9774.00	433966.14
2568767.80	533238.77	129650.46	1290564.73	485746.93	145436.19	113781.18	383966.26	83467.50	229285.32
7037607.97	600498.35	185768.22	4007444.58	1576892.12	455585.23	397187.69	1113157.73		220034.66
5022075.62	711571.88	125541.82	2973197.28	916589.56	246816.36	173900.54	632900.87	45082.78	232163.68
5259672.67	1463434.59	144469.64	2497252.57	802222.93	214965.60	281796.98	600813.42	75334.54	58994.70
3885136.41	1098419.55	211737.91	1799744.72	655377.09	176410.52	155184.53	580478.48	23478.91	208254.40
13589277.09	2720019.43	512546.51	7160912.14	1982369.15	903061.40	822914.97	3154909.79	25840.00	597715.84
3160568.03	826856.03	132569.35	1698805.25	374592.36	108683.78	151630.61	203184.71	172900.90	262782.70
1319454.15	440952.91	133993.54	627109.51	155217.20	70099.53	26075.00	149567.45	23837.80	59468.00
3175080.57	646175.04	91999.48	1757992.29	458963.51	163692.68	148257.05	468861.85	36880.00	96546.40
5487921.35	780827.66	238492.43	3299155.45	943012.65	294924.03	170001.56	588694.09	31100.00	937573.82
2235926.80	376269.76	145243.37	1305201.96	318633.94	107231.19	128589.95	382857.39	2516.00	388148.26
2585364.69	379305.52	78158.94	1473905.95	413193.94	133148.48	185810.80	515178.65	486875.00	342075.79
159638.29	61500.77	52388.42	70867.60	20106.90	4712.05	2450.97	22601.64		1182.69
2283245.94	386738.93	63031.24	1207786.91	333092.78	204211.65	151415.67	526634.08	52118.36	371377.80
1055420.69	109198.38	9708.14	602628.50	170361.04	83279.12	89953.65	288918.48	488751.27	161592.15
239171.40	15820.33	6482.11	136907.50	33940.66	22475.65	30027.26	131760.03		20609.30
601116.03	22125.82	8451.00	339301.40	148524.80	58924.05	32239.96	90907.43	1376.56	59685.86
1844584.26	135888.07	57466.68	1016906.82	357114.62	127760.85	206913.90	383660.92	1557.00	131408.82

普通高中办学

Condition of School Buildings in Regular Senior

地 区 Region	校舍建筑面积 Floor Space	教学及辅助用房 Teaching & Assistant Buildings							行政办公用房 Administrative	
		合计 Total	其中 of Which:						合计 Total	其中:教师办公室 of Which: for Teachers
			教室 Classroom	实验室 Laboratory	图书室 Library	微机室 PC-room	语音室 Linguistic	体育馆 Gymnasium		
总 计 Total	**41905203.17**	**15553257.95**	**9403178.11**	**2427904.58**	**1337572.35**	**604844.15**	**270100.33**	**1509658.43**	**3211972.68**	**1828578.99**
北 京 Beijing	701020.86	251875.99	131531.30	29130.00	13066.00	6322.00	2502.69	69324.00	47339.56	29636.00
天 津 Tianjin	298704.00	92915.40	45257.03	14506.27	6912.44	3785.41	790.25	21664.00	19413.63	10469.12
河 北 Hebei	2291001.42	814499.46	451720.44	138266.19	107605.97	34132.50	14583.54	68190.82	163988.80	128996.57
山 西 Shanxi	997662.64	332865.68	223090.64	54690.00	33670.24	8307.32	2153.48	10954.00	80901.64	58278.24
内蒙古 Inner Mongolia	202675.20	83773.14	49912.46	12338.15	4465.34	2542.49	10692.57	3822.13	20783.45	12468.78
辽 宁 Liaoning	904955.00	322574.00	181055.00	39732.00	29135.00	16946.00	5606.00	50100.00	73842.00	40809.00
吉 林 Jilin	190186.48	59036.12	42614.63	8513.29	3224.47	2605.47	1312.26	766.00	20577.19	12024.46
黑龙江 Heilongjiang	600503.00	235634.00	144412.00	29035.00	12443.00	8885.00	6987.00	33872.00	66023.00	40340.00
上 海 Shanghai	586536.60	212707.43	112622.79	23927.60	24072.00	7915.20	4615.55	39554.29	67135.92	23954.38
江 苏 Jiangsu	1778767.97	741500.81	413523.84	135218.89	75557.65	38858.43	11239.16	67102.84	174919.08	78309.80
浙 江 Zhejiang	3418122.24	1217764.17	629807.70	202340.56	139721.64	38039.46	17146.94	190707.87	238074.35	148126.20
安 徽 Anhui	1499888.16	526858.30	341505.42	82705.07	44110.03	19948.74	6442.36	32146.68	111420.22	55958.87
福 建 Fujian	1151910.03	469511.75	256354.64	99765.45	54142.40	12943.37	3304.89	43001.00	68306.23	36298.85
江 西 Jiangxi	792375.00	338466.00	218851.00	36458.00	29142.00	22910.00	14037.00	17068.00	46861.00	27925.00
山 东 Shandong	4569597.07	1635153.91	875446.21	358990.90	147411.05	86061.05	34576.81	132667.89	414204.92	233870.68
河 南 Henan	2126376.43	672448.72	419751.43	119851.84	63706.00	25148.99	6166.47	37823.99	165300.50	127803.51
湖 北 Hubei	1567749.00	570802.00	352310.00	62198.00	44985.00	20102.00	20174.00	71033.00	125022.00	59900.00
湖 南 Hunan	1484951.00	595637.00	369604.00	74180.00	52614.00	16987.00	7121.00	75131.00	82829.00	38318.00
广 东 Guangdong	9767228.54	3945813.39	2605100.60	531142.27	262532.12	127811.60	68849.60	350377.20	679480.93	384453.63
广 西 Guangxi	1147014.15	373954.85	253204.45	45771.50	27872.35	15540.90	4113.65	27452.00	66207.46	40918.44
海 南 Hainan	240775.23	83213.25	49763.12	14334.83	6486.60	1949.60	474.60	10204.50	14991.83	7212.40
重 庆 Chongqing	194334.00	62006.00	45422.00	10158.00	2591.00	3323.00	512.00		9655.00	5105.00
四 川 Sichuan	1536443.50	514006.57	341816.19	72886.50	32674.11	21944.43	6998.34	37687.00	101778.88	48150.76
贵 州 Guizhou	1000355.52	329924.59	205671.28	52591.56	29124.20	9266.73	5804.70	27466.12	101567.89	56806.26
云 南 Yunnan	1494188.50	533611.04	290375.52	101647.64	54638.10	26977.99	8724.98	51246.81	126202.04	54866.44
西 藏 Tibet										
陕 西 Shaanxi	584988.08	196316.70	134104.34	25887.07	13117.24	8162.27	2008.49	13037.29	54986.89	30743.39
甘 肃 Gansu	200568.26	88388.00	52961.00	15619.00	4175.00	8323.00	1628.00	5682.00	16514.00	9901.79
青 海 Qinghai	69695.02	31895.20	19389.60	9750.00	1247.40	1228.20	220.00	60.00	8134.27	4705.42
宁 夏 Ningxia	130257.00	60722.00	41193.00	9960.00	3270.00	2354.00	697.00	3248.00	16045.00	5342.00
新 疆 Xinjiang	376373.27	159382.48	104806.48	16309.00	13860.00	5522.00	617.00	18268.00	29466.00	16886.00

条件(一)(城乡结合区)

Secondary Schools (1) (Urban-rural Transitional Area)

单位:平方米

unit: m²

生活用房 Residential and Welfare							其他用房 Rooms for Other Purposes	校舍面积中 of the Floor Space	
合计 Total	教工宿舍 Apartments for Single		学生宿舍 Students' Dormitories	食堂 Dining Halls	厕所 Toilet	其他 Others		危房面积 Floor Space of Dilapidated Buildings	当年新增校舍 New Floor Space Added in Current Year
	小计 Subtotal	其中:教师周转宿舍 of Which: Accommodation for Circulation of Teachers							
20115861.74	**3305985.92**	**799577.42**	**11042848.53**	**3599497.75**	**1125640.80**	**1041888.74**	**3024110.80**	**121510.84**	**1244487.44**
309749.86	51522.00	2655.00	156959.00	54511.00	22582.00	24175.86	92055.45		17211.17
103748.13	8901.00	2234.00	44769.00	27291.00	13505.13	9282.00	82626.84		36602.00
1116281.80	160162.04	80541.97	647050.12	209606.81	43941.21	55521.62	196231.36	717.00	40162.82
515507.32	76013.75	4006.00	284933.48	112144.09	27048.00	15368.00	68388.00	5568.00	21908.75
81670.40	1393.00		50140.43	17918.71	6832.26	5386.00	16448.21		
392579.00	13967.00	2665.00	224703.00	75347.00	30323.00	48239.00	115960.00		8053.00
70057.83	1695.00	24.00	32014.10	13819.06	4420.62	18109.05	40515.34		
235755.00	8810.00	2442.00	124093.00	56713.00	17193.00	28946.00	63091.00	3240.00	3220.00
272527.97	18321.00		154519.15	40360.13	31198.97	28128.72	34165.28		54892.60
769266.78	54854.36	11649.00	444423.56	196254.45	39214.51	34519.90	93081.30		36278.18
1697936.14	238420.13	37332.73	992442.90	310407.88	104208.10	52457.13	264347.58		111343.82
752041.33	122861.90	21548.60	417518.92	126573.51	45433.00	39654.00	109568.31		160407.91
470744.91	99987.19	14854.00	257211.33	80815.45	16391.63	16339.31	143347.14		25927.18
359244.00	71899.00	26652.00	171531.00	72194.00	21210.00	22410.00	47804.00	366.00	51689.00
2223013.42	187521.64	107853.11	1281595.75	464132.75	121680.65	168082.63	297224.82		72021.00
1193192.27	186758.23	39830.01	675226.05	232410.47	52823.00	45974.52	95434.94		13690.56
834675.00	190872.00	15017.00	409186.00	136689.00	31666.00	66262.00	37250.00	6594.84	18163.00
709874.00	184109.00	28300.00	351016.00	129716.00	25272.00	19761.00	96611.00		4012.00
4329191.58	914524.89	167815.75	2288782.43	660942.45	297036.95	167904.86	812742.64		215970.16
671179.84	183799.35	46098.35	348079.32	90652.34	29381.43	19267.40	35672.00	9004.00	29674.00
139116.15	44680.42	6212.00	68223.50	16525.70	7012.53	2674.00	3454.00		3300.00
118998.00	4575.00	300.00	88001.00	18336.00	5864.00	2222.00	3675.00	15046.00	5393.00
861751.25	155366.59	88787.50	490359.86	162945.56	35209.00	17870.24	58906.80		139407.38
495322.51	110978.49	53490.37	281958.88	70629.38	18368.31	13387.45	73540.53		64122.48
755986.32	118530.17	28874.00	427808.21	113751.59	36543.35	59353.00	78389.10	46763.00	85925.05
303981.64	65835.77	3410.03	152354.75	46821.16	18904.95	20065.01	29702.85	1265.00	11938.38
88913.26	11240.00		57713.00	13918.26	4284.00	1758.00	6753.00	32947.00	1590.00
22295.24	976.00	320.00	12309.00	3950.00	1826.20	3234.04	7370.31		3400.00
52593.00	4693.00	900.00	19459.00	9359.00	6138.00	12944.00	897.00		
168667.79	12718.00	5765.00	88466.79	34762.00	10129.00	22592.00	18857.00		8184.00

普通高中办学

Condition of School Buildings in Regular Senior

地 区 Region	校舍建筑面积 Floor Space	教学及辅助用房 Teaching & Assistant Buildings							行政办公用房 Administrative	
		合计 Total	其中 of Which:						合计 Total	其中:教师办公室 of Which: for Teachers
			教室 Classroom	实验室 Laboratory	图书室 Library	微机室 PC-room	语音室 Linguistic	体育馆 Gymnasium		
总 计 Total	**213089154.80**	**80094004.54**	**51708299.91**	**13103064.28**	**6327803.39**	**3150419.77**	**1342492.74**	**4461924.45**	**15779339.27**	**9704300.50**
北 京 Beijing	762194.06	286899.01	148786.09	69385.23	20367.90	13752.21	3771.60	30835.98	61762.31	37163.64
天 津 Tianjin	883111.52	318288.52	192105.63	62648.59	27261.02	12335.36	5623.68	18314.24	81888.21	47282.00
河 北 Hebei	10866368.99	4080791.50	2481656.45	855055.40	347955.39	169547.36	68948.61	157628.29	860224.17	573277.40
山 西 Shanxi	7946624.29	2853797.70	1751903.40	543011.31	256134.61	110099.49	50629.57	142019.32	604659.74	394662.10
内蒙古 Inner Mongolia	4352864.51	1780505.12	1073399.87	281494.65	131111.03	63884.19	27122.62	203492.76	394072.01	273415.94
辽 宁 Liaoning	2898785.92	1036979.25	613065.72	149312.12	90874.12	39966.21	19135.12	124625.96	285954.41	159502.17
吉 林 Jilin	1866620.18	699392.77	494864.15	73531.92	35552.70	25134.55	10959.13	59350.32	190683.08	99128.38
黑龙江 Heilongjiang	3047721.16	1207862.43	739850.45	189659.54	78159.64	48319.42	27643.41	124229.97	329248.72	228739.86
上 海 Shanghai	722311.38	239229.37	102625.64	44208.06	25513.95	13507.97	3166.00	50207.75	95061.55	34606.31
江 苏 Jiangsu	11883767.89	5240861.96	2743620.60	1012378.76	573405.79	284096.32	128145.87	499214.62	1009455.13	608490.13
浙 江 Zhejiang	7858761.70	2998534.16	1529233.16	597174.28	343121.25	98937.90	39901.24	390166.33	600196.56	369524.28
安 徽 Anhui	15186895.95	5472766.40	3585544.01	862857.54	419528.97	216074.76	73837.85	314923.27	1050210.49	556607.87
福 建 Fujian	8953595.25	3723449.27	2067559.86	825706.44	398663.90	127652.65	45669.66	258196.76	601015.86	294654.34
江 西 Jiangxi	9259014.46	3565279.40	2473159.12	449496.91	294069.80	169461.32	59413.00	119679.25	635077.45	371599.91
山 东 Shandong	12250467.98	4347160.25	2730022.98	746518.30	317632.96	191784.84	105087.74	256113.43	1077406.93	639034.37
河 南 Henan	16873387.68	5640553.03	4014025.36	759906.06	426141.24	225582.66	76992.86	137904.85	1399046.62	996429.49
湖 北 Hubei	6541632.65	1882562.01	1161989.50	313340.78	152694.16	72837.07	46583.50	135117.00	468579.24	294060.79
湖 南 Hunan	12730333.35	4566863.45	3116490.76	564922.01	371165.20	146906.60	65469.61	301909.27	776309.77	447417.59
广 东 Guangdong	12435211.88	5766019.97	4092653.00	821533.58	325643.35	180013.63	87269.12	258907.29	706487.18	428111.43
广 西 Guangxi	7502171.96	2376372.82	1652224.00	329232.10	214014.00	82248.00	30069.10	68585.62	403485.10	298820.10
海 南 Hainan	1450517.44	564130.00	407354.00	68840.00	41010.00	16119.00	7727.00	23080.00	67048.00	34492.22
重 庆 Chongqing	5518444.54	1872193.71	1322077.37	286129.56	98388.00	64570.57	23082.00	77946.21	320432.37	171946.92
四 川 Sichuan	14201640.48	5334092.05	3765038.04	759397.72	325624.74	224920.27	89529.11	169582.17	850805.12	515515.13
贵 州 Guizhou	9151959.88	3224945.86	2119464.09	547060.81	251744.74	110872.25	59195.29	136608.68	601764.65	344288.24
云 南 Yunnan	7518144.11	3017417.30	2090102.08	473992.35	208784.94	102538.30	42772.56	99227.07	394176.08	242177.23
西 藏 Tibet	440413.44	144209.77	82138.60	21041.02	14168.52	3667.86	3446.14	19747.63	33196.02	20736.82
陕 西 Shaanxi	7625732.03	2764892.15	1721512.33	537664.29	215862.72	114701.64	74258.39	100892.78	732280.81	475192.04
甘 肃 Gansu	5560288.86	2220025.89	1575773.51	360502.60	125633.99	101340.13	21712.06	35063.60	500198.63	365294.04
青 海 Qinghai	1185447.45	491413.59	325207.32	82596.22	38406.80	18509.00	6659.00	20035.25	97502.52	69201.52
宁 夏 Ningxia	902964.97	381937.80	212262.11	87960.17	25028.23	22530.36	14492.16	19664.77	98740.28	66686.18
新 疆 Xinjiang	4711758.84	1994578.03	1322590.71	326505.96	134139.73	78507.88	24179.74	108654.01	452370.26	246242.06

条件(一)(镇区)

Secondary Schools (1) (Counties & Towns Area)

单位:平方米
unit: m^2

生活用房 Residential and Welfare							其他用房 Rooms for Other Purposes	校舍面积中 of the Floor Space	
合计 Total	教工宿舍 Apartments for Single		学生宿舍 Students' Dormitories	食堂 Dining Halls	厕所 Toilet	其他 Others		危房面积 Floor Space of Dilapidated Buildings	当年新增校舍 New Floor Space Added in Current Year
	小计 Subtotal	其中:教师周转宿舍 of Which: Accommodation for Circulation of Teachers							
107495755.26	**22630133.32**	**4495271.34**	**58309213.10**	**17878208.37**	**4507790.62**	**4170409.85**	**9720055.73**	**2916527.89**	**8443347.87**
306910.16	26682.00	513.00	168477.77	59732.19	23445.53	28572.67	106622.58		23794.60
420948.98	34831.94	7018.00	245243.20	71206.72	32647.66	37019.46	61985.81		72437.42
5538498.96	656603.05	110602.95	3381748.66	1107768.81	202381.15	189997.29	386854.36	4661.00	636516.60
4008457.36	651955.04	55740.60	2187429.85	785005.10	183331.23	200736.14	479709.49	43397.00	163401.47
1868373.23	77246.00	6388.60	1111349.88	394201.79	102998.66	182576.90	309914.15		170130.24
1377071.87	76319.90	6730.58	868545.55	283399.24	81110.49	67696.69	198780.39		186001.92
798364.79	8806.01	322.01	499871.86	185298.86	65386.44	39001.62	178179.54		64365.26
1203365.91	44472.07	23545.30	764405.38	247036.88	69356.06	78095.52	307244.10	6083.00	26344.90
275683.66	19727.23	2181.00	151667.74	52152.44	23448.82	28687.43	112336.80		3804.00
5143569.04	1112654.01	175841.05	2571672.38	1024576.66	204902.21	229763.78	489881.76		309465.42
3792404.74	528522.53	80499.70	2167205.42	775419.87	201060.42	120196.50	467626.24		89240.14
7972134.89	1975258.56	227717.55	4174631.69	1293713.25	300322.32	228209.07	691784.17	63938.33	530726.87
4048910.79	1188361.22	186799.69	1945340.84	602484.13	168169.17	144555.43	580219.33	35900.00	153798.53
4731060.07	960252.38	121444.87	2747138.93	755084.63	147698.59	120885.54	327597.54	317821.36	275322.51
6376497.56	1175392.01	242390.54	3475553.60	1229580.83	273810.72	222160.40	449403.24	20350.00	182929.04
9205004.93	1659262.35	216340.96	5347010.16	1528265.45	368470.70	301996.27	628783.10	62422.04	302997.04
3932636.47	1418606.59	233981.21	1717312.55	546224.07	118753.26	131740.00	257854.93	134998.00	141499.40
6818954.45	2237079.84	401701.01	3057583.89	1024166.51	234810.15	265314.06	568205.68	156354.00	191077.00
5408046.96	1629083.83	212031.20	2701889.11	614276.49	232626.03	230171.50	554657.77		242019.07
4416737.44	1329832.59	238242.84	2325206.95	529656.00	123616.90	108425.00	305576.60	287765.00	370887.00
771737.44	258312.00	95111.00	362858.44	99608.00	22246.00	28713.00	47602.00	11338.00	78270.44
3183678.15	954033.72	171083.74	1538149.39	499686.32	100783.18	91025.54	142140.31	41417.00	230540.24
7466174.09	1509139.35	503541.21	4261132.65	1182150.96	306543.65	207207.48	550569.22	135793.00	738221.78
4872768.54	960535.63	453991.44	2852390.04	684303.26	199719.68	175819.93	452480.83	1857.00	1126313.79
3944067.18	643896.01	222794.20	2283628.53	667998.59	155292.90	193251.15	162483.55	647395.00	647688.72
237300.78	81113.03	67818.75	111271.93	37972.48	3809.66	3133.68	25706.87		10197.72
3870882.57	829754.36	172134.78	2066396.00	624291.81	170563.99	179876.41	257676.50	168734.30	588705.59
2527400.75	326863.21	84095.19	1470789.15	387262.28	188402.57	154083.54	312663.59	762838.86	454706.53
547407.80	77638.95	49025.35	289339.52	106640.02	35420.43	38368.88	49123.54	8389.00	102114.84
373415.05	6367.99	360.00	254133.46	76222.07	20621.64	16069.89	48871.84		45346.35
2057290.65	171529.92	125283.02	1209838.58	402822.66	146040.41	127059.08	207519.90	5076.00	284483.44

普通高中办学
Condition of School Buildings in Regular Senior

地区 Region	校舍建筑面积 Floor Space	教学及辅助用房 Teaching & Assistant Buildings							行政办公用房 Administrative	
		合计 Total	其中 of Which:						合计 Total	其中:教师办公室 of Which: for Teachers
			教室 Classroom	实验室 Laboratory	图书室 Library	微机室 PC-room	语音室 Linguistic	体育馆 Gymnasium		
总　计 Total	**54237699.44**	**19947522.24**	**12661324.48**	**3346782.16**	**1631025.91**	**802615.35**	**342700.61**	**1163073.73**	**3931919.87**	**2500620.40**
北　京 Beijing	246541.00	73484.00	32464.00	23165.00	7677.00	4041.00	783.00	5354.00	14283.00	8359.00
天　津 Tianjin	332266.88	114958.52	76612.63	25392.59	5087.02	3960.36	1349.68	2556.24	29974.60	17331.00
河　北 Hebei	4266343.91	1525063.76	950427.63	332938.83	119355.78	62314.98	22749.59	37276.95	351862.93	236608.54
山　西 Shanxi	3120500.29	1167861.96	722226.33	210338.44	82351.65	44709.59	24884.95	83351.00	256063.34	177238.54
内蒙古 Inner Mongolia	473912.99	197611.80	108314.08	37668.43	15381.42	4826.87	1446.00	29975.00	28799.23	18725.94
辽　宁 Liaoning	585817.32	212960.88	120833.86	37825.49	21604.76	10988.36	3359.43	18348.98	46953.44	26222.98
吉　林 Jilin	259829.21	87314.46	50559.42	8720.08	1799.25	2717.15	442.27	23076.29	19960.47	11182.95
黑龙江 Heilongjiang	408995.57	157017.63	91242.13	28855.69	10874.48	5086.57	2902.76	18056.00	44320.02	28812.16
上　海 Shanghai	120856.79	37189.05	18567.32	8609.06	3034.95	1536.97	175.00	5265.75	13098.55	5460.31
江　苏 Jiangsu	2791247.42	1256492.04	688842.75	244697.86	123001.13	66890.78	33565.09	99494.43	224971.04	134845.33
浙　江 Zhejiang	2807853.26	1058713.16	543550.18	202841.25	126477.73	38908.00	17639.00	129297.00	205185.35	123220.40
安　徽 Anhui	2645049.29	870887.37	609872.77	124067.95	54274.19	34501.41	13858.00	34313.05	215227.60	98474.03
福　建 Fujian	2341347.43	870238.96	499354.83	194649.89	101919.31	24736.06	6760.03	42818.84	141980.42	79085.26
江　西 Jiangxi	1507049.11	503555.17	338296.22	66431.46	52899.03	22239.44	8024.00	15665.02	74872.06	48769.23
山　东 Shandong	5665964.35	1994678.10	1246720.70	342240.00	147740.82	88703.65	36005.81	133267.12	459305.04	269691.76
河　南 Henan	5198524.04	1691160.12	1192862.68	222413.98	140010.54	82538.98	15914.69	37419.25	405052.68	286369.66
湖　北 Hubei	1380832.08	394833.29	240414.97	72298.68	37185.00	14447.00	16222.64	14265.00	82094.49	59949.40
湖　南 Hunan	3522910.78	1204137.56	800353.07	175433.63	89706.54	46793.45	17712.46	74138.41	232612.61	169006.03
广　东 Guangdong	4494781.81	2064391.80	1425473.20	264103.20	142905.00	67721.80	26506.40	137682.20	292505.10	190038.10
广　西 Guangxi	794427.26	286340.62	193359.00	40100.00	30673.00	8806.00	4644.00	8758.62	37937.00	30045.00
海　南 Hainan	372716.44	136033.00	91513.00	16115.00	12568.00	5834.00	1040.00	8963.00	12985.00	7738.00
重　庆 Chongqing	1233465.94	352422.22	235788.58	50350.58	19503.06	12950.00	6655.00	27175.00	85414.14	41248.11
四　川 Sichuan	1967840.24	702882.78	439527.02	114718.45	49278.39	31942.91	11968.00	55448.01	117349.90	73988.81
贵　州 Guizhou	1742118.01	614246.83	384449.36	98991.89	55656.01	20225.56	20098.00	34826.01	96754.64	68722.68
云　南 Yunnan	2126834.19	858423.61	570289.16	150072.34	67479.18	28021.30	18613.56	23948.07	110965.08	81660.23
西　藏 Tibet	86518.36	31161.00	16150.00	4880.00	3559.00	663.00	753.00	5156.00	4260.00	4260.00
陕　西 Shaanxi	1708128.11	624193.29	388386.69	110538.30	46821.06	30324.55	18426.58	29696.11	159084.61	92373.81
甘　肃 Gansu	1180827.30	509109.03	354358.89	83373.35	37584.53	25198.90	5492.36	3101.00	84575.68	64336.72
青　海 Qinghai	247781.82	84197.00	59537.00	14587.00	4795.00	3727.00	1459.00	92.00	19585.00	13713.00
宁　夏 Ningxia	91282.79	39282.94	25519.01	7986.05	1503.01	1310.01	1704.01	1260.85	14859.02	9764.01
新　疆 Xinjiang	515135.45	226680.29	145458.00	32377.69	18320.07	5949.70	1546.30	23028.53	49027.83	23379.41

条件(一)(镇乡结合区)
Secondary Schools (1) (County-town Transitional Area)

单位:平方米
unit: m^2

生活用房 Residential and Welfare							其他用房 Rooms for Other Purposes	校舍面积中 of the Floor Space	
合计 Total	教工宿舍 Apartments for Single		学生宿舍 Students' Dormitories	食堂 Dining Halls	厕所 Toilet	其他 Others		危房面积 Floor Space of Dilapidated Buildings	当年新增校舍 New Floor Space Added in Current Year
	小计 Subtotal	其中:教师周转宿舍 of Which: Accommodation for Circulation of Teachers							
27890227.31	**5667044.46**	**1184442.84**	**15278608.35**	**4749150.46**	**1162122.86**	**1033301.18**	**2468030.02**	**531534.10**	**1984950.48**
124598.00	13158.00		65632.00	24124.00	5808.00	15876.00	34176.00		
159780.95	15400.94	5038.00	90924.20	29339.72	14680.66	9435.43	27552.81		36793.42
2269548.77	268182.71	52108.88	1390490.76	456129.71	84225.86	70519.73	119868.45	699.00	259700.22
1539589.65	284306.62	26888.60	848597.92	271398.28	65286.48	70000.35	156985.34	8625.00	47564.47
216118.26	14384.00	1440.00	126861.00	47457.00	7194.26	20222.00	31383.70		
278663.21	16735.32	1008.00	179073.53	55623.22	21193.45	6037.69	47239.79		140069.92
112972.56	800.00		64983.83	24302.94	15286.64	7599.15	39581.72		
163953.58	12695.00	9159.00	107614.26	32793.15	5613.14	5238.03	43704.34		220.00
44724.39	1826.00		29807.74	7923.77	4549.82	617.06	25844.80		3804.00
1223391.21	262782.67	42524.31	580609.94	239912.57	51605.88	88480.15	86393.13		95845.89
1377659.34	177063.51	32466.00	792198.50	286659.66	68562.11	53175.56	166295.41		44844.46
1398938.43	341482.65	42919.00	725040.65	232603.63	52378.45	47433.05	159995.89	18595.00	211362.00
1148817.88	342716.40	44892.00	568990.06	178375.94	45034.48	13701.00	180310.17	1710.00	51768.74
906791.43	161171.00	10032.00	568725.72	132434.14	22572.51	21888.06	21830.45	72849.00	18840.00
2977835.10	567148.52	95122.75	1656644.11	571451.96	90790.86	91799.65	234146.11	147.00	88340.00
2895490.27	491510.40	82587.01	1707453.05	475537.39	111792.42	109197.01	206820.97	17990.00	31985.36
836664.78	257177.61	70054.61	399949.76	118003.91	30071.50	31462.00	67239.52	17103.00	28638.63
1904288.40	583550.32	95196.01	855907.20	303915.46	85612.03	75303.39	181872.21	63255.00	69061.00
1893055.11	558653.00	70010.00	944876.26	208205.00	106063.00	75257.85	244829.80		147502.07
456081.64	120968.64	23954.24	267290.00	53433.00	7916.00	6474.00	14068.00	12554.00	89343.00
220895.44	63568.00	42026.00	101289.44	29365.00	7633.00	19040.00	2803.00	2684.00	18580.44
756280.04	227449.48	63007.16	335195.69	150915.45	25698.70	17020.72	39349.54	4906.00	48196.02
1058371.66	194727.60	110506.99	609308.74	180279.70	53570.65	20484.97	89235.90		76820.42
987485.77	205123.19	124124.77	565046.36	151689.28	31574.20	34052.74	43630.77		231997.45
1094788.95	184079.20	54833.20	641920.22	176485.50	41320.50	50983.53	62656.55	178082.00	123085.63
50883.36	16349.95	16349.95	25093.00	7305.25	918.50	1216.66	214.00		333.87
888870.92	189588.19	29465.92	487925.76	139064.34	39401.06	32891.57	35979.29	4130.00	39232.80
526596.39	60368.54	12793.44	309667.50	97296.10	39147.25	20117.00	60546.20	128205.10	61210.13
127749.82	21500.00	15693.00	72952.82	19133.00	8278.00	5886.00	16250.00		11138.82
35198.83			26058.11	6802.71	1229.01	1109.00	1942.00		1330.72
214143.17	12577.00	10242.00	132480.22	41189.68	17114.44	10781.83	25284.16		7341.00

普通高中办学
Condition of School Buildings in Regular Senior

地　区 Region	校舍建筑面　积 Floor Space	教学及辅助用房 Teaching & Assistant Buildings							行政办公用房 Administrative	
		合计 Total	其中 of Which:						合计 Total	其中:教师办公室 of Which: for Teachers
			教室 Classroom	实验室 Laboratory	图书室 Library	微机室 PC-room	语音室 Linguistic	体育馆 Gymnasium		
总　计 Total	**20571525.49**	**7111946.47**	**4710408.09**	**1016610.83**	**557076.35**	**262418.32**	**98381.98**	**467050.90**	**1307525.02**	**763976.34**
北　京 Beijing	449795.50	132315.00	56040.00	34894.00	12944.00	4334.00	760.00	23343.00	38537.50	19330.50
天　津 Tianjin	72385.00	22395.00	14469.00	5369.00	900.00	569.00	168.00	920.00	7329.00	2328.00
河　北 Hebei	872382.80	280417.22	175401.10	40852.59	27448.14	10709.94	5777.72	20227.73	50641.40	32974.45
山　西 Shanxi	1234668.00	403967.00	274342.00	53388.00	42552.00	17581.00	6122.00	9982.00	83193.00	59454.00
内蒙古 Inner Mongolia	269182.00	94469.00	56209.00	9558.00	12487.00	2491.00	1204.00	12520.00	14787.00	8712.00
辽　宁 Liaoning	294028.00	63820.00	36699.00	7525.00	7668.00	3931.00	2182.00	5815.00	20510.00	9018.00
吉　林 Jilin	126432.00	45037.00	36836.00	4374.00	1777.00	1200.00	850.00		9759.00	5106.00
黑龙江 Heilongjiang	147573.16	51368.66	35307.48	5692.33	3333.23	2427.47	1117.00	3491.15	16032.76	10513.37
上　海 Shanghai	162716.55	61202.00	19962.00	8161.00	11353.00	1956.00	802.00	18968.00	9772.00	5314.00
江　苏 Jiangsu	249015.14	94007.07	60473.55	15285.82	8831.28	5173.19	725.23	3518.00	15459.74	7677.00
浙　江 Zhejiang	1250570.17	420153.22	218613.70	78447.56	40648.43	15512.20	4328.28	62603.05	76600.87	45474.21
安　徽 Anhui	1186682.90	364236.12	253882.53	52961.48	30953.54	16322.03	4407.19	5709.35	61689.74	35340.61
福　建 Fujian	1335333.68	521550.42	326065.75	102334.77	52924.07	16032.20	5389.63	18804.00	70158.42	29504.43
江　西 Jiangxi	621961.00	217019.00	183029.00	12832.00	5056.00	4145.00	3063.00	8894.00	32779.00	18450.00
山　东 Shandong	640357.10	223651.20	129891.00	32100.20	20754.00	7731.00	3125.00	30050.00	49777.20	25953.60
河　南 Henan	704285.22	221490.63	153828.97	27847.67	17921.09	11978.67	4274.23	5640.00	52654.06	35720.72
湖　北 Hubei	839990.91	212074.29	138026.36	31514.23	22503.70	6811.00	1796.00	11423.00	54753.00	24708.00
湖　南 Hunan	964819.49	306667.15	231373.80	31991.65	17360.60	9118.55	6799.55	10023.00	51408.65	27817.58
广　东 Guangdong	2686694.20	1115438.96	767915.86	147356.02	64804.98	35805.12	14421.98	85135.00	168315.02	102320.98
广　西 Guangxi	865953.06	269892.79	201417.74	25447.77	18537.40	8577.88	3084.00	12828.00	48491.04	31869.40
海　南 Hainan	188878.00	73427.00	31504.00	17068.00	8878.00	766.00	300.00	14911.00	6383.00	2583.00
重　庆 Chongqing	444927.58	144550.95	114883.46	16595.33	3690.16	7706.00	1676.00		15195.53	10093.26
四　川 Sichuan	1051868.10	306994.57	211912.91	49297.99	19416.41	11846.16	3638.10	10883.00	53099.00	22262.01
贵　州 Guizhou	603358.68	165613.28	103250.78	31465.28	15942.00	7747.22	3241.00	3967.00	41696.42	23750.00
云　南 Yunnan	673612.69	240367.47	165261.42	37905.23	16393.44	8904.00	6606.96	5296.42	44564.00	32087.00
西　藏 Tibet	426588.20	140353.50	93703.70	17313.90	10649.10	2080.70	1341.00	15265.10	16746.50	13462.50
陕　西 Shaanxi	538355.44	222604.80	131236.83	30649.58	13974.34	11152.61	4560.27	31031.17	37074.78	25549.05
甘　肃 Gansu	602739.18	247284.28	187733.70	30651.90	11194.50	10201.30	888.90	6613.98	70846.40	48047.60
青　海 Qinghai	148863.60	56708.30	33379.30	10068.00	8381.00	1012.00	281.00	3587.00	8565.30	5638.30
宁　夏 Ningxia										
新　疆 Xinjiang	917508.14	392870.59	267758.15	47662.53	27799.94	18596.08	5451.94	25601.95	80705.69	42916.77

条件(一)(乡村)
Secondary Schools (1) (Rural Area)

单位:平方米
unit: m^2

生活用房 Residential and Welfare							其他用房 Rooms for Other Purposes	校舍面积中 of the Floor Space	
合计 Total	教工宿舍 Apartments for Single		学生宿舍 Students' Dormitories	食堂 Dining Halls	厕所 Toilet	其他 Others		危房面积 Floor Space of Dilapidated Buildings	当年新增校舍 New Floor Space Added in Current Year
	小计 Subtotal	其中:教师周转宿舍 of Which: Accommodation for Circulation of Teachers							
10694155.99	**2665546.47**	**661772.28**	**5491482.61**	**1668205.19**	**433740.73**	**435180.99**	**1457898.01**	**222849.90**	**1124819.07**
175792.00	28445.00	450.00	87052.00	35736.00	9931.00	14628.00	103151.00		59311.00
40417.00	6583.00		18098.00	6133.00	2431.00	7172.00	2244.00		
419243.10	108581.14	17883.03	212287.99	57133.57	17680.11	23560.29	122081.08		44196.50
599391.00	101724.00	24409.00	315557.00	131284.00	28515.00	22311.00	148117.00		47138.00
110847.00	16028.00	350.00	62558.00	23485.00	7535.00	1241.00	49079.00		27055.00
161383.00	12298.00	3552.00	84691.00	32845.00	9038.00	22511.00	48315.00		234.00
60411.00	6475.00	200.00	33964.00	12261.00	3261.00	4450.00	11225.00		
64596.40	2513.77		41928.58	14520.25	4213.36	1420.44	15575.34	2295.00	
67484.30	2804.00	991.00	35632.30	19703.00	7766.00	1579.00	24258.25		
132707.51	25596.57		80311.56	18457.50	3758.56	4583.32	6840.82		1500.69
644344.64	120605.10	10414.00	345731.55	121640.00	35317.88	21050.11	109471.44		20907.53
708120.86	211747.13	31177.13	368094.80	92726.25	23834.48	11718.20	52636.18	2386.00	4196.00
649504.09	201004.06	33704.00	311209.30	101542.94	21018.78	14729.01	94120.75		7461.00
339985.00	71622.00	8077.00	197696.00	44880.00	11815.00	13972.00	32178.00	9092.00	5676.00
322241.90	66247.90	1564.00	164462.00	72082.00	12780.00	6670.00	44686.80		27245.00
414810.50	92748.01	3700.00	226435.02	70820.23	14338.79	10468.45	15330.03	1022.00	40000.00
490149.20	167668.10	33008.10	243302.70	50389.40	11731.00	17058.00	83014.42	1890.00	11138.00
551609.44	197400.25	48488.00	254106.65	69243.54	15206.65	15652.35	55134.25	31491.00	32993.50
1222531.20	320026.12	88758.00	596984.08	178508.25	59935.75	67077.00	180409.02	7056.00	114203.00
527762.10	157735.00	61645.92	273603.85	70608.86	18659.39	7155.00	19807.13	18686.00	53323.21
96094.00	23388.00	9993.00	53219.00	13503.00	3300.00	2684.00	12974.00		12500.00
265864.46	74090.08	9951.80	147586.00	37226.70	5746.92	1214.76	19316.64	2543.00	3226.00
648793.52	177438.79	54842.01	346750.57	83740.86	16491.29	24372.01	42981.01		16518.00
325704.01	98430.24	49757.37	155851.72	51664.02	11887.92	7870.11	70344.97		175724.66
376623.98	102325.00	32149.00	197874.88	59180.33	8956.93	8286.84	12057.24	70118.00	30041.00
267824.10	63379.10	63242.10	129159.80	38895.10	5320.10	31070.00	1664.10		72511.80
262364.89	55968.57	8311.12	136103.02	36813.75	12278.41	21201.14	16310.97		16606.83
265551.60	52240.10	7240.00	141635.10	41943.90	13460.20	16272.30	19056.90	76270.90	105709.10
74550.00	18684.00	13820.00	36538.00	13960.00	3586.00	1782.00	9040.00		79262.00
407454.19	81750.44	44094.70	193058.14	67277.74	33946.21	31421.66	36477.67		116141.25

普通高中办
Condition of School Buildings in Regular Senior

地区 Region	占地面积(平方米) Areas of School Sites (m^2)			图书(册) Books & Magazines in Libraries (volume)	
	合计 Total	其中 of Which			合计 Total
		绿化用地面积 Green Areas	运动场地面积 Sports Areas		
总　计 Total	**968539681.35**	**251829238.89**	**225333985.65**	**835909722**	**4548524**
北　京 Beijing	13811032.13	3048540.41	4260383.63	19364403	188930
天　津 Tianjin	8490759.45	1400490.48	2311512.04	10939871	62738
河　北 Hebei	44340205.18	8603642.61	10205936.59	38073465	192606
山　西 Shanxi	33149269.52	6106045.73	7050537.86	22318386	137725
内蒙古 Inner Mongolia	22526436.43	3975411.38	5473526.80	12658761	76351
辽　宁 Liaoning	22660546.57	3768302.42	6107875.04	16001654	120455
吉　林 Jilin	12318988.97	2627191.41	3764989.80	10188119	57142
黑龙江 Heilongjiang	20993401.40	2914419.87	5002643.39	8557187	81661
上　海 Shanghai	10191244.50	3442079.07	2401650.87	14181996	119342
江　苏 Jiangsu	54089929.06	18577105.13	12237702.18	51897623	305643
浙　江 Zhejiang	44333268.44	14551263.98	9928570.01	39435291	241343
安　徽 Anhui	51300829.00	12455046.65	10490176.81	33460672	181881
福　建 Fujian	36558015.94	9857452.00	9806901.90	44773453	182548
江　西 Jiangxi	37239584.74	10520950.90	7946960.52	28010822	143726
山　东 Shandong	62758640.96	17992699.14	14515660.86	56283161	294405
河　南 Henan	57943458.57	12070665.52	11563024.12	33043077	163970
湖　北 Hubei	37545838.59	11529622.01	7553672.26	20988505	114732
湖　南 Hunan	44254288.23	13358376.36	8389071.96	29021645	155402
广　东 Guangdong	89690273.11	29294332.91	22052589.78	113276406	568722
广　西 Guangxi	29651420.46	7512356.84	6155086.15	23886559	102454
海　南 Hainan	9319131.95	2558823.09	1881248.91	7605336	38033
重　庆 Chongqing	21987103.37	6274712.81	5737414.29	17398475	114587
四　川 Sichuan	49265959.85	11634350.69	14579649.22	55809693	253627
贵　州 Guizhou	30687171.45	7469770.20	7384208.07	29289723	110657
云　南 Yunnan	35776715.18	10479836.72	6528540.73	23740652	131028
西　藏 Tibet	3154435.25	520589.63	415448.48	1611163	7120
陕　西 Shaanxi	25489526.99	5273353.76	6861854.49	32499600	153404
甘　肃 Gansu	18573224.10	3512865.69	5157995.30	17395545	89961
青　海 Qinghai	5288325.70	942117.28	1382911.25	4945512	25788
宁　夏 Ningxia	7527918.59	2328615.94	1422059.02	5248085	32552
新　疆 Xinjiang	27622737.67	7228208.26	6764183.32	14004882	99991

学条件(二)(总计)

Secondary Schools (2) (Total)

计算机数(台) No. of Computers(set) 其中:教学用计算机 No. of Computers Used for Instruction 小计 Subtotal	其中:平板电脑 of Which: Tablet PC	教室(间) Classroom(room) 合计 Total	其中:网络多媒体教室 of Which: Network Multimedia Classroom	教室中:普通教室(间) of Which: General Classroom (room) 合计 Total	其中:网络多媒体教室 of Which: Network Multimedia Classroom	固定资产总值(万元) Total Volue of Fixed Asset (10,000 yuan) 合计 Total	其中:教学仪器设备资产值 of Which: Total Volue of Equip & Instru. 小计 Subtotal	其中:实验设备 of Which: for Profession
3768520	**155405**	**936098**	**586386**	**739681**	**522571**	**67893025.62**	**7120828.20**	**2407798.39**
165731	9517	23172	19555	14545	13453	2093720.92	538460.85	85178.75
51272	1612	10269	7551	7676	6032	679926.41	93981.60	22762.58
178011	7799	45415	28455	38293	26987	2504140.76	226345.69	93350.57
111850	3462	31671	19553	25844	17947	2149695.78	201658.83	90546.27
59327	482	16327	11166	13186	10069	1750231.82	148613.16	53153.62
90794	9636	24533	13504	18489	12245	1528420.99	173466.79	66391.86
43698	1714	12994	7025	11084	6470	797862.19	90525.95	35960.67
59856	1055	24054	9818	15760	9022	1120079.57	133246.31	45168.67
95063	5151	15428	11551	9691	8527	1751348.90	260825.55	66555.14
253665	9300	50672	34057	34989	28839	5468074.57	477621.45	163984.15
205986	10300	36067	28531	25055	23688	3647110.61	360277.11	95190.53
147149	2090	48497	23572	39906	22007	3020560.12	253306.18	102886.29
144738	1930	35866	25790	26145	22060	2378354.98	287389.94	99158.00
118031	5975	37775	19858	29338	18973	1850741.14	188329.75	72058.40
244712	4464	51307	37780	41235	33537	4449093.72	404193.27	113596.10
137787	9826	55128	27698	47521	25661	2843487.72	202646.63	90660.28
94650	6384	32318	15451	24990	14390	2539960.04	191039.74	86596.74
128353	5454	32207	22106	29006	21068	2648798.73	248993.88	105471.50
471364	29338	85173	66623	68545	58846	6676347.49	819952.04	276517.37
77598	7700	23011	14344	20632	13516	1325548.96	140500.47	55008.82
31340	1081	7658	5604	6596	5174	722408.49	90328.33	33386.42
94160	6227	23320	18951	18743	16311	1564353.90	154948.60	40829.49
218750	5331	61247	31324	51430	28982	3989038.01	500391.24	165726.80
96547	1789	30847	18865	24464	17598	2348831.21	168041.27	70245.80
106346	327	26971	16210	23190	14927	2078183.47	163898.37	48302.90
5326		1660	853	1492	803	190745.89	14893.21	4051.72
133564	2385	33260	18965	26767	16608	2171820.30	250015.63	113439.73
77637	2497	23491	12189	19149	11478	1281290.32	111657.59	38182.81
20832	1226	5588	2113	3928	1931	294922.98	27675.08	12147.27
24661	77	5089	3658	3965	3266	494080.39	48127.94	17501.74
79722	1276	25083	13666	18027	12156	1533845.23	149475.75	43787.40

普通高中办

Condition of School Buildings in Regular Senior

地　区 Region	占地面积(平方米) Areas of School Sites (m²)			图书(册) Books & Magazines in Libraries (volume)	
	合计 Total	其中 of Which			合计 Total
		绿化用地面积 Green Areas	运动场地面积 Sports Areas		
总　计 Total	**441239498.24**	**122876785.27**	**107505512.85**	**441539411**	**2617688**
北　京 Beijing	11092666.97	2228870.76	3553975.06	17737540	173856
天　津 Tianjin	6085129.03	1014704.02	1689495.34	8678228	52437
河　北 Hebei	17309051.02	3580041.96	4080554.84	18166746	94125
山　西 Shanxi	13868237.96	2700416.19	3202369.52	11752644	74626
内蒙古 Inner Mongolia	9836769.73	1856842.17	2516639.00	6702612	40123
辽　宁 Liaoning	15516881.31	2535463.38	4321710.12	12457504	92965
吉　林 Jilin	6849504.69	1503146.69	2275728.50	6850908	38091
黑龙江 Heilongjiang	11124285.53	1674347.99	2697757.09	5256983	50915
上　海 Shanghai	8371589.28	2804296.07	1988166.20	12650268	106448
江　苏 Jiangsu	29989139.74	10783646.79	6599049.74	28926725	185458
浙　江 Zhejiang	25148190.71	8520867.85	5595295.81	22356703	144526
安　徽 Anhui	14211252.18	3956984.58	3036521.97	10667057	62351
福　建 Fujian	13568115.76	3742998.29	3488434.74	19294929	90491
江　西 Jiangxi	12811276.50	3771400.88	2989429.11	11876083	64109
山　东 Shandong	33710938.50	10088141.66	8163694.20	32215110	175154
河　南 Henan	20394685.26	4551633.63	4528473.00	14695286	76119
湖　北 Hubei	21807066.02	7135520.97	4680338.26	13149319	75222
湖　南 Hunan	14989859.54	4788159.03	3105494.27	10883194	67363
广　东 Guangdong	53809851.66	18207853.41	13284870.98	74643907	395316
广　西 Guangxi	10822783.41	3103588.71	2418881.16	10581439	50174
海　南 Hainan	4975587.94	1358860.09	1025526.34	4357692	24005
重　庆 Chongqing	10891409.38	3347142.74	3112483.09	10145128	68642
四　川 Sichuan	19698976.04	4957607.11	5856197.21	23107424	118178
贵　州 Guizhou	9354607.81	2335873.47	2384483.90	8839823	40102
云　南 Yunnan	12290543.50	4145633.57	2453525.53	10201219	58962
西　藏 Tibet	858834.46	129343.98	118931.76	528010	2506
陕　西 Shaanxi	9584757.53	2102423.60	2698559.95	15659278	76141
甘　肃 Gansu	5350305.12	1238370.58	1502570.56	6851350	34594
青　海 Qinghai	1501356.10	346467.74	378861.09	2022839	10885
宁　夏 Ningxia	4414998.93	1406490.87	854418.26	3283338	21420
新　疆 Xinjiang	11000846.63	2959646.49	2903076.25	7000125	52384

学条件(二)(城区)
Secondary Schools (2) (Urban Area)

计算机数(台) No. of Computers(set)		教室(间) Classroom(room)		教室中:普通教室(间) of Which: General Classroom (room)		固定资产总值(万元) Total Value of Fixed Asset (10,000 yuan)		
其中:教学用计算机 No. of Computers Used for Instruction		合计 Total	其中:网络多媒体教室 of Which: Network Multimedia Classroom	合计 Total	其中:网络多媒体教室 of Which: Network Multimedia Classroom	合计 Total	其中:教学仪器设备资产值 of Which: Total Volue of Equip & Instru.	
小计 Subtotal	其中:平板电脑 of Which: Tablet PC						小计 Subtotal	其中:实验设备 of Which: for Profession
2155082	**100685**	**474912**	**325859**	**366528**	**283596**	**37151833.26**	**4411829.43**	**1333339.60**
152859	8825	20865	17699	13110	12176	1926669.83	499712.69	80238.06
43398	937	8139	6072	6001	4832	567661.06	80872.03	18442.28
87035	4248	19462	13292	16323	12520	1255570.70	122325.87	43998.76
60133	1963	15464	10114	12695	9383	1031069.59	116034.49	49635.37
31275	145	8251	5937	6860	5326	742989.64	71533.63	23329.28
70954	7239	17305	10065	12907	8991	1104188.89	131389.24	48246.77
29981	1374	8258	4984	7145	4654	551622.11	66515.95	26201.07
36838	811	14273	6279	9312	5758	711634.39	86645.60	26847.98
85095	5146	13764	10362	8662	7610	1496563.41	239446.08	59768.58
151988	6230	28540	20173	19384	16663	3536200.23	309431.09	96683.87
120970	5921	21246	16998	14734	13945	2206500.14	222629.95	53544.94
50494	1453	15939	8421	12726	7624	914849.37	88972.06	36175.64
70661	1646	15692	12248	11605	10289	1144014.94	143333.53	44672.99
52167	2977	14710	8666	11400	8263	866680.34	101415.68	34938.72
143560	2367	28356	21759	22159	19075	2635667.84	245515.48	62515.19
64335	5023	21329	12904	17934	11794	1102970.85	93134.61	40646.57
62196	4045	19921	9966	15129	9232	1575820.22	125748.86	55323.37
55381	3318	13778	9951	12257	9421	1150532.86	108492.64	41022.28
322999	20131	56785	46325	45309	40174	4699042.24	627247.99	194941.72
37380	4024	9339	6703	8157	6190	560463.46	73909.94	26411.50
19273	678	4674	3597	4032	3320	402827.82	52217.78	20026.97
57292	4372	13321	10799	10521	9146	887561.36	91816.13	21051.55
104378	3962	26870	15060	21924	13839	1885463.37	256402.67	76206.48
35152	1270	9283	6405	7693	5903	758351.21	63482.60	21854.95
46801	243	10664	7006	8734	6271	920222.41	89973.07	22402.15
1704		492	175	435	161	41027.48	3554.26	1907.68
65566	1060	14847	9405	11177	7917	915277.93	135096.39	56479.78
29090	750	7216	4336	5833	4082	439437.31	45109.73	12828.20
8530	134	1717	796	1368	718	92868.80	9013.77	4511.67
16147	77	3135	2340	2470	2112	321895.61	31299.84	12259.66
41450	316	11277	7022	8532	6207	706187.86	79555.81	20225.59

普通高中办

Condition of School Buildings in Regular Senior

地 区 Region	占地面积(平方米) Areas of School Sites (m^2)			图书(册) Books & Magazines in Libraries (volume)	
	合计 Total	其中 of Which			合计 Total
		绿化用地面积 Green Areas	运动场地面积 Sports Areas		
总 计 Total	**85059761.02**	**26070651.26**	**18953210.91**	**68192814**	**374868**
北 京 Beijing	1533253.51	305845.50	371244.46	723260	7012
天 津 Tianjin	610807.90	82644.01	169080.01	750763	3510
河 北 Hebei	4400773.61	1153289.93	895293.35	3057318	16413
山 西 Shanxi	2139671.00	385356.00	522492.00	1382979	9563
内蒙古 Inner Mongolia	564894.00	90014.00	132931.00	265004	1317
辽 宁 Liaoning	2049010.00	422964.00	488293.00	1141799	8705
吉 林 Jilin	609335.12	152679.12	181079.12	291310	1328
黑龙江 Heilongjiang	1441988.00	254957.00	303205.00	562954	5546
上 海 Shanghai	1034823.94	441205.75	179275.90	638779	6095
江 苏 Jiangsu	3621506.09	1171735.17	670709.10	3215820	18114
浙 江 Zhejiang	6459130.17	2160324.51	1367006.67	4445055	30801
安 徽 Anhui	3286863.31	956049.33	666105.24	1877144	10419
福 建 Fujian	2254328.26	620938.58	603521.44	2651787	10502
江 西 Jiangxi	1752881.00	418733.00	343117.00	1374079	6752
山 东 Shandong	10605315.72	3592440.48	2352340.56	8465006	44779
河 南 Henan	5161795.44	1023269.11	1020263.70	2243813	12979
湖 北 Hubei	3419021.00	1227326.00	738318.00	1968398	10083
湖 南 Hunan	2795190.00	982231.00	441563.00	1316082	8707
广 东 Guangdong	18002371.27	6561565.70	4269458.25	21487499	106515
广 西 Guangxi	1928738.21	634290.53	487078.16	1489843	8366
海 南 Hainan	706864.06	176080.00	130296.70	330255	2357
重 庆 Chongqing	305624.00	49600.00	95617.00	447040	1448
四 川 Sichuan	2553180.21	703485.97	705887.84	2560886	14820
贵 州 Guizhou	1808379.46	434116.67	449269.35	1273679	5007
云 南 Yunnan	3141273.74	1296421.79	592616.47	1899870	10575
西 藏 Tibet					
陕 西 Shaanxi	1142755.94	269146.01	324348.61	1254578	5452
甘 肃 Gansu	400245.66	77584.10	130734.38	366591	1471
青 海 Qinghai	131558.00	34903.00	27480.00	182027	1116
宁 夏 Ningxia	289866.60	103810.00	69800.00	161500	1085
新 疆 Xinjiang	908315.80	287645.00	224785.60	367696	4031

学条件(二)(城乡结合区)
Secondary Schools (2) (Urban-rural Transitional Area)

计算机数(台) No. of Computers(set)		教室(间) Classroom(room)		教室中:普通教室(间) of Which: General Classroom (room)		固定资产总值(万元) Total Volue of Fixed Asset (10,000 yuan)		
其中:教学用计算机 No. of Computers Used for Instruction		合计 Total	其中:网络多媒体教室 of Which: Network Multimedia Classroom	合计 Total	其中:网络多媒体教室 of Which: Network Multimedia Classroom	合计 Total	其中:教学仪器设备资产值 of Which: Total Volue of Equip & Instru.	
小计 Subtotal	其中:平板电脑 of Which: Tablet PC						小计 Subtotal	其中:实验设备 of Which: for Profession
315196	**16140**	**74840**	**49970**	**57586**	**43971**	**6411270.10**	**597536.73**	**215720.85**
5055	405	1193	964	908	763	103176.81	21714.06	2490.92
2551		670	423	493	337	43340.79	5092.49	1107.75
15426	279	4480	2922	3736	2789	343049.77	21594.51	10267.03
8044	781	1978	1235	1481	1097	145949.44	11245.09	6256.22
876		362	239	250	210	23004.41	3086.85	623.56
6332	725	1882	954	1399	855	133208.49	14520.40	6393.22
1007	23	318	123	287	116	17365.90	2280.92	919.55
3568	240	1792	564	744	531	72432.01	8658.35	3516.26
4787	74	1343	747	993	644	131724.91	11460.69	1871.03
15286	464	3052	2057	2087	1721	382430.01	33906.31	12518.52
25181	818	4815	3834	3218	3066	491101.57	46025.53	12976.12
8938	518	2986	1372	2429	1266	240295.95	14618.74	6569.51
8496	224	2281	1490	1484	1185	156701.74	15967.03	6517.64
5940	440	1549	847	1205	823	119928.49	9879.13	2451.67
38886	509	8031	5881	6112	5062	852103.40	56591.24	17598.22
10832	833	3823	2582	3193	2235	238053.11	15972.29	6734.00
8208	252	2977	1336	2208	1230	238099.12	17967.11	7654.72
7107	564	1901	1149	1719	1085	138887.27	13277.78	3983.65
92085	6703	16165	12697	13021	11296	1413295.48	160982.01	62097.38
6435	661	1821	1278	1617	1252	108794.90	10267.60	2999.50
2252	265	410	358	391	347	62177.00	5620.60	2988.00
1343	51	526	474	473	463	11679.44	1967.60	759.23
13788	820	3002	1691	2293	1442	306670.34	42952.32	16597.79
4408	286	1830	1284	1493	1138	135823.98	10471.80	3037.93
7716	84	2675	1792	2095	1518	288016.48	20014.80	7655.80
4807	88	1310	754	961	646	76365.91	10324.28	5403.04
1242		440	258	335	249	30566.41	2829.03	688.94
959		178	131	167	131	17110.12	701.25	635.06
931		281	183	256	168	27721.70	3305.33	1430.46
2710	33	769	351	538	306	62195.15	4241.61	978.15

普通高中办

Condition of School Buildings in Regular Senior

地　区 Region	占地面积(平方米) Areas of School Sites (m^2) 合计 Total	其中 of Which 绿化用地面积 Green Areas	其中 of Which 运动场地面积 Sports Areas	图书(册) Books & Magazines in Libraries (volume)	合计 Total
总　计 Total	**477054547.28**	**115807146.92**	**107294607.31**	**364855550**	**1771208**
北　京 Beijing	1601962.65	416333.34	442559.73	1079810	9329
天　津 Tianjin	2227805.42	349206.46	565298.70	2068060	9745
河　北 Hebei	24622275.66	4599087.91	5775145.41	18960618	91343
山　西 Shanxi	16583002.56	2964740.54	3268229.34	9407979	56365
内蒙古 Inner Mongolia	12023351.05	2016219.10	2824191.80	5682921	35145
辽　宁 Liaoning	6540595.92	1086751.40	1654033.56	3214622	25877
吉　林 Jilin	4810539.28	1043608.72	1380163.30	3162132	18182
黑龙江 Heilongjiang	9508814.69	1200428.65	2175972.11	3101980	29037
上　海 Shanghai	1421588.61	543458.00	338218.00	1297491	10486
江　苏 Jiangsu	23503264.07	7599486.40	5508851.21	22551495	117504
浙　江 Zhejiang	16686207.23	5259725.47	3891555.53	15234068	86078
安　徽 Anhui	33997747.03	7798516.94	6999981.18	21085793	112850
福　建 Fujian	19809071.61	5342403.59	5435465.23	22325617	82372
江　西 Jiangxi	22912223.24	6280554.02	4559938.41	15615417	76856
山　东 Shandong	27126093.68	7427262.84	6104999.58	23200972	114210
河　南 Henan	35456193.14	7129040.80	6730364.33	17560506	84117
湖　北 Hubei	13994629.17	3948343.04	2604565.00	7042032	34825
湖　南 Hunan	27186213.69	8033228.78	4871972.11	16768633	81766
广　东 Guangdong	28696004.93	8301016.55	7074707.56	33392475	145602
广　西 Guangxi	16706333.49	3959605.13	3357165.49	12122358	45518
海　南 Hainan	3866873.01	1058714.00	775532.57	2894861	12356
重　庆 Chongqing	10131762.85	2665238.07	2405031.20	6853470	41579
四　川 Sichuan	27526553.75	6074217.26	8231090.34	31292970	127398
贵　州 Guizhou	20209182.16	4830978.41	4777990.82	19642783	67892
云　南 Yunnan	21265489.68	5789551.15	3740971.20	12581947	66530
西　藏 Tibet	1252327.80	163853.91	142878.52	672837	2480
陕　西 Shaanxi	14800613.57	2985343.34	3877057.33	15987123	72849
甘　肃 Gansu	12077428.76	2085900.60	3321416.43	9632121	50350
青　海 Qinghai	3361534.60	520943.54	824372.16	2793594	13545
宁　夏 Ningxia	3112919.66	922125.07	567640.76	1964747	11132
新　疆 Xinjiang	14035944.32	3411263.89	3067248.40	5664118	37890

学条件(二)(镇区)
Secondary Schools (2) (Counties & Towns Area)

计算机数(台) No. of Computers(set) 其中:教学用计算机 No. of Computers Used for Instruction 小计 Subtotal	计算机数(台) No. of Computers(set) 其中:教学用计算机 No. of Computers Used for Instruction 其中:平板电脑 of Which: Tablet PC	教室(间) Classroom(room) 合计 Total	教室(间) Classroom(room) 其中:网络多媒体教室 of Which: Network Multimedia Classroom	教室中:普通教室(间) of Which: General Classroom (room) 合计 Total	教室中:普通教室(间) of Which: General Classroom (room) 其中:网络多媒体教室 of Which: Network Multimedia Classroom	固定资产总值(万元) Total Volue of Fixed Asset (10,000 yuan) 合计 Total	固定资产总值(万元) 其中:教学仪器设备资产值 of Which: Total Volue of Equip & Instru. 小计 Subtotal	固定资产总值(万元) 其中:教学仪器设备资产值 of Which: Total Volue of Equip & Instru. 其中:实验设备 of Which: for Profession
1480177	**48532**	**423430**	**239729**	**343972**	**220452**	**27873407.65**	**2451222.72**	**987694.53**
7707	250	1485	1260	981	879	93449.04	20830.00	2642.61
7487	675	1970	1361	1538	1092	105356.12	12613.98	4112.10
84393	3358	24348	14250	20637	13637	1198148.84	98045.05	47493.43
46266	1162	13844	8266	11474	7668	945994.59	72374.73	35500.83
27200	317	7739	5110	6021	4627	974077.12	75224.14	29154.33
18513	2339	6756	3224	5259	3058	381528.91	38383.60	17237.83
12962	290	4482	1978	3724	1758	232036.81	22921.75	9360.81
21480	124	9382	3298	6176	3039	390766.42	44491.61	17424.24
8194	5	1341	988	831	746	197153.85	15641.25	4512.58
99324	3030	21638	13660	15333	11974	1889305.44	164743.88	66205.75
75892	3912	12755	9955	8930	8488	1249421.90	122495.06	35403.60
91018	625	30442	14487	25373	13787	1950626.29	148717.55	61177.67
66045	251	17703	12092	12798	10477	1044833.47	129672.07	48788.41
63677	2879	21950	10879	17145	10410	925093.30	84235.69	35647.30
97151	1967	22033	15479	18367	13968	1691499.17	148280.78	48686.67
70559	4474	32552	14268	28476	13382	1671230.78	106062.56	48338.29
28528	2040	10933	4814	8700	4562	850265.21	55804.40	26778.00
67973	1941	16866	11306	15402	10817	1422031.38	132173.51	60959.49
124627	7780	23747	16634	19521	15350	1444272.50	155109.30	71125.00
34985	3611	12224	6693	11100	6407	648673.08	57679.97	25924.86
10955	403	2717	1851	2332	1713	293538.87	32450.55	10555.45
34240	1515	9357	7677	7666	6740	619969.37	59145.73	18499.29
107533	1025	32456	15173	27979	14160	1972778.24	228478.88	84810.80
58973	424	20533	12030	15997	11289	1525950.01	98057.96	46201.83
54894	84	14953	8700	13305	8177	1086970.55	64631.54	23279.90
2051		599	291	555	281	70087.06	3304.55	1264.96
63997	853	17268	9114	14674	8275	1176446.66	106590.11	52161.93
44216	1674	14589	7185	12082	6805	753337.58	60967.68	22757.89
11056	1054	3578	1192	2354	1097	183968.75	17548.04	6978.69
8514		1954	1318	1495	1154	172184.78	16828.10	5242.08
29767	470	11236	5196	7747	4635	712411.58	57718.69	19467.92

普通高中办

Condition of School Buildings in Regular Senior

地 区 Region	占地面积(平方米) Areas of School Sites (m^2)			图书(册) Books & Magazines in Libraries (volume)	
	合计 Total	其中 of Which			合计 Total
		绿化用地面积 Green Areas	运动场地面积 Sports Areas		
总 计 Total	**122642183.62**	**30936966.32**	**26810732.70**	**89649698**	**441173**
北 京 Beijing	507064.00	113122.00	158947.00	339284	2792
天 津 Tianjin	983106.42	163939.46	259491.70	871996	4038
河 北 Hebei	9864703.91	1861668.68	2442106.44	8136979	35339
山 西 Shanxi	6585687.96	1272956.81	1168317.29	3518747	22573
内蒙古 Inner Mongolia	1160105.00	235952.00	309786.00	416753	2646
辽 宁 Liaoning	1241090.34	200526.97	242195.46	477540	4310
吉 林 Jilin	508158.25	174617.15	91676.03	406719	2093
黑龙江 Heilongjiang	1088959.61	48700.25	200617.36	304916	3206
上 海 Shanghai	235534.00	75497.00	43288.00	200383	1324
江 苏 Jiangsu	5753014.46	1863234.89	1413678.02	5531705	30063
浙 江 Zhejiang	6165531.16	1773629.56	1246861.81	5050092	27515
安 徽 Anhui	6584295.63	1552647.61	1232414.35	3508521	17590
福 建 Fujian	5316280.46	1425475.06	1395766.38	5239533	19623
江 西 Jiangxi	3541263.78	808706.53	745165.62	1908339	8428
山 东 Shandong	12433239.20	3533587.09	2945535.72	10500094	49478
河 南 Henan	11781231.04	2502881.68	2148175.94	5327818	26650
湖 北 Hubei	2919406.00	872899.04	570228.00	1361682	7487
湖 南 Hunan	7886768.81	2691207.75	1336165.75	4611523	21813
广 东 Guangdong	10044415.56	2923940.13	2585792.45	12466126	55108
广 西 Guangxi	1824020.56	446340.00	365133.40	1080232	4910
海 南 Hainan	933671.01	202045.00	150833.57	585901	2727
重 庆 Chongqing	2394488.04	785309.70	415760.00	1276654	7566
四 川 Sichuan	3672128.57	912299.39	1108026.26	3785747	19844
贵 州 Guizhou	4124133.88	1001303.60	987461.07	2954799	10955
云 南 Yunnan	6043616.48	1495604.57	959108.00	3258071	18958
西 藏 Tibet	207336.00	58990.80	25040.00	111000	328
陕 西 Shaanxi	3514310.15	831174.21	979328.18	3317781	15502
甘 肃 Gansu	2755005.73	510693.84	718438.30	1921479	10489
青 海 Qinghai	740594.00	134215.00	181667.00	651351	3355
宁 夏 Ningxia	422045.61	103255.05	80385.51	201500	907
新 疆 Xinjiang	1410978.00	360545.50	303342.09	326433	3556

学条件(二)(镇乡结合区)
Secondary Schools (2)(County-Town Transitional Area)

计算机数(台) No. of Computers(set)		教室(间) Classroom(room)		教室中:普通教室(间) of Which: General Classroom (room)		固定资产总值(万元) Total Volue of Fixed Asset (10,000 yuan)		
其中:教学用计算机 No. of Computers Used for Instruction		合计 Total	其中:网络多媒体教室 of Which: Network Multimedia Classroom	合计 Total	其中:网络多媒体教室 of Which: Network Multimedia Classroom	合计 Total	其中:教学仪器设备资产值 of Which: Total Volue of Equip & Instru.	
小计 Subtotal	其中:平板电脑 of Which: Tablet PC						小计 Subtotal	其中:实验设备 of Which: for Profession
374274	**12242**	**102721**	**59609**	**83641**	**54834**	**7107469.71**	**614237.40**	**248940.67**
2331	123	477	353	365	277	19339.60	6098.05	1161.92
3262	2	814	660	588	528	36548.53	4512.97	1050.59
33092	1709	10154	5614	8776	5407	452983.86	38959.52	19578.94
17725	286	5481	3114	4514	2876	335014.58	29321.37	13879.02
1939		807	470	580	449	70214.51	5391.00	2740.00
3361	181	1143	643	944	618	121540.65	11840.72	7221.07
1229	115	496	41	355	39	25300.83	2917.91	410.99
2247	40	1020	405	620	370	64228.80	5523.36	2361.28
1109		244	132	110	79	40687.95	2698.14	676.61
25313	640	5602	3430	3827	3004	475889.46	37085.81	14703.75
24535	349	4330	3387	3183	2976	510739.54	42100.22	11548.53
14511	48	5486	2415	4465	2224	351559.06	21237.55	8958.26
15929	39	4513	2987	3173	2569	293481.49	29190.28	12406.89
7193	97	2966	1337	2219	1297	131704.18	12529.71	5265.36
42877	1150	9499	7046	8215	6526	783273.76	76728.27	24635.32
22080	848	9339	4055	8040	3748	457024.70	32660.93	13842.26
5912	588	2207	855	1743	775	174223.95	10218.43	4819.16
17857	798	4773	3192	4357	2940	401137.10	31498.80	14791.01
47393	3873	9040	6319	7356	5836	567288.38	61234.66	29162.75
3888	483	1175	619	1094	594	69986.65	4069.17	2189.08
2390	299	598	415	521	365	71191.49	5229.93	1153.53
6131	108	1750	1501	1565	1410	154567.01	12818.80	4668.36
15801	54	3911	2228	3224	2045	367995.36	46310.59	17025.81
10307	10	3818	1695	2945	1592	230039.39	16032.43	6137.88
15689	25	3888	2423	3419	2291	343127.69	20942.68	7063.82
314		123	107	108	106	14399.00	372.00	98.90
13884	173	3837	1691	3256	1524	240376.54	25114.70	13249.71
9405	137	2987	1479	2569	1437	145519.64	11197.03	3636.70
2789	30	583	389	476	376	47460.11	2309.37	1031.19
713		184	110	160	108	28690.34	1905.33	734.96
3068	37	1476	497	874	448	81935.55	6187.68	2737.03

普通高中办

Condition of School Buildings in Regular Senior

地 区 Region	占地面积(平方米) Areas of School Sites (m²)			图书(册) Books & Magazines in Libraries (volume)	
	合计 Total	其中 of Which			合计 Total
		绿化用地面积 Green Areas	运动场地面积 Sports Areas		
总 计 Total	**50245635.83**	**13145306.70**	**10533865.49**	**29514761**	**159628**
北 京 Beijing	1116402.51	403336.31	263848.84	547053	5745
天 津 Tianjin	177825.00	36580.00	56718.00	193583	556
河 北 Hebei	2408878.50	424512.74	350236.34	946101	7138
山 西 Shanxi	2698029.00	440889.00	579939.00	1157763	6734
内蒙古 Inner Mongolia	666315.65	102350.11	132696.00	273228	1083
辽 宁 Liaoning	603069.34	146087.64	132131.36	329528	1613
吉 林 Jilin	658945.00	80436.00	109098.00	175079	869
黑龙江 Heilongjiang	360301.18	39643.23	128914.19	198224	1709
上 海 Shanghai	398066.61	94325.00	75266.67	234237	2408
江 苏 Jiangsu	597525.25	193971.94	129801.23	419403	2681
浙 江 Zhejiang	2498870.50	770670.66	441718.67	1844520	10739
安 徽 Anhui	3091829.79	699545.13	453673.66	1707822	6680
福 建 Fujian	3180828.57	772050.12	883001.93	3152907	9685
江 西 Jiangxi	1516085.00	468996.00	397593.00	519322	2761
山 东 Shandong	1921608.78	477294.64	246967.08	867079	5041
河 南 Henan	2092580.17	389991.09	304186.79	787285	3734
湖 北 Hubei	1744143.40	445758.00	268769.00	797154	4685
湖 南 Hunan	2078215.00	536988.55	411605.58	1369818	6273
广 东 Guangdong	7184416.52	2785462.95	1693011.24	5240024	27804
广 西 Guangxi	2122303.56	449163.00	379039.50	1182762	6762
海 南 Hainan	476671.00	141249.00	80190.00	352783	1672
重 庆 Chongqing	963931.14	262332.00	219900.00	399877	4366
四 川 Sichuan	2040430.06	602526.32	492361.67	1409299	8051
贵 州 Guizhou	1123381.48	302918.32	221733.35	807117	2663
云 南 Yunnan	2220682.00	544652.00	334044.00	957486	5536
西 藏 Tibet	1043272.99	227391.74	153638.20	410316	2134
陕 西 Shaanxi	1104155.89	185586.82	286237.21	853199	4414
甘 肃 Gansu	1145490.22	188594.51	334008.31	912074	5017
青 海 Qinghai	425435.00	74706.00	179678.00	129079	1358
宁 夏 Ningxia					
新 疆 Xinjiang	2585946.72	857297.88	793858.67	1340639	9717

学条件(二)(乡村)
Secondary Schools (2) (Rural Area)

计算机数(台) No. of Computers(set) 其中:教学用计算机 No. of Computers Used for Instruction 小计 Subtotal	其中:平板电脑 of Which: Tablet PC	教室(间) Classroom(room) 合计 Total	其中:网络多媒体教室 of Which: Network Multimedia Classroom	教室中:普通教室(间) of Which: General Classroom (room) 合计 Total	其中:网络多媒体教室 of Which: Network Multimedia Classroom	固定资产总值(万元) Total Volue of Fixed Asset (10,000 yuan) 合计 Total	其中:教学仪器设备资产值 of Which: Total Volue of Equip & Instru. 小计 Subtotal	其中:实验设备 of Which: for Profession
133261	**6188**	**37756**	**20798**	**29181**	**18523**	**2867784.71**	**257776.06**	**86764.26**
5165	442	822	596	454	398	73602.05	17918.16	2298.08
387		160	118	137	108	6909.23	495.59	208.20
6583	193	1605	913	1333	830	50421.22	5974.78	1858.38
5451	337	2363	1173	1675	896	172631.60	13249.62	5410.07
852	20	337	119	305	116	33165.06	1855.39	670.01
1327	58	472	215	323	196	42703.19	3693.94	907.26
755	50	254	63	215	58	14203.28	1088.25	398.79
1538	120	399	241	272	225	17678.76	2109.10	896.46
1774		323	201	198	171	57631.64	5738.22	2273.98
2353	40	494	224	272	202	42568.91	3446.48	1094.54
9124	467	2066	1578	1391	1255	191188.57	15152.10	6241.99
5637	12	2116	664	1807	596	155084.46	15616.57	5532.97
8032	33	2471	1450	1742	1294	189506.57	14384.34	5696.60
2187	119	1115	313	793	300	58967.50	2678.38	1472.38
4001	130	918	542	709	494	121926.70	10397.02	2394.24
2893	329	1247	526	1111	485	69286.09	3449.46	1675.42
3926	299	1464	671	1161	596	113874.62	9486.48	4495.37
4999	195	1563	849	1347	830	76234.48	8327.72	3489.73
23738	1427	4641	3664	3715	3322	533032.75	37594.75	10450.65
5233	65	1448	948	1375	919	116412.42	8910.56	2672.46
1112		267	156	232	141	26041.80	5660.00	2804.00
2628	340	642	475	556	425	56823.17	3986.74	1278.66
6839	344	1921	1091	1527	983	130796.41	15509.69	4709.52
2422	95	1031	430	774	406	64529.99	6500.71	2189.02
4651		1354	504	1151	479	70990.51	9293.77	2620.85
1571		569	387	502	361	79631.35	8034.40	879.08
4001	472	1145	446	916	416	80095.72	8329.12	4798.02
4331	73	1686	668	1234	591	88515.42	5580.18	2596.72
1246	38	293	125	206	116	18085.43	1113.27	656.91
8505	490	2570	1448	1748	1314	115245.79	12201.25	4093.88

中等职业学

Number of Secondary

地　区 Region	中等职业学校						
	合计 Total	其中：中央部门 of Which: under Central Ministries & Agencies	其中：地方部门 of Which: under Local Auth.	其中:民办 of Which: Non-government	普通中等专业学校 Reg. Specialized Sec. Schools		
					小计 Subtotal	其中：中央部门 of Which: under Central Ministries & Agencies	其中：地方部门 of Which: under Local Auth.
总　计 Total	**8657**	**21**	**6411**	**2225**	**3456**	**16**	**2600**
北　京 Beijing	93	7	64	22	31	6	25
天　津 Tianjin	79		73	6	39		39
河　北 Hebei	628	1	447	180	254	1	103
山　西 Shanxi	444		352	92	92		79
内蒙古 Inner Mongolia	250		185	65	73		34
辽　宁 Liaoning	290		204	86	108		98
吉　林 Jilin	289		218	71	49		45
黑龙江 Heilongjiang	242		193	49	72		39
上　海 Shanghai	98	2	90	6	58	2	54
江　苏 Jiangsu	248		225	23	174		156
浙　江 Zhejiang	286		227	59	47		42
安　徽 Anhui	412		294	118	123		101
福　建 Fujian	217		179	38	217		179
江　西 Jiangxi	400	1	261	138	75	1	59
山　东 Shandong	435	1	316	118	243		186
河　南 Henan	691	2	484	205	156	1	137
湖　北 Hubei	289	2	227	60	216	2	171
湖　南 Hunan	471		291	180	33		33
广　东 Guangdong	481		358	123	371		271
广　西 Guangxi	280		209	71	280		209
海　南 Hainan	80		47	33	32		27
重　庆 Chongqing	134		113	21	22		20
四　川 Sichuan	467		260	207	231		76
贵　州 Guizhou	206		149	57	67		61
云　南 Yunnan	379	2	333	44	81	1	67
西　藏 Tibet	9		9		9		9
陕　西 Shaanxi	288		183	105	40		38
甘　肃 Gansu	228		196	32	118		111
青　海 Qinghai	39		34	5	34		31
宁　夏 Ningxia	32		26	6	17		11
新　疆 Xinjiang	172	3	164	5	94	2	89

注:未含技工学校数据(下同)

Note: Data on Skilled Workers are not included (Same as the Followings)

校(机构)数
Vocational Schools (Institutions)

单位:所
unit: institution

Secondary Vocational Schools

	成人中等专业学校 Adults Specialized Sec. Schools				职业高中学校 Vocational High Schools			
其中:民办 of Which: Non-government	小计 Subtotal	其中:中央部门 of Which: under Central Ministries & Agencies	其中:地方部门 of Which: under Local Auth.	其中:民办 of Which: Non-government	小计 Subtotal	其中:中央部门 of Which: under Central Ministries & Agencies	其中:地方部门 of Which: under Local Auth.	其中:民办 of Which: Non-government
840	**1294**	**2**	**1164**	**128**	**3907**	**3**	**2647**	**1257**
	11	1	9	1	51		30	21
	18		18		22		16	6
150	172		160	12	202		184	18
13	119		119		233		154	79
39	61		61		116		90	26
10	1		1		181		105	76
4	77		77		163		96	67
33	44		41	3	126		113	13
2	13		12	1	27		24	3
18	23		22	1	51		47	4
5	28		27	1	211		158	53
22	52		47	5	237		146	91
38								
15	87		87		238		115	123
57	42		31	11	150	1	99	50
18	179		120	59	356	1	227	128
43	13		10	3	60		46	14
	90		74	16	348		184	164
100	8		8		102		79	23
71								
5	1		1		47		19	28
2	43		41	2	69		52	17
155	23		13	10	213		171	42
6	10		9	1	129		79	50
13	130	1	129		168		137	31
2	7		7		241		138	103
7	22		20	2	88		65	23
3	2		2		3		1	2
6	2		2		13		13	
3	16		16		62	1	59	2

中等职业学校

Number of students in Secondary

地　区 Region	结业生数 Graduates		招生数 Entrants			
	合计 Total	其中:获得职业资格证书 of Which: Reciptents of Vocational Qualifications	合计 Total	其中:应届毕业 of Which: Graduates of Current Year		其中:五年制高职中职段 of Which: 5 – year Secondary Vocational Education
				小计 Subtotal	其中:初中毕业生 of Which: Junior Secondary School Graduates	
总　计 Total	**4732654**	**3813336**	**4798174**	**4273824**	**4125112**	**449461**
北　京 Beijing	41401	28342	27108	22559	21939	6800
天　津 Tianjin	30618	24600	37991	34507	33661	5260
河　北 Hebei	254142	193059	243165	199686	193090	11778
山　西 Shanxi	136130	115502	118877	113421	106194	14584
内蒙古 Inner Mongolia	82938	62574	76159	69723	63803	12869
辽　宁 Liaoning	107471	73475	111181	87848	83635	7797
吉　林 Jilin	53450	31855	45498	40794	39210	7163
黑龙江 Heilongjiang	84332	65269	76280	59088	55228	3268
上　海 Shanghai	44179	38584	38786	35779	35679	5337
江　苏 Jiangsu	242467	212506	228701	216771	212451	54993
浙　江 Zhejiang	179646	173617	187111	179613	179399	26208
安　徽 Anhui	341013	303525	306770	266558	257328	24714
福　建 Fujian	138364	127200	140767	107747	104922	9029
江　西 Jiangxi	139595	107296	157100	148984	144084	26757
山　东 Shandong	320353	256485	294033	278728	269546	48123
河　南 Henan	388293	306889	378222	345586	332160	41634
湖　北 Hubei	125735	107627	132594	128303	125992	10807
湖　南 Hunan	204137	176169	237759	231028	227742	30461
广　东 Guangdong	417278	263186	395377	369832	346134	7417
广　西 Guangxi	231889	150988	256897	183978	177594	18581
海　南 Hainan	39356	20428	43133	36400	35771	1724
重　庆 Chongqing	108659	93069	119002	111537	110345	11649
四　川 Sichuan	423086	396937	400780	329844	317176	3524
贵　州 Guizhou	118846	102800	228109	201589	198792	7930
云　南 Yunnan	149924	123749	175583	166858	162782	28341
西　藏 Tibet	6139	2988	5568	5522	5210	
陕　西 Shaanxi	125060	103279	106435	100381	93968	10584
甘　肃 Gansu	87558	73222	81816	74994	72969	2904
青　海 Qinghai	19492	13331	27047	18108	17163	1466
宁　夏 Ningxia	25942	16202	30832	29135	28179	2534
新　疆 Xinjiang	65161	48583	89493	78923	72966	5225

(机构)学生数
Vocational Schools (Institutions)

单位:人
unit: person

在校学生数 Enrolment					预计毕业生数 Estimated Graduates for Next Year	
合计 Total	一年级 Grade 1	二年级 Grade 2	三年级 Grade 3	四年级及以上 Grade 4 and Over	合计 Total	其中:五年制高职中职段 of Which: 5 – year Secondary Vocational Education
13352414	**4800392**	**4280100**	**4161011**	**110911**	**4560122**	**353073**
96277	27097	30021	27512	11647	34069	4156
97682	38013	29773	29500	396	34503	3477
612891	242871	197155	170455	2410	202643	5855
366833	118952	115381	119382	13118	138122	12744
214555	76159	70792	66527	1077	74161	10586
325311	111209	101011	105688	7403	112266	6220
134237	45544	40658	47393	642	49754	3541
229407	76282	78925	72369	1831	75532	
119701	39023	38978	37981	3719	39338	3020
680187	228748	222779	223607	5053	234628	53439
523584	187138	169672	163470	3304	173581	19566
837795	306771	263351	259106	8567	331264	22522
396655	141887	118751	123517	12500	135729	8528
431205	157344	140332	132202	1327	134954	24276
857264	294040	275134	281794	6296	302491	44769
1040439	378222	343077	318231	909	356552	31677
364893	132601	118128	112310	1854	113630	2466
648020	237759	208569	194315	7377	199392	26270
1172119	395591	377565	397156	1807	374198	6235
736360	256790	239705	237288	2577	247663	5699
117129	43133	36253	37159	584	36512	1300
328028	119424	104972	100893	2739	100919	6700
987491	401013	291025	294722	731	402941	4924
602491	227538	195420	179533		191238	6079
484189	175613	156162	151366	1048	155181	17876
15796	5691	5958	4147		4315	
322341	106553	110441	104237	1110	115262	15054
229348	81700	73018	70242	4388	80065	1835
76364	27094	23403	21783	4084	22703	510
82117	30832	27838	23432	15	25025	1238
221705	89760	75853	53694	2398	61491	2511

中等职业学校

Number of Female students in Secondary

地　区 Region	毕业生数 Graduates		招生数 Entrants			
	合计 Total	其中：获得职业资格证书 of Which: Recipients of Vocational Qualifications	合计 Total	其中：应届毕业 of Which: Graduates of Current Year		其中：五年制高职中职段 of Which: 5-year Secondary Vocational Education
				小计 Subtotal	其中：初中毕业生 of Which: Junior Secondary School Graduates	
总　计 Total	**2363150**	**1874329**	**2238496**	**2017120**	**1950545**	**234683**
北　京 Beijing	21025	13775	13129	9960	9570	2971
天　津 Tianjin	13366	10430	15596	14290	14057	2189
河　北 Hebei	132103	99286	114606	92412	89809	7072
山　西 Shanxi	70658	59018	57561	55505	52404	8486
内蒙古 Inner Mongolia	37960	28494	32770	30581	27403	5520
辽　宁 Liaoning	51423	32758	46039	38435	36999	4485
吉　林 Jilin	27610	17184	20129	18491	17940	3307
黑龙江 Heilongjiang	39893	32651	32603	27436	26136	1794
上　海 Shanghai	18313	15646	16108	14633	14584	2466
江　苏 Jiangsu	116695	99664	107834	101950	100774	29701
浙　江 Zhejiang	84400	81393	83064	80734	80727	12535
安　徽 Anhui	161536	141233	138891	121232	116744	14751
福　建 Fujian	63334	57414	58502	46704	45742	4188
江　西 Jiangxi	79596	58675	83274	79564	77468	15932
山　东 Shandong	154019	123075	134333	127219	123755	24950
河　南 Henan	208134	163392	189264	172748	167538	19149
湖　北 Hubei	60664	50586	58716	56886	56051	5346
湖　南 Hunan	101407	86008	113815	110577	109482	15913
广　东 Guangdong	218219	134527	185951	174212	161980	3861
广　西 Guangxi	104827	67740	109135	82551	79889	7847
海　南 Hainan	19937	10346	18302	15553	15359	1134
重　庆 Chongqing	53994	46818	54465	50956	50258	6021
四　川 Sichuan	214890	197961	194140	163780	155976	1986
贵　州 Guizhou	63353	54787	112907	100710	99145	5873
云　南 Yunnan	76551	61631	86805	83092	81571	15973
西　藏 Tibet	2837	1288	2467	2452	2313	
陕　西 Shaanxi	64600	51990	51362	48870	45737	5727
甘　肃 Gansu	49403	40560	42502	39632	38869	1576
青　海 Qinghai	8467	5787	11095	7987	7687	643
宁　夏 Ningxia	14006	8797	15452	14835	14477	1206
新　疆 Xinjiang	29930	21415	37679	33133	30101	2081

(机构)女学生数
Vocational Schools (Institutions)

单位:人
unit: person

在校学生数 Enrolment					预计毕业生数 Estimated Graduates for Next Year	
合计 Total	一年级 Grade 1	二年级 Grade 2	三年级 Grade 3	四年级及以上 Grade 4 and Over	合计 Total	其中:五年制高职中职段 of Which: 5 - year Secondary Vocational Education
6445877	**2237771**	**2074458**	**2072422**	**61226**	**2171134**	**198983**
46740	13028	14507	12921	6284	17202	1667
40893	15562	12528	12564	239	13999	1671
298735	114553	95809	87258	1115	97971	3917
185729	57553	57753	64513	5910	70304	7980
95504	32723	31502	30702	577	33716	5299
146378	45991	45213	48821	6353	49270	3826
64312	20086	19392	24393	441	24021	1933
105600	32605	36710	35364	921	32891	
49076	16092	15874	16108	1002	16873	1228
325784	107658	106298	108165	3663	110654	30714
235890	83075	76173	75444	1198	78978	10331
397224	138892	126755	126851	4726	153971	14559
172816	59509	51273	55706	6328	57242	4769
238730	83320	78842	75740	828	73718	16469
403376	134181	131010	133927	4258	140971	22456
534582	189264	173278	171641	399	180726	15718
169618	58692	56062	53665	1199	52821	2177
315887	113776	102767	96018	3326	96335	14269
575294	185963	186858	201191	1282	178911	3888
316685	108842	102104	104788	951	100468	2197
53678	18296	16642	18460	280	18084	837
152900	54604	47918	48267	2111	46888	3962
495967	194329	147714	153310	614	200063	2675
310726	111884	102881	95961		97111	4632
249802	86812	82566	79586	838	80339	11010
7036	2525	2728	1783		1848	
157938	51360	54193	51514	871	54997	8192
123832	42466	40045	39436	1885	40279	1115
32882	11120	10255	9731	1776	8815	239
42386	15394	14694	12283	15	13256	466
99877	37616	34114	26311	1836	28412	787

普通中
Number of Students in Reg.

地　区 Region	毕业生数 Graduates		招生数 Entrants			
	合计 Total	其中：获得职业资格证书 of Which: Recipients of Vocational Qualifications	合计 Total	其中：应届毕业 of Which: Graduates of Current Year 小计 Subtotal	其中：初中毕业生 of Which: Junior Secondary School Graduates	其中：五年制高职中职段 of Which: 5 - year Secondary Vocational Education
总　计 Total	**2367455**	**1835546**	**2599455**	**2447103**	**2358658**	**401306**
北　京 Beijing	14644	9651	12129	11855	11317	5367
天　津 Tianjin	18111	15885	24436	23919	23315	4058
河　北 Hebei	106212	74892	121352	109247	104959	10397
山　西 Shanxi	63509	55433	46966	43151	40658	12292
内蒙古 Inner Mongolia	43104	29520	38134	35044	34213	12673
辽　宁 Liaoning	57036	37562	59560	48363	44912	7797
吉　林 Jilin	21321	15192	18040	16931	16223	5358
黑龙江 Heilongjiang	36425	26438	35936	30238	29037	3268
上　海 Shanghai	27440	23638	25185	24856	24756	4534
江　苏 Jiangsu	179069	154736	173582	172061	170081	54581
浙　江 Zhejiang	30851	29958	33368	33187	33176	7568
安　徽 Anhui	84897	71986	94535	92186	90649	24714
福　建 Fujian	82342	77975	100982	97815	96350	9029
江　西 Jiangxi	82176	58889	85644	81404	80246	26111
山　东 Shandong	192564	153856	205612	198956	194496	44703
河　南 Henan	206739	152092	257161	238039	228471	40761
湖　北 Hubei	92994	76746	94662	91293	89154	9364
湖　南 Hunan	62741	47067	73781	71899	70545	28896
广　东 Guangdong	321991	215234	336820	313938	291800	7205
广　西 Guangxi	113743	89097	177620	163188	158216	18581
海　南 Hainan	22548	10977	24829	21302	21218	1605
重　庆 Chongqing	32588	27182	32276	31555	30753	6068
四　川 Sichuan	158140	139358	149336	143003	136006	3524
贵　州 Guizhou	51064	43551	86060	79503	77870	4767
云　南 Yunnan	92446	74041	112507	106137	102378	25941
西　藏 Tibet	5936	2988	5541	5502	5210	
陕　西 Shaanxi	31127	18973	22116	20255	19130	10112
甘　肃 Gansu	59927	48104	53046	50528	49309	2807
青　海 Qinghai	15614	11625	19395	17226	16425	1466
宁　夏 Ningxia	15673	10247	17985	17605	16649	2534
新　疆 Xinjiang	44483	32653	60859	56917	51136	5225

专学生数
Specialized Sec. Schools

单位:人
unit: person

在校学生数 Enrolment					预计毕业生数 Estimated Graduates for Next Year	
合计 Total	一年级 Grade 1	二年级 Grade 2	三年级 Grade 3	四年级及以上 Grade 4 and Over	合计 Total	其中:五年制高职中职段 of Which: 5 - year Secondary Vocational Education
7327076	**2600235**	**2376000**	**2284708**	**66133**	**2343738**	**324928**
47465	12108	12055	13594	9708	13660	3793
63683	24436	19652	19199	396	19628	2880
308178	121339	99134	85432	2273	90232	5229
148556	46968	47775	51767	2046	55352	11446
110071	38134	39061	31799	1077	33188	10586
169151	59582	52128	51019	6422	56730	6220
54425	18119	17266	18501	539	19031	3288
111562	35938	38010	35783	1831	35821	
80007	25313	24709	26316	3669	26746	2510
509928	173589	162962	168516	4861	170312	53066
92792	33375	28874	29617	926	30187	6114
275287	94535	87863	85657	7232	89054	22522
265181	101012	79342	84498	329	86016	8528
249810	85642	82061	80793	1314	81844	24025
592534	205630	192336	188873	5695	200606	42472
689859	257161	228032	203774	892	221291	30246
264611	94669	86525	81563	1854	82849	2466
207852	73781	70305	61695	2071	62975	25162
976752	337122	312836	324987	1807	308335	6235
450459	177510	146379	125719	851	128593	5699
69209	24829	21903	22232	245	22318	1267
91641	32698	29022	27182	2739	27208	4662
450180	149404	147849	152224	703	155890	4924
238123	85457	79927	72739		73901	4479
309651	112522	101321	94770	1038	97586	16704
15601	5664	5790	4147		4147	
75288	22106	26869	25660	653	26044	14343
154367	53039	50804	48662	1862	49747	1803
52042	19442	16453	15318	829	16036	510
50898	17985	17867	15031	15	15545	1238
151913	61126	50890	37641	2256	42866	2511

地 区 Region	毕业生数 Graduates		招生数 Entrants			
	合计 Total	其中:获得职业资格证书 of Which: Reciptents of Vocational Qualifications	合计 Total	其中:应届毕业 of Which: Graduates of Current Year		其中:五年制高职中职段 of Which:5 – year Secondary Vocational Education
				小计 Subtotal	其中:初中毕业生 of Which: Junior Secondary School Graduates	
总 计 Total	**1281761**	**970642**	**1290358**	**1222224**	**1181093**	**211828**
北 京 Beijing	7185	5064	5311	5173	4833	2124
天 津 Tianjin	7612	6353	9270	9160	9027	1533
河 北 Hebei	51687	34954	57335	52201	50674	6535
山 西 Shanxi	35977	30164	25230	23860	22918	7544
内蒙古 Inner Mongolia	20362	13486	16052	14841	14538	5411
辽 宁 Liaoning	28001	16110	25628	22023	20967	4485
吉 林 Jilin	12534	8944	8554	8250	8063	2657
黑龙江 Heilongjiang	19813	15155	17373	15897	15415	1794
上 海 Shanghai	11778	9614	10586	10461	10412	2061
江 苏 Jiangsu	88728	74429	82750	81992	81504	29542
浙 江 Zhejiang	17249	16601	17282	17245	17245	4096
安 徽 Anhui	47770	38328	48754	47780	47019	14751
福 建 Fujian	39483	36930	44180	43341	42559	4188
江 西 Jiangxi	53422	37032	50188	48133	47591	15554
山 东 Shandong	98974	78286	96495	93418	91653	23411
河 南 Henan	120257	89689	137834	127317	123709	18944
湖 北 Hubei	45622	36479	42261	40923	40132	4801
湖 南 Hunan	40447	30377	44511	43203	42774	15223
广 东 Guangdong	173833	113287	161527	151703	140177	3861
广 西 Guangxi	58184	43445	80648	73482	71291	7847
海 南 Hainan	12658	6298	11744	10212	10163	1056
重 庆 Chongqing	18710	16400	16969	16606	15989	3666
四 川 Sichuan	95031	81129	85797	82219	76826	1986
贵 州 Guizhou	28575	24173	45799	42050	41075	3552
云 南 Yunnan	53612	42144	62365	59445	57967	14330
西 藏 Tibet	2761	1288	2454	2440	2313	
陕 西 Shaanxi	18023	9947	11132	10587	10040	5411
甘 肃 Gansu	35293	27606	28638	27437	26963	1535
青 海 Qinghai	7126	5256	8186	7713	7435	643
宁 夏 Ningxia	8272	5539	8833	8718	8360	1206
新 疆 Xinjiang	22782	16135	26672	24394	21461	2081

女学生数

Specialized Sec. Schools

单位:人

unit: person

在校学生数 Enrolment					预计毕业生数 Estimated Graduates for Next Year	
合计 Total	一年级 Grade 1	二年级 Grade 2	三年级 Grade 3	四年级及以上 Grade 4 and Over	合计 Total	其中:五年制高职中职段 of Which: 5 – year Secondary Vocational Education
3792917	**1288888**	**1235225**	**1227109**	**41695**	**1204382**	**184734**
21413	5275	5059	5919	5160	6424	1517
25274	9233	7819	7983	239	8111	1365
151121	57279	47830	44959	1053	41760	3612
83871	25222	26715	30882	1052	31516	7367
50071	16007	18105	15382	577	15656	5299
80942	25603	24651	25175	5513	25738	3826
28304	8556	8996	10408	344	10329	1845
57792	17375	19472	20024	921	18477	
33261	10545	10372	11360	984	11650	1086
248170	82572	78959	83112	3527	83496	30535
49576	17286	15648	16139	503	16282	3749
150860	48754	48799	48682	4625	48023	14559
119417	44152	36411	38646	208	37935	4769
153313	50170	51465	50863	815	48159	16304
290393	96375	96179	93789	4050	97961	21317
382079	137834	124205	119648	392	121061	15119
124978	42237	41219	40323	1199	39776	2177
127540	44493	42817	39023	1207	39294	13548
490948	161641	158843	169182	1282	149867	3888
210538	80373	68346	61189	630	57807	2197
35536	11747	11298	12316	175	12242	820
49057	17134	14646	15166	2111	15193	3231
261395	85821	85743	89238	593	90583	2675
133024	44965	45336	42723		42196	3311
179709	62368	59806	56703	832	57160	10134
6958	2512	2663	1783		1783	
39841	11121	14716	13564	440	13198	7877
86438	28643	28579	27917	1299	26583	1115
23446	8211	7645	7364	226	7068	239
26101	8775	9474	7837	15	8189	466
71551	26609	23409	19810	1723	20865	787

成人中
Number of Students in Adult

地　区 Region	毕业生数 Graduates		招生数 Entrants			
	合计 Total	其中：获得职业资格证书 of Which: Recipients of Vocational Qualifications	合计 Total	其中：应届毕业 of Which: Graduates of Current Year		其中：五年制高职中职段 of Which: 5 - year Secondary Vocational Education
				小计 Subtotal	其中：初中毕业生 of Which: Junior Secondary School Graduates	
总　计 Total	**805105**	**585360**	**646759**	**327770**	**293781**	**3523**
北　京 Beijing	10042	3913	9948	5735	5722	
天　津 Tianjin	3481	734	2777	179	179	
河　北 Hebei	46184	32123	36441	9619	7845	
山　西 Shanxi	10862	654	3414	3024		
内蒙古 Inner Mongolia	9077	6862	6954	5418	476	
辽　宁 Liaoning	6754	4126	9898	948	894	
吉　林 Jilin	10725	1201	4607	3019	3015	
黑龙江 Heilongjiang	24101	16414	17429	7957	6668	
上　海 Shanghai	7148	5643	7059	4381	4381	
江　苏 Jiangsu	23113	18225	18720	10871	10860	
浙　江 Zhejiang	11471	7824	9710	3525	3525	214
安　徽 Anhui	120693	105363	112333	78155	71117	
福　建 Fujian	56022	49225	39785	9932	8572	
江　西 Jiangxi	2593	1675	4575	3497	2495	
山　东 Shandong	42001	25330	16891	12085	9308	1903
河　南 Henan	36756	29734	30761	18650	16846	145
湖　北 Hubei	3643	3499	4368	3597	3566	55
湖　南 Hunan	28766	26027	18692	15934	15260	
广　东 Guangdong	30974	8589	4321	3692	3565	
广　西 Guangxi	118146	61891	79277	20790	19378	
海　南 Hainan	3676	178	2587			
重　庆 Chongqing	7285	5592	11039	5933	5745	1206
四　川 Sichuan	148288	141785	129525	66745	61519	
贵　州 Guizhou	14973	11257	38266	25404	24809	
云　南 Yunnan	3293	2778	1059	210	200	
西　藏 Tibet	203		27	20		
陕　西 Shaanxi	2248	994	255	161	161	
甘　肃 Gansu	9699	8212	9602	6060	5600	
青　海 Qinghai	3664	1584	7298	543	399	
宁　夏 Ningxia	3060	477	1523	557	557	
新　疆 Xinjiang	6164	3451	7618	1129	1119	

专学生数
Specialized Sec. Schools

单位:人
unit: person

在校学生数 Enrolment					预计毕业生数 Estimated Graduates for Next Year	
合计 Total	一年级 Grade 1	二年级 Grade 2	三年级 Grade 3	四年级及以上 Grade 4 and Over	合计 Total	其中:五年制高职中职段 of Which: 5 – year Secondary Vocational Education
1626741	**647635**	**489828**	**464747**	**24531**	**749875**	**2187**
30412	9847	12166	7527	872	13905	
5992	2797	3151	44		2930	
62758	36159	17164	9298	137	35518	
10352	3414	3054	3884		4660	
13695	6954	1205	5536		11158	
29926	9898	10474	9554		9772	
16025	4607	4317	7101		8591	
47595	17429	16019	14147		16653	
16597	7101	6732	2764		3660	
60074	18757	23336	17888	93	25397	
23878	9710	11610	2558		11987	235
253475	112333	77407	62635	1100	124671	
131474	40875	39409	39019	12171	49713	
9602	4575	2819	2208		3209	
70888	16891	24563	28981	453	34338	1446
70520	30761	22039	17720		31635	70
10968	4368	3578	3022		3022	
60031	18692	18761	20306	2272	19750	
26543	4223	6235	16085		10981	
285901	79280	93326	111569	1726	119070	
8983	2587	2593	3803		3803	
23978	11039	6924	6015		6015	436
190645	129690	31225	29730		133325	
95641	38266	31517	25858		35882	
2159	1059	669	431		1163	
195	27	168			168	
3009	255	1230	1524		1616	
25308	9602	5902	7327	2477	15520	
23474	7298	6731	6215	3230	6407	
3190	1523	736	931		1802	
13453	7618	4768	1067		3554	

地 区 Region	毕业生数 Graduates		招生数 Entrants			
	合计 Total	其中:获得职业资格证书 of Which: Recipients of Vocational Qualifications	合计 Total	其中:应届毕业 of Which: Graduates of Current Year		其中:五年制高职中职段 of Which:5 - year Secondary Vocational Education
				小计 Subtotal	其中:初中毕业生 of Which: Junior Secondary School Graduates	
总　计 Total	**358022**	**260445**	**270948**	**139809**	**123996**	**1539**
北　京 Beijing	5694	1451	5340	2336	2336	
天　津 Tianjin	1481	375	1084	58	58	
河　北 Hebei	27171	19237	19321	4274	3409	
山　西 Shanxi	4678		1520	1520		
内蒙古 Inner Mongolia	4401	3591	3625	3103	267	
辽　宁 Liaoning	2681	1725	3246	411	410	
吉　林 Jilin	4650	432	1561	1223	1220	
黑龙江 Heilongjiang	9890	7821	6588	3429	2827	
上　海 Shanghai	2310	1915	2837	1487	1487	
江　苏 Jiangsu	9828	7554	7974	4334	4329	
浙　江 Zhejiang	5559	3837	3821	2080	2080	173
安　徽 Anhui	51476	44786	46198	31121	27574	
福　建 Fujian	23851	20484	14322	3363	3183	
江　西 Jiangxi	1584	753	2185	1884	1368	
山　东 Shandong	19719	12838	8099	5824	4507	988
河　南 Henan	17680	13157	11656	6154	5318	32
湖　北 Hubei	2238	2153	2991	2551	2535	21
湖　南 Hunan	12108	11024	8599	7355	7098	
广　东 Guangdong	13967	3608	1692	1175	1155	
广　西 Guangxi	46643	24295	28487	9069	8598	
海　南 Hainan	1619	84	980			
重　庆 Chongqing	3226	2685	5589	3181	3141	325
四　川 Sichuan	66863	64271	55984	29873	27584	
贵　州 Guizhou	7137	5310	16352	10164	9889	
云　南 Yunnan	1008	894	333	36	36	
西　藏 Tibet	76		13	12		
陕　西 Shaanxi	689	256	151	95	95	
甘　肃 Gansu	4562	3963	4122	2765	2587	
青　海 Qinghai	1238	448	2746	126	104	
宁　夏 Ningxia	1748	406	816	314	314	
新　疆 Xinjiang	2247	1092	2716	492	487	

专女学生数

in Adult Specialized Sec. Schools

单位:人

unit: person

在校学生数 Enrolment					预计毕业生数 Estimated Graduates for Next Year	
合计 Total	一年级 Grade 1	二年级 Grade 2	三年级 Grade 3	四年级及以上 Grade 4 and Over	合计 Total	其中:五年制高职中职段 of Which: 5 - year Secondary Vocational Education
689488	**271926**	**203837**	**203404**	**10321**	**315090**	**1099**
16049	5239	6532	3929	349	7692	
2379	1086	1278	15		1212	
34041	19314	9508	5157	62	19191	
4812	1520	1189	2103		2147	
6754	3625	567	2562		5625	
10966	3246	3962	3758		3852	
6614	1561	1488	3565		3886	
18924	6588	6469	5867		5130	
6284	2856	2406	1022		1486	
27318	7974	11116	8137	91	10844	
9740	3821	4526	1393		4848	211
106767	46198	33851	26718		51773	
53399	15357	14862	17060	6120	19307	
5111	2185	1494	1432		2050	
32773	8099	11135	13384	155	15965	882
27422	11656	7656	8110		13823	6
8008	2991	2895	2122		2166	
27958	8599	8794	9413	1152	8601	
10667	1587	2227	6853		4528	
106147	28469	33758	43599	321	42661	
3572	980	856	1736		1736	
11164	5589	2995	2580		2450	
83475	56149	13618	13708		58691	
41084	16352	13128	11604		14806	
695	333	218	144		333	
78	13	65			65	
746	139	116	491		159	
10723	4122	2462	3594	545	5882	
9010	2746	2487	2251	1526	1622	
1596	816	305	475		922	
5212	2716	1874	622		1637	

职业高中

Number of Students in

地区 Region	毕业生数 Graduates		招生数 Entrants			
	合计 Total	其中:获得职业资格证书 of Which: Recriptents of Vocational Qualifications	合计 Total	其中:应届毕业 of Which: Graduates of Current Year		其中:五年制高职中职段 of Which:5 - year Secondary Vocational Education
				小计 Subtotal	其中:初中毕业生 of Which: Junior Secondary School Graduates	
总　计 Total	**1560094**	**1392430**	**1551960**	**1498951**	**1472673**	**44632**
北　京 Beijing	16715	14778	5031	4969	4900	1433
天　津 Tianjin	9026	7981	10778	10409	10167	1202
河　北 Hebei	101746	86044	85372	80820	80286	1381
山　西 Shanxi	61759	59415	68497	67246	65536	2292
内蒙古 Inner Mongolia	30757	26192	31071	29261	29114	196
辽　宁 Liaoning	43681	31787	41723	38537	37829	
吉　林 Jilin	21404	15462	22851	20844	19972	1805
黑龙江 Heilongjiang	23806	22417	22915	20893	19523	
上　海 Shanghai	9591	9303	6542	6542	6542	803
江　苏 Jiangsu	40285	39545	36399	33839	31510	412
浙　江 Zhejiang	137324	135835	144033	142901	142698	18426
安　徽 Anhui	135423	126176	99902	96217	95562	
福　建 Fujian						
江　西 Jiangxi	54826	46732	66881	64083	61343	646
山　东 Shandong	85788	77299	71530	67687	65742	1517
河　南 Henan	144798	125063	90300	88897	86843	728
湖　北 Hubei	29098	27382	33564	33413	33272	1388
湖　南 Hunan	112630	103075	145286	143195	141937	1565
广　东 Guangdong	64313	39363	54236	52202	50769	212
广　西 Guangxi						
海　南 Hainan	13132	9273	15717	15098	14553	119
重　庆 Chongqing	68786	60295	75687	74049	73847	4375
四　川 Sichuan	116658	115794	121919	120096	119651	
贵　州 Guizhou	52809	47992	103783	96682	96113	3163
云　南 Yunnan	54185	46930	62017	60511	60204	2400
西　藏 Tibet						
陕　西 Shaanxi	91685	83312	84064	79965	74677	472
甘　肃 Gansu	17932	16906	19168	18406	18060	97
青　海 Qinghai	214	122	354	339	339	
宁　夏 Ningxia	7209	5478	11324	10973	10973	
新　疆 Xinjiang	14514	12479	21016	20877	20711	

学生数

Vocational High Schools

单位:人

unit: person

在校学生数 Enrolment					预计毕业生数 Estimated Graduates for Next Year	
合计 Total	一年级 Grade 1	二年级 Grade 2	三年级 Grade 3	四年级及以上 Grade 4 and Over	合计 Total	其中:五年制高职中职段 of Which: 5 - year Secondary Vocational Education
4398597	**1552522**	**1414272**	**1411556**	**20247**	**1466509**	**25958**
18400	5142	5800	6391	1067	6504	363
28007	10780	6970	10257		11945	597
241955	85373	80857	75725		76893	626
207925	68570	64552	63731	11072	78110	1298
90789	31071	30526	29192		29815	
126234	41729	38409	45115	981	45764	
63787	22818	19075	21791	103	22132	253
70250	22915	24896	22439		23058	
23097	6609	7537	8901	50	8932	510
110185	36402	36481	37203	99	38919	373
406914	144053	129188	131295	2378	131407	13217
309033	99903	98081	110814	235	117539	
171793	67127	55452	49201	13	49901	251
193842	71519	58235	63940	148	67547	851
280060	90300	93006	96737	17	103626	1361
89314	33564	28025	27725		27759	
380137	145286	119503	112314	3034	116667	1108
168824	54246	58494	56084		54882	
38937	15717	11757	11124	339	10391	33
212409	75687	69026	67696		67696	1602
346666	121919	111951	112768	28	113726	
268727	103815	83976	80936		81455	1600
172379	62032	54172	56165	10	56432	1172
244044	84192	82342	77053	457	87602	711
49673	19059	16312	14253	49	14798	32
848	354	219	250	25	260	
28029	11324	9235	7470		7678	
56339	21016	20195	14986	142	15071	

职业高中
Number of Female Students

地 区 Region	毕业生数 Graduates		招生数 Entrants			
	合计 Total	其中:获得职业资格证书 of Which: Recipients of Vocational Qualifications	合计 Total	其中:应届毕业 of Which: Graduates of Current Year		其中:五年制高职中职段 of Which:5 - year Secondary Vocational Education
				小计 Subtotal	其中:初中毕业生 of Which: Junior Secondary School Graduates	
总　计 Total	**723367**	**643242**	**677190**	**655087**	**645456**	**21316**
北　京 Beijing	8146	7260	2478	2451	2401	847
天　津 Tianjin	4273	3702	5242	5072	4972	656
河　北 Hebei	53245	45095	37950	35937	35726	537
山　西 Shanxi	30003	28854	30811	30125	29486	942
内蒙古 Inner Mongolia	13197	11417	13093	12637	12598	109
辽　宁 Liaoning	20741	14923	17165	16001	15622	
吉　林 Jilin	10426	7808	10014	9018	8657	650
黑龙江 Heilongjiang	10190	9675	8642	8110	7894	
上　海 Shanghai	4225	4117	2685	2685	2685	405
江　苏 Jiangsu	18139	17681	17110	15624	14941	159
浙　江 Zhejiang	61592	60955	61961	61409	61402	8266
安　徽 Anhui	62290	58119	43939	42331	42151	
福　建 Fujian						
江　西 Jiangxi	24590	20890	30901	29547	28509	378
山　东 Shandong	35326	31951	29739	27977	27595	551
河　南 Henan	70197	60546	39774	39277	38511	173
湖　北 Hubei	12804	11954	13464	13412	13384	524
湖　南 Hunan	48852	44607	60705	60019	59610	690
广　东 Guangdong	30419	17632	22732	21334	20648	
广　西 Guangxi						
海　南 Hainan	5660	3964	5578	5341	5196	78
重　庆 Chongqing	32058	27733	31907	31169	31128	2030
四　川 Sichuan	52996	52561	52359	51688	51566	
贵　州 Guizhou	27641	25304	50756	48496	48181	2321
云　南 Yunnan	21931	18593	24107	23611	23568	1643
西　藏 Tibet						
陕　西 Shaanxi	45888	41787	40079	38188	35602	316
甘　肃 Gansu	9548	8991	9742	9430	9319	41
青　海 Qinghai	103	83	163	148	148	
宁　夏 Ningxia	3986	2852	5803	5803	5803	
新　疆 Xinjiang	4901	4188	8291	8247	8153	

女学生数
in Vocational High Schools

单位:人
unit: person

在校学生数 Enrolment					预计毕业生数 Estimated Graduates for Next Year	
合计 Total	一年级 Grade 1	二年级 Grade 2	三年级 Grade 3	四年级及以上 Grade 4 and Over	合计 Total	其中:五年制高职中职段 of Which: 5 – year Secondary Vocational Education
1963472	**676957**	**635396**	**641909**	**9210**	**651662**	**13150**
9278	2514	2916	3073	775	3086	150
13240	5243	3431	4566		4676	306
113573	37960	38471	37142		37020	305
97046	30811	29849	31528	4858	36641	613
38679	13091	12830	12758		12435	
54470	17142	16600	19888	840	19680	
29394	9969	8908	10420	97	9806	88
28884	8642	10769	9473		9284	
9531	2691	3096	3726	18	3737	142
50296	17112	16223	16916	45	16314	179
176574	61968	55999	57912	695	57848	6371
139597	43940	44105	51451	101	54175	
80306	30965	25883	23445	13	23509	165
80210	29707	23696	26754	53	27045	257
125081	39774	41417	43883	7	45842	593
36632	13464	11948	11220		10879	
160389	60684	51156	47582	967	48440	721
73679	22735	25788	25156		24516	
14570	5569	4488	4408	105	4106	17
92679	31881	30277	30521		29245	731
151097	52359	48353	50364	21	50789	
136618	50567	44417	41634		40109	1321
69398	24111	22542	22739	6	22846	876
117351	40100	39361	37459	431	41640	315
26671	9701	9004	7925	41	7814	
426	163	123	116	24	125	
14689	5803	4915	3971		4145	
23114	8291	8831	5879	113	5910	

地 区 Region	合计 Total	14 岁及以下 14 Years and Under	15 岁 15 Years	16 岁 16 Years	17 岁 17 Years
总 计 Total	**13352414**	**194938**	**2029987**	**3307371**	**3343095**
北 京 Beijing	96277	3057	14390	20606	22572
天 津 Tianjin	97682	1046	9619	25866	25232
河 北 Hebei	612891	7343	96116	149221	149998
山 西 Shanxi	366833	5524	59642	98948	95967
内蒙古 Inner Mongolia	214555	89	24612	47865	53127
辽 宁 Liaoning	325311	7499	45000	74312	75593
吉 林 Jilin	134237	2175	17145	27399	33299
黑龙江 Heilongjiang	229407	3509	22498	43822	46525
上 海 Shanghai	119701	1798	20066	31621	34750
江 苏 Jiangsu	680187	4356	111417	174654	189038
浙 江 Zhejiang	523584	3152	102104	150828	154591
安 徽 Anhui	837795	5869	149196	198952	187265
福 建 Fujian	396655	3982	49129	73714	71540
江 西 Jiangxi	431205	11672	82946	126648	114094
山 东 Shandong	857264	13424	159399	231941	226005
河 南 Henan	1040439	13002	183287	285961	264910
湖 北 Hubei	364893	8360	76927	107768	101743
湖 南 Hunan	648020	27012	149817	175668	153447
广 东 Guangdong	1172119	16129	129492	279614	313738
广 西 Guangxi	736360	9111	59285	123447	130314
海 南 Hainan	117129	2106	13013	23261	24112
重 庆 Chongqing	328028	5736	46283	93574	94004
四 川 Sichuan	987491	9199	170386	263263	264701
贵 州 Guizhou	602491	6185	62502	133400	145042
云 南 Yunnan	484189	8306	61070	125632	138755
西 藏 Tibet	15796	679	1814	3255	3539
陕 西 Shaanxi	322341	4739	47063	85362	87844
甘 肃 Gansu	229348	2533	26413	49888	53749
青 海 Qinghai	76364	882	5046	11909	13365
宁 夏 Ningxia	82117	1132	9364	19543	21259
新 疆 Xinjiang	221705	5332	24946	49429	52977

构）分年龄学生数
Vocational Schools (Institutions)

单位：人
unit: person

18 岁 18 Years	19 岁 19 Years	20 岁 20 Years	21 岁 21 Years	22 岁及以上 22 Years and Over
2048296	**828884**	**378683**	**236882**	**984278**
15618	5241	1702	893	12198
21616	6565	2701	2252	2785
91914	37410	13195	9256	58438
52818	14619	5246	2324	31745
36859	17448	7091	5167	22297
50500	22243	8518	4251	37395
21967	10665	5607	4924	11056
36945	18808	10607	10390	36303
20365	5865	1244	298	3694
97552	30018	13340	7365	52447
79300	19791	3034	1393	9391
110926	55899	43404	25324	60960
49503	19777	13395	11071	104544
61068	20343	6081	2448	5905
120951	37248	17272	8843	42181
148892	57057	25389	14762	47179
48005	12587	3101	1143	5259
73167	24589	9975	8400	25945
226173	101654	45367	22292	37660
96851	57996	35621	34567	189168
17852	8914	3428	1557	22886
57424	16690	4414	1958	7945
153112	63307	26362	15619	21542
101258	53109	25272	15368	60355
90789	31770	10199	4116	13552
2959	1791	650	354	755
58606	20815	8117	3274	6521
40569	21946	10877	5106	18267
12074	6920	4609	3751	17808
15006	7612	3158	1881	3162
37657	20187	9707	6535	14935

中等职业学校(机构)
Number of Female Students by Age in

	合计 Total	14 岁及以下 14 Years and Under	15 岁 15 Years	16 岁 16 Years
总 计 Total	**6445877**	**101629**	**983309**	**1612093**
北 京 Beijing	46740	1663	6841	9533
天 津 Tianjin	40893	460	3957	10631
河 北 Hebei	298735	3700	45458	70837
山 西 Shanxi	185729	2550	29306	51010
内蒙古 Inner Mongolia	95504	48	10990	21764
辽 宁 Liaoning	146378	4809	21248	34177
吉 林 Jilin	64312	1088	7412	12752
黑龙江 Heilongjiang	105600	2149	10964	21644
上 海 Shanghai	49076	905	8712	13225
江 苏 Jiangsu	325784	2268	53972	86237
浙 江 Zhejiang	235890	1707	46858	68014
安 徽 Anhui	397224	2417	72892	97752
福 建 Fujian	172816	1964	22593	34136
江 西 Jiangxi	238730	6334	44471	70250
山 东 Shandong	403376	6745	74057	110136
河 南 Henan	534582	6751	94418	148062
湖 北 Hubei	169618	4199	35874	50523
湖 南 Hunan	315887	14507	73568	85023
广 东 Guangdong	575294	8436	61163	134169
广 西 Guangxi	316685	4467	27846	58404
海 南 Hainan	53678	984	6038	10501
重 庆 Chongqing	152900	2960	21285	44001
四 川 Sichuan	495967	5413	86072	130498
贵 州 Guizhou	310726	3017	31495	66931
云 南 Yunnan	249802	4299	31281	63837
西 藏 Tibet	7036	311	777	1573
陕 西 Shaanxi	157938	2554	22082	41661
甘 肃 Gansu	123832	1518	13476	27732
青 海 Qinghai	32882	432	2522	5717
宁 夏 Ningxia	42386	660	4671	9636
新 疆 Xinjiang	99877	2314	11010	21727

分年龄女学生数

Secondary Vocational Schools (Institutions)

单位:人
unit: person

17 岁 17 Years	18 岁 18 Years	19 岁 19 Years	20 岁 20 Years	21 岁 21 Years	22 岁及以上 22 Years and Over
1640819	**997730**	**402262**	**178502**	**104042**	**425491**
10737	7120	2152	655	356	7683
10894	8957	2881	1086	905	1122
73070	45265	17843	5716	3676	33170
50644	27119	7144	2534	1001	14421
24110	16605	7768	3056	2143	9020
34183	23564	9759	3437	1592	13609
16468	11528	5108	2472	1852	5632
23986	17439	7439	4177	4004	13798
14518	7400	2174	441	144	1557
89270	44908	13945	5906	3951	25327
71492	35397	8418	1051	617	2336
89539	53586	27823	20681	10722	21812
32742	21840	8051	5616	4572	41302
64236	33467	12325	3215	1300	3132
106211	55034	18605	8861	4114	19613
137658	74504	28436	12503	7349	24901
47246	21636	5705	1344	473	2618
75992	33037	11390	4737	3986	13647
156194	115157	50768	22751	10548	16108
59849	44623	24987	14660	12481	69368
10969	8205	3850	1537	744	10850
42947	26030	8103	2293	1231	4050
132654	76651	32571	14134	7557	10417
77622	55862	27696	12588	7191	28324
72378	47567	16397	4930	2034	7079
1584	1295	811	273	167	245
43432	29235	10516	4088	1705	2665
29496	22787	12558	6118	2762	7385
6362	5631	3292	1675	1219	6032
11133	8098	3915	1549	888	1836
23203	18183	9832	4418	2758	6432

中等职业学校（机

Number of Graduates in Secondary

地　区 Region	结业生数					
	合计 Total	其中：女 of Which: Female	其中：少数民族 of Which: Minority	其中：资格证书培训 of Which: Vocational Qualifications Training	其中：岗位证书培训 of Which: Job Certificate Training	其中：第一产业类培训 of Which: Training for First Industry
总　计 Total	**5295781**	**2381842**	**390762**	**2047174**	**1696505**	**1278245**
北　京 Beijing	44061	23040	2079	20751	13536	966
天　津 Tianjin	38676	19267	841	31435	4072	9719
河　北 Hebei	235824	132189	24259	56670	69880	62306
山　西 Shanxi	77544	43655	83	31018	27714	11848
内蒙古 Inner Mongolia	73210	38334	7803	33098	30662	17497
辽　宁 Liaoning	298550	65132	61921	84403	82080	77675
吉　林 Jilin	17873	4309	373	8792	3653	1869
黑龙江 Heilongjiang	199296	74210	1471	29955	35563	99819
上　海 Shanghai	83608	28634	176	21773	48403	1311
江　苏 Jiangsu	362915	171134	306	177045	133335	41290
浙　江 Zhejiang	392768	167288	4391	169080	161817	40215
安　徽 Anhui	349379	155134	414	142954	137303	55101
福　建 Fujian	166497	66484	2810	94773	32312	32910
江　西 Jiangxi	144900	77347	170	42911	71079	39636
山　东 Shandong	247464	92250	3161	92232	97709	28458
河　南 Henan	436845	195859	4453	137981	168864	88126
湖　北 Hubei	318681	181483	17197	41435	27536	221023
湖　南 Hunan	239053	121563	15117	95193	99426	63590
广　东 Guangdong	248912	115149	1710	124859	109001	30443
广　西 Guangxi	144443	60328	47665	73795	43274	33973
海　南 Hainan	30717	11398	2448	10198	11839	9658
重　庆 Chongqing	97540	44670	9009	38545	27118	14047
四　川 Sichuan	201559	95953	10065	120577	50708	46781
贵　州 Guizhou	113994	51048	29488	57800	35401	26533
云　南 Yunnan	342284	169327	96580	170437	86758	90765
西　藏 Tibet	8	5		8		
陕　西 Shaanxi	142974	68308	420	36325	28113	39422
甘　肃 Gansu	73506	35913	4310	45327	11960	13136
青　海 Qinghai	77421	28488	7116	8180	16721	53299
宁　夏 Ningxia	19193	8462	3958	16308	2885	7457
新　疆 Xinjiang	76086	35481	30968	33316	27783	19372

构）培训结业学生情况
Vocational Schools (Institutions)

单位：人
unit: person

Graduates

其中：第二产业类培训 of Which: Training for Second Industry	其中：第三产业类培训 of Which: Training for Third Industry	一个月以内 1 Month Under	一个月至三个月以内 1 Month to 3 Months	三个月至半年以内 3 Months to 6 Months	半年至一年以内 6 Months to 1 Year	一年及以上 1 Year and Over
1090638	**2926898**	**3326366**	**918132**	**428575**	**371800**	**250908**
10441	32654	24751	6686	1879	5211	5534
12408	16549	6680	17524	12295	624	1553
43894	129624	119420	33595	34595	36914	11300
11761	53935	42779	12387	14395	4767	3216
13980	41733	50419	11123	2084	9038	546
47684	173191	236691	33673	13461	11986	2739
8699	7305	13523	2820	382	1020	128
22505	76972	177754	12628	3335	2213	3366
30730	51567	39983	24340	10343	7819	1123
129372	192253	177793	72331	46751	43655	22385
111529	241024	243230	69558	24211	26730	29039
87296	206982	180291	102205	22289	29034	15560
25565	108022	119581	14535	13667	9826	8888
22712	82552	60996	15439	23098	36608	8759
68818	150188	176486	40857	7319	15289	7513
68001	280718	277899	85617	26158	40438	6733
23701	73957	270842	21702	7898	5935	12304
47745	127718	141375	48834	25462	8566	14816
72140	146329	147674	52180	23792	7781	17485
25040	85430	97683	33390	8250	1148	3972
6793	14266	20787	2099	1759	1655	4417
25948	57545	67790	12949	5105	5425	6271
57895	96883	91555	42281	18882	20565	28276
26772	60689	75577	22940	9405	2968	3104
32627	218892	212959	51197	35933	24966	17229
	8	8				
18735	84817	81119	36110	16897	4183	4665
11289	49081	45614	8929	9675	3697	5591
8038	16084	66653	8641	1227	900	
1446	10290	13024	3307	168	1154	1540
17074	39640	45430	18255	7860	1685	2856

中等职业学校(机

Number of Enrolment in Secondary

注册学生数

地 区 Region	合计 Total	其中:女 of Which: Female	其中:少数民族 of Which: Minority	其中:资格证书培训 of Which: Vocational Qualifications Training	其中:岗位证书培训 of Which: Job Certificate Training	其中:第一产业类培训 of Which: Training for First Industry
总 计 Total	**3431361**	**1596620**	**227552**	**1503999**	**1038118**	**794538**
北 京 Beijing	27625	13653	933	15468	6687	791
天 津 Tianjin	22162	8851	205	18065	2258	590
河 北 Hebei	116389	64272	3008	37278	36612	33146
山 西 Shanxi	50591	27184	12	24097	17364	5482
内蒙古 Inner Mongolia	37090	16959	3293	16375	14719	4366
辽 宁 Liaoning	114214	24374	46055	80372	13618	51173
吉 林 Jilin	7694	2480	250	6327	722	1939
黑龙江 Heilongjiang	154335	57139	823	23815	10930	89629
上 海 Shanghai	83994	28560	181	27810	41603	1303
江 苏 Jiangsu	239700	113760	100	126144	75030	29297
浙 江 Zhejiang	372680	157912	4417	164614	153257	40178
安 徽 Anhui	350474	158835	420	140669	139576	56046
福 建 Fujian	111560	49545	600	61590	16746	17361
江 西 Jiangxi	89281	44057	49	35288	44137	18690
山 东 Shandong	88175	38514	2978	34946	18770	9803
河 南 Henan	227946	105107	2099	94817	97866	29948
湖 北 Hubei	262402	158617	15861	23279	18782	200536
湖 南 Hunan	90949	46912	6111	44459	24160	16203
广 东 Guangdong	215680	107134	1517	128823	77313	20265
广 西 Guangxi	99246	41788	34842	54019	27117	22996
海 南 Hainan	19765	8297	2041	10667	6873	2041
重 庆 Chongqing	65414	33896	3451	31508	12000	1854
四 川 Sichuan	208367	100736	12169	114063	65513	45465
贵 州 Guizhou	86478	40500	25860	42806	31817	20645
云 南 Yunnan	152209	84518	41023	68883	52986	42790
西 藏 Tibet						
陕 西 Shaanxi	57179	27848	267	21405	19509	14392
甘 肃 Gansu	32883	14301	2257	25047	5048	9086
青 海 Qinghai	3853	1077	1227	2467	112	
宁 夏 Ningxia	18303	8902	4036	15177	3091	5619
新 疆 Xinjiang	24723	10892	11467	13721	3902	2904

构)培训注册学生情况
Vocational Schools (Institutions)

单位:人
unit: person

Enrolment

其中:第二产业类培训 of Which: Training for Second Industry	其中:第三产业类培训 of Which: Training for Third Industry	一个月以内 1 Month Under	一个月至三个月以内 1 Month to 3 Months	三个月至半年以内 3 Months to 6 Months	半年至一年以内 6 Months to 1 Year	一年及以上 1 Year and Over
740776	**1896047**	**1875024**	**640933**	**297071**	**253609**	**364724**
9648	17186	21303	2358	401	2860	703
10956	10616	3103	13640	3128	659	1632
24546	58697	31474	18524	20988	14012	31391
7826	37283	20867	8097	8986	7110	5531
8549	24175	21413	5579	2049	5246	2803
32420	30621	82821	11293	6468	8861	4771
1846	3909	5920	1281	104	389	
6036	58670	140130	7275	1635	1026	4269
33794	48897	39914	20936	11033	8153	3958
84676	125727	96364	49845	33693	32886	26912
106075	226427	227136	65919	22458	23104	34063
89769	204659	178184	102889	23959	28852	16590
17684	76515	76949	3905	12472	7280	10954
12387	58204	35392	9527	13269	22313	8780
15626	62746	37897	19769	7961	14634	7914
41884	156114	112411	61931	21971	14977	16656
10448	51418	232796	8864	3573	6336	10833
23302	51444	26446	19568	16967	6049	21919
48036	147379	86896	47538	22520	2266	56460
19981	56269	55181	27696	7307	1671	7391
5097	12627	5239	4461	1183	2878	6004
12406	51154	37471	9017	4617	3559	10750
57971	104931	98257	38358	15338	13986	42428
21597	44236	55926	18687	6603	3399	1863
7664	101755	87076	31418	9778	12366	11571
11005	31782	21958	14731	10898	2879	6713
7394	16403	15625	4123	4993	3014	5128
2736	1117	413	1103	825		1512
1223	11461	12776	3688	268	1511	60
8194	13625	7686	8913	1626	1333	5165

中等职业学校(机构)
Changes of Enrolment in Secondary

地 区 Region	上学年初报表在校学生数 Enrolment at Beginning of Previous Academic Year	增加学生数 Factors of Increase			
		合计 Total	招 生 No. of Students Admitted	复 学 Students Resuming Studies	转 入 Transfers from Other Inst.
总 计 Total	**14163127**	**5137187**	**4798174**	**10663**	**251482**
北 京 Beijing	126019	28475	27108	127	1196
天 津 Tianjin	93841	39552	37991	7	986
河 北 Hebei	655366	260275	243165	451	14574
山 西 Shanxi	399157	125454	118877	33	4168
内蒙古 Inner Mongolia	231865	87357	76159	251	9605
辽 宁 Liaoning	333220	120754	111181	123	6492
吉 林 Jilin	150044	52881	45498	47	1245
黑龙江 Heilongjiang	243190	84563	76280	419	6285
上 海 Shanghai	130982	42303	38786	219	2839
江 苏 Jiangsu	723628	244551	228701	438	14367
浙 江 Zhejiang	533785	193323	187111	187	3783
安 徽 Anhui	914742	353697	306770	1765	35794
福 建 Fujian	437610	143673	140767	271	1185
江 西 Jiangxi	437172	173299	157100	189	11127
山 东 Shandong	948167	321538	294033	471	27007
河 南 Henan	1103864	414532	378222	1302	29879
湖 北 Hubei	372601	140041	132594	710	5925
湖 南 Hunan	644800	256749	237759	713	15675
广 东 Guangdong	1282205	409979	395377	323	5410
广 西 Guangxi	782675	259071	256897	170	925
海 南 Hainan	129497	43361	43133	16	142
重 庆 Chongqing	339110	125192	119002	160	1158
四 川 Sichuan	1079228	420940	400780	1261	17712
贵 州 Guizhou	544462	251353	228109	235	13641
云 南 Yunnan	490558	183801	175583	222	6783
西 藏 Tibet	16990	5804	5568		232
陕 西 Shaanxi	377135	112770	106435	60	5019
甘 肃 Gansu	262602	86191	81816	124	3267
青 海 Qinghai	77163	27127	27047	10	61
宁 夏 Ningxia	81966	32791	30832	49	1445
新 疆 Xinjiang	219483	95790	89493	310	3555

学生数变动情况

Vocational Schools (Institutions)

单位：人

unit: person

	减少学生数 Factors of Decrease									本学年初报表在校学生数 Enrolment at Beginning of Current Academic Year
其他 Others	合计 Total	毕业 Graduates	结业 Completers of Courses without Formal Awards	休学 Suspended	退学 Quitting	开除 Expelled	死亡 Dead	转出 Transfers to Other Inst.	其他 Others	
76868	**5947900**	**4732654**	**128248**	**22420**	**431321**	**7155**	**326**	**439183**	**186593**	**13352414**
44	58217	41401	383	272	2335	39	5	4035	9747	96277
568	35711	30618	1	20	3265	14	1	1039	753	97682
2085	302750	254142	4211	243	21462	148	4	20931	1609	612891
2376	157778	136130	2933	192	7305	97	5	6904	4212	366833
1342	104667	82938	648	240	5173	164	2	13082	2420	214555
2958	128663	107471	723	361	9153	225	9	6915	3806	325311
6091	68688	53450	2420	129	3242	94	1	3144	6208	134237
1579	98346	84332	1788	220	3918	35		8053		229407
459	53584	44179	455	314	4359		9	3685	583	119701
1045	287992	242467	655	1005	9832	173	16	31455	2389	680187
2242	203524	179646	733	1133	8665	23	26	8142	5156	523584
9368	430644	341013	14806	338	15756	55	4	47154	11518	837795
1450	184628	138364	10060	1948	23512	99	9	1470	9166	396655
4883	179266	139595	970	962	13307	128	10	11103	13191	431205
27	412441	320353	11691	631	23743	175	8	49567	6273	857264
5129	477957	388293	5913	981	15985	213	3	47166	19403	1040439
812	147749	125735	807	486	7431	162	13	9618	3497	364893
2602	253529	204137	4906	1427	16609	403	21	20088	5938	648020
8869	520065	417278	15057	1033	44493	730	40	20170	21264	1172119
1079	305386	231889	15931	2822	36978	1207	10	5342	11207	736360
70	55729	39356	309	138	13309	140	13	833	1631	117129
4872	136274	108659	610	618	16101	277	25	5205	4779	328028
1187	512677	423086	12936	3034	32471	614	23	37033	3480	987491
9368	193324	118846	11456	1028	24343	350	12	23805	13484	602491
1213	190170	149924	683	472	22523	446	26	9948	6148	484189
4	6998	6139		44	555	37	3	190	30	15796
1256	167564	125060	3820	1170	10983	121	1	21249	5160	322341
984	119445	87558	2915	187	10764	182	2	10699	7138	229348
9	27926	19492	73	301	4968	92	2	800	2198	76364
465	32640	25942	203	96	3200	107	1	1932	1159	82117
2432	93568	65161	152	575	15581	605	22	8426	3046	221705

地 区 Region	上学年初报表在校学生数 Total Enrolment at Beginning of Previous Academic Year	增加学生数 Factors of Increase			
		合计 Total	招 生 No. of Students Admitted	复 学 Students Resuming Studies	转 入 Transfers from Other Inst.
总 计 Total	**6972046**	**2402439**	**2238496**	**4367**	**121087**
北 京 Beijing	64741	13733	13129	58	538
天 津 Tianjin	39925	16269	15596	2	560
河 北 Hebei	334452	121845	114606	287	5860
山 西 Shanxi	206643	60565	57561	11	2124
内蒙古 Inner Mongolia	105270	38182	32770	84	4724
辽 宁 Liaoning	157172	50541	46039	63	3507
吉 林 Jilin	75071	24704	20129	14	658
黑龙江 Heilongjiang	115760	35630	32603	35	2289
上 海 Shanghai	53719	18805	16108	64	2329
江 苏 Jiangsu	347690	115146	107834	236	6585
浙 江 Zhejiang	243639	85101	83064	75	1561
安 徽 Anhui	440064	161496	138891	688	17451
福 建 Fujian	195661	59759	58502	46	578
江 西 Jiangxi	246582	93192	83274	88	6245
山 东 Shandong	458082	145255	134333	33	10874
河 南 Henan	577284	209550	189264	659	16136
湖 北 Hubei	178995	61752	58716	382	2373
湖 南 Hunan	318003	122999	113815	325	7250
广 东 Guangdong	645719	191102	185951	139	2085
广 西 Guangxi	337856	110285	109135	85	375
海 南 Hainan	61157	18368	18302	4	47
重 庆 Chongqing	161791	58645	54465	35	540
四 川 Sichuan	547630	202388	194140	635	7091
贵 州 Guizhou	284816	126708	112907	42	8512
云 南 Yunnan	253841	91221	86805	137	3921
西 藏 Tibet	7773	2570	2467		101
陕 西 Shaanxi	189554	53335	51362	18	1707
甘 肃 Gansu	144191	44807	42502	50	2022
青 海 Qinghai	33706	11133	11095	1	37
宁 夏 Ningxia	43243	17138	15452	5	1269
新 疆 Xinjiang	102016	40215	37679	66	1738

女学生数变动情况

Vocational Schools (Institutions)

单位:人

unit: person

其 他 Others	减少学生数 Factors of Decrease 合计 Total	毕业 Graduates	结业 Completers of Courses without Formal Awards	休学 Suspended	退学 Quitting	开除 Expelled	死亡 Dead	转出 Transfers to Other Inst.	其他 Others	本学年初报表在校学生数 Total Enrolment at Beginning of Current Academic Year
38489	**2928608**	**2363150**	**55798**	**8844**	**189345**	**1944**	**91**	**223711**	**85725**	**6445877**
8	31734	21025	48	93	1189	4	1	2106	7268	46740
111	15301	13366		9	1118	7	1	449	351	40893
1092	157562	132103	2184	34	10504	104	1	11682	950	298735
869	81479	70658	1678	116	2975	65	3	3608	2376	185729
604	47948	37960	322	107	2006	58	1	6481	1013	95504
932	61335	51423	347	169	4091	69	3	3653	1580	146378
3903	35463	27610	1997	59	1636	8	1	674	3478	64312
703	45790	39893	380	120	1483	8		3906		105600
304	23448	18313	154	119	2085		3	2629	145	49076
491	137052	116695	411	286	3541	43	7	15171	898	325784
401	92850	84400	158	445	3202	4	4	2957	1680	235890
4466	204336	161536	6788	153	7076	31	1	23017	5734	397224
633	82604	63334	3583	498	10526	39	3	891	3730	172816
3585	101044	79596	593	515	6453	26	3	5496	8362	238730
15	199961	154019	6036	189	11606	37	2	25070	3002	403376
3491	252252	208134	2360	346	7652	67		23949	9744	534582
281	71129	60664	393	192	2934	46	2	5631	1267	169618
1609	125115	101407	2068	667	6868	94	10	11208	2793	315887
2927	261527	218219	6731	493	18851	198	14	8922	8099	575294
690	131456	104827	5198	932	15033	252	4	1813	3397	316685
15	25847	19937	116	100	4905	68	4	271	446	53678
3605	67536	53994	271	244	7138	44	7	4377	1461	152900
522	254051	214890	5309	1417	14514	195	1	15768	1957	495967
5247	100798	63353	5288	469	11361	110	1	15004	5212	310726
358	95260	76551	317	171	9742	104	7	5179	3189	249802
2	3307	2837		19	304	14	1	119	13	7036
248	84951	64600	1662	465	5096	24	1	10921	2182	157938
233	65166	49403	1292	94	5408	34		6056	2879	123832
	11957	8467	24	128	1994	16		356	972	32882
412	17995	14006	42	47	1624	9		1736	531	42386
732	42354	29930	48	148	6430	166	5	4611	1016	99877

中等职业学校（机

Number of Foreign Students in Secondary

地　区 Region	合计 Total	其中：女 of Which: Female	结业生数		
			分时间		
			一个月以内 1 Month Under	一个月至三个月以内 1 Month to 3 Months	三个月至半年以内 3 Months to 6 Months
总　计 Total	**991**	**522**	**559**	**9**	**8**
北　京 Beijing	195	78	165	6	8
天　津 Tianjin					
河　北 Hebei					
山　西 Shanxi					
内蒙古 Inner Mongolia	7	3			
辽　宁 Liaoning	1	1			
吉　林 Jilin					
黑龙江 Heilongjiang					
上　海 Shanghai	3	1			
江　苏 Jiangsu					
浙　江 Zhejiang					
安　徽 Anhui					
福　建 Fujian	1	1			
江　西 Jiangxi					
山　东 Shandong	15	5			
河　南 Henan	21	18	21		
湖　北 Hubei					
湖　南 Hunan					
广　东 Guangdong	105	65		1	
广　西 Guangxi	519	303	373	2	
海　南 Hainan					
重　庆 Chongqing					
四　川 Sichuan	1	1			
贵　州 Guizhou					
云　南 Yunnan	123	46			
西　藏 Tibet					
陕　西 Shaanxi					
甘　肃 Gansu					
青　海 Qinghai					
宁　夏 Ningxia					
新　疆 Xinjiang					

构)外国留学生情况
Vocational Schools (Institutions)

单位:人
unit: person

Graduates							
by Time		分地区 by Continent					
半年至一年以内 6 Months to 1 Year	一年及以上 1 Year and Over	亚洲 Asia	非洲 Africa	欧洲 Europe	北美洲 North America	南美洲 South America	大洋洲 Australia
112	**303**	**855**	**15**	**77**	**31**	**4**	**9**
4	12	132		20	30	4	9
	7	7					
	1	1					
2	1	1		2			
1		1					
	15	15					
		21					
36	68	81	15	8	1		
69	75	472		47			
	1	1					
	123	123					

中等职业学校

Number of Educational Personnel in Secondary

地区 Region	教职工数 Educational		
	合计 Total	校本部教职工 Educational	
		小计 Subtotal	专任教师 Full-time Teachers
总　计 Total	**841495**	**833140**	**652447**
北　京 Beijing	11230	11088	7048
天　津 Tianjin	9121	9037	6496
河　北 Hebei	56873	56575	43936
山　西 Shanxi	32850	32553	25353
内蒙古 Inner Mongolia	18991	18778	13992
辽　宁 Liaoning	28194	28077	20411
吉　林 Jilin	21578	21552	16259
黑龙江 Heilongjiang	19799	19751	14185
上　海 Shanghai	13023	12976	8337
江　苏 Jiangsu	51169	50940	42304
浙　江 Zhejiang	38641	38449	33494
安　徽 Anhui	36609	36418	30265
福　建 Fujian	21243	21122	17103
江　西 Jiangxi	19216	18614	14921
山　东 Shandong	62319	61626	48926
河　南 Henan	67140	65763	51672
湖　北 Hubei	27532	27247	20550
湖　南 Hunan	34134	33991	26047
广　东 Guangdong	57760	57376	44972
广　西 Guangxi	27639	26696	20300
海　南 Hainan	6821	6648	4576
重　庆 Chongqing	18669	18533	15120
四　川 Sichuan	50539	49837	39577
贵　州 Guizhou	21753	21508	17787
云　南 Yunnan	26808	26517	21338
西　藏 Tibet	1253	1253	1142
陕　西 Shaanxi	22000	21898	15906
甘　肃 Gansu	19157	18978	15578
青　海 Qinghai	2931	2883	2410
宁　夏 Ningxia	3314	3289	2538
新　疆 Xinjiang	13189	13167	9904

(机构)教职工数
Vocational Schools (Institutions)

单位:人
unit: person

Personnel					
Personnel in Main Campus			校办企业职工 Employees in School-run Factories & Farms	其他附设机构人员 Personnel in Others Subsidiary Units	聘请校外教师 Part-time Teachers
行政人员 Adm. Personnel	教辅人员 Supporting Staff	工勤人员 Workers			
72553	**52481**	**55659**	**4088**	**4267**	**99379**
1983	1045	1012	17	125	1246
1467	546	528	36	48	929
5031	3981	3627	83	215	3027
2704	2203	2293	133	164	4564
1912	1641	1233	58	155	1174
3640	1677	2349	71	46	2916
2402	1944	947		26	686
2369	1534	1663	38	10	2641
1860	1457	1322	14	33	1198
2592	2708	3336	173	56	5974
1693	1848	1414	128	64	4791
2520	1553	2080	99	92	5216
1636	1325	1058	19	102	3340
1578	987	1128	562	40	3066
4766	4659	3275	468	225	3549
5528	4328	4235	864	513	8618
2736	2026	1935	266	19	3041
3505	2185	2254	74	69	3133
5040	3465	3899	25	359	7555
2400	1791	2205	152	791	3971
847	507	718	154	19	720
1495	891	1027	131	5	2925
3555	2798	3907	131	571	3901
1799	725	1197	123	122	7151
1526	1164	2489	73	218	5230
55	9	47			202
2974	1609	1409	71	31	2187
1213	893	1294	61	118	1023
178	84	211	43	5	1462
270	217	264	21	4	661
1279	681	1303		22	3282

中等职业学校（机

Number of Female Educational Personnel in Secondary

地　区 Region	教职工数 Educational		
	合计 Total	校本部教职工 Educational	
		小计 Subtotal	专任教师 Full-time Teachers
总　计 Total	**410882**	**406895**	**338726**
北　京 Beijing	6886	6837	4922
天　津 Tianjin	5195	5153	4153
河　北 Hebei	32101	31947	27205
山　西 Shanxi	17870	17733	15060
内蒙古 Inner Mongolia	9901	9789	7960
辽　宁 Liaoning	15865	15795	12765
吉　林 Jilin	12002	11993	9878
黑龙江 Heilongjiang	10282	10270	8146
上　海 Shanghai	6999	6984	5153
江　苏 Jiangsu	25427	25345	22317
浙　江 Zhejiang	20536	20487	18460
安　徽 Anhui	13552	13499	11603
福　建 Fujian	10223	10190	8621
江　西 Jiangxi	8038	7727	6359
山　东 Shandong	28055	27832	23851
河　南 Henan	32440	31674	26730
湖　北 Hubei	11286	11190	8693
湖　南 Hunan	15126	15056	12263
广　东 Guangdong	29173	29004	23632
广　西 Guangxi	13238	12601	9875
海　南 Hainan	3228	3138	2276
重　庆 Chongqing	9057	8957	7703
四　川 Sichuan	23355	23080	19085
贵　州 Guizhou	9907	9822	8348
云　南 Yunnan	12843	12642	10494
西　藏 Tibet	572	572	537
陕　西 Shaanxi	10320	10279	8017
甘　肃 Gansu	7837	7771	6751
青　海 Qinghai	1231	1215	1057
宁　夏 Ningxia	1571	1554	1265
新　疆 Xinjiang	6766	6759	5547

构）女教职工数
Vocational Schools（Institutions）

单位：人
unit：person

Personnel					
Personnel in Main Campus			校办企业职工 Employees in School-run Factories & Farms	其他附设机构人员 Personnel in Others Subsidiary Units	聘请校外教师 Part-time Teachers
行政人员 Adm. Personnel	教辅人员 Supporting Staff	工勤人员 Workers			
26157	**25322**	**16690**	**1665**	**2322**	**42400**
1086	567	262	5	44	662
633	273	94	5	37	485
1661	1946	1135	36	118	1567
853	1120	700	57	80	1894
707	785	337	12	100	686
1455	939	636	45	25	1344
921	981	213		9	336
922	796	406	8	4	966
872	741	218	1	14	508
848	1359	821	61	21	2653
573	915	539	16	33	1713
745	613	538	36	17	2022
631	611	327	1	32	1226
599	408	361	301	10	1467
1447	1877	657	100	123	1554
1823	1965	1156	446	320	3633
1012	884	601	90	6	1061
1024	1044	725	46	24	1451
1910	1981	1481	8	161	3674
894	889	943	46	591	1433
338	232	292	71	19	305
566	409	279	97	3	1476
1381	1333	1281	28	247	1968
691	322	461	24	61	2698
565	641	942	48	153	2010
11	8	16			58
1035	778	449	27	14	835
294	361	365	20	46	511
61	25	72	15	1	587
95	110	84	15	2	364
504	409	299		7	1253

普通中等专业学

Number of Educational Personnel in Regular Specialized

地　区 Region	教职工数 Educational		
	合计 Total	校本部教职工 Educational	
		小计 Subtotal	专任教师 Full-time Teachers
总　计 Total	**408775**	**404034**	**304295**
北　京 Beijing	3514	3389	1963
天　津 Tianjin	6031	5952	4197
河　北 Hebei	18413	18173	12394
山　西 Shanxi	11665	11500	7830
内蒙古 Inner Mongolia	5733	5725	3746
辽　宁 Liaoning	14551	14513	10541
吉　林 Jilin	5514	5514	4114
黑龙江 Heilongjiang	7551	7509	4587
上　海 Shanghai	8839	8807	5348
江　苏 Jiangsu	36429	36301	30418
浙　江 Zhejiang	6943	6903	5816
安　徽 Anhui	13968	13858	11137
福　建 Fujian	21243	21122	17103
江　西 Jiangxi	6953	6951	5314
山　东 Shandong	37204	36643	28781
河　南 Henan	21774	21159	15894
湖　北 Hubei	20295	20022	14826
湖　南 Hunan	4629	4612	3389
广　东 Guangdong	45094	44915	34368
广　西 Guangxi	27639	26696	20300
海　南 Hainan	4260	4089	2598
重　庆 Chongqing	4067	4067	2987
四　川 Sichuan	24664	24355	17456
贵　州 Guizhou	9009	8919	6944
云　南 Yunnan	10662	10400	7644
西　藏 Tibet	1253	1253	1142
陕　西 Shaanxi	4303	4281	2842
甘　肃 Gansu	13125	13041	10550
青　海 Qinghai	2544	2496	2109
宁　夏 Ningxia	1761	1736	1181
新　疆 Xinjiang	9145	9133	6776

校(机构)教职工数

Secondary Vocational Schools (Institutions)

单位:人

unit: person

Personnel					聘请校外教师 Part-time Teachers
Personnel in Main Campus			校办企业职工 Employees in School-run Factories & Farms	其他附设机构人员 Personnel in Others Subsidiary Units	
行政人员 Adm. Personnel	教辅人员 Supporting Staff	工勤人员 Workers			
41775	**26691**	**31273**	**2173**	**2568**	**46603**
821	284	321		125	429
1022	374	359	36	43	375
2687	1336	1756	51	189	1085
1607	950	1113	48	117	1256
984	481	514	2	6	794
1897	767	1308	31	7	946
712	349	339			61
1111	813	998	38	4	924
1519	950	990	14	18	831
1918	1783	2182	118	10	3657
348	457	282	13	27	782
1220	620	881	42	68	2276
1636	1325	1058	19	102	3340
780	401	456	2		1806
3095	2732	2035	423	138	2669
2227	1384	1654	425	190	2199
2199	1473	1524	261	12	1512
600	268	355	2	15	380
4414	2776	3357	23	156	7254
2400	1791	2205	152	791	3971
648	401	442	154	17	511
510	349	221			582
2515	1883	2501	63	246	1826
1051	366	558	75	15	1729
934	672	1150	56	206	2036
55	9	47			202
688	367	384	15	7	431
869	652	970	46	38	785
149	75	163	43	5	659
210	135	210	21	4	348
949	468	940		12	947

地 区 Region	教职工数 Educational		
	合计 Total	校本部教职工 Educational	
		小计 Subtotal	专任教师 Full-time Teachers
总 计 Total	**200205**	**197954**	**159072**
北 京 Beijing	1941	1897	1261
天 津 Tianjin	3290	3253	2575
河 北 Hebei	9791	9663	7321
山 西 Shanxi	5941	5871	4603
内蒙古 Inner Mongolia	3052	3049	2204
辽 宁 Liaoning	8318	8296	6734
吉 林 Jilin	3162	3162	2662
黑龙江 Heilongjiang	3916	3905	2726
上 海 Shanghai	4529	4521	3205
江 苏 Jiangsu	18712	18676	16441
浙 江 Zhejiang	3854	3837	3296
安 徽 Anhui	5729	5703	4850
福 建 Fujian	10223	10190	8621
江 西 Jiangxi	3221	3219	2580
山 东 Shandong	16639	16472	14029
河 南 Henan	10810	10453	8523
湖 北 Hubei	8296	8204	6200
湖 南 Hunan	2116	2110	1666
广 东 Guangdong	22655	22567	18019
广 西 Guangxi	13238	12601	9875
海 南 Hainan	1987	1899	1294
重 庆 Chongqing	1938	1938	1472
四 川 Sichuan	11977	11863	8904
贵 州 Guizhou	4379	4367	3538
云 南 Yunnan	5568	5387	4204
西 藏 Tibet	572	572	537
陕 西 Shaanxi	2055	2048	1487
甘 肃 Gansu	5562	5533	4761
青 海 Qinghai	1084	1068	934
宁 夏 Ningxia	893	876	660
新 疆 Xinjiang	4757	4754	3890

校(机构)女教职工数
Specialized Secondary Schools (Institutions)

单位:人
unit: person

Personnel					聘请校外教师 Part-time Teachers
Personnel in Main Campus			校办企业职工 Employees in School-run Factories & Farms	其他附设机构人员 Personnel in Others Subsidiary Units	
行政人员 Adm. Personnel	教辅人员 Supporting Staff	工勤人员 Workers			
16147	**13533**	**9202**	**735**	**1516**	**21965**
444	144	48		44	257
417	199	62	5	32	217
1079	715	548	19	109	572
531	501	236	10	60	715
436	279	130	1	2	472
779	479	304	22		460
274	178	48			52
501	422	256	8	3	518
700	450	166	1	7	382
709	913	613	36		1643
157	265	119	6	11	401
384	284	185	15	11	1108
631	611	327	1	32	1226
337	171	131	2		901
947	1072	424	80	87	1184
765	764	401	220	137	981
821	709	474	89	3	689
209	144	91		6	175
1695	1581	1272	8	80	3501
894	889	943	46	591	1433
249	170	186	71	17	210
248	156	62			266
1087	964	908	15	99	1033
457	182	190	6	6	800
385	428	370	33	148	1107
11	8	16			58
271	183	107	2	5	180
219	286	267	9	20	390
61	23	50	15	1	364
82	69	65	15	2	193
367	294	203		3	477

成人中等专业学校教

Number of Educational Personnel in

地区 Region	教职工数 Educational		
	合计 Total	校本部教职工 Educational	
		小计 Subtotal	专任教师 Full-time Teachers
总　计 Total	**66003**	**64979**	**48210**
北　京 Beijing	618	618	340
天　津 Tianjin	563	558	350
河　北 Hebei	7859	7833	6013
山　西 Shanxi	3965	3965	3340
内蒙古 Inner Mongolia	2368	2315	1745
辽　宁 Liaoning	532	532	397
吉　林 Jilin	5724	5716	4473
黑龙江 Heilongjiang	2377	2377	1740
上　海 Shanghai	379	379	175
江　苏 Jiangsu	2148	2138	1132
浙　江 Zhejiang	1362	1362	860
安　徽 Anhui	2030	1992	1599
福　建 Fujian			
江　西 Jiangxi	2382	1846	1591
山　东 Shandong	3258	3258	2572
河　南 Henan	11713	11467	8072
湖　北 Hubei	1379	1379	746
湖　南 Hunan	4219	4184	3134
广　东 Guangdong	386	386	331
广　西 Guangxi			
海　南 Hainan	20	20	18
重　庆 Chongqing	2505	2480	1836
四　川 Sichuan	1913	1896	1403
贵　州 Guizhou	1551	1536	1167
云　南 Yunnan	3207	3205	2661
西　藏 Tibet			
陕　西 Shaanxi	1490	1490	1014
甘　肃 Gansu	623	615	461
青　海 Qinghai	366	366	291
宁　夏 Ningxia	134	134	74
新　疆 Xinjiang	932	932	675

职工数

Adult Specialized Sec. Schools

单位:人
unit: person

Personnel					
Personnel in Main Campus			校办企业职工 Employees in School-run Factories & Farms	其他附设机构人员 Personnel in Others Subsidiary Units	聘请校外教师 Part-time Teachers
行政人员 Adm. Personnel	教辅人员 Supporting Staff	工勤人员 Workers			
7313	**5100**	**4356**	**696**	**328**	**22650**
151	59	68			423
123	42	43		5	490
761	650	409		26	312
252	186	187			2206
268	194	108	53		
95	26	14			1109
582	480	181		8	25
406	121	110			1064
72	82	50			65
284	297	425	5	5	1444
249	160	93			1613
176	110	107	22	16	455
135	53	67	536		128
237	187	262			165
1380	1226	789	34	212	3801
245	272	116			1240
488	276	286		35	382
7	9	39			36
	1	1			
316	159	169	25		184
193	138	162	17		208
194	84	91		15	1715
163	102	279		2	1987
264	92	120			903
82	22	50	4	4	24
28	9	38			740
30	14	16			100
132	49	76			1831

成人中等专业学校女

Number of Female Educational Personnel in

地 区 Region	教职工数 Educational		
	合计 Total	校本部教职工 Educational	
		小计 Subtotal	专任教师 Full-time Teachers
总 计 Total	**30967**	**30458**	**24284**
北 京 Beijing	328	328	207
天 津 Tianjin	270	265	180
河 北 Hebei	4456	4447	3786
山 西 Shanxi	2266	2266	1984
内蒙古 Inner Mongolia	1235	1225	991
辽 宁 Liaoning	273	273	222
吉 林 Jilin	3020	3018	2539
黑龙江 Heilongjiang	952	952	750
上 海 Shanghai	169	169	86
江 苏 Jiangsu	711	711	480
浙 江 Zhejiang	509	509	330
安 徽 Anhui	787	776	641
福 建 Fujian			
江 西 Jiangxi	1038	746	675
山 东 Shandong	1495	1495	1241
河 南 Henan	5636	5495	4236
湖 北 Hubei	503	503	282
湖 南 Hunan	1622	1610	1239
广 东 Guangdong	142	142	118
广 西 Guangxi			
海 南 Hainan	4	4	3
重 庆 Chongqing	1157	1135	879
四 川 Sichuan	872	869	669
贵 州 Guizhou	579	579	464
云 南 Yunnan	1406	1406	1179
西 藏 Tibet			
陕 西 Shaanxi	673	673	449
甘 肃 Gansu	245	243	201
青 海 Qinghai	138	138	117
宁 夏 Ningxia	48	48	30
新 疆 Xinjiang	433	433	306

教职工数

Adult Specialized Sec. Schools

单位:人
unit: person

Personnel					
Personnel in Main Campus			校办企业职工 Employees in School-run Factories & Farms	其他附设机构人员 Personnel in Others Subsidiary Units	聘请校外教师 Part-time Teachers
行政人员 Adm. Personnel	教辅人员 Supporting Staff	工勤人员 Workers			
2483	**2375**	**1316**	**354**	**155**	**7212**
61	34	26			199
63	16	6		5	244
197	331	133		9	181
83	111	88			559
124	91	19	10		
35	12	4			433
200	240	39		2	8
108	62	32			138
29	42	12			22
58	126	47			654
84	56	39			344
50	46	39	7	4	154
44	13	14	292		61
80	103	71			63
511	538	210	20	121	1447
86	85	50			208
123	148	100		12	145
2	2	20			12
	1				
117	82	57	22		101
70	78	52	3		107
57	30	28			426
51	43	133			531
142	41	41			273
21	10	11		2	10
	2	19			206
6	8	4			31
81	24	22			655

职业高中学

Number of Educational Personnel

地　区 Region	教职工数 Educational		
	合计 Total	校本部教职工 Educational	
		小计 Subtotal	专任教师 Full-time Teachers
总　计 Total	**352756**	**350250**	**290034**
北　京 Beijing	7098	7081	4745
天　津 Tianjin	2527	2527	1949
河　北 Hebei	29735	29703	24848
山　西 Shanxi	16981	16849	13997
内蒙古 Inner Mongolia	10890	10738	8501
辽　宁 Liaoning	13111	13032	9473
吉　林 Jilin	9600	9593	7227
黑龙江 Heilongjiang	9495	9490	7630
上　海 Shanghai	3805	3790	2814
江　苏 Jiangsu	10519	10428	9233
浙　江 Zhejiang	29588	29438	26269
安　徽 Anhui	18648	18625	16091
福　建 Fujian			
江　西 Jiangxi	9686	9622	7845
山　东 Shandong	20513	20405	16759
河　南 Henan	31988	31476	26610
湖　北 Hubei	5616	5604	4815
湖　南 Hunan	24534	24443	18947
广　东 Guangdong	11151	10946	9439
广　西 Guangxi			
海　南 Hainan	2541	2539	1960
重　庆 Chongqing	11817	11711	10107
四　川 Sichuan	23504	23128	20346
贵　州 Guizhou	11087	10947	9595
云　南 Yunnan	12424	12414	10678
西　藏 Tibet			
陕　西 Shaanxi	16186	16106	12029
甘　肃 Gansu	5304	5217	4487
青　海 Qinghai	21	21	10
宁　夏 Ningxia	1275	1275	1177
新　疆 Xinjiang	3112	3102	2453

校教职工数
in Vocational High Schools

单位：人
unit：person

Personnel					
Personnel in Main Campus			校办企业职工 Employees in School-run Factories & Farms	其他附设机构人员 Personnel in Others Subsidiary Units	聘请校外教师 Part-time Teachers
行政人员 Adm. Personnel	教辅人员 Supporting Staff	工勤人员 Workers			
21834	**19308**	**19074**	**1165**	**1341**	**28421**
1011	702	623	17		394
322	130	126			64
1494	1961	1400	32		1539
833	1051	968	85	47	1102
660	966	611	3	149	380
1648	884	1027	40	39	861
972	1031	363		7	579
764	569	527		5	401
269	425	282		15	302
216	425	554	50	41	700
998	1205	966	115	35	2179
849	699	986	15	8	2038
657	525	595	24	40	1132
1235	1507	904	31	77	631
1799	1362	1705	402	110	2542
274	254	261	5	7	289
2329	1577	1590	72	19	2261
484	596	427	2	203	228
199	105	275		2	209
624	356	624	106		2134
816	749	1217	51	325	1861
529	275	548	48	92	3707
366	371	999		10	1126
2022	1150	905	56	24	853
246	217	267	11	76	182
1		10			63
19	52	27			160
198	164	287		10	504

职业高中学校女

Number of Female Educational Personnel

地　区 Region	教职工数 Educational		
	合计 Total	校本部教职工 Educational	
		小计 Subtotal	专任教师 Full-time Teachers
总　计 Total	**173329**	**172142**	**150427**
北　京 Beijing	4617	4612	3454
天　津 Tianjin	1635	1635	1398
河　北 Hebei	17398	17381	15690
山　西 Shanxi	9563	9496	8391
内蒙古 Inner Mongolia	5614	5515	4765
辽　宁 Liaoning	7274	7226	5809
吉　林 Jilin	5413	5406	4398
黑龙江 Heilongjiang	5244	5244	4567
上　海 Shanghai	2301	2294	1862
江　苏 Jiangsu	5088	5042	4660
浙　江 Zhejiang	15776	15744	14511
安　徽 Anhui	6385	6377	5622
福　建 Fujian			
江　西 Jiangxi	3697	3680	3029
山　东 Shandong	9383	9339	8220
河　南 Henan	15170	14903	13325
湖　北 Hubei	2392	2388	2137
湖　南 Hunan	11009	10957	9078
广　东 Guangdong	5808	5727	5029
广　西 Guangxi			
海　南 Hainan	1237	1235	979
重　庆 Chongqing	5781	5706	5224
四　川 Sichuan	10304	10146	9340
贵　州 Guizhou	4885	4812	4292
云　南 Yunnan	5646	5641	4945
西　藏 Tibet			
陕　西 Shaanxi	7583	7549	6072
甘　肃 Gansu	1991	1956	1759
青　海 Qinghai	9	9	6
宁　夏 Ningxia	550	550	514
新　疆 Xinjiang	1576	1572	1351

教职工数
in Vocational High Schools

单位：人
unit: person

Personnel					聘请校外教师 Part-time Teachers
Personnel in Main Campus			校办企业职工 Employees in School-run Factories & Farms	其他附设机构人员 Personnel in Others Subsidiary Units	
行政人员 Adm. Personnel	教辅人员 Supporting Staff	工勤人员 Workers			
7020	**8806**	**5889**	**546**	**641**	**12505**
581	389	188	5		206
153	58	26			24
366	890	435	17		754
236	498	371	47	20	620
147	415	188	1	98	214
641	448	328	23	25	451
385	516	107		7	261
273	293	111			205
143	249	40		7	104
33	228	121	25	21	262
306	580	347	10	22	853
240	229	286	6	2	663
217	220	214	7	10	505
373	604	142	14	30	268
516	544	518	205	62	1168
100	84	67	1	3	164
643	713	523	46	6	1105
177	359	162		81	138
89	61	106		2	95
182	148	152	75		1085
210	278	318	10	148	828
167	110	243	18	55	1472
116	163	417		5	340
622	554	301	25	9	382
45	65	87	11	24	93
		3			17
3	19	14			107
56	91	74		4	121

其他机构
Number of Educational Personnel

地　区 Region	教职工数 Educational		
	合计 Total	校本部教职工 Educational	
		小计 Subtotal	专任教师 Full-time Teachers
总　计 Total	**13961**	**13877**	**9908**
北　京 Beijing			
天　津 Tianjin			
河　北 Hebei	866	866	681
山　西 Shanxi	239	239	186
内蒙古 Inner Mongolia			
辽　宁 Liaoning			
吉　林 Jilin	740	729	445
黑龙江 Heilongjiang	376	375	228
上　海 Shanghai			
江　苏 Jiangsu	2073	2073	1521
浙　江 Zhejiang	748	746	549
安　徽 Anhui	1963	1943	1438
福　建 Fujian			
江　西 Jiangxi	195	195	171
山　东 Shandong	1344	1320	814
河　南 Henan	1665	1661	1096
湖　北 Hubei	242	242	163
湖　南 Hunan	752	752	577
广　东 Guangdong	1129	1129	834
广　西 Guangxi			
海　南 Hainan			
重　庆 Chongqing	280	275	190
四　川 Sichuan	458	458	372
贵　州 Guizhou	106	106	81
云　南 Yunnan	515	498	355
西　藏 Tibet			
陕　西 Shaanxi	21	21	21
甘　肃 Gansu	105	105	80
青　海 Qinghai			
宁　夏 Ningxia	144	144	106
新　疆 Xinjiang			

教职工数
in Other Institutions

单位：人
unit: person

Personnel					
Personnel in Main Campus			校办企业职工 Employees in School-run Factories & Farms	其他附设机构人员 Personnel in Others Subsidiary Units	聘请校外教师 Part-time Teachers
行政人员 Adm. Personnel	教辅人员 Supporting Staff	工勤人员 Workers			
1631	**1382**	**956**	**54**	**30**	**1705**
89	34	62			91
12	16	25			
136	84	64		11	21
88	31	28		1	252
174	203	175			173
98	26	73		2	217
275	124	106	20		447
6	8	10			
199	233	74	14	10	84
122	356	87	3	1	76
18	27	34			
88	64	23			110
135	84	76			37
45	27	13		5	25
31	28	27			6
25					
63	19	61	17		81
16	2	7			32
11	16	11			53

其他机构女
Number of Female Educational

地 区 Region	教职工数 Educational		
	合计 Total	校本部教职工 Educational	
		小计 Subtotal	专任教师 Full-time Teachers
总 计 Total	**6381**	**6341**	**4943**
北 京 Beijing			
天 津 Tianjin			
河 北 Hebei	456	456	408
山 西 Shanxi	100	100	82
内蒙古 Inner Mongolia			
辽 宁 Liaoning			
吉 林 Jilin	407	407	279
黑龙江 Heilongjiang	170	169	103
上 海 Shanghai			
江 苏 Jiangsu	916	916	736
浙 江 Zhejiang	397	397	323
安 徽 Anhui	651	643	490
福 建 Fujian			
江 西 Jiangxi	82	82	75
山 东 Shandong	538	526	361
河 南 Henan	824	823	646
湖 北 Hubei	95	95	74
湖 南 Hunan	379	379	280
广 东 Guangdong	568	568	466
广 西 Guangxi			
海 南 Hainan			
重 庆 Chongqing	181	178	128
四 川 Sichuan	202	202	172
贵 州 Guizhou	64	64	54
云 南 Yunnan	223	208	166
西 藏 Tibet			
陕 西 Shaanxi	9	9	9
甘 肃 Gansu	39	39	30
青 海 Qinghai			
宁 夏 Ningxia	80	80	61
新 疆 Xinjiang			

教职工数

Personnel in Other Institutions

单位:人
unit: person

Personnel					
Personnel in Main Campus			校办企业职工 Employees in School-run Factories & Farms	其他附设机构人员 Personnel in Others Subsidiary Units	聘请校外教师 Part-time Teachers
行政人员 Adm. Personnel	教辅人员 Supporting Staff	工勤人员 Workers			
507	**608**	**283**	**30**	**10**	**718**
19	10	19			60
3	10	5			
62	47	19			15
40	19	7		1	105
48	92	40			94
26	14	34			115
71	54	28	8		97
1	4	2			
47	98	20	6	6	39
31	119	27	1		37
5	6	10			
49	39	11			26
36	39	27			23
19	23	8		3	24
14	13	3			
10					
13	7	22	15		32
9					18
4	14	1			33

中等职业学校(机构)专

Number of Full-time Teachers By Professional Rank and Academic

地 区 Region	合计 Total	按职称分 By Professional Rank 正高级 Senior	 副高级 Sub-Senior	 中级 Middle
总 计 Total	**652447**	**2869**	**157931**	**261890**
北 京 Beijing	7048	48	1877	2812
天 津 Tianjin	6496	36	2355	2698
河 北 Hebei	43936	175	11618	19185
山 西 Shanxi	25353	72	4200	9771
内蒙古 Inner Mongolia	13992	10	4250	5460
辽 宁 Liaoning	20411	496	6898	8034
吉 林 Jilin	16259	150	4848	7415
黑龙江 Heilongjiang	14185	79	4603	5552
上 海 Shanghai	8337	37	1781	4232
江 苏 Jiangsu	42304	141	12579	17724
浙 江 Zhejiang	33494	47	8703	12569
安 徽 Anhui	30265	56	8129	12109
福 建 Fujian	17103	22	4253	6686
江 西 Jiangxi	14921	117	4262	5309
山 东 Shandong	48926	138	12809	19825
河 南 Henan	51672	149	11004	21981
湖 北 Hubei	20550	97	5262	9258
湖 南 Hunan	26047	144	5774	11258
广 东 Guangdong	44972	100	7621	19998
广 西 Guangxi	20300	171	3393	8575
海 南 Hainan	4576	22	792	1274
重 庆 Chongqing	15120	93	3325	5335
四 川 Sichuan	39577	325	8883	13831
贵 州 Guizhou	17787	37	2768	5476
云 南 Yunnan	21338	23	6419	7530
西 藏 Tibet	1142		95	387
陕 西 Shaanxi	15906	55	3077	6485
甘 肃 Gansu	15578	17	2989	5837
青 海 Qinghai	2410	1	704	973
宁 夏 Ningxia	2538	5	516	761
新 疆 Xinjiang	9904	6	2144	3550

任教师职称、学历情况

Qualifications in Secondary Vocational Schools (Institutions)

单位:人

unit: person

		按学历分 By Academic Qualifications				
初级 Junior	未定职级 No-ranking	博士研究生 Doctor's Degree	硕士研究生 Master's Degree	本科 Normal Courses	专科 Short-cycle Courses	高中阶段及以下 Below High School Graduate
171569	**58188**	**705**	**43304**	**544070**	**61795**	**2573**
1612	699	38	934	5760	282	34
1161	246	3	802	5347	324	20
10068	2890	137	1804	37353	4533	109
9108	2202	8	1218	21026	2951	150
3053	1219	19	775	11538	1660	
3408	1575	13	1514	17395	1398	91
3237	609	28	1011	13594	1542	84
2976	975	30	528	12494	1101	32
1958	329	41	1401	6585	266	44
9481	2379	31	6137	34796	1296	44
9333	2842	10	2205	30029	1217	33
7339	2632	7	1329	26598	2292	39
4847	1295	6	865	14906	1231	95
3580	1653	11	886	11615	2317	92
12529	3625	28	3423	42125	3121	229
15401	3137	54	3740	42312	5481	85
4961	972	36	947	17122	2308	137
6112	2759	25	1171	21179	3525	147
11614	5639	53	4026	37155	3406	332
5684	2477	16	1727	16101	2316	140
1608	880	2	151	3834	534	55
4892	1475	4	926	12788	1366	36
11398	5140	73	1452	31765	6216	71
5811	3695	4	901	14099	2721	62
5185	2181	7	1067	17672	2383	209
366	294		67	989	84	2
5002	1287	9	825	12800	2216	56
5445	1290	9	715	13166	1627	61
610	122	2	72	1843	470	23
763	493		179	2123	232	4
3027	1177	1	506	7961	1379	57

普通中等专业学校专任

Number of Full-time Teachers By Professional Rank and Academic

地 区 Region	合计 Total	按职称分 By Professional Rank		
		正高级 Senior	副高级 Sub-Senior	中级 Middle
总 计 Total	**304295**	**1804**	**76104**	**119010**
北 京 Beijing	1963	24	509	812
天 津 Tianjin	4197	4	1507	1634
河 北 Hebei	12394	139	3355	4600
山 西 Shanxi	7830	28	2031	3141
内蒙古 Inner Mongolia	3746	10	1201	1389
辽 宁 Liaoning	10541	355	3618	4262
吉 林 Jilin	4114	60	1610	1626
黑龙江 Heilongjiang	4587	50	1398	1396
上 海 Shanghai	5348	37	1248	2542
江 苏 Jiangsu	30418	126	8950	13067
浙 江 Zhejiang	5816	26	1556	2159
安 徽 Anhui	11137	13	3435	4077
福 建 Fujian	17103	22	4253	6686
江 西 Jiangxi	5314	49	1370	1813
山 东 Shandong	28781	65	7791	11653
河 南 Henan	15894	67	4159	6380
湖 北 Hubei	14826	75	3923	6434
湖 南 Hunan	3389	28	1111	1144
广 东 Guangdong	34368	94	5564	14999
广 西 Guangxi	20300	171	3393	8575
海 南 Hainan	2598	5	538	708
重 庆 Chongqing	2987	27	747	1080
四 川 Sichuan	17456	280	3475	5732
贵 州 Guizhou	6944	12	1262	1921
云 南 Yunnan	7644	9	2409	2197
西 藏 Tibet	1142		95	387
陕 西 Shaanxi	2842	16	911	1063
甘 肃 Gansu	10550	9	2292	4054
青 海 Qinghai	2109		657	825
宁 夏 Ningxia	1181	1	229	244
新 疆 Xinjiang	6776	2	1507	2410

教师职称、学历情况
Qualifications in Reg. Specialized Sec. Schools

单位:人
unit: person

		按学历分 By Academic Qualifications				
初级 Junior	未定职级 No-ranking	博士研究生 Doctor's Degree	硕士研究生 Master's Degree	本科 Normal Courses	专科 Short-cycle Courses	高中阶段及以下 Below High School Graduate
77946	**29431**	**443**	**28948**	**248986**	**24511**	**1407**
500	118	33	500	1306	99	25
841	211	3	592	3377	216	9
2779	1521	12	892	9586	1821	83
2089	541	6	845	6385	540	54
766	380	19	436	2846	445	
1873	433	12	1147	8813	524	45
737	81	10	452	3368	273	11
1059	684	21	392	3819	348	7
1281	240	38	1157	3871	241	41
6534	1741	31	5158	24405	801	23
1653	422	9	516	5124	162	5
2638	974	5	660	9751	706	15
4847	1295	6	865	14906	1231	95
1562	520	10	651	4144	478	31
7090	2182	24	2427	24488	1706	136
4456	832	21	1992	12947	891	43
3627	767	20	669	12408	1652	77
720	386	3	283	2842	234	27
9064	4647	48	3019	28228	2777	296
5684	2477	16	1727	16101	2316	140
904	443	2	105	2280	177	34
745	388	3	301	2379	298	6
4847	3122	71	996	13327	3002	60
2340	1409	1	632	5478	814	19
1887	1142	3	741	6359	498	43
366	294		67	989	84	2
686	166	7	468	2131	226	10
3516	679	6	627	9047	842	28
515	112	2	72	1630	382	23
306	401		104	989	86	2
2034	823	1	455	5662	641	17

成人中等专业学校专任

Number of Full-time Teachers By Professional Rank and Academic

地　区 Region	合计 Total	按职称分 By Professional Rank 正高级 Senior	 副高级 Sub-Senior	 中级 Middle
总　计 Total	**48210**	**357**	**13650**	**21274**
北　京 Beijing	340	2	74	164
天　津 Tianjin	350	9	104	152
河　北 Hebei	6013	23	2115	2890
山　西 Shanxi	3340	7	430	1651
内蒙古 Inner Mongolia	1745		913	627
辽　宁 Liaoning	397	28	108	198
吉　林 Jilin	4473	25	1443	2316
黑龙江 Heilongjiang	1740	23	630	742
上　海 Shanghai	175		30	116
江　苏 Jiangsu	1132		299	446
浙　江 Zhejiang	860	8	381	295
安　徽 Anhui	1599	4	329	671
福　建 Fujian				
江　西 Jiangxi	1591		860	556
山　东 Shandong	2572	60	860	942
河　南 Henan	8072	42	1660	3540
湖　北 Hubei	746	22	125	409
湖　南 Hunan	3134	41	859	1482
广　东 Guangdong	331		44	136
广　西 Guangxi				
海　南 Hainan	18		8	3
重　庆 Chongqing	1836	27	688	688
四　川 Sichuan	1403	18	82	211
贵　州 Guizhou	1167	9	166	600
云　南 Yunnan	2661	5	953	1269
西　藏 Tibet				
陕　西 Shaanxi	1014		137	480
甘　肃 Gansu	461		114	214
青　海 Qinghai	291	1	42	147
宁　夏 Ningxia	74		12	47
新　疆 Xinjiang	675	3	184	282

教师职称、学历情况
Qualifications in Adult Specialized Sec. Schools

单位：人
unit: person

		按学历分 By Academic Qualifications				
初级 Junior	未定职级 No-ranking	博士研究生 Doctor's Degree	硕士研究生 Master's Degree	本科 Normal Courses	专科 Short-cycle Courses	高中阶段及以下 Below High School Graduate
9868	**3061**	**163**	**2205**	**37235**	**8341**	**266**
64	36		15	281	44	
76	9		13	282	53	2
884	101	125	193	4694	995	6
1170	82		18	2491	806	25
168	37		42	1407	296	
50	13		10	300	84	3
635	54	2	182	3556	703	30
290	55	9	43	1498	182	8
27	2	2	14	152	7	
295	92		61	958	105	8
86	90		96	655	108	1
416	179		54	1390	155	
150	25		32	1265	279	15
569	141	1	165	2127	277	2
1901	929	19	563	5968	1521	1
178	12	1	14	449	246	36
516	236	1	88	2405	617	23
114	37		67	212	33	19
7				14	4	
272	161	1	236	1409	184	6
461	631		82	1092	223	6
382	10	2	64	825	276	
399	35		101	2033	477	50
383	14		17	666	331	
123	10		13	361	84	3
91	10			209	82	
12	3		4	48	22	
149	57		18	488	147	22

职业高中学校专任教

Number of Full-time Teachers By Professional Rank and Academic

地　区 Region	合计 Total	按职称分 By Professional Rank 正高级 Senior	副高级 Sub-Senior	中级 Middle
总　计 Total	**290034**	**655**	**65732**	**117271**
北　京 Beijing	4745	22	1294	1836
天　津 Tianjin	1949	23	744	912
河　北 Hebei	24848	12	5875	11388
山　西 Shanxi	13997	37	1698	4906
内蒙古 Inner Mongolia	8501		2136	3444
辽　宁 Liaoning	9473	113	3172	3574
吉　林 Jilin	7227	61	1654	3263
黑龙江 Heilongjiang	7630	6	2467	3319
上　海 Shanghai	2814		503	1574
江　苏 Jiangsu	9233	12	2879	3538
浙　江 Zhejiang	26269	13	6655	9893
安　徽 Anhui	16091	39	4029	6581
福　建 Fujian				
江　西 Jiangxi	7845	62	1997	2868
山　东 Shandong	16759	13	3939	6927
河　南 Henan	26610	35	4985	11640
湖　北 Hubei	4815		1164	2353
湖　南 Hunan	18947	66	3662	8381
广　东 Guangdong	9439	3	1852	4407
广　西 Guangxi				
海　南 Hainan	1960	17	246	563
重　庆 Chongqing	10107	26	1862	3514
四　川 Sichuan	20346	22	5272	7735
贵　州 Guizhou	9595	16	1336	2906
云　南 Yunnan	10678	9	3043	3992
西　藏 Tibet				
陕　西 Shaanxi	12029	39	2022	4934
甘　肃 Gansu	4487	8	562	1538
青　海 Qinghai	10		5	1
宁　夏 Ningxia	1177		226	426
新　疆 Xinjiang	2453	1	453	858

师职称、学历情况

Qualifications in Vocational High Schools

单位:人

unit: person

		按学历分 By Academic Qualifications				
初级 Junior	未定职级 No-ranking	博士研究生 Doctor's Degree	硕士研究生 Master's Degree	本科 Normal Courses	专科 Short-cycle Courses	高中阶段及以下 Below High School Graduate
81670	**24706**	**90**	**11050**	**250039**	**27990**	**865**
1048	545	5	419	4173	139	9
244	26		197	1688	55	9
6325	1248		660	22490	1678	20
5783	1573	2	354	12017	1559	65
2119	802		297	7285	919	
1485	1129	1	357	8282	790	43
1775	474	16	329	6321	520	41
1610	228		83	6962	568	17
650	87	1	230	2562	18	3
2327	477		669	8230	322	12
7472	2236	1	1579	23763	899	27
4019	1423	2	352	14445	1268	24
1841	1077	1	160	6082	1556	46
4649	1231	2	754	14866	1047	90
8711	1239	12	1096	22501	2960	41
1135	163	15	241	4162	380	17
4750	2088	21	735	15437	2657	97
2318	859	3	853	8036	530	17
697	437		46	1540	353	21
3825	880		387	8856	841	23
5950	1367	2	362	17069	2908	5
3071	2266	1	205	7734	1612	43
2862	772		195	9044	1340	99
3927	1107	2	339	9986	1656	46
1792	587	3	71	3686	697	30
4				4	6	
437	88		47	1007	121	2
844	297		33	1811	591	18

其他机构专任教师
Number of Full-time Teachers By Professional Rank and Academic

地 区 Region	合计 Total	按职称分 By Professional Rank		
		正高级 Senior	副高级 Sub-Senior	中级 Middle
总 计 Total	**9908**	**53**	**2445**	**4335**
北 京 Beijing				
天 津 Tianjin				
河 北 Hebei	681	1	273	307
山 西 Shanxi	186		41	73
内蒙古 Inner Mongolia				
辽 宁 Liaoning				
吉 林 Jilin	445	4	141	210
黑龙江 Heilongjiang	228		108	95
上 海 Shanghai				
江 苏 Jiangsu	1521	3	451	673
浙 江 Zhejiang	549		111	222
安 徽 Anhui	1438		336	780
福 建 Fujian				
江 西 Jiangxi	171	6	35	72
山 东 Shandong	814		219	303
河 南 Henan	1096	5	200	421
湖 北 Hubei	163		50	62
湖 南 Hunan	577	9	142	251
广 东 Guangdong	834	3	161	456
广 西 Guangxi				
海 南 Hainan				
重 庆 Chongqing	190	13	28	53
四 川 Sichuan	372	5	54	153
贵 州 Guizhou	81		4	49
云 南 Yunnan	355		14	72
西 藏 Tibet				
陕 西 Shaanxi	21		7	8
甘 肃 Gansu	80		21	31
青 海 Qinghai				
宁 夏 Ningxia	106	4	49	44
新 疆 Xinjiang				

职称、学历情况

Qualifications in Other Institutions

单位：人

unit: person

		按学历分 By Academic Qualifications				
初级 Junior	未定职级 No-ranking	博士研究生 Doctor's Degree	硕士研究生 Master's Degree	本科 Normal Courses	专科 Short-cycle Courses	高中阶段 及以下 Below High School Graduate
2085	**990**	**9**	**1101**	**7810**	**953**	**35**
80	20		59	583	39	
66	6		1	133	46	6
90			48	349	46	2
17	8		10	215	3	
325	69		249	1203	68	1
122	94		14	487	48	
266	56		263	1012	163	
27	31		43	124	4	
221	71	1	77	644	91	1
333	137	2	89	896	109	
21	30		23	103	30	7
126	49		65	495	17	
118	96	2	87	679	66	
50	46		2	144	43	1
140	20		12	277	83	
18	10			62	19	
37	232	4	30	236	68	17
6			1	17	3	
14	14		4	72	4	
8	1		24	79	3	

中等职业学校(机构)

Condition of Fixed Assets and Teaching Resources in Secondary

地　区 Region	学校占地面积(平方米) Area of School Sites (m^2)			图书(册) Books (volume)		
	合计 Total	其中:绿化用地面积 of Which: Green Areas	其中:运动场地面积 of Which: Sports Areas	合计 Total	当年新增 New Added in Current Year	合计 Total
总　计 Total	**477544874.00**	**110897425.78**	**74047045.19**	**335528945**	**13228697**	**3133552**
北　京 Beijing	4484086.35	982971.97	969371.87	5018031	77648	57075
天　津 Tianjin	3843264.34	655775.01	546212.96	3573163	57609	31132
河　北 Hebei	23805147.20	3794220.89	4494916.71	19006390	1064577	163876
山　西 Shanxi	14798538.65	2661703.67	2085601.63	9933069	328812	85145
内蒙古 Inner Mongolia	9670978.20	1668437.00	1936933.75	5549460	214914	46070
辽　宁 Liaoning	11080427.75	1686854.42	2458917.94	8611385	74883	95838
吉　林 Jilin	6483916.88	1161284.62	1329392.17	5542573	183294	42948
黑龙江 Heilongjiang	8434994.80	1411783.51	1571608.37	4533430	177870	50371
上　海 Shanghai	3655001.30	1219776.00	734093.10	6501953	380143	87258
江　苏 Jiangsu	34475630.26	10553308.52	4896670.67	24231384	901919	233272
浙　江 Zhejiang	19526996.83	5927805.22	3681047.19	15691809	703851	187801
安　徽 Anhui	34104288.96	7062811.58	4386784.73	25943995	928514	142539
福　建 Fujian	12741988.02	3493192.36	2244362.01	10288909	148992	101637
江　西 Jiangxi	18466700.59	4856923.01	2499067.38	10470271	547224	83081
山　东 Shandong	36231855.61	8981856.76	5532844.03	24064420	1125778	215312
河　南 Henan	34543855.67	6193812.46	4892322.76	25457356	803336	193583
湖　北 Hubei	15831148.48	3849081.21	2500987.00	10823221	224920	111145
湖　南 Hunan	19821391.90	5663931.97	3040331.27	12430491	378027	133889
广　东 Guangdong	29232635.82	8771012.32	5087660.07	28347384	1409710	310048
广　西 Guangxi	22686261.62	4929701.29	2392802.38	14164855	192784	117115
海　南 Hainan	3261482.50	676129.00	570688.95	1946751	115553	22927
重　庆 Chongqing	11368038.77	2953687.33	1738264.82	7457947	243225	81567
四　川 Sichuan	21772787.03	5402411.89	4151165.80	17296123	1180829	165582
贵　州 Guizhou	15076169.09	3686421.52	2409743.63	7135062	554223	77004
云　南 Yunnan	16796255.89	3516202.30	1877518.00	8843025	362061	92154
西　藏 Tibet	1336495.00	248088.60	118778.58	345749	29345	4062
陕　西 Shaanxi	13009614.42	2343410.38	1939428.15	9833651	352954	75972
甘　肃 Gansu	10217974.69	1731177.86	1590372.09	5824442	184174	54905
青　海 Qinghai	2507045.00	546459.80	373913.00	1044037	104810	13810
宁　夏 Ningxia	4467845.16	1110353.70	340288.56	1204207	17831	14679
新　疆 Xinjiang	13812057.22	3156839.61	1654955.62	4414402	158887	41755

资产情况(学校产权)

Vocational Schools (Institutions) (Owned by SVSs)

计算机数(台) No. of Computers(set)		教室(间) Classroom(room)		固定资产值(万元) Fixed Assets (10,000 yuan)		
其中:教学用计算机 of Which: No. of Computers Used for Instruction		合计 Total	其中:网络多媒体教室 of Which: Network Multimedia Classroom	合计 Total	其中:教学、实习仪器设备资产值 of Which: Teaching Equipment & Instruments	
小计 Subtotal	其中:平板电脑 of Which: Tablet PC				小计 Subtotal	当年新增 New Added in Current Year
2615597	**110123**	**450782**	**177989**	**29393382.35**	**6528462.28**	**804070.49**
48073	1914	5092	3191	618525.17	241593.11	47521.60
25522	1233	3318	1111	217089.66	77405.20	9279.22
136651	11778	24050	8489	1124985.45	263452.78	21015.36
71247	2684	13253	4315	702760.36	150296.59	18948.31
37092		13453	2301	669515.86	120561.01	15384.47
77083	2341	10595	4201	815397.56	187971.94	18877.32
32354	2832	6901	1598	373017.50	85657.72	19132.01
40689	1139	7380	2162	373109.07	97403.40	16039.19
68673	1618	5983	3592	1021855.07	282118.96	53416.64
195726	3134	28374	16535	3061002.86	552675.23	55176.88
159781	3164	16578	12176	1634955.99	405966.09	44168.55
119818	1005	27940	7510	1685793.67	314104.80	20974.08
87433	197	10290	5431	721462.71	213522.25	20822.26
69052	6055	13506	3773	740778.68	152396.46	24525.11
174375	8003	45087	12224	2199816.99	440839.93	52794.71
161109	5549	36055	10338	1505899.60	313809.02	34385.01
91732	6324	12918	4171	940718.21	183662.79	24698.50
111730	10877	27570	22770	1065967.00	225353.90	25438.73
269157	10029	26949	15436	2258011.04	637778.13	75551.06
99147	7585	15326	4217	990929.15	274159.00	33184.95
19760	724	2128	1127	237157.09	53857.30	7245.84
70028	5083	8793	5364	845427.48	170504.78	18057.02
138480	2228	27052	8258	1590199.56	325397.06	38942.74
65719	4987	11375	4411	808531.45	160455.65	32379.50
77785	403	12461	3628	845886.23	135622.68	15073.78
3109	37	588	158	117190.86	15983.97	3201.18
62749	4050	12143	3662	700995.60	150048.23	10834.33
45589	2955	9922	2681	487417.30	108106.52	17999.89
10051	352	1893	699	215653.61	31696.16	5762.94
12741	97	1886	847	183551.07	40113.46	4997.85
33142	1746	11923	1613	639780.48	115948.17	18241.49

中等职业学校(机构)

Condition of Fixed Assets and Teaching Resources in Secondary

地　区 Region	学校占地面积(平方米) Area of School Sites (m^2)			图书(册) Books (volume)		
	合计 Total	其中:绿化用地面积 of Which: Green Areas	其中:运动场地面积 of Which: Sports Areas	合计 Total	当年新增 New Added in Current Year	合计 Total
总　计 Total	**38815167.33**	**6964230.64**	**6302750.75**	**8031452**	**477800**	**73352**
北　京 Beijing	540156.00	40403.00	65017.00	12500		212
天　津 Tianjin	455156.70	16420.00	174789.00	265167	2088	3081
河　北 Hebei	2483234.78	238788.30	348999.92	224467	76542	3024
山　西 Shanxi	1054947.14	134120.73	190350.86	637752	2574	2266
内蒙古 Inner Mongolia	842060.31	151768.23	249407.47	132603	28326	728
辽　宁 Liaoning	1215252.00	184716.00	233926.00	169750	1450	1605
吉　林 Jilin	690167.02	83551.01	167353.01	153042	329	2850
黑龙江 Heilongjiang	657363.86	113026.12	147150.28	339038	22100	2199
上　海 Shanghai	313365.40	34752.00	31340.00			133
江　苏 Jiangsu	602555.17	59388.14	56680.25	34000	1000	986
浙　江 Zhejiang	958661.30	130342.65	207561.00	144284	3250	1288
安　徽 Anhui	1953809.12	384397.51	194701.83	507016	3231	2356
福　建 Fujian	1061777.50	331644.74	188857.02	34298	8000	310
江　西 Jiangxi	1372784.00	269991.00	190849.00	172273	5031	2106
山　东 Shandong	2606444.02	588386.31	358125.01	293716	24523	2224
河　南 Henan	2410811.74	336429.73	356363.13	812453	41001	10546
湖　北 Hubei	764623.40	148029.77	134245.06	46150	30	308
湖　南 Hunan	2356305.05	551794.33	313305.08	312899	17700	5914
广　东 Guangdong	3849447.57	661335.81	676286.15	768146	58102	10288
广　西 Guangxi	2339887.00	563427.00	217602.18	1759550	15453	5381
海　南 Hainan	562573.00	58061.00	53904.00	34937	1800	601
重　庆 Chongqing	982670.91	218866.15	82297.00	10000		930
四　川 Sichuan	3747120.24	876260.45	798392.75	344470	42420	7942
贵　州 Guizhou	1356528.00	237862.00	241413.00	258773	9900	1658
云　南 Yunnan	1157693.00	216066.00	174504.00	92225	30200	1553
西　藏 Tibet						
陕　西 Shaanxi	1295012.20	203151.53	262897.69	304771	81765	2112
甘　肃 Gansu	550240.30	81690.13	135165.06	63972	985	271
青　海 Qinghai	60.00		50.00	2000		72
宁　夏 Ningxia	48911.00	8465.00	7258.00			
新　疆 Xinjiang	585549.60	41096.00	43960.00	101200		408

资产情况(非学校产权中独立使用)
Vocational Schools (Institutions)(Not Owned by SVSs)

计算机数(台) No. of Computers(set)		教室(间) Classroom(room)		固定资产值(万元) Fixed Assets (10,000 yuan)		
其中:教学用计算机 of Which:No. of Computers Used for Instruction		合计 Total	其中:网络多媒体教室 of Which: Network Multimedia Classroom	合计 Total	其中:教学、实习仪器设备资产值 of Which: Teaching Equipment & Instruments	
小计 Subtotal	其中:平板电脑 of Which: Tablet PC				小计 Subtotal	当年新增 New Added in Current Year
61561	**4534**	**42705**	**12380**	**1371846.97**	**161588.37**	**23387.67**
178	18	561	166	2661.48	202.70	
2395	40	339	102	29870.22	4491.85	1283.35
2331	453	2249	723	52612.05	9060.27	1627.02
1545	118	1239	228	33197.14	3932.90	302.30
492	100	1321	99	28298.23	1635.80	50.55
1233	115	2103	448	133083.06	6478.49	649.49
2307	270	948	89	28622.73	5094.76	1349.76
1957	173	957	188	29167.42	4126.43	349.10
109		470	265	12537.40	2790.80	2413.00
732		595	211	37772.07	1992.81	33.91
1140	6	1170	685	42388.46	2426.08	172.81
1826		1246	270	36839.63	9176.14	423.34
120		721	228	38293.08	1164.71	110.00
1854	523	1129	305	118041.91	4872.32	683.00
1872	29	3888	798	91904.89	10237.46	630.26
9442	137	3125	897	73569.75	8811.50	1367.31
221	1	578	65	32350.59	5098.53	72.30
4861	1024	3242	2248	92800.84	18107.41	3033.44
9092		3895	1132	55176.38	11025.33	1118.39
4905	581	2032	831	63832.69	9385.10	735.68
433		427	137	8859.24	362.20	101.50
911	162	591	305	35224.41	4320.48	953.26
6731	71	4855	1077	122454.48	18659.97	4544.91
1012	503	981	152	52550.94	3667.71	479.93
1447	10	1168	340	56129.49	4065.85	445.80
1765	200	1720	242	47267.17	7722.37	121.88
271		611	121	11391.65	1759.69	55.69
58		56	3	125.00	4.80	2.80
		148	13	655.74	45.10	
321		340	12	4168.83	868.80	276.88

普通中专学校

Condition of Fixed Assets and Teaching

地 区 Region	学校占地面积(平方米) Area of School Sites (m^2) 合计 Total	其中:绿化用地面积 of Which: Green Areas	其中:运动场地面积 of Which: Sports Areas	图书(册) Books (volume) 合计 Total	当年新增 New Added in Current Year	合计 Total
总 计 Total	**249962517.22**	**63070723.97**	**36604549.20**	**182799607**	**6444849**	**1664840**
北 京 Beijing	1576734.21	417693.97	326580.87	1678994	19396	18386
天 津 Tianjin	2914673.62	510615.01	416315.96	2487491	49469	21279
河 北 Hebei	7750015.29	1449375.40	1520738.17	7101940	353961	61780
山 西 Shanxi	6543912.73	1195471.00	836801.60	5421138	178425	37135
内蒙古 Inner Mongolia	3095255.90	750194.00	553753.00	1931938	36605	17068
辽 宁 Liaoning	5225137.30	956180.42	1176693.58	5216191	31621	52971
吉 林 Jilin	2400072.67	453355.01	436948.82	1746097	40244	14385
黑龙江 Heilongjiang	2841246.11	496647.38	468502.78	2485547	54174	20979
上 海 Shanghai	2397704.30	815863.00	469826.10	4456803	239347	55048
江 苏 Jiangsu	22979550.62	7815499.83	3544408.51	17275143	614624	180367
浙 江 Zhejiang	4047496.16	1286527.50	680024.84	2976649	106723	32236
安 徽 Anhui	15463999.97	3530549.49	1941944.91	10814325	319834	70210
福 建 Fujian	12741988.02	3493192.36	2244362.01	10288909	148992	101637
江 西 Jiangxi	7135286.79	2398820.37	792576.64	3920491	186247	35401
山 东 Shandong	23667150.88	5920754.51	3374713.43	15364116	643977	126857
河 南 Henan	12023284.52	2294894.62	1791580.67	10500985	350549	73699
湖 北 Hubei	12146974.82	3069880.21	1891053.00	8503643	212906	82399
湖 南 Hunan	2645518.00	799727.00	494574.00	2268634	41087	15681
广 东 Guangdong	23372913.95	7114381.84	3827627.51	22406710	1154180	237438
广 西 Guangxi	22686261.62	4929701.29	2392802.38	14164855	192784	117115
海 南 Hainan	1899581.36	396688.00	380995.00	1516287	91827	14971
重 庆 Chongqing	2585087.23	795849.29	338065.32	1646862	33981	17451
四 川 Sichuan	9595621.66	2697616.14	1623870.48	8864492	654650	75636
贵 州 Guizhou	7041865.25	1938971.78	878212.76	3183529	148680	32646
云 南 Yunnan	8073511.21	1724528.00	779739.00	4606741	160345	40120
西 藏 Tibet	1336495.00	248088.60	118778.58	345749	29345	4062
陕 西 Shaanxi	3846626.92	748146.41	506896.16	2229522	25243	16878
甘 肃 Gansu	7940195.49	1405295.13	1116061.00	4552055	133353	39970
青 海 Qinghai	2365839.00	539549.80	357013.00	925250	102310	13295
宁 夏 Ningxia	2491787.00	614072.00	188435.00	595284	8645	7153
新 疆 Xinjiang	9130729.62	2262594.61	1134654.12	3323237	81325	30587

资产情况(学校产权)

Resources in Regular SSSs (Owned by Regular SSSs)

计算机数(台) No. of Computers(set)		教室(间) Classroom(room)		固定资产值(万元) Fixed Assets (10,000 yuan)		
其中:教学用计算机 of Which:No. of Computers Used for Instruction		合计 Total	其中:网络多媒体教室 of Which: Network Multimedia Classroom	合计 Total	其中:教学、实习仪器设备资产值 of Which: Teaching Equipment & Instruments	
小计 Subtotal	其中:平板电脑 of Which: Tablet PC				小计 Subtotal	当年新增 New Added in Current Year
1389330	**51014**	**219346**	**85669**	**16403572.49**	**3649680.27**	**435873.19**
15812	235	1437	929	250166.90	76242.81	6999.21
17272	1203	2585	977	176262.13	59221.00	7073.62
51210	3835	7383	2552	425398.93	96883.66	6262.52
31383	1441	4601	1471	321548.98	77571.45	6945.83
14336		5217	561	261978.97	47881.66	6387.99
42335	1467	5038	2206	441183.31	108771.74	14298.00
10858	1650	1882	411	134064.24	29641.18	7947.88
17264	848	2356	920	167328.48	46355.83	6830.62
41979	1381	3976	2238	730744.05	196006.80	35404.29
150889	1835	19128	13325	2297382.66	434380.25	43903.73
27734	94	3115	2223	319182.38	76402.41	7815.72
58609	472	12217	3248	831417.32	150301.10	8201.87
87433	197	10290	5431	721462.71	213522.25	20822.26
28274	1500	5206	1700	322784.32	79551.79	13266.98
105610	5938	28917	7806	1499682.78	266152.57	28489.25
60095	1485	12446	3823	592761.97	133008.60	17559.04
71353	4624	9797	3063	747358.59	144162.08	19767.85
12782	89	4139	3324	141487.49	27233.47	3453.02
206087	8278	20500	11909	1858019.02	504028.91	59206.20
99147	7585	15326	4217	990929.15	274159.00	33184.95
12923	128	1247	809	149890.84	39433.99	4914.14
14576	910	1750	1009	144900.52	28511.24	3571.69
60530	997	10591	3163	702136.96	143455.72	18600.63
27514	493	4288	1918	281385.61	64701.92	12308.96
33898	180	5404	1786	475721.54	58261.81	3849.33
3109	37	588	158	117190.86	15983.97	3201.18
13651	784	2739	573	176579.83	44757.14	1319.37
33221	1876	6566	1675	363157.02	77772.48	12328.34
9536	312	1785	697	210673.11	30388.26	5748.04
6171	95	759	318	114349.53	19996.51	1637.59
23739	1045	8073	1229	436442.27	84938.66	14573.09

普通中专学校资产

Condition of Fixed Assets and Teaching

地　区 Region	学校占地面积(平方米) Area of School Sites (m²)			图书(册) Books (volume)		
	合计 Total	其中:绿化用地面积 of Which: Green Areas	其中:运动场地面积 of Which: Sports Areas	合计 Total	当年新增 New Added in Current Year	合计 Total
总　计 Total	**18874816.77**	**3813623.57**	**3136181.41**	**4114728**	**195798**	**35061**
北　京 Beijing	35111.00	2300.00	4500.00			
天　津 Tianjin	179082.20	7900.00	30900.00	97971	63	1294
河　北 Hebei	1989328.89	202474.68	255352.10	178300	73300	1804
山　西 Shanxi	458786.00	75880.00	69549.00	1054	1054	67
内蒙古 Inner Mongolia	652046.00	108507.00	205333.00	85350	495	175
辽　宁 Liaoning	471499.00	70030.00	58803.00	32300		329
吉　林 Jilin	23966.00	5500.00	17000.00	4200		18
黑龙江 Heilongjiang	472554.86	91876.12	104544.28	257870	100	1708
上　海 Shanghai	285823.40	32570.00	26453.00			133
江　苏 Jiangsu	475262.32	48938.14	43480.25	34000	1000	452
浙　江 Zhejiang	113725.00	16636.00	14440.00	21000	1000	59
安　徽 Anhui	536814.00	238400.00	88985.00	163000		968
福　建 Fujian	1061777.50	331644.74	188857.02	34298	8000	310
江　西 Jiangxi	175554.00	19692.00	8860.00	61199	431	327
山　东 Shandong	972054.01	299074.31	103938.01	129887	894	1104
河　南 Henan	310982.00	23098.00	66428.00	66590	11280	3500
湖　北 Hubei	567183.00	80496.00	102728.00	46150	30	238
湖　南 Hunan	245914.00	155880.00	27289.00	23000		1135
广　东 Guangdong	2743000.57	494388.81	533411.15	688592	42698	8902
广　西 Guangxi	2339887.00	563427.00	217602.18	1759550	15453	5381
海　南 Hainan	233325.00	4002.00	18978.00	4200		83
重　庆 Chongqing	90250.00	25500.00	19868.00			89
四　川 Sichuan	3192514.84	767484.75	666825.35	258152	38000	5541
贵　州 Guizhou	191789.00	16264.00	32938.00	19956	2000	225
云　南 Yunnan	341594.00	23278.00	57763.00	4309		797
西　藏 Tibet						
陕　西 Shaanxi	79070.13	32505.00	41492.05	8000		40
甘　肃 Gansu	313759.05	61412.02	93896.02	50000		70
青　海 Qinghai	60.00		50.00			65
宁　夏 Ningxia	48377.00	8465.00	7258.00			
新　疆 Xinjiang	273727.00	6000.00	28660.00	85800		247

情况(非学校产权中独立使用)

Resources in Regular SSSs (Not Owned by Regular SSSs)

计算机数(台) No. of Computers(set)		教室(间) Classroom(room)		固定资产值(万元) Fixed Assets (10,000 yuan)		
其中:教学用计算机 of Which:No. of Computers Used for Instruction		合计 Total	其中:网络多媒体教室 of Which: Network Multimedia Classroom	合计 Total	其中:教学、实习仪器设备资产值 of Which: Teaching Equipment & Instruments	
小计 Subtotal	其中:平板电脑 of Which: Tablet PC				小计 Subtotal	当年新增 New Added in Current Year
29985	**1108**	**19433**	**5345**	**690763.87**	**80765.32**	**12181.92**
		134	5	53.68		
1212		90	25	21852.00	1929.00	615.00
1243	105	1641	556	45005.48	7503.74	1387.04
67		281	15	15633.21	1453.40	207.10
115		922	78	24519.36	1299.75	46.05
197		1005	315	73618.21	2740.00	475.00
14		38	1	2004.00	602.00	
1608	160	789	176	24468.16	3242.93	80.90
109		431	240	12284.40	2608.80	2411.00
408		184	64	25854.89	1697.08	10.00
		135	97	1089.88	2.00	
740		344	38	8444.70	3009.60	264.00
120		721	228	38293.08	1164.71	110.00
285		144	26	2000.00	192.00	9.00
1034	15	1379	349	41621.27	4841.71	468.81
3248		276	125	6086.42	1430.24	241.11
161	1	360	47	26983.96	4767.35	1.90
756		34	34	24385.20	4310.80	544.00
7731		3106	824	42773.48	7159.93	350.89
4905	581	2032	831	63832.69	9385.10	735.68
73		73	47	6719.00	13.00	
70		199	63	4139.55	740.39	311.23
4534	61	4048	867	100248.52	14778.43	3576.49
225	180	95	27	4886.00	169.00	15.00
797		285	147	34427.80	295.70	184.90
25	5	35	11	29105.61	3864.75	9.14
70		351	88	6674.36	1100.00	
51		10	3	120.00	2.80	2.80
		79	12	545.74	22.10	
187		212	6	3093.23	439.00	124.88

成人中专学校

Condition of Fixed Assets and Teaching

地区 Region	学校占地面积(平方米) Area of School Sites (m^2)			图书(册) Books (volume)		
	合计 Total	其中:绿化用地面积 of Which: Green Areas	其中:运动场地面积 of Which: Sports Areas	合计 Total	当年新增 New Added in Current Year	合计 Total
总　计 Total	**21615669.35**	**3892934.50**	**3060680.02**	**21004445**	**995024**	**158922**
北　京 Beijing	191706.00	50280.00	13000.00	131939	168	2295
天　津 Tianjin	44786.72	3880.00	5244.00	114478	60	1426
河　北 Hebei	1280491.64	137014.20	218520.70	2009882	72239	17211
山　西 Shanxi	383353.30	42441.00	47234.00	652000	2152	5382
内蒙古 Inner Mongolia	649226.90	88847.00	91115.00	763311	5665	4029
辽　宁 Liaoning	43018.00	5109.00	14587.00	193358	4505	810
吉　林 Jilin	638235.93	98971.55	144599.85	1596329	53156	7247
黑龙江 Heilongjiang	629905.10	97683.23	151208.28	329418	22850	3510
上　海 Shanghai	84857.00	23356.00	14323.00	90166	630	2048
江　苏 Jiangsu	2429114.98	246206.10	105538.30	705522	179760	5130
浙　江 Zhejiang	323370.00	75751.24	30278.00	474857	65889	7002
安　徽 Anhui	927590.96	167969.00	91964.00	1135377	52070	5930
福　建 Fujian						
江　西 Jiangxi	1125709.60	212998.50	101977.00	648636	40184	4660
山　东 Shandong	989877.12	244151.21	205527.12	1037358	65116	9214
河　南 Henan	4546811.91	627655.89	618089.86	4644100	183106	27434
湖　北 Hubei	1060992.11	268943.00	187599.00	535891	400	3796
湖　南 Hunan	2090304.65	751515.57	338958.71	1334085	33427	14851
广　东 Guangdong	249849.00	113375.00	53075.00	216121	10000	1942
广　西 Guangxi						
海　南 Hainan	37997.14	6278.00	6899.95	3600		180
重　庆 Chongqing	790117.51	175330.02	168958.90	886405	25697	11886
四　川 Sichuan	913703.75	135620.55	212844.23	1051402	144580	5532
贵　州 Guizhou	400516.16	44016.14	31963.42	638408	5300	3704
云　南 Yunnan	984647.10	195920.00	124238.00	921632	25898	7602
西　藏 Tibet						
陕　西 Shaanxi	184365.12	11016.30	14900.20	332591	1500	2312
甘　肃 Gansu	280535.65	21399.00	39820.00	142711	270	1137
青　海 Qinghai	23563.00	910.00	1200.00	111287		427
宁　夏 Ningxia	7470.00	335.00	740.00	41136		993
新　疆 Xinjiang	303553.00	45962.00	26276.50	262445	402	1232

资产情况(学校产权)
Resources in Adult SSSs (Owned by Adult SSSs)

计算机数(台) No. of Computers(set)		教室(间) Classroom(room)		固定资产值(万元) Fixed Assets (10,000 yuan)		
其中:教学用计算机 of Which:No. of Computers Used for Instruction		合计 Total	其中:网络多媒体教室 of Which: Network Multimedia Classroom	合计 Total	其中:教学、实习仪器设备资产值 of Which: Teaching Equipment & Instruments	
小计 Subtotal	其中:平板电脑 of Which: Tablet PC				小计 Subtotal	当年新增 New Added in Current Year
127171	**7491**	**27145**	**7690**	**1051987.10**	**214337.97**	**27508.08**
1820	63	221	134	12197.70	3409.32	67.90
1219	27	144	29	2982.61	1120.35	47.72
14081	1385	2187	572	81278.04	15022.37	1079.76
4451	162	855	89	15581.67	3478.13	169.57
3110		755	98	21031.13	3773.65	422.09
499	138	90	8	6986.15	1172.40	70.00
5320	434	1049	266	39726.77	9370.65	2197.33
2905	13	679	164	22945.22	3189.29	627.11
1738		154	84	14268.58	4576.17	789.93
4311	297	1480	219	68373.93	10587.26	1030.18
4761	652	974	302	33952.48	7961.12	619.81
4904	6	894	230	64013.32	11779.81	1562.12
3575	304	824	154	30584.34	4320.50	605.24
6536	718	1606	419	67061.20	17475.09	1220.64
22348	1115	5464	994	192738.50	38137.08	5001.99
3306	75	464	94	34268.82	6219.10	74.76
12421	444	2936	1795	91174.97	19144.13	2644.12
1850	189	269	29	10413.58	3958.43	84.30
166		30	8	1264.00	195.00	
9515	1031	1410	617	103231.68	15199.60	2921.24
4808	91	943	225	29637.16	8352.23	2175.68
2607	54	681	64	28754.95	9521.95	2211.00
5751	2	1293	240	47169.90	7535.33	979.19
1853	221	1023	770	9408.60	2915.20	139.00
880	55	196	42	8035.72	2652.37	659.40
427		50		2157.00	350.00	
918		50	11	431.00	62.00	
1091	15	424	33	12318.06	2859.42	108.00

成人中专学校

Condition of Fixed Assets and Teaching

地 区 Region	学校占地面积(平方米) Area of School Sites (m^2)			图书(册) Books (volume)		
	合计 Total	其中:绿化用地面积 of Which: Green Areas	其中:运动场地面积 of Which: Sports Areas	合计 Total	当年新增 New Added in Current Year	合计 Total
总 计 Total	**2396328.47**	**336387.34**	**366693.47**	**1540688**	**122119**	**10777**
北 京 Beijing	56126.00	6100.00	6850.00	6500		110
天 津 Tianjin	10756.00	220.00	580.00	12276	2000	540
河 北 Hebei	129545.72	9700.61	9135.85	29456	1042	878
山 西 Shanxi	40837.00	1719.00	13310.00	518758		783
内蒙古 Inner Mongolia	10930.00	2390.00	4780.00	27000	27000	118
辽 宁 Liaoning	83830.00	1600.00	12000.00	54450	1150	513
吉 林 Jilin	39272.01	2648.00	11868.00	24702	19	347
黑龙江 Heilongjiang	26197.00	9200.00	4000.00	63100	8300	84
上 海 Shanghai	2119.00	130.00	240.00			
江 苏 Jiangsu	13500.00	300.00	1800.00			200
浙 江 Zhejiang	33728.00	3039.00	6680.00	19500		520
安 徽 Anhui	46959.00	2570.00	5000.00	4081	3081	12
福 建 Fujian						
江 西 Jiangxi	44860.00	2900.00	22250.00			30
山 东 Shandong	343596.00	58791.00	38100.00	39006	22506	209
河 南 Henan	917341.19	137360.03	130556.22	652943	27021	5335
湖 北 Hubei	1530.00	232.00	218.00			
湖 南 Hunan	230001.25	50145.00	55610.00	22900		544
广 东 Guangdong	10000.00		5500.00			
广 西 Guangxi						
海 南 Hainan						
重 庆 Chongqing	138050.80	29652.00	20355.00			11
四 川 Sichuan	155237.50	15300.70	16410.40	1500		260
贵 州 Guizhou	43500.00					
云 南 Yunnan	17518.00	2390.00	1450.00	62516	30000	276
西 藏 Tibet						
陕 西 Shaanxi						
甘 肃 Gansu						
青 海 Qinghai				2000		7
宁 夏 Ningxia	534.00					
新 疆 Xinjiang	360.00					

资产情况(非学校产权中独立使用)
Resources in Adult SSSs (Not Owned by Adult SSSs)

计算机数(台) No. of Computers(set)		教室(间) Classroom(room)		固定资产值(万元) Fixed Assets (10,000 yuan)		
其中:教学用计算机 of Which:No. of Computers Used for Instruction		合计 Total	其中:网络多媒体教室 of Which: Network Multimedia Classroom	合计 Total	其中:教学、实习仪器设备资产值 of Which: Teaching Equipment & Instruments	
小计 Subtotal	其中:平板电脑 of Which: Tablet PC				小计 Subtotal	当年新增 New Added in Current Year
8983	**552**	**4268**	**1236**	**82554.92**	**14490.30**	**2641.43**
78	18	112	32	771.80	138.70	
437	40	28	3	840.70	275.30	73.00
835	269	242	78	3834.82	885.35	81.36
211		171	15	2654.54	1351.50	
44		36	11	745.39	39.00	4.50
445	92	50	4	444.00	200.00	4.00
156	4	112	9	1427.82	314.04	21.45
50	6	16	4	2838.81	140.00	1.00
		15	11	5.00	2.00	2.00
200		69	24	1921.74	233.73	23.91
520		122	93	2435.53	523.00	35.00
4		155	57	3774.09	884.92	2.13
		119	31	937.30	191.30	4.00
78	4	615	134	12166.20	175.99	18.30
4926	112	1647	402	28412.58	5710.26	942.63
		8	4			
511	5	298	220	6265.13	359.25	28.11
11	2	110	54	5917.40	1189.00	370.00
230		163	39	5379.19	1220.95	711.40
		14	6	800.00	300.00	300.00
240		31	4	867.89	331.02	18.65
		20				
7		46		5.00	2.00	
		69	1	110.00	23.00	

Condition of Fixed Assets and Teaching Resources

地 区 Region	学校占地面积(平方米) Area of School Sites (m^2)			图书(册) Books (volume)		
	合计 Total	其中:绿化用地面积 of Which: Green Areas	其中:运动场地面积 of Which: Sports Areas	合计 Total	当年新增 New Added in Current Year	合计 Total
总 计 Total	**196405499.80**	**42068860.15**	**33069896.11**	**125684636**	**5631377**	**1262453**
北 京 Beijing	2715646.14	514998.00	629791.00	3207098	58084	36394
天 津 Tianjin	883804.00	141280.00	124653.00	971194	8080	8427
河 北 Hebei	14283255.56	2142470.56	2620824.01	9356056	609238	82844
山 西 Shanxi	7687142.62	1420791.67	1166066.03	3846431	148235	42511
内蒙古 Inner Mongolia	5926495.40	829396.00	1292065.75	2854211	172644	24973
辽 宁 Liaoning	5812272.45	725565.00	1267637.36	3201836	38757	42057
吉 林 Jilin	3368479.02	606177.18	734242.86	2138963	88979	20870
黑龙江 Heilongjiang	4917843.25	805852.78	947497.18	1699490	98846	25582
上 海 Shanghai	1172440.00	380557.00	249944.00	1954984	140166	30162
江 苏 Jiangsu	6580990.85	1993427.03	931573.33	4927606	97988	37841
浙 江 Zhejiang	14784420.45	4483222.15	2875223.35	12027152	530254	143911
安 徽 Anhui	16144406.23	3062819.09	2180680.82	13139923	548088	60675
福 建 Fujian						
江 西 Jiangxi	9663434.20	1978304.14	1527089.74	5747644	320193	42387
山 东 Shandong	10004178.56	2610550.04	1836835.12	7171942	412211	76147
河 南 Henan	17441801.13	3174626.95	2406228.43	10064251	266220	88260
湖 北 Hubei	2334582.85	486247.00	399600.00	1714203	11614	24245
湖 南 Hunan	14934670.25	4086069.40	2173894.56	8534723	299213	100759
广 东 Guangdong	4975704.41	1403130.30	1082676.22	4534727	212855	63143
广 西 Guangxi						
海 南 Hainan	1323904.00	273163.00	182794.00	426864	23726	7776
重 庆 Chongqing	7920997.44	1976837.66	1222510.37	4812024	182919	51877
四 川 Sichuan	11025706.62	2494007.20	2294266.09	7240787	362671	82026
贵 州 Guizhou	7576588.00	1698233.60	1482502.45	3290975	398943	40574
云 南 Yunnan	7716241.58	1589754.30	962752.00	3172457	135845	42737
西 藏 Tibet						
陕 西 Shaanxi	8973204.38	1583847.67	1416731.79	7268738	326211	56732
甘 肃 Gansu	1962064.65	303183.73	426248.09	1084350	50551	13426
青 海 Qinghai	117643.00	6000.00	15700.00	7500	2500	88
宁 夏 Ningxia	1779808.16	450065.70	125843.56	459787	9186	6093
新 疆 Xinjiang	4377774.60	848283.00	494025.00	828720	77160	9936

资产情况(学校产权)
in Vocational High Schools (Owned by VHSs)

计算机数(台) No. of Computers(set)		教室(间) Classroom(room)		固定资产值(万元) Fixed Assets (10,000 yuan)		
其中:教学用计算机 of Which:No. of Computers Used for Instruction		合计 Total	其中:网络多媒体教室 of Which: Network Multimedia Classroom	合计 Total	其中:教学、实习仪器设备资产值 of Which: Teaching Equipment & Instruments	
小计 Subtotal	其中:平板电脑 of Which: Tablet PC				小计 Subtotal	当年新增 New Added in Current Year
1060622	**50243**	**196072**	**81827**	**11479996.03**	**2582022.73**	**332234.16**
30441	1616	3434	2128	356160.58	161940.98	40454.49
7031	3	589	105	37844.92	17063.85	2157.88
69698	6449	14065	5211	588537.42	148964.10	13493.95
35335	1081	7746	2753	363634.41	69075.21	11829.31
19646		7481	1642	386505.75	68905.70	8574.39
34249	736	5467	1987	367228.10	78027.80	4509.32
15878	728	3843	894	195312.75	45951.45	8465.36
20362	278	4315	1060	180709.37	47541.27	8569.46
24956	237	1853	1270	276842.43	81535.98	17222.42
32052	792	5855	2305	608771.65	91258.47	9355.63
123310	2156	12068	9421	1254913.92	316482.47	35439.09
51837	400	13228	3661	743970.10	139632.13	10185.97
36712	4121	7189	1897	372562.02	67609.77	10650.89
59937	1162	13481	3809	569023.01	148618.48	22898.83
75313	2869	17486	5191	669960.48	135643.36	11248.85
16527	1575	2500	1001	149400.61	31627.62	4801.09
84504	10314	20319	17499	807147.53	175104.32	18692.59
54869	1492	5549	3188	334125.13	116644.42	15295.67
6671	596	851	310	86002.25	14228.31	2331.70
45623	3140	5537	3673	592607.42	125810.34	11556.09
71082	1140	15167	4738	844948.38	170772.03	18108.78
35532	4440	6376	2417	491418.89	85714.77	17688.54
36976	221	5724	1599	318985.23	68480.33	9962.08
47205	3045	8381	2319	514958.17	102351.38	9375.96
11138	924	3099	918	110823.32	26171.23	3847.64
88	40	58	2	2823.50	957.90	14.90
5338	2	985	478	63758.54	17758.95	1942.89
8312	686	3426	351	191020.15	28150.09	3560.40

职业高中学校资产情况
Condition of Fixed Assets and Teaching Resources

地 区 Region	学校占地面积(平方米) Area of School Sites (m^2)			图书(册) Books (volume)		
	合计 Total	其中:绿化用地面积 of Which: Green Areas	其中:运动场地面积 of Which: Sports Areas	合计 Total	当年新增 New Added in Current Year	合计 Total
总 计 Total	**16445962.14**	**2603495.73**	**2648992.87**	**2095313**	**156810**	**26000**
北 京 Beijing	448919.00	32003.00	53667.00	6000		102
天 津 Tianjin	265318.50	8300.00	143309.00	154920	25	1247
河 北 Hebei	359834.17	26613.01	84511.97	16711	2200	342
山 西 Shanxi	549564.14	56521.73	106491.86	117940	1520	1416
内蒙古 Inner Mongolia	179084.31	40871.23	39294.47	20253	831	435
辽 宁 Liaoning	659923.00	113086.00	163123.00	83000	300	763
吉 林 Jilin	625129.01	75403.01	138485.01	124140	310	2485
黑龙江 Heilongjiang	157312.00	11800.00	38406.00	17568	13200	407
上 海 Shanghai	25423.00	2052.00	4647.00			
江 苏 Jiangsu	100000.00	10000.00	10000.00			334
浙 江 Zhejiang	750613.30	103797.65	170891.00	87784	1000	389
安 徽 Anhui	1108936.12	82927.51	86716.83	209935	150	1276
福 建 Fujian						
江 西 Jiangxi	1152370.00	247399.00	159739.00	111074	4600	1749
山 东 Shandong	1066079.01	201813.00	161265.00	1000		215
河 南 Henan	1179288.55	175571.70	158778.91	92920	2700	1711
湖 北 Hubei	195750.40	67301.77	31299.06			70
湖 南 Hunan	1782097.80	343489.33	223668.08	266999	17700	4235
广 东 Guangdong	892628.00	91847.00	109925.00	79554	15404	1088
广 西 Guangxi						
海 南 Hainan	329248.00	54059.00	34926.00	30737	1800	518
重 庆 Chongqing	731647.11	161314.15	39074.00	10000		830
四 川 Sichuan	399367.90	93475.00	115157.00	84818	4420	2141
贵 州 Guizhou	1121239.00	221598.00	208475.00	238817	7900	1433
云 南 Yunnan	611081.00	156538.00	89168.00	15000		380
西 藏 Tibet						
陕 西 Shaanxi	1215942.07	170646.53	221405.64	296771	81765	2072
甘 肃 Gansu	227704.15	19972.11	41269.04	13972	985	201
青 海 Qinghai						
宁 夏 Ningxia						
新 疆 Xinjiang	311462.60	35096.00	15300.00	15400		161

(非学校产权中独立使用)
in Vocational High Schools (Not Owned by VHSs)

计算机数(台) No. of Computers(set)		教室(间) Classroom(room)		固定资产值(万元) Fixed Assets (10,000 yuan)		
其中:教学用计算机 of Which:No. of Computers Used for Instruction		合计 Total	其中:网络多媒体教室 of Which: Network Multimedia Classroom	合计 Total	其中:教学、实习仪器设备资产值 of Which: Teaching Equipment & Instruments	
小计 Subtotal	其中:平板电脑 of Which: Tablet PC				小计 Subtotal	当年新增 New Added in Current Year
21307	**2864**	**18144**	**5425**	**574833.65**	**59030.39**	**7959.27**
100		315	129	1836.00	64.00	
746		221	74	7177.52	2287.55	595.35
253	79	338	61	3286.75	671.17	158.62
1267	118	770	198	14632.39	1103.50	95.20
333	100	363	10	3033.48	297.05	
591	23	1048	129	59020.85	3538.49	170.49
2137	266	798	79	25190.92	4178.72	1328.31
299	7	152	8	1710.00	693.50	267.20
		24	14	248.00	180.00	
124		186	20	8823.00	62.00	
347	6	820	475	38171.05	1642.28	131.81
1012		727	175	23430.84	4771.62	157.21
1569	523	866	248	115104.61	4489.02	670.00
215		1747	277	29425.48	2433.30	
1268	25	1173	358	38267.75	1671.00	183.58
60		210	14	5366.63	331.18	70.40
3594	1019	2806	1972	58581.51	12532.37	2461.34
1063		789	308	7305.90	1455.40	315.50
360		354	90	2140.24	349.20	101.50
830	160	261	169	24867.16	2315.89	272.03
1967	10	644	171	16826.78	2660.60	257.02
787	323	872	119	46864.94	3198.71	164.93
310	10	640	57	19580.40	3169.73	238.35
1740	195	1665	231	18161.56	3857.62	112.74
201		227	33	4704.29	646.69	55.69
134		128	6	1075.60	429.80	152.00

其他机构资产

Condition of Fixed Assets and Teaching Resources in Other

地 区 Region	学校占地面积(平方米) Area of School Sites (m^2)			图书(册) Books (volume)		
	合计 Total	其中:绿化用地面积 of Which: Green Areas	其中:运动场地面积 of Which: Sports Areas	合计 Total	当年新增 New Added in Current Year	合计 Total
总 计 Total	**9561187.63**	**1864907.16**	**1311919.86**	**6040257**	**157447**	**47337**
北 京 Beijing						
天 津 Tianjin						
河 北 Hebei	491384.71	65360.73	134833.83	538512	29139	2041
山 西 Shanxi	184130.00	3000.00	35500.00	13500		117
内蒙古 Inner Mongolia						
辽 宁 Liaoning						
吉 林 Jilin	77129.26	2780.88	13600.64	61184	915	446
黑龙江 Heilongjiang	46000.34	11600.12	4400.13	18975	2000	300
上 海 Shanghai						
江 苏 Jiangsu	2485973.81	498175.56	315150.53	1323113	9547	9934
浙 江 Zhejiang	371710.22	82304.33	95521.00	213151	985	4652
安 徽 Anhui	1568291.80	301474.00	172195.00	854370	8522	5724
福 建 Fujian						
江 西 Jiangxi	542270.00	266800.00	77424.00	153500	600	633
山 东 Shandong	1570649.05	206401.00	115768.36	491004	4474	3094
河 南 Henan	531958.11	96635.00	76423.80	248020	3461	4190
湖 北 Hubei	288598.70	24011.00	22735.00	69484		705
湖 南 Hunan	150899.00	26620.00	32904.00	293049	4300	2598
广 东 Guangdong	634168.46	140125.18	124281.34	1189826	32675	7525
广 西 Guangxi						
海 南 Hainan						
重 庆 Chongqing	71836.59	5670.36	8730.23	112656	628	353
四 川 Sichuan	237755.00	75168.00	20185.00	139442	18928	2388
贵 州 Guizhou	57199.68	5200.00	17065.00	22150	1300	80
云 南 Yunnan	21856.00	6000.00	10789.00	142195	39973	1695
西 藏 Tibet						
陕 西 Shaanxi	5418.00	400.00	900.00	2800		50
甘 肃 Gansu	35178.90	1300.00	8243.00	45326		372
青 海 Qinghai						
宁 夏 Ningxia	188780.00	45881.00	25270.00	108000		440
新 疆 Xinjiang						

情况(学校产权)
Institutions (Owned by SVSs)

计算机数(台) No. of Computers(set)		教室(间) Classroom(room)		固定资产值(万元) Fixed Assets (10,000 yuan)		
其中:教学用计算机 of Which:No. of Computers Used for Instruction		合计 Total	其中:网络多媒体教室 of Which: Network Multimedia Classroom	合计 Total	其中:教学、实习仪器设备资产值 of Which: Teaching Equipment & Instruments	
小计 Subtotal	其中:平板电脑 of Which: Tablet PC				小计 Subtotal	当年新增 New Added in Current Year
38474	**1375**	**8219**	**2803**	**457826.74**	**82421.32**	**8455.07**
1662	109	415	154	29771.06	2582.64	179.13
78		51	2	1995.30	171.80	3.60
298	20	127	27	3913.74	694.44	521.44
158		30	18	2126.00	317.00	12.00
8474	210	1911	686	86474.63	16449.25	887.33
3976	262	421	230	26907.22	5120.09	293.92
4468	127	1601	371	46392.93	12391.77	1024.13
491	130	287	22	14848.00	914.40	2.00
2292	185	1083	190	64050.00	8593.79	186.00
3353	80	659	330	50438.65	7019.98	575.13
546	50	157	13	9690.20	1654.00	54.80
2023	30	176	152	26157.00	3871.98	649.00
6351	70	631	310	55453.31	13146.37	964.89
314	2	96	65	4687.85	983.60	8.00
2060		351	132	13477.05	2817.07	57.65
66		30	12	6972.00	517.00	171.00
1160		40	3	4009.57	1345.20	283.18
40				49.00	24.50	
350	100	61	46	5401.23	1510.44	1164.50
314		92	40	5012.00	2296.00	1417.37

其他机构资产情况

Condition of Fixed Assets and Teaching Resources

地 区 Region	学校占地面积(平方米) Area of School Sites (m^2)			图书(册) Books (volume)		
	合计 Total	其中:绿化用地面积 of Which: Green Areas	其中:运动场地面积 of Which: Sports Areas	合计 Total	当年新增 New Added in Current Year	合计 Total
总 计 Total	**1098059.95**	**210724.00**	**150883.00**	**280723**	**3073**	**1514**
北 京 Beijing						
天 津 Tianjin						
河 北 Hebei	4526.00					
山 西 Shanxi	5760.00		1000.00			
内蒙古 Inner Mongolia						
辽 宁 Liaoning						
吉 林 Jilin	1800.00					
黑龙江 Heilongjiang	1300.00	150.00	200.00	500	500	
上 海 Shanghai						
江 苏 Jiangsu	13792.85	150.00	1400.00			
浙 江 Zhejiang	60595.00	6870.00	15550.00	16000	1250	320
安 徽 Anhui	261100.00	60500.00	14000.00	130000		100
福 建 Fujian						
江 西 Jiangxi						
山 东 Shandong	224715.00	28708.00	54822.00	123823	1123	696
河 南 Henan	3200.00	400.00	600.00			
湖 北 Hubei	160.00					
湖 南 Hunan	98292.00	2280.00	6738.00			
广 东 Guangdong	203819.00	75100.00	27450.00			298
广 西 Guangxi						
海 南 Hainan						
重 庆 Chongqing	22723.00	2400.00	3000.00			
四 川 Sichuan						
贵 州 Guizhou						
云 南 Yunnan	187500.00	33860.00	26123.00	10400	200	100
西 藏 Tibet						
陕 西 Shaanxi						
甘 肃 Gansu	8777.10	306.00				
青 海 Qinghai						
宁 夏 Ningxia						
新 疆 Xinjiang						

(非学校产权中独立使用)
in Other Institutions (Not Owned by SVSs)

计算机数(台) No. of Computers(set)		教室(间) Classroom(room)		固定资产值(万元) Fixed Assets (10,000 yuan)		
其中:教学用计算机 of Which:No. of Computers Used for Instruction		合计 Total	其中:网络多媒体教室 of Which: Network Multimedia Classroom	合计 Total	其中:教学、实习仪器设备资产值 of Which: Teaching Equipment & Instruments	
小计 Subtotal	其中:平板电脑 of Which: Tablet PC				小计 Subtotal	当年新增 New Added in Current Year
1286	**10**	**860**	**374**	**23694.53**	**7302.36**	**605.05**
		28	28	485.00		
		17		277.00	24.50	
				150.45	50.00	
		156	103	1172.44		
273		93	20	692.00	258.80	6.00
70		20		1190.00	510.00	
545	10	147	38	8691.94	2786.46	143.15
		29	12	803.00		
		104	22	3569.00	905.00	
298				5097.00	2410.00	452.00
		21	19	300.29	75.20	
100		212	132	1253.40	269.40	3.90
		33		13.00	13.00	

中等职业学校(机构)校舍情况(总计)

Condition of School Buidings in Secondary Vocational Schools (Institutions) (Total)

单位:平方米

unit: m^2

地 区 Region	学校产权建筑面积 Floor Area of School Building Owned by SVSs				正在施工校舍建筑面积 Floor Area Under Construction	独立使用非学校产权校舍建筑面积 Floor Area of School Building Not Owned by SVSs
	合计 Total	其中:危房 of Which: Dilapidated Buildings	其中:当年新增 of Which: New Added in Current Year	其中:被外单位借用 of Which: Floor Space Hired by Other Schools or Units		
总 计 Total	**213114059.53**	**1569589.09**	**5453999.26**	**726114.01**	**9311397.17**	**19121789.53**
北 京 Beijing	2581791.47	9403.20	33144.86	46094.00	37215.63	251545.06
天 津 Tianjin	1779065.37		3395.35	120.00		177290.80
河 北 Hebei	10198605.26	53164.98	89928.86	25826.34	162826.73	1019965.34
山 西 Shanxi	6783183.44	56496.80	27146.32	6404.00	591015.70	558375.86
内蒙古 Inner Mongolia	3455931.32	26918.00	72729.00	5468.00	76192.00	329349.81
辽 宁 Liaoning	5134377.89	8239.00	71842.00	7287.00	108429.35	1028588.00
吉 林 Jilin	2573113.21	7452.00	79342.68	2400.00	321601.01	389812.50
黑龙江 Heilongjiang	2905188.38	15479.00	151136.00	3049.00	36031.36	261007.31
上 海 Shanghai	2848255.83		84217.03	5594.01	58187.00	272748.20
江 苏 Jiangsu	16344497.68		359173.75	40522.00	294402.01	271392.85
浙 江 Zhejiang	10452711.51		366673.67	19604.00	395629.52	599602.73
安 徽 Anhui	15144754.33	43466.00	114023.00	30215.80	460961.95	707150.05
福 建 Fujian	5432001.65	38127.00	110892.46		318233.81	537957.59
江 西 Jiangxi	6895744.72	64132.00	166156.66	58658.89	136209.15	563441.00
山 东 Shandong	15843309.61	3630.00	326841.33	23711.55	685430.70	1090154.66
河 南 Henan	16051292.64	72064.50	310920.16	29477.00	581347.50	1163802.00
湖 北 Hubei	8133838.61	28116.00	105898.40	97724.00	184259.00	434139.75
湖 南 Hunan	8934310.71	42862.61	127726.60	8526.00	191534.34	926335.69
广 东 Guangdong	14293491.73	52114.43	183272.89	27361.26	685473.90	2283279.36
广 西 Guangxi	7962352.30	50780.00	123289.96	57957.00	620685.72	1305909.30
海 南 Hainan	1853897.31	31064.93	31608.66	27024.00	58721.30	301367.00
重 庆 Chongqing	6173263.93		148522.81	33187.00	62245.00	343846.51
四 川 Sichuan	11286735.31	26581.00	523878.63	69438.00	421794.11	2230844.59
贵 州 Guizhou	6343468.57	2000.00	846841.18	21158.16	1508389.93	479882.00
云 南 Yunnan	5854519.02	585119.80	227119.16	29197.00	416910.96	526598.30
西 藏 Tibet	428814.55	3935.00	15432.48		2507.16	
陕 西 Shaanxi	6400412.50	28790.81	137575.64	10628.00	161865.20	694000.27
甘 肃 Gansu	4188602.44	252570.03	285914.65	22170.00	222750.32	214260.00
青 海 Qinghai	1034637.23	1951.00	49033.43	6480.00	84988.62	21332.00
宁 夏 Ningxia	1111663.41	25885.00	44066.45		178509.44	41331.00
新 疆 Xinjiang	4690227.60	39246.00	236255.19	10832.00	247048.75	96480.00

普通中专学校校舍情况

Condition of School Buidings in Regular Specialized Sec. Schools

单位：平方米
unit：m²

地　区 Region	学校产权建筑面积 Floor Area of School Building Owned by SVSs 合计 Total	其中：危房 of Which：Dilapidated Buildings	其中：当年新增 of Which：New Added in Current Year	其中：被外单位借用 of Which：Floor Space Hired by Other Schools or Units	正在施工校舍建筑面积 Floor Area Under Construction	独立使用非学校产权校舍建筑面积 Floor Area of School Building Not Owned by SVSs
总　计 Total	**115546523.96**	**871352.73**	**2561208.99**	**408796.38**	**6549742.54**	**10156820.73**
北　京 Beijing	948891.10	9403.20	17585.29	783.00	37215.63	33736.00
天　津 Tianjin	1377904.37		3395.35			60796.80
河　北 Hebei	4098126.92	31712.36	28672.98	4761.40	82085.56	731621.06
山　西 Shanxi	3288131.53	35143.00	19442.00	4722.00	318753.80	161203.00
内蒙古 Inner Mongolia	1351056.20				10000.00	257665.93
辽　宁 Liaoning	2646004.80	5212.00	16675.00	7287.00	74119.00	625151.00
吉　林 Jilin	880359.49		27998.79		256012.46	31879.00
黑龙江 Heilongjiang	1273178.48	3754.00	23619.00		25267.00	207371.28
上　海 Shanghai	1933300.39		83517.03	4194.01	7484.00	264832.20
江　苏 Jiangsu	11923763.68		176500.70	32428.00	219822.08	205201.00
浙　江 Zhejiang	2048468.72		83384.46	9822.00	86196.00	120928.23
安　徽 Anhui	6661543.34	37586.00	29574.00	25551.00	435403.00	131598.00
福　建 Fujian	5432001.65	38127.00	110892.46		318233.81	537957.59
江　西 Jiangxi	3129118.57	29666.00	81163.66	11933.00	82182.14	85867.00
山　东 Shandong	10659221.78	3630.00	243192.52	12055.37	583190.02	396344.52
河　南 Henan	6565711.38	46648.50	51275.17	2600.00	318331.14	156089.00
湖　北 Hubei	6517528.80	28116.00	105898.40	96015.00	157790.00	269724.00
湖　南 Hunan	1405164.64	6040.00	10452.00	80.00	9975.00	75876.00
广　东 Guangdong	11319670.33	40280.43	109224.06	19658.60	520346.90	1932098.02
广　西 Guangxi	7962352.30	50780.00	123289.96	57957.00	620685.72	1305909.30
海　南 Hainan	1351012.31	16489.93	18006.66	12205.00	40945.30	157481.00
重　庆 Chongqing	1158388.60		40234.00		22286.00	66685.00
四　川 Sichuan	4993352.44	2750.00	271127.49	66444.00	310647.25	1828754.49
贵　州 Guizhou	2750638.43	2000.00	302225.39	7650.00	968452.92	66782.00
云　南 Yunnan	2961685.33	226965.80	99221.50		322708.19	186141.00
西　藏 Tibet	428814.55	3935.00	15432.48		2507.16	
陕　西 Shaanxi	2182968.11	13274.00	14392.45	4000.00	94091.13	18579.31
甘　肃 Gansu	3259155.91	181449.51	231014.26	22170.00	163483.77	138141.00
青　海 Qinghai	992356.23	1951.00	48361.43	6480.00	84988.62	
宁　夏 Ningxia	544111.00	25885.00	23467.00		178509.44	40839.00
新　疆 Xinjiang	3502542.58	30554.00	151973.50		198029.50	61569.00

成人中专学校校舍情况

Condition of School Buidings in Adult Specialized Sec. Schools

单位:平方米

unit:m²

地 区 Region	学校产权建筑面积 Floor Area of School Building Owned by SVSs				正在施工校舍建筑面积 Floor Area Under Construction	独立使用非学校产权校舍建筑面积 Floor Area of School Building Not Owned by SVSs
	合计 Total	其中:危房 of Which: Dilapidated Buildings	其中:当年新增 of Which: New Added in Current Year	其中:被外单位借用 of Which: Floor Space Hired by Other Schools or Units		
总　计 Total	**9487841.36**	**130992.12**	**197225.25**	**85502.33**	**232155.00**	**1629344.76**
北　京 Beijing	110341.00			45018.00		43099.06
天　津 Tianjin	24285.00			120.00		10196.00
河　北 Hebei	583828.66	1553.12	6476.28	16983.33		145435.28
山　西 Shanxi	166127.84	10727.00				39147.00
内蒙古 Inner Mongolia	152079.80		1607.00			8023.00
辽　宁 Liaoning	22790.00					41663.00
吉　林 Jilin	342701.73	7452.00	2006.60			25530.00
黑龙江 Heilongjiang	216649.42		20195.00			9792.03
上　海 Shanghai	55856.44		700.00			3200.00
江　苏 Jiangsu	503836.59		22826.70		7400.00	16969.00
浙　江 Zhejiang	225296.01		500.00	1300.00	81462.60	41489.40
安　徽 Anhui	486508.96		4803.00			170021.00
福　建 Fujian						
江　西 Jiangxi	277479.15	6223.00	9999.00	1494.00		29119.00
山　东 Shandong	490896.21		15745.30	8580.00		183125.00
河　南 Henan	2099704.41	2460.00	64937.54		91640.00	490502.24
湖　北 Hubei	218654.26			1709.00	9263.00	1167.00
湖　南 Hunan	1022440.66	2681.00	5285.00	1580.00	3500.00	57348.05
广　东 Guangdong	128479.00			4201.00		
广　西 Guangxi						
海　南 Hainan	23575.00	11349.00				
重　庆 Chongqing	682124.74		23755.00			63676.80
四　川 Sichuan	592517.73		750.00		3852.00	143812.10
贵　州 Guizhou	328657.00				33000.00	43497.00
云　南 Yunnan	361170.80	85069.00	9530.80	3017.00	2037.40	15850.80
西　藏 Tibet						
陕　西 Shaanxi	157507.81					24403.00
甘　肃 Gansu	80414.11	3478.00	600.00			
青　海 Qinghai	24348.00					21302.00
宁　夏 Ningxia	6932.00					492.00
新　疆 Xinjiang	102639.03		7508.03	1500.00		485.00

职业高中学校校舍情况

Condition of School Buidings in Vocational High Schools

单位:平方米
unit:m²

地 区 Region	学校产权建筑面积 Floor Area of School Building Owned by SVSs				正在施工校舍建筑面积 Floor Area Under Construction	独立使用非学校产权校舍建筑面积 Floor Area of School Building Not Owned by SVSs
	合计 Total	其中:危房 of Which: Dilapidated Buildings	其中:当年新增 of Which: New Added in Current Year	其中:被外单位借用 of Which: Floor Space Hired by Other Schools or Units		
总 计 Total	**84390540.12**	**552289.24**	**2631707.71**	**215822.32**	**2467876.49**	**6989310.19**
北 京 Beijing	1522559.37		15559.57	293.00		174710.00
天 津 Tianjin	376876.00					106298.00
河 北 Hebei	5339658.99	19899.50	54779.60	4081.61	65742.17	138383.00
山 西 Shanxi	3281345.07	10626.80	7704.32	1682.00	272261.90	345680.86
内蒙古 Inner Mongolia	1952795.32	26918.00	71122.00	5468.00	66192.00	63660.88
辽 宁 Liaoning	2465583.09	3027.00	55167.00		34310.35	361774.00
吉 林 Jilin	1305132.66		49246.47	2400.00	65588.55	332403.50
黑龙江 Heilongjiang	1405052.24	11725.00	107322.00	3049.00	10764.36	43794.00
上 海 Shanghai	859099.00			1400.00	50703.00	4716.00
江 苏 Jiangsu	3199792.95		159846.35	2194.00	67179.93	43280.00
浙 江 Zhejiang	7907708.91		267334.63	8482.00	227970.92	382707.10
安 徽 Anhui	7408588.23	5880.00	69375.00		25558.95	391648.05
福 建 Fujian						
江 西 Jiangxi	3334079.00	28243.00	74874.00	45231.89	54027.01	448455.00
山 东 Shandong	4301833.91		67903.51		81085.40	427461.14
河 南 Henan	7087552.10	21468.00	189317.45	25895.00	170879.50	512430.76
湖 北 Hubei	1289975.55				17206.00	162941.75
湖 南 Hunan	6418398.41	31256.61	111989.60	6416.00	178059.34	750033.64
广 东 Guangdong	2372302.21	5759.00	71862.83	2581.66	165127.00	341361.34
广 西 Guangxi						
海 南 Hainan	479310.00	3226.00	13602.00	14819.00	17776.00	143886.00
重 庆 Chongqing	4270068.04		84533.81	33187.00	39959.00	192816.71
四 川 Sichuan	5562039.64	19324.00	242424.23	2994.00	107294.86	258278.00
贵 州 Guizhou	3237919.14		523847.79	13508.16	506937.01	369603.00
云 南 Yunnan	2519794.89	273085.00	118366.86	26180.00	92165.37	235400.50
西 藏 Tibet						
陕 西 Shaanxi	4059936.58	15516.81	123183.19	6628.00	67774.07	651017.96
甘 肃 Gansu	821591.42	67642.52	54300.39		34294.55	72113.00
青 海 Qinghai	17933.00		672.00			30.00
宁 夏 Ningxia	508568.41		20599.45			
新 疆 Xinjiang	1085045.99	8692.00	76773.66	9332.00	49019.25	34426.00

其他机构

Condition of School Buidings

地　区 Region	学校产权 Floor Area of School 合计 Total	其中:危房 of Which: Dilapidated Buildings
总　计 Total	**3689154.09**	**14955.00**
北　京 Beijing		
天　津 Tianjin		
河　北 Hebei	176990.69	
山　西 Shanxi	47579.00	
内蒙古 Inner Mongolia		
辽　宁 Liaoning		
吉　林 Jilin	44919.33	
黑龙江 Heilongjiang	10308.24	
上　海 Shanghai		
江　苏 Jiangsu	717104.46	
浙　江 Zhejiang	271237.87	
安　徽 Anhui	588113.80	
福　建 Fujian		
江　西 Jiangxi	155068.00	
山　东 Shandong	391357.71	
河　南 Henan	298324.75	1488.00
湖　北 Hubei	107680.00	
湖　南 Hunan	88307.00	2885.00
广　东 Guangdong	473040.19	6075.00
广　西 Guangxi		
海　南 Hainan		
重　庆 Chongqing	62682.55	
四　川 Sichuan	138825.50	4507.00
贵　州 Guizhou	26254.00	
云　南 Yunnan	11868.00	
西　藏 Tibet		
陕　西 Shaanxi		
甘　肃 Gansu	27441.00	
青　海 Qinghai		
宁　夏 Ningxia	52052.00	
新　疆 Xinjiang		

校舍情况
in Other Institutions

单位:平方米
unit: m^2

建筑面积 Building Owned by SVSs		正在施工校舍建筑面积 Floor Area Under Construction	独立使用非学校产权校舍建筑面积 Floor Area of School Building Not Owned by SVSs
其中:当年新增 of Which: New Added in Current Year	其中:被外单位借用 of Which: Floor Space Hired by Other Schools or Units		
63857.31	**15992.98**	**61623.14**	**346313.85**
		14999.00	4526.00
			12345.00
90.82			
			50.00
	5900.00		5942.85
15454.58			54478.00
10271.00	4664.80		13883.00
120.00			
	3076.18	21155.28	83224.00
5390.00	982.00	496.86	4780.00
			307.00
	450.00		43078.00
2186.00	920.00		9820.00
			20668.00
9576.91			
20768.00			
			89206.00
		24972.00	4006.00

职业技术培训

Basic Statistics of Vocational Technical

地 区 Region	学校数 (所) Schools	教学班(点) (个) External Teaching Sites (class)	结业生数 Graduates 合计 Total	其中:女 of Which: Female
总 计 Total	**98958**	**601691**	**43794966**	**21227890**
北 京 Beijing	3659	44359	2836998	1480519
天 津 Tianjin	2481	103260	1070625	540831
河 北 Hebei	4548	18111	1423059	726665
山 西 Shanxi	3416	17968	1852263	679595
内蒙古 Inner Mongolia	1186	2859	164819	69561
辽 宁 Liaoning	7565	48007	1576217	778332
吉 林 Jilin	2772	6569	239863	104541
黑龙江 Heilongjiang	2154	6998	627321	303686
上 海 Shanghai	636	32716	1646437	947408
江 苏 Jiangsu	7855	69852	7949757	3672327
浙 江 Zhejiang	4119	35281	2918036	1469827
安 徽 Anhui	357	4273	225239	116198
福 建 Fujian	1752	7600	678584	339791
江 西 Jiangxi	189	849	57054	29507
山 东 Shandong	5489	19322	2086104	969408
河 南 Henan	7997	15566	2336097	1101837
湖 北 Hubei	587	6781	266767	130614
湖 南 Hunan	1328	4773	382781	139911
广 东 Guangdong	2245	54762	2437761	1249085
广 西 Guangxi	47	387	49890	21342
海 南 Hainan	247	2200	48620	32369
重 庆 Chongqing	4391	14866	1316094	652224
四 川 Sichuan	4591	17498	2269052	1134108
贵 州 Guizhou	6146	11275	1614488	793288
云 南 Yunnan	9489	26767	4754653	2318624
西 藏 Tibet				
陕 西 Shaanxi	8524	18688	1370252	683907
甘 肃 Gansu	2818	4354	439054	207450
青 海 Qinghai	453	261	27606	15472
宁 夏 Ningxia	20	175	35987	17528
新 疆 Xinjiang	1897	5314	1093488	501935

机构基本情况(总计)
Training Institutions (Total)

单位:人/人次
unit:person/person-time

注册学生数 Enrolment		教职工数 Educational Personnel		聘请校外教师 Part-time Teachers
合计 Total	其中:女 of Which: Female	合计 Total	其中:专任教师 of Which: Full-time Teacher	
42183931	**20456376**	**472971**	**284217**	**245606**
2767429	1381244	57950	24637	17568
1142239	634061	13638	6133	8823
1038410	506121	17258	10917	7934
1928854	737006	16986	11345	6525
180769	75990	4947	3543	1668
1921814	972403	50434	30224	13582
422003	175916	9476	6468	1813
577284	276418	18150	13914	2101
1656630	966516	16991	8362	10505
6573707	3027682	44211	28851	41957
2743410	1387312	21965	15751	24201
231323	120160	1691	1412	4829
632030	315261	8957	4187	7012
46651	22589	2125	1141	516
1885002	863441	26846	19779	9625
2306743	1074545	17257	11630	11514
248038	124765	5636	4090	1190
387760	151769	5366	3778	1205
2449563	1290751	40272	26650	11062
50638	20961	789	515	364
54714	34365	1678	692	715
1410697	646266	7863	4292	5764
2512137	1235995	17118	11164	9907
1646885	811586	17150	6106	8114
4236522	2091968	10288	4819	15755
1386203	678705	27145	16118	14679
458423	219120	8371	5969	2920
28373	16483	201	174	271
39198	20108	326	219	51
1220482	576869	1886	1337	3436

职工技术培训
Basic Statistics of

地　区 Region	学校数(所) Schools	教学班(点)(个) External Teaching Sites (class)	结业生数 Graduates 合计 Total	其中:女 of Which: Female
总　计 Total	**2340**	**45637**	**2953297**	**1242139**
北　京 Beijing	26	489	43274	18903
天　津 Tianjin	12	115	8612	3426
河　北 Hebei	66	538	54123	25569
山　西 Shanxi	233	6962	765633	153894
内蒙古 Inner Mongolia	35	242	30610	14306
辽　宁 Liaoning	48	428	58509	34186
吉　林 Jilin	50	303	28210	13351
黑龙江 Heilongjiang	139	510	42127	21151
上　海 Shanghai	20	11947	124651	82995
江　苏 Jiangsu	456	7992	399511	190761
浙　江 Zhejiang	102	2685	166252	77112
安　徽 Anhui	28	102	31935	12433
福　建 Fujian	59	1244	163399	98311
江　西 Jiangxi	47	293	31520	17215
山　东 Shandong	60	430	67003	27531
河　南 Henan	164	1468	116293	51941
湖　北 Hubei	34	708	39586	21576
湖　南 Hunan	97	648	44739	20351
广　东 Guangdong	141	1293	98557	48078
广　西 Guangxi	3	17	248	112
海　南 Hainan	31	380	11750	8359
重　庆 Chongqing	83	549	50199	25548
四　川 Sichuan	133	3791	303633	144413
贵　州 Guizhou	12	207	37222	8971
云　南 Yunnan	50	214	35380	19645
西　藏 Tibet				
陕　西 Shaanxi	90	1302	123921	69448
甘　肃 Gansu	108	527	51636	22843
青　海 Qinghai				
宁　夏 Ningxia	2	34	2906	1101
新　疆 Xinjiang	11	219	21858	8609

学校基本情况
Technical Training Schools

单位：人/人次
unit：person/person-time

注册学生数 Enrolment		教职工数 Educational Personnel		聘请校外教师 Part-time Teachers
合计 Total	其中：女 of Which：Female	合计 Total	其中：专任教师 of Which：Full-time Teacher	
2919683	**1220249**	**70631**	**53902**	**15445**
38618	16856	383	274	126
2509	857	818	668	91
46006	24024	3932	3014	311
766006	154176	3327	2121	1136
26767	12516	872	702	275
52194	28659	1190	778	211
61146	25357	971	674	93
51170	23182	4950	3853	321
124157	82404	1202	899	333
393769	174785	6847	5289	4155
160084	76959	3813	3118	1933
37167	16504	623	532	228
120610	75466	1726	1519	1067
20576	10111	1190	492	251
76828	30433	2737	2262	426
117761	53231	3672	2812	868
37962	21602	1492	1164	206
54820	23745	2386	2002	149
70971	40187	12897	10099	638
266	54	97	85	
17844	10355	1001	677	51
52527	27186	1693	1076	370
322826	166332	5355	4016	1047
43969	11534	869	616	211
37922	20624	516	375	221
118718	64089	2780	2114	459
53504	23489	2533	2076	145
3006	1601	147	92	28
9980	3931	612	503	95

农村成人文化技术

Basic Statistics of Technical

地　区 Region	学校数 （所） Schools	教学班（点） （个） External Teaching Sites （class）	结业生数 Graduates	
			合计 Total	其中：女 of Which: Female
总　计 Total	**76244**	**251165**	**31125154**	**15079490**
北　京 Beijing	2280	12023	951233	555124
天　津 Tianjin	2040	5778	455175	210024
河　北 Hebei	3842	12019	1281234	653864
山　西 Shanxi	2470	4971	768484	369902
内蒙古 Inner Mongolia	943	1700	102052	45269
辽　宁 Liaoning	1843	5472	830621	392939
吉　林 Jilin	1509	1934	149519	60056
黑龙江 Heilongjiang	1264	2932	351455	168537
上　海 Shanghai	95	5552	480228	282724
江　苏 Jiangsu	5711	24929	5490458	2520588
浙　江 Zhejiang	2673	22494	2339971	1182416
安　徽 Anhui	298	4007	182921	98283
福　建 Fujian	1444	4412	450609	205255
江　西 Jiangxi	103	215	8316	4479
山　东 Shandong	4245	12392	1573327	738724
河　南 Henan	7486	12997	2080703	984227
湖　北 Hubei	455	5090	183540	88110
湖　南 Hunan	1091	2966	279161	89153
广　东 Guangdong	523	29014	1634676	798596
广　西 Guangxi	44	370	49642	21230
海　南 Hainan	216	1820	36870	24010
重　庆 Chongqing	4076	12101	1172566	573036
四　川 Sichuan	4221	12421	1813729	910286
贵　州 Guizhou	5696	10211	1456060	721874
云　南 Yunnan	9274	25780	4617340	2240251
西　藏 Tibet				
陕　西 Shaanxi	7659	9484	991935	498778
甘　肃 Gansu	2448	2976	301401	137151
青　海 Qinghai	450	229	25007	14438
宁　夏 Ningxia			925	261
新　疆 Xinjiang	1845	4876	1065996	489905

培训学校基本情况
Training Schools for Peasants

单位:人/人次
unit:person/person-time

注册学生数 Enrolment		教职工数 Educational Personnel		聘请校外教师 Part-time Teachers
合计 Total	其中:女 of Which: Female	合计 Total	其中:专任教师 of Which: Full-time Teacher	
28701386	**13883324**	**145393**	**80969**	**145394**
825106	476564	3114	1525	3636
330027	164181	1494	870	2494
855567	410616	6803	4161	6316
857025	411525	3244	1520	3348
118765	52039	2447	1764	1038
989411	473694	3776	1999	1928
239729	93720	2741	1414	877
339636	160995	6177	4191	1355
371067	224129	776	570	1839
4149109	1899333	15035	9452	25096
2169702	1102031	7985	5443	18774
186581	100008	662	546	4284
440570	201250	4226	745	4795
8887	4673	195	87	211
1392295	644652	10832	7590	5792
2057122	960693	10947	7060	9557
160871	79298	1872	1337	647
269922	95695	1698	871	781
1568547	776903	5367	3142	3632
50372	20907	313	51	364
36870	24010	677	15	664
1149173	557659	3162	1627	3946
2036856	993064	8821	4930	7903
1470767	733660	14396	4616	6942
4131132	2036878	8620	3759	14879
955906	459324	15104	8650	8517
308500	140535	3671	2201	2238
26615	15758	201	174	229
758	207	6	3	2
1204498	569323	1031	656	3310

地　区 Region	学校数 （所） Schools	教学班(点) (个) External Teaching Sites (class)	结业生数 Graduates 合计 Total	 其中:女 of Which: Female
总　计 Total	**20374**	**304889**	**9716515**	**4906261**
北　京 Beijing	1353	31847	1842491	906492
天　津 Tianjin	429	97367	606838	327381
河　北 Hebei	640	5554	87702	47232
山　西 Shanxi	713	6035	318146	155799
内蒙古 Inner Mongolia	208	917	32157	9986
辽　宁 Liaoning	5674	42107	687087	351207
吉　林 Jilin	1213	4332	62134	31134
黑龙江 Heilongjiang	751	3556	233739	113998
上　海 Shanghai	521	15217	1041558	581689
江　苏 Jiangsu	1688	36931	2059788	960978
浙　江 Zhejiang	1344	10102	411813	210299
安　徽 Anhui	31	164	10383	5482
福　建 Fujian	249	1944	64576	36225
江　西 Jiangxi	39	341	17218	7813
山　东 Shandong	1184	6500	445774	203153
河　南 Henan	347	1101	139101	65669
湖　北 Hubei	98	983	43641	20928
湖　南 Hunan	140	1159	58881	30407
广　东 Guangdong	1581	24455	704528	402411
广　西 Guangxi				
海　南 Hainan				
重　庆 Chongqing	232	2216	93329	53640
四　川 Sichuan	237	1286	151690	79409
贵　州 Guizhou	438	857	121206	62443
云　南 Yunnan	165	773	101933	58728
西　藏 Tibet				
陕　西 Shaanxi	775	7902	254396	115681
甘　肃 Gansu	262	851	86017	47456
青　海 Qinghai	3	32	2599	1034
宁　夏 Ningxia	18	141	32156	16166
新　疆 Xinjiang	41	219	5634	3421

基本情况
of Others

单位：人/人次
unit：person/person-time

注册学生数 Enrolment		教职工数 Educational Personnel		聘请校外教师 Part-time Teachers
合计 Total	其中：女 of Which: Female	合计 Total	其中：专任教师 of Which: Full-time Teacher	
10562862	**5352803**	**256947**	**149346**	**84767**
1903705	887824	54453	22838	13806
809703	469023	11326	4595	6238
136837	71481	6523	3742	1307
305823	171305	10415	7704	2041
35237	11435	1628	1077	355
880209	470050	45468	27447	11443
121128	56839	5764	4380	843
186478	92241	7023	5870	425
1161406	659983	15013	6893	8333
2030829	953564	22329	14110	12706
413624	208322	10167	7190	3494
7575	3648	406	334	317
70850	38545	3005	1923	1150
17188	7805	740	562	54
415879	188356	13277	9927	3407
131860	60621	2638	1758	1089
49205	23865	2272	1589	337
63018	32329	1282	905	275
810045	473661	22008	13409	6792
		379	379	
208997	61421	3008	1589	1448
152455	76599	2942	2218	957
132149	66392	1885	874	961
67468	34466	1152	685	655
311579	155292	9261	5354	5703
96419	55096	2167	1692	537
1758	725			42
35434	18300	173	124	21
6004	3615	243	178	31

职业技术培训机

Condition of Fixed Assets and Teaching Resources

地　区 Region	占地面积 （平方米） Area of School Sites（m^2）	教学行政用房建筑面积 （平方米） Administrative（m^2）	图书（册） Books （volume）	合计 Total
总　计 Total	**111478436.38**	**51977649.18**	**132121251**	**758456**
北　京 Beijing	4116459.63	13047755.75	33520875	52502
天　津 Tianjin	2143811.60	866128.70	2911654	19157
河　北 Hebei	5400156.59	1456156.82	3880360	24475
山　西 Shanxi	2504706.07	1518673.72	5157864	27029
内蒙古 Inner Mongolia	1382488.00	239090.76	959710	4790
辽　宁 Liaoning	4749254.74	2206285.73	3826979	39977
吉　林 Jilin	2581746.00	625332.00	1119662	6305
黑龙江 Heilongjiang	4391342.07	1147800.03	1898755	12655
上　海 Shanghai	1549291.00	911575.00	2440052	34925
江　苏 Jiangsu	19061329.61	9355377.96	20276824	131892
浙　江 Zhejiang	8805149.06	3364426.63	7530754	63064
安　徽 Anhui	1755546.67	704062.16	768909	4918
福　建 Fujian	750406.78	562613.73	1569314	17207
江　西 Jiangxi	1332829.60	243711.00	786232	4716
山　东 Shandong	8622644.94	1962947.02	5584684	35660
河　南 Henan	5476419.68	1880663.99	5468660	32548
湖　北 Hubei	4107935.00	1129617.00	1819564	17487
湖　南 Hunan	4192642.61	672910.33	2082663	12721
广　东 Guangdong	4840813.00	2151271.00	9270641	97274
广　西 Guangxi	177826.00	49809.00	122703	711
海　南 Hainan	494156.14	135448.00	466298	3466
重　庆 Chongqing	915142.23	494857.75	1569495	11045
四　川 Sichuan	3144704.00	1594716.28	4820526	31612
贵　州 Guizhou	4579307.89	1012329.95	3145389	13317
云　南 Yunnan	2888137.00	1559731.31	1625945	12661
西　藏 Tibet				
陕　西 Shaanxi	5672751.15	1475491.77	3985305	28535
甘　肃 Gansu	2629516.32	1007934.53	2022631	11680
青　海 Qinghai	261692.00	22022.00	141998	180
宁　夏 Ningxia	197353.00	87066.00	91725	986
新　疆 Xinjiang	2752878.00	491843.26	3255080	4961

构资产情况
in Vocational Technical Training Institutions

计算机数(台) No. of Computers(set)		教室(间) Classroom(room)		固定资产总值(万元) Fixed Assets (in 10,000 yuan)	
其中:教学用计算机 No. of Computers Used for Instruction					
小计 Subtotal	其中:平板电脑 of Which: Tablet PC	合计 Total	其中:网络多媒体教室 of Which: Network Multimedia Classroom	合计 Total	其中:教学、实习仪器设备资产值 of Which: Teaching Equipment & Instruments
614307	**61982**	**309778**	**74709**	**28330602.03**	**18164877.77**
35364	9035	29510	3516	220461.13	81268.71
15811	812	4141	949	60514.46	19064.23
21862	2726	10258	2237	125464.85	36794.66
26884	135	6021	2015	120347.22	48667.19
3848	240	6069	597	55767.06	12211.20
33374	8353	28025	7513	334052.02	85971.08
5218	161	8153	1164	79198.50	14030.03
10574	587	4929	894	106570.85	58405.82
27298	3346	7362	2768	143338.00	50695.00
122678	10846	32030	13631	3036956.89	333805.08
58305	4251	14644	5298	379982.39	105557.13
4288	247	2861	407	57825.42	7430.76
10855	951	3045	1304	48878.64	15337.61
3852	377	31994	614	45729.13	7641.93
31835	4028	15137	4389	316941.72	54386.69
17643	3029	26645	7270	133032.08	32918.18
16003	315	2729	617	92667.28	24365.08
11479	755	4377	861	65858.63	16448.11
59758	7003	23288	9042	11002863.00	6991178.00
613	105	79	45	3180.41	513.40
2985	255	593	242	23001.20	8488.00
8936	1544	5619	1128	38949.08	15723.93
27712	417	8980	1322	158605.85	34212.65
11376	954	8545	1566	141511.71	29404.46
6918	282	4882	1202	62279.83	27018.91
23614	326	12292	2242	151788.63	44823.51
10255	276	3590	1271	1564215.79	304923.92
152		58	3	2922.19	928.65
747	194	278	125	6678.80	3229.54
4070	432	3644	477	9751019.28	9699434.29

职工技术培训

Condition of Fixed Assets and Teaching

地　区 Region	占地面积（平方米）Area of School Sites（m^2）	教学行政用房建筑面积（平方米）Administrative（m^2）	图书（册）Books（volume）	
				合计 Total
总　计 Total	**27687031.89**	**10066202.33**	**22855205**	**166034**
北　京 Beijing	45273.00	25979.00	61368	766
天　津 Tianjin	538201.00	172123.00	312918	2927
河　北 Hebei	1414172.93	374016.66	1245691	7436
山　西 Shanxi	1207982.30	502026.18	2324654	10037
内蒙古 Inner Mongolia	907386.00	143299.76	636751	2601
辽　宁 Liaoning	525036.97	208288.00	271776	3625
吉　林 Jilin	588243.00	217406.00	293996	1767
黑龙江 Heilongjiang	981157.07	366403.03	641842	6164
上　海 Shanghai	190834.00	133938.00	657879	4532
江　苏 Jiangsu	3827908.10	2135304.76	3262195	24517
浙　江 Zhejiang	2241484.52	789869.09	1868283	19972
安　徽 Anhui	325873.86	33500.12	249756	1944
福　建 Fujian	347007.76	171888.00	641719	5329
江　西 Jiangxi	703807.60	158994.00	432141	2955
山　东 Shandong	1060210.00	274251.00	523705	5970
河　南 Henan	2243966.95	598469.82	1784664	9415
湖　北 Hubei	901561.00	439006.00	1051002	5069
湖　南 Hunan	2311101.01	435480.73	1265378	7138
广　东 Guangdong	192035.00	90835.00	255928	6354
广　西 Guangxi	154453.00	36861.00	59713	375
海　南 Hainan	55000.00	67206.00	98100	905
重　庆 Chongqing	44566.00	44812.00	223370	2132
四　川 Sichuan	1302406.00	831203.00	1379097	10428
贵　州 Guizhou	1144139.00	330488.00	404438	3106
云　南 Yunnan	793125.00	113772.00	192186	1783
西　藏 Tibet				
陕　西 Shaanxi	1665984.82	542668.89	1297387	8896
甘　肃 Gansu	1185284.00	598723.53	1117566	7168
青　海 Qinghai	24856.00	6568.00	63449	
宁　夏 Ningxia	136900.00	59029.00	69420	742
新　疆 Xinjiang	627076.00	163792.76	168833	1981

学校资产情况
Resources in Technical Training Schools

计算机数(台) No. of Computers(set)		教室(间) Classroom(room)		固定资产总值(万元) Fixed Assets (in 10,000 yuan)	
其中:教学用计算机 No. of Computers Used for Instruction		合计 Total	其中:网络多媒体教室 of Which: Network Multimedia Classroom	合计 Total	其中:教学、实习仪器设备资产值 of Which: Teaching Equipment & Instruments
小计 Subtotal	其中:平板电脑 of Which: Tablet PC				
143290	**8834**	**65071**	**11112**	**2049632.90**	**542203.91**
634	32	59	25	7057.46	1596.83
2660		528	22	29724.36	6172.94
6527	351	988	268	49038.06	16727.66
9964	8	1312	675	91861.94	34544.33
2072	5	3218	56	21853.06	6425.00
3219	66	742	233	29016.06	7835.00
1304	25	1376	61	17256.81	4114.39
4762	503	1419	261	50299.75	34939.51
3018	202	248	91	53705.00	17138.00
23169	1163	5764	2034	245286.16	58065.09
18887	304	2305	1773	147184.81	46798.27
1584	50	264	152	15430.80	1533.58
3685	153	374	160	22047.81	5353.71
2454	184	31476	422	30050.74	5287.39
5596	973	1081	258	44006.54	10985.62
8215	2266	4489	1646	57583.77	16130.44
4510	91	969	185	40297.00	11491.00
6667	490	1003	473	42891.84	11770.57
3299	391	693	373	19322.00	4917.00
288		30	14	1271.00	352.00
673	229	174	71	3198.00	520.00
1772	395	408	169	5567.00	2426.00
9082	228	2007	408	63196.60	13674.81
2509	120	671	178	55408.95	13564.22
1589	73	363	125	11610.34	2651.54
6708	83	1818	560	79009.21	17301.05
6385	2	884	341	777215.52	182311.46
				204.82	2.00
549	160	109	52	4209.00	2528.00
1509	287	299	26	34828.51	5046.49

农村成人文化技术

Condition of Fixed Assets and Teaching Resources

地 区 Region	占地面积 (平方米) Area of School Sites (m^2)	教学行政用房建筑面积 (平方米) Administrative (m^2)	图书(册) Books (volume)	
				合计 Total
总　计 Total	**53657072.52**	**15262464.22**	**44217296**	**252966**
北　京 Beijing	1429588.00	340594.00	1232322	9067
天　津 Tianjin	505095.00	129618.00	423429	3873
河　北 Hebei	2984940.76	686489.06	1933793	6309
山　西 Shanxi	762656.25	613760.31	1705548	6772
内蒙古 Inner Mongolia	290451.00	63299.00	220262	1208
辽　宁 Liaoning	1402253.00	504212.00	969329	3423
吉　林 Jilin	1584401.00	156913.00	271161	763
黑龙江 Heilongjiang	2950154.00	477435.00	838038	1749
上　海 Shanghai	331070.00	174697.00	400102	6204
江　苏 Jiangsu	6060086.38	2144514.12	6057409	33362
浙　江 Zhejiang	4812212.96	1874994.46	4738892	30601
安　徽 Anhui	1267124.00	643191.00	358347	1414
福　建 Fujian	196709.02	139739.23	505839	7915
江　西 Jiangxi	80176.00	11910.00	60292	271
山　东 Shandong	5696615.84	868554.62	3296806	10723
河　南 Henan	2862680.61	1072431.17	3272297	18993
湖　北 Hubei	2640666.00	465900.00	428548	9118
湖　南 Hunan	1451951.00	187565.00	667655	3980
广　东 Guangdong	2925605.00	851883.00	3744550	42851
广　西 Guangxi	23373.00	12948.00	62990	336
海　南 Hainan	39360.00	37050.00	70600	130
重　庆 Chongqing	664934.23	293740.75	1153141	4862
四　川 Sichuan	1340644.00	471919.28	2720069	16528
贵　州 Guizhou	3190068.22	515290.13	2237872	7774
云　南 Yunnan	1981110.53	1396697.11	1242174	9693
西　藏 Tibet				
陕　西 Shaanxi	3437754.72	578290.48	2092846	10168
甘　肃 Gansu	640871.00	213872.00	588301	2475
青　海 Qinghai	203861.00	14168.00	74749	12
宁　夏 Ningxia	26947.00	7613.00	2066	3
新　疆 Xinjiang	1873713.00	313175.50	2847869	2389

培训学校资产情况

in Technical Training Schools for Peasants

计算机数(台) No. of Computers(set)		教室(间) Classroom(room)		固定资产总值(万元) Fixed Assets (in 10,000 yuan)	
其中:教学用计算机 No. of Computers Used for Instruction		合计 Total	其中:网络多媒体教室 of Which: Network Multimedia Classroom	合计 Total	其中:教学、实习仪器设备资产值 of Which: Teaching Equipment & Instruments
小计 Subtotal	其中:平板电脑 of Which: Tablet PC				
198294	**14745**	**103522**	**21928**	**12311689.73**	**11092007.61**
7922	310	1470	320	25705.60	8058.81
2579	37	1201	105	8495.63	2657.81
6005	300	3563	552	42858.06	8884.24
6737	52	1457	306	12071.00	2682.38
1071	15	2660	425	8067.60	3539.10
2895	362	4690	1145	27357.63	3773.70
565	17	1445	38	16536.15	2289.45
1653	10	720	188	14955.38	2719.03
5163	732	1238	374	20663.00	9084.00
30437	3378	12591	2886	404590.19	65257.74
28196	3018	5797	1957	173192.53	39975.10
1319	85	2368	154	24683.70	2144.85
3733	587	1199	797	13166.68	4519.94
248		134	21	4062.50	187.60
10161	1064	6133	2034	65990.11	13152.98
5743	391	17450	4032	50797.76	10044.82
8845	42	991	173	27471.60	5371.70
3738	126	2929	297	13210.79	2990.54
27591	2598	6223	1830	1410143.00	1155047.00
325	105	49	31	1909.41	161.40
130	26	218	13	1260.00	260.00
3631	475	2853	372	17440.96	8316.00
14653	77	5259	625	67960.31	15080.18
6719	523	6179	796	61951.74	11675.94
4338	99	3903	938	43336.70	13059.07
9526	75	6392	750	26883.46	5543.00
2354	101	1197	418	11028.94	2041.97
12		28		1264.82	305.00
2		7	2	1377.50	91.50
2003	140	3178	349	9713256.97	9693092.76

其他培训机构

Condition of Fixed Assets and

地　区 Region	占地面积 （平方米） Area of School Sites（m^2）	教学行政用房建筑面积 （平方米） Administrative （m^2）	图书（册） Books （volume）	
				合计 Total
总　计 Total	**30134331.97**	**26648982.63**	**65048750**	**339456**
北　京 Beijing	2641598.63	12681182.75	32227185	42669
天　津 Tianjin	1100515.60	564387.70	2175307	12357
河　北 Hebei	1001042.90	395651.10	700876	10730
山　西 Shanxi	534067.52	402887.23	1127662	10220
内蒙古 Inner Mongolia	184651.00	32492.00	102697	981
辽　宁 Liaoning	2821964.77	1493785.73	2585874	32929
吉　林 Jilin	409102.00	251013.00	554505	3775
黑龙江 Heilongjiang	460031.00	303962.00	418875	4742
上　海 Shanghai	1027387.00	602940.00	1382071	24189
江　苏 Jiangsu	9173335.13	5075559.08	10957220	74013
浙　江 Zhejiang	1751451.58	699563.08	923579	12491
安　徽 Anhui	162548.81	27371.04	160806	1560
福　建 Fujian	206690.00	250986.50	421756	3963
江　西 Jiangxi	548846.00	72807.00	293799	1490
山　东 Shandong	1865819.10	820141.40	1764173	18967
河　南 Henan	369772.12	209763.00	411699	4140
湖　北 Hubei	565708.00	224711.00	340014	3300
湖　南 Hunan	429590.60	49864.60	149630	1603
广　东 Guangdong	1723173.00	1208553.00	5270163	48069
广　西 Guangxi				
海　南 Hainan	399796.14	31192.00	297598	2431
重　庆 Chongqing	205642.00	156305.00	192984	4051
四　川 Sichuan	501654.00	291594.00	721360	4656
贵　州 Guizhou	245100.67	166551.82	503079	2437
云　南 Yunnan	113901.47	49262.20	191585	1185
西　藏 Tibet				
陕　西 Shaanxi	569011.61	354532.40	595072	9471
甘　肃 Gansu	803361.32	195339.00	316764	2037
青　海 Qinghai	32975.00	1286.00	3800	168
宁　夏 Ningxia	33506.00	20424.00	20239	241
新　疆 Xinjiang	252089.00	14875.00	238378	591

资产情况
Teaching Resources in Others

计算机数(台) No. of Computers (set) 其中:教学用计算机 No. of Computers Used for Instruction 小计 Subtotal	其中:平板电脑 of Which: Tablet PC	教室(间) Classroom(room) 合计 Total	其中:网络多媒体教室 of Which: Network Multimedia Classroom	固定资产总值(万元) Fixed Assets (in 10,000 yuan) 合计 Total	其中:教学、实习仪器设备资产值 of Which:Teaching Equipment & Instruments
272723	**38403**	**141185**	**41669**	**13969279.40**	**6530666.25**
26808	8693	27981	3171	187698.06	71613.08
10572	775	2412	822	22294.47	10233.48
9330	2075	5707	1417	33568.73	11182.76
10183	75	3252	1034	16414.28	11440.47
705	220	191	116	25846.40	2247.10
27260	7925	22593	6135	277678.33	74362.38
3349	119	5332	1065	45405.54	7626.19
4159	74	2790	445	41315.71	20747.28
19117	2412	5876	2303	68970.00	24473.00
69072	6305	13675	8711	2387080.53	210482.24
11222	929	6542	1568	59605.05	18783.76
1385	112	229	101	17710.92	3752.33
3437	211	1472	347	13664.15	5463.96
1150	193	384	171	11615.89	2166.94
16078	1991	7923	2097	206945.08	30248.09
3685	372	4706	1592	24650.55	6742.92
2648	182	769	259	24898.68	7502.38
1074	139	445	91	9756.00	1687.00
28868	4014	16372	6839	9573398.00	5831214.00
2182		201	158	18543.20	7708.00
3533	674	2358	587	15941.12	4981.93
3977	112	1714	289	27448.94	5457.66
2148	311	1695	592	24151.02	4164.30
991	110	616	139	7332.79	11308.30
7380	168	4082	932	45895.97	21979.46
1516	173	1509	512	775971.33	120570.49
140		30	3	1452.55	621.65
196	34	162	71	1092.30	610.04
558	5	167	102	2933.80	1295.05

地 区 Region	学校数(所) Schools			
	合计 Total	初级中学 Regular Junior Secondary Schools	九年一贯制学校 9-year Schools	职业初中 Vocational Junior Secondary Schools
总 计 Total	**52405**	**37217**	**15166**	**22**
北 京 Beijing	340	224	116	
天 津 Tianjin	329	290	39	
河 北 Hebei	2378	1906	472	
山 西 Shanxi	1895	1413	482	
内蒙古 Inner Mongolia	716	495	221	
辽 宁 Liaoning	1517	1002	515	
吉 林 Jilin	1181	848	328	5
黑龙江 Heilongjiang	1564	1096	467	1
上 海 Shanghai	537	362	175	
江 苏 Jiangsu	2091	1631	460	
浙 江 Zhejiang	1712	1271	441	
安 徽 Anhui	2858	1976	882	
福 建 Fujian	1240	1064	176	
江 西 Jiangxi	2131	1526	605	
山 东 Shandong	2891	2189	702	
河 南 Henan	4565	3784	781	
湖 北 Hubei	2013	1553	460	
湖 南 Hunan	3331	2166	1165	
广 东 Guangdong	3415	2057	1358	
广 西 Guangxi	1839	1583	255	1
海 南 Hainan	391	212	179	
重 庆 Chongqing	906	713	193	
四 川 Sichuan	3864	1844	2017	3
贵 州 Guizhou	2128	1558	561	9
云 南 Yunnan	1682	1456	223	3
西 藏 Tibet	97	94	3	
陕 西 Shaanxi	1727	1232	495	
甘 肃 Gansu	1491	954	537	
青 海 Qinghai	270	108	162	
宁 夏 Ningxia	237	163	74	
新 疆 Xinjiang	1069	447	622	

数、班数(总计)
Junior Secondary Schools(Total)

班数(个) Classes				
合计 Total	一年级 Grade 1	二年级 Grade 2	三年级 Grade 3	四年级 Grade 4
903564	**298843**	**298223**	**296415**	**10083**
9309	2983	3155	3137	34
6899	2132	2222	2262	283
45029	15158	15418	14453	
25077	7935	8472	8670	
14727	4769	4956	4960	42
23891	7592	8189	8047	63
14413	4602	4928	4873	10
21445	6214	6321	6421	2489
12533	3254	3145	3137	2997
43384	14670	14326	14376	12
36951	12315	12314	12276	46
41970	14424	13896	13631	19
25373	8529	8361	8483	
33067	11262	10996	10809	
62347	19533	19524	19520	3770
72926	25319	24395	22926	286
29140	9868	9645	9603	24
41371	13840	13799	13732	
78235	25878	25798	26559	
34290	11790	11317	11183	
6904	2334	2301	2269	
20384	6845	6792	6747	
52262	17297	17381	17584	
38563	12602	12740	13221	
34793	11808	11683	11294	8
2484	860	832	792	
23761	7825	7943	7993	
20447	6597	6839	7011	
4408	1489	1456	1463	
5377	1846	1795	1736	
21804	7273	7284	7247	

初中校数、班数(城区)

Number of Schools, Classes of Junior Secondary Schools (Urban Area)

地 区 Region	学校数(所) Schools				班数(个) Classes				
	合计 Total	初级中学 Regular Junior Secondary Schools	九年一贯制学校 9-year Schools	职业初中 Vocational Junior Secondary Schools	合计 Total	一年级 Grade 1	二年级 Grade 2	三年级 Grade 3	四年级 Grade 4
总 计 Total	**11499**	**7635**	**3861**	**3**	**305483**	**99933**	**100223**	**99209**	**6118**
北 京 Beijing	207	122	85		7543	2407	2556	2546	34
天 津 Tianjin	145	124	21		4096	1300	1333	1368	95
河 北 Hebei	382	292	90		11849	3823	4084	3942	
山 西 Shanxi	328	245	83		8254	2595	2797	2862	
内蒙古 Inner Mongolia	200	158	42		5841	1861	1955	1988	37
辽 宁 Liaoning	625	489	136		12537	3901	4325	4248	63
吉 林 Jilin	274	214	57	3	6051	1875	2096	2070	10
黑龙江 Heilongjiang	429	330	99		8998	2517	2547	2669	1265
上 海 Shanghai	404	285	119		10296	2643	2571	2584	2498
江 苏 Jiangsu	770	611	159		20976	7052	6989	6923	12
浙 江 Zhejiang	643	462	181		17419	5839	5813	5721	46
安 徽 Anhui	344	231	113		9168	3131	3070	2967	
福 建 Fujian	221	168	53		9209	3148	3056	3005	
江 西 Jiangxi	230	121	109		7130	2428	2370	2332	
山 东 Shandong	843	574	269		23039	7088	7086	6978	1887
河 南 Henan	738	553	185		17314	5841	5746	5564	163
湖 北 Hubei	548	406	142		11481	3866	3842	3773	
湖 南 Hunan	343	214	129		9636	3264	3211	3161	
广 东 Guangdong	1517	716	801		41190	14031	13630	13529	
广 西 Guangxi	311	180	131		7087	2446	2336	2305	
海 南 Hainan	94	32	62		2812	959	946	907	
重 庆 Chongqing	164	119	45		6923	2328	2314	2281	
四 川 Sichuan	432	218	214		13126	4311	4367	4448	
贵 州 Guizhou	361	174	187		6593	2221	2187	2185	
云 南 Yunnan	194	117	77		5792	1978	1946	1860	8
西 藏 Tibet	12	12			366	124	122	120	
陕 西 Shaanxi	301	220	81		7523	2516	2509	2498	
甘 肃 Gansu	149	95	54		4064	1333	1366	1365	
青 海 Qinghai	44	20	24		1141	386	380	375	
宁 夏 Ningxia	59	56	3		2107	711	710	686	
新 疆 Xinjiang	187	77	110		5922	2010	1963	1949	

初中校数、班数(城乡结合区)

Number of Schools, Classes of Junior Secondary Schools (Urban-rural Transitional Area)

地区 Region	学校数(所) Schools				班数(个) Classes				
	合计 Total	初级中学 Regular Junior Secondary Schools	九年一贯制学校 9-year Schools	职业初中 Vocational Junior Secondary Schools	合计 Total	一年级 Grade 1	二年级 Grade 2	三年级 Grade 3	四年级 Grade 4
总　计 Total	**2468**	**1489**	**979**		**50303**	**16906**	**16648**	**16040**	**709**
北　京 Beijing	31	24	7		661	211	230	220	
天　津 Tianjin	18	13	5		311	103	106	94	8
河　北 Hebei	122	90	32		2699	912	930	857	
山　西 Shanxi	56	44	12		896	267	310	319	
内蒙古 Inner Mongolia	5	4	1		86	27	28	31	
辽　宁 Liaoning	62	45	17		1132	372	399	361	
吉　林 Jilin	20	12	8		187	59	65	63	
黑龙江 Heilongjiang	49	36	13		757	199	205	227	126
上　海 Shanghai	31	23	8		786	223	209	192	162
江　苏 Jiangsu	121	84	37		2330	796	765	769	
浙　江 Zhejiang	166	112	54		3948	1340	1324	1284	
安　徽 Anhui	78	50	28		1510	514	506	490	
福　建 Fujian	49	36	13		1255	435	419	401	
江　西 Jiangxi	44	26	18		873	307	285	281	
山　东 Shandong	275	179	96		6370	1975	2020	1962	413
河　南 Henan	180	127	53		2699	936	920	843	
湖　北 Hubei	79	52	27		1341	466	452	423	
湖　南 Hunan	65	38	27		1291	465	421	405	
广　东 Guangdong	565	238	327		12814	4406	4272	4136	
广　西 Guangxi	63	37	26		1358	476	449	433	
海　南 Hainan	10	4	6		256	86	87	83	
重　庆 Chongqing	22	17	5		511	183	165	163	
四　川 Sichuan	88	40	48		1554	527	512	515	
贵　州 Guizhou	77	31	46		977	330	323	324	
云　南 Yunnan	47	36	11		1388	494	471	423	
西　藏 Tibet									
陕　西 Shaanxi	78	57	21		815	272	267	276	
甘　肃 Gansu	18	7	11		289	101	98	90	
青　海 Qinghai	8	2	6		160	54	54	52	
宁　夏 Ningxia	5	5			175	68	64	43	
新　疆 Xinjiang	36	20	16		874	302	292	280	

初中校数、班数(镇区)
Number of Schools, Classes of Junior Secondary Schools (Counties & Towns Area)

地区 Region	学校数(所) Schools				班数(个) Classes				
	合计 Total	初级中学 Regular Junior Secondary Schools	九年一贯制学校 9-year Schools	职业初中 Vocational Junior Secondary Schools	合计 Total	一年级 Grade 1	二年级 Grade 2	三年级 Grade 3	四年级 Grade 4
总　计 Total	**23915**	**18448**	**5457**	**10**	**440747**	**146710**	**145726**	**145311**	**3000**
北　京 Beijing	77	58	19		1138	375	385	378	
天　津 Tianjin	113	103	10		2026	608	648	654	116
河　北 Hebei	1163	942	221		24357	8285	8307	7765	
山　西 Shanxi	814	665	149		12404	3943	4184	4277	
内蒙古 Inner Mongolia	388	282	106		7983	2602	2701	2675	5
辽　宁 Liaoning	592	349	243		8662	2805	2954	2903	
吉　林 Jilin	476	362	112	2	5572	1814	1882	1876	
黑龙江 Heilongjiang	634	433	200	1	8903	2667	2711	2696	829
上　海 Shanghai	106	63	43		1889	513	485	469	422
江　苏 Jiangsu	1122	882	240		20278	6899	6638	6741	
浙　江 Zhejiang	794	648	146		16355	5425	5433	5497	
安　徽 Anhui	1228	906	322		22916	7938	7535	7441	2
福　建 Fujian	511	478	33		11540	3843	3782	3915	
江　西 Jiangxi	997	765	232		18291	6255	6090	5946	
山　东 Shandong	1550	1240	310		32252	10222	10255	10268	1507
河　南 Henan	2164	1773	391		39025	13696	13078	12156	95
湖　北 Hubei	968	797	171		13255	4513	4351	4367	24
湖　南 Hunan	1430	1069	361		21227	7139	7081	7007	
广　东 Guangdong	1325	997	328		29345	9365	9631	10349	
广　西 Guangxi	1017	952	64	1	21359	7325	7064	6970	
海　南 Hainan	241	151	90		3663	1231	1210	1222	
重　庆 Chongqing	542	463	79		11479	3861	3810	3808	
四　川 Sichuan	1769	1134	635		28956	9602	9598	9756	
贵　州 Guizhou	947	808	135	4	21795	7133	7207	7455	
云　南 Yunnan	723	667	54	2	18036	6104	6035	5897	
西　藏 Tibet	72	69	3		1717	596	566	555	
陕　西 Shaanxi	1108	791	317		14013	4590	4682	4741	
甘　肃 Gansu	439	333	106		9010	2918	3003	3089	
青　海 Qinghai	112	54	58		2350	786	771	793	
宁　夏 Ningxia	93	71	22		2476	857	824	795	
新　疆 Xinjiang	400	143	257		8475	2800	2825	2850	

初中校数、班数(镇乡结合区)

Number of Schools, Classes of Junior Secondary Schools (County-town Transitional Area)

地 区 Region	学校数(所) Schools 合计 Total	初级中学 Regular Junior Secondary Schools	九年一贯制学校 9-year Schools	职业初中 Vocational Junior Secondary Schools	班数(个) Classes 合计 Total	一年级 Grade 1	二年级 Grade 2	三年级 Grade 3	四年级 Grade 4
总 计 Total	**6112**	**4643**	**1468**	**1**	**109325**	**36591**	**36235**	**35772**	**727**
北 京 Beijing	28	22	6		371	120	124	127	
天 津 Tianjin	44	41	3		721	210	232	225	54
河 北 Hebei	491	402	89		10921	3746	3708	3467	
山 西 Shanxi	213	161	52		3805	1219	1287	1299	
内蒙古 Inner Mongolia	40	27	13		682	218	229	235	
辽 宁 Liaoning	77	43	34		1092	345	379	368	
吉 林 Jilin	50	35	15		520	175	171	174	
黑龙江 Heilongjiang	58	47	11		881	259	269	257	96
上 海 Shanghai	29	18	11		491	130	125	124	112
江 苏 Jiangsu	316	255	61		4925	1658	1608	1659	
浙 江 Zhejiang	286	229	57		5731	1921	1914	1896	
安 徽 Anhui	293	204	89		4700	1613	1565	1522	
福 建 Fujian	150	138	12		3289	1096	1071	1122	
江 西 Jiangxi	218	161	57		2984	1030	995	959	
山 东 Shandong	564	435	129		12151	3915	3918	3860	458
河 南 Henan	766	598	168		12642	4498	4286	3851	7
湖 北 Hubei	242	190	52		3073	1054	1002	1017	
湖 南 Hunan	534	395	139		6948	2318	2318	2312	
广 东 Guangdong	369	264	105		8612	2779	2850	2983	
广 西 Guangxi	195	180	15		4012	1366	1316	1330	
海 南 Hainan	13	5	8		401	119	115	167	
重 庆 Chongqing	94	84	10		2151	728	714	709	
四 川 Sichuan	329	178	151		4026	1339	1317	1370	
贵 州 Guizhou	159	122	37		3503	1171	1147	1185	
云 南 Yunnan	133	119	13	1	3615	1227	1204	1184	
西 藏 Tibet	7	6	1		180	68	59	53	
陕 西 Shaanxi	225	171	54		3051	996	1031	1024	
甘 肃 Gansu	100	66	34		1893	608	632	653	
青 海 Qinghai	31	10	21		462	159	153	150	
宁 夏 Ningxia	14	11	3		296	105	96	95	
新 疆 Xinjiang	44	26	18		1196	401	400	395	

初中校数、班数(乡村)
Number of Schools, Classes of Junior Secondary Schools (Rural Area)

	学校数(所) Schools				班数(个) Classes				
	合计 Total	初级中学 Regular Junior Secondary Schools	九年一贯制学校 9-year Schools	职业初中 Vocational Junior Secondary Schools	合计 Total	一年级 Grade 1	二年级 Grade 2	三年级 Grade 3	四年级 Grade 4
总　计 Total	**16991**	**11134**	**5848**	**9**	**157334**	**52200**	**52274**	**51895**	**965**
北　京 Beijing	56	44	12		628	201	214	213	
天　津 Tianjin	71	63	8		777	224	241	240	72
河　北 Hebei	833	672	161		8823	3050	3027	2746	
山　西 Shanxi	753	503	250		4419	1397	1491	1531	
内蒙古 Inner Mongolia	128	55	73		903	306	300	297	
辽　宁 Liaoning	300	164	136		2692	886	910	896	
吉　林 Jilin	431	272	159		2790	913	950	927	
黑龙江 Heilongjiang	501	333	168		3544	1030	1063	1056	395
上　海 Shanghai	27	14	13		348	98	89	84	77
江　苏 Jiangsu	199	138	61		2130	719	699	712	
浙　江 Zhejiang	275	161	114		3177	1051	1068	1058	
安　徽 Anhui	1286	839	447		9886	3355	3291	3223	17
福　建 Fujian	508	418	90		4624	1538	1523	1563	
江　西 Jiangxi	904	640	264		7646	2579	2536	2531	
山　东 Shandong	498	375	123		7056	2223	2183	2274	376
河　南 Henan	1663	1458	205		16587	5782	5571	5206	28
湖　北 Hubei	497	350	147		4404	1489	1452	1463	
湖　南 Hunan	1558	883	675		10508	3437	3507	3564	
广　东 Guangdong	573	344	229		7700	2482	2537	2681	
广　西 Guangxi	511	451	60		5844	2019	1917	1908	
海　南 Hainan	56	29	27		429	144	145	140	
重　庆 Chongqing	200	131	69		1982	656	668	658	
四　川 Sichuan	1663	492	1168	3	10180	3384	3416	3380	
贵　州 Guizhou	820	576	239	5	10175	3248	3346	3581	
云　南 Yunnan	765	672	92	1	10965	3726	3702	3537	
西　藏 Tibet	13	13			401	140	144	117	
陕　西 Shaanxi	318	221	97		2225	719	752	754	
甘　肃 Gansu	903	526	377		7373	2346	2470	2557	
青　海 Qinghai	114	34	80		917	317	305	295	
宁　夏 Ningxia	85	36	49		794	278	261	255	
新　疆 Xinjiang	482	227	255		7407	2463	2496	2448	

初中学生数(总计)

Number of Students in Junior Secondary Schools(Total)

单位:人

unit:person

地　区 Region	毕业生数 Graduates	招生数 Entrants	在校生数 Enrolment						预计毕业生数 Estimated Graduates for Next Year
			合计 Total	其中:女 of Which: Female	一年级 Grade 1	二年级 Grade 2	三年级 Grade 3	四年级 Grade 4	
总　计 Total	**14175941**	**14110242**	**43119500**	**20034849**	**14116336**	**14284220**	**14296291**	**422653**	**14295091**
北　京 Beijing	92773	89152	283366	131430	89282	98855	94146	1083	94213
天　津 Tianjin	83915	78298	261474	121623	79575	85510	86458	9931	85621
河　北 Hebei	691895	770575	2361330	1107789	770577	815874	774879		774879
山　西 Shanxi	427587	335144	1126840	539093	335160	378133	413547		413547
内蒙古 Inner Mongolia	222399	200281	639648	306544	200281	217728	220007	1632	219950
辽　宁 Liaoning	337313	304681	1012944	478076	304691	355678	349627	2948	349514
吉　林 Jilin	201437	181172	595518	285709	181181	207182	206667	488	206560
黑龙江 Heilongjiang	267059	250919	899803	433402	250919	264108	276314	108462	276768
上　海 Shanghai	94274	115278	412345	194174	115485	103047	100378	93435	93435
江　苏 Jiangsu	612060	634251	1867166	856863	634251	616901	615549	465	615568
浙　江 Zhejiang	478305	488842	1479353	691805	488842	498674	490131	1706	489976
安　徽 Anhui	640927	644404	1900786	864186	644404	630571	624972	839	625135
福　建 Fujian	363155	382046	1133458	519954	382117	370067	381274		381274
江　西 Jiangxi	556499	600727	1763985	790832	600976	587514	575495		575495
山　东 Shandong	991225	957502	3108127	1459965	957505	975245	991376	184001	997884
河　南 Henan	1236178	1382295	4048103	1841210	1382302	1351499	1298045	16257	1297825
湖　北 Hubei	461384	461592	1365319	615573	461699	452473	450207	940	450240
湖　南 Hunan	699791	738620	2224138	1007904	738620	744969	740549		740549
广　东 Guangdong	1292909	1164480	3553170	1579341	1164589	1169655	1218926		1218926
广　西 Guangxi	627520	669098	1963062	931137	669118	642119	651825		651825
海　南 Hainan	107664	108115	328889	146317	111201	110833	106855		106855
重　庆 Chongqing	325094	316100	960383	452314	316181	323706	320496		320496
四　川 Sichuan	881394	807294	2463860	1174742	807388	821449	835023		835023
贵　州 Guizhou	702389	632664	1979699	933908	632674	654599	692426		692426
云　南 Yunnan	577192	653430	1894282	910684	653616	639490	600710	466	600698
西　藏 Tibet	40083	41122	117520	56789	41122	39112	37286		37286
陕　西 Shaanxi	379476	346438	1070779	494793	346637	357406	366736		366736
甘　肃 Gansu	332350	290765	909255	431696	290828	304934	313493		313493
青　海 Qinghai	65338	72074	213165	103052	72141	70583	70441		70441
宁　夏 Ningxia	88836	93622	274333	133808	93698	92148	88487		88487
新　疆 Xinjiang	297520	299261	907400	440136	299276	304158	303966		303966

初中学生数(城区)

Number of Students in Junior Secondary Schools (Urban Area)

单位:人
unit:person

地 区 Region	毕业生数 Graduates	招生数 Entrants	在校生数 Enrolment						预计毕业生数 Estimated Graduates for Next Year
			合计 Total	其中:女 of Which: Female	一年级 Grade 1	二年级 Grade 2	三年级 Grade 3	四年级 Grade 4	
总 计 Total	**4663670**	**4631437**	**14410106**	**6623916**	**4633768**	**4754192**	**4762590**	**259556**	**4760015**
北 京 Beijing	75675	73220	232961	108023	73319	81121	77438	1083	77505
天 津 Tianjin	50976	46617	154432	72697	47737	50991	51930	3774	52098
河 北 Hebei	205695	198245	644836	304023	198245	224873	221718		221718
山 西 Shanxi	145269	114227	389795	188024	114230	131010	144555		144555
内蒙古 Inner Mongolia	96469	83385	275036	131513	83385	93560	96581	1510	96498
辽 宁 Liaoning	178332	152645	528036	247847	152649	188649	183790	2948	183677
吉 林 Jilin	95761	81355	277647	131876	81361	97733	98065	488	97958
黑龙江 Heilongjiang	122643	108927	409983	196053	108927	116211	125365	59480	126688
上 海 Shanghai	79647	93782	341531	161145	93947	84968	83741	78875	78875
江 苏 Jiangsu	293240	307804	915658	421618	307804	306091	301298	465	301317
浙 江 Zhejiang	220667	234240	706262	329362	234240	238584	231732	1706	231577
安 徽 Anhui	144903	145539	437822	196947	145539	146681	145602		145602
福 建 Fujian	134305	151583	441955	199453	151593	145515	144847		144847
江 西 Jiangxi	125479	133188	393978	169122	133195	131216	129567		129567
山 东 Shandong	354100	354883	1178660	549559	354885	361048	364378	98349	366007
河 南 Henan	303984	313615	950049	424602	313616	313549	312472	10412	312027
湖 北 Hubei	179771	182684	547028	244851	182695	183424	180909		180909
湖 南 Hunan	168072	177415	533753	238067	177415	177582	178756		178756
广 东 Guangdong	637739	639870	1892438	822204	639965	626077	626396		626396
广 西 Guangxi	118131	130878	381412	175316	130883	124780	125749		125749
海 南 Hainan	47237	47513	144274	61486	48222	48455	47597		47597
重 庆 Chongqing	110772	108159	329542	157378	108178	110738	110626		110626
四 川 Sichuan	225662	204709	635725	302598	204731	211150	219844		219844
贵 州 Guizhou	112021	108663	334546	155869	108664	112096	113786		113786
云 南 Yunnan	95375	104108	312094	150925	104129	105552	101947	466	101935
西 藏 Tibet	5194	5690	16415	8035	5690	5400	5325		5325
陕 西 Shaanxi	123626	118502	363758	167575	118517	121459	123782		123782
甘 肃 Gansu	69179	64724	203890	94555	64724	69371	69795		69795
青 海 Qinghai	17912	19408	57757	27965	19411	19444	18902		18902
宁 夏 Ningxia	37743	37372	112745	54064	37383	37952	37410		37410
新 疆 Xinjiang	88091	88487	266088	131164	88489	88912	88687		88687

初中学生数(城乡结合区)

Number of Students in Junior Secondary Schools (Urban-rural Transitional Area)

单位:人
unit:person

地 区 Region	毕业生数 Graduates	招生数 Entrants	在校生数 Enrolment						预计毕业生数 Estimated Graduates for Next Year
			合计 Total	其中:女 of Which: Female	一年级 Grade 1	二年级 Grade 2	三年级 Grade 3	四年级 Grade 4	
总 计 Total	**731888**	**787064**	**2359193**	**1058498**	**787237**	**784212**	**756619**	**31125**	**756029**
北 京 Beijing	5995	6062	19338	8652	6077	6837	6424		6424
天 津 Tianjin	3775	3720	11510	5470	3720	3959	3578	253	3602
河 北 Hebei	40955	49079	149089	69190	49079	52029	47981		47981
山 西 Shanxi	14960	11167	39915	18829	11167	13589	15159		15159
内蒙古 Inner Mongolia	1248	1035	3268	1459	1035	1033	1200		1200
辽 宁 Liaoning	14799	15264	48140	22369	15264	16945	15931		15931
吉 林 Jilin	2597	2179	7324	3569	2179	2587	2558		2558
黑龙江 Heilongjiang	9745	8290	32863	15782	8290	8599	9981	5993	9946
上 海 Shanghai	5098	8488	27169	12272	8505	7150	6390	5124	5124
江 苏 Jiangsu	31162	33613	98010	44415	33613	32559	31838		31838
浙 江 Zhejiang	47508	53532	158142	71744	53532	54052	50558		50558
安 徽 Anhui	21232	21846	66825	29591	21846	22662	22317		22317
福 建 Fujian	17199	20009	57624	25735	20011	19220	18393		18393
江 西 Jiangxi	13849	16399	46943	20068	16399	15704	14840		14840
山 东 Shandong	95479	99914	322445	148375	99914	101666	101110	19755	101797
河 南 Henan	39016	47218	137199	59299	47218	46835	43146		43146
湖 北 Hubei	19896	21606	61525	26729	21608	20337	19580		19580
湖 南 Hunan	20388	23850	66828	29163	23850	21904	21074		21074
广 东 Guangdong	196551	203806	594275	253681	203872	198781	191622		191622
广 西 Guangxi	22595	25432	73618	33507	25432	24492	23694		23694
海 南 Hainan	4290	4478	13606	5668	4538	4653	4415		4415
重 庆 Chongqing	7536	9040	24874	11045	9040	8065	7769		7769
四 川 Sichuan	23095	22955	69396	32581	22961	22943	23492		23492
贵 州 Guizhou	17106	15962	48808	22562	15962	16236	16610		16610
云 南 Yunnan	22361	27119	77307	37476	27120	26707	23480		23480
西 藏 Tibet									
陕 西 Shaanxi	12374	10597	33167	14984	10601	11009	11557		11557
甘 肃 Gansu	4334	4662	13754	6419	4662	4676	4416		4416
青 海 Qinghai	2458	2631	7949	3969	2631	2724	2594		2594
宁 夏 Ningxia	2627	3999	10150	4810	3999	3581	2570		2570
新 疆 Xinjiang	11660	13112	38132	19085	13112	12678	12342		12342

初中学生数(镇区)
Number of Students in Junior Secondary Schools (Counties & Towns Area)

单位:人
unit:person

地 区 Region	毕业生数 Graduates	招生数 Entrants	在校生数 Enrolment 合计 Total	其中:女 of Which: Female	一年级 Grade 1	二年级 Grade 2	三年级 Grade 3	四年级 Grade 4	预计毕业生数 Estimated Graduates for Next Year
总 计 Total	**7158941**	**7156160**	**21684430**	**10114467**	**7159582**	**7192747**	**7205848**	**126253**	**7206539**
北 京 Beijing	11649	10569	33410	15660	10582	11819	11009		11009
天 津 Tianjin	24621	23610	79156	36405	23766	25850	25817	3723	25135
河 北 Hebei	373328	431769	1303991	612153	431769	448518	423704		423704
山 西 Shanxi	218538	173324	576807	275333	173331	193108	210368		210368
内蒙古 Inner Mongolia	115735	106760	334018	160734	106760	113692	113444	122	113470
辽 宁 Liaoning	125112	118942	381158	181176	118948	131606	130604		130604
吉 林 Jilin	73478	69174	221931	107333	69177	76326	76428		76428
黑龙江 Heilongjiang	109641	107587	369678	178291	107587	112337	114705	35049	114124
上 海 Shanghai	12672	18398	61061	28537	18425	15494	14434	12708	12708
江 苏 Jiangsu	290694	298283	868698	396776	298283	283805	286610		286610
浙 江 Zhejiang	219206	216728	658860	309639	216728	221237	220895		220895
安 徽 Anhui	354558	363630	1064787	479326	363630	351777	349278	102	349328
福 建 Fujian	168506	170857	513122	237247	170898	166601	175623		175623
江 西 Jiangxi	311121	342350	999604	447423	342581	332649	324374		324374
山 东 Shandong	523266	500555	1603152	758166	500555	513056	520569	68972	524129
河 南 Henan	674525	774147	2244546	1017424	774153	751325	714431	4637	714442
湖 北 Hubei	213005	213860	625858	284798	213942	205531	205445	940	205478
湖 南 Hunan	367558	397236	1186146	536969	397236	397741	391169		391169
广 东 Guangdong	524408	419428	1327234	605124	419440	433609	474185		474185
广 西 Guangxi	405242	430103	1266951	608529	430113	416043	420795		420795
海 南 Hainan	55184	55110	167663	77050	57311	56687	53665		53665
重 庆 Chongqing	184338	179294	543524	254896	179351	183516	180657		180657
四 川 Sichuan	500714	458014	1395555	668491	458071	464713	472771		472771
贵 州 Guizhou	407561	367910	1145764	539838	367915	378984	398865		398865
云 南 Yunnan	305701	349157	1006844	488756	349301	338994	318549		318549
西 藏 Tibet	28199	28496	81521	39360	28496	26926	26099		26099
陕 西 Shaanxi	223658	201400	623392	289282	201581	207579	214232		214232
甘 肃 Gansu	148663	132307	411492	193725	132359	137471	141662		141662
青 海 Qinghai	35186	38790	115514	56244	38851	37975	38688		38688
宁 夏 Ningxia	39080	43588	126236	61995	43651	42570	40015		40015
新 疆 Xinjiang	113794	114784	346757	167787	114791	115208	116758		116758

初中学生数(镇乡结合区)

Number of Students in Junior Secondary Schools (County-town Transitional Area)

单位:人
unit:person

地 区 Region	毕业生数 Graduates	招生数 Entrants	在校生数 Enrolment 合计 Total	其中:女 of Which: Female	一年级 Grade 1	二年级 Grade 2	三年级 Grade 3	四年级 Grade 4	预计毕业生数 Estimated Graduates for Next Year
总 计 Total	**1732598**	**1787505**	**5378779**	**2493175**	**1787886**	**1790813**	**1768728**	**31352**	**1769680**
北 京 Beijing	3124	2899	9006	4147	2904	3219	2883		2883
天 津 Tianjin	8242	8064	27588	12744	8064	9055	8743	1726	8351
河 北 Hebei	165395	195064	585867	275687	195064	200866	189937		189937
山 西 Shanxi	66695	55803	182138	85853	55803	60933	65402		65402
内蒙古 Inner Mongolia	10057	8552	27270	12790	8552	9199	9519		9519
辽 宁 Liaoning	14638	14226	46924	22100	14231	16429	16264		16264
吉 林 Jilin	6232	6440	19367	9466	6441	6345	6581		6581
黑龙江 Heilongjiang	10829	10512	37793	18181	10512	11109	11353	4819	11549
上 海 Shanghai	3262	4880	16569	7846	4881	4223	3955	3510	3510
江 苏 Jiangsu	68387	69722	203224	91904	69722	66120	67382		67382
浙 江 Zhejiang	74973	76436	230714	107146	76436	78193	76085		76085
安 徽 Anhui	72085	72779	213380	95512	72779	70543	70058		70058
福 建 Fujian	49169	48685	146690	66884	48696	47489	50505		50505
江 西 Jiangxi	48660	53519	155338	70273	53519	52160	49659		49659
山 东 Shandong	194635	192195	606473	285028	192195	196905	196361	21012	197962
河 南 Henan	200753	247320	702688	316212	247321	238086	216996	285	216988
湖 北 Hubei	48936	49864	145087	66319	49876	47580	47631		47631
湖 南 Hunan	116309	125429	377888	170456	125429	126911	125548		125548
广 东 Guangdong	151243	125666	390734	179729	125674	128926	136134		136134
广 西 Guangxi	76972	82074	242410	117109	82076	79590	80744		80744
海 南 Hainan	5151	5790	16796	7476	5942	5652	5202		5202
重 庆 Chongqing	34991	34369	103142	48234	34372	34954	33816		33816
四 川 Sichuan	66730	61940	185425	88703	61941	61033	62451		62451
贵 州 Guizhou	64321	60731	185403	86650	60735	60587	64081		64081
云 南 Yunnan	62534	69899	202378	98399	69928	68049	64401		64401
西 藏 Tibet	2921	3094	8349	4038	3094	2721	2534		2534
陕 西 Shaanxi	48649	44326	137109	62562	44464	45790	46855		46855
甘 肃 Gansu	29804	27262	85164	39403	27262	28702	29200		29200
青 海 Qinghai	6031	7767	22428	10622	7767	7423	7238		7238
宁 夏 Ningxia	5037	5259	14491	7319	5267	4878	4346		4346
新 疆 Xinjiang	15833	16939	50946	24383	16939	17143	16864		16864

初中学生数(乡村)

Number of Students in Junior Secondary Schools (Rural Area)

单位:人
unit:person

地　区 Region	毕业生数 Graduates	招生数 Entrants	在校生数 Enrolment 合计 Total	其中:女 of Which: Female	一年级 Grade 1	二年级 Grade 2	三年级 Grade 3	四年级 Grade 4	预计毕业生数 Estimated Graduates for Next Year
总　计 Total	**2353330**	**2322645**	**7024964**	**3296466**	**2322986**	**2337281**	**2327853**	**36844**	**2328537**
北　京 Beijing	5449	5363	16995	7747	5381	5915	5699		5699
天　津 Tianjin	8318	8071	27886	12521	8072	8669	8711	2434	8388
河　北 Hebei	112872	140561	412503	191613	140563	142483	129457		129457
山　西 Shanxi	63780	47593	160238	75736	47599	54015	58624		58624
内蒙古 Inner Mongolia	10195	10136	30594	14297	10136	10476	9982		9982
辽　宁 Liaoning	33869	33094	103750	49053	33094	35423	35233		35233
吉　林 Jilin	32198	30643	95940	46500	30643	33123	32174		32174
黑龙江 Heilongjiang	34775	34405	120142	59058	34405	35560	36244	13933	35956
上　海 Shanghai	1955	3098	9753	4492	3113	2585	2203	1852	1852
江　苏 Jiangsu	28126	28164	82810	38469	28164	27005	27641		27641
浙　江 Zhejiang	38432	37874	114231	52804	37874	38853	37504		37504
安　徽 Anhui	141466	135235	398177	187913	135235	132113	130092	737	130205
福　建 Fujian	60344	59606	178381	83254	59626	57951	60804		60804
江　西 Jiangxi	119899	125189	370403	174287	125200	123649	121554		121554
山　东 Shandong	113859	102064	326315	152240	102065	101141	106429	16680	107748
河　南 Henan	257669	294533	853508	399184	294533	286625	271142	1208	271356
湖　北 Hubei	68608	65048	192433	85924	65062	63518	63853		63853
湖　南 Hunan	164161	163969	504239	232868	163969	169646	170624		170624
广　东 Guangdong	130762	105182	333498	152013	105184	109969	118345		118345
广　西 Guangxi	104147	108117	314699	147292	108122	101296	105281		105281
海　南 Hainan	5243	5492	16952	7781	5668	5691	5593		5593
重　庆 Chongqing	29984	28647	87317	40040	28652	29452	29213		29213
四　川 Sichuan	155018	144571	432580	203653	144586	145586	142408		142408
贵　州 Guizhou	182807	156091	499389	238201	156095	163519	179775		179775
云　南 Yunnan	176116	200165	575344	271003	200186	194944	180214		180214
西　藏 Tibet	6690	6936	19584	9394	6936	6786	5862		5862
陕　西 Shaanxi	32192	26536	83629	37936	26539	28368	28722		28722
甘　肃 Gansu	114508	93734	293873	143416	93745	98092	102036		102036
青　海 Qinghai	12240	13876	39894	18843	13879	13164	12851		12851
宁　夏 Ningxia	12013	12662	35352	17749	12664	11626	11062		11062
新　疆 Xinjiang	95635	95990	294555	141185	95996	100038	98521		98521

初中女学生数

Number of Female Students in Junior Secondary Schools

单位:人

unit:person

地 区 Region	毕业生数 Graduates	招生数 Entrants	在校生数 Enrolment 合计 Total	一年级 Grade 1	二年级 Grade 2	三年级 Grade 3	四年级 Grade 4	预计毕业生数 Estimated Graduates for Next Year
总 计 Total	**6679302**	**6509871**	**20034849**	**6511918**	**6629409**	**6692145**	**201377**	**6685809**
北 京 Beijing	43907	40907	131430	40945	46222	43819	444	43778
天 津 Tianjin	39490	35976	121623	36572	39917	40473	4661	40150
河 北 Hebei	332980	358922	1107789	358924	384051	364814		364814
山 西 Shanxi	205272	159784	539093	159790	181215	198088		198088
内蒙古 Inner Mongolia	108096	94453	306544	94453	104595	106715	781	106655
辽 宁 Liaoning	161884	141071	478076	141074	168814	166794	1394	166670
吉 林 Jilin	97115	86039	285709	86041	99151	100303	214	100226
黑龙江 Heilongjiang	130199	121207	433402	121207	126668	133303	52224	133735
上 海 Shanghai	45329	53751	194174	53816	48138	47621	44599	44599
江 苏 Jiangsu	282889	290644	856863	290644	282281	283727	211	283712
浙 江 Zhejiang	225616	227987	691805	227987	233139	229876	803	229831
安 徽 Anhui	292154	290699	864186	290699	287595	285516	376	285552
福 建 Fujian	168333	175694	519954	175716	169276	174962		174962
江 西 Jiangxi	254265	266727	790832	266810	263428	260594		260594
山 东 Shandong	467540	448123	1459965	448124	457046	467195	87600	469213
河 南 Henan	575846	625357	1841210	625359	614506	594001	7344	593823
湖 北 Hubei	208649	209246	615573	209288	202509	203288	488	203330
湖 南 Hunan	324695	332437	1007904	332437	335619	339848		339848
广 东 Guangdong	585235	516676	1579341	516692	517944	544705		539827
广 西 Guangxi	299934	314362	931137	314371	305671	311095		311000
海 南 Hainan	48818	47426	146317	48278	48956	49083		49082
重 庆 Chongqing	155930	147298	452314	147324	152110	152880		152880
四 川 Sichuan	424943	383181	1174742	383212	390212	401318		401318
贵 州 Guizhou	336532	294406	933908	294406	308617	330885		330885
云 南 Yunnan	284658	307766	910684	307829	307468	295149	238	295144
西 藏 Tibet	19348	19666	56789	19666	19066	18057		18057
陕 西 Shaanxi	176798	159135	494793	159228	164669	170896		170896
甘 肃 Gansu	159952	136822	431696	136850	144619	150227		150227
青 海 Qinghai	31798	34533	103052	34562	33889	34601		34601
宁 夏 Ningxia	44775	44973	133808	45005	44812	43991		43991
新 疆 Xinjiang	146322	144603	440136	144609	147206	148321		148321

初中专任教师学历、

Number of Full-time Teachers in Junior Secondary Schools by

地　区 Region	合计 Total	其中:女 of Which: Female	按学历分 By Academic Qualifications			
			研究生毕业 Graduate	本科毕业 Under-graduate	专科毕业 Associate Bachelor	高中阶段毕业 High School Graduate
总　计 Total	**3475636**	**1860680**	**65193**	**2723316**	**675293**	**11459**
北　京 Beijing	32855	24962	4643	27777	415	20
天　津 Tianjin	26345	17945	1937	23005	1315	82
河　北 Hebei	173824	118172	2732	141246	29574	269
山　西 Shanxi	113107	73855	1234	84708	26617	537
内蒙古 Inner Mongolia	59103	38484	1625	48128	9268	82
辽　宁 Liaoning	98838	66678	2400	80975	15150	280
吉　林 Jilin	64724	42885	1485	54556	8570	112
黑龙江 Heilongjiang	93830	59514	807	74920	17727	360
上　海 Shanghai	37564	27509	3204	33734	621	4
江　苏 Jiangsu	173386	88658	6242	156047	10891	206
浙　江 Zhejiang	120224	69174	2631	110237	7228	128
安　徽 Anhui	150856	58494	1767	117133	31751	205
福　建 Fujian	97965	45009	1568	82895	13294	207
江　西 Jiangxi	120729	48113	1178	82274	36546	675
山　东 Shandong	264850	137828	6370	216682	41232	553
河　南 Henan	285946	166746	3859	200672	79447	1968
湖　北 Hubei	131325	56320	2062	91676	36713	797
湖　南 Hunan	168235	81662	2379	120723	43617	1485
广　东 Guangdong	275787	151564	6266	213428	55991	101
广　西 Guangxi	119008	60372	1153	91066	26087	677
海　南 Hainan	25717	11871	241	19523	5867	82
重　庆 Chongqing	75556	36794	1230	65105	8994	216
四　川 Sichuan	198832	93774	1817	145464	51410	140
贵　州 Guizhou	123677	51115	503	92462	30280	415
云　南 Yunnan	123858	60643	982	99686	22474	698
西　藏 Tibet	9714	4827	148	8118	1383	61
陕　西 Shaanxi	104674	58470	2616	85311	16363	355
甘　肃 Gansu	83857	35376	910	65838	16638	463
青　海 Qinghai	16132	8566	305	12533	3249	45
宁　夏 Ningxia	19369	10450	283	17140	1907	37
新　疆 Xinjiang	85749	54850	616	60254	24674	199

职称情况(总计)

Academic Qualifications and Professional Rank (Total)

单位:人
unit:person

	按职称分 By Professional Rank				
高中阶段毕业以下 Below High School Graduate	中学高级 Senior Secondary	中学一级 1st Grade	中学二级 2nd Grade	中学三级 3rd Grade	未定职级 No-ranking
375	**607661**	**1503841**	**1064162**	**44360**	**255612**
	6363	12067	11049	291	3085
6	8169	13044	4203	35	894
3	30599	79602	47249	2227	14147
11	10440	38025	50858	2432	11352
	18373	24121	12509		4100
33	42726	36315	14688	845	4264
1	9864	29915	20490	378	4077
16	22751	46450	21815	438	2376
1	4447	19603	11781	103	1630
	43402	85291	37846	89	6758
	27360	56069	29856	287	6652
	25843	58408	48463	3352	14790
1	19981	42929	30182	621	4252
56	33377	45681	31768	2196	7707
13	38767	120978	88247	1316	15542
	48691	111497	93472	6285	26001
77	25967	70423	27602	1853	5480
31	19280	85804	46604	1454	15093
1	29121	138994	66862	5860	34950
25	13788	63813	31463	1734	8210
4	4354	9711	10166	205	1281
11	9850	30095	31486	474	3651
1	30599	83103	72566	1163	11401
17	16494	44697	41786	2901	17799
18	24277	46975	42014	2390	8202
4	480	3931	3913	161	1229
29	12570	38929	45889	1432	5854
8	7560	28687	41517	1437	4656
	3520	6313	4266	192	1841
2	3152	6313	7556	162	2186
6	15496	26058	35996	2047	6152

初中专任教师学历、

Number of Full-time Teachers in Junior Secondary Schools by

地　区 Region	合计 Total	其中:女 of Which: Female	按学历分 By Academic Qualifications 研究生毕业 Graduate	本科毕业 Under- graduate	专科毕业 Associate Bachelor	高中阶段毕业 High School Graduate
总　计 Total	**1111803**	**711039**	**46974**	**943406**	**120016**	**1359**
北　京 Beijing	25990	20342	4241	21428	303	18
天　津 Tianjin	15924	12214	1765	13619	510	27
河　北 Hebei	47745	35964	1481	40862	5375	27
山　西 Shanxi	34409	24575	796	28789	4775	47
内蒙古 Inner Mongolia	21955	15639	1033	18348	2565	9
辽　宁 Liaoning	50555	37830	2061	44027	4398	59
吉　林 Jilin	25515	18819	917	22553	2024	21
黑龙江 Heilongjiang	38581	27605	688	32807	5037	49
上　海 Shanghai	30442	22950	2707	27292	442	1
江　苏 Jiangsu	80174	47467	4654	71938	3510	72
浙　江 Zhejiang	55979	35154	1744	51489	2707	39
安　徽 Anhui	31026	15634	799	25281	4922	24
福　建 Fujian	31097	19004	1225	27209	2645	18
江　西 Jiangxi	25345	13413	744	19455	5074	68
山　东 Shandong	91916	56032	3884	80308	7653	69
河　南 Henan	65150	42333	2140	51908	10820	282
湖　北 Hubei	46819	24383	1681	36746	8259	123
湖　南 Hunan	34262	20814	1683	27967	4524	86
广　东 Guangdong	136514	83297	5594	112250	18645	25
广　西 Guangxi	23687	15102	847	19447	3342	50
海　南 Hainan	9420	5472	112	7910	1373	25
重　庆 Chongqing	25290	14724	1042	22554	1665	29
四　川 Sichuan	46498	27202	1172	39336	5975	14
贵　州 Guizhou	21189	12508	302	17178	3638	68
云　南 Yunnan	19912	12393	718	17282	1878	34
西　藏 Tibet	1447	826	37	1231	170	9
陕　西 Shaanxi	26859	17956	1636	22938	2240	37
甘　肃 Gansu	15703	8843	516	13093	2088	6
青　海 Qinghai	4012	2541	103	3385	515	9
宁　夏 Ningxia	7170	4468	191	6569	406	3
新　疆 Xinjiang	21218	15535	461	18207	2538	11

职称情况(城区)
Academic Qualifications and Professional Rank (Urban Area)

单位:人
unit:person

高中阶段毕业以下 Below High School Graduate	按职称分 By Professional Rank				
	中学高级 Senior Secondary	中学一级 1st Grade	中学二级 2nd Grade	中学三级 3rd Grade	未定职级 No-ranking
48	**244661**	**477770**	**293826**	**8625**	**86921**
	5205	9481	8551	258	2495
3	4939	7415	2905	29	636
	10298	21900	10630	614	4303
2	5131	12962	12620	499	3197
	7472	7895	4597		1991
10	21892	19602	6628	294	2139
	4912	12125	7046	99	1333
	11998	18130	7247	156	1050
	3787	16125	9184	68	1278
	22973	37752	15794	26	3629
	14818	25027	12606	119	3409
	6128	11453	9191	861	3393
	6854	12356	9419	230	2238
4	8275	9275	5921	373	1501
2	15422	41695	28814	400	5585
	14590	25880	18984	790	4906
10	13327	22232	8880	447	1933
2	5563	16994	8066	215	3424
	19305	61782	32274	1614	21539
1	4380	11171	5790	282	2064
	1822	3297	3400	43	858
	4179	10364	9608	45	1094
1	8445	19416	16268	123	2246
3	3687	7244	6160	322	3776
	4606	7911	5600	110	1685
	166	702	426	36	117
8	4207	9927	10551	212	1962
	2742	6354	5917	95	595
	1013	1513	946	79	461
1	1543	2582	2364	81	600
1	4982	7208	7439	105	1484

初中专任教师学历、

Number of Full-time Teachers in Junior Secondary Schools by Academic

地　区 Region	合计 Total	其中:女 of Which: Female	按学历分 By Academic Qualifications			
			研究生毕业 Graduate	本科毕业 Under-graduate	专科毕业 Associate Bachelor	高中阶段毕业 High School Graduate
总　计 Total	**184923**	**108017**	**4999**	**150776**	**28853**	**290**
北　京 Beijing	2212	1611	278	1875	59	
天　津 Tianjin	1228	878	94	1098	34	1
河　北 Hebei	10476	7824	195	8445	1825	11
山　西 Shanxi	3998	2734	83	3049	856	10
内蒙古 Inner Mongolia	319	224	22	265	31	1
辽　宁 Liaoning	4379	3136	168	3768	437	3
吉　林 Jilin	978	658	12	830	131	5
黑龙江 Heilongjiang	3894	2744	26	3186	672	10
上　海 Shanghai	2350	1682	266	2055	29	
江　苏 Jiangsu	9326	4775	288	8459	575	4
浙　江 Zhejiang	12109	7131	308	10979	813	9
安　徽 Anhui	5017	2039	73	3741	1200	3
福　建 Fujian	4472	2299	99	3882	488	3
江　西 Jiangxi	3180	1484	48	2309	807	16
山　东 Shandong	26585	14882	812	22717	3029	27
河　南 Henan	10444	6511	179	7593	2596	76
湖　北 Hubei	5925	2782	69	4425	1408	23
湖　南 Hunan	4886	2830	303	3873	684	26
广　东 Guangdong	41961	23739	1106	33018	7831	6
广　西 Guangxi	4844	2976	66	3875	887	16
海　南 Hainan	928	473	6	767	155	
重　庆 Chongqing	2153	1028	21	1822	308	2
四　川 Sichuan	5945	3349	146	4908	891	
贵　州 Guizhou	2985	1614	50	2163	757	15
云　南 Yunnan	4760	2769	86	4046	620	8
西　藏 Tibet						
陕　西 Shaanxi	3727	2212	115	3170	436	5
甘　肃 Gansu	1162	601	21	928	213	
青　海 Qinghai	581	292	7	443	129	2
宁　夏 Ningxia	573	340	8	534	30	1
新　疆 Xinjiang	3526	2400	44	2553	922	7

职称情况(城乡结合区)

Qualifications and Professional Rank (Urban-rural Transitional Area)

单位:人

unit: person

	按职称分 By Professional Rank				
高中阶段毕业以下 Below High School Graduate	中学高级 Senior Secondary	中学一级 1st Grade	中学二级 2nd Grade	中学三级 3rd Grade	未定职级 No-ranking
5	**30584**	**80694**	**50455**	**2082**	**21108**
	327	744	725	29	387
1	355	598	231		44
	1777	4744	2586	119	1250
	376	1416	1634	71	501
	106	113	93		7
3	2282	1442	487	24	144
	143	479	314	2	40
	1260	1826	746	13	49
	283	1065	856	8	138
	2276	4619	2073	2	356
	2437	5642	2911	22	1097
	860	1787	1438	240	692
	1011	1759	1211	63	428
	745	1202	899	54	280
	3727	12381	8445	147	1885
	1889	4057	3096	138	1264
	1142	2999	1235	174	375
	670	2458	1017	36	705
	3794	19115	9563	695	8794
	867	2627	949	31	370
	140	299	387	9	93
	231	714	1145	3	60
	800	2367	2286	17	475
	393	1064	817	36	675
	1186	1876	1321	24	353
1	431	1354	1656	36	250
	146	413	532	1	70
	128	277	138	17	21
	96	178	199	23	77
	706	1079	1465	48	228

初中专任教师学历、

Number of Full-time Teachers in Junior Secondary Schools by

地 区 Region	合计 Total	其中:女 of Which: Female	按学历分 By Academic Qualifications			
			研究生毕业 Graduate	本科毕业 Under-graduate	专科毕业 Associate Bachelor	高中阶段毕业 High School Graduate
总 计 Total	**1718633**	**859358**	**13970**	**1315906**	**382090**	**6462**
北 京 Beijing	4286	2938	253	3957	74	2
天 津 Tianjin	7467	4276	147	6746	535	39
河 北 Hebei	91476	61461	1005	73235	17067	167
山 西 Shanxi	56449	36542	308	40558	15270	307
内蒙古 Inner Mongolia	32758	20435	514	26468	5738	38
辽 宁 Liaoning	36824	22246	194	28033	8402	178
吉 林 Jilin	25320	16069	472	20638	4149	60
黑龙江 Heilongjiang	37720	22970	90	29508	7959	158
上 海 Shanghai	6031	3863	416	5461	152	2
江 苏 Jiangsu	83795	37284	1469	75829	6373	124
浙 江 Zhejiang	53668	28533	714	49183	3704	67
安 徽 Anhui	80661	30634	659	62300	17602	100
福 建 Fujian	46608	19238	256	39012	7212	127
江 西 Jiangxi	65510	24924	348	43775	20975	375
山 东 Shandong	141979	68306	2037	112046	27529	356
河 南 Henan	149518	87837	1236	101907	45324	1051
湖 北 Hubei	63263	24399	210	41124	21336	561
湖 南 Hunan	86475	40935	506	61667	23540	743
广 东 Guangdong	110234	53643	406	81124	28640	64
广 西 Guangxi	74874	36369	239	57051	17107	462
海 南 Hainan	14480	5718	126	10362	3945	45
重 庆 Chongqing	43027	18882	168	36646	6063	140
四 川 Sichuan	111413	50183	532	80357	30436	88
贵 州 Guizhou	70708	27313	133	52354	17970	241
云 南 Yunnan	64095	30329	170	51111	12418	387
西 藏 Tibet	6865	3332	80	5735	996	50
陕 西 Shaanxi	65834	34714	808	53196	11565	247
甘 肃 Gansu	36233	15549	182	28423	7436	190
青 海 Qinghai	8590	4520	152	6525	1890	23
宁 夏 Ningxia	8875	4481	50	7714	1100	11
新 疆 Xinjiang	33597	21435	90	23861	9583	59

职称情况(镇区)

Academic Qualifications and Professional Rank (Counties & Towns Area)

单位:人

unit: person

	按职称分 By Professional Rank				
高中阶段毕业以下 Below High School Graduate	中学高级 Senior Secondary	中学一级 1st Grade	中学二级 2nd Grade	中学三级 3rd Grade	未定职级 No-ranking
205	**276857**	**761626**	**545064**	**23265**	**111821**
	738	1640	1561	14	333
	2393	3947	904	2	221
2	15418	41764	26078	1113	7103
6	4337	18354	27280	1291	5187
	9863	14370	6860		1665
17	16091	12959	5801	402	1571
1	3469	11475	8674	184	1518
5	7896	19305	9398	215	906
	563	2992	2177	21	278
	18785	42544	19643	56	2767
	10978	25889	14282	140	2379
	13609	31186	25324	1846	8696
1	9242	21321	14241	270	1534
37	18257	25910	16835	1053	3455
11	19585	65094	48427	754	8119
	23324	57434	50608	3847	14305
32	9648	36189	13781	1049	2596
19	9388	44894	24675	792	6726
	8143	62314	27558	3330	8889
15	7772	41344	20400	1001	4357
2	2290	5769	5956	141	324
10	5086	17374	18610	346	1611
	16975	47690	40594	695	5459
10	10009	27227	23709	1346	8417
9	13359	25526	21088	989	3133
4	274	2652	2857	95	987
18	7226	24651	29869	944	3144
2	2941	12604	18607	505	1576
	1817	3345	2321	107	1000
	1216	2985	3704	43	927
4	6165	10878	13242	674	2638

初中专任教师学历、

Number of Full-time Teachers in Junior Secondary Schools by Academic

地 区 Region	合计 Total	其中：女 of Which: Female	按学历分 By Academic Qualifications			
			研究生毕业 Graduate	本科毕业 Under-graduate	专科毕业 Associate Bachelor	高中阶段毕业 High School Graduate
总 计 Total	**424871**	**219346**	**4102**	**324627**	**94546**	**1554**
北 京 Beijing	1422	957	99	1305	18	
天 津 Tianjin	2608	1484	29	2341	215	23
河 北 Hebei	40164	27082	514	31920	7684	46
山 西 Shanxi	16167	11082	98	11188	4786	94
内蒙古 Inner Mongolia	2901	1817	32	2255	613	1
辽 宁 Liaoning	4655	2856	20	3583	1021	31
吉 林 Jilin	2565	1592	137	1956	447	25
黑龙江 Heilongjiang	3617	2144	11	2770	807	26
上 海 Shanghai	1643	1062	87	1501	55	
江 苏 Jiangsu	20402	9289	315	18606	1449	32
浙 江 Zhejiang	18809	9886	229	17203	1348	29
安 徽 Anhui	16862	6271	103	12801	3938	20
福 建 Fujian	12987	5361	43	11043	1874	27
江 西 Jiangxi	11499	4271	34	7331	4069	62
山 东 Shandong	52490	25646	824	41992	9513	153
河 南 Henan	47273	28296	440	32027	14602	204
湖 北 Hubei	14721	5590	43	9740	4794	135
湖 南 Hunan	28727	13227	150	20445	7870	256
广 东 Guangdong	31061	15945	170	22290	8594	7
广 西 Guangxi	14518	7132	64	10906	3450	97
海 南 Hainan	1317	614	85	992	237	3
重 庆 Chongqing	7994	3551	45	6689	1236	20
四 川 Sichuan	16316	7647	179	11942	4181	14
贵 州 Guizhou	11296	4369	24	8293	2929	49
云 南 Yunnan	12691	6464	41	10344	2232	73
西 藏 Tibet	757	361	5	675	74	2
陕 西 Shaanxi	14203	7672	183	11170	2784	65
甘 肃 Gansu	7539	3201	47	5897	1557	37
青 海 Qinghai	1639	825	34	1196	401	8
宁 夏 Ningxia	1191	589	3	1009	176	3
新 疆 Xinjiang	4837	3063	14	3217	1592	12

职称情况(镇乡结合区)

Qualifications and Professional Rank (County-town Transitional Area)

单位:人

unit:person

	按职称分 By Professional Rank				
高中阶段毕业以下 Below High School Graduate	中学高级 Senior Secondary	中学一级 1st Grade	中学二级 2nd Grade	中学三级 3rd Grade	未定职级 No-ranking
42	**63138**	**188350**	**135293**	**6376**	**31714**
	251	521	529	11	110
	807	1442	287		72
	6560	17951	11958	428	3267
1	1182	4991	7360	664	1970
	958	1297	542		104
	1822	1727	741	47	318
	351	1133	855	7	219
3	800	1768	960	42	47
	193	837	540	3	70
	4575	10116	5022	15	674
	3669	8857	5212	69	1002
	2659	6350	5336	544	1973
	2562	5768	4008	98	551
3	2930	4509	2904	166	990
8	7089	23540	18038	358	3465
	6834	17980	15913	1348	5198
9	2125	8467	3322	242	565
6	2942	14924	8262	259	2340
	2366	16931	7504	880	3380
1	1447	8095	4237	176	563
	183	461	605	2	66
4	882	3219	3504	85	304
	2278	7103	5994	91	850
1	1239	4361	3853	291	1552
1	2832	5323	3939	114	483
1	40	301	290	2	124
1	1566	5199	6624	212	602
1	642	2638	3812	127	320
	373	674	421	15	156
	149	383	487		172
2	832	1484	2234	80	207

初中专任教师学历、
Number of Full-time Teachers in Junior Secondary Schools by

地　区 Region	合计 Total	其中:女 of Which: Female	按学历分 By Academic Qualifications			
			研究生毕业 Graduate	本科毕业 Under-graduate	专科毕业 Associate Bachelor	高中阶段毕业 High School Graduate
总　计 Total	**645200**	**290283**	**4249**	**464004**	**173187**	**3638**
北　京 Beijing	2579	1682	149	2392	38	
天　津 Tianjin	2954	1455	25	2640	270	16
河　北 Hebei	34603	20747	246	27149	7132	75
山　西 Shanxi	22249	12738	130	15361	6572	183
内蒙古 Inner Mongolia	4390	2410	78	3312	965	35
辽　宁 Liaoning	11459	6602	145	8915	2350	43
吉　林 Jilin	13889	7997	96	11365	2397	31
黑龙江 Heilongjiang	17529	8939	29	12605	4731	153
上　海 Shanghai	1091	696	81	981	27	1
江　苏 Jiangsu	9417	3907	119	8280	1008	10
浙　江 Zhejiang	10577	5487	173	9565	817	22
安　徽 Anhui	39169	12226	309	29552	9227	81
福　建 Fujian	20260	6767	87	16674	3437	62
江　西 Jiangxi	29874	9776	86	19044	10497	232
山　东 Shandong	30955	13490	449	24328	6050	128
河　南 Henan	71278	36576	483	46857	23303	635
湖　北 Hubei	21243	7538	171	13806	7118	113
湖　南 Hunan	47498	19913	190	31089	15553	656
广　东 Guangdong	29039	14624	266	20054	8706	12
广　西 Guangxi	20447	8901	67	14568	5638	165
海　南 Hainan	1817	681	3	1251	549	12
重　庆 Chongqing	7239	3188	20	5905	1266	47
四　川 Sichuan	40921	16389	113	25771	14999	38
贵　州 Guizhou	31780	11294	68	22930	8672	106
云　南 Yunnan	39851	17921	94	31293	8178	277
西　藏 Tibet	1402	669	31	1152	217	2
陕　西 Shaanxi	11981	5800	172	9177	2558	71
甘　肃 Gansu	31921	10984	212	24322	7114	267
青　海 Qinghai	3530	1505	50	2623	844	13
宁　夏 Ningxia	3324	1501	42	2857	401	23
新　疆 Xinjiang	30934	17880	65	18186	12553	129

职称情况（乡村）
Academic Qualifications and Professional Rank（Rural Area）

单位：人
unit：person

高中阶段毕业以下 Below High School Graduate	按职称分 By Professional Rank				
	中学高级 Senior Secondary	中学一级 1st Grade	中学二级 2nd Grade	中学三级 3rd Grade	未定职级 No-ranking
122	**86143**	**264445**	**225272**	**12470**	**56870**
	420	946	937	19	257
3	837	1682	394	4	37
1	4883	15938	10541	500	2741
3	972	6709	10958	642	2968
	1038	1856	1052		444
6	4743	3754	2259	149	554
	1483	6315	4770	95	1226
11	2857	9015	5170	67	420
1	97	486	420	14	74
	1644	4995	2409	7	362
	1564	5153	2968	28	864
	6106	15769	13948	645	2701
	3885	9252	6522	121	480
15	6845	10496	9012	770	2751
	3760	14189	11006	162	1838
	10777	28183	23880	1648	6790
35	2992	12002	4941	357	951
10	4329	23916	13863	447	4943
1	1673	14898	7030	916	4522
9	1636	11298	5273	451	1789
2	242	645	810	21	99
1	585	2357	3268	83	946
	5179	15997	15704	345	3696
4	2798	10226	11917	1233	5606
9	6312	13538	15326	1291	3384
	40	577	630	30	125
3	1137	4351	5469	276	748
6	1877	9729	16993	837	2485
	690	1455	999	6	380
1	393	746	1488	38	659
1	4349	7972	15315	1268	2030

初中办

Condition of School Buildings in

地　区 Region	校舍建筑面积 Floor Space	教学及辅助用房 Teaching & Assistant Buildings						
		合计 Total	其中 of Which					
			教室 Classroom	实验室 Laboratory	图书室 Library	微机室 PC-room	语音室 Linguistic	体育馆 Gymnasium
总　计 Total	**550420676.98**	**228392275.71**	**159997178.27**	**33325464.01**	**12764607.02**	**10042401.29**	**3407034.46**	**8855590.66**
北　京 Beijing	3966383.31	1639386.40	1042355.53	290273.19	98102.22	76982.26	8733.30	122939.90
天　津 Tianjin	2612913.28	1293267.50	869106.61	193538.21	79773.69	52123.62	20576.86	78148.51
河　北 Hebei	24821706.08	10757091.23	7335457.53	1964865.94	629862.28	480553.10	166894.87	179457.51
山　西 Shanxi	15089833.45	5654322.77	4061791.08	762146.18	346085.76	273548.68	89890.34	120860.73
内蒙古 Inner Mongolia	9207570.46	4012642.52	2702908.27	538118.80	232109.95	163738.91	61646.56	314120.03
辽　宁 Liaoning	13622171.09	6018179.86	4005674.06	909200.08	322825.68	317235.06	124995.16	338249.82
吉　林 Jilin	7814644.21	3748208.43	2648132.65	543567.50	191850.22	174552.60	76342.78	113762.68
黑龙江 Heilongjiang	10359306.75	4867172.35	3383233.43	700473.33	209254.99	222140.33	123374.48	228695.79
上　海 Shanghai	6933594.39	3384105.61	1876799.53	648076.11	227575.17	152422.57	50579.59	428652.64
江　苏 Jiangsu	33547918.88	16296644.46	10150239.96	2748681.06	1285600.18	830873.17	249856.68	1031393.41
浙　江 Zhejiang	27071407.30	11182223.61	6835002.93	1652980.46	727040.07	475455.66	136006.84	1355737.65
安　徽 Anhui	24338255.93	10680899.12	7695649.50	1468386.25	590329.90	540782.66	145028.57	240722.24
福　建 Fujian	11946385.42	4737673.76	3025945.13	919687.35	351900.04	195462.72	49687.10	194991.42
江　西 Jiangxi	18762944.65	7493971.80	5584307.00	871506.30	400628.92	302279.27	138208.09	197042.22
山　东 Shandong	41628225.37	17526738.07	11589848.33	3158014.06	1094649.08	771828.83	235573.54	676824.23
河　南 Henan	44464150.65	16085718.77	12178132.60	2128621.56	791551.81	664506.48	189450.39	133455.93
湖　北 Hubei	23712323.66	8317030.72	5789753.60	1259346.68	470117.37	415333.46	180776.78	201702.83
湖　南 Hunan	30399266.85	12063597.92	9140054.99	1399744.41	556535.69	431587.23	196255.21	339420.39
广　东 Guangdong	50067582.50	23274746.63	16696061.04	2957635.57	1175000.51	788858.69	354359.27	1302831.55
广　西 Guangxi	21058283.48	7192762.53	5379531.12	955089.48	329854.18	274150.66	67992.86	186144.23
海　南 Hainan	3976395.74	1605364.16	1225167.67	180534.73	85082.61	58438.57	20793.58	35347.00
重　庆 Chongqing	11125205.89	4007844.03	3080203.32	494236.02	164675.45	143943.26	38699.04	86086.94
四　川 Sichuan	32221021.19	13760415.49	10230722.45	1727099.54	709051.78	617875.19	214268.91	261397.62
贵　州 Guizhou	19353348.97	6915174.39	5139838.18	920157.78	359918.38	313352.21	71357.41	110550.43
云　南 Yunnan	16966851.97	6229836.31	4632478.49	881079.04	275857.05	289309.94	72302.11	78809.68
西　藏 Tibet	2033799.08	608088.32	465466.00	69025.82	20622.86	21050.75	11864.68	20058.21
陕　西 Shaanxi	14666326.16	5850779.88	3893463.85	981044.58	360437.10	308746.67	168272.47	138815.21
甘　肃 Gansu	10434566.10	4642971.30	3461607.40	628120.42	232488.58	231018.83	38609.71	51126.36
青　海 Qinghai	2961169.14	1283205.56	908526.08	192301.17	62030.79	61341.03	20726.13	38280.36
宁　夏 Ningxia	3136250.23	1480466.74	958794.47	296264.20	78189.40	87503.38	16240.07	43475.22
新　疆 Xinjiang	12120874.80	5781745.47	4010925.47	885648.19	305605.31	305405.50	67671.08	206489.92

学条件(一)(总计)

Junior Secondary Schools (1) (Total)

单位:平方米
unit: m^2

行政办公用房 Administrative		生活用房 Residential and Welfare							其他用房 Rooms for Other Purposes	校舍面积中 of the Floor Space	
			教工宿舍 Apartments for Single								
合计 Total	其中:教师办公室 of Which: for Teachers	合计 Total	小计 Subtotal	其中:教师周转宿舍 of Which: Accommodation for Circulation of Teachers	学生宿舍 Students' Dormitories	食堂 Dining Halls	厕所 Toilet	其他 Others		危房面积 Floor Space of Dilapidated Buildings	当年新增校舍 New Floor Space Added in Current Year
48778638.65	**29972478.12**	**229546819.57**	**54092451.23**	**13053777.94**	**99538679.03**	**42718431.80**	**16286919.36**	**16910338.15**	**43702943.05**	**7763686.19**	**26028125.84**
527142.30	249479.77	920034.69	132056.32	7158.56	188540.19	232211.20	169013.15	198213.83	879819.92		114793.34
406853.75	251601.88	484080.13	44659.43	11339.29	45607.20	105979.64	106107.49	181726.37	428711.90		41750.40
2117911.71	1443185.83	10281413.77	1252156.75	324418.32	5376709.20	1984157.39	677896.12	990494.31	1665289.37	3203.86	2554287.47
1611124.43	1089415.27	6152293.45	965034.47	114804.31	3014323.47	1201012.74	461188.82	510733.95	1672092.80	62024.00	321139.86
1029713.52	695522.11	3374863.13	197444.86	74356.79	1810188.16	720966.08	327417.00	318847.03	790351.29		374968.41
1873211.95	1085140.90	3588476.95	148346.40	52135.97	1166380.78	1035527.39	507631.89	730590.49	2142302.33	71770.00	612639.59
962891.20	598352.56	2221705.85	96087.47	47138.56	854965.12	572668.97	280441.76	417542.53	881838.73	31271.00	593170.64
1448554.97	970065.38	2766740.12	107579.05	47340.07	1188103.52	569135.59	360058.78	541863.18	1276839.31	124337.05	234578.21
874312.33	432847.76	1406897.72	35902.81	5345.43	131384.01	493545.48	280783.58	465281.84	1268278.73		228599.83
3428281.27	1927488.35	11112911.20	1624695.09	257913.14	4126906.79	3146525.62	928145.51	1286638.19	2710081.95		781516.47
2502085.55	1427399.58	10164882.03	1615147.17	235595.16	3927717.07	2665560.54	841296.85	1115160.40	3222216.11		1111797.59
2112412.21	1322867.75	9932138.46	2575632.94	533671.01	4223568.83	1876268.91	686944.63	569723.15	1612806.14	72711.27	984256.40
1025081.50	478480.63	4838421.90	1729698.13	258123.85	1672210.46	795707.85	324740.72	316064.74	1345208.26	91606.00	348500.18
1420891.87	818514.47	8747859.94	2527235.16	428995.36	3692009.22	1501952.51	457767.13	568895.92	1100221.04	935481.12	1059249.29
4377417.30	2479197.70	15433813.66	2526846.77	611358.49	6586364.16	3592787.07	1483719.01	1244096.65	4290256.34	32454.99	1809807.98
4489864.70	3148059.86	21326779.01	3903420.35	666725.79	10650076.49	4264998.44	1455401.64	1052882.09	2561788.17	439380.07	1627835.30
1845171.11	1135556.55	11942367.56	4974931.91	869966.30	4073373.91	1696648.02	556111.06	641302.66	1607754.27	204132.90	535496.10
2157398.96	1437549.91	14231267.32	4885395.04	921037.13	5297494.18	2389481.52	782585.57	876311.01	1947002.65	486829.60	788578.40
3489760.60	2057706.00	18324019.42	6279299.01	887210.07	6877437.94	2339524.06	1357561.53	1470196.88	4979055.85	26324.00	1159562.33
1062646.88	720624.92	12146929.46	3636613.64	976949.03	6103100.14	1602058.50	430364.07	374793.11	655944.61	991871.50	1202622.79
194942.70	116861.52	2031689.67	814801.59	236686.91	834663.10	248321.00	98015.68	35888.30	144399.21	87353.00	113982.42
820008.54	452889.33	5559834.79	1425403.17	395881.80	2698003.40	912407.48	263780.77	260239.97	737518.53	155543.56	450053.09
2142035.89	1349869.27	14905206.18	4133508.24	1458846.24	6671771.13	2469498.20	982960.84	647467.77	1413363.63	325857.91	2173902.32
1159746.35	690834.45	10310534.05	2239531.37	1337407.11	5756091.49	1382485.60	539368.21	393057.38	967894.18	740.00	1925653.87
859849.25	499223.53	9390531.69	2344027.37	788885.33	4637931.95	1696930.13	408513.61	303128.63	486634.72	2130112.30	1230470.31
125377.27	102250.41	1258574.04	465970.93	399109.21	581242.28	138597.27	26507.72	46255.84	41759.45	17494.00	55179.80
1732234.81	1163581.97	6052030.28	1722875.07	308235.43	2394303.22	1026056.11	495006.18	413789.70	1031281.19	53758.92	1008687.73
1021460.44	739370.91	4150906.98	785807.05	224726.50	1936295.85	738660.35	368472.28	321671.45	619227.38	1407399.64	991456.31
228290.14	145773.92	1203334.41	203068.47	107569.47	568778.08	217916.62	97269.23	116302.01	246339.03		305510.89
321695.50	199003.97	1117488.70	131598.12	58157.76	554749.46	208728.70	127175.72	95236.70	216599.29	108.00	165583.86
1410269.65	743761.66	4168793.01	567677.08	406689.55	1898388.23	892112.82	404672.81	405942.07	760066.67	11921.50	1122494.66

初中办

Condition of School Buildings in Junior Secondary

地　区 Region	校舍建筑面积 Floor Space	教学及辅助用房 Teaching & Assistant Buildings						
		合计 Total	其中 of Which					
			教室 Classroom	实验室 Laboratory	图书室 Library	微机室 PC-room	语音室 Linguistic	体育馆 Gymnasium
总　计 Total	**161225141.67**	**75801076.08**	**50415110.32**	**11061988.27**	**4606192.24**	**3060792.19**	**1069238.76**	**5587754.30**
北　京 Beijing	2541387.32	1094791.14	716521.01	172341.02	60982.17	49229.03	5650.30	90067.61
天　津 Tianjin	1473648.91	701416.87	444210.37	107399.47	51008.30	28857.22	9354.96	60586.55
河　北 Hebei	5141739.52	2534949.29	1718860.77	435605.08	164700.63	105805.15	30049.21	79928.45
山　西 Shanxi	3388251.75	1445183.13	968253.31	219453.72	111759.35	64920.75	27107.05	53688.95
内蒙古 Inner Mongolia	2894385.33	1514379.33	1012513.12	199435.10	92345.81	52317.62	16826.04	140941.64
辽　宁 Liaoning	6453327.48	2905739.39	1837571.45	428830.26	164553.01	142367.07	57330.35	275087.25
吉　林 Jilin	2818644.85	1429553.84	1016417.46	175366.04	67176.67	57054.48	26011.86	87527.33
黑龙江 Heilongjiang	3704457.05	1818094.18	1196852.19	252324.49	74539.58	74967.80	43798.26	175611.86
上　海 Shanghai	5327278.23	2584593.31	1439536.22	477666.18	170620.85	113051.24	42863.00	340855.82
江　苏 Jiangsu	15408546.13	7748807.87	4632629.54	1336831.12	646115.77	344989.79	94630.56	693611.09
浙　江 Zhejiang	12690699.43	5564921.17	3237938.53	798700.15	389823.73	224245.98	67149.58	847063.20
安　徽 Anhui	4640606.94	2480959.34	1759539.21	327401.50	126183.95	111683.02	30014.63	126137.03
福　建 Fujian	3138866.98	1444686.25	892968.64	251120.33	115433.06	53070.05	16683.40	115410.77
江　西 Jiangxi	3047712.71	1431654.15	1007196.01	161024.55	74632.37	51010.26	30089.96	107701.00
山　东 Shandong	14682894.66	6744056.81	4365893.71	1152441.83	420041.45	278798.87	85859.20	441021.75
河　南 Henan	8966137.53	3869798.66	2821259.12	577842.80	201856.45	146254.83	49279.21	73306.25
湖　北 Hubei	6888907.51	3025106.67	2080129.76	466629.01	169610.87	135929.73	59290.98	113516.32
湖　南 Hunan	4846942.95	2216678.80	1577755.24	257126.31	110234.59	70877.72	33369.16	167315.78
广　东 Guangdong	25700522.34	12257386.15	8527302.81	1546832.17	663524.91	400402.34	178857.81	940466.11
广　西 Guangxi	3579897.93	1641751.83	1144277.44	209995.31	86900.50	60411.31	18084.78	122082.49
海　南 Hainan	1018578.75	478124.70	369534.60	39594.40	26506.80	16424.70	7438.20	18626.00
重　庆 Chongqing	2754921.18	1214010.05	909048.53	131072.86	57212.71	41370.04	8772.00	66533.91
四　川 Sichuan	5766581.18	2817355.65	2028314.10	359341.27	151269.71	112472.81	40709.56	125248.20
贵　州 Guizhou	2848143.54	1194017.71	824053.00	176520.72	83331.71	50469.78	17000.80	42641.70
云　南 Yunnan	2231917.39	975010.79	686753.68	125829.13	61403.35	48828.35	15926.60	36269.68
西　藏 Tibet	251031.33	89613.65	67922.00	13052.00	3118.65	2455.00	1112.00	1954.00
陕　西 Shaanxi	3069995.31	1354960.42	903430.54	193156.43	79418.64	61697.35	25103.58	92153.88
甘　肃 Gansu	1585342.05	858351.81	617575.48	113076.26	52732.88	37084.89	7026.94	30855.36
青　海 Qinghai	578070.82	276391.01	173357.49	51893.78	15527.35	15710.10	5740.73	14161.56
宁　夏 Ningxia	958946.95	520299.14	325435.83	104053.30	27459.28	29538.98	4514.87	29296.88
新　疆 Xinjiang	2826757.62	1568432.97	1112059.16	200031.68	86167.14	78495.93	13593.18	78085.88

条件(一)(城区)

Schools (1) (Urban Area)

单位:平方米
unit:m^2

行政办公用房 Administrative		生活用房 Residential and Welfare							其他用房 Rooms for Other Purposes	校舍面积中 of the Floor Space	
			教工宿舍 Apartments for Single								
合计 Total	其中:教师办公室 of Which: for Teachers	合计 Total	小计 Subtotal	其中:教师周转宿舍 of Which: Accommodation for Circulation of Teachers	学生宿舍 Students' Dormitories	食堂 Dining Halls	厕所 Toilet	其他 Others		危房面积 Floor Space of Dilapidated Buildings	当年新增校舍 New Floor Space Added in Current Year
17790496.98	**10311360.62**	**47417822.65**	**8064165.92**	**1384432.47**	**17074338.48**	**10084690.11**	**5427273.61**	**6767354.53**	**20215745.96**	**938669.60**	**7050929.71**
349354.22	166131.54	503647.32	58724.90	4719.56	82848.00	130455.65	105145.78	126472.99	593594.64		83006.14
231879.12	144464.10	258386.37	10795.12	2174.00	15926.00	68252.99	59696.16	103716.10	281966.55		29329.00
583139.83	392365.92	1578110.29	111877.44	12807.56	767679.87	268671.27	146028.91	283852.80	445540.11	136.50	501889.92
427553.70	277857.67	886535.14	130425.86	22500.37	358033.43	163916.85	101364.42	132794.58	628979.78	9865.00	72340.92
379115.31	246669.73	670506.13	47708.50	4127.89	296145.22	122150.61	108284.79	96217.01	330384.56		154567.50
928405.90	501994.91	1300391.46	41108.40	8168.40	212558.39	388242.08	261164.43	397318.16	1318790.73	20903.00	393583.23
381259.89	219082.56	645931.70	17881.61	298.00	189336.12	168895.09	107750.97	162067.91	361899.42	7383.00	142297.27
611847.12	388576.86	682716.37	22930.73	4953.29	173812.27	105466.92	144496.50	236009.95	591799.38	28602.00	129775.05
676717.13	333222.05	1074491.29	18565.38	984.00	95863.01	349439.98	216988.87	393634.05	991476.50		159484.73
1777922.42	970396.51	4226254.00	391911.54	70255.90	1332355.29	1383973.82	452995.80	665017.55	1655561.84		404527.40
1304369.51	740896.48	4034418.68	455104.42	74841.00	1413394.87	1212738.12	410533.52	542647.75	1786990.07		617669.34
558275.98	333853.91	1071569.18	122772.38	11396.26	402395.92	212039.98	149649.81	184711.09	529802.44	3874.00	184830.94
302942.82	139310.38	849032.68	222520.11	57404.05	252158.75	169573.20	106459.96	98320.66	542205.23	8368.00	127778.05
277715.46	151041.46	905185.37	191365.72	43497.00	237898.32	188158.93	94603.26	193159.14	433157.73	33749.00	198761.30
1883113.43	1015305.23	4131436.43	520131.16	133619.43	1447036.46	1025670.92	561709.91	576887.98	1924287.99	3315.00	392775.32
1113322.54	754411.97	3181303.48	462174.56	64579.74	1551426.91	593820.36	309166.82	264714.83	801712.85	94222.00	300934.97
772099.97	453551.63	2317233.44	816792.01	109927.41	702653.19	360592.69	191972.54	245223.01	774467.43	26531.00	182049.96
419087.94	250398.49	1785920.92	411791.73	91928.49	694359.31	375611.44	149610.69	154547.75	425255.29	45081.00	164132.97
1953997.35	1139139.18	8251540.42	2290083.34	270928.23	3019593.31	1231786.47	782948.31	927128.99	3237598.42	18974.00	609305.00
305190.66	187430.68	1454084.64	333576.75	82780.87	739935.31	202240.35	113542.53	64789.70	178870.80	49651.00	309664.08
54926.80	33723.60	436343.40	188212.42	37538.42	151651.94	50431.00	31612.04	14436.00	49183.85	16247.00	19757.00
279223.53	146270.78	932332.61	112407.75	12265.22	424844.62	191064.89	80497.57	123517.78	329354.99	6732.00	191263.68
509030.40	307916.24	2041715.45	333518.36	68309.39	924483.33	414413.13	213039.45	156261.18	398479.68	6416.00	449813.36
307869.68	185788.69	988981.65	209265.74	37194.00	423073.35	131703.12	100843.58	124095.86	357274.50		323743.71
197374.08	100919.45	853380.08	172570.93	56203.89	356549.36	161339.13	71250.02	91670.64	206152.44	294643.00	106417.62
20459.00	16021.00	139462.68	49068.68	40066.68	62460.00	12765.00	3763.00	11406.00	1496.00	2602.00	8246.00
401275.48	272863.40	927725.43	211319.45	26531.73	286382.61	161096.55	125210.03	143716.79	386033.98	17741.00	333276.34
201202.68	134447.39	313402.73	30942.76	8005.00	86526.44	50312.52	61988.02	83632.99	212384.83	240972.10	177602.90
60299.24	33229.43	128422.15	23159.00	7575.00	37042.00	12266.64	24383.20	31571.31	112958.42		70822.80
113928.56	68952.23	209586.06	16408.12	1345.11	87733.68	38437.94	40909.94	26096.38	115133.19		70287.14
407597.23	205127.15	637775.10	39051.05	17506.58	248181.20	139162.47	99662.78	111717.60	212952.32	2662.00	140996.07

初中办

Condition of School Buildings in

地　区 Region	校舍建筑面积 Floor Space	教学及辅助用房 Teaching & Assistant Buildings						
		合计 Total	其中 of Which					
			教室 Classroom	实验室 Laboratory	图书室 Library	微机室 PC-room	语音室 Linguistic	体育馆 Gymnasium
总　计 Total	**32832231.07**	**14777408.81**	**10080317.58**	**2135688.25**	**828298.24**	**577959.42**	**191109.01**	**964036.31**
北　京 Beijing	282573.73	107073.22	72086.40	18903.98	6380.90	5826.02	734.00	3141.92
天　津 Tianjin	164820.96	70620.75	46660.87	10124.50	2971.42	2668.00	1159.75	7036.21
河　北 Hebei	1471462.22	666336.38	456585.90	117390.98	36395.56	26870.16	8568.34	20525.44
山　西 Shanxi	389925.55	171139.98	127713.17	23214.23	8855.46	7594.12	1798.00	1965.00
内蒙古 Inner Mongolia	97418.00	42699.00	19948.00	9168.00	3192.00	1299.00	482.00	8610.00
辽　宁 Liaoning	721306.87	303123.01	184391.92	48703.33	16968.35	12990.21	8340.20	31729.00
吉　林 Jilin	111140.21	49908.10	37506.02	6697.02	2039.02	2207.02	1152.02	307.00
黑龙江 Heilongjiang	352834.57	180410.13	115210.86	24036.25	8504.77	7188.34	4439.91	21030.00
上　海 Shanghai	563048.14	260610.88	134644.17	54316.88	18204.74	11094.93	4540.61	37809.55
江　苏 Jiangsu	1881135.70	941154.22	581040.04	164936.25	70033.00	47530.19	11744.50	65870.24
浙　江 Zhejiang	2850053.51	1225573.85	748097.51	170088.36	78947.37	53180.53	15865.25	159394.83
安　徽 Anhui	706257.05	367575.74	271834.18	47471.00	17911.14	16420.43	3190.99	10748.00
福　建 Fujian	554733.03	225035.92	147043.72	35451.03	16272.03	9302.03	3247.04	13720.07
江　西 Jiangxi	624719.62	242389.15	179822.00	18028.32	8911.44	7145.58	5042.54	23439.27
山　东 Shandong	4814406.07	2127079.82	1355520.71	366867.37	142920.21	88228.44	27417.96	146125.13
河　南 Henan	1888841.58	693190.05	509666.01	100152.18	41884.38	30454.09	6271.20	4762.19
湖　北 Hubei	825386.12	307266.51	222243.96	40216.94	16550.38	15236.23	4556.00	8463.00
湖　南 Hunan	882677.75	373565.12	267971.70	35672.26	18984.40	9356.70	5457.26	36122.80
广　东 Guangdong	9138878.54	4460682.78	3187283.97	577013.91	216790.42	136608.62	54524.16	288461.70
广　西 Guangxi	681269.25	272060.25	205376.25	35107.00	9324.00	9291.00	2468.00	10494.00
海　南 Hainan	108033.10	43716.10	36235.00	2661.80	1996.00	1397.30		1426.00
重　庆 Chongqing	331596.02	140408.43	120645.21	11121.84	4396.17	2813.21	446.00	986.00
四　川 Sichuan	944714.52	437373.56	308414.30	55511.28	24594.45	16959.35	7802.98	24091.20
贵　州 Guizhou	478247.50	188824.45	134151.42	25664.12	7238.16	8961.75	3099.00	9710.00
云　南 Yunnan	571597.44	233194.40	161218.90	33663.00	15313.00	12954.00	2741.00	7304.50
西　藏 Tibet								
陕　西 Shaanxi	583338.33	241493.53	161325.39	44060.64	14086.98	13303.39	3921.30	4795.83
甘　肃 Gansu	163639.25	78660.00	59789.00	10235.00	4753.00	3176.00	110.00	597.00
青　海 Qinghai	89244.00	43579.00	32453.00	6465.00	1644.00	2605.00	346.00	66.00
宁　夏 Ningxia	89130.09	46875.40	32645.20	9419.13	1443.92	1960.15	192.00	1215.00
新　疆 Xinjiang	469802.35	235789.08	162792.80	33326.65	10791.57	13337.63	1451.00	14089.43

学条件(一)(城乡结合区)

Junior Secondary Schools (1) (Urban-rural Transitional Area)

单位:平方米
unit: m^2

行政办公用房 Administrative		生活用房 Residential and Welfare							其他用房 Rooms for Other Purposes	校舍面积中 of the Floor Space	
合计 Total	其中:教师办公室 of Which: for Teachers	合计 Total	教工宿舍 Apartments for Single 小计 Subtotal	其中:教师周转宿舍 of Which: Accommodation for Circulation of Teachers	学生宿舍 Students' Dormitories	食堂 Dining Halls	厕所 Toilet	其他 Others		危房面积 Floor Space of Dilapidated Buildings	当年新增校舍 New Floor Space Added in Current Year
3006449.27	**1764848.77**	**11804192.15**	**2187604.95**	**370806.25**	**4806935.89**	**2444923.38**	**1090759.59**	**1273968.34**	**3244180.84**	**178964.50**	**1373075.10**
39233.93	19608.05	74526.19	8755.58	2224.00	13784.33	13968.43	13214.50	24803.35	61740.39		702.53
21975.14	11110.80	21669.22	2739.30	1661.00		8121.59	5329.83	5478.50	50555.85		
129790.07	99059.11	588326.29	42229.67	2835.05	336625.48	118055.54	43647.13	47768.47	87009.48	136.50	119400.03
46502.40	33211.37	136287.51	11833.14	633.25	73708.34	28978.70	11911.98	9855.35	35995.66	3900.00	1812.75
10412.00	4253.00	23289.00	1941.00		10786.00	6534.00	3041.00	987.00	21018.00		
96589.78	58224.10	206222.29	10410.00	56.00	47753.00	52435.00	28793.71	66830.58	115371.79	6042.00	43338.00
15860.02	9777.02	31742.07	882.01	18.00	9630.02	8630.02	4316.02	8284.00	13630.02		3477.00
38945.28	24934.18	80822.26	721.00		31330.00	16768.00	11098.13	20905.13	52656.90	1798.00	8112.10
72356.44	25691.41	137751.76	2886.10		25454.00	49695.95	25415.80	34299.91	92329.06		61390.27
208747.80	115439.18	622760.70	74852.20	13132.97	224501.66	199822.63	51597.95	71986.26	108472.98		39742.00
267996.34	146445.71	1037954.72	124002.17	14879.15	397888.79	306369.81	91280.49	118413.46	318528.60		83908.89
71665.85	43627.60	223716.04	40488.12	5862.01	93357.39	54714.37	22144.14	13012.02	43299.42	1683.00	35237.70
51104.04	30118.10	183159.24	48356.03	6618.00	60120.01	35221.06	19290.04	20172.10	95433.83		9505.71
39034.20	16590.47	287756.03	40577.00	11142.00	70419.60	39216.00	15107.43	122436.00	55540.24	2151.00	43030.00
527945.45	294437.54	1636392.69	175256.96	81013.92	673578.11	415483.08	187115.00	184959.54	522988.11		118433.38
184960.62	125945.98	862782.85	100387.90	17167.39	467324.12	190458.52	59279.11	45333.20	147908.06	7882.00	90545.89
81040.00	40627.44	372552.61	116871.00	24247.00	149728.00	58038.59	23598.02	24317.00	64527.00	220.00	19735.00
70061.43	47392.72	351821.35	66447.15	13724.15	143482.12	84673.45	26301.50	30917.13	87229.85	8443.00	34396.99
629207.54	381612.63	3087197.06	912269.90	79336.01	1145478.07	438865.53	281330.31	309253.25	961791.16	997.00	313632.13
41681.00	24103.00	355223.50	83552.00	37959.00	196207.00	47182.00	15147.00	13135.50	12304.50	25551.00	35105.00
4984.00	2770.00	57710.00	18839.00	2391.00	25000.00	8520.00	5055.00	296.00	1623.00	2523.00	
23943.59	11411.71	152911.23	32100.70	1975.00	84197.94	24707.96	8526.45	3378.18	14332.77	5101.00	1638.62
74325.45	45327.88	362898.96	79246.76	16353.88	146078.24	76182.57	39455.43	21935.96	70116.55	4305.00	46533.99
42517.45	21147.48	189830.44	32899.34	12754.00	106831.61	23354.80	16530.69	10214.00	57075.16		43192.00
35043.00	22501.40	276065.04	71179.48	11132.64	121781.20	52719.56	19083.80	11301.00	27295.00	72343.00	55623.00
85069.94	54442.59	208590.92	68175.49	3879.07	56572.98	34097.17	25286.10	24459.18	48183.94	9265.00	77984.90
20542.00	15332.00	38407.25	60.00	60.00	11796.00	7394.00	7555.25	11602.00	26030.00	26624.00	41764.25
9486.00	5183.00	29192.00	6235.00	700.00	11745.00	4676.00	4621.00	1915.00	6987.00		1576.00
10663.78	6482.23	17191.61	630.00	310.00	7186.68	2970.78	3661.02	2743.13	14399.30		4308.55
54764.73	28041.07	149441.32	12780.95	8741.76	64590.20	37068.27	22025.76	12976.14	29807.22		38948.42

初中办
Condition of School Buildings in

地 区 Region	校舍建筑面积 Floor Space	教学及辅助用房 Teaching & Assistant Buildings						
		合计 Total	其中 of Which					
			教室 Classroom	实验室 Laboratory	图书室 Library	微机室 PC-room	语音室 Linguistic	体育馆 Gymnasium
总 计 Total	**274412779.70**	**107872440.62**	**76969762.81**	**15797862.55**	**5819203.81**	**4833882.33**	**1735676.13**	**2716052.99**
北 京 Beijing	831270.32	316038.67	183547.99	68058.09	25006.95	17379.96	1841.00	20204.68
天 津 Tianjin	794614.08	410554.88	297097.13	58180.53	20833.28	16022.09	7567.89	10853.96
河 北 Hebei	14072034.39	5766588.61	3991852.01	1022505.40	318230.29	255815.97	94152.66	84032.28
山 西 Shanxi	7967897.33	2943930.77	2188502.26	378736.54	157234.57	140675.24	43675.38	35106.78
内蒙古 Inner Mongolia	5428924.08	2165985.77	1446832.80	299393.69	122681.05	95829.73	39717.32	161531.18
辽 宁 Liaoning	5408600.70	2327126.89	1637004.50	353698.45	118052.59	128720.49	48827.29	40823.57
吉 林 Jilin	3164330.39	1477943.85	1064983.62	214481.04	74562.65	69412.21	30245.98	24258.35
黑龙江 Heilongjiang	4622397.00	2040686.72	1438952.97	311169.11	91195.71	95576.22	58390.17	45402.54
上 海 Shanghai	1332164.93	667549.35	371264.25	142184.28	47003.32	33993.64	5602.59	67501.27
江 苏 Jiangsu	16190931.21	7633332.41	4930913.58	1255237.97	565876.77	426513.72	133399.53	321390.84
浙 江 Zhejiang	11640765.35	4542189.35	2869288.46	699991.75	276253.34	200637.17	55679.28	440339.35
安 徽 Anhui	12287576.15	5148911.03	3717012.35	711470.50	289343.62	255355.71	79353.64	96375.21
福 建 Fujian	5122486.29	2002555.95	1301476.62	406322.19	146374.61	80587.85	20054.35	47740.33
江 西 Jiangxi	10147820.06	4044016.84	3040415.55	474919.87	216203.08	164548.37	78514.65	69415.32
山 东 Shandong	21890676.75	8778946.32	5849630.63	1640084.58	555868.56	398706.04	121650.03	213006.48
河 南 Henan	23988852.49	8217776.81	6320588.52	1018742.14	392463.29	330407.03	101974.15	53601.68
湖 北 Hubei	12249746.23	3822061.61	2677716.84	563923.30	212511.90	199317.26	94146.80	74445.51
湖 南 Hunan	15565912.37	6052791.88	4614213.87	703526.28	270089.73	211661.30	102299.32	151001.38
广 东 Guangdong	18759012.47	8361005.25	6187208.14	1087635.06	392049.05	290692.52	135000.03	268420.45
广 西 Guangxi	13112722.56	4159310.97	3202813.61	545940.11	178745.58	155839.27	38856.80	37115.60
海 南 Hainan	2565674.13	986925.86	751134.15	122411.63	49653.31	36453.39	12165.38	15108.00
重 庆 Chongqing	6770959.57	2269559.23	1754545.41	306973.01	87923.84	83980.39	25253.24	10883.34
四 川 Sichuan	17215098.06	7096582.12	5221206.32	921274.42	371766.73	329357.88	132284.35	120692.42
贵 州 Guizhou	10792301.67	3710680.61	2767973.16	490540.84	183745.77	168815.20	38613.83	60991.81
云 南 Yunnan	8711252.98	3154686.43	2373962.55	443416.08	126753.70	138713.59	36034.51	35806.00
西 藏 Tibet	1511365.25	439444.44	334378.74	47788.37	14950.07	15790.41	9932.64	16604.21
陕 西 Shaanxi	9516815.93	3731572.06	2492511.43	644200.26	235751.99	203029.56	120218.19	35860.63
甘 肃 Gansu	4391776.58	1907422.42	1413279.06	267517.36	93699.99	94446.54	20832.47	17647.00
青 海 Qinghai	1515488.40	632334.79	458410.61	91619.96	29730.56	27741.26	9602.40	15230.00
宁 夏 Ningxia	1543071.45	673764.34	451051.38	133584.36	33230.42	39486.73	8244.45	8167.00
新 疆 Xinjiang	5300240.53	2390164.39	1619994.30	372335.38	121417.49	128375.59	31545.81	116495.82

学条件(一)(镇区)

Junior Secondary Schools (1) (Counties & Towns Area)

单位:平方米

unit:m²

行政办公用房 Administrative		生活用房 Residential and Welfare							其他用房 Rooms for Other Purposes	校舍面积中 of the Floor Space	
			教工宿舍 Apartments for Single								
合计 Total	其中:教师办公室 of Which: for Teachers	合计 Total	小计 Subtotal	其中:教师周转宿舍 of Which: Accommodation for Circulation of Teachers	学生宿舍 Students' Dormitories	食堂 Dining Halls	厕所 Toilet	其他 Others		危房面积 Floor Space of Dilapidated Buildings	当年新增 New Floor Space Added in Current Year
22216229.28	**13925833.36**	**127446312.23**	**30554014.50**	**7408798.12**	**59166237.79**	**22947374.57**	**7566105.28**	**7212580.09**	**16877797.57**	**3958329.64**	**12640901.98**
97730.17	43728.50	246772.17	37072.42	799.00	56325.07	56726.73	41113.03	55534.92	170729.31		22458.67
127621.30	74418.95	157931.66	22851.00	7626.28	17499.20	27333.30	34908.60	55339.56	98506.24		9253.10
1059707.51	728534.23	6377356.16	740704.88	182424.26	3477260.50	1274545.88	370651.66	514193.24	868382.11	1600.04	1468642.89
805564.99	550728.72	3569092.96	491147.74	53206.94	1888783.94	700157.47	241947.53	247056.28	649308.61	28431.00	185711.24
565648.58	383781.93	2317844.33	116921.36	50349.60	1307569.91	517426.94	187239.20	188686.92	379445.40		174842.98
720494.57	435690.36	1785786.06	71430.68	28529.01	803797.46	488608.92	181547.62	240401.38	575193.18	31877.00	137296.32
366689.83	226970.22	978570.35	42381.80	25225.12	423780.94	244324.01	109270.80	158812.80	341126.36	11248.00	324819.70
591305.63	398332.81	1439805.22	49518.86	26526.75	722165.77	315513.84	143342.65	209264.10	550599.43	76028.05	51538.75
160595.20	82207.95	258422.97	13161.43	3861.43	18823.00	119104.50	52753.71	54580.33	245597.41		43412.10
1482416.23	861311.88	6113102.29	1062634.65	158054.22	2498113.62	1577808.48	419720.01	554825.53	962080.28		345092.29
994491.11	571967.78	4978752.06	900908.76	140063.28	2068816.92	1184090.49	353550.48	471385.41	1125332.83		348750.96
995909.02	616603.75	5448988.16	1361162.25	296254.15	2506539.36	1002079.93	327461.45	251745.17	693767.94	32613.08	511547.52
421404.44	200907.51	2229947.27	807715.70	114147.51	805596.28	346953.90	133443.70	136237.69	468578.63	46352.00	142582.01
804512.27	466035.89	4847106.73	1416839.15	222991.79	2174317.43	808705.34	235983.59	211261.22	452184.22	449552.69	586933.44
2056014.63	1192895.18	9104804.10	1601460.06	377039.18	4160596.10	2072486.61	737680.66	532580.67	1950911.70	28707.99	1090871.62
2276367.52	1578415.74	12283281.63	2171894.81	369271.96	6349552.11	2441948.77	756287.09	563598.85	1211426.53	144278.91	908484.09
789816.01	503281.86	7050181.94	3094755.82	515215.52	2462443.67	959588.51	257905.14	275488.80	587686.67	130787.70	285502.17
1046342.75	712622.97	7564242.97	2633357.44	462302.64	2915085.34	1223214.30	371880.42	420705.47	902534.77	235961.00	386602.03
1151381.18	684527.86	7967784.73	3130184.78	507101.61	3126925.20	867350.11	425017.04	418307.60	1278841.31	2465.00	428801.73
581126.61	410096.22	8043046.67	2425468.69	627836.86	4104334.91	1047427.96	239381.70	226433.41	329238.31	737067.50	658779.36
118034.98	69013.48	1377463.69	542162.17	172171.49	586675.16	174642.00	57281.36	16703.00	83249.60	62472.00	63113.56
434042.75	255557.30	3732017.03	1039933.10	306071.89	1847531.04	591624.74	147365.96	105562.19	335340.56	109629.56	211622.15
1117114.50	711546.83	8280344.21	2122450.14	770267.91	3956387.39	1376877.35	498722.54	325906.79	721057.23	179456.90	1006630.08
597871.36	346163.53	6015967.49	1185060.86	690522.25	3518270.80	843699.08	294974.66	173962.09	467782.21		1138458.66
415163.38	247904.78	4952678.23	1216383.63	405089.85	2512027.85	887311.35	196091.01	140864.39	188724.94	1057422.30	625607.25
92991.69	74971.83	943069.79	361913.46	310345.74	427884.40	105101.31	19953.76	28216.86	35859.33	14194.00	40847.93
1067849.69	718780.30	4211786.01	1202141.64	219286.03	1771525.87	710306.78	298635.98	229175.74	505608.17	16373.92	571179.24
417574.76	296121.32	1830589.42	312994.11	114216.04	936931.18	315850.90	143791.91	121021.32	236189.98	558707.00	320292.14
111825.76	69446.35	680667.24	107461.95	66769.95	343199.64	133748.85	43173.93	53082.87	90660.61		136521.19
154890.76	96576.57	653144.21	49872.43	25507.00	371301.37	117468.91	62474.53	52026.97	61272.14		63839.72
593730.10	316690.76	2005764.48	222068.73	159722.86	1006176.36	415347.31	182553.56	179618.52	310581.56	3104.00	350867.09

初中办

Condition of School Buildings in

地　区 Region	校舍建筑面积 Floor Space	教学及辅助用房 Teaching & Assistant Buildings						
		合计 Total	其中 of Which					
			教室 Classroom	实验室 Laboratory	图书室 Library	微机室 PC-room	语音室 Linguistic	体育馆 Gymnasium
总　计 Total	**71315925.56**	**27944682.90**	**20043868.51**	**4063470.67**	**1497840.90**	**1211993.21**	**431174.21**	**696335.40**
北　京 Beijing	315928.07	110090.46	61321.23	25153.90	11455.63	6451.70	917.00	4791.00
天　津 Tianjin	260596.20	141811.59	106487.84	19017.12	7627.07	5632.28	2610.28	437.00
河　北 Hebei	6353286.72	2513650.84	1748284.94	442204.87	142299.07	110836.47	39159.85	30865.64
山　西 Shanxi	2368324.85	942822.33	718025.89	108148.26	46600.92	39300.55	13736.96	17009.75
内蒙古 Inner Mongolia	525742.53	214875.00	148598.58	25561.08	12712.06	8784.78	2681.00	16537.50
辽　宁 Liaoning	708652.91	295757.47	210639.02	41847.31	13544.07	17573.59	5337.48	6816.00
吉　林 Jilin	331330.23	133481.13	95895.77	17567.01	7895.13	6452.12	2391.10	3280.00
黑龙江 Heilongjiang	399853.45	180791.69	135106.97	22195.33	7042.25	7223.13	4162.01	5062.00
上　海 Shanghai	369116.46	190804.43	110941.17	42053.64	10649.92	9231.62	1578.77	16349.31
江　苏 Jiangsu	3934402.90	1825730.27	1169429.00	329999.89	125504.96	96912.37	28794.41	75089.64
浙　江 Zhejiang	4089079.24	1597926.65	1035494.66	250157.56	96271.99	69159.19	20140.81	126702.44
安　徽 Anhui	2635873.36	1076003.29	778188.75	145247.59	63114.25	51418.30	15109.32	22925.08
福　建 Fujian	1502056.71	593811.74	369228.34	126490.61	49765.58	22180.79	5788.37	20358.05
江　西 Jiangxi	2165734.81	790890.41	600904.16	77732.68	40125.96	34519.26	16336.35	21272.00
山　东 Shandong	8227346.72	3259225.49	2167989.62	632160.66	189097.24	151617.36	47457.54	70903.07
河　南 Henan	8736790.05	2972076.56	2283934.08	351933.13	139398.98	117871.56	45995.37	32943.44
湖　北 Hubei	3153175.67	952705.95	688140.68	129040.80	55240.90	50489.26	22040.80	7753.51
湖　南 Hunan	5355572.05	2075420.41	1602606.74	237868.75	92790.45	71018.70	36091.53	35044.24
广　东 Guangdong	4975458.35	2406338.71	1821235.45	282159.52	106686.85	77239.91	33335.71	85681.27
广　西 Guangxi	2457153.64	803642.99	630679.55	97984.74	33419.50	28711.20	4362.00	8486.00
海　南 Hainan	158192.50	52824.50	38792.71	5493.84	3541.03	2456.92	140.00	2400.00
重　庆 Chongqing	1348572.80	427140.35	334063.65	51887.37	18272.43	17349.89	4984.01	583.00
四　川 Sichuan	2920629.65	1274209.66	942401.84	143805.99	63308.81	62497.37	18696.59	43499.06
贵　州 Guizhou	1806855.25	585852.31	439050.56	81087.70	28433.73	26226.42	7520.90	3533.00
云　南 Yunnan	1804754.87	707239.05	537147.05	90010.00	26987.00	26642.00	8207.00	18246.00
西　藏 Tibet	176570.96	45433.43	36000.01	5466.02	1505.12	1509.14	953.14	
陕　西 Shaanxi	2009602.29	801139.88	541311.74	133713.32	48596.07	45388.02	26294.13	5836.60
甘　肃 Gansu	1065735.09	455849.60	323127.02	65157.80	28602.66	23850.12	9414.00	5698.00
青　海 Qinghai	325049.08	167513.35	125100.45	22788.00	8367.00	6602.90	3093.00	1562.00
宁　夏 Ningxia	184922.28	75953.69	52377.56	15136.05	3338.05	4190.03	852.00	60.00
新　疆 Xinjiang	649565.87	273669.67	191363.48	44400.13	15646.22	12656.26	2992.78	6610.80

学条件(一)(镇乡结合区)

Junior Secondary Schools (1) (County - town Transitional Area)

单位:平方米
unit:m²

行政办公用房 Administrative		生活用房 Residential and Welfare							其他用房 Rooms for Other Purposes	校舍面积中 of the Floor Space	
			教工宿舍 Apartments for Single								
合计 Total	其中:教师办公室 of Which: for Teachers	合计 Total	小计 Subtotal	其中:教师周转宿舍 of Which: Accommodation for Circulation of Teachers	学生宿舍 Students' Dormitories	食堂 Dining Halls	厕所 Toilet	其他 Others		危房面积 Floor Space of Dilapidated Buildings	当年新增校舍 New Floor Space Added in Current Year
5851742.73	**3610267.44**	**32963832.79**	**7403401.96**	**1657750.80**	**15378086.48**	**6185474.26**	**2035012.85**	**1961857.24**	**4555667.14**	**841557.01**	**3840406.93**
29659.45	15765.62	111397.16	13522.25	18.00	28262.07	26710.41	15086.85	27815.58	64781.00		1702.67
43115.05	24006.46	46377.88	6403.29	1019.28		9228.01	12652.97	18093.61	29291.68		9248.00
455782.05	314041.67	3020534.50	360254.15	80243.63	1638758.70	603217.42	165261.77	253042.46	363319.33	1600.04	718878.03
224008.18	141467.36	1034177.28	144008.48	16681.94	567681.68	203515.78	64804.20	54167.14	167317.06	14026.00	31993.26
51301.10	34149.79	234109.03	16888.30	6727.00	129701.42	50986.68	16870.43	19662.20	25457.40		30147.40
82999.85	56359.09	216065.69	9244.57	1628.01	94621.06	62942.74	21775.92	27481.40	113829.90	1170.00	25433.00
40202.16	20342.08	110751.75	8949.03	3529.00	43071.19	30290.52	12646.15	15794.86	46895.19		39195.25
59239.79	39973.22	133121.64	4841.21	3535.00	62346.58	26233.22	13445.33	26255.30	26700.33	12561.00	10336.45
48132.36	22332.74	75153.00	3324.00	775.00	5364.00	34390.82	14432.85	17641.33	55026.67		1210.10
375374.40	210875.10	1483223.75	302984.13	38236.89	514277.12	395756.88	101661.16	168544.46	250074.48		74769.17
353297.78	205852.02	1726131.42	292066.00	54216.51	744117.96	410264.22	116973.09	162710.15	411723.39		156301.99
209640.18	131760.66	1205927.02	312530.48	81389.00	535851.47	230004.24	70006.23	57534.60	144302.87	3448.00	81898.68
126233.54	54545.77	660695.76	239340.82	23721.05	243814.50	95077.04	42108.78	40354.62	121315.67	12581.00	8718.30
154606.21	87023.46	1127137.73	278812.98	42079.07	548752.15	193365.53	57627.07	48580.00	93100.46	68849.00	192073.50
769182.73	439924.20	3472075.66	585251.50	131596.78	1593789.26	797900.55	285026.35	210108.00	726862.84	18705.99	387228.94
830291.74	550910.18	4462880.33	710939.44	149419.56	2375171.87	909196.25	282394.35	185178.42	471541.42	44302.56	406243.84
217280.00	135809.00	1849395.77	779729.62	138296.52	675667.34	249126.53	74439.28	70433.00	133793.95	12533.00	174174.67
362011.32	254428.60	2593048.36	863101.70	174071.08	1048149.72	412160.06	123720.06	145916.82	325091.96	97451.00	170774.18
362208.81	201044.51	1838653.58	675029.94	82507.70	684013.55	221657.02	132786.03	125167.04	368257.25		118337.58
108543.40	80889.00	1503355.65	408083.70	84415.00	805189.12	202909.82	48700.90	38472.11	41611.60	177879.50	185731.30
7750.00	4996.00	91626.00	30402.00	6494.00	41130.00	11835.00	7024.00	1235.00	5992.00		2393.00
84180.03	49365.49	771382.12	215613.50	86190.29	381216.40	125808.07	32936.37	15807.78	65870.30	41573.00	75149.80
191681.03	113560.91	1326114.65	328865.57	111622.50	622270.36	240801.06	89334.88	44842.78	128624.31	31344.00	174591.60
83549.55	51728.48	1034592.25	190743.72	124133.97	618729.18	150330.19	48505.71	26283.45	102861.14		343131.23
106367.00	60321.00	932599.36	203799.00	66883.00	490626.38	165183.74	43358.24	29632.00	58549.46	210013.00	146315.82
13660.25	12145.25	105139.93	38085.79	33082.79	52741.53	9304.00	2431.47	2577.14	12337.35		1409.51
236630.42	154062.40	866482.47	247660.74	51831.77	355106.44	150021.12	63098.34	50595.83	105349.52	4608.92	90338.21
106653.60	78256.40	454341.84	69653.41	19443.42	236703.40	78294.48	35544.15	34146.40	48890.05	88911.00	105130.70
22271.50	17010.00	124070.33	19817.00	11125.00	66797.33	18835.00	9380.00	9241.00	11193.90		19771.00
19608.02	11593.01	79929.57	5737.00	4503.00	49565.02	16185.51	4248.03	4194.01	9431.00		1957.50
76281.23	35727.97	273341.31	37718.64	28335.04	124599.68	53942.35	26731.89	30348.75	26273.66		55822.25

初中办

Condition of School Buildings in

地 区 Region	校舍建筑面积 Floor Space	教学及辅助用房 Teaching & Assistant Buildings						
		合计 Total	其中 of Which					
			教室 Classroom	实验室 Laboratory	图书室 Library	微机室 PC-room	语音室 Linguistic	体育馆 Gymnasium
总 计 Total	**114782755.61**	**44718759.01**	**32612305.14**	**6465613.19**	**2339210.97**	**2147726.77**	**602119.57**	**551783.37**
北 京 Beijing	593725.67	228556.59	142286.53	49874.08	12113.10	10373.27	1242.00	12667.61
天 津 Tianjin	344650.29	181295.75	127799.11	27958.21	7932.11	7244.31	3654.01	6708.00
河 北 Hebei	5607932.17	2455553.33	1624744.75	506755.46	146931.36	118931.98	42693.00	15496.78
山 西 Shanxi	3733684.37	1265208.87	905035.51	163955.92	77091.84	67952.69	19107.91	32065.00
内蒙古 Inner Mongolia	884261.05	332277.42	243562.35	39290.01	17083.09	15591.56	5103.20	11647.21
辽 宁 Liaoning	1760242.91	785313.58	531098.11	126671.37	40220.08	46147.50	18837.52	22339.00
吉 林 Jilin	1831668.97	840710.74	566731.57	153720.42	50110.90	48085.91	20084.94	1977.00
黑龙江 Heilongjiang	2032452.70	1008391.45	747428.27	136979.73	43519.70	51596.31	21186.05	7681.39
上 海 Shanghai	274151.23	131962.95	65999.06	28225.65	9951.00	5377.69	2114.00	20295.55
江 苏 Jiangsu	1948441.54	914504.18	586696.84	156611.97	73607.64	59369.66	21826.59	16391.48
浙 江 Zhejiang	2739942.52	1075113.09	727775.94	154288.56	60963.00	50572.51	13177.98	68335.10
安 徽 Anhui	7410072.84	3051028.75	2219097.94	429514.25	174802.33	173743.93	35660.30	18210.00
福 建 Fujian	3685032.15	1290431.56	831499.87	262244.83	90092.37	61804.82	12949.35	31840.32
江 西 Jiangxi	5567411.88	2018300.81	1536695.44	235561.88	109793.47	86720.64	29603.48	19925.90
山 东 Shandong	5054653.96	2003734.94	1374323.99	365487.65	118739.07	94323.92	28064.31	22796.00
河 南 Henan	11509160.63	3998143.30	3036284.96	532036.62	197232.07	187844.62	38197.03	6548.00
湖 北 Hubei	4573669.92	1469862.44	1031907.00	228794.37	87994.60	80086.47	27339.00	13741.00
湖 南 Hunan	9986411.53	3794127.24	2948085.88	439091.82	176211.37	149048.21	60586.73	21103.23
广 东 Guangdong	5608047.69	2656355.23	1981550.09	323168.34	119426.55	97763.83	40501.43	93944.99
广 西 Guangxi	4365662.99	1391699.73	1032440.07	199154.06	64208.10	57900.08	11051.28	26946.14
海 南 Hainan	392142.86	140313.60	104498.92	18528.70	8922.50	5560.48	1190.00	1613.00
重 庆 Chongqing	1599325.14	524274.75	416609.38	56190.15	19538.90	18592.83	4673.80	8669.69
四 川 Sichuan	9239341.95	3846477.72	2981202.03	446483.85	186015.34	176044.50	41275.00	15457.00
贵 州 Guizhou	5712903.76	2010476.07	1547812.02	253096.22	92840.90	94067.23	15742.78	6916.92
云 南 Yunnan	6023681.60	2100139.09	1571762.26	311833.83	87700.00	101768.00	20341.00	6734.00
西 藏 Tibet	271402.50	79030.23	63165.26	8185.45	2554.14	2805.34	820.04	1500.00
陕 西 Shaanxi	2079514.92	764247.40	497521.88	143687.89	45266.47	44019.76	22950.70	10800.70
甘 肃 Gansu	4457447.47	1877197.07	1430752.86	247526.80	86055.71	99487.40	10750.30	2624.00
青 海 Qinghai	867609.92	374479.76	276757.98	48787.43	16772.88	17889.67	5383.00	8888.80
宁 夏 Ningxia	634231.83	286403.26	182307.26	58626.54	17499.70	18477.67	3480.75	6011.34
新 疆 Xinjiang	3993876.65	1823148.11	1278872.01	313281.13	98020.68	98533.98	22532.09	11908.22

学条件(一)(乡村)

Junior Secondary Schools (1) (Rural Area)

单位:平方米

unit: m^2

行政办公用房 Administrative		生活用房 Residential and Welfare							其他用房 Rooms for Other Purposes	校舍面积中 of the Floor Space	
合计 Total	其中:教师办公室 of Which: for Teachers	合计 Total	教工宿舍 Apartments for Single 小计 Subtotal	其中:教师周转宿舍 of Which: Accommodation for Circulation of Teachers	学生宿舍 Students' Dormitories	食堂 Dining Halls	厕所 Toilet	其他 Others		危房面积 Floor Space of Dilapidated Buildings	当年新增 New Floor Space Added in Current Year
8771912.39	**5735284.14**	**54682684.69**	**15474270.81**	**4260547.35**	**23298102.76**	**9686367.12**	**3293540.47**	**2930403.53**	**6609399.52**	**2866686.95**	**6336294.15**
80057.91	39619.73	169615.20	36259.00	1640.00	49367.12	45028.82	22754.34	16205.92	115495.97		9328.53
47353.33	32718.83	67762.10	11013.31	1539.01	12182.00	10393.35	11502.73	22670.71	48239.11		3168.30
475064.37	322285.68	2325947.32	399574.43	129186.50	1131768.83	440940.24	161215.55	192448.27	351367.15	1467.32	583754.66
378005.74	260828.88	1696665.35	343460.87	39097.00	767506.10	336938.42	117876.87	130883.09	393804.41	23728.00	63087.70
84949.63	65070.45	386512.67	32815.00	19879.30	206473.03	81388.53	31893.01	33943.10	80521.33		45557.93
224311.48	147455.63	502299.43	35807.32	15438.56	150024.93	158676.39	64919.84	92870.95	248318.42	18990.00	81760.04
214941.48	152299.78	597203.80	35824.06	21615.44	241848.06	159449.87	63419.99	96661.82	178812.95	12640.00	126053.67
245402.22	183155.71	644218.53	35129.46	15860.03	292125.48	148154.83	72219.63	96589.13	134440.50	19707.00	53264.41
37000.00	17417.76	73983.46	4176.00	500.00	16698.00	25001.00	11041.00	17067.46	31204.82		25703.00
167942.62	95779.96	773554.91	170148.90	29603.02	296437.88	184743.32	55429.70	66795.11	92439.83		31896.78
203224.93	114535.32	1151711.29	259133.99	20690.88	445505.28	268731.93	77212.85	101127.24	309893.21		145377.29
558227.21	372410.09	3411581.12	1091698.31	226020.60	1314633.55	662149.00	209833.37	133266.89	389235.76	36224.19	287877.94
300734.24	138262.74	1759441.95	699462.32	86572.29	614455.43	279180.75	84837.06	81506.39	334424.40	36886.00	78140.12
338664.14	201437.12	2995567.84	919030.29	162506.57	1279793.47	505088.24	127180.28	164475.56	214879.09	452179.43	273554.55
438289.24	270997.29	2197573.13	405255.55	100699.88	978731.60	494629.54	184328.44	134628.00	415056.65	432.00	326161.04
1100174.64	815232.15	5862193.90	1269350.98	232874.09	2749097.47	1229229.31	389947.73	224568.41	548648.79	200879.16	418416.24
283255.13	178723.06	2574952.18	1063384.08	244823.37	908277.05	376466.82	106233.38	120590.85	245600.17	46814.20	67943.97
691968.27	474528.45	4881103.43	1840245.87	366806.00	1688049.53	790655.78	261094.46	301057.79	619212.59	205787.60	237843.40
384382.07	234038.96	2104694.27	859030.89	109180.23	730919.43	240387.48	149596.18	124760.29	462616.12	4885.00	121455.60
176329.61	123098.02	2649798.15	877568.20	266331.30	1258829.92	352390.19	77439.84	83570.00	147835.50	205153.00	234179.35
21980.92	14124.44	217882.58	84427.00	26977.00	96336.00	23248.00	9122.28	4749.30	11965.76	8634.00	31111.86
106742.26	51061.25	895485.15	273062.32	77544.69	425627.74	129717.85	35917.24	31160.00	72822.98	39182.00	47167.26
515890.99	330406.20	4583146.52	1677539.74	620268.94	1790900.41	678207.72	271198.85	165299.80	293826.72	139985.01	717458.88
254005.31	158882.23	3305584.91	845204.77	609690.86	1814747.34	407083.40	143549.97	94999.43	142837.47	740.00	463451.50
247311.79	150399.30	3584473.38	955072.81	327591.59	1769354.74	648279.65	141172.58	70593.60	91757.34	778047.00	498445.44
11926.58	11257.58	176041.57	54988.79	48696.79	90897.88	20730.96	2790.96	6632.98	4404.12	698.00	6085.87
263109.64	171938.27	912518.84	309413.98	62417.67	336394.74	154652.78	71160.17	40897.17	139639.04	19644.00	104232.15
402683.00	308802.20	2006914.83	441870.18	102505.46	912838.23	372496.93	162692.35	117017.14	170652.57	607720.54	493561.27
56165.14	43098.14	394245.02	72447.52	33224.52	188536.44	71901.13	29712.10	31647.83	42720.00		98166.90
52876.18	33475.17	254758.43	65317.57	31305.65	95714.41	52821.85	23791.25	17113.35	40193.96	108.00	31457.00
408942.32	221943.75	1525253.43	306557.30	229460.11	644030.67	337603.04	122456.47	114605.95	236532.79	6155.50	630631.50

初中办

Condition of School Buildings in

地　区 Region	占地面积(平方米) Areas of School Sites (m^2) 合计 Total	其中 of Which 绿化用地面积 Green Areas	运动场地面积 Sports Areas	图书(册) Books & Magazines in Libraries (volume)	计算机数 No. of Computers 合计 Total	其中:教学 of Which: No. of Used for 小计 Subtotal
总　计 Total	**1535692233.85**	**305132288.12**	**421629930.76**	**1397856013**	**6518775**	**5455667**
北　京 Beijing	9684892.63	1844215.67	3425149.51	10220182	91890	78718
天　津 Tianjin	8469736.06	1002902.21	3271802.91	9880176	44315	37170
河　北 Hebei	75027191.61	8932880.72	23337700.37	86727732	294737	279714
山　西 Shanxi	39138132.34	4573840.94	10387534.83	32938001	176081	142873
内蒙古 Inner Mongolia	34356423.46	5202619.74	9102013.08	17144606	91305	67606
辽　宁 Liaoning	45207739.80	5764359.01	18704070.44	46031322	252897	197401
吉　林 Jilin	31980627.67	6011052.25	9772448.92	23745726	104221	81453
黑龙江 Heilongjiang	44197514.10	5297614.29	14386547.36	21715772	135979	104847
上　海 Shanghai	12721848.87	3920288.28	3756381.11	24437366	159691	131561
江　苏 Jiangsu	87976013.27	25361356.55	25249283.67	79481585	470958	394796
浙　江 Zhejiang	58646625.32	15844736.86	17173730.01	67608967	418813	370756
安　徽 Anhui	81790413.14	12818857.76	17182219.48	53796540	259850	207471
福　建 Fujian	31755629.43	8085958.29	8326103.13	28315370	134159	106250
江　西 Jiangxi	57046940.10	10818947.67	14032716.89	39317005	154194	121342
山　东 Shandong	129840703.47	29012593.22	38894584.82	127922731	632141	545024
河　南 Henan	118947160.72	15114823.07	27673931.14	100363390	344353	286544
湖　北 Hubei	61917457.78	20027853.41	14321994.08	59093934	210338	182874
湖　南 Hunan	86922386.68	15607525.35	17412914.23	67468560	232970	196999
广　东 Guangdong	116596937.33	31305916.46	34540655.05	124764684	710784	584842
广　西 Guangxi	51735942.15	9389844.77	11695933.93	48383228	158945	120196
海　南 Hainan	16108635.31	3926094.00	3222372.60	8334968	39424	32357
重　庆 Chongqing	21953213.98	4319709.91	6162727.83	16247240	100151	78239
四　川 Sichuan	70414760.03	12389746.56	23837630.13	78629901	344920	285550
贵　州 Guizhou	50281783.66	10975348.29	16463808.17	60793666	209420	193212
云　南 Yunnan	50816060.06	10896385.74	10407384.89	42253557	177156	147778
西　藏 Tibet	6105357.91	802565.22	927538.14	2682893	15344	11281
陕　西 Shaanxi	37433143.45	5555126.19	10029023.28	47024764	181993	162260
甘　肃 Gansu	30031050.62	4448514.65	8801801.48	27935616	133616	116609
青　海 Qinghai	8198494.77	944451.12	2125245.78	7983576	38417	31347
宁　夏 Ningxia	10446282.98	2320725.03	3341006.50	7658371	50844	39527
新　疆 Xinjiang	49943135.15	12615434.89	13663677.00	28954584	148869	119070

学条件(二)(总计)

Junior Secondary Schools (2) (Total)

(台) (set)	教室(间): Classroom(room)		教室中:普通教室(间) of Which: General Classroom		固定资产总值(万元) Total Volue of Fixed Asset (10,000 yuan)		
用计算机 Computers Instruction / 其中:平板电脑 of Which: Tablet PC	合计 Total	其中:网络多媒体教室 of Which: Network Multimedia Classroom	合计 Total	其中:网络多媒体教室 of Which: Network Multimedia Classroom	合计 Total	其中:教学仪器设备资产值 of Which: Total Volue of Equip & Instru. 小计 Subtotal	其中:实验设备 of Which: for Profession
169735	**1607283**	**899997**	**1240197**	**784901**	**66051327.05**	**7527685.50**	**2409215.36**
2515	13921	10996	8146	7304	786318.91	229924.59	24394.40
1682	9857	5968	7090	5002	411151.08	59522.72	17112.49
8822	83984	40167	67248	37577	2550779.05	276769.03	115580.86
3518	43981	23054	33096	20701	1691502.82	156882.35	59973.52
136	24758	13307	18029	11696	1395332.22	129340.12	37929.46
11702	54249	26335	39211	22182	1713317.99	279776.19	89650.26
1447	28227	11582	21386	9840	956526.42	141562.74	52244.42
1616	46962	17277	32740	15207	1241796.84	155019.11	48605.29
4540	24433	19170	16558	14199	1481186.99	263424.75	58664.12
11286	91500	61351	63056	49625	5507230.51	577036.12	168576.03
7128	68596	57458	49554	47121	3719333.01	439611.18	108253.75
3793	79181	42152	62509	38997	2964761.12	260126.02	90138.48
1490	31322	19225	20773	15742	1367892.77	164708.11	52433.44
4412	57933	26067	44054	24204	1611633.00	161678.45	54544.52
5348	116974	91797	84592	73042	5581977.74	551818.14	135447.37
15635	135676	61110	114952	56960	3995841.29	350451.50	139189.08
10606	58830	33184	43061	30389	2325458.41	275807.80	107837.74
4593	71047	26304	60879	24330	2849878.32	279244.19	122445.70
34133	131873	95156	104390	84151	6371678.45	850644.53	287358.42
7663	44436	28896	38621	27576	1733143.19	190264.82	75805.17
1014	9212	4173	7584	3814	599825.29	67334.48	23131.30
3704	25268	18882	19170	15602	1127041.46	121688.49	30630.85
7118	105797	39560	87719	35660	3933611.41	510381.09	153695.47
4545	60644	36080	46689	33239	2044141.35	201597.09	69193.38
138	41228	21835	35637	20100	1972318.46	157376.30	56873.42
143	3591	913	2922	857	330225.62	16303.77	4695.33
2582	47189	19565	37091	16927	1766677.97	198008.01	90620.74
5042	37184	16659	29789	15261	1359843.77	138316.64	44431.41
1408	8774	2983	6821	2644	506539.53	33175.40	12609.81
90	9602	5801	6694	4790	502141.36	84002.64	25156.24
1886	41054	22990	30136	20162	1652220.72	205889.12	51992.88

初中办

Condition of School Buildings in

地　区 Region	占地面积(平方米) Areas of School Sites (m²)			图书(册) Books & Magazines in Libraries (volume)	计算机数 No. of Computer	
	合计 Total	其中 of Which			合计 Total	其中:教学 of Which: No. of Used for
		绿化用地面积 Green Areas	运动场地面积 Sports Areas			小计 Subtotal
总　计 Total	**344128916.01**	**77367417.72**	**110577723.80**	**446265642**	**2436470**	**2027595**
北　京 Beijing	5055210.44	798638.90	1976862.78	6896804	64120	55481
天　津 Tianjin	3650576.27	435673.09	1369791.58	5267090	25803	21120
河　北 Hebei	11766136.93	1677306.77	4017554.49	17922113	75622	70956
山　西 Shanxi	7092567.96	909828.61	2232260.20	8551260	45811	36653
内蒙古 Inner Mongolia	7076160.20	1026548.92	2402621.13	6290004	33617	25702
辽　宁 Liaoning	16354856.12	2093335.19	7181045.27	23590103	132350	101531
吉　林 Jilin	6250759.34	969606.84	2788698.37	9815585	43032	33540
黑龙江 Heilongjiang	9957858.02	1159405.67	3477289.29	8553927	61067	47493
上　海 Shanghai	8350874.64	2406902.03	2497180.68	18458837	125539	103771
江　苏 Jiangsu	32591398.88	9783536.87	10222539.37	35556926	224960	189314
浙　江 Zhejiang	23882695.29	6923974.53	6877186.04	30652460	197330	175810
安　徽 Anhui	10338590.48	2099660.67	3046815.70	11123068	62267	47977
福　建 Fujian	6338361.97	1503554.00	1991250.67	9042126	46670	37563
江　西 Jiangxi	7162635.68	1356248.57	1935623.31	7311476	34151	27053
山　东 Shandong	37651948.51	8951802.80	11954670.00	49271810	256379	218978
河　南 Henan	19682338.00	2917350.55	5339342.59	21507093	98619	80042
湖　北 Hubei	15264887.44	4768356.56	4188988.52	21756906	81408	69767
湖　南 Hunan	10964974.14	2300331.56	2651526.11	10710350	49237	40650
广　东 Guangdong	47274607.81	12970196.79	15059928.37	67160948	386906	319578
广　西 Guangxi	7524483.67	1473298.98	2355032.79	10021166	42035	30411
海　南 Hainan	2004980.12	466251.80	567827.10	2423406	11773	9305
重　庆 Chongqing	4869148.46	1133468.24	1494181.49	4880070	30534	24423
四　川 Sichuan	10899043.30	2343429.63	4202919.43	14550096	80899	69134
贵　州 Guizhou	5239511.62	1087277.52	2120323.99	9582590	40908	37261
云　南 Yunnan	5052244.53	1455044.73	1565409.79	6264640	30632	26023
西　藏 Tibet	695355.00	155252.00	110200.00	307606	2367	1377
陕　西 Shaanxi	6072762.80	1066846.35	1925259.43	10975654	47951	42017
甘　肃 Gansu	3434325.96	559991.45	1279817.63	5141908	30230	26484
青　海 Qinghai	1258790.51	191249.72	311097.30	1837803	11323	8117
宁　夏 Ningxia	2916370.69	637742.94	1018990.50	2780286	18511	14995
新　疆 Xinjiang	7454461.23	1745305.44	2415489.88	8061531	44419	35069

学条件(二)(城区)

Junior Secondary Schools (2) (Urban Area)

(台) (set)	教室(间): Classroom(room)		教室中:普通教室(间) of Which: General Classroom(room)		固定资产总值(万元) Total Volue of Fixed Asset (10,000 yuan)		
用计算机 Computers Instruction						其中:教学仪器设备资产值 of Which: Total Volue of Equip & Instru.	
其中:平板电脑 of Which: Tablet PC	合计 Total	其中:网络多媒体教室 of Which: Network Multimedia Classroom	合计 Total	其中:网络多媒体教室 of Which: Network Multimedia Classroom	合计 Total	小计 Subtotal	其中:实验设备 of Which: for Profession
80705	**492511**	**337501**	**370318**	**286698**	**23809638.77**	**3177803.29**	**830382.99**
2068	9411	7668	5720	5143	536048.57	158989.02	16729.43
1381	4970	3569	3618	2937	264418.21	38062.58	9502.21
1585	16899	10239	13274	9531	515242.47	70658.73	22116.75
542	9917	5862	7488	5256	417152.63	49753.43	15393.42
128	8379	5359	6081	4770	417266.36	44033.25	11949.67
4962	24164	14612	17026	12149	870188.42	161098.67	45117.05
1217	10131	5898	7452	5045	404596.07	60956.84	17896.46
1245	16060	7485	11355	6599	418209.77	72645.07	17448.16
4228	19017	14736	12847	10955	1139794.26	208768.42	41435.70
7363	41181	31013	27798	24311	3052627.36	309445.08	79851.10
5186	32593	27551	23748	22427	1850810.23	223298.50	48378.76
1087	15810	8285	12024	7438	663632.06	65562.39	19870.90
704	9374	7057	6503	5751	460204.72	61210.14	15637.48
1104	10034	5670	8053	5299	328181.63	39432.85	10226.66
4074	43341	35634	30940	28476	2316460.90	247192.05	47518.80
3891	28323	16648	23531	15192	943434.53	106339.73	36677.90
4837	20765	13474	15322	12119	872855.92	115200.84	40268.86
1512	12218	7285	10586	6855	621755.10	66857.73	24588.97
20823	72096	56094	58144	49195	3756167.94	563996.86	171838.63
2059	10129	6118	8630	5701	399185.64	52664.46	17330.22
353	2774	1448	2440	1339	171877.58	22685.18	6086.63
980	6644	5456	4910	4447	365514.60	42929.17	8492.60
4200	19489	10551	15562	9509	875748.70	132095.98	34244.37
1456	10683	6050	8543	5471	380764.51	44281.27	11149.22
14	6415	3886	5338	3519	299420.41	30508.04	8037.48
	395	163	335	161	34932.65	2099.83	492.52
1232	10756	5754	7647	4861	452156.82	50564.19	19434.31
1503	6068	4094	4870	3830	250248.34	34791.26	7971.10
281	1616	946	1230	864	112526.75	7809.66	3010.17
61	3081	2112	2168	1771	185876.47	32201.30	9896.79
629	9778	6784	7135	5777	432339.14	61670.76	11790.66

初中办

Condition of School Buildings in

地区 Region	占地面积(平方米) Areas of School Sites (m^2) 合计 Total	其中 of Which 绿化用地面积 Green Areas	其中 of Which 运动场地面积 Sports Areas	图书(册) Books & Magazines in Libraries (volume)	计算机数 No. of Computer 合计 Total	其中:教学 of Which: No. of Used for 小计 Subtotal
总 计 Total	**80455511.29**	**19005908.55**	**24029872.88**	**85646297**	**441329**	**372297**
北 京 Beijing	855675.65	135202.85	338656.00	835961	6984	6016
天 津 Tianjin	472309.75	56483.17	173015.01	522505	2508	2112
河 北 Hebei	3952924.90	558229.03	1256371.13	4902062	18879	17969
山 西 Shanxi	1093557.71	121790.46	342192.37	1050324	5065	4102
内蒙古 Inner Mongolia	256912.00	35301.00	64934.00	118690	793	642
辽 宁 Liaoning	2101884.06	299614.36	831545.16	2052492	12121	9193
吉 林 Jilin	412018.29	97428.11	105583.03	339647	1392	958
黑龙江 Heilongjiang	1299896.56	145076.15	443578.00	736702	5938	4408
上 海 Shanghai	1055982.92	352228.68	306550.33	1429753	8490	7214
江 苏 Jiangsu	5114918.85	1591290.79	1471511.97	4545596	27197	22341
浙 江 Zhejiang	6037717.49	1679645.25	1686960.24	7502413	43459	38268
安 徽 Anhui	2133416.26	364215.99	555009.79	1553660	7948	6669
福 建 Fujian	1490570.20	352053.53	428947.31	1392605	6443	5287
江 西 Jiangxi	1565041.52	378927.86	370260.62	986614	4234	3361
山 东 Shandong	14021434.73	3437472.44	4322407.77	14598985	69687	60596
河 南 Henan	5118973.84	765718.65	1235495.18	3581838	16259	13593
湖 北 Hubei	2203164.88	697739.34	525275.52	2202995	7910	6562
湖 南 Hunan	1976879.88	362290.60	461188.30	1702429	7334	6190
广 东 Guangdong	18475964.14	5162489.36	5877988.61	24276142	136668	113162
广 西 Guangxi	1515255.65	324711.20	416004.00	1643903	6153	4661
海 南 Hainan	312110.00	43336.00	74010.00	158036	1108	918
重 庆 Chongqing	690774.68	110113.24	187360.40	511276	2805	2215
四 川 Sichuan	2186579.52	621189.27	692626.44	2041228	11463	9832
贵 州 Guizhou	821747.21	160631.00	298465.84	1380405	5237	4732
云 南 Yunnan	1339248.40	352665.00	428080.00	1628397	6624	5591
西 藏 Tibet						
陕 西 Shaanxi	1390242.37	267005.48	407919.27	1785222	7077	6037
甘 肃 Gansu	426861.00	54880.00	143371.00	463724	2468	2098
青 海 Qinghai	191994.00	34165.00	57747.00	328949	1587	1454
宁 夏 Ningxia	320062.24	96126.16	116622.98	227575	1499	1212
新 疆 Xinjiang	1621392.59	347888.58	410195.61	1146169	5999	4904

学条件(二)(城乡结合区)
Junior Secondary Schools (2) (Urban-rural Transitional Area)

(台) (set) 用计算机 Computers Instruction	教室(间): Classroom(room)		教室中:普通教室(间) of Which: General Classroom(room)		固定资产总值(万元) Total Volue of Fixed Asset (10,000 yuan)		
其中:平板电脑 of Which: Tablet PC	合计 Total	其中:网络多媒体教室 of Which: Network Multimedia Classroom	合计 Total	其中:网络多媒体教室 of Which: Network Multimedia Classroom	合计 Total	其中:教学仪器设备资产值 of Which: Total Volue of Equip & Instru. 小计 Subtotal	其中:实验设备 of Which: for Profession
15920	**97716**	**65766**	**74241**	**56916**	**4779604.66**	**539470.75**	**174621.58**
73	1004	792	582	514	55556.05	16630.24	2235.86
56	442	300	350	260	35409.22	4547.81	1864.12
755	5187	2749	4051	2570	178336.19	16321.00	6780.76
111	1304	604	911	563	47016.03	5026.36	1730.20
	209	85	103	69	15263.56	390.95	174.90
724	2732	1242	1749	901	124632.97	16489.51	6549.36
9	789	379	298	122	12078.92	2449.22	863.42
495	1576	724	971	616	36557.04	7014.81	2274.97
273	1789	1227	1049	915	102997.11	15038.68	3933.06
783	5222	3773	3482	2996	400088.68	36440.54	13223.44
725	7642	6439	5814	5521	418773.62	45631.24	12900.39
141	2599	1152	2035	1087	96372.61	7647.39	2625.15
110	1529	1021	995	862	95270.42	9380.12	2452.06
137	1655	783	1320	757	69222.07	5666.65	1626.98
1098	12742	10335	9262	8321	792364.62	60279.89	13982.51
403	5468	2713	4396	2486	193143.28	19683.68	6579.96
372	2559	1426	1901	1338	94993.11	10541.68	4705.17
184	1970	1094	1732	1034	80118.86	8838.38	3130.95
8620	27112	21299	22227	19238	1331596.40	187404.59	66838.89
207	1729	1129	1570	1064	86547.53	8182.04	3355.49
50	239	104	206	90	22757.24	1622.16	665.78
22	698	573	511	465	21290.95	3842.90	955.72
269	3207	1566	2504	1366	128718.94	17231.94	4141.58
111	1814	861	1514	809	56439.28	5034.49	1685.25
10	1570	799	1310	727	62767.29	6951.46	2590.32
31	1996	948	1271	753	85400.96	6858.35	2892.54
30	620	437	491	401	31294.48	2686.39	848.50
	319	132	231	123	16703.22	1210.26	574.89
	293	226	199	199	16754.20	2447.03	537.71
121	1701	854	1206	749	71139.82	7980.99	1901.63

初中办

Condition of School Buildings in

地 区 Region	占地面积(平方米) Areas of School Sites (m^2)			图书(册) Books & Magazines in Libraries (volume)	计算机数 No. of Computer	
	合计 Total	其中 of Which			合计 Total	其中:教学 of Which: No. of Used for
		绿化用地面积 Green Areas	运动场地面积 Sports Areas			小计 Subtotal
总 计 Total	**795363964.75**	**156566909.65**	**211791239.71**	**670503117**	**2917275**	**2454906**
北 京 Beijing	2501239.93	568486.77	854896.13	2135813	17423	14714
天 津 Tianjin	3100945.68	362143.81	1238447.12	3243763	12334	10810
河 北 Hebei	41574515.46	4740638.35	12526711.97	48378499	155809	148153
山 西 Shanxi	19605843.96	2326921.27	5248478.45	17434931	89309	73595
内蒙古 Inner Mongolia	21158296.63	3098424.82	5395077.25	9434660	49669	36520
辽 宁 Liaoning	20762705.32	2589514.89	8270837.05	16752780	88585	71351
吉 林 Jilin	13819970.28	2736124.58	4187396.62	8915890	37504	29757
黑龙江 Heilongjiang	21352841.63	2702535.73	6634859.24	9176557	51436	38657
上 海 Shanghai	3571036.33	1206998.95	1058119.43	5032216	28376	22800
江 苏 Jiangsu	48133917.00	13590149.40	13123243.76	38867942	218043	181674
浙 江 Zhejiang	27595417.86	7208962.57	8195036.21	30149978	181728	160153
安 徽 Anhui	40088964.97	6164583.46	8496666.13	27026093	122837	100074
福 建 Fujian	14335455.93	3702734.02	3718927.11	12083231	52078	40734
江 西 Jiangxi	30851951.19	6145624.34	7731544.91	21119265	79892	62849
山 东 Shandong	72290449.32	15601751.79	21222293.49	64665056	304249	265336
河 南 Henan	61540939.70	7842722.88	14232209.87	50744441	166319	138726
湖 北 Hubei	33447523.43	10963758.05	7340959.96	27483982	90827	79580
湖 南 Hunan	44323675.66	8109559.24	8638278.53	32975153	108791	90901
广 东 Guangdong	51457226.15	13722340.24	14655331.50	43321365	246347	201490
广 西 Guangxi	32523066.10	5775349.99	6928538.53	29805072	88906	67707
海 南 Hainan	11940722.13	2947415.20	2287480.50	5254219	23825	20029
重 庆 Chongqing	13737434.75	2657024.17	3758825.31	9295579	56218	43261
四 川 Sichuan	38311054.13	7185251.48	12592186.74	40403271	177703	148605
贵 州 Guizhou	29471743.06	6728612.52	9360353.66	33703700	111459	103772
云 南 Yunnan	25886089.78	5203672.08	5137009.39	21133735	85209	70865
西 藏 Tibet	4536742.28	580535.22	693683.51	2052873	10770	8441
陕 西 Shaanxi	24875856.46	3568070.20	6493359.35	30431914	113026	101803
甘 肃 Gansu	11278935.31	1714008.13	3366945.26	10829982	50394	43945
青 海 Qinghai	4344248.26	475999.00	1101664.48	3818762	17285	14687
宁 夏 Ningxia	5018360.04	1117917.44	1536551.22	3337251	21777	16481
新 疆 Xinjiang	21926796.02	5229079.06	5765327.03	11495144	59147	47436

学条件(二)(镇区)

Junior Secondary Schools (2) (Counties & Towns Area)

(台) (set) 用计算机 Computers Instruction 其中:平板电脑 of Which: Tablet PC	教室(间): Classroom(room) 合计 Total	教室(间): Classroom(room) 其中:网络多媒体教室 of Which: Network Multimedia Classroom	教室中:普通教室(间) of Which: General Classroom(room) 合计 Total	教室中:普通教室(间) of Which: General Classroom(room) 其中:网络多媒体教室 of Which: Network Multimedia Classroom	固定资产总值(万元) Total Volue of Fixed Asset (10,000 yuan) 合计 Total	固定资产总值(万元) 其中:教学仪器设备资产值 of Which: Total Volue of Equip & Instru. 小计 Subtotal	固定资产总值(万元) 其中:教学仪器设备资产值 其中:实验设备 of Which: for Profession
63388	**758342**	**410208**	**592192**	**363186**	**31002897.25**	**3128982.11**	**1105956.55**
302	2724	2127	1564	1428	150926.66	43034.15	4179.90
127	3287	1628	2401	1426	99492.26	14149.81	4602.76
5167	46183	22279	37295	20849	1531837.31	148712.34	64788.73
2429	22203	12280	17143	11143	898468.29	77905.49	31200.55
8	13601	6967	9948	6050	842519.11	72512.69	21965.25
4677	22150	8530	16366	7300	623444.39	84348.53	31212.26
224	10925	3852	8342	3301	355874.01	52005.35	21413.75
22	19952	7532	13641	6597	628066.84	63454.80	23562.63
173	4495	3701	3095	2714	286600.49	44488.03	13542.12
3302	44424	27076	31188	22656	2228941.03	238155.29	77825.15
1778	28301	23621	20212	19513	1528594.67	175884.57	47695.80
2098	38601	20956	31319	19551	1510758.95	124087.95	42966.47
546	12774	7496	8680	6261	520504.72	63103.39	22243.04
2577	31270	14428	23524	13494	896518.58	79229.43	26630.25
1044	58950	45817	43057	36510	2681432.23	252983.62	72383.83
8570	71438	31253	61481	29560	2203996.92	164043.72	67878.91
4073	27064	14226	19846	13174	1037032.95	116665.20	48780.99
1914	33563	13009	29147	12098	1521329.36	137453.35	61720.69
9442	43786	29195	34103	26074	2007257.29	215172.67	86762.84
3646	25607	17613	22584	16936	1007272.17	102268.83	43459.93
512	5380	2305	4344	2104	359622.93	38134.05	14272.36
2109	14900	10826	11480	8974	601400.45	64400.50	18127.65
2568	52571	20483	43023	18418	2179002.65	263502.25	78482.15
1489	31486	20058	23867	18495	1148634.90	99364.19	35066.27
33	19833	10716	17449	9952	993854.33	71685.75	26754.20
143	2696	594	2202	549	252951.95	12097.20	3646.91
1152	30405	11856	24791	10481	1096290.05	124495.00	60572.26
1859	14438	6926	11560	6368	578061.11	49816.42	15754.76
685	4327	1375	3358	1209	274468.70	17622.99	6516.89
	4343	2665	2987	2217	230766.17	36442.56	9695.92
719	16665	8818	12195	7784	726975.79	81761.98	22251.34

初中办

Condition of School Buildings in

地　区 Region	占地面积(平方米) Areas of School Sites (m^2) 合计 Total	其中 of Which 绿化用地面积 Green Areas	运动场地面积 Sports Areas	图书(册) Books & Magazines in Libraries (volume)	计算机数 No. of Computer 合计 Total	其中:教学 of Which: No. of Used for 小计 Subtotal
总　计 Total	**202183365.77**	**39279572.15**	**53216598.85**	**172293616**	**747968**	**635702**
北　京 Beijing	889089.91	188739.53	301321.32	709887	5593	4658
天　津 Tianjin	1116275.76	128840.25	471142.83	1178852	4338	3792
河　北 Hebei	18580867.54	1987396.16	5266246.54	20326672	65763	62527
山　西 Shanxi	5500970.65	576316.43	1424021.15	4661399	23897	19367
内蒙古 Inner Mongolia	2215496.18	466928.30	543921.70	782102	4357	2964
辽　宁 Liaoning	2626377.48	330680.99	1069581.17	2253230	11592	9001
吉　林 Jilin	1316448.18	287957.39	353884.99	799445	3474	2774
黑龙江 Heilongjiang	1800145.38	242697.15	587913.25	761877	4107	3245
上　海 Shanghai	999967.52	334775.00	310076.13	1341143	7947	6744
江　苏 Jiangsu	11700933.39	3254961.96	3235403.16	9320719	52877	43471
浙　江 Zhejiang	10110940.16	2587807.80	2883544.80	10282834	61992	55115
安　徽 Anhui	9413760.57	1481344.20	1840983.54	5708398	25445	19831
福　建 Fujian	4451143.74	980283.60	1253099.74	3538931	16257	12207
江　西 Jiangxi	6642466.67	1423482.05	1631124.97	3754472	15724	12189
山　东 Shandong	26260605.25	5958710.26	7796974.12	23579485	112778	97110
河　南 Henan	22015391.91	2913125.30	4971394.74	16380841	57642	48092
湖　北 Hubei	8240005.15	2727046.96	1898622.60	6815307	21654	18737
湖　南 Hunan	15960195.96	2793216.59	2926436.59	11639260	36835	31295
广　东 Guangdong	13084550.45	3274977.22	3984050.48	12428060	71452	59466
广　西 Guangxi	6947557.41	1103381.05	1324708.36	6124859	17229	13414
海　南 Hainan	617534.00	154985.60	131486.50	314968	1675	1368
重　庆 Chongqing	2539624.34	428446.03	747256.04	1633637	10012	8032
四　川 Sichuan	7046911.26	1416117.55	2214209.58	6699504	31891	26948
贵　州 Guizhou	4898742.57	998594.39	1529222.90	5440850	17585	16604
云　南 Yunnan	5083496.99	1075365.00	1070719.88	4327355	16459	13766
西　藏 Tibet	510664.01	113692.90	57310.94	238387	1434	1419
陕　西 Shaanxi	5160855.71	862248.56	1480896.37	6191494	23429	20941
甘　肃 Gansu	2700618.62	398800.75	777613.20	2288277	10845	9502
青　海 Qinghai	815074.70	80210.00	254691.00	982758	4028	3453
宁　夏 Ningxia	699208.84	146610.64	268748.16	401575	2743	2176
新　疆 Xinjiang	2237445.47	561832.54	609992.10	1387038	6914	5494

学条件(二)(镇乡结合区)

Junior Secondary Schools (2) (County-town Transitional Area)

(台) (set)	教室中(间): Classroom(room)		教室中:普通教室(间) of Which: General Classroom		固定资产总值(万元) Total Volue of Fixed Asset (10,000 yuan)		
用计算机 Computers Instruction	合计 Total	其中:网络多媒体教室 of Which: Network Multimedia Classroom	合计 Total	其中:网络多媒体教室 of Which: Network Multimedia Classroom	合计 Total	其中:教学仪器设备资产值 of Which: Total Volue of Equip & Instru.	
其中:平板电脑 of Which: Tablet PC						小计 Subtotal	其中:实验设备 of Which: for Profession
18343	**195196**	**106834**	**153606**	**94121**	**8245844.53**	**780893.35**	**280690.14**
136	889	713	530	508	57783.03	13735.29	1319.60
94	1129	466	791	385	33417.43	4739.84	1877.22
1871	20912	9308	17220	8779	704523.03	63423.42	28299.01
1035	6305	3518	4982	3245	248036.33	23712.95	10195.75
	1336	720	938	596	78745.28	5692.30	1788.50
1043	2806	1125	2057	905	81279.82	10448.81	3778.67
1	1114	362	889	330	38365.91	4350.73	1833.97
2	1967	641	1170	450	37984.10	3409.67	1555.70
26	1232	1063	841	759	94629.79	13513.94	4396.18
843	10424	6718	7073	5496	572810.06	56680.14	18156.27
339	9970	8399	7231	6934	578945.55	59687.34	14943.91
402	7986	4034	6587	3858	309458.14	25840.16	9376.76
92	3659	2194	2573	1853	157366.92	19301.61	7045.98
772	5905	2697	4679	2522	226895.80	16363.03	5493.13
592	22009	16802	16224	13553	1030606.36	96196.77	27261.22
3450	25060	11195	21234	10566	871979.26	57912.47	23086.32
842	7056	3676	5175	3424	255294.33	28055.71	12487.95
585	11476	4049	9986	3778	520238.31	44195.08	20207.19
2782	13071	8699	10153	7692	559609.34	65041.97	27613.21
618	5061	3563	4468	3425	214718.20	20401.01	9920.88
31	325	178	287	166	27671.99	2568.93	841.48
382	2745	2010	2124	1625	124794.72	12172.82	2897.42
703	9516	3848	7718	3402	432760.53	53043.27	15331.64
473	5168	3133	3935	2880	215028.84	15670.57	6493.07
1	4012	2213	3513	2105	237109.48	13412.16	4904.69
102	305	57	253	57	26786.59	1655.23	548.64
410	6687	2175	5578	1886	219323.62	24388.35	12096.10
216	3343	1453	2647	1329	137627.44	9075.50	3105.05
345	1135	305	820	267	56090.43	5058.04	1593.99
	555	300	371	251	20876.00	3843.88	686.77
155	2038	1220	1559	1095	75087.90	7302.35	1553.88

初中办
Condition of School Buildings in

地　区 Region	占地面积(平方米) Areas of School Sites (m^2) 合计 Total	其中 of Which 绿化用地面积 Green Areas	运动场地面积 Sports Areas	图书(册) Books & Magazines in Libraries (volume)	计算机数 No. of Computer 合计 Total	其中:教学 of Which: No. of Used for 小计 Subtotal
总　计 Total	**396199353.09**	**71197960.75**	**99260967.25**	**281087254**	**1165030**	**973166**
北　京 Beijing	2128442.26	477090.00	593390.60	1187565	10347	8523
天　津 Tianjin	1718214.11	205085.31	663564.21	1369323	6178	5240
河　北 Hebei	21686539.22	2514935.60	6793433.91	20427120	63306	60605
山　西 Shanxi	12439720.42	1337091.06	2906796.18	6951810	40961	32625
内蒙古 Inner Mongolia	6121966.63	1077646.00	1304314.70	1419942	8019	5384
辽　宁 Liaoning	8090178.36	1081508.93	3252188.12	5688439	31962	24519
吉　林 Jilin	11909898.05	2305320.83	2796353.93	5014251	23685	18156
黑龙江 Heilongjiang	12886814.45	1435672.89	4274398.83	3985288	23476	18697
上　海 Shanghai	799937.90	306387.30	201081.00	946313	5776	4990
江　苏 Jiangsu	7250697.39	1987670.28	1903500.54	5056717	27955	23808
浙　江 Zhejiang	7168512.17	1711799.76	2101507.76	6806529	39755	34793
安　徽 Anhui	31362857.69	4554613.63	5638737.65	15647379	74746	59420
福　建 Fujian	11081811.53	2879670.27	2615925.35	7190013	35411	27953
江　西 Jiangxi	19032353.23	3317074.76	4365548.67	10886264	40151	31440
山　东 Shandong	19898305.64	4459038.63	5717621.33	13985865	71513	60710
河　南 Henan	37723883.02	4354749.64	8102378.68	28111856	79415	67776
湖　北 Hubei	13205046.91	4295738.80	2792045.60	9853046	38103	33527
湖　南 Hunan	31633736.88	5197634.55	6123109.59	23783057	74942	65448
广　东 Guangdong	17865103.37	4613379.43	4825395.18	14282371	77531	63774
广　西 Guangxi	11688392.38	2141195.80	2412362.61	8556990	28004	22078
海　南 Hainan	2162933.06	512427.00	367065.00	657343	3826	3023
重　庆 Chongqing	3346630.77	529217.50	909721.03	2071591	13399	10555
四　川 Sichuan	21204662.60	2861065.45	7042523.96	23676534	86318	67811
贵　州 Guizhou	15570528.98	3159458.25	4983130.52	17507376	57053	52179
云　南 Yunnan	19877725.75	4237668.93	3704965.71	14855182	61315	50890
西　藏 Tibet	873260.63	66778.00	123654.63	322414	2207	1463
陕　西 Shaanxi	6484524.19	920209.64	1610404.50	5617196	21016	18440
甘　肃 Gansu	15317789.35	2174515.07	4155038.59	11963726	52992	46180
青　海 Qinghai	2595456.00	277202.40	712484.00	2327011	9809	8543
宁　夏 Ningxia	2511552.25	565064.65	785464.78	1540834	10556	8051
新　疆 Xinjiang	20561877.90	5641050.39	5482860.09	9397909	45303	36565

学条件(二)(乡村)

Junior Secondary Schools (2) (Rural Area)

(台) (set)	教室(间): Classroom(room)		教室中:普通教室(间) of Which: General Classroom		固定资产总值(万元) Total Volue of Fixed Asset (10,000 yuan)		
用计算机 Computers Instruction / 其中:平板电脑 of Which: Tablet PC	合计 Total	其中:网络多媒体教室 of Which: Network Multimedia Classroom	合计 Total	其中:网络多媒体教室 of Which: Network Multimedia Classroom	合计 Total	其中:教学仪器设备资产值 of Which: Total Volue of Equip & Instru. 小计 Subtotal	其中:实验设备 of Which: for Profession
25642	**356430**	**152288**	**277687**	**135017**	**11238791.04**	**1220900.11**	**472875.82**
145	1786	1201	862	733	99343.68	27901.43	3485.07
174	1600	771	1071	639	47240.62	7310.33	3007.52
2070	20902	7649	16679	7197	503699.26	57397.96	28675.39
547	11861	4912	8465	4302	375881.90	29223.42	13379.55
	2778	981	2000	876	135546.75	12794.18	4014.53
2063	7935	3193	5819	2733	219685.17	34328.98	13320.94
6	7171	1832	5592	1494	196056.34	28600.55	12934.21
349	10950	2260	7744	2011	195520.23	18919.24	7594.50
139	921	733	616	530	54792.24	10168.30	3686.30
621	5895	3262	4070	2658	225662.13	29435.74	10899.77
164	7702	6286	5594	5181	339928.11	40428.11	12179.20
608	24770	12911	19166	12008	790370.11	70475.67	27301.10
240	9174	4672	5590	3730	387183.33	40394.59	14552.92
731	16629	5969	12477	5411	386932.78	43016.18	17687.61
230	14683	10346	10595	8056	584084.61	51642.47	15544.73
3174	35915	13209	29940	12208	848409.84	80068.05	34632.28
1696	11001	5484	7893	5096	415569.54	43941.76	18787.89
1167	25266	6010	21146	5377	706793.86	74933.11	36136.04
3868	15991	9867	12143	8882	608253.22	71475.00	28756.95
1958	8700	5165	7407	4939	326685.38	35331.53	15015.02
149	1058	420	800	371	68324.78	6515.25	2772.31
615	3724	2600	2780	2181	160126.42	14358.81	4010.60
350	33737	8526	29134	7733	878860.06	114782.86	40968.95
1600	18475	9972	14279	9273	514741.94	57951.62	22977.89
91	14980	7233	12850	6629	679043.72	55182.52	22081.74
	500	156	385	147	42341.02	2106.74	555.91
198	6028	1955	4653	1585	218231.10	22948.81	10614.18
1680	16678	5639	13359	5063	531534.32	53708.97	20705.55
442	2831	662	2233	571	119544.07	7742.75	3082.76
29	2178	1024	1539	802	85498.72	15358.78	5563.54
538	14611	7388	10806	6601	492905.79	62456.37	17950.87

小学校数、

Number of Schools, External Teaching Sites &

地　区 Region	学校数(所) Schools	教学点数(个) External Teaching Sites	班数(个)	
			合计 Total	一年级 Grade 1
总　计 Total	**190525**	**93035**	**2569847**	**485382**
北　京 Beijing	996		25159	4306
天　津 Tianjin	849		16816	3111
河　北 Hebei	12126	6597	155899	30501
山　西 Shanxi	6403	3108	72438	12657
内蒙古 Inner Mongolia	1853	678	34617	6264
辽　宁 Liaoning	4234	301	56479	9498
吉　林 Jilin	4493	263	41424	7042
黑龙江 Heilongjiang	2802	1221	43067	7715
上　海 Shanghai	764		21134	4171
江　苏 Jiangsu	4068	945	116381	21527
浙　江 Zhejiang	3303	398	90758	15808
安　徽 Anhui	9119	5768	121705	23107
福　建 Fujian	5141	2478	73504	14193
江　西 Jiangxi	9465	7365	111803	22467
山　东 Shandong	10404	2239	155385	29433
河　南 Henan	24673	9260	248353	48385
湖　北 Hubei	5398	3578	85760	16817
湖　南 Hunan	8412	7728	116321	23562
广　东 Guangdong	10126	6285	220495	43008
广　西 Guangxi	11849	9138	122969	23681
海　南 Hainan	1556	976	21349	4117
重　庆 Chongqing	4170	830	51205	8982
四　川 Sichuan	6487	8760	134453	24833
贵　州 Guizhou	8520	3434	94951	17553
云　南 Yunnan	12413	3308	107791	19300
西　藏 Tibet	826	322	8355	1614
陕　西 Shaanxi	5851	2045	64879	11995
甘　肃 Gansu	8052	4006	70585	13212
青　海 Qinghai	978	755	12360	2501
宁　夏 Ningxia	1693	283	15339	2818
新　疆 Xinjiang	3501	966	58113	11204

教学点数及班数(总计)
Classes in Primary Schools(Total)

Classes

二年级 Grade 2	三年级 Grade 3	四年级 Grade 4	五年级 Grade 5	六年级 Grade 6	复式班 Multiple-grade Classes
459027	**438316**	**417503**	**396833**	**362050**	**10736**
4455	4561	4216	4028	3593	
3068	2978	2857	2759	2043	
28180	25726	25336	23770	21768	618
12038	12150	11942	11318	11233	1100
6164	5786	5615	5612	5136	40
9601	9670	9352	9420	8938	
6693	6991	7049	6934	6715	
7438	7785	7787	7692	4650	
4222	4434	4229	4078		
20832	20268	19011	17932	16807	4
15501	15432	15101	14947	13960	9
21696	20760	18986	18625	17641	890
13479	12409	11610	11070	10560	183
20524	19777	17820	15833	13981	1401
29067	26961	25473	25607	18844	
44771	42647	40941	37481	33721	407
15476	14317	13785	12814	12166	385
21122	19271	18364	16905	16140	957
39998	38415	35150	33220	30675	29
22100	20499	19222	18122	17464	1881
3911	3653	3450	3203	3009	6
9102	9099	8461	7946	7609	6
23853	23108	22021	20546	19838	254
16320	15036	15558	15093	15133	258
18602	17978	17523	17176	16891	321
1547	1441	1305	1233	1215	
11423	10806	10381	9819	9598	857
12289	11777	11328	10697	10257	1025
2293	1999	1940	1833	1735	59
2669	2654	2541	2378	2236	43
10593	9928	9149	8742	8494	3

小学校数、

Number of Schools, External Teaching Sites &

地　区 Region	学校数(所) Schools	教学点数(个) External Teaching Sites	班数(个)	
			合计 Total	一年级 Grade 1
总　计 Total	**26058**	**1521**	**664436**	**123206**
北　京 Beijing	624		20227	3498
天　津 Tianjin	381		10130	1876
河　北 Hebei	1352	110	25472	4736
山　西 Shanxi	868	60	17574	3245
内蒙古 Inner Mongolia	461	1	11200	1980
辽　宁 Liaoning	1141	14	25686	4455
吉　林 Jilin	511	5	11978	2077
黑龙江 Heilongjiang	643	29	14354	2728
上　海 Shanghai	579		16756	3396
江　苏 Jiangsu	1345	38	47738	8809
浙　江 Zhejiang	1069	51	39913	7152
安　徽 Anhui	760	39	17925	3320
福　建 Fujian	1027	47	23396	4362
江　西 Jiangxi	702	115	16501	2951
山　东 Shandong	1872	62	45315	8606
河　南 Henan	1855	169	37111	6796
湖　北 Hubei	1062	75	25650	4680
湖　南 Hunan	982	86	21330	4014
广　东 Guangdong	3411	234	107365	20675
广　西 Guangxi	769	80	16670	3132
海　南 Hainan	212	12	5597	1064
重　庆 Chongqing	533	11	14498	2686
四　川 Sichuan	768	129	25627	4705
贵　州 Guizhou	644	25	12640	2408
云　南 Yunnan	642	58	12516	2270
西　藏 Tibet	24		679	123
陕　西 Shaanxi	859	48	15706	2960
甘　肃 Gansu	375	10	7991	1399
青　海 Qinghai	82	5	1995	343
宁　夏 Ningxia	166	1	3818	677
新　疆 Xinjiang	339	7	11078	2083

教学点数及班数(城区)
Classes in Primary Schools (Urban Area)

Classes

二年级 Grade 2	三年级 Grade 3	四年级 Grade 4	五年级 Grade 5	六年级 Grade 6	复式班 Multiple-grade Classes
118436	**114948**	**108595**	**105480**	**93714**	**57**
3653	3690	3359	3198	2829	
1851	1781	1677	1624	1321	
4424	4168	4170	4099	3874	1
3033	3028	2864	2717	2687	
1993	1931	1824	1826	1646	
4443	4499	4156	4151	3982	
1949	2079	1971	1957	1945	
2554	2672	2587	2555	1258	
3420	3490	3269	3181		
8490	8220	7633	7499	7087	
6969	6817	6549	6461	5964	1
3181	3091	2799	2782	2748	4
4289	4027	3758	3589	3365	6
2818	2899	2735	2573	2509	16
8629	8117	7468	7601	4894	
6404	6328	6171	5877	5533	2
4444	4282	4199	4058	3984	3
3689	3604	3475	3294	3244	10
19284	18318	17275	16433	15377	3
2971	2837	2672	2590	2466	2
997	928	907	872	828	1
2652	2600	2317	2183	2060	
4576	4396	4094	3937	3913	6
2179	2039	2027	1999	1988	
2213	2103	2018	2005	1907	
123	121	109	103	100	
2852	2661	2494	2387	2350	2
1362	1350	1305	1291	1284	
341	334	329	330	318	
660	650	626	611	594	
1993	1888	1758	1697	1659	

小学校数、

Number of Schools, External Teaching Sites &

地 区 Region	学校数(所) Schools	教学点数(个) External Teaching Sites	班数(个) 合计 Total	班数(个) 一年级 Grade 1
总 计 Total	**7749**	**1181**	**135693**	**25775**
北 京 Beijing	96		1851	311
天 津 Tianjin	63		1123	208
河 北 Hebei	596	101	7174	1352
山 西 Shanxi	249	36	2753	512
内蒙古 Inner Mongolia	32	1	281	50
辽 宁 Liaoning	196	10	2516	437
吉 林 Jilin	91	5	801	149
黑龙江 Heilongjiang	78	22	1238	235
上 海 Shanghai	71		1745	330
江 苏 Jiangsu	227	28	5666	1062
浙 江 Zhejiang	321	40	10318	1781
安 徽 Anhui	243	33	3403	624
福 建 Fujian	357	27	4814	943
江 西 Jiangxi	282	96	3465	670
山 东 Shandong	781	55	14327	2747
河 南 Henan	708	123	8572	1589
湖 北 Hubei	237	47	3444	655
湖 南 Hunan	233	69	3075	618
广 东 Guangdong	1466	198	37899	7409
广 西 Guangxi	262	73	3679	733
海 南 Hainan	51	9	626	116
重 庆 Chongqing	97	8	1545	269
四 川 Sichuan	120	90	3523	687
贵 州 Guizhou	167	17	2389	462
云 南 Yunnan	255	43	3467	654
西 藏 Tibet				
陕 西 Shaanxi	272	32	2840	522
甘 肃 Gansu	70	7	917	164
青 海 Qinghai	11	5	195	35
宁 夏 Ningxia	25		248	42
新 疆 Xinjiang	92	6	1799	409

教学点数及班数(城乡结合区)

Classes in Primary Schools (Urban-rural Transitional Area)

Classes

二年级 Grade 2	三年级 Grade 3	四年级 Grade 4	五年级 Grade 5	六年级 Grade 6	复式班 Multiple-grade Classes
24227	**23178**	**22158**	**21281**	**19037**	**37**
337	338	316	288	261	
209	185	180	189	152	
1251	1157	1177	1154	1082	1
463	475	454	427	422	
53	46	47	46	39	
430	417	412	421	399	
130	133	129	128	132	
217	232	228	230	96	
353	373	357	332		
1027	987	908	876	806	
1741	1799	1752	1677	1568	
590	578	528	534	546	3
907	818	754	717	673	2
616	619	569	508	474	9
2704	2491	2354	2363	1668	
1488	1454	1416	1355	1269	1
599	560	559	538	531	2
538	517	489	465	438	10
6756	6461	6168	5788	5317	
669	613	578	544	540	2
113	102	103	95	96	1
278	280	248	241	229	
637	590	558	530	515	6
410	379	381	381	376	
619	583	551	545	515	
508	472	456	449	433	
155	155	152	148	143	
33	33	31	31	32	
43	42	40	39	42	
353	289	263	242	243	

小学校数、

Number of Schools, External Teaching Sites &

地 区 Region	学校数(所) Schools	教学点数(个) External Teaching Sites	班数(个) 合计 Total	一年级 Grade 1
总 计 Total	**46086**	**9696**	**836275**	**149802**
北 京 Beijing	136		2532	423
天 津 Tianjin	171		3245	595
河 北 Hebei	3406	768	52982	9758
山 西 Shanxi	1647	169	24196	4210
内蒙古 Inner Mongolia	708	33	15841	2734
辽 宁 Liaoning	692	15	14277	2310
吉 林 Jilin	616	12	11936	2027
黑龙江 Heilongjiang	675	68	15137	2631
上 海 Shanghai	123		3341	605
江 苏 Jiangsu	1600	157	50847	9240
浙 江 Zhejiang	1146	70	33950	5800
安 徽 Anhui	2218	719	43171	7922
福 建 Fujian	1544	122	25179	4624
江 西 Jiangxi	2337	861	40689	7222
山 东 Shandong	2948	383	53929	10064
河 南 Henan	6157	1310	80515	14491
湖 北 Hubei	1543	367	29730	5452
湖 南 Hunan	2374	717	42091	7648
广 东 Guangdong	2408	629	55168	10091
广 西 Guangxi	2171	1198	33510	6057
海 南 Hainan	405	118	7547	1337
重 庆 Chongqing	1076	78	21382	3568
四 川 Sichuan	2167	764	52577	9478
贵 州 Guizhou	1790	243	29360	5212
云 南 Yunnan	1783	250	24049	4048
西 藏 Tibet	148	4	2296	376
陕 西 Shaanxi	2155	378	28564	5106
甘 肃 Gansu	990	161	14871	2641
青 海 Qinghai	209	25	4195	689
宁 夏 Ningxia	233	24	3983	679
新 疆 Xinjiang	510	53	15185	2764

教学点数及班数(镇区)
Classes in Primary Schools (Counties & Towns Area)

Classes

二年级 Grade 2	三年级 Grade 3	四年级 Grade 4	五年级 Grade 5	六年级 Grade 6	复式班 Multiple-grade Classes
141646	**140062**	**138629**	**135550**	**129835**	**751**
415	442	435	428	389	
586	573	566	543	382	
8896	8759	8892	8598	8063	16
3936	4072	4084	3929	3924	41
2690	2646	2641	2663	2459	8
2354	2374	2407	2464	2368	
1877	1993	2057	2014	1968	
2498	2657	2748	2735	1868	
616	718	727	675		
8941	8826	8436	7886	7518	
5724	5740	5689	5663	5332	2
7379	7359	6802	6841	6813	55
4508	4249	4060	3921	3814	3
6737	6965	6793	6456	6367	149
9797	9123	8838	9083	7024	
13414	13364	13374	12992	12856	24
5144	4944	4935	4694	4512	49
7002	6972	6956	6703	6731	79
9209	9002	9012	8829	9024	1
5642	5466	5340	5417	5494	94
1296	1264	1274	1222	1153	1
3656	3761	3623	3463	3310	1
9120	8941	8711	8254	8072	1
4762	4517	4902	4902	5055	10
3881	3825	3902	4108	4266	19
372	372	407	383	386	
4867	4762	4692	4512	4467	158
2360	2477	2452	2421	2482	38
689	675	735	694	713	
656	673	663	654	656	2
2622	2551	2476	2403	2369	

小学校数、

Number of Schools, External Teaching Sites &

地　区 Region	学校数(所) Schools	教学点数(个) External Teaching Sites	班数(个)	
			合计 Total	一年级 Grade 1
总　计 Total	**20618**	**7292**	**272020**	**50371**
北　京 Beijing	39		652	105
天　津 Tianjin	89		1422	271
河　北 Hebei	2253	673	29285	5569
山　西 Shanxi	731	113	8384	1447
内蒙古 Inner Mongolia	76	12	1519	262
辽　宁 Liaoning	194	7	2401	380
吉　林 Jilin	148	11	1438	249
黑龙江 Heilongjiang	94	33	1665	273
上　海 Shanghai	35		861	148
江　苏 Jiangsu	658	111	14997	2718
浙　江 Zhejiang	446	52	12336	2117
安　徽 Anhui	830	458	11016	2052
福　建 Fujian	699	83	8097	1514
江　西 Jiangxi	1171	639	11913	2344
山　东 Shandong	1614	297	24271	4569
河　南 Henan	3694	1101	36515	6847
湖　北 Hubei	598	247	8278	1579
湖　南 Hunan	1202	580	15725	2924
广　东 Guangdong	1288	521	22856	4306
广　西 Guangxi	1081	918	12099	2359
海　南 Hainan	96	62	1173	217
重　庆 Chongqing	312	60	4033	661
四　川 Sichuan	431	634	9732	1836
贵　州 Guizhou	606	147	6758	1206
云　南 Yunnan	750	131	7442	1276
西　藏 Tibet	9	2	213	37
陕　西 Shaanxi	807	231	8578	1568
甘　肃 Gansu	388	111	4199	772
青　海 Qinghai	72	22	1125	198
宁　夏 Ningxia	82	14	817	139
新　疆 Xinjiang	125	22	2220	428

教学点数及班数(镇乡结合区)
Classes in Primary Schools (County-town Transitional Area)

Classes

二年级 Grade 2	三年级 Grade 3	四年级 Grade 4	五年级 Grade 5	六年级 Grade 6	复式班 Multiple-grade Classes
47354	**45820**	**44792**	**42996**	**40189**	**498**
108	117	115	107	100	
269	250	252	231	149	
5073	4811	4832	4640	4346	14
1383	1426	1417	1343	1336	32
250	241	253	263	248	2
400	406	409	415	391	
243	246	241	231	228	
275	293	304	309	211	
158	190	187	178		
2650	2569	2493	2343	2224	
2085	2105	2098	2043	1888	
1883	1869	1727	1738	1718	29
1456	1375	1300	1248	1203	1
2142	2095	1938	1741	1540	113
4426	4097	3998	4035	3146	
6388	6167	6072	5683	5337	21
1464	1384	1370	1274	1184	23
2698	2608	2562	2453	2409	71
3956	3868	3702	3559	3464	1
2152	1997	1913	1815	1796	67
203	199	198	182	174	
688	697	694	657	635	1
1728	1694	1591	1465	1418	
1099	1044	1108	1136	1157	8
1224	1210	1226	1238	1263	5
34	34	38	33	37	
1498	1433	1393	1317	1295	74
687	696	687	662	661	34
189	183	190	192	173	
132	136	134	136	138	2
413	380	350	329	320	

小学校数、

Number of Schools, External Teaching Sites &

地　区 Region	学校数(所) Schools	教学点数(个) External Teaching Sites	班数(个)	
			合计 Total	一年级 Grade 1
总　计 Total	**118381**	**81818**	**1069136**	**212374**
北　京 Beijing	236		2400	385
天　津 Tianjin	297		3441	640
河　北 Hebei	7368	5719	77445	16007
山　西 Shanxi	3888	2879	30668	5202
内蒙古 Inner Mongolia	684	644	7576	1550
辽　宁 Liaoning	2401	272	16516	2733
吉　林 Jilin	3366	246	17510	2938
黑龙江 Heilongjiang	1484	1124	13576	2356
上　海 Shanghai	62		1037	170
江　苏 Jiangsu	1123	750	17796	3478
浙　江 Zhejiang	1088	277	16895	2856
安　徽 Anhui	6141	5010	60609	11865
福　建 Fujian	2570	2309	24929	5207
江　西 Jiangxi	6426	6389	54613	12294
山　东 Shandong	5584	1794	56141	10763
河　南 Henan	16661	7781	130727	27098
湖　北 Hubei	2793	3136	30380	6685
湖　南 Hunan	5056	6925	52900	11900
广　东 Guangdong	4307	5422	57962	12242
广　西 Guangxi	8909	7860	72789	14492
海　南 Hainan	939	846	8205	1716
重　庆 Chongqing	2561	741	15325	2728
四　川 Sichuan	3552	7867	56249	10650
贵　州 Guizhou	6086	3166	52951	9933
云　南 Yunnan	9988	3000	71226	12982
西　藏 Tibet	654	318	5380	1115
陕　西 Shaanxi	2837	1619	20609	3929
甘　肃 Gansu	6687	3835	47723	9172
青　海 Qinghai	687	725	6170	1469
宁　夏 Ningxia	1294	258	7538	1462
新　疆 Xinjiang	2652	906	31850	6357

教学点数及班数(乡村)
Classes in Primary Schools (Rural Area)

Classes

二年级 Grade 2	三年级 Grade 3	四年级 Grade 4	五年级 Grade 5	六年级 Grade 6	复式班 Multiple-grade Classes
198945	**183306**	**170279**	**155803**	**138501**	**9928**
387	429	422	402	375	
631	624	614	592	340	
14860	12799	12274	11073	9831	601
5069	5050	4994	4672	4622	1059
1481	1209	1150	1123	1031	32
2804	2797	2789	2805	2588	
2867	2919	3021	2963	2802	
2386	2456	2452	2402	1524	
186	226	233	222		
3401	3222	2942	2547	2202	4
2808	2875	2863	2823	2664	6
11136	10310	9385	9002	8080	831
4682	4133	3792	3560	3381	174
10969	9913	8292	6804	5105	1236
10641	9721	9167	8923	6926	
24953	22955	21396	18612	15332	381
5888	5091	4651	4062	3670	333
10431	8695	7933	6908	6165	868
11505	11095	8863	7958	6274	25
13487	12196	11210	10115	9504	1785
1618	1461	1269	1109	1028	4
2794	2738	2521	2300	2239	5
10157	9771	9216	8355	7853	247
9379	8480	8629	8192	8090	248
12508	12050	11603	11063	10718	302
1052	948	789	747	729	
3704	3383	3195	2920	2781	697
8567	7950	7571	6985	6491	987
1263	990	876	809	704	59
1353	1331	1252	1113	986	41
5978	5489	4915	4642	4466	3

小学学生

Number of Students in Primary

地　区 Region	毕业生数 Graduates	招生数 Entrants 合计 Total	其中:受过学前教育 of Which: Those Received the Pre-school Education	在校学生数 合计 Total	其中:女 of Which: Female
总　计 Total	**14372517**	**17290429**	**16942010**	**96921831**	**44903098**
北　京 Beijing	103893	145876	145771	850321	395337
天　津 Tianjin	80252	110881	110346	602144	279607
河　北 Hebei	780958	1092659	1089816	5962361	2783394
山　西 Shanxi	341145	376640	372404	2269515	1089504
内蒙古 Inner Mongolia	201145	223680	221673	1313635	628125
辽　宁 Liaoning	305116	325478	325080	1999564	949988
吉　林 Jilin	186790	206046	203530	1279766	608337
黑龙江 Heilongjiang	254050	249113	246646	1477992	710179
上　海 Shanghai	137911	155792	155630	798686	369398
江　苏 Jiangsu	646929	919605	919495	4996365	2274710
浙　江 Zhejiang	527304	598760	598720	3569926	1642971
安　徽 Anhui	643219	745523	743654	4225034	1927555
福　建 Fujian	388439	536331	532827	2883136	1321472
江　西 Jiangxi	593894	715910	703653	4223124	1899794
山　东 Shandong	989232	1244308	1244017	6746258	3093593
河　南 Henan	1405467	1693017	1692108	9370543	4283522
湖　北 Hubei	466221	625609	616843	3358095	1532421
湖　南 Hunan	730191	886705	881125	4888598	2254858
广　东 Guangdong	1214916	1658031	1613436	8688785	3934701
广　西 Guangxi	673581	770786	750372	4401037	2052395
海　南 Hainan	113572	139090	132823	773246	344421
重　庆 Chongqing	307344	334582	327781	2073320	979372
四　川 Sichuan	803044	934786	908839	5417353	2586309
贵　州 Guizhou	636867	607667	570505	3463095	1609191
云　南 Yunnan	672230	634079	571086	3777774	1784051
西　藏 Tibet	48504	51723	34208	292290	142439
陕　西 Shaanxi	347622	425772	422816	2331094	1088662
甘　肃 Gansu	300080	313028	283304	1802401	849866
青　海 Qinghai	76075	77091	70113	453990	219681
宁　夏 Ningxia	96119	94170	90198	583509	277789
新　疆 Xinjiang	300407	397691	363191	2048874	989456

数(总计)
Schools (Total)

单位:人
unit:person

Enrolment						预计毕业生数 Estimated Graduates for Next Year
一年级 Grade 1	二年级 Grade 2	三年级 Grade 3	四年级 Grade 4	五年级 Grade 5	六年级 Grade 6	
17295004	**16448469**	**16605350**	**16253165**	**15755897**	**14563946**	**15095430**
145995	153088	162813	141494	134721	112210	113449
110916	110501	107170	102264	99703	71590	84971
1092629	999330	1003034	1019918	975088	872362	872421
376667	347195	388271	401468	375621	380293	380293
223680	222769	225233	218914	226442	196597	198273
325518	331250	347635	332456	342879	319826	320602
206050	189883	213599	225677	225303	219254	219606
249113	227261	271024	279130	281524	169940	278613
155905	164455	173179	156257	148890		148890
919605	889521	877652	818534	773441	717612	717995
598760	594453	603338	596711	607663	569001	571092
745523	722147	735515	666958	686513	668378	669387
536865	529610	495037	462846	442367	416411	416411
717077	683416	764832	731257	680965	645577	645577
1244310	1251379	1166234	1105976	1141818	836541	1073393
1693142	1532577	1594208	1621725	1503913	1424978	1439518
625789	584223	563743	555533	526830	501977	502989
886705	801678	830314	822868	777254	769779	769779
1656285	1518217	1480566	1415301	1346831	1271585	1271585
769545	742965	748177	728633	712299	699418	699418
140855	134320	129287	130332	124839	113613	113613
334726	360336	374263	350278	332136	321581	321581
935764	918227	934986	918751	868052	841573	841573
607683	554942	522055	590636	583876	603903	603903
634304	608857	612867	622209	648596	650941	651492
51725	50536	50507	49169	45707	44646	44646
426593	402922	395804	381379	364384	360012	360012
313131	281376	307939	305269	296099	298587	298587
77815	75538	75698	77575	74749	72615	72615
94336	92084	100190	101283	99433	96183	96183
397993	373413	350180	322364	307961	296963	296963

小学学生

Number of Students in Primary

地 区 Region	毕业生数 Graduates	招生数 Entrants		在校学生数	
		合计 Total	其中:受过学前教育 of Which: Those Received the Pre-school Education	合计 Total	其中:女 of Which: Female
总 计 Total	**4309730**	**5575609**	**5514779**	**30708802**	**14054998**
北 京 Beijing	83935	122541	122454	702205	326202
天 津 Tianjin	47300	69536	69001	370884	173344
河 北 Hebei	163479	229013	228763	1264071	587267
山 西 Shanxi	107874	139567	137446	796710	380483
内蒙古 Inner Mongolia	78582	88186	87291	516759	247564
辽 宁 Liaoning	147025	186517	186372	1082768	514545
吉 林 Jilin	70973	84665	83250	503784	237742
黑龙江 Heilongjiang	104529	111988	111381	619235	295534
上 海 Shanghai	103414	127022	126899	629974	293064
江 苏 Jiangsu	282631	389893	389797	2121181	962469
浙 江 Zhejiang	232435	281678	281673	1629242	745224
安 徽 Anhui	126620	148134	148031	847263	380286
福 建 Fujian	145325	211234	210321	1132422	512585
江 西 Jiangxi	119520	143329	141363	838932	368132
山 东 Shandong	315937	414165	414069	2223654	1021788
河 南 Henan	285756	344461	344108	1930693	866520
湖 北 Hubei	170042	217723	216265	1202479	541781
湖 南 Hunan	160266	203392	198959	1134921	513426
广 东 Guangdong	652009	929730	903791	4881990	2162958
广 西 Guangxi	116014	155211	152950	844191	380497
海 南 Hainan	40959	53107	51949	287592	120446
重 庆 Chongqing	89129	119938	116851	670159	319638
四 川 Sichuan	177103	217758	217326	1227365	584794
贵 州 Guizhou	100400	111237	109341	606971	277098
云 南 Yunnan	93793	111481	110253	620638	293030
西 藏 Tibet	4547	5715	5529	32848	16048
陕 西 Shaanxi	106455	143935	143075	774408	359748
甘 肃 Gansu	60657	69681	69086	403722	187510
青 海 Qinghai	17868	17620	16339	107237	50979
宁 夏 Ningxia	30272	33520	33440	201109	94517
新 疆 Xinjiang	74881	93632	87406	503395	239779

数(城区)
Schools (Urban Area)

单位:人
unit:person

Enrolment						预计毕业生数 Estimated Graduates for Next Year
一年级 Grade 1	二年级 Grade 2	三年级 Grade 3	四年级 Grade 4	五年级 Grade 5	六年级 Grade 6	
5574442	**5400876**	**5350177**	**5042452**	**4945694**	**4395161**	**4697648**
122602	129102	135278	115203	109533	90487	91726
69568	68546	65631	61177	59605	46357	50072
229014	211248	207762	211702	210689	193656	193715
139568	129041	137968	136024	127656	126453	126453
88186	89051	91593	84575	88976	74378	75983
186518	184553	194034	173656	176767	167240	168016
84665	76597	87750	84786	84867	85119	85471
111988	101643	117669	114232	114015	59688	115601
127099	133061	135538	119033	115243		115243
389893	377422	368053	337142	335787	312884	313267
281678	279084	277800	266973	272386	251321	253412
148134	146675	148800	131027	136394	136233	136233
211344	210284	195713	181495	173175	160411	160411
143431	138025	146778	140702	135626	134370	134370
414165	421539	400477	364341	380736	242396	354565
344466	327561	330188	326331	309896	292251	300642
217755	208954	200820	197950	190486	186514	186514
203392	189808	195269	188701	179254	178497	178497
927982	869778	840448	794481	752119	697182	697182
154080	149301	146105	136543	132464	125698	125698
54163	50913	47459	46978	45632	42447	42447
119962	123544	121414	107299	101255	96685	96685
217763	216764	211588	197557	192629	191064	191064
111247	102845	95005	100149	98250	99475	99475
111488	109924	103201	99834	101916	94275	94826
5715	5964	5850	5534	5042	4743	4743
144031	139957	133239	122504	118805	115872	115872
69687	67084	69469	65644	66523	65315	65315
17621	17780	18242	17862	18357	17375	17375
33547	34193	34794	33630	33100	31845	31845
93690	90635	86242	79387	78511	74930	74930

小学学生

Number of Students in Primary

地 区 Region	毕业生数 Graduates	招生数 Entrants		在校学生数	
		合计 Total	其中:受过学前教育 of Which: Those Received the Pre-school Education	合计 Total	其中:女 of Which: Female
总 计 Total	**783691**	**1085970**	**1072214**	**5745610**	**2589345**
北 京 Beijing	7868	9951	9948	63077	28269
天 津 Tianjin	5380	7543	7509	40770	18874
河 北 Hebei	39469	54837	54816	294397	135951
山 西 Shanxi	13390	17861	17818	95272	45526
内蒙古 Inner Mongolia	1378	1714	1714	8713	4206
辽 宁 Liaoning	13818	15842	15827	90509	42453
吉 林 Jilin	3457	4490	4488	23031	10954
黑龙江 Heilongjiang	8483	8425	8424	45900	22001
上 海 Shanghai	13463	13210	13199	71796	31775
江 苏 Jiangsu	29650	46241	46241	241773	107532
浙 江 Zhejiang	57656	70274	70272	414989	184212
安 徽 Anhui	20312	24476	24432	134813	61137
福 建 Fujian	24965	42271	41982	208339	94973
江 西 Jiangxi	19031	26383	26034	143981	63334
山 东 Shandong	90592	126721	126680	659923	300772
河 南 Henan	48730	63360	63332	347159	154481
湖 北 Hubei	19007	26796	26426	140865	62954
湖 南 Hunan	17708	26366	25868	133950	61202
广 东 Guangdong	218091	326227	320204	1680046	737499
广 西 Guangxi	22526	32386	31877	164968	74980
海 南 Hainan	3422	4652	4322	24655	10643
重 庆 Chongqing	8605	11156	10498	64384	30171
四 川 Sichuan	20280	27491	27490	148023	69827
贵 州 Guizhou	18291	19425	18755	103079	47230
云 南 Yunnan	23571	29769	28956	159001	74871
西 藏 Tibet					
陕 西 Shaanxi	16484	21224	20956	111533	51631
甘 肃 Gansu	4936	6536	6335	37157	17381
青 海 Qinghai	1734	1394	1361	8958	4279
宁 夏 Ningxia	1743	1678	1676	10431	4943
新 疆 Xinjiang	9651	17271	14774	74118	35284

数(城乡结合区)
Schools (Urban-rural Transitional Area)

单位:人
unit:person

Enrolment						预计毕业生数 Estimated Graduates for Next Year
一年级 Grade 1	二年级 Grade 2	三年级 Grade 3	四年级 Grade 4	五年级 Grade 5	六年级 Grade 6	
1086207	**1015620**	**983077**	**943818**	**909214**	**807674**	**852038**
9970	11418	11933	11163	10089	8504	8504
7545	7547	6873	6704	6763	5338	5682
54837	49638	46274	49035	49243	45370	45370
17862	15375	16296	16365	14917	14457	14457
1714	1635	1461	1404	1436	1063	1213
15842	15798	15145	14620	15105	13999	13999
4490	3713	3623	3705	3647	3853	3853
8425	7594	8711	8511	8934	3725	9308
13220	14785	15950	14517	13324		13324
46241	44346	41895	38689	37042	33560	33560
70274	68769	72011	71338	68758	63839	63839
24476	22833	23136	20452	21692	22224	22224
42288	40470	35603	31955	30361	27662	27662
26471	24126	25723	24083	21958	21620	21620
126721	124628	114631	107084	110140	76719	101682
63362	59302	59187	58183	54581	52544	52544
26819	24359	23088	23071	22101	21427	21427
26366	22232	22740	21563	20961	20088	20088
326163	295120	287844	277098	258287	235534	235534
32386	29663	28067	26293	24536	24023	24023
4712	4349	3983	4038	3891	3682	3682
11165	11387	11758	10416	10070	9588	9588
27491	26442	24901	23837	23011	22341	22341
19426	17163	15637	17207	16701	16945	16945
29769	28698	26139	25407	25431	23557	23557
21261	19926	18784	17297	17100	17165	17165
6537	6182	6425	6075	6069	5869	5869
1395	1453	1524	1435	1575	1576	1576
1680	1700	1789	1752	1729	1781	1781
17299	14969	11946	10521	9762	9621	9621

小学学生
Number of Students in Primary

地　区 Region	毕业生数 Graduates	招生数 Entrants 合计 Total	其中:受过学前教育 of Which: Those Received the Pre-school Education	在校学生数 合计 Total	其中:女 of Which: Female
总　计 Total	**5653816**	**6323325**	**6248210**	**36554044**	**16815634**
北　京 Beijing	11321	13396	13386	83581	39099
天　津 Tianjin	17250	21776	21776	123331	56912
河　北 Hebei	312174	409773	407903	2309160	1064171
山　西 Shanxi	144954	155635	154013	950241	452795
内蒙古 Inner Mongolia	95886	104390	103414	623804	298592
辽　宁 Liaoning	94385	83844	83773	550596	260482
吉　林 Jilin	66168	73124	72541	455055	216658
黑龙江 Heilongjiang	101907	96438	95157	597048	286579
上　海 Shanghai	25808	22829	22796	130218	59146
江　苏 Jiangsu	294445	404614	404606	2223729	1008014
浙　江 Zhejiang	209515	224200	224182	1376117	636796
安　徽 Anhui	276677	311531	311022	1804892	807356
福　建 Fujian	154396	203523	201843	1112074	505975
江　西 Jiangxi	300477	319599	314073	1979276	877086
山　东 Shandong	378287	459099	459097	2499366	1132726
河　南 Henan	600389	617667	617378	3599475	1612500
湖　北 Hubei	180809	232628	230262	1281967	587775
湖　南 Hunan	336597	378136	377803	2169623	992206
广　东 Guangdong	357691	399159	389199	2197683	1007131
广　西 Guangxi	241469	257102	251569	1513039	694997
海　南 Hainan	48675	55650	53555	323266	146157
重　庆 Chongqing	150306	152284	149628	979244	459943
四　川 Sichuan	371339	433549	429739	2502207	1195899
贵　州 Guizhou	243044	233406	226243	1343485	612119
云　南 Yunnan	193795	169510	162460	1031339	488534
西　藏 Tibet	17035	15317	10645	95372	46572
陕　西 Shaanxi	175452	205569	203984	1149516	535461
甘　肃 Gansu	96940	104769	100535	595710	275586
青　海 Qinghai	34292	29423	26783	188050	91469
宁　夏 Ningxia	31515	30285	29673	186913	87988
新　疆 Xinjiang	90818	105100	99172	578667	278910

数（镇区）
Schools（Counties & Towns Area）

单位：人
unit：person

Enrolment						预计毕业生数 Estimated Graduates for Next Year
一年级 Grade 1	二年级 Grade 2	三年级 Grade 3	四年级 Grade 4	五年级 Grade 5	六年级 Grade 6	
6326058	**5986917**	**6134108**	**6173729**	**6070372**	**5862860**	**6011641**
13411	13702	15131	14522	14388	12427	12427
21777	22178	21540	21774	21267	14795	18360
409731	370517	384348	399076	388207	357281	357281
155643	141567	160360	170246	159733	162692	162692
104390	103680	105900	105424	108511	95899	95970
83866	87521	91737	94559	99316	93597	93597
73127	66992	74887	81005	80648	78396	78396
96438	86829	105837	113216	115192	79536	112806
22862	24428	28932	28410	25586		25586
404614	389365	389350	371261	343748	325391	325391
224200	224439	230456	231668	238543	226811	226811
311531	302139	310968	285661	295700	298893	299016
203769	201168	189099	179712	173153	165173	165173
320228	303376	344594	344703	331938	334437	334437
459101	453346	420000	407321	425041	334557	415316
617699	555422	589831	617479	600477	618567	622962
232678	218030	214032	215464	206024	195739	196751
378136	345559	363997	368432	355186	358313	358313
399171	357942	352554	363204	354696	370116	370116
256836	247096	251351	247078	252930	257748	257748
56168	54488	53841	56049	54100	48620	48620
152338	165639	174937	167981	161157	157192	157192
433785	421366	426532	424420	402980	393124	393124
233406	212857	201656	227900	228329	239337	239337
169595	159405	161972	167936	181803	190628	190628
15318	15274	15722	17366	15987	15705	15705
206107	193128	194019	191461	182733	182068	182068
104775	90562	100822	100324	98157	101070	101070
29841	30153	30245	33337	31569	32905	32905
30352	29419	31677	32292	31672	31501	31501
105165	99330	97781	94448	91601	90342	90342

小学学生
Number of Students in Primary

地　区 Region	毕业生数 Graduates	招生数 Entrants 合计 Total	招生数 Entrants 其中:受过学前教育 of Which: Those Received the Pre-school Education	在校学生数 合计 Total	在校学生数 其中:女 of Which: Female
总　计 Total	**1572949**	**1864286**	**1844558**	**10458650**	**4814912**
北　京 Beijing	2689	3033	3033	20169	9401
天　津 Tianjin	6884	9703	9703	51819	24030
河　北 Hebei	155638	215006	214498	1168340	539045
山　西 Shanxi	44479	46918	46776	289395	138375
内蒙古 Inner Mongolia	8439	9472	9435	55370	25636
辽　宁 Liaoning	13499	11736	11721	78422	36705
吉　林 Jilin	6466	7099	7092	42933	20466
黑龙江 Heilongjiang	10644	8975	8970	60135	29007
上　海 Shanghai	6822	5694	5661	34268	15618
江　苏 Jiangsu	82281	113162	113154	621047	282002
浙　江 Zhejiang	73194	81946	81940	495602	227014
安　徽 Anhui	58050	64309	64222	372577	168825
福　建 Fujian	42684	61087	60560	317306	146615
江　西 Jiangxi	60310	73231	71885	431301	197091
山　东 Shandong	158093	196088	196088	1058393	478280
河　南 Henan	206807	236535	236433	1337248	603904
湖　北 Hubei	44403	59651	59273	317461	145521
湖　南 Hunan	106918	121558	121538	687031	317494
广　东 Guangdong	132148	160742	156197	856168	394802
广　西 Guangxi	67270	76783	75543	430215	201195
海　南 Hainan	6023	7141	6851	40481	17806
重　庆 Chongqing	26916	24681	24456	165678	77172
四　川 Sichuan	54580	68269	67490	379320	180553
贵　州 Guizhou	50178	45157	43125	265771	122298
云　南 Yunnan	51589	45400	43232	273409	129217
西　藏 Tibet	1812	1589	826	9355	4467
陕　西 Shaanxi	46289	56303	56023	304530	141689
甘　肃 Gansu	22377	24629	22931	136538	63985
青　海 Qinghai	8283	7640	7186	46677	22562
宁　夏 Ningxia	5688	4970	4384	31736	15194
新　疆 Xinjiang	11496	15779	14332	79955	38943

数(镇乡结合区)

Schools (County-town Transitional Area)

单位:人
unit:person

Enrolment						预计毕业生数 Estimated Graduates for Next Year
一年级 Grade 1	二年级 Grade 2	三年级 Grade 3	四年级 Grade 4	五年级 Grade 5	六年级 Grade 6	
1865062	**1740386**	**1754229**	**1761350**	**1711093**	**1626530**	**1668641**
3038	3344	3753	3568	3493	2973	2973
9704	10015	9197	9117	8440	5346	7226
215006	191280	193071	199019	192562	177402	177402
46924	44123	50103	52345	47420	48480	48480
9472	9049	8790	9350	9839	8870	8922
11747	12571	13029	13616	14166	13293	13293
7101	6563	7386	7528	7318	7037	7037
8975	8570	10754	11457	11633	8746	11447
5705	6382	7791	7537	6853		6853
113162	108873	107206	103630	96963	91213	91213
81946	81324	83788	85162	84645	78737	78737
64309	61668	63972	58516	61382	62730	62730
61143	58589	54067	50216	48167	45124	45124
73388	68309	77464	74594	70385	67161	67161
196090	193027	175734	172868	179052	141622	172096
236563	212550	220948	232141	218143	216903	217054
59661	54438	53375	53524	50116	46347	46347
121558	110683	114592	115484	112314	112400	112400
160751	143415	141691	140249	134551	135511	135511
76889	72455	72527	70364	68562	69418	69418
7219	6721	6494	7205	6666	6176	6176
24682	27436	28937	29104	27830	27689	27689
68286	63903	65328	63611	59908	58284	58284
45157	41014	39460	44735	46332	49073	49073
45420	41841	43222	45643	47994	49289	49289
1589	1415	1598	1705	1502	1546	1546
56517	52319	50661	49981	47546	47506	47506
24632	21134	22740	22870	22221	22941	22941
7671	7562	7542	7959	8128	7815	7815
4975	4837	5373	5485	5434	5632	5632
15782	14976	13636	12767	11528	11266	11266

小学学生

Number of Students in Primary

地 区 Region	毕业生数 Graduates	招生数 Entrants 合计 Total	其中:受过学前教育 of Which: Those Received the Pre-school Education	在校学生数 合计 Total	其中:女 of Which: Female
总 计 Total	**4408971**	**5391495**	**5179021**	**29658985**	**14032466**
北 京 Beijing	8637	9939	9931	64535	30036
天 津 Tianjin	15702	19569	19569	107929	49351
河 北 Hebei	305305	453873	453150	2389130	1131956
山 西 Shanxi	88317	81438	80945	522564	256226
内蒙古 Inner Mongolia	26677	31104	30968	173072	81969
辽 宁 Liaoning	63706	55117	54935	366200	174961
吉 林 Jilin	49649	48257	47739	320927	153937
黑龙江 Heilongjiang	47614	40687	40108	261709	128066
上 海 Shanghai	8689	5941	5935	38494	17188
江 苏 Jiangsu	69853	125098	125092	651455	304227
浙 江 Zhejiang	85354	92882	92865	564567	260951
安 徽 Anhui	239922	285858	284601	1572879	739913
福 建 Fujian	88718	121574	120663	638640	302912
江 西 Jiangxi	173897	252982	248217	1404916	654576
山 东 Shandong	295008	371044	370851	2023238	939079
河 南 Henan	519322	730889	730622	3840375	1804502
湖 北 Hubei	115370	175258	170316	873649	402865
湖 南 Hunan	233328	305177	304363	1584054	749226
广 东 Guangdong	205216	329142	320446	1609112	764612
广 西 Guangxi	316098	358473	345853	2043807	976901
海 南 Hainan	23938	30333	27319	162388	77818
重 庆 Chongqing	67909	62360	61302	423917	199791
四 川 Sichuan	254602	283479	261774	1687781	805616
贵 州 Guizhou	293423	263024	234921	1512639	719974
云 南 Yunnan	384642	353088	298373	2125797	1002487
西 藏 Tibet	26922	30691	18034	164070	79819
陕 西 Shaanxi	65715	76268	75757	407170	193453
甘 肃 Gansu	142483	138578	113683	802969	386770
青 海 Qinghai	23915	30048	26991	158703	77233
宁 夏 Ningxia	34332	30365	27085	195487	95284
新 疆 Xinjiang	134708	198959	176613	966812	470767

数(乡村)
Schools (Rural Area)

单位:人
unit:person

Enrolment						预计毕业生数 Estimated Graduates for Next Year
一年级 Grade 1	二年级 Grade 2	三年级 Grade 3	四年级 Grade 4	五年级 Grade 5	六年级 Grade 6	
5394504	**5060676**	**5121065**	**5036984**	**4739831**	**4305925**	**4386141**
9982	10284	12404	11769	10800	9296	9296
19571	19777	19999	19313	18831	10438	16539
453884	417565	410924	409140	376192	321425	321425
81456	76587	89943	95198	88232	91148	91148
31104	30038	27740	28915	28955	26320	26320
55134	59176	61864	64241	66796	58989	58989
48258	46294	50962	59886	59788	55739	55739
40687	38789	47518	51682	52317	30716	50206
5944	6966	8709	8814	8061		8061
125098	122734	120249	110131	93906	79337	79337
92882	90930	95082	98070	96734	90869	90869
285858	273333	275747	250270	254419	233252	234138
121752	118158	110225	101639	96039	90827	90827
253418	242015	273460	245852	213401	176770	176770
371044	376494	345757	334314	336041	259588	303512
730977	649594	674189	677915	593540	514160	515914
175356	157239	148891	142119	130320	119724	119724
305177	266311	271048	265735	242814	232969	232969
329132	290497	287564	257616	240016	204287	204287
358629	346568	350721	345012	326905	315972	315972
30524	28919	27987	27305	25107	22546	22546
62426	71153	77912	74998	69724	67704	67704
284216	280097	296866	296774	272443	257385	257385
263030	239240	225394	262587	257297	265091	265091
353221	339528	347694	354439	364877	366038	366038
30692	29298	28935	26269	24678	24198	24198
76455	69837	68546	67414	62846	62072	62072
138669	123730	137648	139301	131419	132202	132202
30353	27605	27211	26376	24823	22335	22335
30437	28472	33719	35361	34661	32837	32837
199138	183448	166157	148529	137849	131691	131691

五年制小

Number of Students in

	招生数 Entrants		在校生数	
	合计 Total	其中:受过学前教育 of Which:Those Received the Pre-school Education	合计 Total	其中:女 of Which: Female
总　计 Total	**519505**	**518321**	**2621208**	**1228849**
北　京 Beijing	1567	1567	7015	3376
天　津 Tianjin	14819	14806	70328	32678
河　北 Hebei	15	15	170	70
山　西 Shanxi				
内蒙古 Inner Mongolia	1802	1802	8548	3982
辽　宁 Liaoning	635	635	3564	1690
吉　林 Jilin	484	484	1697	782
黑龙江 Heilongjiang	101344	100400	520420	248174
上　海 Shanghai	155792	155630	798686	369398
江　苏 Jiangsu			1125	679
浙　江 Zhejiang	2348	2348	10842	5086
安　徽 Anhui	845	845	4326	2035
福　建 Fujian				
江　西 Jiangxi				
山　东 Shandong	219150	219105	1105473	521410
河　南 Henan	19265	19260	81493	35858
湖　北 Hubei	912	912	4829	2325
湖　南 Hunan				
广　东 Guangdong	1	1	1	
广　西 Guangxi				
海　南 Hainan				
重　庆 Chongqing				
四　川 Sichuan				
贵　州 Guizhou				
云　南 Yunnan	388	388	2441	1175
西　藏 Tibet				
陕　西 Shaanxi				
甘　肃 Gansu	68	53	100	68
青　海 Qinghai				
宁　夏 Ningxia				
新　疆 Xinjiang	70	70	150	63

学学生数
5-year Primary Schools

单位：人
unit：person

Enrolment

一年级 Grade 1	二年级 Grade 2	三年级 Grade 3	四年级 Grade 4	五年级 Grade 5
519621	**523264**	**535602**	**511237**	**531484**
1568	1480	1490	1238	1239
14821	14407	13779	13940	13381
15	20	16	60	59
1802	1878	1475	1717	1676
635	696	735	722	776
484	358	240	263	352
101344	93760	109225	107418	108673
155905	164455	173179	156257	148890
	223	258	261	383
2348	2341	2152	1910	2091
845	756	797	919	1009
219150	224853	215230	209388	236852
19265	16640	15498	15550	14540
912	958	975	972	1012
1				
388	365	535	602	551
68	32			
70	42	18	20	

小学女

Number of Female Students

地 区 Region	毕业生数 Graduates	招生数 Entrants 合计 Total	招生数 Entrants 其中:受过学前教育 of Which: Those Received the Pre-school Education	在校学生数 合 计 Total
总 计 Total	**6609602**	**8039696**	**7880413**	**44903098**
北 京 Beijing	47417	68865	68809	395337
天 津 Tianjin	36744	51603	51368	279607
河 北 Hebei	359876	508753	507556	2783394
山 西 Shanxi	161639	182157	180234	1089504
内蒙古 Inner Mongolia	94905	106356	105535	628125
辽 宁 Liaoning	141951	155325	155204	949988
吉 林 Jilin	88930	98298	97170	608337
黑龙江 Heilongjiang	122044	120660	119523	710179
上 海 Shanghai	63134	72730	72680	369398
江 苏 Jiangsu	295615	421711	421679	2274710
浙 江 Zhejiang	243568	275698	275689	1642971
安 徽 Anhui	291032	342048	341274	1927555
福 建 Fujian	177723	245005	243832	1321472
江 西 Jiangxi	264057	325499	320199	1899794
山 东 Shandong	460654	565634	565585	3093593
河 南 Henan	632665	784011	783789	4283522
湖 北 Hubei	212399	286466	282934	1532421
湖 南 Hunan	329094	409885	407438	2254858
广 东 Guangdong	537695	758855	739778	3934701
广 西 Guangxi	314145	358115	349202	2052395
海 南 Hainan	49121	62597	59965	344421
重 庆 Chongqing	143176	158029	155416	979372
四 川 Sichuan	379987	448144	435553	2586309
贵 州 Guizhou	296131	283424	266096	1609191
云 南 Yunnan	315433	300689	270859	1784051
西 藏 Tibet	23058	25032	16707	142439
陕 西 Shaanxi	159191	200065	198848	1088662
甘 肃 Gansu	140860	148742	134459	849866
青 海 Qinghai	36664	37408	33876	219681
宁 夏 Ningxia	45906	45188	43226	277789
新 疆 Xinjiang	144788	192704	175930	989456

学生数
in Primary Schools

单位：人
unit：person

Enrolment						预计毕业生数 Estimated Graduates for Next Year
一年级 Grade 1	二年级 Grade 2	三年级 Grade 3	四年级 Grade 4	五年级 Grade 5	六年级 Grade 6	
8041128	**7610764**	**7696881**	**7539527**	**7277738**	**6737060**	**6983790**
68902	71779	75785	64859	62151	51861	52472
51609	51001	49809	47590	46063	33535	39758
508737	464379	465852	477628	456063	410735	410757
182173	165963	185468	192955	180142	182803	182803
106356	106634	107613	104976	107507	95039	95835
155333	155718	165711	158042	160877	154307	154658
98298	88470	101740	108094	107039	104696	104857
120660	107739	130017	134160	134699	82904	134532
72771	76121	79893	71778	68835		68835
421711	405650	399427	371392	349004	327526	327684
275698	273508	276376	273460	280205	263724	264713
342048	331273	338751	302137	310781	302565	303027
245185	242206	226296	212759	203537	191489	191489
325903	308335	344324	330569	304947	285716	285716
565634	569267	535081	509578	526702	387331	499083
784045	704038	729646	740869	682682	642242	648540
286533	265535	256354	253532	240654	229813	230304
409885	370734	384712	382347	356889	350291	350291
758230	688442	671757	642122	605208	568942	566617
357418	345711	349719	341417	331846	326284	326284
63091	60283	57088	57841	55799	50319	50319
158085	170223	177875	166174	156248	150767	150767
448601	438189	446283	439530	412729	400977	400977
283432	259220	242375	274811	269333	280020	280020
300774	287277	290637	293304	304399	307660	307931
25032	24582	24697	23851	22343	21934	21934
200409	188556	184967	178477	169578	166675	166675
148790	131103	144955	144510	139295	141213	141213
37709	36446	36844	37562	35970	35150	35157
45255	43178	47558	48156	47512	46130	46130
192821	179204	169271	155047	148701	144412	144412

小学教职工

Number of Educational Personnel

地　区 Region	教职工数 合计 Total	专任教师 Full-time Teachers	行政人员 Adm. Personnel
总　计 Total	**5489441**	**5112774**	**154942**
北　京 Beijing	58308	50053	4081
天　津 Tianjin	43128	38224	3225
河　北 Hebei	344557	320226	12958
山　西 Shanxi	173615	158873	3520
内蒙古 Inner Mongolia	118137	91830	5427
辽　宁 Liaoning	133991	115682	13963
吉　林 Jilin	114082	96841	7444
黑龙江 Heilongjiang	123574	109061	6361
上　海 Shanghai	50953	42981	3618
江　苏 Jiangsu	265006	246682	5465
浙　江 Zhejiang	181101	170881	3436
安　徽 Anhui	221098	212313	3147
福　建 Fujian	163219	155149	3331
江　西 Jiangxi	199618	196163	1317
山　东 Shandong	379239	361272	5036
河　南 Henan	501996	472129	11556
湖　北 Hubei	197577	184512	3668
湖　南 Hunan	226087	216194	4136
广　东 Guangdong	425100	394185	16521
广　西 Guangxi	231589	214637	8765
海　南 Hainan	45915	43023	704
重　庆 Chongqing	118812	112565	3374
四　川 Sichuan	260678	247075	5654
贵　州 Guizhou	194374	181895	4395
云　南 Yunnan	226036	217458	3181
西　藏 Tibet	20933	20680	33
陕　西 Shaanxi	155843	143064	6715
甘　肃 Gansu	132165	128825	1257
青　海 Qinghai	22403	21476	109
宁　夏 Ningxia	32448	31898	150
新　疆 Xinjiang	127859	116927	2395

数(总数)
in Primary Schools (Total)

单位：人
unit: person

Educational Personnel				
教辅人员 Supporting Staff	工勤人员 Workers	校办企业职工 Employees in School-run Factories & Farms	代课教师 Substitute Teachers	兼任教师 Part-time Teachers
98886	**122321**	**518**	**146683**	**28177**
2863	1306	5		905
1059	619	1	229	205
5306	6062	5	8804	598
5855	5311	56	10832	935
11560	9311	9	2808	89
3100	1235	11	553	117
7638	2148	11	762	206
4704	3431	17	1252	296
2224	2098	32	424	130
7463	5356	40	7480	489
2723	4054	7		215
2547	3079	12	5875	560
2554	2179	6	6653	124
405	1733		7752	802
7448	5471	12	4208	411
4368	13943		22804	1324
4295	5068	34	8518	914
2400	3354	3	8024	608
4318	9938	138	3616	1000
2951	5182	54	10054	2837
370	1801	17	816	506
888	1963	22	2743	695
1573	6376		15791	2651
1055	7029		59	6340
1762	3625	10	643	4300
87	133		497	30
2327	3723	14	2296	180
902	1181		8081	414
117	701		2243	11
123	277		1477	142
3901	4634	2	1389	143

小学教职工

Number of Educational Personnel

地　区 Region	教职工数		
	合计 Total	专任教师 Full-time Teachers	行政人员 Adm. Personnel
总　计 Total	**1520629**	**1407205**	**49686**
北　京 Beijing	44969	39505	2905
天　津 Tianjin	27993	24416	2218
河　北 Hebei	65822	61153	2161
山　西 Shanxi	45067	41250	1212
内蒙古 Inner Mongolia	31148	28103	1521
辽　宁 Liaoning	66725	57323	7287
吉　林 Jilin	35707	31082	2070
黑龙江 Heilongjiang	42249	36935	2579
上　海 Shanghai	39965	34242	2699
江　苏 Jiangsu	111648	105617	2290
浙　江 Zhejiang	78293	73821	1318
安　徽 Anhui	38490	37172	491
福　建 Fujian	52704	50076	956
江　西 Jiangxi	32909	32347	241
山　东 Shandong	111852	105833	1759
河　南 Henan	89354	83494	2053
湖　北 Hubei	60500	56090	1682
湖　南 Hunan	49271	47076	900
广　东 Guangdong	201104	185234	6204
广　西 Guangxi	36140	33514	907
海　南 Hainan	11853	10831	186
重　庆 Chongqing	35566	33776	810
四　川 Sichuan	55602	51862	928
贵　州 Guizhou	26821	25484	594
云　南 Yunnan	28729	27412	452
西　藏 Tibet	2147	2055	18
陕　西 Shaanxi	39433	35215	2471
甘　肃 Gansu	20859	20294	255
青　海 Qinghai	4567	4511	15
宁　夏 Ningxia	9972	9850	32
新　疆 Xinjiang	23170	21632	472

数(城区)
in Primary Schools (Urban Area)

单位：人
unit: person

Educational Personnel			代课教师 Substitute Teachers	兼任教师 Part-time Teachers
教辅人员 Supporting Staff	工勤人员 Workers	校办企业职工 Employees in School-run Factories & Farms		
27096	**36368**	**274**	**36138**	**5604**
1781	774	4		872
857	501	1	77	197
1018	1490		839	49
1115	1486	4	2259	118
972	550	2	882	44
1510	597	8	100	66
1955	600		242	118
1485	1250		259	149
1655	1338	31	308	111
1935	1802	4	3366	165
1091	2062	1		87
319	500	8	1720	157
499	1171	2	2565	4
43	278		716	146
2199	2051	10	1467	166
1131	2676		4924	179
1306	1417	5	2875	196
545	750		2428	447
2539	7004	123	3368	833
452	1230	37	1717	462
150	686		578	239
390	571	19	593	183
474	2338		2818	329
203	540		16	53
224	641			106
52	22			
560	1173	14	424	44
80	230		77	62
9	32		237	
18	72		292	5
529	536	1	991	17

小学教职工

Number of Educational Personnel

地 区 Region	教职工数 合计 Total	专任教师 Full-time Teachers	行政人员 Adm. Personnel
总 计 Total	**276145**	**254842**	**8819**
北 京 Beijing	4040	3341	343
天 津 Tianjin	2987	2590	265
河 北 Hebei	16170	15063	675
山 西 Shanxi	6636	6160	181
内蒙古 Inner Mongolia	839	710	58
辽 宁 Liaoning	6450	5625	668
吉 林 Jilin	2744	2305	198
黑龙江 Heilongjiang	4536	3862	266
上 海 Shanghai	3964	3235	264
江 苏 Jiangsu	12202	11164	316
浙 江 Zhejiang	18435	17228	370
安 徽 Anhui	6810	6430	95
福 建 Fujian	10048	9597	165
江 西 Jiangxi	6217	6139	40
山 东 Shandong	34868	32836	543
河 南 Henan	18145	16926	436
湖 北 Hubei	7776	7130	138
湖 南 Hunan	6015	5695	132
广 东 Guangdong	62584	57140	2432
广 西 Guangxi	7092	6686	201
海 南 Hainan	1348	1271	15
重 庆 Chongqing	3551	3353	99
四 川 Sichuan	6617	5996	126
贵 州 Guizhou	4312	4058	117
云 南 Yunnan	7788	7516	79
西 藏 Tibet			
陕 西 Shaanxi	7381	6538	529
甘 肃 Gansu	2156	2095	20
青 海 Qinghai	267	264	1
宁 夏 Ningxia	585	581	2
新 疆 Xinjiang	3582	3308	45

数(城乡结合区)
in Primary Schools (Urban-rural Transitional Area)

单位 :人
unit: person

Educational Personnel				
教辅人员 Supporting Staff	工勤人员 Workers	校办企业职工 Employees in School-run Factories & Farms	代课教师 Substitute Teachers	兼任教师 Part-time Teachers
4142	**8290**	**52**	**5279**	**812**
194	162			63
102	30		20	
145	287		175	21
139	156		409	
36	35		22	
116	40	1	42	8
182	59			
195	213		34	1
95	360	10	9	1
372	350		556	5
247	590			30
115	170		170	2
66	220		475	4
1	37		74	50
819	670		458	77
157	626		895	31
204	304		188	9
61	127		317	58
490	2481	41	607	140
45	160		181	147
11	51		56	30
23	76		6	13
96	399		379	22
20	117		15	37
53	140			43
93	221		105	20
9	32		2	
	2		5	
	2		38	
56	173		41	

小学教职工
Number of Educational Personnel

地 区 Region	教职工数		
	合计 Total	专任教师 Full-time Teachers	行政人员 Adm. Personnel
总 计 Total	**1957270**	**1814017**	**52417**
北 京 Beijing	6847	5217	641
天 津 Tianjin	7507	6883	461
河 北 Hebei	122898	113130	4330
山 西 Shanxi	64183	59008	1041
内蒙古 Inner Mongolia	59354	44536	2685
辽 宁 Liaoning	34263	29377	3820
吉 林 Jilin	36761	30024	2672
黑龙江 Heilongjiang	44073	38693	2113
上 海 Shanghai	8326	6710	674
江 苏 Jiangsu	116961	107189	2375
浙 江 Zhejiang	71598	67522	1409
安 徽 Anhui	83194	79538	1398
福 建 Fujian	63308	59729	1709
江 西 Jiangxi	82885	81313	592
山 东 Shandong	137038	130076	1826
河 南 Henan	173647	160673	4077
湖 北 Hubei	71355	66952	920
湖 南 Hunan	93392	88905	1720
广 东 Guangdong	114876	107490	4680
广 西 Guangxi	77827	71171	2753
海 南 Hainan	18054	16776	275
重 庆 Chongqing	51677	48872	1584
四 川 Sichuan	115927	110636	2363
贵 州 Guizhou	69559	65223	1568
云 南 Yunnan	62805	59666	1119
西 藏 Tibet	7007	6901	14
陕 西 Shaanxi	73824	68431	2463
甘 肃 Gansu	38005	36781	444
青 海 Qinghai	8582	8296	57
宁 夏 Ningxia	9960	9703	74
新 疆 Xinjiang	31577	28596	560

数(镇区)

in Primary Schools (Counties & Towns Area)

单位:人

unit: person

Educational Personnel			代课教师 Substitute Teachers	兼任教师 Part-time Teachers
教辅人员 Supporting Staff	工勤人员 Workers	校办企业职工 Employees in School-run Factories & Farms		
42395	**48231**	**210**	**40102**	**6170**
692	297			
100	63		81	
2402	3031	5	2438	283
2115	1968	51	3883	299
6862	5270	1	1097	6
662	401	3	78	27
3269	787	9	152	47
1716	1534	17	518	70
443	498	1	99	18
4584	2777	36	2655	62
1137	1524	6		58
827	1427	4	1446	93
1257	610	3	1882	65
220	760		2442	241
2974	2160	2	1678	57
2084	6813		7960	554
1618	1836	29	2119	302
1187	1579	1	1894	39
1097	1595	14	127	23
1846	2057		1367	674
183	803	17	46	133
331	889	1	1027	356
629	2299		4000	735
507	2261		5	1352
785	1225	10	75	356
13	79		72	26
1239	1691		968	91
338	442		994	75
59	170		528	3
61	122		341	49
1158	1263		130	76

小学教职工

Number of Educational Personnel

地 区 Region	教职工数		
	合计 Total	专任教师 Full-time Teachers	行政人员 Adm. Personnel
总 计 Total	**589674**	**552088**	**14608**
北 京 Beijing	1574	1231	149
天 津 Tianjin	3143	2895	200
河 北 Hebei	64874	60025	2270
山 西 Shanxi	20258	18690	350
内蒙古 Inner Mongolia	5432	4060	222
辽 宁 Liaoning	5430	4598	645
吉 林 Jilin	4450	3639	306
黑龙江 Heilongjiang	5428	4813	234
上 海 Shanghai	2047	1623	148
江 苏 Jiangsu	34587	31498	757
浙 江 Zhejiang	25430	23824	492
安 徽 Anhui	19999	19134	320
福 建 Fujian	17458	16744	296
江 西 Jiangxi	21298	20846	125
山 东 Shandong	59416	56489	681
河 南 Henan	72934	68436	1647
湖 北 Hubei	19341	18169	216
湖 南 Hunan	31643	30415	490
广 东 Guangdong	46798	43720	2133
广 西 Guangxi	23732	22092	868
海 南 Hainan	2728	2537	44
重 庆 Chongqing	9668	9046	339
四 川 Sichuan	19019	18064	379
贵 州 Guizhou	14793	13973	309
云 南 Yunnan	17497	16929	217
西 藏 Tibet	631	628	1
陕 西 Shaanxi	21035	19837	594
甘 肃 Gansu	9943	9685	71
青 海 Qinghai	1880	1824	5
宁 夏 Ningxia	1954	1901	15
新 疆 Xinjiang	5254	4723	85

数(镇乡结合区)

in Primary Schools (County-town Transitional Area)

单位：人
unit：person

Educational Personnel			代课教师 Substitute Teachers	兼任教师 Part-time Teachers
教辅人员 Supporting Staff	工勤人员 Workers	校办企业职工 Employees in School-run Factories & Farms		
9949	**12967**	**62**	**14412**	**1757**
119	75			
19	29		53	
994	1585		1306	252
651	559	8	1544	87
748	402		101	2
144	43		26	
385	120		10	14
250	130	1	74	
119	157		20	7
1506	815	11	1061	41
381	733			15
210	335		462	33
267	151		998	27
66	261		804	38
1249	997		959	35
610	2241		2696	189
403	528	25	666	82
313	425		702	21
367	571	7	69	6
321	451		771	266
29	108	10	4	30
67	216		193	30
94	482		880	176
70	441		3	174
116	235		21	138
	2		6	
166	438		363	4
84	103		433	28
21	30		111	
7	31		57	45
173	273		19	17

小学教职工

Number of Educational Personnel

地 区 Region	教职工数 合计 Total	专任教师 Full-time Teachers	行政人员 Adm. Personnel
总 计 Total	**2011542**	**1891552**	**52839**
北 京 Beijing	6492	5331	535
天 津 Tianjin	7628	6925	546
河 北 Hebei	155837	145943	6467
山 西 Shanxi	64365	58615	1267
内蒙古 Inner Mongolia	27635	19191	1221
辽 宁 Liaoning	33003	28982	2856
吉 林 Jilin	41614	35735	2702
黑龙江 Heilongjiang	37252	33433	1669
上 海 Shanghai	2662	2029	245
江 苏 Jiangsu	36397	33876	800
浙 江 Zhejiang	31210	29538	709
安 徽 Anhui	99414	95603	1258
福 建 Fujian	47207	45344	666
江 西 Jiangxi	83824	82503	484
山 东 Shandong	130349	125363	1451
河 南 Henan	238995	227962	5426
湖 北 Hubei	65722	61470	1066
湖 南 Hunan	83424	80213	1516
广 东 Guangdong	109120	101461	5637
广 西 Guangxi	117622	109952	5105
海 南 Hainan	16008	15416	243
重 庆 Chongqing	31569	29917	980
四 川 Sichuan	89149	84577	2363
贵 州 Guizhou	97994	91188	2233
云 南 Yunnan	134502	130380	1610
西 藏 Tibet	11779	11724	1
陕 西 Shaanxi	42586	39418	1781
甘 肃 Gansu	73301	71750	558
青 海 Qinghai	9254	8669	37
宁 夏 Ningxia	12516	12345	44
新 疆 Xinjiang	73112	66699	1363

（乡村）
in Primary Schools (Rural Area)

单位：人
unit: person

Educational Personnel				
教辅人员 Supporting Staff	工勤人员 Workers	校办企业职工 Employees in School-run Factories & Farms	代课教师 Substitute Teachers	兼任教师 Part-time Teachers
29395	**37722**	**34**	**70443**	**16403**
390	235	1		33
102	55		71	8
1886	1541		5527	266
2625	1857	1	4690	518
3726	3491	6	829	39
928	237		375	24
2414	761	2	368	41
1503	647		475	77
126	262		17	1
944	777		1459	262
495	468			70
1401	1152		2709	310
798	398	1	2206	55
142	695		4594	415
2275	1260		1063	188
1153	4454		9920	591
1371	1815		3524	416
668	1025	2	3702	122
682	1339	1	121	144
653	1895	17	6970	1701
37	312		192	134
167	503	2	1123	156
470	1739		8973	1587
345	4228		38	4935
753	1759		568	3838
22	32		425	4
528	859		904	45
484	509		7010	277
49	499		1478	8
44	83		844	88
2214	2835	1	268	50

小学教职工总数

Number of Primary Schools Educational

地　区 Region	教职工数 合计 Total	专任教师 Full-time Teachers	行政人员 Adm. Personnel
总　计 Total	**244426**	**182539**	**12120**
北　京 Beijing	2453	1808	222
天　津 Tianjin	577	436	61
河　北 Hebei	19922	14572	1094
山　西 Shanxi	9414	6266	401
内蒙古 Inner Mongolia	1062	725	101
辽　宁 Liaoning	1091	913	83
吉　林 Jilin	1794	1378	102
黑龙江 Heilongjiang	461	356	36
上　海 Shanghai	7794	5890	545
江　苏 Jiangsu	11063	8679	456
浙　江 Zhejiang	13355	10459	447
安　徽 Anhui	7896	5806	352
福　建 Fujian	4738	3545	231
江　西 Jiangxi	2196	1487	120
山　东 Shandong	14904	11593	678
河　南 Henan	55144	39845	2764
湖　北 Hubei	4029	2665	171
湖　南 Hunan	6296	4761	278
广　东 Guangdong	44065	34825	1870
广　西 Guangxi	5259	3675	342
海　南 Hainan	2811	1797	167
重　庆 Chongqing	2862	2123	192
四　川 Sichuan	8454	5905	289
贵　州 Guizhou	4950	3959	278
云　南 Yunnan	2830	2294	186
西　藏 Tibet	82	63	2
陕　西 Shaanxi	7861	5979	577
甘　肃 Gansu	160	133	14
青　海 Qinghai	54	34	1
宁　夏 Ningxia	427	264	29
新　疆 Xinjiang	422	304	31

中民办教职工数

Personnel Maintained by Communities

单位 :人

unit: person

Educational Personnel				
教辅人员 Supporting Staff	工勤人员 Workers	校办企业职工 Employees in School-run Factories & Farms	代课教师 Substitute Teachers	兼任教师 Part-time Teachers
8783	**40687**	**297**	**6477**	**1149**
144	277	2		2
35	45		24	125
932	3319	5		72
639	2057	51	328	60
37	199			4
34	61			21
81	231	2	20	12
22	47			
286	1061	12		58
298	1630			60
500	1949			146
200	1534	4	384	25
144	813	5	5	29
57	532			2
493	2134	6	192	22
2128	10407		4955	205
204	964	25	177	47
393	864		34	19
1021	6228	121	26	77
195	1010	37	83	29
26	804	17		
144	403		168	61
247	2013			2
142	571			3
58	282	10		2
13	4			
260	1045		10	33
2	11			25
	19		25	
37	97			
11	76		46	8

小学女教
Number of Female Educational

地　区 Region	教职工数 合计 Total	专任教师 Full-time Teachers	行政人员 Adm. Personnel
总　计 Total	**3374209**	**3232045**	**44595**
北　京 Beijing	44735	40304	2329
天　津 Tianjin	30616	28238	1614
河　北 Hebei	248087	239451	3374
山　西 Shanxi	126758	120187	1090
内蒙古 Inner Mongolia	71566	63428	1811
辽　宁 Liaoning	94658	85633	6829
吉　林 Jilin	75509	68465	2788
黑龙江 Heilongjiang	78484	72542	2785
上　海 Shanghai	39915	35291	2178
江　苏 Jiangsu	166363	160565	1361
浙　江 Zhejiang	126937	122549	789
安　徽 Anhui	111173	108469	467
福　建 Fujian	102070	99625	616
江　西 Jiangxi	115019	113781	282
山　东 Shandong	210649	205310	1145
河　南 Henan	317913	305219	2697
湖　北 Hubei	105309	100557	1079
湖　南 Hunan	136416	132926	961
广　东 Guangdong	284004	273211	3053
广　西 Guangxi	140119	134567	1550
海　南 Hainan	22864	21578	131
重　庆 Chongqing	67615	65976	638
四　川 Sichuan	149263	145099	928
贵　州 Guizhou	95658	90295	653
云　南 Yunnan	118711	115826	531
西　藏 Tibet	11346	11221	15
陕　西 Shaanxi	96460	92220	1815
甘　肃 Gansu	64671	63891	164
青　海 Qinghai	12445	12008	27
宁　夏 Ningxia	20586	20362	26
新　疆 Xinjiang	88290	83251	869

职工数
Personnel in Primary Schools

单位 :人
unit: person

Educational Personnel				
教辅人员 Supporting Staff	工勤人员 Workers	校办企业职工 Employees in School-run Factories & Farms	代课教师 Substitute Teachers	兼任教师 Part-time Teachers
44348	**52985**	**236**	**110681**	**17514**
1696	406			709
618	146		214	166
2393	2869		7787	347
2818	2641	22	9508	610
4024	2303		2162	58
1909	285	2	526	102
3679	569	8	587	76
2207	938	12	927	214
1542	890	14	338	98
2367	2047	23	5968	324
1415	2182	2		158
897	1338	2	4119	279
951	878		5594	78
172	784		5781	545
2264	1926	4	3525	157
2558	7439		19069	870
1679	1974	20	5923	598
1226	1303		6293	474
2700	4973	67	2710	794
1202	2766	34	7777	1715
171	973	11	599	318
461	525	15	2097	422
761	2475		10227	1393
407	4303		32	4055
545	1809		325	2434
56	54		230	15
1139	1286		1340	93
245	371		3534	220
52	358		1203	5
59	139		1114	101
2135	2035		1172	86

小学专任教师学历、

Number of Full-time Teacher in Primary Schools by

地　区 Region	合　计 Total	其中:女 of Which: Female	按学历分 By Educational Attainment			
			研究生毕业 Graduate	本科毕业 Under-graduate	专科毕业 Associate Bachelor	高中阶段毕业 High School Graduate
总　计 Total	**5685118**	**3623303**	**35417**	**2575703**	**2612994**	**456061**
北　京 Beijing	59267	47949	2916	50033	5814	488
天　津 Tianjin	40202	29814	1129	28443	8883	1726
河　北 Hebei	338901	254357	1127	148772	170315	18570
山　西 Shanxi	172957	131386	485	77382	82762	12241
内蒙古 Inner Mongolia	101730	70036	722	55573	40912	4523
辽　宁 Liaoning	140002	102738	1538	64372	65361	8545
吉　林 Jilin	110058	77763	930	61074	40426	7552
黑龙江 Heilongjiang	125886	84122	243	53812	63183	8517
上　海 Shanghai	52321	42767	1998	37911	11757	653
江　苏 Jiangsu	277885	180774	3617	195218	68238	10809
浙　江 Zhejiang	194769	139972	1975	136781	50681	5314
安　徽 Anhui	238259	123555	641	96464	117655	23499
福　建 Fujian	162496	104703	682	68203	74676	18820
江　西 Jiangxi	215906	127311	461	85428	98918	30697
山　东 Shandong	396368	229532	4687	212225	139108	40241
河　南 Henan	500894	328392	1890	196181	255959	46864
湖　北 Hubei	200158	110087	1133	78813	97229	22794
湖　南 Hunan	249115	152809	1058	95959	126556	24998
广　东 Guangdong	468608	328672	3458	205117	237781	22170
广　西 Guangxi	221962	140078	604	74121	121298	25665
海　南 Hainan	49752	26030	66	11164	32463	6034
重　庆 Chongqing	118897	69640	689	51774	59693	6674
四　川 Sichuan	308059	179892	1040	102403	178618	25973
贵　州 Guizhou	193511	97172	154	62648	110857	18956
云　南 Yunnan	224835	120552	454	83390	117630	22388
西　藏 Tibet	20890	11365	17	7557	12353	896
陕　西 Shaanxi	156087	100952	924	82510	64498	8021
甘　肃 Gansu	140320	69868	383	67495	54675	17525
青　海 Qinghai	26479	14941	142	13540	11644	1145
宁　夏 Ningxia	33777	21505	80	16626	14871	2180
新　疆 Xinjiang	144767	104569	174	54714	78180	11583

职称情况(总计)
Educational Attainment and Professional Rank (Total)

单位:人
unit: person

高中阶段毕业以下 Below High School Graduate	按职称分 By Professional Rank					
	中学高级 Senior Secondary	小学高级 Senior Primary	小学一级 1st Grade Primary	小学二级 2nd Grade Primary	小学三级 3rd Grade Primary	未定职级 No-ranking
4943	**139889**	**2883062**	**1873513**	**186614**	**12890**	**589150**
16	745	28408	19872	847	158	9237
21	1277	28481	7631	117	30	2666
117	5844	158045	130042	8792	724	35454
87	807	65755	82676	6567	588	16564
	22782	49192	20006	2447		7303
186	11039	99809	19997	1204	201	7752
76	3224	58894	37023	2798	215	7904
131	9063	73012	40098	861	75	2777
2	1101	24648	19364	929	66	6213
3	13924	160974	72760	7181	107	22939
18	6299	102022	62409	1812	318	21909
	2793	125537	78044	7308	494	24083
115	2225	95303	43881	5648	399	15040
402	4894	103936	64632	14732	615	27097
107	10692	178572	158671	12068	455	35910
	9040	222177	183702	20574	90	65311
189	5709	125519	48035	6139	894	13862
544	2896	143824	69951	4927	312	27205
82	2605	281202	81855	11663	3313	87970
274	2418	134361	58864	5743	740	19836
25	227	23606	20277	2915	67	2660
67	1463	53658	52716	2461	225	8374
25	7936	133049	137031	3000	244	26799
896	445	101943	56362	13813	705	20243
973	1470	116563	76285	13852	235	16430
67	451	7365	8204	1187	123	3560
134	1600	57757	74568	8718	281	13163
242	1867	51909	69093	5196	402	11853
8	1278	14618	6644	588	108	3243
20	690	13158	11834	1636	109	6350
116	3085	49765	60986	10891	597	19443

小学专任教师学历、

Number of Full-time Teacher in Primary Schools by

地 区 Region	合 计 Total	其中:女 of Which: Female	按学历分 By Educational Attainment			
			研究生毕业 Graduate	本科毕业 Under-graduate	专科毕业 Associate Bachelor	高中阶段毕业 High School Graduate
总 计 Total	**1619553**	**1267101**	**26030**	**1018748**	**531187**	**43309**
北 京 Beijing	47178	39459	2476	40119	4282	297
天 津 Tianjin	25854	21271	1024	19055	5128	633
河 北 Hebei	65863	56602	588	40596	23249	1420
山 西 Shanxi	45178	38763	257	26783	17027	1108
内蒙古 Inner Mongolia	30321	24506	441	21001	8324	555
辽 宁 Liaoning	63802	52733	1294	37190	23702	1591
吉 林 Jilin	34263	28843	542	23904	8860	939
黑龙江 Heilongjiang	40963	33156	202	24169	15363	1217
上 海 Shanghai	40982	34859	1695	30622	8251	413
江 苏 Jiangsu	118826	89715	2790	91914	21307	2812
浙 江 Zhejiang	87273	67674	1545	65304	18996	1425
安 徽 Anhui	42015	29473	272	22796	17009	1938
福 建 Fujian	53747	42809	599	33673	17362	2108
江 西 Jiangxi	38652	29207	236	23290	13308	1802
山 东 Shandong	120634	88001	2934	86595	27565	3521
河 南 Henan	91778	73961	906	52493	35672	2707
湖 北 Hubei	62736	45545	917	34316	24780	2707
湖 南 Hunan	53021	41843	793	30882	19919	1417
广 东 Guangdong	238339	184905	3213	134054	96179	4857
广 西 Guangxi	37726	30818	424	20247	15603	1444
海 南 Hainan	13454	9305	47	4919	7879	609
重 庆 Chongqing	35874	26001	549	22389	12164	768
四 川 Sichuan	63606	47565	748	33334	27898	1626
贵 州 Guizhou	29290	22258	74	13701	13889	1596
云 南 Yunnan	30435	22642	362	18094	10779	1186
西 藏 Tibet	2147	1483	10	984	1012	135
陕 西 Shaanxi	38973	31098	649	26088	11617	601
甘 肃 Gansu	22543	16679	228	13442	8157	715
青 海 Qinghai	5577	4257	55	3711	1690	120
宁 夏 Ningxia	9943	7773	47	6225	3445	226
新 疆 Xinjiang	28560	23897	113	16858	10771	816

职称情况(城区)

Educational Attainment and Professional Rank (Urban Area)

单位:人

unit: person

	按职称分 By Professional Rank					
高中阶段毕业以下 Below High School Graduate	中学高级 Senior Secondary	小学高级 Senior Primary	小学一级 1st Grade Primary	小学二级 2nd Grade Primary	小学三级 3rd Grade Primary	未定职级 No-ranking
279	**51121**	**848309**	**486653**	**38324**	**4339**	**190807**
4	668	22750	16050	723	124	6863
14	631	17870	5387	102	15	1849
10	1404	34683	22056	1581	113	6026
3	196	19846	19803	1224	126	3983
	6903	13807	6080	915		2616
25	4058	48328	7867	261	89	3199
18	1600	19650	10790	411	31	1781
12	4075	24511	10908	315	37	1117
1	949	20040	14987	677	38	4291
3	7409	68128	30528	2849	11	9901
3	3860	45446	26019	846	119	10983
	703	23185	13719	731	53	3624
5	1035	26516	16751	1674	212	7559
16	1485	20134	12544	1352	135	3002
19	3571	52536	50253	2614	125	11535
	2007	44135	32106	4077	29	9424
16	2494	39906	14764	1571	179	3822
10	887	31379	14024	690	126	5915
36	1460	124647	43627	6239	2047	60319
8	588	21485	8776	1028	268	5581
	118	5962	4764	1265	4	1341
4	710	16763	15953	275	29	2144
	1678	29855	27874	525	42	3632
30	80	13257	8587	1161	167	6038
14	156	16737	9192	622	37	3691
6	119	1009	765	26	1	227
18	470	15419	16511	1845	99	4629
1	543	11101	9567	407	18	907
1	237	2718	1651	121	9	841
	275	4540	3485	432	8	1203
2	752	11966	11265	1765	48	2764

小学专任教师学历、

Number of Full-time Teacher in Primary Schools by Educational

地 区 Region	合 计 Total	其中:女 of Which: Female	按学历分 By Educational Attainment			
			研究生毕业 Graduate	本科毕业 Under-graduate	专科毕业 Associate Bachelor	高中阶段毕业 High School Graduate
总 计 Total	**309046**	**223773**	**3127**	**167786**	**124626**	**13429**
北 京 Beijing	4073	3256	152	3088	749	83
天 津 Tianjin	2751	2002	91	2092	471	97
河 北 Hebei	17442	14523	121	9222	7494	597
山 西 Shanxi	6485	5338	11	3451	2817	206
内蒙古 Inner Mongolia	717	525	8	454	222	33
辽 宁 Liaoning	6453	4988	124	3418	2623	282
吉 林 Jilin	2551	1964	24	1568	812	147
黑龙江 Heilongjiang	4419	3445	12	2217	1957	232
上 海 Shanghai	3946	3047	99	2351	1390	106
江 苏 Jiangsu	13617	8941	160	9270	3677	510
浙 江 Zhejiang	21148	15594	229	14240	6186	492
安 徽 Anhui	7437	4428	18	3309	3508	602
福 建 Fujian	10275	7635	43	6067	3442	722
江 西 Jiangxi	7200	4854	20	3563	2953	658
山 东 Shandong	37588	24544	704	24302	10657	1917
河 南 Henan	19165	14358	124	9450	8571	1020
湖 北 Hubei	8360	5116	51	3736	3953	615
湖 南 Hunan	6987	4965	100	3621	2868	394
广 东 Guangdong	79371	59176	694	38928	37722	2021
广 西 Guangxi	7500	5710	56	3482	3522	438
海 南 Hainan	1466	908		344	948	174
重 庆 Chongqing	3462	2243	8	1591	1729	134
四 川 Sichuan	8335	5872	121	3998	3833	383
贵 州 Guizhou	5034	3541	22	2036	2508	462
云 南 Yunnan	8138	5587	20	3956	3623	529
西 藏 Tibet						
陕 西 Shaanxi	7240	5218	79	4384	2596	168
甘 肃 Gansu	2533	1830	17	1313	1079	124
青 海 Qinghai	484	323	7	274	194	9
宁 夏 Ningxia	581	403	5	332	224	20
新 疆 Xinjiang	4288	3439	7	1729	2298	254

职称情况(城乡结合区)
Attainment and Professional Rank (Urban-rural Transitional Area)

单位:人
unit: person

	按职称分 By Professional Rank					
高中阶段毕业以下 Below High School Graduate	中学高级 Senior Secondary	小学高级 Senior Primary	小学一级 1st Grade Primary	小学二级 2nd Grade Primary	小学三级 3rd Grade Primary	未定职级 No-ranking
78	**5913**	**148081**	**91304**	**8342**	**1502**	**53904**
1	17	1608	1178	107	24	1139
	27	1905	632	1		186
8	367	8179	6352	409	36	2099
	19	2707	3129	195	32	403
	135	315	179	33		55
6	519	4839	738	30	2	325
	71	1443	832	71	1	133
1	535	2613	1190	24	1	56
	28	1024	1188	179	20	1507
	581	7462	3711	333		1530
1	500	9643	6627	174	78	4126
	105	4102	2368	136	21	705
1	108	4900	3249	403	30	1585
6	130	3539	2434	242	29	826
8	1105	16478	14916	868	52	4169
	367	8840	6557	904	10	2487
5	255	4923	2047	291	50	794
4	74	3955	1840	100	3	1015
6	388	36589	13874	2433	1005	25082
2	94	4373	1797	170	29	1037
	5	773	496	91	1	100
	58	1653	1557	16	2	176
	150	3455	3783	59		888
6	9	2346	1206	280	15	1178
10	46	4632	2556	124	6	774
13	74	2648	3345	324	22	827
	31	1084	1261	41	2	114
	21	245	163	3		52
	12	246	182	11	3	127
	82	1562	1917	290	28	409

小学专任教师学历、

Number of Full-time Teacher in Primary Schools by

地 区 Region	合 计 Total	其中:女 of Which: Female	按学历分 By Educational Attainment			
			研究生毕业 Graduate	本科毕业 Under-graduate	专科毕业 Associate Bachelor	高中阶段毕业 High School Graduate
总 计 Total	**2029591**	**1351457**	**5766**	**885926**	**995659**	**141225**
北 京 Beijing	6237	4597	320	5041	770	103
天 津 Tianjin	7204	4881	67	4795	1896	442
河 北 Hebei	122994	98358	299	54500	62606	5538
山 西 Shanxi	64482	52672	84	29011	31858	3517
内蒙古 Inner Mongolia	49485	34388	194	25773	21449	2069
辽 宁 Liaoning	41744	29098	111	15533	22498	3530
吉 林 Jilin	34708	25082	287	19285	12986	2142
黑龙江 Heilongjiang	46533	31599	28	18118	25328	2999
上 海 Shanghai	8854	6207	254	5722	2711	166
江 苏 Jiangsu	122234	74539	689	84200	32104	5241
浙 江 Zhejiang	73638	50900	297	50042	20945	2342
安 徽 Anhui	91456	53075	216	37890	45977	7373
福 建 Fujian	61287	39811	51	21477	32775	6966
江 西 Jiangxi	89303	58906	102	37489	42690	8948
山 东 Shandong	146055	88397	1069	75830	55712	13415
河 南 Henan	176500	131041	520	69661	94150	12169
湖 北 Hubei	72318	40352	97	26256	38251	7649
湖 南 Hunan	101383	66488	165	37144	55560	8324
广 东 Guangdong	121323	83330	158	43032	71177	6932
广 西 Guangxi	72788	52045	82	25627	41280	5754
海 南 Hainan	20072	11001	14	4168	13493	2395
重 庆 Chongqing	51282	29947	67	19041	29483	2670
四 川 Sichuan	133606	80858	199	41292	81647	10464
贵 州 Guizhou	68316	40136	28	21377	41086	5706
云 南 Yunnan	61545	38764	37	23150	33491	4765
西 藏 Tibet	7019	4179	4	2655	4005	334
陕 西 Shaanxi	75924	50994	199	40156	32199	3343
甘 肃 Gansu	39634	24581	37	20272	16234	3060
青 海 Qinghai	10480	6528	42	5307	4849	279
宁 夏 Ningxia	10353	7169	14	5016	4782	540
新 疆 Xinjiang	40834	31534	35	17066	21667	2050

职称情况(镇区)

Educational Attainment and Professional Rank（Counties & Towns Area）

单位:人

unit: person

高中阶段毕业以下 Below High School Graduate	按职称分 By Professional Rank 中学高级 Senior Secondary	小学高级 Senior Primary	小学一级 1st Grade Primary	小学二级 2nd Grade Primary	小学三级 3rd Grade Primary	未定职级 No-ranking
1015	**56257**	**1055802**	**671334**	**62104**	**4039**	**180055**
3	51	2874	1920	54	7	1331
4	425	5358	1035	7	13	366
51	2194	55952	46945	3576	340	13987
12	303	23477	32021	2365	258	6058
	11449	24863	9252	905		3016
72	3980	28624	6460	495	58	2127
8	791	18405	11909	1056	84	2463
60	3290	26933	15119	248	8	935
1	128	3820	3568	195	17	1126
	5745	72120	31502	3073	74	9720
12	2008	40433	24267	573	48	6309
	1021	48286	28679	2929	343	10198
18	829	39272	14976	1964	103	4143
74	2115	43758	28090	5994	153	9193
29	4600	63660	58871	4810	148	13966
	3207	73885	64840	8262	39	26267
65	2119	45903	17050	2262	334	4650
190	1075	59065	29728	2168	124	9223
24	529	85090	17814	2612	749	14529
45	1058	49433	15841	1426	169	4861
2	58	10445	7749	893	38	889
21	556	24243	21834	1153	65	3431
4	4070	60004	59332	849	149	9202
119	187	40265	19699	3421	117	4627
102	558	37932	19269	1998	40	1748
21	265	2964	2618	351	35	786
27	833	27761	37481	4184	128	5537
31	616	14642	21016	1253	62	2045
3	612	5917	2695	200	70	986
1	229	4046	3764	468	29	1817
16	1356	16372	15990	2360	237	4519

地 区 Region	合 计 Total	其中：女 of Which: Female	按学历分 By Educational Attainment			
			研究生毕业 Graduate	本科毕业 Under-graduate	专科毕业 Associate Bachelor	高中阶段毕业 High School Graduate
总 计 Total	**608001**	**395860**	**1700**	**253275**	**302562**	**50112**
北 京 Beijing	1592	1134	86	1236	245	24
天 津 Tianjin	2987	1939	36	1920	810	217
河 北 Hebei	63881	50674	120	25058	35442	3210
山 西 Shanxi	20762	16928	36	9336	10141	1238
内蒙古 Inner Mongolia	4643	3268	6	2476	1970	191
辽 宁 Liaoning	6402	4485	13	2527	3344	511
吉 林 Jilin	4043	2832	19	2237	1492	294
黑龙江 Heilongjiang	5217	3296	7	1869	2910	412
上 海 Shanghai	2202	1534	49	1364	756	33
江 苏 Jiangsu	35136	21134	186	23524	9961	1465
浙 江 Zhejiang	26038	17997	96	17459	7664	815
安 徽 Anhui	21780	11272	49	8409	11155	2167
福 建 Fujian	17250	10877	17	6085	8742	2396
江 西 Jiangxi	22612	13266	13	7988	11029	3550
山 东 Shandong	63045	36090	397	30809	24841	6975
河 南 Henan	75432	52006	255	28525	40231	6421
湖 北 Hubei	19766	9617	17	6564	10654	2512
湖 南 Hunan	34805	21462	66	12288	18877	3534
广 东 Guangdong	48265	33628	80	15833	29424	2921
广 西 Guangxi	22465	15499	17	6945	13066	2421
海 南 Hainan	2755	1383		590	1764	401
重 庆 Chongqing	9392	5180	15	3016	5801	554
四 川 Sichuan	22954	13417	52	6830	13962	2110
贵 州 Guizhou	14838	7964	1	4502	8833	1452
云 南 Yunnan	17227	10961	9	6018	9595	1575
西 藏 Tibet	704	444		288	376	37
陕 西 Shaanxi	21072	14075	35	10367	9654	1009
甘 肃 Gansu	10453	6139	5	5230	4206	1004
青 海 Qinghai	2615	1602	11	1262	1258	81
宁 夏 Ningxia	1954	1276	4	825	974	151
新 疆 Xinjiang	5714	4481	3	1895	3385	431

职称情况(镇乡结合区)

Attainment and Professional Rank (County-town Transitional Area)

单位:人
unit: person

	按职称分 By Professional Rank					
高中阶段毕业以下 Below High School Graduate	中学高级 Senior Secondary	小学高级 Senior Primary	小学一级 1st Grade Primary	小学二级 2nd Grade Primary	小学三级 3rd Grade Primary	未定职级 No-ranking
352	**12320**	**308810**	**206120**	**19224**	**1398**	**60129**
1	12	679	557	30	7	307
4	112	2164	514			197
51	1004	28237	24987	1981	100	7572
11	66	7353	10758	799	93	1693
	1284	2355	709	57		238
7	632	4353	1016	43	5	353
1	88	2003	1564	93	7	288
19	296	2930	1887	41	3	60
	34	873	800	52	13	430
	1443	20118	9532	984	28	3031
4	509	13337	9038	278	24	2852
	264	11443	7142	671	64	2196
10	184	10442	4757	600	43	1224
32	363	11022	6908	1567	50	2702
23	1777	27654	25031	2184	79	6320
	1401	32235	27670	3245		10881
19	513	12536	4667	564	109	1377
40	320	20227	9863	749	93	3553
7	251	32396	7443	1058	353	6764
16	221	15419	5274	404	41	1106
	7	1259	1197	157	1	134
6	89	4204	3968	343	5	783
	597	10260	9877	213	82	1925
50	33	8769	4325	741	40	930
30	142	10553	5890	351	14	277
3	17	303	244	54	16	70
7	172	7366	11102	1185	46	1201
8	148	3794	5568	288	22	633
3	149	1633	648	38	1	146
	41	837	732	35	11	298
	151	2056	2452	419	48	588

小学专任教师学历、
Number of Full-time Teacher in Primary Schools by

地 区 Region	合 计 Total	其中:女 of Which: Female	按学历分 By Educational Attainment			
			研究生毕业 Graduate	本科毕业 Under-graduate	专科毕业 Associate Bachelor	高中阶段毕业 High School Graduate
总 计 Total	**2035974**	**1004745**	**3621**	**671029**	**1086148**	**271527**
北 京 Beijing	5852	3893	120	4873	762	88
天 津 Tianjin	7144	3662	38	4593	1859	651
河 北 Hebei	150044	99397	240	53676	84460	11612
山 西 Shanxi	63297	39951	144	21588	33877	7616
内蒙古 Inner Mongolia	21924	11142	87	8799	11139	1899
辽 宁 Liaoning	34456	20907	133	11649	19161	3424
吉 林 Jilin	41087	23838	101	17885	18580	4471
黑龙江 Heilongjiang	38390	19367	13	11525	22492	4301
上 海 Shanghai	2485	1701	49	1567	795	74
江 苏 Jiangsu	36825	16520	138	19104	14827	2756
浙 江 Zhejiang	33858	21398	133	21435	10740	1547
安 徽 Anhui	104788	41007	153	35778	54669	14188
福 建 Fujian	47462	22083	32	13053	24539	9746
江 西 Jiangxi	87951	39198	123	24649	42920	19947
山 东 Shandong	129679	53134	684	49800	55831	23305
河 南 Henan	232616	123390	464	74027	126137	31988
湖 北 Hubei	65104	24190	119	18241	34198	12438
湖 南 Hunan	94711	44478	100	27933	51077	15257
广 东 Guangdong	108946	60437	87	28031	70425	10381
广 西 Guangxi	111448	57215	98	28247	64415	18467
海 南 Hainan	16226	5724	5	2077	11091	3030
重 庆 Chongqing	31741	13692	73	10344	18046	3236
四 川 Sichuan	110847	51469	93	27777	69073	13883
贵 州 Guizhou	95905	34778	52	27570	55882	11654
云 南 Yunnan	132855	59146	55	42146	73360	16437
西 藏 Tibet	11724	5703	3	3918	7336	427
陕 西 Shaanxi	41190	18860	76	16266	20682	4077
甘 肃 Gansu	78143	28608	118	33781	30284	13750
青 海 Qinghai	10422	4156	45	4522	5105	746
宁 夏 Ningxia	13481	6563	19	5385	6644	1414
新 疆 Xinjiang	75373	49138	26	20790	45742	8717

职称情况(乡村)
Educational Attainment and Professional Rank (Rural Area)

单位:人
unit: person

高中阶段毕业以下 Below High School Graduate	按职称分 By Professional Rank 中学高级 Senior Secondary	小学高级 Senior Primary	小学一级 1st Grade Primary	小学二级 2nd Grade Primary	小学三级 3rd Grade Primary	未定职级 No-ranking
3649	**32511**	**978951**	**715526**	**86186**	**4512**	**218288**
9	26	2784	1902	70	27	1043
3	221	5253	1209	8	2	451
56	2246	67410	61041	3635	271	15441
72	308	22432	30852	2978	204	6523
	4430	10522	4674	627		1671
89	3001	22857	5670	448	54	2426
50	833	20839	14324	1331	100	3660
59	1698	21568	14071	298	30	725
	24	788	809	57	11	796
	770	20726	10730	1259	22	3318
3	431	16143	12123	393	151	4617
	1069	54066	35646	3648	98	10261
92	361	29515	12154	2010	84	3338
312	1294	40044	23998	7386	327	14902
59	2521	62376	49547	4644	182	10409
	3826	104157	86756	8235	22	29620
108	1096	39710	16221	2306	381	5390
344	934	53380	26199	2069	62	12067
22	616	71465	20414	2812	517	13122
221	772	63443	34247	3289	303	9394
23	51	7199	7764	757	25	430
42	197	12652	14929	1033	131	2799
21	2188	43190	49825	1626	53	13965
747	178	48421	28076	9231	421	9578
857	756	61894	47824	11232	158	10991
40	67	3392	4821	810	87	2547
89	297	14577	20576	2689	54	2997
210	708	26166	38510	3536	322	8901
4	429	5983	2298	267	29	1416
19	186	4572	4585	736	72	3330
98	977	21427	33731	6766	312	12160

小学办

Condition of School Buildings in Primary

地　区 Region	校舍建筑面积 Floor Space	教学及辅助用房 Teaching & Assistant Buildings						
		合计 Total	其中 of Which					
			教室 Classroom	实验室 Laboratory	图书室 Library	微机室 PC-room	语音室 Linguistic	体育馆 Gymnasium
总　计 Total	**673520395.18**	**370626428.23**	**306668513.46**	**20406233.23**	**17735395.50**	**13984353.08**	**3868479.70**	**7963453.26**
北　京 Beijing	6807294.94	3168852.90	2475695.18	208657.32	162564.37	139091.65	14293.93	168550.45
天　津 Tianjin	4362066.48	2425654.53	1953371.27	102887.54	113776.42	96889.45	43376.21	115353.64
河　北 Hebei	37334025.87	22325916.62	18087360.87	1537442.36	1224844.37	1044513.53	277549.24	154206.25
山　西 Shanxi	18087043.27	8886547.53	7397646.81	467579.79	456913.07	384138.29	98716.40	81553.17
内蒙古 Inner Mongolia	11446897.37	5643385.86	4515430.46	280028.27	272020.65	217160.14	87768.80	270977.54
辽　宁 Liaoning	12037118.16	6451940.11	5080865.81	391484.71	334907.09	317861.71	104391.95	222428.84
吉　林 Jilin	9072160.44	5283361.83	4393900.01	295083.47	248735.08	217493.75	64179.85	63969.67
黑龙江 Heilongjiang	9215257.43	5385879.87	4397963.08	311684.03	214403.63	208378.50	95347.50	158103.13
上　海 Shanghai	5518583.09	2913934.21	1998398.69	279432.12	184011.16	123983.88	38255.75	289852.61
江　苏 Jiangsu	35225229.29	21286114.36	16406317.19	1344739.58	1177740.04	998761.05	227034.60	1131521.90
浙　江 Zhejiang	29162060.46	14410061.43	10836687.87	912126.18	727950.72	578676.24	154196.08	1200424.34
安　徽 Anhui	26815693.35	17040811.55	14008231.43	1069719.10	905773.69	737222.63	167524.81	152339.89
福　建 Fujian	22005031.21	11620595.52	9406863.08	674105.53	634627.85	477429.21	95054.61	332515.24
江　西 Jiangxi	24798938.79	14877628.96	13131866.94	512044.65	540358.09	366390.73	146690.42	180278.13
山　东 Shandong	40444066.84	23014920.13	18269739.39	1778759.29	1332061.29	1097650.51	240277.90	296431.75
河　南 Henan	57289908.25	32846995.71	28337511.62	1524798.22	1583372.12	1073050.62	221315.25	106947.88
湖　北 Hubei	27919209.67	13779190.35	11023454.87	1006403.08	745630.46	624132.94	200997.08	178571.92
湖　南 Hunan	33123949.07	17496171.69	15070697.29	879859.49	665046.65	435764.40	176000.67	268803.19
广　东 Guangdong	66171108.84	36819026.18	30251407.14	1607765.18	1692515.43	1271196.68	481099.76	1515041.99
广　西 Guangxi	31723476.63	18213768.91	16501885.38	575723.69	621345.58	308195.05	55341.48	151277.73
海　南 Hainan	5584587.28	3036464.03	2712964.93	97631.88	113265.90	74109.10	22932.66	15559.56
重　庆 Chongqing	18683777.10	9956640.10	8677170.73	442566.04	312308.49	272753.08	60989.22	190852.54
四　川 Sichuan	33252440.86	18408653.52	15629462.62	943010.31	801231.15	665444.51	184654.39	184850.54
贵　州 Guizhou	23845229.96	11833869.31	10047909.76	678385.33	569529.27	402039.95	68632.04	67372.96
云　南 Yunnan	27935967.29	14000747.57	12163968.39	683143.45	535853.65	435220.10	100905.56	81656.42
西　藏 Tibet	3699793.91	1200994.13	1011769.41	51191.69	51446.41	56926.37	17034.83	12625.42
陕　西 Shaanxi	18071425.62	9369272.29	7285047.91	637278.21	555592.55	505280.03	282001.84	104071.75
甘　肃 Gansu	13725435.68	7926494.89	6837057.34	351368.19	365104.89	297750.22	36219.63	38994.62
青　海 Qinghai	3753851.96	1726597.22	1383600.37	94268.66	87467.45	81693.96	27632.66	51934.12
宁　夏 Ningxia	4246111.23	2405283.58	1960514.01	152463.16	121617.62	123093.99	20645.19	26949.61
新　疆 Xinjiang	12162654.84	6870653.34	5413753.61	514602.71	383380.36	352060.81	57419.39	149436.46

学条件(一)(总计)

Schools (1) (Total)

单位:平方米

unit:m^2

行政办公用房 Administrative		生活用房 Residential and Welfare							其他用房 Rooms for Other Purposes	校舍面积中 of the Floor Space	
合计 Total	其中:教师办公室 of Which: for Teachers	合计 Total	教工宿舍 Apartments for Single: 小计 Subtotal	教工宿舍 Apartments for Single: 其中:教师周转宿舍 of Which: Accommodation for Circulation of Teachers	学生宿舍 Students' Dormitories	食堂 Dining Halls	厕所 Toilet	其他 Others		危房面积 Floor Space of Dilapidated Buildings	当年新增 New Added in Current Year
61737449.62	**41673426.11**	**172470933.59**	**52353790.29**	**12373451.77**	**35051562.98**	**35374708.36**	**28388077.43**	**21302794.53**	**68685583.74**	**12666766.18**	**35793879.91**
789179.79	421502.58	1161864.42	117716.93	11098.65	86655.43	299426.89	309177.83	348887.34	1687397.83		171908.79
575305.35	378025.43	671945.09	29768.02	3200.00	6797.00	117134.25	225426.36	292819.46	689161.51		61838.92
3415006.06	2459101.60	7590279.35	1058416.73	182655.83	1989252.77	1200353.64	1658214.15	1684042.06	4002823.84	16110.28	3835077.90
2194184.26	1642207.93	4526457.37	899395.71	89304.28	1302647.19	816150.49	775003.37	733260.61	2479854.11	89397.16	421734.63
1315091.53	934645.76	3412688.88	233822.04	80325.62	1460124.44	708306.54	530024.23	480411.63	1075731.10		505132.28
1379469.34	905238.16	1994205.50	92755.56	26649.84	206575.73	543660.79	555506.08	595707.34	2211503.21	101805.40	519591.94
999169.84	670919.14	1438476.15	59209.94	17221.44	181037.62	339753.68	422263.42	436211.49	1351152.62	46292.73	698758.74
1250935.44	851644.30	1523227.22	48360.45	15120.51	343331.72	240066.65	402878.32	488590.08	1055214.90	151339.91	145706.90
717173.32	380511.47	1004466.54	16122.00	1583.00	11437.00	371994.44	253094.09	351819.01	883009.02		221183.93
3659024.80	2026334.13	6568727.02	817212.01	149948.41	604815.02	2536401.94	1311480.68	1298817.37	3711363.11		1400107.41
2790817.07	1582647.53	7275953.40	1693792.05	211713.73	725166.39	2544543.77	1111504.88	1200946.31	4685228.56		1586440.12
2544957.89	1851800.44	5038944.47	1479942.13	212535.66	511975.99	1351260.60	1194546.19	501219.56	2190979.44	66262.07	1037830.69
1660805.31	985568.20	5163671.32	2335343.71	289161.96	637744.31	593622.55	934554.29	662406.46	3559959.06	206030.00	774212.70
1948468.39	1295372.59	6482499.03	2569630.05	528105.15	925596.49	1333445.10	1052297.43	601529.96	1490342.41	1458591.31	1719586.14
4301822.40	2684534.37	6841988.20	1088600.50	218712.68	742162.18	1654944.14	2126711.36	1229570.02	6285336.11	29501.00	2407072.83
7131690.79	5537407.12	13304625.22	2956635.68	439235.16	3165587.37	2741420.86	3145474.14	1295507.17	4006596.53	850774.68	2043801.74
2115112.65	1402185.89	9671342.82	4046601.26	692458.72	1975085.20	1814794.43	949274.94	885586.99	2353563.85	420636.66	711208.96
2709955.61	2015414.08	10015827.56	3365030.88	555227.84	1929521.89	2298412.34	1281296.28	1141566.17	2901994.21	626029.20	864289.27
4779099.86	3147123.85	15018856.99	7275962.47	923762.33	1877309.45	1460467.90	2266842.57	2138274.60	9554125.81	68637.84	1447636.05
1852774.52	1462824.72	9722630.64	4106831.70	1176717.33	2098316.37	1609811.11	1120445.05	787226.41	1934302.56	1787878.58	1699203.93
331676.28	233089.48	1917579.94	1216029.19	338041.33	329301.42	147603.25	158816.78	65829.30	298867.03	102775.40	170038.55
1548968.70	942995.18	5477667.20	2414289.21	556035.23	791162.68	1051409.54	646165.17	574640.60	1700501.10	216420.42	639410.73
2362483.62	1575422.14	10688182.37	3789594.53	1408383.72	2614158.26	2130624.06	1397515.92	756289.60	1793121.35	326119.08	3043894.75
1629009.67	1056669.87	8765861.83	2812555.33	1734092.24	3010121.58	1451469.90	970078.59	521636.43	1616489.15	2539.40	1996494.29
1344091.03	886873.00	11481622.54	3315233.34	884738.76	3977374.81	2736885.52	975213.98	476914.89	1109506.15	3613321.24	2678841.11
225435.10	170563.34	2211277.06	951472.97	732624.06	722660.36	350995.05	81410.53	104738.15	62087.62	14202.99	518716.22
2307928.64	1606528.36	4937275.47	1497141.09	188094.44	1083417.38	970720.69	863746.92	522249.39	1456949.22	130457.35	1322168.91
1602386.00	1261560.01	3402572.55	1037915.31	140932.20	539614.69	638341.96	788717.04	397983.55	793982.24	2285886.55	1182483.45
283699.59	194132.80	1411210.04	354211.34	194661.29	533500.99	224895.44	136421.27	162181.00	332345.11	4630.00	500615.29
458807.90	294917.19	955331.54	253242.95	85078.54	74077.18	232447.11	247524.16	148040.14	426688.21	22219.95	344997.54
1512918.87	815665.45	2793675.86	420955.21	286031.82	595034.07	863343.73	496451.41	417891.44	985406.77	28906.98	1123895.20

地　区 Region	校舍建筑面积 Floor Space	教学及辅助用房 Teaching & Assistant Buildings						
		合计 Total	其中 of Which					
			教室 Classroom	实验室 Laboratory	图书室 Library	微机室 PC-room	语音室 Linguistic	体育馆 Gymnasium
总　计 Total	**180098464.29**	**100320532.72**	**80047080.57**	**5401331.88**	**4635114.69**	**3849011.08**	**1199363.52**	**5188630.98**
北　京 Beijing	5168890.39	2390917.48	1904740.28	127550.48	119542.93	98903.38	10222.93	129957.48
天　津 Tianjin	2637444.53	1400371.54	1106984.25	51816.25	65816.44	53053.50	22802.46	99898.64
河　北 Hebei	6389412.95	3844567.72	3166706.69	218113.27	186386.38	153035.67	44234.92	76090.79
山　西 Shanxi	4391924.78	2360290.20	1984421.98	103942.86	109458.28	91945.77	31745.41	38775.90
内蒙古 Inner Mongolia	3302513.88	1965268.14	1584967.71	79036.26	79669.55	69256.83	25103.00	127234.79
辽　宁 Liaoning	6187125.27	3243920.19	2534451.57	157575.92	160873.06	148510.12	59315.00	183194.52
吉　林 Jilin	2983361.14	1794832.79	1506812.29	77789.77	71776.15	68059.42	23214.75	47180.41
黑龙江 Heilongjiang	3380369.76	1839547.43	1441342.69	92928.70	66151.32	75442.95	42903.01	120778.76
上　海 Shanghai	4424584.74	2334476.13	1594379.38	223034.19	145912.14	97315.64	32346.53	241488.25
江　苏 Jiangsu	16178977.64	9374073.28	7045776.96	565866.04	525371.48	393600.35	89752.78	753705.67
浙　江 Zhejiang	12812823.39	6511891.40	4703580.54	405074.60	328706.78	235769.43	70132.81	768627.24
安　徽 Anhui	4761247.77	3052349.20	2540822.66	140211.07	122424.09	132067.61	29876.76	86947.01
福　建 Fujian	6232894.52	3276809.46	2550155.99	205362.39	189843.40	131246.82	34900.84	165300.02
江　西 Jiangxi	3590191.64	2143198.31	1798123.65	81227.52	83541.01	75412.42	31666.60	73227.11
山　东 Shandong	12544571.82	6856087.00	5433274.64	506342.64	356277.23	272829.67	77909.35	209453.47
河　南 Henan	9281712.73	5116033.92	4410930.12	215346.90	201916.02	167682.47	54002.70	66155.71
湖　北 Hubei	7009950.65	3998721.54	3209638.24	257923.70	191959.16	165440.81	59005.19	114754.44
湖　南 Hunan	5813235.99	3109540.65	2539810.48	155328.95	122454.27	94797.18	38576.63	158573.14
广　东 Guangdong	29534227.76	15890851.25	12690896.11	746154.59	674658.48	549656.06	187519.32	1041966.69
广　西 Guangxi	3986057.37	2435164.90	2072966.90	91143.06	87450.67	75040.18	13631.70	94932.39
海　南 Hainan	1231769.04	751267.46	666144.80	22476.56	25668.64	20313.76	8597.90	8065.80
重　庆 Chongqing	5494204.09	3114746.94	2585487.46	145922.36	104932.43	96693.85	24484.81	157226.03
四　川 Sichuan	6586527.07	4192436.46	3402400.54	248664.45	186294.69	167570.92	60495.78	127010.08
贵　州 Guizhou	2569014.05	1390643.16	1138436.38	71476.82	65564.47	57275.45	16403.84	41486.20
云　南 Yunnan	3140230.08	1833605.41	1520997.54	86420.46	75749.35	74781.22	23437.45	52219.39
西　藏 Tibet	225847.00	105965.00	94303.00	2826.00	2896.00	3627.00	2233.00	80.00
陕　西 Shaanxi	4110546.68	2194104.67	1749031.41	124276.29	114274.56	107617.72	45043.10	53861.59
甘　肃 Gansu	1852386.24	1164326.15	1001909.22	40730.79	42470.72	46261.36	9959.12	22994.94
青　海 Qinghai	548511.38	302524.31	225326.93	23630.98	16087.91	17477.48	7043.50	12957.51
宁　夏 Ningxia	1195365.31	709193.27	572810.13	43699.31	34426.95	33275.01	8302.93	16678.94
新　疆 Xinjiang	2532544.63	1622807.36	1269450.03	89438.70	76560.13	75051.03	14499.40	97808.07

学条件(一)(城区)
Schools (1) (Urban Area)

单位:平方米
unit:m²

行政办公用房 Administrative		生活用房 Residential and Welfare							其他用房 Rooms for Other Purposes	校舍面积中 of the Floor Space	
			教工宿舍 Apartments for Single								
合计 Total	其中:教师办公室 of Which: for Teachers	合计 Total	小计 Subtotal	其中:教师周转宿舍 of Which: Accommodation for Circulation of Teachers	学生宿舍 Students' Dormitories	食堂 Dining Halls	厕所 Toilet	其他 Others		危房面积 Floor Space of Dilapidated Buildings	当年新增 New Added in Current Year
19014908.47	**11649595.77**	**31687333.69**	**6231665.09**	**898417.53**	**3698022.94**	**7123942.41**	**7386119.26**	**7247583.99**	**29075689.41**	**1501733.29**	**8199259.74**
598126.73	328588.46	814840.63	57017.50	6232.55	45371.89	217817.96	228719.18	265914.10	1365005.55		141805.07
360431.05	235818.03	394519.57	5451.00	449.00	6485.00	84108.24	134801.66	163673.67	482122.37		42027.51
698752.33	489180.53	965482.91	66551.66	7105.81	170167.24	112343.46	252305.60	364114.95	880609.99	176.01	606227.71
585162.55	396649.05	651455.98	94130.33	10003.86	119527.36	71459.53	189606.35	176732.41	795016.05	32819.00	117404.65
431472.20	283403.66	492135.81	34244.51	9150.25	101155.06	62723.67	144464.18	149548.39	413637.73		76890.09
728113.35	435450.19	927984.37	14508.00	1903.00	70792.00	253099.67	264591.99	324992.71	1287107.36	5849.00	296971.70
327614.11	198664.70	371972.56	4858.15	360.12	17824.93	97413.60	118537.73	133338.15	488941.68	8437.00	180446.15
548348.93	331939.80	446421.12	5278.35	469.00	34022.76	45093.50	133634.96	228391.55	546052.28	30431.00	21363.99
569409.52	305874.91	801955.40	8397.00	738.00	11437.00	281166.84	201905.07	299049.49	718743.69		201576.30
1798587.58	961139.95	2836794.33	142974.34	23469.63	167677.51	1212971.18	603620.24	709551.06	2169522.45		455362.93
1276072.61	707120.22	2685029.21	325478.49	46997.69	272865.67	1091646.80	485328.20	509710.05	2339830.17		934345.51
554241.69	360122.53	464221.38	75663.00	11343.00	33858.00	68014.46	198165.18	88520.74	690435.50	22370.00	169165.91
537410.66	298848.46	894682.59	255299.66	38504.23	28042.01	118267.90	282177.74	210895.28	1523991.81	15104.00	310902.15
357952.16	214203.53	629670.10	181029.38	32542.41	22985.47	112359.40	159236.21	154059.64	459371.07	77005.00	233817.25
1431602.74	812207.82	1883516.86	182817.66	36160.40	192193.77	470133.49	576962.96	461408.98	2373365.22	3282.00	621790.55
1232697.92	867753.71	1697250.49	393715.70	63998.48	363882.53	241861.21	400158.93	297632.12	1235730.40	75142.96	319164.60
720975.38	459837.94	1472035.38	506459.76	44991.56	175373.00	299339.59	245807.26	245055.77	818218.35	37696.00	234486.72
502083.36	348131.27	1255282.13	299411.59	47298.42	202282.67	301888.91	221428.20	230270.76	946329.85	37408.00	140404.24
2101223.85	1323962.99	5897311.72	2169809.68	247487.11	795606.79	792373.01	1082686.66	1056835.58	5644840.94	55239.84	655079.03
334636.24	240577.53	864029.57	301469.19	45122.00	143917.29	127882.58	174479.13	116281.38	352226.66	95274.00	230402.77
88030.18	60465.27	317826.66	192621.24	58184.98	43406.04	25929.50	42528.16	13341.72	74644.74	9884.00	35217.26
577412.14	335590.75	1020377.51	202267.49	20700.57	102302.99	305842.54	202654.13	207310.36	781667.50	12981.00	319245.16
616455.43	398856.78	1279311.84	211044.33	30881.38	266561.45	324767.76	283429.67	193508.63	498323.34	33242.00	528804.59
278658.60	179062.69	469700.64	97397.61	24890.00	72356.30	82125.44	125788.92	92032.37	430011.65		234530.72
274432.90	172094.93	563901.62	160499.74	28528.00	61906.16	100566.70	129736.95	111192.07	468290.15	512688.20	270031.50
29061.00	22624.00	86299.00	44454.00	41312.00	14099.00	11903.00	6102.00	9741.00	4522.00		21221.00
577219.93	365868.45	821065.19	157384.10	14462.41	132507.85	136605.73	209056.38	185511.13	518156.89	68912.85	420096.29
234860.26	166172.74	204397.62	17700.37	1953.00	5329.20	15539.40	93288.05	72540.60	248802.21	363058.43	148472.39
67520.36	38066.96	83649.60	2231.00	60.00	7959.00	5117.90	27414.42	40927.28	94817.11	1206.00	55584.21
165073.65	97453.00	120524.21	9086.61	620.02	840.00	5816.03	66605.03	38176.54	200574.18	1389.00	79169.24
411269.06	213864.92	273687.69	12413.65	2498.65	15287.00	47763.41	100898.12	97325.51	224780.52	2138.00	97252.55

Condition of School Buildings in Primary

地 区 Region	校舍建筑面积 Floor Space	教学及辅助用房 Teaching & Assistant Buildings						
		合计 Total	其中 of Which					
			教室 Classroom	实验室 Laboratory	图书室 Library	微机室 PC-room	语音室 Linguistic	体育馆 Gymnasium
总 计 Total	**36399023.24**	**19842550.44**	**15876465.54**	**1137827.16**	**966856.50**	**798477.61**	**240034.58**	**822889.05**
北 京 Beijing	417627.62	227727.87	183386.78	14632.19	12199.99	11804.56	867.00	4837.35
天 津 Tianjin	336950.22	152697.65	115743.00	8472.03	8320.17	7012.55	2829.30	10320.60
河 北 Hebei	1728601.28	992035.20	801267.44	68380.42	55140.16	49088.63	10406.37	7752.18
山 西 Shanxi	723677.11	376498.60	315479.00	16976.10	18535.57	16911.99	4101.00	4494.94
内蒙古 Inner Mongolia	115298.01	60724.86	49121.35	2735.56	2918.75	2846.20	724.00	2379.00
辽 宁 Liaoning	738436.99	347054.48	262671.44	19415.18	18032.82	17381.00	8917.78	20636.26
吉 林 Jilin	251461.36	103031.93	77585.45	7554.05	6456.66	5539.77	1681.00	4215.00
黑龙江 Heilongjiang	355813.66	183239.71	142524.63	11324.08	7093.92	9005.08	4974.00	8318.00
上 海 Shanghai	401399.82	217840.19	157172.20	15136.02	12215.00	9226.00	2736.00	21354.97
江 苏 Jiangsu	1737501.31	992210.14	743725.28	67094.70	63760.07	49078.31	11177.35	57374.43
浙 江 Zhejiang	3067531.45	1541948.30	1139683.61	82696.99	74377.24	58060.89	14602.25	172527.32
安 徽 Anhui	836045.06	522847.70	434166.40	30497.08	24317.03	21289.04	5991.15	6587.00
福 建 Fujian	1381165.71	756259.07	589581.81	49071.85	45878.08	34325.47	9478.76	27923.10
江 西 Jiangxi	773517.07	495167.67	425538.82	26371.56	18744.71	15229.67	5448.91	3834.00
山 东 Shandong	4111143.31	2235743.00	1764557.95	176393.92	126014.34	101211.44	29183.88	38381.47
河 南 Henan	2092691.32	1143504.16	973291.14	55844.26	50672.29	39757.84	11338.03	12600.60
湖 北 Hubei	1030104.60	548016.12	439137.34	37746.63	31026.71	24218.02	9673.42	6214.00
湖 南 Hunan	820869.28	429499.49	345592.64	25877.59	18900.10	13722.20	5985.50	19421.46
广 东 Guangdong	10090986.90	5425729.07	4323345.89	265535.79	235597.66	196518.39	69232.92	335498.42
广 西 Guangxi	845904.27	522604.60	456593.68	19051.50	18892.12	11742.70	2642.00	13682.60
海 南 Hainan	164219.54	87441.86	79252.00	1776.00	4140.86	1441.00	160.00	672.00
重 庆 Chongqing	600275.53	331019.86	285808.79	16024.22	11319.93	10467.22	2746.70	4653.00
四 川 Sichuan	964453.73	579618.92	484818.00	27356.45	23960.46	21715.76	5389.49	16378.76
贵 州 Guizhou	461552.78	243491.16	197639.21	15776.17	12339.33	11064.71	1515.08	5156.66
云 南 Yunnan	898330.36	520838.95	431532.21	26808.80	25879.72	20593.60	7164.00	8860.62
西 藏 Tibet								
陕 西 Shaanxi	797889.80	414507.10	331229.97	25343.38	21668.61	22107.79	7686.04	6471.31
甘 肃 Gansu	213598.66	127670.62	112162.74	4320.66	5239.66	4965.56	814.00	168.00
青 海 Qinghai	36409.97	16017.38	12143.06	1234.78	1023.34	1110.50	465.70	40.00
宁 夏 Ningxia	78283.99	41961.98	33125.18	3473.95	2109.95	2675.95	402.95	174.00
新 疆 Xinjiang	327282.53	205602.80	168588.53	14905.25	10081.25	8365.77	1700.00	1962.00

学条件(一)(城乡结合区)

Schools (1) (Urban-rural Transitional Area)

单位:平方米

unit: m^2

行政办公用房 Administrative		生活用房 Residential and Welfare							其他用房 Rooms for Other Purposes	校舍面积中 of the Floor Space	
			教工宿舍 Apartments for Single								
合计 Total	其中:教师办公室 of Which: for Teachers	合计 Total	小计 Subtotal	其中:教师周转宿舍 of Which: Accommodation for Circulation of Teachers	学生宿舍 Students' Dormitories	食堂 Dining Halls	厕所 Toilet	其他 Others		危房面积 Floor Space of Dilapidated Buildings	当年新增 New Added in Current Year
3416865.48	**2133871.63**	**7527055.52**	**1959442.48**	**243972.50**	**1015657.48**	**1651654.68**	**1561703.43**	**1338597.45**	**5612551.80**	**300704.45**	**1905842.70**
51769.34	24643.92	71378.12	11784.46	739.00	729.00	17608.93	18773.16	22482.57	66752.29		11289.20
41414.12	27424.77	57210.13	100.00	64.00		17099.25	16067.70	23943.18	85628.32		1672.00
163842.84	120067.90	322753.41	32875.30	2042.86	82747.40	38959.56	81273.63	86897.52	249969.83		175039.23
108666.54	70738.51	106830.62	19977.63	1178.18	14830.00	13975.36	33242.72	24804.91	131681.35	1368.00	10676.13
13302.10	7143.17	27665.05	2524.79	63.00	6606.00	4076.26	4570.00	9888.00	13606.00		2183.17
69107.15	43064.73	124694.15	2627.00	30.00	7916.00	38866.31	36266.83	39018.01	197581.21		55656.80
30894.92	17556.36	50171.87	210.00	20.00	2421.00	9236.58	10260.01	28044.28	67362.64	2025.00	17581.00
62359.82	38695.71	41549.92	766.00	50.00	3654.00	5509.00	13508.90	18112.02	68664.21	8948.00	520.00
52897.22	27792.00	70295.53	2959.00	300.00		31299.20	17696.00	18341.33	60366.88		30239.00
175994.88	91716.48	361195.18	46098.51	3591.32	33889.06	151948.89	71498.53	57760.19	208101.11		46799.98
279450.68	140669.80	725290.40	114101.43	17236.71	78515.71	311136.42	109601.83	111935.01	520842.07		305882.95
88124.85	63628.85	123667.48	23400.00	3059.00	18042.00	22886.24	38873.76	20465.48	101405.03	766.00	28664.70
105962.01	61006.68	246792.67	89624.64	17393.11	5313.00	28072.77	72088.64	51693.62	272151.96	672.00	97222.19
65734.16	43222.27	147845.32	41796.40	10113.95	9298.47	35824.13	36692.77	24233.55	64769.92	9066.00	64744.55
453892.19	258590.53	715714.12	68048.35	13080.41	99363.04	172452.82	211689.34	164160.57	705794.00	3282.00	195847.70
261205.28	196348.43	451083.67	82346.91	15318.43	126519.61	82039.56	104508.90	55668.69	236898.21	14803.00	108354.70
93326.66	61469.64	277962.22	80634.00	9076.00	62899.00	60858.23	40360.62	33210.37	110799.60	15064.00	96783.67
72772.72	50721.06	206634.40	52304.92	15888.00	38548.00	58814.73	35424.47	21542.28	111962.67	24012.00	13654.80
707781.64	449820.70	2158416.54	960178.08	77612.78	195762.22	273789.44	368616.22	360070.58	1799059.65	2130.00	192213.34
57288.37	45254.37	201624.65	70942.28	15136.00	42668.30	28588.83	35562.89	23862.35	64386.65	30040.00	45981.80
10274.68	7392.68	50799.44	35216.48	13708.48	3640.00	4634.00	6090.96	1218.00	15703.56	819.00	12369.76
54871.83	36920.16	118212.03	23115.17	734.00	15503.58	39486.67	22148.45	17958.16	96171.81		23852.76
85636.11	48919.71	241516.38	44845.03	9691.00	81454.01	59242.53	40958.94	15015.87	57682.32	5344.00	77129.61
43291.24	28398.54	112933.46	20446.60	1932.00	26161.29	27333.19	21064.30	17928.08	61836.92		76004.33
78048.86	46170.17	212128.70	74711.30	11659.00	19932.00	50804.74	41586.44	25094.22	87313.85	108648.00	94667.07
104400.56	74061.18	194233.12	45735.35	2504.27	31749.59	37403.87	39950.53	39393.78	84749.02	29850.45	85221.71
22668.95	17440.16	38178.38	6495.70	700.00	5157.20	6039.38	12332.61	8153.49	25080.71	43867.00	13902.55
4869.99	2811.60	10056.64	30.00		1999.00	615.90	1420.33	5991.41	5465.96		41.00
10038.25	6466.85	11132.75	2128.15	80.00		1727.75	3968.85	3308.00	15151.01		1690.00
46977.52	25714.70	49089.17	3419.00	971.00	339.00	21324.14	15605.10	8401.93	25613.04		19957.00

小学办

Condition of School Buildings in Primary

地　区 Region	校舍建筑面积 Floor Space	教学及辅助用房 Teaching & Assistant Buildings						
		合计 Total	其中 of Which					
			教室 Classroom	实验室 Laboratory	图书室 Library	微机室 PC-room	语音室 Linguistic	体育馆 Gymnasium
总　计 Total	**225836263.87**	**122630611.63**	**102145268.79**	**6692354.14**	**5518407.95**	**4685357.59**	**1508176.23**	**2081046.93**
北　京 Beijing	835301.10	395096.86	287572.41	34730.00	19805.60	18977.88	2943.00	31067.97
天　津 Tianjin	812513.30	490372.95	409484.67	20252.33	21730.39	18680.73	8097.83	12127.00
河　北 Hebei	12752788.07	7374590.66	5979974.11	508646.24	383053.49	341721.92	109267.37	51927.53
山　西 Shanxi	6121078.20	3052594.34	2574375.98	150009.51	140778.35	122952.43	37888.51	26589.56
内蒙古 Inner Mongolia	5660927.96	2657209.19	2110037.18	133865.69	130056.63	104783.69	49045.50	129420.50
辽　宁 Liaoning	2736168.41	1409796.21	1149184.77	89196.95	62864.85	67806.33	24102.31	16641.00
吉　林 Jilin	2710532.23	1591161.40	1359740.02	71005.71	67268.77	58294.24	22329.40	12523.26
黑龙江 Heilongjiang	3012974.79	1745104.79	1465342.79	87721.63	61237.80	65039.06	35698.33	30065.18
上　海 Shanghai	844984.35	447543.32	312372.77	42450.45	30670.18	19612.34	4432.22	38005.36
江　苏 Jiangsu	14741195.76	9006692.45	7068474.11	580202.56	466935.18	424382.91	103246.49	363451.20
浙　江 Zhejiang	10910384.52	5417188.50	4161903.43	355085.21	265958.85	226746.70	59719.88	347774.43
安　徽 Anhui	9506270.22	6029869.15	4986594.61	370261.83	288913.88	253269.98	71086.47	59742.38
福　建 Fujian	7600809.35	4206857.19	3475684.62	214075.94	203167.35	158734.67	33591.20	121603.41
江　西 Jiangxi	9307313.95	5493302.50	4815833.66	194741.21	185955.08	145713.33	68404.82	82654.40
山　东 Shandong	14075903.41	7806484.76	6277072.36	573719.40	435416.90	355380.57	87067.25	77828.28
河　南 Henan	18713309.47	10223549.26	8865344.27	461519.98	452860.59	330798.80	78425.57	34600.05
湖　北 Hubei	9826530.07	4644071.91	3749332.01	349391.10	222835.10	203505.35	77580.55	41427.80
湖　南 Hunan	12043086.56	6222263.87	5319840.98	330378.86	231018.64	176658.57	80538.57	83828.25
广　东 Guangdong	17008475.69	9796594.47	8304834.03	364434.27	396373.75	318352.73	150966.99	261632.70
广　西 Guangxi	9403196.94	5033096.39	4551093.83	169668.46	162984.26	99431.24	20054.32	29864.28
海　南 Hainan	2135174.70	1097581.76	981483.56	35798.76	38098.76	30027.16	8028.76	4144.76
重　庆 Chongqing	7661321.32	4021280.81	3575452.30	164483.72	116823.96	108551.61	27451.31	28517.91
四　川 Sichuan	13405943.38	7467856.03	6358814.72	375642.22	318025.27	280832.50	80310.86	54230.46
贵　州 Guizhou	8318617.05	3819080.16	3232895.14	221884.01	171418.23	143039.02	31116.40	18727.36
云　南 Yunnan	6809753.26	3464190.07	2998464.33	171832.57	127012.11	119889.96	31799.07	15192.03
西　藏 Tibet	1151040.43	375263.45	316952.11	13972.81	13056.27	18283.96	5403.20	7595.10
陕　西 Shaanxi	8062700.70	4157329.46	3199514.50	297697.72	253806.11	227811.90	146468.17	32031.06
甘　肃 Gansu	3695835.34	2125967.64	1805326.99	108413.40	99910.65	89825.58	14272.34	8218.68
青　海 Qinghai	1493069.81	629151.11	487781.58	40421.61	33456.48	31758.33	12903.11	22830.00
宁　夏 Ningxia	1190800.45	693162.93	577794.19	42381.71	28575.88	33323.40	6407.24	4680.51
新　疆 Xinjiang	3288263.08	1736308.04	1386696.76	118468.28	88338.59	91170.70	19529.19	32104.52

学条件(一)(镇区)

Schools (1) (Counties & Towns Area)

单位:平方米
unit:m²

行政办公用房 Administrative		生活用房 Residential and Welfare							其他用房 Rooms for Other Purposes	校舍面积中 of the Floor Space	
合计 Total	其中:教师办公室 of Which: for Teachers	合计 Total	教工宿舍 Apartments for Single: 小计 Subtotal	教工宿舍 Apartments for Single: 其中:教师周转宿舍 of Which: Accommodation for Circulation of Teachers	学生宿舍 Students' Dormitories	食堂 Dining Halls	厕所 Toilet	其他 Others		危房面积 Floor Space of Dilapidated Buildings	当年新增 New Added in Current Year
20542931.38	**13725561.37**	**63200166.93**	**19289120.63**	**4838523.01**	**15607408.82**	**12928199.09**	**8683182.53**	**6692255.86**	**19462553.93**	**3313444.92**	**13035583.90**
89860.63	46699.96	179283.69	26581.83	1708.00	19880.76	44888.40	40866.64	47066.06	171059.92		23573.72
99507.97	68961.58	127872.29	10274.12	1281.00	150.00	23877.00	41083.47	52487.70	94760.09		10390.01
1164257.83	835508.69	2890443.71	360039.67	60942.43	926540.57	473920.28	535486.48	594456.71	1323495.87	2085.04	1480100.05
725377.92	536458.58	1614469.19	284245.25	36998.11	543256.93	305596.15	242769.57	238601.29	728636.75	16385.15	179476.35
599598.97	429777.87	1945985.02	117557.09	44107.21	948101.46	432588.25	248793.40	198944.82	458134.78		295969.18
320484.10	224746.00	565482.74	30872.69	12617.00	95662.85	180997.33	115897.41	142052.46	440405.36	32597.88	145389.51
282511.08	184248.61	524334.83	21326.66	11471.86	111261.63	157245.46	106448.71	128052.37	312524.92	9484.00	269054.48
362659.07	263066.04	603300.54	13434.39	5700.60	209759.42	116500.88	121173.19	142432.66	301910.39	34294.63	79525.47
115129.00	57903.86	155215.94	5764.00	445.00		69610.84	39302.02	40539.08	127096.09		19607.63
1477012.38	818621.54	2975631.51	506707.81	91895.36	373360.98	1129004.95	520170.51	446387.26	1281859.42		739268.44
1065897.72	605511.62	2874453.26	753076.70	99489.54	267217.97	971651.63	430937.35	451569.61	1552845.04		492611.51
904809.24	610800.56	1887330.05	602447.30	94851.38	280397.28	475053.53	361977.35	167454.59	684261.78	12470.05	358277.11
597174.24	334888.42	1905778.70	838986.80	121567.22	352724.75	211846.18	306710.99	195509.98	890999.22	64816.00	282282.94
830993.86	517833.28	2423917.66	921035.79	211101.79	508473.71	454238.20	335211.93	204958.03	559099.93	458860.81	550208.18
1462448.11	916339.35	2771079.47	531669.53	106621.06	407409.78	713662.02	718490.40	399847.74	2035891.07	5439.00	925202.06
2224183.89	1686793.42	5058800.21	1023429.29	143981.08	1633197.03	1065188.66	928386.32	408598.91	1206776.11	222096.71	726234.32
668693.67	453970.77	3824913.83	1757788.60	296071.76	812701.20	671456.26	281338.59	301629.18	688850.66	170255.56	197511.80
958515.42	702983.81	3986281.01	1365026.90	244445.35	926906.40	900205.22	416497.60	377644.89	876026.26	199647.25	380131.99
1209370.98	799657.21	4330100.47	2170843.47	354541.40	811886.78	358660.23	506542.56	482167.43	1672409.77	4326.00	450369.84
558540.67	425545.14	3278443.32	1384092.35	410553.10	838876.56	543549.88	297732.48	214192.05	533116.56	506542.58	625568.57
120755.20	82075.60	806088.15	449241.62	138327.62	206304.48	73890.45	54516.82	22134.78	110749.59	26489.00	72408.35
601802.09	373552.46	2474074.95	1205587.16	281896.89	361718.52	426179.16	243923.09	236667.02	564163.47	91842.49	229921.16
965001.70	632505.54	4313398.78	1583607.29	614704.86	1112342.49	834979.57	503459.89	279009.54	659686.87	111406.00	1401767.27
602027.09	371475.87	3300858.91	990880.76	611920.09	1279470.51	500329.24	311593.23	218585.17	596650.89	150.00	972260.79
445573.19	292679.68	2618446.82	784406.61	259281.90	865466.87	623657.59	213978.64	130937.11	281543.18	790937.90	601797.55
73165.74	55052.44	686669.32	307008.47	226907.64	229234.62	102043.62	18616.00	29766.61	15941.92	7453.28	168914.78
965219.74	691577.44	2390145.16	747456.77	113877.52	643677.11	472906.68	331119.24	194985.36	550006.34	31639.70	542937.24
410510.42	312502.45	923466.35	214101.67	54711.32	219475.41	201450.34	170432.41	118006.52	235890.93	488654.91	335642.51
114069.95	78580.94	615325.24	118573.95	79732.59	284011.82	104103.03	45256.50	63379.94	134523.51	2044.00	181680.99
143566.68	98619.54	261317.28	49559.38	26932.10	35471.12	70182.38	67092.58	39011.82	92753.56	20582.00	103060.53
384212.83	216623.10	887258.53	113496.71	79840.23	302469.81	218735.68	127377.16	125179.17	280483.68	2944.98	194439.57

小学办

Condition of School Buildings in Primary

地 区 Region	校舍建筑面积 Floor Space	教学及辅助用房 Teaching & Assistant Buildings						
		合计 Total	其中 of Which					
			教室 Classroom	实验室 Laboratory	图书室 Library	微机室 PC-room	语音室 Linguistic	体育馆 Gymnasium
总 计 Total	**72136985.61**	**40663696.86**	**33769240.27**	**2316571.40**	**1955971.67**	**1584076.76**	**450193.24**	**587643.52**
北 京 Beijing	164572.16	78676.55	61514.50	6699.00	5194.83	3759.22	204.00	1305.00
天 津 Tianjin	358707.18	217006.52	175726.18	11235.82	11649.48	8640.82	4256.22	5498.00
河 北 Hebei	6925807.73	4141145.72	3332319.71	294690.50	226692.49	202790.93	56000.81	28651.28
山 西 Shanxi	2048504.47	1062339.90	888487.18	53231.58	52570.89	45447.57	13201.68	9401.00
内蒙古 Inner Mongolia	526027.70	252883.76	204312.41	12276.04	13034.75	10107.26	4020.50	9132.80
辽 宁 Liaoning	473594.73	254453.88	201968.40	16513.65	13004.34	11910.69	4528.80	6528.00
吉 林 Jilin	340757.50	179024.88	150816.36	9761.98	7664.61	7606.85	2377.08	798.00
黑龙江 Heilongjiang	396246.19	225315.83	180849.38	14482.83	8917.34	10302.23	5348.27	5415.78
上 海 Shanghai	190852.46	107915.13	79178.00	10836.00	6210.60	4707.00	969.00	6014.53
江 苏 Jiangsu	4232203.24	2641416.75	2115929.27	162769.92	129907.84	126909.75	24547.98	81351.99
浙 江 Zhejiang	3761891.78	1917854.54	1490773.21	125142.38	91557.80	79115.40	23744.12	107521.63
安 徽 Anhui	2344610.49	1472903.09	1214213.62	94077.93	81002.68	63592.68	15328.18	4688.00
福 建 Fujian	2420184.60	1366367.63	1113854.39	80427.39	70927.95	56557.79	11858.05	32742.06
江 西 Jiangxi	2723191.53	1624768.01	1431546.03	62111.57	61206.26	38855.43	14674.72	16374.00
山 东 Shandong	6391190.34	3619841.02	2869837.03	285805.94	210926.99	174626.00	41526.51	37118.55
河 南 Henan	8489254.48	4842437.13	4146138.78	235452.48	245226.40	159810.80	33792.68	22015.99
湖 北 Hubei	2918892.68	1341678.84	1067217.84	111920.00	71922.00	63397.00	19262.00	7960.00
湖 南 Hunan	4647356.55	2426736.27	2096374.10	126742.56	94233.43	67487.41	23208.48	18690.29
广 东 Guangdong	7241625.48	4267353.13	3570372.63	165874.71	183469.12	144773.05	59088.56	143775.06
广 西 Guangxi	2958769.93	1805058.01	1653465.19	54916.64	57181.30	28989.32	5575.56	4930.00
海 南 Hainan	341246.85	192571.39	175125.39	5445.00	7057.00	4194.00	663.00	87.00
重 庆 Chongqing	1542076.73	832393.33	742802.76	36000.57	23269.11	20343.89	4407.00	5570.00
四 川 Sichuan	2411711.16	1353853.89	1154026.84	71664.54	57425.55	51251.01	11954.83	7531.12
贵 州 Guizhou	1800880.84	903663.14	773175.66	51932.08	40376.29	30352.75	5305.66	2520.70
云 南 Yunnan	1921066.28	1065945.73	919469.73	55920.00	41931.00	35896.00	9117.00	3612.00
西 藏 Tibet	101574.65	34352.33	27596.62	839.01	1385.01	1659.01	678.68	2194.00
陕 西 Shaanxi	2423396.90	1304175.06	1007488.04	89808.13	79694.30	74369.23	43404.64	9410.72
甘 肃 Gansu	1033565.78	581309.37	474012.32	35827.48	35158.17	29420.79	5317.61	1573.00
青 海 Qinghai	331622.01	153360.92	128960.67	7560.80	5877.80	5984.60	2352.05	2625.00
宁 夏 Ningxia	229404.66	138542.50	115175.40	7821.89	6300.89	7563.43	995.88	685.01
新 疆 Xinjiang	446198.53	258352.61	206512.63	18782.98	14995.45	13654.85	2483.69	1923.01

学条件(一)(镇乡结合区)

Schools (1) (County-town Transitional Area)

单位:平方米

unit:m²

行政办公用房 Administrative		生活用房 Residential and Welfare							其他用房 Rooms for Other Purposes	校舍面积中 of the Floor Space	
			教工宿舍 Apartments for Single								
合计 Total	其中:教师办公室 of Which: for Teachers	合计 Total	小计 Subtotal	其中:教师周转宿舍 of Which: Accommodation for Circulation of Teachers	学生宿舍 Students' Dormitories	食堂 Dining Halls	厕所 Toilet	其他 Others		危房面积 Floor Space of Dilapidated Buildings	当年新增 New Added in Current Year
6638459.30	**4565816.23**	**18370197.32**	**5479101.14**	**1122436.44**	**3714703.99**	**3862810.60**	**3077910.26**	**2235671.33**	**6464632.13**	**1192192.79**	**4108739.31**
20329.79	9622.15	35404.42	4304.48	120.00	6234.68	8153.24	8861.39	7850.63	30161.40		629.00
47153.78	32346.45	55919.36	5454.12	929.00	150.00	10232.90	18074.64	22007.70	38627.52		2951.80
610683.49	431212.13	1474586.85	179975.15	22482.62	448085.84	228221.43	308361.51	309942.92	699391.67	490.05	822048.01
249899.27	185545.25	473768.81	92107.71	11595.20	142267.74	89898.85	80613.02	68881.49	262496.49	6072.00	31317.68
49925.68	35576.13	165453.74	13607.96	5264.00	77163.64	36606.00	24787.49	13288.65	57764.52		32196.90
45413.02	29981.39	103768.06	5316.85	1160.00	22640.85	29767.54	23031.78	23011.04	69959.77	3665.00	27759.54
42483.25	28065.64	69292.77	4523.87	1867.86	12606.01	21044.86	14896.52	16221.51	49956.60	677.00	19076.39
46328.50	31444.50	80065.59	1713.44	1000.48	25467.02	13327.67	16779.37	22778.09	44536.27	2677.00	11810.28
27900.50	12937.50	35232.00	2294.00			16288.00	8878.00	7772.00	19804.83		16234.63
419200.06	240321.66	856585.60	179500.63	36593.49	59365.62	308094.43	155028.11	154596.81	315000.83		126399.13
371382.09	220994.72	932372.40	250392.45	31934.11	64038.60	338537.23	149449.52	129954.60	540282.75		241162.68
219662.73	161474.21	493225.91	160128.38	22533.57	53921.11	124899.93	102998.40	51278.09	158818.76	6754.00	93959.80
179284.45	101325.34	551756.37	273963.29	33556.39	43860.41	52127.75	105450.39	76354.53	322776.15	10924.00	125789.54
226013.67	154906.20	724248.28	274155.62	61607.37	123569.76	153162.09	115942.37	57418.44	148161.57	159860.00	169479.54
660491.79	415868.18	1207324.42	220077.14	52328.97	162052.84	302191.12	343896.04	179107.28	903533.11	5278.00	506995.99
1056976.44	830787.82	2053428.05	376739.68	46257.52	558265.34	444754.72	475731.86	197936.45	536412.86	109310.59	329540.40
191529.22	130928.72	1182033.46	517059.80	93752.76	270881.00	213779.84	93247.82	87065.00	203651.16	53081.56	43952.18
376034.09	273718.24	1494378.60	490084.79	101814.47	339116.04	359063.64	167262.17	138851.96	350207.59	100969.25	105858.37
532564.90	360415.31	1666235.20	809539.94	109138.21	217960.10	145534.31	241718.78	251482.07	775472.25	4326.00	185449.94
179111.36	143382.56	799442.21	320183.57	85605.17	149299.92	138671.28	112057.23	79230.21	175158.35	237929.62	154344.08
21148.60	15224.80	115214.86	68314.22	16612.22	23132.36	8679.24	10670.04	4419.00	12312.00	8960.00	12505.00
115081.71	68900.12	498730.19	234070.63	51896.45	78229.00	93167.18	53633.39	39629.99	95871.50	26065.00	40487.16
166092.46	113691.87	774388.75	256683.59	95491.25	190640.90	161988.12	99429.21	65646.93	117376.06	11003.00	238919.05
120906.08	77900.66	660504.80	190308.16	103463.39	231134.99	113841.43	69859.32	55360.90	115806.82		208535.01
118228.26	82268.26	655288.91	201844.56	47795.90	155881.76	185156.56	68074.01	44332.02	81603.38	286974.60	157401.02
8926.68	7344.78	58156.74	22877.42	21417.42	23080.03	6801.69	1730.00	3667.60	138.90	306.00	12643.04
301094.81	215328.14	635332.11	212419.24	27092.85	124229.44	134784.47	113412.98	50485.98	182794.92	13352.00	146182.85
127467.73	91500.77	253064.66	57111.62	11538.14	44238.59	54751.85	53672.03	43290.57	71724.02	142733.12	110294.72
26151.88	16837.67	117835.79	31654.00	16817.00	45403.40	18957.21	9443.02	12378.16	34273.42		69729.00
27135.69	15375.25	51099.07	11725.76	4768.94	4540.00	18021.99	12318.04	4493.28	12627.40		14049.64
53857.32	30589.81	96059.34	10969.07	6001.69	17247.00	32304.03	18601.81	16937.43	37929.26	785.00	51036.94

小学办
Condition of School Buildings in Primary

地区 Region	校舍建筑面积 Floor Space	教学及辅助用房 Teaching & Assistant Buildings						
		合计 Total	其中 of Which					
			教室 Classroom	实验室 Laboratory	图书室 Library	微机室 PC-room	语音室 Linguistic	体育馆 Gymnasium
总　计 Total	**267585667.02**	**147675283.88**	**124476164.10**	**8312547.21**	**7581872.86**	**5449984.41**	**1160939.95**	**693775.35**
北　京 Beijing	803103.45	382838.56	283382.49	46376.84	23215.84	21210.39	1128.00	7525.00
天　津 Tianjin	912108.65	534910.04	436902.35	30818.96	26229.59	25155.22	12475.92	3328.00
河　北 Hebei	18191824.85	11106758.24	8940680.07	810682.85	655404.50	549755.94	124046.95	26187.93
山　西 Shanxi	7574040.29	3473662.99	2838848.85	213627.42	206676.44	169240.09	29082.48	16187.71
内蒙古 Inner Mongolia	2483455.53	1020908.53	820425.57	67126.32	62294.47	43119.62	13620.30	14322.25
辽　宁 Liaoning	3113824.48	1798223.71	1397229.47	144711.84	111169.18	101545.26	20974.64	22593.32
吉　林 Jilin	3378267.07	1897367.64	1527347.70	146287.99	109690.16	91140.09	18635.70	4266.00
黑龙江 Heilongjiang	2821912.88	1801227.65	1491277.60	131033.70	87014.51	67896.49	16746.16	7259.19
上　海 Shanghai	249014.00	131914.76	91646.54	13947.48	7428.84	7055.90	1477.00	10359.00
江　苏 Jiangsu	4305055.89	2905348.63	2292066.12	198670.98	185433.38	180777.79	34035.33	14365.03
浙　江 Zhejiang	5438852.55	2480981.53	1971203.90	151966.37	133285.09	116160.11	24343.39	84022.67
安　徽 Anhui	12548175.36	7958593.20	6480814.16	559246.20	494435.72	351885.04	66561.58	5650.50
福　建 Fujian	8171327.34	4136928.87	3381022.47	254667.20	241617.10	187447.72	26562.57	45611.81
江　西 Jiangxi	11901433.20	7241128.15	6517909.63	236075.92	270862.00	145264.98	46619.00	24396.62
山　东 Shandong	13823591.61	8352348.37	6559392.39	698697.25	540367.16	469440.27	75301.30	9150.00
河　南 Henan	29294886.05	17507412.53	15061237.23	847931.34	928595.51	574569.35	88886.98	6192.12
湖　北 Hubei	11082728.95	5136396.90	4064484.62	399088.28	330836.20	255186.78	64411.34	22389.68
湖　南 Hunan	15267626.52	8164367.17	7211045.83	394151.68	311573.74	164308.65	56885.47	26401.80
广　东 Guangdong	19628405.39	11131580.46	9255677.00	497176.32	621483.20	403187.89	142613.45	211442.60
广　西 Guangxi	18334222.32	10745507.62	9877824.65	314912.17	370910.65	133723.63	21655.46	26481.06
海　南 Hainan	2217643.54	1187614.81	1065336.57	39356.56	49498.50	23768.18	6306.00	3349.00
重　庆 Chongqing	5528251.69	2820612.35	2516230.97	132159.96	90552.10	67507.62	9053.10	5108.60
四　川 Sichuan	13259970.41	6748361.03	5868247.36	318703.64	296911.19	217041.09	43847.75	3610.00
贵　州 Guizhou	12957598.86	6624145.99	5676578.24	385024.50	332546.57	201725.48	21111.80	7159.40
云　南 Yunnan	17985983.95	8702952.09	7644506.52	424890.42	333092.19	240548.92	45669.04	14245.00
西　藏 Tibet	2322906.48	719765.68	600514.30	34392.88	35494.14	35015.41	9398.63	4950.32
陕　西 Shaanxi	5898178.24	3017838.16	2336502.00	215304.20	187511.88	169850.41	90490.57	18179.10
甘　肃 Gansu	8177214.10	4636201.10	4029821.13	202224.00	222723.52	161663.28	11988.17	7781.00
青　海 Qinghai	1712270.77	794921.80	670491.86	30216.07	37923.06	32458.15	7686.05	16146.61
宁　夏 Ningxia	1859945.47	1002927.38	809909.69	66382.14	58614.79	56495.58	5935.02	5590.16
新　疆 Xinjiang	6341847.13	3511537.94	2757606.82	306695.73	218481.64	185839.08	23390.80	19523.87

学条件(一)(乡村)

Schools (1) (Rural Area)

单位:平方米

unit: m^2

行政办公用房 Administrative		生活用房 Residential and Welfare							其他用房 Rooms for Other Purposes	校舍面积中 of the Floor Space	
			教工宿舍 Apartments for Single								
合计 Total	其中:教师办公室 of Which: for Teachers	合计 Total	小计 Subtotal	其中:教师周转宿舍 of Which: Accommodation for Circulation of Teachers	学生宿舍 Students' Dormitories	食堂 Dining Halls	厕所 Toilet	其他 Others		危房面积 Floor Space of Dilapidated Buildings	当年新增 New Added in Current Year
22179609.77	**16298268.97**	**77583432.97**	**26833004.57**	**6636511.23**	**15746131.22**	**15322566.86**	**12318775.64**	**7362954.68**	**20147340.40**	**7851587.97**	**14559036.27**
101192.43	46214.16	167740.10	34117.60	3158.10	21402.78	36720.53	39592.01	35907.18	151332.36		6530.00
115366.33	73245.82	149553.23	14042.90	1470.00	162.00	9149.01	49541.23	76658.09	112279.05		9421.40
1551995.90	1134412.38	3734352.73	631825.40	114607.59	892544.96	614089.90	870422.07	725470.40	1798717.98	13849.23	1748750.14
883643.79	709100.30	2260532.20	521020.13	42302.31	639862.90	439094.81	342627.45	317926.91	956201.31	40193.01	124853.63
284020.36	221464.23	974568.05	82020.44	27068.16	410867.92	212994.62	136766.65	131918.42	203958.59		132273.01
330871.89	245041.97	500738.39	47374.87	12129.84	40120.88	109563.79	175016.68	128662.17	483990.49	63358.52	77230.73
389044.65	288005.83	542168.76	33025.13	5389.46	51951.06	85094.62	197276.98	174820.97	549686.02	28371.73	249258.11
339927.44	256638.46	473505.56	29647.71	8950.91	99549.54	78472.27	148070.17	117765.87	207252.23	86614.28	44817.44
32634.80	16732.70	47295.20	1961.00	400.00		21216.76	11887.00	12230.44	37169.24		
383424.84	246572.64	756301.18	167529.86	34583.42	63776.53	194425.81	187689.93	142879.05	259981.24		205476.04
448846.74	270015.69	1716470.93	615236.86	65226.50	185082.75	481245.34	195239.33	239666.65	792553.35		159483.10
1085906.96	880877.35	2687393.04	801831.83	106341.28	197720.71	808192.61	634403.66	245244.23	816282.16	31422.02	510387.67
526220.41	351831.32	2363210.03	1241057.25	129090.51	256977.55	263508.47	345665.56	256001.20	1144968.03	126110.00	181027.61
759522.37	563335.78	3428911.27	1467564.88	284460.95	394137.31	766847.50	557849.29	242512.29	471871.41	922725.50	935560.71
1407771.55	955987.20	2187391.87	374113.31	75931.22	142558.63	471148.63	831258.00	368313.30	1876079.82	20780.00	860080.22
3674808.98	2982859.99	6548574.52	1539490.69	231255.60	1168507.81	1434370.99	1816928.89	589276.14	1564090.02	553535.01	998402.82
725443.60	488377.18	4374393.61	1782352.90	351395.40	987011.00	843998.58	422129.09	338902.04	846494.84	212685.10	279210.44
1249356.83	964299.00	4774264.42	1700592.39	263484.07	800332.82	1096318.21	643370.48	533650.52	1079638.10	388973.95	343753.04
1468505.03	1023503.65	4791444.80	2935309.32	321733.82	269815.88	309434.66	677613.35	599271.59	2236875.10	9072.00	342187.18
959597.61	796702.05	5580157.75	2421270.16	721042.23	1115522.52	938378.65	648233.44	456752.98	1048959.34	1186062.00	843232.59
122890.90	90548.61	793665.13	574166.33	141528.73	79590.90	47783.30	61771.80	30352.80	113472.70	66402.40	62412.94
369754.47	233851.97	1983214.74	1006434.56	253437.77	327141.17	319387.84	199587.95	130663.22	354670.13	111596.93	90244.41
781026.49	544059.82	5095471.75	1994942.91	762797.48	1235254.32	970876.73	610626.36	283771.43	635111.14	181471.08	1113322.89
748323.98	506131.31	4995302.28	1724276.96	1097282.15	1658294.77	869015.22	532696.44	211018.89	589826.61	2389.40	789702.78
624084.94	422098.39	8299274.10	2370326.99	596928.86	3050001.78	2012661.23	631498.39	234785.71	359672.82	2309695.14	1807012.06
123208.36	92886.90	1438308.74	600010.50	464404.42	479326.74	237048.43	56692.53	65230.54	41623.70	6749.71	328580.44
765488.97	549082.47	1726065.12	592300.22	59754.51	307232.42	361208.28	323571.30	141752.90	388785.99	29904.80	359135.38
957015.32	782884.82	2274708.58	806113.27	84267.88	314810.08	421352.22	524996.58	207436.43	309289.10	1434173.21	698368.55
102109.28	77484.90	712235.20	233406.39	114868.70	241530.17	115674.51	63750.35	57873.78	103004.49	1380.00	263350.09
150167.57	98844.65	573490.05	194596.96	57526.42	37766.06	156448.70	113826.55	70851.78	133360.47	248.95	162767.77
717436.98	385177.43	1632729.64	295044.85	203692.94	277277.26	596844.64	268176.13	195386.76	480142.57	23824.00	832203.08

小学办

Condition of School Buildings in Primary

地 区 Region	占地面积(平方米) Areas of School Sites (m²)			图书(册) Books & Magazines in Libraries (volume)	计算机数 PC	
	合计 Total	其中 of Which			合计 Total	其中:教学 of Which: No. of Used for
		绿化用地面积 Green Areas	运动场地面积 Sports Areas			小计 Subtotal
总 计 Total	**2265025223.18**	**383953092.42**	**685930662.14**	**1981448509**	**9665916**	**8196205**
北 京 Beijing	14013945.95	2242329.92	5489827.60	28298944	228925	198858
天 津 Tianjin	12305924.66	1395825.23	4832816.73	18862374	93926	79758
河 北 Hebei	150997030.32	14825197.56	50360364.93	145182339	631231	610067
山 西 Shanxi	56942360.48	6444274.55	16961735.02	44355170	262955	212569
内蒙古 Inner Mongolia	55951928.17	7337175.87	14496818.44	22900065	136307	101828
辽 宁 Liaoning	49726868.96	4858368.46	23110918.20	50451752	281390	229790
吉 林 Jilin	56441462.53	10437786.44	15612620.00	32584671	135134	109851
黑龙江 Heilongjiang	50517921.69	5757251.61	21077412.86	20649372	129884	99012
上 海 Shanghai	9934165.01	2698668.47	3109858.13	24828976	166756	131928
江 苏 Jiangsu	104706157.87	26782035.06	33059024.42	111318303	684304	593119
浙 江 Zhejiang	65131256.21	14789925.42	20989835.87	95615347	611591	557944
安 徽 Anhui	107047342.99	14112240.39	26156244.50	71731200	394871	333146
福 建 Fujian	52585372.32	10401549.26	19054301.67	69948749	345298	287471
江 西 Jiangxi	76437715.78	10482399.44	25097740.01	55806217	199436	151453
山 东 Shandong	164285493.48	32446103.76	61123359.83	166508164	931414	815912
河 南 Henan	204333293.81	24734669.12	50273954.74	151392453	408246	336589
湖 北 Hubei	91519132.36	27695188.56	22960162.71	87901622	339051	300203
湖 南 Hunan	97285590.94	14474252.58	22720359.42	87366239	271461	230455
广 东 Guangdong	177433361.96	41096894.65	61455490.49	187853414	1155989	949982
广 西 Guangxi	102408140.04	15455258.78	27520561.45	72613850	197497	132680
海 南 Hainan	32675044.25	7131391.44	6276822.85	12050675	65818	53997
重 庆 Chongqing	43400399.76	6856453.13	12920669.16	30129892	214310	170621
四 川 Sichuan	79579684.96	10996599.41	29394327.40	86180298	417856	349687
贵 州 Guizhou	68484076.13	13208465.98	24603113.44	72960264	258483	230165
云 南 Yunnan	91172088.40	15037409.71	19106824.30	73370866	259713	201960
西 藏 Tibet	15019215.29	1785102.42	2173201.72	4772803	41402	32538
陕 西 Shaanxi	57439965.26	7526665.73	16942060.91	69186552	308877	279169
甘 肃 Gansu	63051696.84	8447886.91	18061030.16	36295554	179442	158171
青 海 Qinghai	15543577.02	1572161.78	3433355.21	10037180	48848	41248
宁 夏 Ningxia	20760528.54	3577830.26	6767961.65	10929523	82604	63463
新 疆 Xinjiang	77894481.20	19345730.52	20787888.32	29365681	182897	152571

学条件(二)(总计)
Schools (2) (Total)

(台) (set)	教室中: Classroom		教室中:普通教室(间) of Which: General Classroom		固定资产总值(万元) Total Value of Fixed Asset (10,000 yuan)		
用计算机 Computers Instruction	合计 Total	其中:网络多媒体教室 of Which: Network Multimedia Classroom	合计 Total	其中:网络多媒体教室 of Which: Network Multimedia Classroom	合计 Total	其中:教学仪器设备资产值 of Which: Total Value of Equip & Instru.	
其中:平板电脑 of Which:tablet PC						小计 Subtotal	其中:实验设备 for Profession
255519	**3619223**	**1531810**	**2929149**	**1347362**	**78422429.88**	**10121437.27**	**2222815.34**
13958	32109	28462	22457	20958	1663895.67	577975.37	38186.63
2697	23299	15194	17807	13089	695012.16	101594.62	17903.04
18646	256334	83126	212270	76986	3687346.07	446717.58	153146.39
3850	105013	45556	82079	41956	1850572.88	205805.52	54500.16
804	49333	23970	38007	21600	1729122.55	183147.48	32876.47
13221	80815	32573	60080	27484	1321916.28	284598.87	53500.27
1733	62489	14562	50830	12785	1044411.29	179433.72	43061.98
1848	66025	19333	49088	17310	947050.06	137670.18	31659.44
6892	26476	22730	19154	17511	1363741.30	251341.13	42549.82
14947	157939	104695	119065	87003	5902063.18	732163.57	151543.07
10052	113284	99287	83322	81468	3966733.16	570289.54	97207.72
4922	168523	81989	139117	77910	3135909.51	355109.69	83260.07
3066	111696	59306	78275	51484	2602923.09	397079.52	70838.28
6696	158194	47959	129330	45107	2057158.05	203400.46	47785.33
7332	224848	156367	167242	124437	5571058.83	643665.00	115729.61
21919	391608	91165	341832	85085	4619570.95	436187.21	132782.92
14379	124470	56687	98661	52763	2715840.00	361175.10	116376.73
7504	146155	36376	128635	33156	2896859.13	290234.11	92326.44
46104	271559	162649	209237	144274	8210777.28	1171629.37	268749.17
6500	170490	39439	150371	37117	2631426.15	282671.23	74982.15
1341	24900	6657	21016	6201	794499.06	87852.19	21340.93
7186	71478	46567	55745	38815	1806583.90	223321.56	31530.35
10666	180303	50730	157311	45776	4196120.16	602633.57	125752.03
12362	137404	62355	108259	58612	2274483.78	236584.73	61929.24
1091	143852	37018	125793	33757	3396594.82	261864.91	65146.03
408	11042	2466	9485	2237	793687.91	37216.46	7770.77
3607	103111	34136	84967	29779	2163315.46	286713.75	89574.93
6826	97754	22550	85707	20770	1559433.61	180951.97	39385.59
3090	17098	4336	14077	3663	624448.52	35504.81	7692.75
460	23917	10938	17539	9118	701050.41	126251.55	23610.34
1412	67705	32632	52391	29151	1498824.64	230652.49	30116.68

小学办

Condition of School Buildings in Primary

地 区 Region	占地面积(平方米) Areas of School Sites (m^2)			图书(册) Books & Magazines in Libraries (volume)	计算机数 PC	
	合计 Total	其中 of Which			合计 Total	其中:教学 of Which: No. of Used for
		绿化用地面积 Green Areas	运动场地面积 Sports Areas			小计 Subtotal
总 计 Total	**379654554.72**	**75045720.17**	**140136747.65**	**650412631**	**3646341**	**3103403**
北 京 Beijing	8383647.25	1197759.99	3356319.71	21694480	182238	158799
天 津 Tianjin	5411226.07	600732.58	2013601.37	11735252	59521	49921
河 北 Hebei	16589197.96	1806992.45	5987330.67	30558802	137001	132563
山 西 Shanxi	9473645.75	1172545.02	3369896.15	14396188	83190	69798
内蒙古 Inner Mongolia	8112616.79	1058989.73	3046080.28	9072967	51386	40747
辽 宁 Liaoning	15585865.88	1694944.59	7900208.41	30517790	176798	147070
吉 林 Jilin	7050405.87	883099.86	3289584.71	13085722	56174	44804
黑龙江 Heilongjiang	8397685.07	920018.07	3825663.81	9046057	68032	53216
上 海 Shanghai	7251582.74	1905054.69	2285837.34	19798323	138624	110303
江 苏 Jiangsu	34759664.34	9123994.39	12141650.25	48004932	310774	266447
浙 江 Zhejiang	24379123.55	6082409.80	7715831.09	40938626	261816	242215
安 徽 Anhui	10389531.68	1723817.03	3538738.43	14582266	96609	79115
福 建 Fujian	11004346.96	2302064.59	4320480.09	27218024	125144	105791
江 西 Jiangxi	7672163.50	1308901.10	2724198.11	11513842	54610	43025
山 东 Shandong	33331092.28	6792583.40	13351065.68	57193929	298416	259880
河 南 Henan	19723287.97	2480657.78	6149380.46	29941691	115600	94890
湖 北 Hubei	15842819.34	4832106.78	4850081.63	30601342	122080	107589
湖 南 Hunan	11920549.99	2308606.84	3600714.73	20776444	83133	70482
广 东 Guangdong	55822870.51	14313396.38	20989148.47	96446811	575224	476837
广 西 Guangxi	8066905.77	1358810.15	2935894.37	15221008	57848	39452
海 南 Hainan	2854247.87	546650.44	800801.45	4152521	21776	17969
重 庆 Chongqing	9682949.37	1869724.51	2981403.12	9943006	84178	68430
四 川 Sichuan	11528993.17	1960576.69	5283040.55	18853102	135951	121482
贵 州 Guizhou	5133421.69	849963.28	2394801.35	11072817	54835	50878
云 南 Yunnan	6998451.44	1743400.95	2355285.70	11629224	56815	47132
西 藏 Tibet	613240.00	100499.00	112252.00	517733	3632	2350
陕 西 Shaanxi	8991613.41	1299377.10	3084475.52	20503495	97985	87886
甘 肃 Gansu	3749095.70	508123.71	1558019.06	7053466	43868	38242
青 海 Qinghai	1178874.71	223053.30	401930.55	2654468	15729	12998
宁 夏 Ningxia	3634004.72	778859.37	1531424.71	3763134	27538	21121
新 疆 Xinjiang	6121433.37	1298006.60	2241607.88	7925169	49816	41971

学条件(二)(城区)
Schools (2) (Urban Area)

(台) (set)	教室中: Classroom		教室中:普通教室(间) of Which: General Classroom		固定资产总值(万元) Total Value of Fixed Asset (10,000 yuan)		
用计算机 Computers Instruction	合计 Total	其中:网络多媒体教室 of Which: Network Multimedia Classroom	合计 Total	其中:网络多媒体教室 of Which: Network Multimedia Classroom	合计 Total	其中:教学仪器设备资产值 of Which: Total Value of Equip & Instru.	
其中:平板电脑 of Which:tablet PC						小计 Subtotal	其中:实验设备 for Profession
130228	**822278**	**578496**	**635295**	**494143**	**27115972.74**	**4475416.15**	**752352.51**
12841	24541	22306	17521	16620	1360144.10	474958.85	32053.19
1989	13253	10517	10385	8988	447753.62	72141.06	9485.50
4306	36396	21722	28866	19723	679149.02	117345.06	30316.29
1993	22245	14357	17492	13220	502847.51	79681.50	15594.24
212	14441	9860	11107	8840	455931.90	60682.15	8858.80
7240	34660	23243	25646	19683	771841.26	197738.17	30027.27
1550	14563	7483	11993	6874	423080.89	77992.27	14084.08
1541	20056	10462	14841	9366	372625.68	74706.38	12937.23
6499	21143	18452	15159	14152	1140898.54	210880.97	31507.35
10058	64030	51391	46934	41320	3110559.08	381877.75	68843.59
5746	48035	43274	35374	34599	1904796.87	271241.03	41370.50
489	23279	14079	18316	12948	689028.73	77509.30	13866.46
1196	30688	23107	22695	19856	915444.15	162606.11	20035.23
3463	19731	10822	16027	9938	408647.86	48837.02	8832.98
5518	59397	49266	43439	39885	2206497.01	273843.21	37241.03
4602	48437	25391	40278	23222	970763.00	112161.95	26104.59
7199	33007	21668	25693	19574	971607.42	149074.22	40575.91
2658	24574	14183	20772	12601	744995.95	95439.35	22347.54
24843	109841	86131	86740	74709	4146924.91	737696.84	156822.01
1480	19306	10217	16088	9338	468279.95	67621.31	12597.33
730	5070	2679	4540	2540	209933.23	32816.26	7416.58
2036	20102	16586	14976	13537	764835.43	93827.98	10856.25
8145	31774	18560	25265	16153	1036695.47	208581.54	33770.35
9163	14902	10596	12099	9594	348296.23	50908.26	6729.84
5	15142	8262	12862	7479	394555.37	60491.77	9640.88
	791	397	672	377	35926.03	3455.78	916.56
1431	22073	12823	16338	10964	664190.00	107820.84	26866.18
1288	9939	6376	7945	5884	235682.68	51683.23	6051.66
1238	2538	1610	1833	1282	102571.50	8325.22	1564.66
421	5940	4149	4302	3562	221963.32	47682.06	9038.93
348	12384	8527	9097	7315	409506.01	65788.69	5999.51

小学办
Condition of School Buildings in Primary

地　区 Region	占地面积(平方米) Areas of School Sites (m^2) 合计 Total	其中 of Which 绿化用地面积 Green Areas	运动场地面积 Sports Areas	图书(册) Books & Magazines in Libraries (volume)	计算机数 PC 合计 Total	其中:教学 of Which: No. of Used for 小计 Subtotal
总　计 Total	**104606601.22**	**22099785.23**	**35740617.26**	**115963823**	**645124**	**552421**
北　京 Beijing	1290220.40	186545.39	547025.60	2159882	14087	12234
天　津 Tianjin	988535.52	113670.53	367046.68	1470227	6733	5430
河　北 Hebei	6389360.42	724245.35	2356583.89	6693766	33152	31858
山　西 Shanxi	2195650.55	286415.62	711024.44	2166803	12938	10367
内蒙古 Inner Mongolia	461425.55	77008.55	132558.00	201210	1567	1305
辽　宁 Liaoning	2762817.62	351214.34	1259227.39	2419659	14598	12057
吉　林 Jilin	1133131.46	203490.33	372444.81	635786	3332	2293
黑龙江 Heilongjiang	1337065.56	168970.41	566641.02	774536	6900	5275
上　海 Shanghai	754649.56	173484.80	252651.00	1994556	9336	7453
江　苏 Jiangsu	5108329.18	1399194.35	1634209.44	5030439	31460	27267
浙　江 Zhejiang	6918016.84	1609952.58	2207743.72	9764945	62026	57393
安　徽 Anhui	2814639.45	456433.41	786736.74	2225747	14100	12039
福　建 Fujian	3515597.97	737732.32	1269985.18	5142094	25281	21833
江　西 Jiangxi	2290786.63	343807.52	834889.10	1949361	7981	6195
山　东 Shandong	14196729.46	2995982.86	5391345.16	16840060	90760	79040
河　南 Henan	6398133.67	857218.80	1848341.02	5577866	20071	16737
湖　北 Hubei	3490011.36	1153133.22	907413.56	3389593	14207	11898
湖　南 Hunan	2544076.38	513072.70	606341.22	2289464	10041	8269
广　东 Guangdong	24788823.96	6851260.54	8837818.57	29964203	184899	155006
广　西 Guangxi	2466230.88	378264.46	765271.52	2671522	8760	6337
海　南 Hainan	854158.82	160608.50	161911.00	384405	2241	1914
重　庆 Chongqing	1369305.53	255525.42	383066.16	879062	8121	6366
四　川 Sichuan	2118454.74	418735.28	807094.07	2131234	15406	13908
贵　州 Guizhou	1038530.75	174844.44	458177.23	1546111	8204	7525
云　南 Yunnan	2580876.50	629934.15	731228.03	2767726	11845	9875
西　藏 Tibet						
陕　西 Shaanxi	2350497.01	377001.15	804855.27	3082627	15491	13738
甘　肃 Gansu	587822.50	93679.33	203374.21	632848	4046	3427
青　海 Qinghai	128867.03	20517.39	38224.70	113434	886	604
宁　夏 Ningxia	345711.49	82531.18	137643.86	208809	1964	1284
新　疆 Xinjiang	1388144.43	305310.31	359744.67	855848	4691	3494

学条件(二)(城乡结合区)
Schools (2) (Urban-rural Transitional Area)

(台) (set) 用计算机 Computers Instruction	教室中: Classroom		教室中:普通教室(间) of Which: General Classroom		固定资产总值(万元) Total Value of Fixed Asset (10,000 yuan)		
其中:平板电脑 of Which:tablet PC	合计 Total	其中:网络多媒体教室 of Which: Network Multimedia Classroom	合计 Total	其中:网络多媒体教室 of Which: Network Multimedia Classroom	合计 Total	其中:教学仪器设备资产值 of Which: Total Value of Equip & Instru. 小计 Subtotal	其中:实验设备 for Profession
17437	**171551**	**101671**	**130933**	**87568**	**5167555.63**	**676027.20**	**144809.13**
496	2378	1829	1733	1382	78734.02	34858.08	3868.84
240	1589	1148	1222	1005	80852.73	8532.85	1545.15
1096	11017	4872	8601	4448	178741.47	23952.32	8241.48
410	4059	2051	2978	1856	73280.42	9113.92	2053.12
	454	234	305	201	20948.92	1655.64	417.76
776	4211	1845	3021	1499	96049.03	18040.51	3733.10
	1254	461	879	411	37314.48	4379.57	762.57
426	2081	942	1418	853	38156.77	6369.27	1554.62
98	2046	1603	1666	1337	51917.11	11919.57	2209.40
591	7297	4744	5462	3813	341284.56	32591.64	6350.95
963	12070	10577	8786	8616	518108.67	56516.09	9098.30
15	4501	2335	3617	2202	116738.16	10597.29	2488.09
104	7342	4650	5002	4111	166330.51	29003.05	4380.49
141	4903	1798	3874	1670	76773.39	8227.80	1395.22
643	19894	15437	14260	12339	712825.55	70867.77	11586.25
649	12375	4330	9993	3947	205418.00	18881.31	5250.93
913	4911	2323	3693	2108	139915.77	16403.27	5398.31
194	3817	1614	3159	1444	118007.66	10961.96	3129.47
6882	37491	26735	29077	23624	1389185.57	210736.60	52420.58
215	4355	1470	3717	1339	82518.82	12216.94	3396.43
27	696	221	613	208	28933.46	3137.76	639.66
138	2311	1713	1718	1355	66301.99	6927.13	1103.45
648	4596	1817	3783	1650	158772.36	24392.34	4355.17
1496	2867	1708	2257	1537	55231.88	7607.38	1374.10
	4710	1590	4013	1461	136290.03	12212.45	2443.81
142	4507	1631	3095	1362	116476.33	11868.80	3141.50
73	1241	529	916	490	24403.07	4397.83	645.85
	178	79	127	54	3900.03	289.94	69.40
	419	273	285	225	10466.32	2958.20	417.09
61	1981	1112	1663	1021	43678.54	6409.91	1338.02

小学办

Condition of School Buildings in Primary

地　区 Region	占地面积(平方米) Areas of School Sites (m^2)			图书(册) Books & Magazines in Libraries (volume)	计算机数 PC	
	合计 Total	其中 of Which			合计 Total	其中:教学 of Which: No. of Used for
		绿化用地面积 Green Areas	运动场地面积 Sports Areas			小计 Subtotal
总　计 Total	**686252150.60**	**116821663.86**	**215116385.15**	**695024835**	**3233724**	**2755096**
北　京 Beijing	2177382.11	478658.78	861123.20	3097104	22621	19169
天　津 Tianjin	2790744.41	301299.30	1159809.21	3678333	16148	14144
河　北 Hebei	45640398.74	4583293.43	14957017.50	51705308	218912	212212
山　西 Shanxi	16487803.07	1867825.99	5273988.98	16871375	91069	74510
内蒙古 Inner Mongolia	22939698.16	2917774.86	6188168.27	10512997	67743	49234
辽　宁 Liaoning	11544582.29	1050572.38	5061006.87	11004922	56452	45007
吉　林 Jilin	10913029.02	1969839.33	4047740.43	10654242	40965	33904
黑龙江 Heilongjiang	12724883.86	1385021.52	5042161.75	6969002	39746	30632
上　海 Shanghai	1964145.27	596047.53	586225.42	3754005	21299	16588
江　苏 Jiangsu	46765987.03	12150684.36	14512411.55	48142141	284886	248791
浙　江 Zhejiang	25691465.47	5677661.23	8392248.89	38190596	241019	219122
安　徽 Anhui	31896211.30	4180936.34	9222759.81	28420600	153215	131449
福　建 Fujian	17047026.28	3369859.26	6597680.98	25764738	119532	96896
江　西 Jiangxi	26579633.51	3864523.83	8566549.86	24511077	88033	67542
山　东 Shandong	54377469.96	10866161.40	19697074.86	58002060	292360	255644
河　南 Henan	57619002.49	6767764.95	14365525.93	49793629	142407	117741
湖　北 Hubei	30311883.89	9353958.32	8180887.82	32461015	110621	98705
湖　南 Hunan	33887450.70	5096152.02	8031089.88	35007105	103568	89036
广　东 Guangdong	47556120.95	10072265.60	17473900.80	47977359	291990	237850
广　西 Guangxi	25985697.71	3736030.02	6881794.84	24303332	65681	46514
海　南 Hainan	9441073.12	1804669.00	2057084.40	4665200	25093	20974
重　庆 Chongqing	17620234.32	2619831.47	5336507.53	12911474	85182	66875
四　川 Sichuan	29688067.46	4375435.80	11566907.83	38922389	178920	149336
贵　州 Guizhou	22222278.79	4103189.56	8296034.72	27364007	96628	87968
云　南 Yunnan	19759770.20	3512945.40	4516082.62	19754945	71722	55723
西　藏 Tibet	4151082.39	515100.57	604818.67	1500261	12671	10056
陕　西 Shaanxi	22821231.10	2981982.68	7129972.50	32960821	147251	135492
甘　肃 Gansu	11750790.69	1745119.85	3798663.97	10791384	55962	49999
青　海 Qinghai	4790582.73	570701.59	1109859.91	3840782	18017	15484
宁　夏 Ningxia	4703261.58	782040.07	1628056.25	3020479	23800	17722
新　疆 Xinjiang	14403162.00	3524317.42	3973229.90	8472153	50211	40777

学条件(二)(镇区)

Schools (2) (Counties & Towns Area)

(台) (set) 用计算机 Computers Instruction 其中:平板电脑 of Which:tablet PC	教室中: Classroom 合计 Total	教室中: Classroom 其中:网络多媒体教室 of Which: Network Multimedia Classroom	教室中:普通教室(间) of Which: General Classroom 合计 Total	教室中:普通教室(间) of Which: General Classroom 其中:网络多媒体教室 of Which: Network Multimedia Classroom	固定资产总值(万元) Total Value of Fixed Asset (10,000 yuan) 合计 Total	其中:教学仪器设备资产值 of Which: Total Value of Equip & Instru. 小计 Subtotal	其中:教学仪器设备资产值 of Which: Total Value of Equip & Instru. 其中:实验设备 for Profession
69347	**1107887**	**536861**	**907818**	**485749**	**26410896.69**	**3082741.45**	**739884.75**
747	3572	2992	2454	2170	153227.86	51062.77	2220.17
369	4510	2349	3459	2091	112660.03	13713.25	4014.39
6488	80852	31129	67389	29180	1349316.26	151769.58	52642.66
1160	32935	17533	26456	16316	671224.90	67084.02	18218.40
588	21209	11495	16261	10400	972514.43	97014.51	18097.46
3668	18166	5791	13530	5006	295488.90	46712.33	11690.41
178	15475	4843	12648	4157	328151.47	56609.36	12982.81
83	20135	6663	15255	6043	355961.67	42492.32	12283.47
380	3966	3244	2945	2552	165471.91	31474.38	8597.19
3493	65790	42487	50674	36625	2275774.48	281059.93	62457.16
4002	43151	37701	32411	31747	1431131.63	209583.66	37943.17
2308	54909	30547	45641	28992	1169565.12	142041.23	31275.51
1300	35841	20628	26450	18413	918996.28	135131.98	27390.52
2149	52886	22705	43112	21605	828556.58	82266.06	19404.02
1015	73260	51389	56714	42432	1843461.36	191858.51	36261.36
8852	115806	32880	102489	31296	1648006.66	141409.95	45573.18
4388	40482	19721	32651	18772	851889.56	115117.39	39922.22
3512	47661	14886	43067	14098	1120062.86	105120.04	37796.05
9263	67454	39821	53515	36681	2008013.20	227408.72	57853.32
2417	42977	16942	38590	16289	802827.18	85629.74	23801.58
238	8255	2674	6880	2467	316755.88	33083.11	7701.67
3533	27557	19662	21905	16890	678836.06	84301.22	12432.80
2133	66834	23003	57927	21340	1768897.52	248101.42	51329.53
1558	39898	24451	31506	23267	907619.45	83779.15	19597.96
269	30591	11929	26601	11152	859025.93	61330.17	15637.82
186	2923	921	2603	865	254110.28	11524.64	2161.04
1612	43613	15812	37105	14340	968947.32	126408.81	42542.73
2342	20650	8659	17380	8146	476454.55	52288.84	10392.67
838	5424	1823	4308	1595	264983.04	13816.99	3124.39
7	5928	3383	4321	2836	214628.55	36531.16	6647.35
271	15177	8798	11571	7986	398335.77	57016.21	7891.76

小学办

Condition of School Buildings in Primary

地 区 Region	占地面积(平方米) Areas of School Sites (m^2) 合计 Total	其中 of Which 绿化用地面积 Green Areas	运动场地面积 Sports Areas	图书(册) Books & Magazines in Libraries (volume)	计算机数 PC 合计 Total	其中:教学 of Which: No. of Used for 小计 Subtotal
总 计 Total	**248259217.36**	**41932325.68**	**75864052.26**	**211338465**	**997652**	**858003**
北 京 Beijing	539371.25	122310.00	210238.00	766101	5214	4521
天 津 Tianjin	1401526.06	151560.67	559491.00	1554283	7107	6145
河 北 Hebei	27323493.23	2666891.36	8928423.60	26680016	114065	110469
山 西 Shanxi	5985890.11	689463.88	1908414.20	5174652	29382	23580
内蒙古 Inner Mongolia	2244054.54	305393.50	584642.32	840982	5757	3857
辽 宁 Liaoning	2320435.84	215738.24	1093727.39	1568163	8276	6380
吉 林 Jilin	2097773.04	417128.87	607155.10	944754	4663	3571
黑龙江 Heilongjiang	1855337.30	220312.00	734064.00	720526	5103	4066
上 海 Shanghai	467483.02	133720.00	149447.00	873743	5105	3876
江 苏 Jiangsu	14998583.63	3796379.33	4558084.06	14439422	84671	73432
浙 江 Zhejiang	9276642.11	1943146.78	3112951.11	13263432	84016	77211
安 徽 Anhui	10109308.43	1437313.26	2425880.27	6150596	31723	27223
福 建 Fujian	6470324.85	1226075.93	2444913.28	6968499	35786	30467
江 西 Jiangxi	8960396.99	1255531.22	2965982.50	5623689	16991	12809
山 东 Shandong	26587849.96	5248121.98	9801911.37	25184309	136611	118814
河 南 Henan	30905139.22	3831165.99	7640536.12	20889047	56445	46402
湖 北 Hubei	10264602.96	3184943.56	2564701.03	8358110	30524	26830
湖 南 Hunan	14788711.66	2150842.24	3243341.47	12417943	36261	31027
广 东 Guangdong	21405742.79	4736081.53	7582858.36	19336004	128788	103188
广 西 Guangxi	10214467.41	1517244.30	2613833.92	6291347	14997	9999
海 南 Hainan	2344461.00	487357.00	407038.40	645987	3551	3156
重 庆 Chongqing	3759099.89	557553.38	1101055.70	2072609	13986	11003
四 川 Sichuan	6411379.40	984892.12	2345124.40	5829604	28363	23737
贵 州 Guizhou	5019305.47	1043183.05	1920323.20	5326801	19391	17827
云 南 Yunnan	6009745.96	1027000.24	1414304.18	5119665	19786	15225
西 藏 Tibet	286821.30	47032.96	51657.98	129882	1260	1173
陕 西 Shaanxi	7795234.59	1044873.08	2413742.91	9011125	40036	36718
甘 肃 Gansu	3839484.92	585458.34	1163135.36	2602318	14310	12619
青 海 Qinghai	986932.00	88944.39	241785.00	855928	3999	3297
宁 夏 Ningxia	1072322.29	163863.94	368817.22	520354	4196	3268
新 疆 Xinjiang	2517296.14	652802.54	706471.81	1178574	7289	6113

学条件(二)(镇乡结合区)

Schools (2) (County-town Transitional Area)

(台) (set) 用计算机 Computers Instruction 其中:平板电脑 of Which:tablet PC	教室中: Classroom 合计 Total	教室中: Classroom 其中:网络多媒体教室 of Which: Network Multimedia Classroom	教室中:普通教室(间) of Which: General Classroom 合计 Total	教室中:普通教室(间) of Which: General Classroom 其中:网络多媒体教室 of Which: Network Multimedia Classroom	固定资产总值(万元) Total Value of Fixed Asset (10,000 yuan) 合计 Total	固定资产总值(万元) 其中:教学仪器设备资产值 of Which: Total Value of Equip & Instru. 小计 Subtotal	固定资产总值(万元) 其中:教学仪器设备资产值 其中:实验设备 for Profession
21020	**390920**	**157165**	**318119**	**139689**	**7769401.27**	**863625.40**	**227401.74**
25	811	650	564	463	33656.01	11307.69	535.57
249	2050	905	1524	800	48093.00	6141.82	1817.36
2822	47094	14566	39582	13709	683911.12	77541.33	28234.19
365	11847	5747	9237	5310	199719.02	19758.42	6744.29
51	2131	1072	1595	985	73798.05	7583.98	1415.34
286	3163	784	2409	649	49064.38	7037.04	1504.37
2	2284	414	1749	352	46340.86	4945.87	1265.15
	2521	882	1868	806	47881.82	5067.52	1620.27
73	955	774	761	656	34669.62	7152.48	1595.78
932	20535	11862	15644	10083	608384.42	76275.54	18048.05
1379	15488	13577	11711	11401	483679.02	69040.26	12697.79
453	14923	7367	12290	7065	291069.95	30489.49	7502.52
228	12217	6153	8582	5481	300023.17	38901.86	7977.65
295	17443	4665	14120	4379	218348.07	19242.17	4587.30
386	34556	23388	26314	18782	822807.23	83951.39	17356.97
2908	57089	12518	49526	11754	715564.01	58078.57	19213.28
791	12234	4722	9629	4381	244159.43	29785.75	11045.26
1269	19356	3830	17247	3550	379281.32	34386.19	12636.75
4679	30376	16847	23082	15244	789295.75	95523.95	25241.35
573	16921	3195	15245	2990	232594.52	22740.71	6980.80
17	1653	342	1240	314	48002.64	4797.76	1559.48
1050	5621	3365	4345	2783	149095.39	14001.16	2285.12
447	13162	3446	11416	3042	301529.66	42103.56	9099.15
358	9964	4880	7655	4575	177033.58	17671.70	4895.53
74	10069	2977	8656	2730	226214.48	17249.88	4856.85
108	235	19	207	16	16578.99	1444.01	340.17
523	14654	3973	12539	3550	267031.14	32064.91	11132.86
477	6169	2067	5231	1931	137775.25	11969.34	2471.42
155	1353	256	1127	234	55043.88	2519.72	617.03
7	1363	585	991	473	37158.19	6024.94	941.74
38	2683	1337	2033	1201	51597.31	8826.38	1182.35

小学办

Condition of School Buildings in Primary

地区 Region	占地面积(平方米) Areas of School Sites (m^2) 合计 Total	其中 of Which 绿化用地面积 Green Areas	运动场地面积 Sports Areas	图书(册) Books & Magazines in Libraries (volume)	计算机数 PC 合计 Total	其中:教学 of Which: No. of Used for 小计 Subtotal
总　计 Total	**1199118517.86**	**192085708.39**	**330677529.34**	**636011043**	**2785851**	**2337706**
北　京 Beijing	3452916.59	565911.15	1272384.69	3507360	24066	20890
天　津 Tianjin	4103954.18	493793.35	1659406.15	3448789	18257	15693
河　北 Hebei	88767433.62	8434911.68	29416016.76	62918229	275318	265292
山　西 Shanxi	30980911.66	3403903.54	8317849.89	13087607	88696	68261
内蒙古 Inner Mongolia	24899613.22	3360411.28	5262569.89	3314101	17178	11847
辽　宁 Liaoning	22596420.79	2112851.49	10149702.92	8929040	48140	37713
吉　林 Jilin	38478027.64	7584847.25	8275294.86	8844707	37995	31143
黑龙江 Heilongjiang	29395352.76	3452212.02	12209587.30	4634313	22106	15164
上　海 Shanghai	718437.00	197566.25	237795.37	1276648	6833	5037
江　苏 Jiangsu	23180506.50	5507356.31	6404962.62	15171230	88644	77881
浙　江 Zhejiang	15060667.19	3029854.39	4881755.89	16486125	108756	96607
安　徽 Anhui	64761600.01	8207487.02	13394746.26	28728334	145047	122582
福　建 Fujian	24533999.08	4729625.41	8136140.60	16965987	100622	84784
江　西 Jiangxi	42185918.77	5308974.51	13806992.04	19781298	56793	40886
山　东 Shandong	76576931.24	14787358.96	28075219.29	51312175	340638	300388
河　南 Henan	126991003.35	15486246.39	29759048.35	71657133	150239	123958
湖　北 Hubei	45364429.13	13509123.46	9929193.26	24839265	106350	93909
湖　南 Hunan	51477590.25	7069493.72	11088554.81	31582690	84760	70937
广　东 Guangdong	74054370.50	16711232.67	22992441.22	43429244	288775	235295
广　西 Guangxi	68355536.56	10360418.61	17702872.24	33089510	73968	46714
海　南 Hainan	20379723.26	4780072.00	3418937.00	3232954	18949	15054
重　庆 Chongqing	16097216.07	2366897.15	4602758.51	7275412	44950	35316
四　川 Sichuan	38362624.33	4660586.92	12544379.02	28404807	102985	78869
贵　州 Guizhou	41128375.65	8255313.14	13912277.37	34523440	107020	91319
云　南 Yunnan	64413866.76	9781063.36	12235455.98	41986697	131176	99105
西　藏 Tibet	10254892.90	1169502.85	1456131.05	2754809	25099	20132
陕　西 Shaanxi	25627120.75	3245305.95	6727612.89	15722236	63641	55791
甘　肃 Gansu	47551810.45	6194643.35	12704347.13	18450704	79612	69930
青　海 Qinghai	9574119.58	778406.89	1921564.75	3541930	15102	12766
宁　夏 Ningxia	12423262.24	2016930.82	3608480.69	4145910	31266	24620
新　疆 Xinjiang	57369885.83	14523406.50	14573050.54	12968359	82870	69823

学条件(二)(乡村)
Schools (2) (Rural Area)

(台) (set) 用计算机 Computers Instruction: 其中:平板电脑 of Which: tablet PC	教室中: Classroom 合计 Total	教室中: Classroom 其中:网络多媒体教室 of Which: Network Multimedia Classroom	教室中:普通教室(间) of Which: General Classroom 合计 Total	教室中:普通教室(间) of Which: General Classroom 其中:网络多媒体教室 of Which: Network Multimedia Classroom	固定资产总值(万元) Total Value of Fixed Asset (10,000 yuan) 合计 Total	其中:教学仪器设备资产值 of Which: Total Value of Equip & Instru. 小计 Subtotal	其中:教学仪器设备资产值 of Which: Total Value of Equip & Instru. 其中:实验设备 for Profession
55944	**1689058**	**416453**	**1386036**	**367470**	**24895560.44**	**2563279.67**	**730578.08**
370	3996	3164	2482	2168	150523.71	51953.75	3913.28
339	5536	2328	3963	2010	134598.51	15740.31	4403.15
7852	139086	30275	116015	28083	1658880.79	177602.93	70187.45
697	49833	13666	38131	12420	676500.47	59039.99	20687.52
4	13683	2615	10639	2360	300676.22	25450.82	5920.21
2313	27989	3539	20904	2795	254586.12	40148.37	11782.58
5	32451	2236	26189	1754	293178.92	44832.10	15995.10
224	25834	2208	18992	1901	218462.71	20471.48	6438.74
13	1367	1034	1050	807	57370.86	8985.78	2445.28
1396	28119	10817	21457	9058	515729.63	69225.89	20242.32
304	22098	18312	15537	15122	630804.66	89464.84	17894.06
2125	90335	37363	75160	35970	1277315.66	135559.15	38118.10
570	45167	15571	29130	13215	768482.66	99341.42	23412.53
1084	85577	14432	70191	13564	819953.61	72297.39	19548.33
799	92191	55712	67089	42120	1521100.46	177963.29	42227.22
8465	227365	32894	199065	30567	2000801.29	182615.30	61105.15
2792	50981	15298	40317	14417	892343.02	96983.49	35878.60
1334	73920	7307	64796	6457	1031800.33	89674.72	32182.85
11998	94264	36697	68982	32884	2055839.17	206523.81	54073.84
2603	108207	12280	95693	11490	1360319.02	129420.19	38583.24
373	11575	1304	9596	1194	267809.94	21952.83	6222.68
1617	23819	10319	18864	8388	362912.40	45192.37	8241.30
388	81695	9167	74119	8283	1390527.17	145950.61	40652.15
1641	82604	27308	64654	25751	1018568.10	101897.33	35601.44
817	98119	16827	86330	15126	2143013.52	140042.97	39867.33
222	7328	1148	6210	995	503651.60	22236.05	4693.17
564	37425	5501	31524	4475	530178.14	52484.09	20166.03
3196	67165	7515	60382	6740	847296.37	76979.89	22941.26
1014	9136	903	7936	786	256893.98	13362.61	3003.71
32	12049	3406	8916	2720	264458.54	42038.32	7924.07
793	40144	15307	31723	13850	690982.87	107847.59	16225.41

工读学校
Basic Statistics of Correctional

地　区 Region	学校数(所) Schools	班数(个) Classes	离校人数 Sclools Leavers
总　计 Total	**86**	**337**	**4141**
北　京 Beijing	6	35	375
天　津 Tianjin	3		
河　北 Hebei			
山　西 Shanxi	1	9	70
内蒙古 Inner Mongolia			
辽　宁 Liaoning	10	25	950
吉　林 Jilin	3	7	67
黑龙江 Heilongjiang	1	1	2
上　海 Shanghai	13	73	665
江　苏 Jiangsu			
浙　江 Zhejiang	2	19	144
安　徽 Anhui	3		20
福　建 Fujian			
江　西 Jiangxi	2	10	112
山　东 Shandong			
河　南 Henan	3	12	50
湖　北 Hubei	2	6	
湖　南 Hunan	2	9	35
广　东 Guangdong	3	18	132
广　西 Guangxi	3	6	1
海　南 Hainan			
重　庆 Chongqing	2	1	80
四　川 Sichuan	8	35	443
贵　州 Guizhou	11	26	364
云　南 Yunnan	2	7	59
西　藏 Tibet			
陕　西 Shaanxi	1	3	19
甘　肃 Gansu			
青　海 Qinghai			
宁　夏 Ningxia			
新　疆 Xinjiang	5	35	553

基本情况
Work-study Schools

单位:人
unit: person

入校人数 No. of Persons Enrolled	在校生数 Enrolment	教职工数 Educational Personnel	
		合计 Total	其中:专任教师 of Which: Full-time Teachers
3811	**7920**	**3017**	**2077**
331	661	287	200
		90	66
76	284	82	67
266	541	335	238
94	165	110	56
8	8	23	21
383	988	512	404
188	348	95	75
		51	29
251	305	36	31
50	180	65	55
138	138	43	34
22	247	84	71
105	379	138	96
27	27	36	27
38	38	28	26
387	1051	210	169
490	600	226	183
114	114	57	51
17	26	43	33
826	1820	466	145

特殊教育
Basic Statistics of

地　区 Region	学校数（所） Schools	班数（个） Classes	毕业生数 Graduates	招生数 Entrants	在校生数 合计 Total	其中：女 of Which: Female	小学阶段 一年级 Grade 1	二年级 Grade 2	三年级 Grade 3
总　计 Total	**2053**	**20913**	**52899**	**83314**	**442223**	**157262**	**56649**	**54110**	**56124**
北　京 Beijing	22	327	1786	930	7136	2581	399	588	678
天　津 Tianjin	20	249	305	409	3279	1130	371	387	343
河　北 Hebei	159	1253	1419	2351	13586	4961	1962	1835	1956
山　西 Shanxi	64	629	1060	1637	9206	3701	1068	1191	1173
内蒙古 Inner Mongolia	45	443	719	1615	8294	3080	1129	1284	1116
辽　宁 Liaoning	73	771	947	1047	8493	2969	973	837	948
吉　林 Jilin	47	482	592	953	6015	2147	715	595	794
黑龙江 Heilongjiang	73	804	1081	1485	9339	3331	1054	1040	1303
上　海 Shanghai	29	469	1488	1002	7662	2721	296	329	563
江　苏 Jiangsu	106	1299	3520	3787	23123	8175	2677	2501	2666
浙　江 Zhejiang	86	986	2367	2418	16236	5827	1246	1529	1638
安　徽 Anhui	68	783	1257	5100	19272	6738	4311	2861	2456
福　建 Fujian	73	928	3416	4202	24911	8489	2514	2856	3046
江　西 Jiangxi	88	774	1925	4745	23761	8063	3059	3348	3741
山　东 Shandong	147	1733	2935	4026	23877	8370	3162	2887	2759
河　南 Henan	144	1169	1750	3946	20117	7169	3313	2880	2885
湖　北 Hubei	83	733	1112	2047	11057	3895	1779	1419	1384
湖　南 Hunan	78	680	1768	4625	22532	7733	3318	2965	3090
广　东 Guangdong	116	1380	3053	7303	36048	11006	4850	4489	4254
广　西 Guangxi	78	761	1326	2650	14045	4662	1900	1915	2014
海　南 Hainan	7	118	315	435	2551	920	279	349	408
重　庆 Chongqing	36	368	1706	2515	14059	4949	1596	1802	1847
四　川 Sichuan	124	1095	8634	8096	43251	15894	4533	5388	5515
贵　州 Guizhou	75	749	1523	4852	17888	6623	3639	2279	2133
云　南 Yunnan	60	625	3432	4392	23314	9113	2064	2499	2965
西　藏 Tibet	5	52	125	299	1798	808	244	265	390
陕　西 Shaanxi	55	408	1101	1762	8630	3331	1245	1060	1203
甘　肃 Gansu	37	309	917	1769	9260	3423	921	1053	1058
青　海 Qinghai	15	99	262	737	3124	1247	585	352	359
宁　夏 Ningxia	12	125	352	811	3900	1546	508	479	494
新　疆 Xinjiang	28	312	706	1368	6459	2660	939	848	945

基本情况
Special Education

单位:人
unit:person

Enrolment									
Primary Education			初中阶段 Junior Secondary Education				高中阶段 Senior Secondary Education		
四年级 Grade 4	五年级 Grade 5	六年级 Grade 6	一年级 Grade 1	二年级 Grade 2	三年级 Grade 3	四年级 Grade 4	一年级 Grade 1	二年级 Grade 2	三年级及以上 Over Grade 3
55401	**50970**	**46092**	**37636**	**37284**	**36148**	**1742**	**3932**	**3145**	**2990**
805	829	981	711	945	1020	17	46	61	56
422	310	381	192	283	221	49	127	73	120
1781	1573	1519	966	864	674	21	156	171	108
1131	1092	969	717	804	759		120	92	90
1107	895	798	626	625	503	24	72	73	42
994	939	887	866	721	766	30	238	177	117
830	682	599	554	600	459	18	70	43	56
1096	1160	772	904	787	828	174	105	56	60
802	869		945	1087	1159	974	339	148	151
2655	2903	2866	1889	1898	2006	10	354	350	348
2164	2001	2046	1528	1683	1606		328	254	213
2235	1973	1666	1112	1087	1036		145	153	237
3179	3354	3285	2050	2128	1998	23	159	138	181
3227	2693	2331	1954	1667	1538	12	81	69	41
2914	2536	2078	2153	2195	2018	312	305	318	240
2717	2063	1747	1648	1358	1202	21	118	114	51
1398	1422	1017	844	719	894	42	42	45	52
2724	2370	2094	1792	2112	2020		31		16
4154	3971	3629	3460	3041	3217	11	376	284	312
2118	1748	1552	986	936	802	4	42	13	15
377	300	316	127	178	133		29	37	18
1699	1700	1493	1176	1380	1238		59	25	44
5725	5222	5007	3928	3694	3864		136	125	114
2411	1907	1826	1173	1109	1074		119	106	112
2918	2800	2728	2495	2489	2258		59	29	10
181	168	148	108	127	121		26	12	8
1076	1042	906	653	702	659		45	19	20
1134	1052	1128	928	949	876		82	54	25
324	350	322	297	218	284		11	12	10
438	511	440	335	286	293		51	39	26
665	535	561	519	612	622		61	55	97

特殊教育基本

Basic Statistics of Special Education

地 区 Region	学校数（所） Schools	班数（个） Classes	毕业生数 Graduates	招生数 Entrants	在校生数				
					合计 Total	其中:女 of Which: Female	小学阶段		
							一年级 Grade 1	二年级 Grade 2	三年级 Grade 3
总　计 Total	**975**	**11812**	**22265**	**29012**	**166518**	**60253**	**20461**	**18570**	**18454**
北　京 Beijing	16	266	1441	755	5673	2013	326	466	548
天　津 Tianjin	17	212	266	321	2711	951	307	305	272
河　北 Hebei	48	527	840	1102	5790	2096	876	706	655
山　西 Shanxi	28	307	477	588	3803	1654	369	417	441
内蒙古 Inner Mongolia	19	246	285	532	3072	1158	446	465	360
辽　宁 Liaoning	53	617	806	806	6456	2273	773	633	695
吉　林 Jilin	35	370	356	575	3802	1354	477	356	472
黑龙江 Heilongjiang	38	443	476	715	4357	1589	583	550	565
上　海 Shanghai	26	413	1226	804	6303	2228	276	294	458
江　苏 Jiangsu	81	980	2009	1967	12534	4562	1481	1278	1277
浙　江 Zhejiang	53	621	1255	1244	8070	2888	661	768	797
安　徽 Anhui	20	298	441	1131	4737	1657	967	565	517
福　建 Fujian	37	516	1240	1432	8236	2873	922	875	944
江　西 Jiangxi	25	264	497	936	5187	1668	650	629	714
山　东 Shandong	79	958	1588	1936	12067	4407	1362	1337	1181
河　南 Henan	56	529	612	1090	6310	2327	955	826	779
湖　北 Hubei	45	461	646	1311	6420	2269	1121	763	705
湖　南 Hunan	27	330	778	1165	5882	2130	941	756	749
广　东 Guangdong	76	1069	1966	3193	17299	5426	2129	2006	1865
广　西 Guangxi	23	316	477	1064	4771	1771	597	612	588
海　南 Hainan	3	97	162	185	919	318	71	103	114
重　庆 Chongqing	18	203	527	753	4262	1553	517	573	549
四　川 Sichuan	46	470	1547	1645	9150	3477	924	1244	1098
贵　州 Guizhou	23	241	356	940	3510	1355	658	416	316
云　南 Yunnan	20	341	851	985	5354	2201	539	501	690
西　藏 Tibet	2	30	31	54	453	202	90	59	61
陕　西 Shaanxi	21	188	323	536	2495	1004	380	302	310
甘　肃 Gansu	14	188	396	409	2649	1104	255	259	296
青　海 Qinghai	5	50	61	231	922	367	206	105	80
宁　夏 Ningxia	5	70	82	160	1094	475	129	98	105
新　疆 Xinjiang	16	191	247	447	2230	903	473	303	253

情况(城区)
(Urban Area)

单位:人
unit:person

Enrolment									
Primary Education			初中阶段 Junior Secondary Education				高中阶段 Senior Secondary Education		
四年级 Grade 4	五年级 Grade 5	六年级 Grade 6	一年级 Grade 1	二年级 Grade 2	三年级 Grade 3	四年级 Grade 4	一年级 Grade 1	二年级 Grade 2	三年级及以上 Over Grade 3
18900	**18435**	**16417**	**14920**	**14924**	**14924**	**1398**	**3549**	**2821**	**2745**
609	623	794	546	741	840	17	46	61	56
336	241	313	149	254	196	47	116	63	112
652	519	570	529	449	388	11	156	171	108
378	438	402	326	372	387		96	87	90
405	304	292	220	204	191	15	63	71	36
684	710	623	697	533	568	30	224	169	117
500	420	361	359	392	304		70	39	52
501	509	305	338	331	355	136	75	49	60
615	691		736	863	946	830	323	133	138
1232	1431	1539	1019	1103	1118	10	353	346	347
982	952	914	754	853	829		234	168	158
516	399	394	244	309	308		136	145	237
994	1064	1014	669	709	629	22	133	94	167
674	600	598	451	355	325		81	69	41
1319	1221	942	1265	1258	1157	219	298	304	204
838	695	552	603	421	391	21	94	100	35
776	827	576	507	415	561	40	32	45	52
733	621	558	458	511	508		31		16
1938	1914	1633	1620	1565	1691		356	276	306
464	523	545	473	450	449		42	13	15
113	80	89	81	101	83		29	37	18
491	506	467	354	368	314		54	25	44
1072	1102	1024	903	746	767		111	87	72
397	336	292	240	258	305		103	89	100
580	690	608	561	536	551		59	29	10
56	43	38	17	25	18		26	12	8
293	280	268	203	201	177		42	19	20
330	308	318	241	253	228		82	54	25
76	68	87	95	91	81		11	12	10
86	158	109	126	72	95		51	39	26
260	162	192	136	185	164		22	15	65

特殊教育基本

Basic Statistics of Special Education

地 区 Region	学校数(所) Schools	班数(个) Classes	毕业生数 Graduates	招生数 Entrants	在校生数				
					合计 Total	其中:女 of Which: Female	小 学 阶 段		
							一年级 Grade 1	二年级 Grade 2	三年级 Grade 3
总 计 Total	**145**	**1772**	**3026**	**5628**	**28025**	**9864**	**4274**	**3330**	**3284**
北 京 Beijing	1	3	99	60	405	141	31	35	34
天 津 Tianjin			15	8	112	42	5	17	14
河 北 Hebei	14	136	84	186	1322	498	176	178	161
山 西 Shanxi	1	4	29	31	153	64	18	13	16
内蒙古 Inner Mongolia				2	14	2	1	2	
辽 宁 Liaoning	3	51	97	52	522	181	48	45	41
吉 林 Jilin	5	68	38	88	566	212	81	56	77
黑龙江 Heilongjiang	4	40	52	32	458	173	29	50	52
上 海 Shanghai	1	9	64	33	264	92	9	12	19
江 苏 Jiangsu	5	60	122	263	1051	350	227	137	124
浙 江 Zhejiang	10	111	274	255	1666	566	150	130	174
安 徽 Anhui	5	73	56	431	1218	428	426	136	167
福 建 Fujian	9	127	250	295	1721	586	177	194	226
江 西 Jiangxi	2	12	17	114	609	189	97	99	96
山 东 Shandong	23	311	484	690	4009	1458	540	489	445
河 南 Henan	7	81	77	143	1112	393	126	151	141
湖 北 Hubei	5	51	40	551	1148	444	526	103	84
湖 南 Hunan	4	58	56	240	1044	361	184	80	168
广 东 Guangdong	19	254	413	874	4683	1402	723	704	532
广 西 Guangxi	3	48	59	215	783	235	98	128	143
海 南 Hainan				3	10		2	3	2
重 庆 Chongqing	3	50	135	179	966	399	134	109	126
四 川 Sichuan	6	56	175	276	1436	575	126	178	114
贵 州 Guizhou	3	25	60	119	385	127	101	35	48
云 南 Yunnan	6	87	195	274	1330	519	132	140	150
西 藏 Tibet									
陕 西 Shaanxi	5	45	80	144	585	258	83	70	85
甘 肃 Gansu			15	27	154	67	10	10	17
青 海 Qinghai			3	9	38	9		5	2
宁 夏 Ningxia				2	11	4	2	3	
新 疆 Xinjiang	1	12	37	32	250	89	12	18	26

情况(城乡结合区)
(Urban-rural Transitional Area)

单位:人
unit:person

Enrolment									
Primary Education			初中阶段 Junior Secondary Education				高中阶段 Senior Secondary Education		
四年级 Grade 4	五年级 Grade 5	六年级 Grade 6	一年级 Grade 1	二年级 Grade 2	三年级 Grade 3	四年级 Grade 4	一年级 Grade 1	二年级 Grade 2	三年级及以上 Over Grade 3
3347	**3167**	**2730**	**2427**	**2226**	**2298**	**142**	**371**	**235**	**194**
49	49	76	32	41	58				
14	17	20	3	6	16				
176	130	171	109	123	87	11			
25	32	13	13	18	5				
1	2		1	3	4				
65	60	56	44	54	78		16	15	
70	61	63	58	49	27		8	1	15
50	71	30	41	61	52	22			
23	29		36	43	50	43			
118	84	128	94	65	74				
191	185	210	132	184	199		57	30	24
97	88	75	52	75	42		15	25	20
230	236	240	139	118	124	22	15		
84	99	65	19	28	22				
456	477	370	439	316	309	44	55	52	17
188	154	103	90	66	63		17	13	
133	120	50	22	51	59				
134	89	104	98	97	74		16		
556	490	366	436	317	397		76	36	50
81	95	90	45	61	32		10		
1		1	1						
89	88	90	78	65	70		48	25	44
200	182	133	185	127	165			18	8
60	37	43	19	11	31				
136	188	136	143	144	125		16	10	10
51	64	58	42	28	66		22	10	6
23	23	21	17	18	15				
1	3	4	9	9	5				
3	1	2							
42	13	12	30	48	49				

特殊教育基本

Basic Statistics of Special Education

地 区 Region	学校数(所) Schools	班数(个) Classes	毕业生数 Graduates	招生数 Entrants	在校生数 合计 Total	其中:女 of Which: Female	小学阶段 一年级 Grade 1	二年级 Grade 2	三年级 Grade 3
总 计 Total	**958**	**8067**	**21313**	**36961**	**181288**	**65238**	**23864**	**22166**	**23475**
北 京 Beijing	3	24	185	84	747	290	33	50	61
天 津 Tianjin	3	37	29	63	441	129	47	58	53
河 北 Hebei	99	656	426	984	5958	2224	861	877	986
山 西 Shanxi	28	226	391	683	3425	1363	437	510	457
内蒙古 Inner Mongolia	24	179	349	941	4209	1562	560	672	595
辽 宁 Liaoning	19	149	124	201	1807	637	167	182	216
吉 林 Jilin	11	98	209	276	1603	591	170	175	216
黑龙江 Heilongjiang	33	342	483	625	4104	1491	354	411	627
上 海 Shanghai	2	33	212	168	1004	364	10	22	75
江 苏 Jiangsu	22	288	1329	1558	8685	3028	997	925	1070
浙 江 Zhejiang	22	282	856	904	6114	2223	428	561	590
安 徽 Anhui	43	421	506	2658	8489	3091	2287	1214	1031
福 建 Fujian	32	355	1456	1792	10962	3695	1007	1299	1335
江 西 Jiangxi	61	487	921	2255	11056	3823	1325	1580	1657
山 东 Shandong	66	758	1122	1762	9800	3312	1518	1228	1265
河 南 Henan	85	620	986	1852	9499	3588	1517	1339	1401
湖 北 Hubei	31	223	331	488	3223	1156	472	486	413
湖 南 Hunan	49	331	732	2410	10993	3946	1746	1400	1556
广 东 Guangdong	28	204	710	2544	11073	3345	1369	1240	1162
广 西 Guangxi	52	399	611	1148	6091	1962	915	801	884
海 南 Hainan	2	10	87	104	719	217	62	92	100
重 庆 Chongqing	17	156	980	1371	7501	2610	778	872	944
四 川 Sichuan	63	527	4709	4188	21853	8177	2234	2485	2639
贵 州 Guizhou	51	502	738	2858	9158	3476	2148	1125	1077
云 南 Yunnan	33	233	1290	1848	8606	3370	643	842	989
西 藏 Tibet	2	17	39	151	769	364	68	83	237
陕 西 Shaanxi	30	183	588	946	4714	1823	614	574	666
甘 肃 Gansu	20	114	307	747	3274	1140	358	407	363
青 海 Qinghai	9	48	168	357	1497	624	259	162	166
宁 夏 Ningxia	7	55	213	445	1547	620	238	203	201
新 疆 Xinjiang	11	110	226	550	2367	997	242	291	443

情况(镇区)
(Counties & Towns Area)

单位:人
unit:person

Enrolment									
Primary Education			初中阶段 Junior Secondary Education				高中阶段 Senior Secondary Education		
四年级 Grade 4	五年级 Grade 5	六年级 Grade 6	一年级 Grade 1	二年级 Grade 2	三年级 Grade 3	四年级 Grade 4	一年级 Grade 1	二年级 Grade 2	三年级及以上 Over Grade 3
22698	**20060**	**18449**	**17015**	**16711**	**15744**	**283**	**305**	**286**	**232**
126	90	75	78	115	119				
65	54	60	35	21	19		11	10	8
827	766	693	373	339	226	10			
463	388	330	272	319	249				
519	431	360	378	403	279	9	3		
272	208	229	158	165	188		14	8	
236	181	167	153	157	122	18		4	4
461	536	368	493	389	392	36	30	7	
129	126		155	176	161	106	16	15	13
1088	1155	1108	781	734	827				
847	736	808	586	688	650		79	86	55
856	786	695	613	515	492				
1392	1409	1453	995	1008	990	1	26	33	14
1468	1247	1082	1021	842	822	12			
1273	1045	891	813	856	769	85	7	14	36
1209	869	848	870	741	651		24	14	16
411	399	280	250	235	265	2	10		
1263	1118	1011	930	1056	913				
1220	1184	1221	1368	1130	1179				
1073	739	568	415	391	301	4			
110	101	93	43	70	48				
901	884	707	730	880	800		5		
2864	2480	2460	2119	2211	2256		25	38	42
1157	887	843	712	607	557		16	17	12
1021	742	735	1261	1296	1077				
40	44	36	83	88	90				
569	568	473	405	431	414				
342	364	363	385	344	348				
152	185	159	160	101	153				
141	162	163	144	151	144				
203	176	170	236	252	243		39	40	32

特殊教育基本

Basic Statistics of Special Education

地 区 Region	学校数（所） Schools	班数（个） Classes	毕业生数 Graduates	招生数 Entrants	在校生数				
					合计 Total	其中:女 of Which: Female	小学阶段		
							一年级 Grade 1	二年级 Grade 2	三年级 Grade 3
总 计 Total	**305**	**2525**	**4784**	**10395**	**50094**	**17947**	**7465**	**6620**	**6885**
北 京 Beijing			23	27	119	41	3	7	10
天 津 Tianjin	1	10	9	15	143	49	6	34	19
河 北 Hebei	56	345	200	570	2893	1095	516	406	490
山 西 Shanxi	8	69	125	172	1113	407	110	198	149
内蒙古 Inner Mongolia	3	20	33	97	494	156	51	49	106
辽 宁 Liaoning	3	25	26	36	250	88	36	19	17
吉 林 Jilin		1	3	18	95	22	13	9	22
黑龙江 Heilongjiang	2	22	107	89	560	263	32	32	74
上 海 Shanghai		2	32	32	203	58	1	1	12
江 苏 Jiangsu	7	98	395	365	2490	875	273	269	360
浙 江 Zhejiang	9	157	411	414	2975	1096	194	276	273
安 徽 Anhui	11	113	82	657	1992	786	544	259	220
福 建 Fujian	12	126	381	501	3282	1141	315	444	389
江 西 Jiangxi	13	99	142	497	2639	871	344	480	427
山 东 Shandong	25	340	467	886	4365	1440	735	579	635
河 南 Henan	30	212	220	696	3282	1204	640	514	587
湖 北 Hubei	8	45	50	84	709	247	74	129	87
湖 南 Hunan	13	69	160	760	3163	1137	619	419	487
广 东 Guangdong	10	89	207	868	3840	1182	553	426	430
广 西 Guangxi	17	110	159	371	1722	577	300	263	220
海 南 Hainan	1	7	1	6	104	39	4	24	26
重 庆 Chongqing	6	52	127	299	1723	608	201	237	242
四 川 Sichuan	12	88	671	613	3395	1290	317	383	473
贵 州 Guizhou	16	158	105	896	2354	875	725	379	246
云 南 Yunnan	14	100	321	477	2564	1010	246	285	325
西 藏 Tibet	1	7		3	154	66	1	2	140
陕 西 Shaanxi	13	66	164	385	1473	567	261	183	182
甘 肃 Gansu	8	48	64	279	930	343	153	155	97
青 海 Qinghai	2	6	23	48	221	88	37	22	39
宁 夏 Ningxia	2	24	37	153	489	189	117	71	63
新 疆 Xinjiang	2	17	39	81	358	137	44	66	38

情况(镇乡结合区)
(County-town Transitional Area)

单位:人
unit:person

Enrolment									
Primary Education			初中阶段 Junior Secondary Education				高中阶段 Senior Secondary Education		
四年级 Grade 4	五年级 Grade 5	六年级 Grade 6	一年级 Grade 1	二年级 Grade 2	三年级 Grade 3	四年级 Grade 4	一年级 Grade 1	二年级 Grade 2	三年级及以上 Over Grade 3
6649	**5618**	**4860**	**4129**	**3927**	**3537**	**76**	**124**	**112**	**92**
13	10	5	24	30	17				
2	16	17	3	13	12		11	10	
379	359	314	209	121	89	10			
187	102	106	66	107	88				
77	43	24	39	70	35				
47	45	22	30	10	10		14		
22	8	10	5	3	3				
56	109	56	83	57	61				
37	36		31	37	31	17			
326	363	314	190	178	217				
440	330	348	245	350	299		79	86	55
230	199	164	150	124	102				
442	410	434	273	290	271	1	13		
400	267	243	186	139	141	12			
573	470	334	339	372	258	32	7	7	24
402	303	313	249	173	101				
89	92	61	61	44	72				
334	304	260	227	270	243				
474	484	457	407	299	310				
346	179	156	110	80	64	4			
33	4	10	2	1					
202	185	164	143	193	156				
479	444	354	322	286	315			9	13
313	178	161	139	91	122				
383	309	232	256	308	220				
2	3	1	2	2	1				
150	155	117	154	147	124				
110	104	79	94	71	67				
25	21	28	13	11	25				
39	56	45	52	18	28				
37	30	31	25	32	55				

特殊教育基本
Basic Statistics of Special Education

地 区 Region	学校数(所) Schools	班数(个) Classes	毕业生数 Graduates	招生数 Entrants	在校生数 合计 Total	其中:女 of Which: Female	小学阶段 一年级 Grade 1	二年级 Grade 2	三年级 Grade 3
总 计 Total	**120**	**1034**	**9321**	**17341**	**94417**	**31771**	**12324**	**13374**	**14195**
北 京 Beijing	3	37	160	91	716	278	40	72	69
天 津 Tianjin			10	25	127	50	17	24	18
河 北 Hebei	12	70	153	265	1838	641	225	252	315
山 西 Shanxi	8	96	192	366	1978	684	262	264	275
内蒙古 Inner Mongolia	2	18	85	142	1013	360	123	147	161
辽 宁 Liaoning	1	5	17	40	230	59	33	22	37
吉 林 Jilin	1	14	27	102	610	202	68	64	106
黑龙江 Heilongjiang	2	19	122	145	878	251	117	79	111
上 海 Shanghai	1	23	50	30	355	129	10	13	30
江 苏 Jiangsu	3	31	182	262	1904	585	199	298	319
浙 江 Zhejiang	11	83	256	270	2052	716	157	200	251
安 徽 Anhui	5	64	310	1311	6046	1990	1057	1082	908
福 建 Fujian	4	57	720	978	5713	1921	585	682	767
江 西 Jiangxi	2	23	507	1554	7518	2572	1084	1139	1370
山 东 Shandong	2	17	225	328	2010	651	282	322	313
河 南 Henan	3	20	152	1004	4308	1254	841	715	705
湖 北 Hubei	7	49	135	248	1414	470	186	170	266
湖 南 Hunan	2	19	258	1050	5657	1657	631	809	785
广 东 Guangdong	12	107	377	1566	7676	2235	1352	1243	1227
广 西 Guangxi	3	46	238	438	3183	929	388	502	542
海 南 Hainan	2	11	66	146	913	385	146	154	194
重 庆 Chongqing	1	9	199	391	2296	786	301	357	354
四 川 Sichuan	15	98	2378	2263	12248	4240	1375	1659	1778
贵 州 Guizhou	1	6	429	1054	5220	1792	833	738	740
云 南 Yunnan	7	51	1291	1559	9354	3542	882	1156	1286
西 藏 Tibet	1	5	55	94	576	242	86	123	92
陕 西 Shaanxi	4	37	190	280	1421	504	251	184	227
甘 肃 Gansu	3	7	214	613	3337	1179	308	387	399
青 海 Qinghai	1	1	33	149	705	256	120	85	113
宁 夏 Ningxia			57	206	1259	451	141	178	188
新 疆 Xinjiang	1	11	233	371	1862	760	224	254	249

情况(乡村)
(Rural Area)

单位:人
unit:person

Enrolment									
Primary Education			初中阶段 Junior Secondary Education				高中阶段 Senior Secondary Education		
四年级 Grade 4	五年级 Grade 5	六年级 Grade 6	一年级 Grade 1	二年级 Grade 2	三年级 Grade 3	四年级 Grade 4	一年级 Grade 1	二年级 Grade 2	三年级及以上 Over Grade 3
13803	**12475**	**11226**	**5701**	**5649**	**5480**	**61**	**78**	**38**	**13**
70	116	112	87	89	61				
21	15	8	8	8	6	2			
302	288	256	64	76	60				
290	266	237	119	113	123		24	5	
183	160	146	28	18	33		6	2	6
38	21	35	11	23	10				
94	81	71	42	51	33				
134	115	99	73	67	81	2			
58	52		54	48	52	38			
335	317	219	89	61	61		1	4	1
335	313	324	188	142	127		15		
863	788	577	255	263	236		9	8	
793	881	818	386	411	379			11	
1085	846	651	482	470	391				
322	270	245	75	81	92	8			
670	499	347	175	196	160				
211	196	161	87	69	68				
728	631	525	404	545	599				
996	873	775	472	346	347	11	20	8	6
581	486	439	98	95	52				
154	119	134	3	7	2				
307	310	319	92	132	124				
1789	1640	1523	906	737	841				
857	684	691	221	244	212				
1317	1368	1385	673	657	630				
85	81	74	8	14	13				
214	194	165	45	70	68		3		
462	380	447	302	352	300				
96	97	76	42	26	50				
211	191	168	65	63	54				
202	197	199	147	175	215				

Number of Female Students

地 区 Region	毕业生数 Graduates	招生数 Entrants	在校生数 合 计 Total	小学阶段 Primary Education 一年级 Grade 1	二年级 Grade 2	三年级 Grade 3	四年级 Grade 4
总 计 Total	**18038**	**30004**	**157262**	**20215**	**19081**	**19829**	**19387**
北 京 Beijing	626	350	2581	139	218	236	307
天 津 Tianjin	123	143	1130	114	135	122	137
河 北 Hebei	494	864	4961	712	686	760	660
山 西 Shanxi	413	616	3701	414	456	461	453
内蒙古 Inner Mongolia	219	599	3080	413	502	412	399
辽 宁 Liaoning	349	371	2969	317	284	309	336
吉 林 Jilin	203	309	2147	242	211	283	282
黑龙江 Heilongjiang	385	476	3331	345	397	457	365
上 海 Shanghai	504	349	2721	102	115	216	286
江 苏 Jiangsu	1212	1343	8175	891	874	924	925
浙 江 Zhejiang	792	859	5827	456	547	602	748
安 徽 Anhui	416	1897	6738	1606	994	856	754
福 建 Fujian	1071	1452	8489	869	930	1023	1073
江 西 Jiangxi	574	1658	8063	1081	1151	1319	1099
山 东 Shandong	992	1349	8370	1032	996	934	973
河 南 Henan	482	1347	7169	1134	1027	1038	925
湖 北 Hubei	381	794	3895	691	463	486	483
湖 南 Hunan	621	1598	7733	1185	1016	1080	913
广 东 Guangdong	889	2321	11006	1499	1360	1250	1253
广 西 Guangxi	437	942	4662	641	622	581	666
海 南 Hainan	143	154	920	98	135	139	140
重 庆 Chongqing	543	899	4949	593	636	651	594
四 川 Sichuan	3095	3057	15894	1709	1964	2017	2098
贵 州 Guizhou	548	1831	6623	1352	825	782	891
云 南 Yunnan	1306	1753	9113	840	967	1157	1141
西 藏 Tibet	55	146	808	91	117	167	77
陕 西 Shaanxi	327	702	3331	485	427	446	426
甘 肃 Gansu	348	671	3423	345	369	379	432
青 海 Qinghai	105	276	1247	234	158	155	123
宁 夏 Ningxia	134	309	1546	196	171	202	172
新 疆 Xinjiang	251	569	2660	389	328	385	256

女学生数
in Special Education

单位：人
unit: person

Enrolment

		初中阶段 Junior Secondary Education				高中阶段 Senior Secondary Education		
五年级 Grade 5	六年级 Grade 6	一年级 Grade 1	二年级 Grade 2	三年级 Grade 3	四年级 Grade 4	一年级 Grade 1	二年级 Grade 2	三年级及以上 Over Grade 3
17834	**16081**	**13800**	**13385**	**13064**	**630**	**1597**	**1257**	**1102**
309	328	277	344	351	8	18	27	19
106	125	72	104	80	20	45	26	44
566	515	368	301	251	11	50	50	31
438	381	319	326	300		57	46	50
327	290	218	229	210	11	20	39	10
309	306	301	271	320	11	102	68	35
231	229	205	215	169	5	39	15	21
399	280	320	294	313	64	45	23	29
304		322	375	398	349	164	42	48
1039	1009	689	647	704	4	154	163	152
710	727	537	617	602		118	86	77
668	561	397	358	350		60	71	63
1150	1148	724	721	677	1	55	45	73
922	702	680	531	497	7	32	27	15
914	731	821	806	723	112	119	122	87
698	584	641	550	446	9	47	49	21
486	354	286	238	334	18	23	18	15
802	715	614	695	699		9		5
1206	1078	1079	918	1004		139	108	112
536	519	395	366	302		18	8	8
109	125	50	60	39		8	10	7
572	495	418	495	445		28	9	13
1891	1816	1469	1330	1418		65	63	54
701	685	459	424	375		40	42	47
1061	1013	997	979	920		25	11	2
85	58	65	72	64		4	6	2
380	384	252	263	232		22	8	6
367	387	365	377	334		36	24	8
137	123	100	88	114		4	6	5
205	168	130	116	134		22	17	13
206	245	230	275	259		29	28	30

特殊教育学校教职工数(总计)
Number of Educational Personnel in Special Education Schools (Total)

单位:人
unit: person

地 区 Region	教职工数 Educational Personnel					代课教师 Substitute Teachers	兼任教师 Part-time Teachers
	合计 Total	专任教师 Full-time Teachers	行政人员 Adm. Personnel	教辅人员 Supporting Staff	工勤人员 Workers		
总 计 Total	**59548**	**50334**	**3523**	**2258**	**3433**	**1260**	**238**
北 京 Beijing	1276	979	125	90	82		
天 津 Tianjin	784	601	99	47	37	3	
河 北 Hebei	3777	3164	252	155	206	35	
山 西 Shanxi	1678	1445	67	50	116	167	26
内蒙古 Inner Mongolia	1494	1259	100	83	52	19	1
辽 宁 Liaoning	2741	2042	472	107	120	12	
吉 林 Jilin	1773	1463	142	83	85	10	2
黑龙江 Heilongjiang	2222	1877	171	51	123	12	3
上 海 Shanghai	1590	1239	175	86	90	5	5
江 苏 Jiangsu	3958	3285	177	210	286	43	1
浙 江 Zhejiang	2538	2266	76	60	136		
安 徽 Anhui	1628	1409	77	33	109	157	11
福 建 Fujian	2170	1924	79	45	122	84	1
江 西 Jiangxi	1333	1221	27	9	76	46	3
山 东 Shandong	5807	4892	248	304	363	157	21
河 南 Henan	3957	3517	163	94	183	42	11
湖 北 Hubei	1955	1682	105	65	103	71	9
湖 南 Hunan	1936	1655	145	74	62	23	5
广 东 Guangdong	4267	3550	214	290	213	29	44
广 西 Guangxi	1664	1319	84	102	159	54	1
海 南 Hainan	294	212	17	9	56	13	
重 庆 Chongqing	997	889	61	14	33	18	
四 川 Sichuan	2670	2355	92	70	153	163	14
贵 州 Guizhou	1606	1408	88	18	92	1	46
云 南 Yunnan	1639	1424	48	30	137	2	23
西 藏 Tibet	190	169	15	1	5		
陕 西 Shaanxi	1320	1067	124	34	95	32	8
甘 肃 Gansu	820	729	24	5	62	1	1
青 海 Qinghai	178	155	8	6	9	22	
宁 夏 Ningxia	360	347	5	1	7	21	
新 疆 Xinjiang	926	790	43	32	61	18	2

特殊教育学校女教职工数
Number of Female Educational Personnel in Special Education Schools

单位：人
unit：person

地 区 Region	教职工数 Educational Personnel					代课教师 Substitute Teachers	兼任教师 Part-time Teachers
	合计 Total	专任教师 Full-time Teachers	行政人员 Adm. Personnel	教辅人员 Supporting Staff	工勤人员 Workers		
总　计 Total	**41320**	**36756**	**1712**	**1450**	**1402**	**1000**	**129**
北　京 Beijing	924	777	68	61	18		
天　津 Tianjin	560	456	62	34	8	3	
河　北 Hebei	2830	2534	117	91	88	24	
山　西 Shanxi	1229	1110	30	42	47	134	20
内蒙古 Inner Mongolia	975	893	39	37	6	18	
辽　宁 Liaoning	2019	1619	311	61	28	12	
吉　林 Jilin	1259	1121	72	44	22	8	2
黑龙江 Heilongjiang	1437	1309	85	24	19	6	3
上　海 Shanghai	1230	1022	119	63	26	5	2
江　苏 Jiangsu	2629	2351	72	121	85	34	1
浙　江 Zhejiang	1875	1719	29	47	80		
安　徽 Anhui	1054	944	28	24	58	137	3
福　建 Fujian	1618	1487	30	33	68	76	
江　西 Jiangxi	968	898	12	7	51	38	3
山　东 Shandong	3520	3155	102	170	93	100	10
河　南 Henan	2818	2622	65	55	76	35	9
湖　北 Hubei	1238	1111	42	42	43	54	4
湖　南 Hunan	1268	1154	63	38	13	21	3
广　东 Guangdong	3097	2640	105	213	139	25	8
广　西 Guangxi	1296	1054	45	90	107	50	1
海　南 Hainan	201	156	9	6	30	10	
重　庆 Chongqing	693	649	28	7	9	18	
四　川 Sichuan	1830	1679	38	51	62	129	12
贵　州 Guizhou	1100	998	37	8	57	1	35
云　南 Yunnan	1110	989	15	25	81	1	8
西　藏 Tibet	110	102	6	1	1		
陕　西 Shaanxi	861	754	55	19	33	18	3
甘　肃 Gansu	516	484	2	4	26	1	1
青　海 Qinghai	112	104		3	5	19	
宁　夏 Ningxia	265	263	1	1		9	
新　疆 Xinjiang	678	602	25	28	23	14	1

特殊教育学校专任教师

Number of Full-time Teachers in Special Education Schools

地 区 Region	合计 Total	其中:女 of Which: Female	按学历分 By Educational Attainment			
			研究生毕业 Graduate	本科毕业 Under-graduate	专科毕业 Associate Bachelor	高中阶段毕业 High School Graduate
总 计 Total	**50334**	**36756**	**957**	**30244**	**17414**	**1670**
北 京 Beijing	979	777	71	822	77	7
天 津 Tianjin	601	456	26	421	140	14
河 北 Hebei	3164	2534	15	1782	1261	105
山 西 Shanxi	1445	1110	4	928	453	59
内蒙古 Inner Mongolia	1259	893	18	776	419	46
辽 宁 Liaoning	2042	1619	33	1306	652	49
吉 林 Jilin	1463	1121	20	998	364	81
黑龙江 Heilongjiang	1877	1309	4	887	892	89
上 海 Shanghai	1239	1022	105	986	141	7
江 苏 Jiangsu	3285	2351	69	2346	784	85
浙 江 Zhejiang	2266	1719	77	1559	549	78
安 徽 Anhui	1409	944	16	814	514	65
福 建 Fujian	1924	1487	21	1095	736	72
江 西 Jiangxi	1221	898	7	636	535	43
山 东 Shandong	4892	3155	118	3285	1278	205
河 南 henan	3517	2622	19	1705	1658	135
湖 北 Hubei	1682	1111	15	884	700	82
湖 南 Hunan	1655	1154	16	798	782	59
广 东 Guangdong	3550	2640	178	2240	998	132
广 西 Guangxi	1319	1054	21	640	609	42
海 南 Hainan	212	156	1	99	107	2
重 庆 Chongqing	889	649	7	524	342	16
四 川 Sichuan	2355	1679	30	1107	1143	75
贵 州 Guizhou	1408	998	8	753	616	30
云 南 Yunnan	1424	989	15	927	458	24
西 藏 Tibet	169	102	2	113	48	5
陕 西 Shaanxi	1067	754	16	604	414	27
甘 肃 Gansu	729	484	6	476	231	16
青 海 Qinghai	155	104	4	93	55	3
宁 夏 Ningxia	347	263	6	198	137	6
新 疆 Xinjiang	790	602	9	442	321	11

学历、职称情况
by Educational Attainment and Professional Rank

单位：人
unit: person

	按职称分 By Professional Rank					
高中阶段以下毕业 Below High School Graduate	中学高级 Senior Secondary	小学高级 Senior Primary	小学一级 1st Grade Primary	小学二级 2nd Grade Primary	小学三级 3rd Grade Primary	未定职级 No-ranking
49	**5066**	**24346**	**14435**	**1629**	**158**	**4700**
2	67	469	344	4		95
	60	364	152	2		23
1	399	1775	744	42	6	198
1	51	533	655	80	10	116
	307	565	215	39	6	127
2	223	1343	337	47	4	88
	186	716	456	36	1	68
5	373	1048	407	9	2	38
	51	686	452	15		35
1	381	1769	795	101	8	231
3	210	955	709	76	6	310
	136	672	397	58	6	140
	63	958	619	119	23	142
	159	446	317	103	13	183
6	650	2323	1373	179	3	364
	496	1699	976	164		182
1	227	994	344	33	16	68
	153	809	395	64	1	233
2	130	1587	848	87	10	888
7	35	766	295	33	2	188
3	17	70	84	8		33
	53	384	385	29	4	34
	177	1044	964	16		154
1	60	564	493	129	11	151
	167	649	455	79	6	68
1	4	72	55	1		37
6	50	387	473	18	2	137
	61	296	300	11		61
	29	75	34	2	1	14
	15	150	119	9	11	43
7	76	178	243	36	6	251

Condition of School Buildings

地 区 Region	校舍建筑面积 Floor Space	教学及辅助用房 Teaching & Assistant Buildings				
		合计 Total	其中 of Which			
			普通教室 General Classroom	专用教室 Special Classroom	实验室 Laboratory	微机室 PC-room
总 计 Total	**8755223.52**	**4007151.05**	**2206443.44**	**1331404.48**	**158591.74**	**142800.60**
北 京 Beijing	155101.05	63286.88	28973.88	27779.10	1072.00	3228.60
天 津 Tianjin	96785.75	46752.37	25049.00	16393.68	970.00	1386.96
河 北 Hebei	465487.42	236172.44	118652.59	87352.35	10152.25	9301.82
山 西 Shanxi	204469.81	73422.10	41430.20	22908.46	1801.80	3496.64
内蒙古 Inner Mongolia	211817.19	101875.89	58549.60	33116.42	3825.00	3486.87
辽 宁 Liaoning	242921.18	112575.56	47399.00	52673.66	3147.00	4538.40
吉 林 Jilin	192202.75	88550.10	48812.26	29707.47	2664.94	3487.26
黑龙江 Heilongjiang	224810.73	106246.67	50665.35	44382.71	3621.97	3701.36
上 海 Shanghai	167818.87	81523.87	27800.87	39396.00	4913.00	2733.00
江 苏 Jiangsu	565305.63	275245.81	139362.93	99501.15	15313.93	9469.12
浙 江 Zhejiang	461769.83	182091.02	101982.88	61697.53	5679.00	5986.35
安 徽 Anhui	346759.50	171741.65	102225.46	48232.00	7207.73	5309.65
福 建 Fujian	357246.75	162962.69	84957.12	62811.81	4917.55	4091.86
江 西 Jiangxi	336204.84	152230.82	88821.15	47480.92	4811.25	5359.75
山 东 Shandong	677808.73	292904.60	136485.59	113356.95	17724.50	12086.40
河 南 Henan	500989.27	234791.85	136429.23	64562.21	11494.78	9895.77
湖 北 Hubei	346196.57	154836.49	94182.08	44594.96	4097.61	5440.81
湖 南 Hunan	339435.37	152961.98	98615.03	36233.70	5069.52	6164.19
广 东 Guangdong	589176.07	273949.12	147364.86	96544.79	11989.00	8561.22
广 西 Guangxi	298450.32	140129.02	76281.54	52744.34	3767.96	3547.89
海 南 Hainan	46515.86	16943.36	10513.70	4902.66	488.00	662.00
重 庆 Chongqing	166654.90	74700.55	54848.21	11574.00	2354.00	2953.34
四 川 Sichuan	481539.67	219940.50	136362.84	60483.05	7356.83	7319.95
贵 州 Guizhou	296201.04	133013.28	82844.42	37169.29	4008.71	4755.64
云 南 Yunnan	314247.47	152641.86	96624.96	39453.40	5781.70	4773.80
西 藏 Tibet	40050.84	11307.25	7897.12	2701.10	167.01	225.01
陕 西 Shaanxi	183664.64	81701.85	46491.61	24788.51	3578.79	3168.17
甘 肃 Gansu	170604.51	86510.52	52135.53	25801.76	3034.61	2822.71
青 海 Qinghai	52543.14	18964.00	11489.84	2764.58	2687.18	1015.20
宁 夏 Ningxia	60932.67	33884.50	19744.45	11453.02	865.00	1210.03
新 疆 Xinjiang	161511.15	73292.45	33450.14	28842.90	4029.12	2620.83

办学条件(一)
in Special Education Schools (1)

单位：平方米
unit：m²

图书室 Library	行政办公用房 Administrative 合计 Total	行政办公用房 Administrative 其中：教师办公室 of Which: for Teachers	生活用房 Residential and Welfare	其他用房 Rooms for Other Purposes	校舍面积中 of the Floor Space 危房面积 Floor Space of Dilapidated Buildings	校舍面积中 of the Floor Space 当年新增 New Added in Current Year
167910.79	**872878.46**	**489369.69**	**2516806.26**	**1358387.75**	**65111.06**	**429385.44**
2233.30	15174.70	6819.70	29425.37	47214.10		1991.10
2952.73	10069.27	5804.66	19032.81	20931.30		
10713.43	48833.34	27454.63	122772.93	57708.71	1828.00	18196.39
3785.00	24233.00	13624.30	65819.98	40994.73	1726.00	5579.00
2898.00	18070.30	12130.65	65504.00	26367.00	7037.00	1003.00
4817.50	25414.00	15289.00	52690.80	52240.82		6975.00
3878.17	23453.79	13315.19	43718.76	36480.10		340.00
3875.28	27918.03	16834.10	59809.68	30836.35	1183.00	10316.31
6681.00	23989.00	10803.44	30874.00	31432.00		
11598.68	58255.10	30573.43	138917.48	92887.24		15116.61
6745.26	42828.35	23626.07	127654.41	109196.05		51291.00
8766.81	35623.84	21583.61	103353.25	36040.76		32.00
6184.35	35465.00	18803.15	111916.22	46902.84		9153.00
5757.75	27847.82	15404.02	104442.26	51683.94	5503.00	38281.01
13251.16	94346.89	43437.49	184248.65	106308.59	900.00	24517.00
12409.86	57584.02	38882.45	136108.69	72504.71	2227.35	22657.00
6521.03	31858.22	17873.65	110577.08	48924.78	5709.00	5575.40
6879.54	31817.04	18809.48	102955.77	51700.58	6040.00	23065.88
9489.25	41616.77	23186.31	156095.96	117514.22	1111.71	36421.71
3787.29	20809.27	13213.31	96357.75	41154.28	301.00	29106.00
377.00	2935.50	2360.50	19397.00	7240.00		
2971.00	16628.00	10649.00	56475.36	18850.99	5776.00	2702.43
8417.83	37772.86	21104.24	165590.99	58235.32	1177.00	21262.00
4235.22	23962.32	13389.72	109746.23	29479.21		50174.00
6008.00	27280.72	13376.72	102494.59	31830.30	17651.00	6591.00
317.01	4314.43	3447.31	24215.14	214.02		
3674.77	27521.80	13355.79	49292.25	25148.74		21727.08
2715.91	15305.41	9662.53	50760.02	18028.56	6821.00	9623.17
1007.20	5900.00	4206.57	15797.50	11881.64	120.00	1670.00
612.00	3955.03	2415.11	17906.01	5187.13		9441.00
4349.46	12094.64	7933.56	42855.32	33268.74		6577.35

特殊教育学校办学条件(二)
Condition of School Buildings in Special Education Schools (2)

地　区 Region	占地面积(平方米) Areas of School Sites (m^2) 合计 Total	其中 of Which 绿化用地面积 Green Areas	运动场地面积 Sports Areas	图书(册) Books & Magazines in Libraries (volume)	数字资源 (GB) Digital Resources
总　计 Total	**19334685.15**	**3934831.92**	**4796685.00**	**8270347.00**	**576162.13**
北　京 Beijing	240264.23	39087.33	59535.92	258532.00	25955.00
天　津 Tianjin	171756.00	16330.25	51003.00	96563.00	3849.10
河　北 Hebei	1265394.42	182656.01	302924.34	524495.00	11511.23
山　西 Shanxi	416876.16	50013.34	83118.45	161711.00	54294.00
内蒙古 Inner Mongolia	508902.75	100162.20	144605.12	111452.00	10953.00
辽　宁 Liaoning	572896.51	73942.42	153872.91	467505.00	33897.00
吉　林 Jilin	502607.99	83771.28	158272.49	170762.00	1924.00
黑龙江 Heilongjiang	582697.54	59397.28	164147.16	190835.00	4209.50
上　海 Shanghai	249771.88	70894.00	58651.00	300818.00	58169.00
江　苏 Jiangsu	1166986.19	325644.77	299284.51	670692.00	63598.55
浙　江 Zhejiang	866484.91	228658.03	209447.03	334985.00	23889.00
安　徽 Anhui	839546.11	186751.86	198342.48	336818.00	6302.00
福　建 Fujian	702816.44	182313.35	181609.45	317745.00	6042.53
江　西 Jiangxi	716665.17	163878.65	204011.94	196657.00	10150.00
山　东 Shandong	1794872.59	389165.63	433503.99	850043.00	20670.53
河　南 Henan	1058683.58	166584.12	216595.72	473714.00	18666.00
湖　北 Hubei	839542.21	187499.00	208356.50	238768.00	27557.30
湖　南 Hunan	1109803.39	290832.00	346944.00	206808.00	3965.00
广　东 Guangdong	1099709.45	269600.44	256150.55	547806.00	126155.10
广　西 Guangxi	516004.14	91849.50	98930.22	195447.00	14974.41
海　南 Hainan	120950.00	22664.00	23327.00	26560.00	1.00
重　庆 Chongqing	276643.49	54414.00	52756.00	81415.00	13822.00
四　川 Sichuan	785112.68	147035.87	218189.62	461422.00	7949.80
贵　州 Guizhou	686315.18	142090.05	190957.92	207886.00	6322.00
云　南 Yunnan	701106.53	137430.79	130558.10	297402.00	3984.00
西　藏 Tibet	108680.68	16320.13	20974.01	8738.00	3.00
陕　西 Shaanxi	360544.40	68293.66	79598.32	200575.00	3448.20
甘　肃 Gansu	349674.77	51464.83	90130.62	149839.00	10233.78
青　海 Qinghai	127213.00	18870.00	27955.00	22378.00	1322.00
宁　夏 Ningxia	163781.42	23373.13	41119.63	58866.00	834.60
新　疆 Xinjiang	432381.34	93844.00	91812.00	103110.00	1509.50

学前教育基本情况(总计)
Basic Statistics of Pre-primary Education (Total)

地区 Region	园数(所) Kindergartens 合计 Total	其中:少数民族幼儿园 of Which: Minorities	班数(个) Classes	入园(班)人数(人) Entrants	在园(班)人数(人) Enrolment	离园(班)人数(人) Leavers
总计 Total	**223683**	**4922**	**1460469**	**20088467**	**42648284**	**15902605**
北京 Beijing	1487	9	14098	149042	394121	101928
天津 Tianjin	1868	8	9757	98992	252527	82380
河北 Hebei	12959	57	83434	1090873	2317162	873660
山西 Shanxi	6450		41215	419893	982943	357786
内蒙古 Inner Mongolia	3516	364	23591	246060	593392	208990
辽宁 Liaoning	9531	51	41829	344217	910830	289753
吉林 Jilin	4174	88	23330	234714	463647	174538
黑龙江 Heilongjiang	5770	51	24318	263220	532286	224487
上海 Shanghai	1510	2	17967	188332	535877	167245
江苏 Jiangsu	6759	1	73652	914487	2507263	826948
浙江 Zhejiang	8908	1	66323	604459	1901625	615890
安徽 Anhui	6988	8	59618	974758	1856537	704044
福建 Fujian	7748	15	50820	640338	1512603	525972
江西 Jiangxi	11870	11	61873	946900	1662501	693719
山东 Shandong	18648	39	95672	1089294	2717839	993958
河南 Henan	17481	52	133603	2072151	3933663	1515976
湖北 Hubei	6814	8	51130	613990	1625793	617733
湖南 Hunan	13944	176	73432	989791	2166259	903774
广东 Guangdong	16368	6	131602	1868715	4022844	1293693
广西 Guangxi	10397	14	74475	1199990	2069015	823078
海南 Hainan	1928	28	12036	134624	320138	112007
重庆 Chongqing	4816		30182	430977	915616	357593
四川 Sichuan	12365	536	77769	1314970	2481681	1005163
贵州 Guizhou	5993	77	37768	786694	1304713	524936
云南 Yunnan	6540	29	40036	747516	1293978	605210
西藏 Tibet	882	252	3248	51387	87951	39760
陕西 Shaanxi	7438	4	47078	697773	1396960	489338
甘肃 Gansu	3971	118	24655	386550	701132	274243
青海 Qinghai	1525	579	6257	100026	184214	75927
宁夏 Ningxia	788	20	6102	97900	192892	83913
新疆 Xinjiang	4247	2318	23599	389834	810282	338963

学前教育基本情况(城区)
Basic Statistics of Pre-primary Education (Urban Area)

地　区 Region	园数(所) Kindergartens 合计 Total	其中:少数民族幼儿园 of Which: Minorities	班数(个) Classes	入园(班)人数(人) Entrants	在园(班)人数(人) Enrolment	离园(班)人数(人) Leavers
总　计 Total	**69021**	**339**	**513148**	**5833308**	**14897875**	**4767926**
北　京 Beijing	1082	8	11502	120340	324586	83032
天　津 Tianjin	897	6	5923	61590	156848	45030
河　北 Hebei	2188	25	16239	198174	478215	158850
山　西 Shanxi	1558		11550	130639	312054	109567
内蒙古 Inner Mongolia	1138	32	8541	86268	226427	71952
辽　宁 Liaoning	5188	27	25280	171722	530079	144543
吉　林 Jilin	1927	71	11257	95154	217723	70596
黑龙江 Heilongjiang	2321	6	11161	104093	235535	95804
上　海 Shanghai	1199	2	14450	149231	429897	131892
江　苏 Jiangsu	2887	1	31715	396768	1065058	328501
浙　江 Zhejiang	3707		32999	305332	944632	289954
安　徽 Anhui	1591	2	13908	170349	415779	133717
福　建 Fujian	2711	1	19509	240477	588455	199205
江　西 Jiangxi	2290		14079	165233	375602	125729
山　东 Shandong	5523	14	36254	381204	1043186	342268
河　南 Henan	3744	20	30322	348828	862969	275047
湖　北 Hubei	2549	1	19978	219376	624212	211650
湖　南 Hunan	3375	5	19664	216565	548243	184932
广　东 Guangdong	9177	1	76073	917326	2354782	709814
广　西 Guangxi	2024	2	15415	202775	441203	140328
海　南 Hainan	784		5470	55165	136325	43823
重　庆 Chongqing	1946		12480	174303	373771	122814
四　川 Sichuan	2932	1	21891	277594	684615	224254
贵　州 Guizhou	1218		8305	130143	266536	88224
云　南 Yunnan	1211	6	9494	133020	309682	113131
西　藏 Tibet	62	1	468	8483	20572	6509
陕　西 Shaanxi	1726	3	13974	177762	428034	137472
甘　肃 Gansu	769	13	5538	72042	181339	63767
青　海 Qinghai	197	12	1406	19776	47749	17656
宁　夏 Ningxia	320	7	2531	30903	81925	29162
新　疆 Xinjiang	780	72	5772	72673	191842	68703

学前教育基本情况(城乡结合区)

Basic Statistics of Pre-primary Education (Urban-rural Transitional Area)

地 区 Region	园数(所) Kindergartens		班数(个) Classes	入园(班)人数(人) Entrants	在园(班)人数(人) Enrolment	离园(班)人数(人) Leavers
	合计 Total	其中:少数民族幼儿园 of Which: Minorities				
总 计 Total	**13607**	**72**	**90560**	**1063337**	**2627094**	**859372**
北 京 Beijing	100		841	8204	21943	6079
天 津 Tianjin	173	1	658	5278	13364	4588
河 北 Hebei	645	2	4049	52015	116045	39579
山 西 Shanxi	307		1913	21203	49685	17300
内蒙古 Inner Mongolia	52	1	372	3196	8629	2617
辽 宁 Liaoning	558	1	2145	14930	44193	12964
吉 林 Jilin	104	2	507	3925	9263	2923
黑龙江 Heilongjiang	138		655	7143	13234	6504
上 海 Shanghai	106		1263	14410	41453	13397
江 苏 Jiangsu	394		3465	44803	117179	35016
浙 江 Zhejiang	1159		8365	72538	236711	76351
安 徽 Anhui	237		1926	22846	53800	17915
福 建 Fujian	553		3539	41162	102378	35642
江 西 Jiangxi	453		2393	27544	57104	20402
山 东 Shandong	1943	4	10368	103751	287903	94047
河 南 Henan	749	1	5275	62743	145635	49532
湖 北 Hubei	398		2616	27969	79101	28341
湖 南 Hunan	467	2	2525	28050	72477	23435
广 东 Guangdong	2958		23893	308232	755479	234269
广 西 Guangxi	398	1	3031	36353	69793	24420
海 南 Hainan	69		432	4678	10743	3234
重 庆 Chongqing	192		911	13151	27340	8996
四 川 Sichuan	412		2647	34803	78522	24659
贵 州 Guizhou	145		865	13906	27336	9350
云 南 Yunnan	277	1	2006	33677	64143	25969
西 藏 Tibet	2		9	94	220	98
陕 西 Shaanxi	372		2274	30098	69011	22949
甘 肃 Gansu	74		457	7119	15549	4519
青 海 Qinghai	26		140	2070	4126	1697
宁 夏 Ningxia	27	1	194	2018	5984	1892
新 疆 Xinjiang	119	55	826	15428	28751	10688

学前教育基本情况(镇区)
Basic Statistics of Pre-primary Education (Counties & Towns Area)

地　区 Region	园数(所) Kindergartens 合计 Total	其中:少数民族幼儿园 of Which: Minorities	班数(个) Classes	入园(班)人数(人) Entrants	在园(班)人数(人) Enrolment	离园(班)人数(人) Leavers
总　计 Total	**77402**	**991**	**525459**	**8045427**	**16614616**	**6241375**
北　京 Beijing	197	1	1590	18067	44339	12348
天　津 Tianjin	437		1964	19410	50669	19137
河　北 Hebei	4304	14	29088	412339	845962	320859
山　西 Shanxi	2068		14514	180260	413384	151752
内蒙古 Inner Mongolia	1560	189	10631	120270	281291	104468
辽　宁 Liaoning	2332	17	10196	108345	243473	90972
吉　林 Jilin	1498	15	7865	93333	171375	65904
黑龙江 Heilongjiang	2076	12	9058	111856	212459	90896
上　海 Shanghai	255		3003	33848	90570	29918
江　苏 Jiangsu	2485		31573	401251	1104165	385444
浙　江 Zhejiang	3011	1	23195	214040	685290	232637
安　徽 Anhui	2981	3	25226	424918	834078	307817
福　建 Fujian	2979	1	18490	250039	594443	201074
江　西 Jiangxi	5048	3	27794	468156	813792	336770
山　东 Shandong	5212	11	31141	404173	973685	362804
河　南 Henan	6149	21	46828	786459	1457723	554815
湖　北 Hubei	2394	3	18357	237519	629690	244785
湖　南 Hunan	5531	113	30992	459282	1004833	422960
广　东 Guangdong	4251		32699	563948	1050145	336068
广　西 Guangxi	4345	3	28788	508422	890480	329575
海　南 Hainan	891	19	4732	58263	143570	50439
重　庆 Chongqing	1901		12532	188945	409161	169184
四　川 Sichuan	4913	89	34684	662228	1217758	480807
贵　州 Guizhou	2425	38	16230	348376	600596	228068
云　南 Yunnan	1921	3	12932	255360	468257	189308
西　藏 Tibet	136	56	819	15370	28398	12236
陕　西 Shaanxi	3437	1	22178	367591	704830	255499
甘　肃 Gansu	1157	13	7947	148252	279646	103293
青　海 Qinghai	329	102	1935	38928	67764	27445
宁　夏 Ningxia	245	4	1963	36238	67331	30885
新　疆 Xinjiang	934	259	6515	109941	235459	93208

学前教育基本情况(镇乡结合区)

Basic Statistics of Pre-primary Education (County-town Transitional Area)

地 区 Region	园数(所) Kindergartens 合计 Total	其中:少数民族幼儿园 of Which: Minorities	班数(个) Classes	入园(班)人数(人) Entrants	在园(班)人数(人) Enrolment	离园(班)人数(人) Leavers
总 计 Total	**23883**	**212**	**150754**	**2212034**	**4517455**	**1729146**
北 京 Beijing	50		374	4408	10310	2690
天 津 Tianjin	200		883	9121	23182	8985
河 北 Hebei	2365	5	15095	204166	427704	164877
山 西 Shanxi	776		4868	51971	125812	45756
内蒙古 Inner Mongolia	149	16	979	11228	25801	9814
辽 宁 Liaoning	395		1438	13081	30825	11494
吉 林 Jilin	158	5	749	9026	16658	6783
黑龙江 Heilongjiang	236	3	891	9163	19843	9475
上 海 Shanghai	70		720	8001	21848	7348
江 苏 Jiangsu	781		8403	102917	290325	100812
浙 江 Zhejiang	1303	1	8693	77510	254712	86411
安 徽 Anhui	560	1	4749	85476	153630	60582
福 建 Fujian	1004	1	5695	75752	175927	60543
江 西 Jiangxi	1225	1	6036	98253	161689	74163
山 东 Shandong	2724	8	14019	175027	418274	159393
河 南 Henan	2501	6	18296	291503	530379	204272
湖 北 Hubei	644		4622	57662	150021	58232
湖 南 Hunan	1901	21	9829	148710	309275	131807
广 东 Guangdong	1564		11940	210702	373194	123697
广 西 Guangxi	1009		7330	124290	191418	84225
海 南 Hainan	127		611	8189	17724	6684
重 庆 Chongqing	475		2685	33390	76763	30282
四 川 Sichuan	1108	16	6397	111305	203177	78874
贵 州 Guizhou	463	7	2646	61284	96528	40407
云 南 Yunnan	572		3546	63434	118965	50118
西 藏 Tibet	11	5	78	1462	3556	1559
陕 西 Shaanxi	945		5743	97956	171459	63980
甘 肃 Gansu	285	4	1735	33509	57871	21020
青 海 Qinghai	89	26	409	7829	13852	5734
宁 夏 Ningxia	41	1	356	8779	12040	4920
新 疆 Xinjiang	152	85	939	16930	34693	14209

学前教育基本情况(乡村)

Basic Statistics of Pre-primary Education (Rural Area)

地　区 Region	园数(所) Kindergartens 合计 Total	其中:少数民族幼儿园 of Which: Minorities	班数(个) Classes	入园(班)人数(人) Entrants	在园(班)人数(人) Enrolment	离园(班)人数(人) Leavers
总　计 Total	**77260**	**3592**	**421862**	**6209732**	**11135793**	**4893304**
北　京 Beijing	208		1006	10635	25196	6548
天　津 Tianjin	534	2	1870	17992	45010	18213
河　北 Hebei	6467	18	38107	480360	992985	393951
山　西 Shanxi	2824		15151	108994	257505	96467
内蒙古 Inner Mongolia	818	143	4419	39522	85674	32570
辽　宁 Liaoning	2011	7	6353	64150	137278	54238
吉　林 Jilin	749	2	4208	46227	74549	38038
黑龙江 Heilongjiang	1373	33	4099	47271	84292	37787
上　海 Shanghai	56		514	5253	15410	5435
江　苏 Jiangsu	1387		10364	116468	338040	113003
浙　江 Zhejiang	2190		10129	85087	271703	93299
安　徽 Anhui	2416	3	20484	379491	606680	262510
福　建 Fujian	2058	13	12821	149822	329705	125693
江　西 Jiangxi	4532	8	20000	313511	473107	231220
山　东 Shandong	7913	14	28277	303917	700968	288886
河　南 Henan	7588	11	56453	936864	1612971	686114
湖　北 Hubei	1871	4	12795	157095	371891	161298
湖　南 Hunan	5038	58	22776	313944	613183	295882
广　东 Guangdong	2940	5	22830	387441	617917	247811
广　西 Guangxi	4028	9	30272	488793	737332	353175
海　南 Hainan	253	9	1834	21196	40243	17745
重　庆 Chongqing	969		5170	67729	132684	65595
四　川 Sichuan	4520	446	21194	375148	579308	300102
贵　州 Guizhou	2350	39	13233	308175	437581	208644
云　南 Yunnan	3408	20	17610	359136	516039	302771
西　藏 Tibet	684	195	1961	27534	38981	21015
陕　西 Shaanxi	2275		10926	152420	264096	96367
甘　肃 Gansu	2045	92	11170	166256	240147	107183
青　海 Qinghai	999	465	2916	41322	68701	30826
宁　夏 Ningxia	223	9	1608	30759	43636	23866
新　疆 Xinjiang	2533	1987	11312	207220	382981	177052

学前教育中女儿童数

Number of Female Children in Pre-primary Education

单位:人
unit:person

地 区 Region	入园(班)人数 Entrants	在园(班)人数 Enrolment	离园(班)人数 Leavers
总 计 Total	**9387411**	**19785490**	**7500788**
北 京 Beijing	71420	188977	48956
天 津 Tianjin	48887	123226	40972
河 北 Hebei	511433	1081712	404835
山 西 Shanxi	201001	471281	174752
内蒙古 Inner Mongolia	116722	279508	99806
辽 宁 Liaoning	164967	426632	139439
吉 林 Jilin	111840	219474	85328
黑龙江 Heilongjiang	126125	253555	109370
上 海 Shanghai	88768	252344	78512
江 苏 Jiangsu	428301	1163102	387799
浙 江 Zhejiang	280665	875689	291852
安 徽 Anhui	452865	858839	335016
福 建 Fujian	291421	686599	245239
江 西 Jiangxi	432694	751384	323194
山 东 Shandong	500510	1248515	469601
河 南 Henan	976863	1839645	722253
湖 北 Hubei	282850	743153	289434
湖 南 Hunan	464459	1008717	432693
广 东 Guangdong	857376	1816780	555361
广 西 Guangxi	551153	936424	390892
海 南 Hainan	60911	139919	50798
重 庆 Chongqing	204477	433314	176475
四 川 Sichuan	626021	1182314	480579
贵 州 Guizhou	361124	596081	250428
云 南 Yunnan	354810	612775	295476
西 藏 Tibet	25161	42711	20040
陕 西 Shaanxi	330112	658019	229068
甘 肃 Gansu	181928	327753	130436
青 海 Qinghai	47798	87295	36399
宁 夏 Ningxia	46815	91056	40867
新 疆 Xinjiang	187934	388697	164918

幼儿园教职工数(总计)
Number of Educational Personnel in Kindergarten (Total)

单位:人
unit: person

地　区 Region	教职工数 Educational Personnel						代课教师 Substitute Teachers	兼任教师 Part-time Teachers
	合计 Total	园长 Kindergarten Heads	专任教师 Full-time Teachers	保健医 Health Physician	保育员 Caretaker	其他 Other		
总　计 Total	**3495791**	**252113**	**2051021**	**89095**	**632829**	**470733**	**159942**	**24768**
北　京 Beijing	61903	2242	34040	2517	10030	13074		564
天　津 Tianjin	24922	1917	14833	773	3647	3752	2436	191
河　北 Hebei	149194	13417	98058	3306	19291	15122	13002	737
山　西 Shanxi	74823	6407	48285	1696	9246	9189	14473	772
内蒙古 Inner Mongolia	59684	3728	37250	1514	8027	9165	2933	372
辽　宁 Liaoning	98455	8981	60849	1680	13501	13444	275	1205
吉　林 Jilin	50183	4758	28399	1899	8468	6659	1025	372
黑龙江 Heilongjiang	59559	6297	32328	2913	9783	8238	1373	474
上　海 Shanghai	56172	1999	36602	1963	7731	7877	1701	148
江　苏 Jiangsu	219483	9296	129174	5947	50580	24486	17251	637
浙　江 Zhejiang	212385	9513	116415	6508	44011	35938		1096
安　徽 Anhui	109295	8346	66604	3022	20265	11058	8290	665
福　建 Fujian	130081	8827	74840	2974	25155	18285	8377	254
江　西 Jiangxi	123459	13280	73221	2903	20897	13158	1968	1118
山　东 Shandong	228575	20227	154602	3808	24743	25195	20403	1487
河　南 Henan	273316	21239	165277	7900	47856	31044	20221	1508
湖　北 Hubei	134279	9659	68761	3610	31438	20811	10456	820
湖　南 Hunan	175737	14515	86013	4958	43971	26280	5052	696
广　东 Guangdong	436203	23495	240749	11193	93379	67387	920	1062
广　西 Guangxi	126788	12118	68407	2632	25818	17813	2899	1963
海　南 Hainan	32207	2623	16112	1163	7041	5268	336	267
重　庆 Chongqing	71864	5709	36979	1752	17236	10188	3014	850
四　川 Sichuan	165671	14236	96885	3529	29012	22009	7979	699
贵　州 Guizhou	87902	5915	55856	1860	15686	8585	1612	1118
云　南 Yunnan	81455	6292	49018	1666	12507	11972	463	2621
西　藏 Tibet	4098	289	3183	22	300	304	266	43
陕　西 Shaanxi	127418	8339	75529	3699	20618	19233	4950	403
甘　肃 Gansu	42305	3479	30342	598	3683	4203	1596	1896
青　海 Qinghai	11711	1281	6656	147	1464	2163	2191	106
宁　夏 Ningxia	14504	994	8427	343	2055	2685	2419	329
新　疆 Xinjiang	52160	2695	37327	600	5390	6148	2061	295

幼儿园教职工数(城区)
Number of Educational Personnel in Kindergarten (Urban Area)

单位:人
unit: person

地区 Region	教职工数 Educational Personnel 合计 Total	园长 Kindergarten Heads	专任教师 Full-time Teachers	保健医 Health Physician	保育员 Caretaker	其他 Other	代课教师 Substitute Teachers	兼任教师 Part-time Teachers
总 计 Total	**1708000**	**97369**	**956261**	**49597**	**333915**	**270858**	**42144**	**7478**
北 京 Beijing	52695	1764	28532	2193	8919	11287		382
天 津 Tianjin	19855	1263	11585	654	3069	3284	603	179
河 北 Hebei	49659	3259	29867	1395	7962	7176	2316	59
山 西 Shanxi	36317	2131	21656	1034	5427	6069	4447	332
内蒙古 Inner Mongolia	26966	1303	16269	823	4009	4562	1479	244
辽 宁 Liaoning	72545	5770	42260	1404	11801	11310	58	417
吉 林 Jilin	28309	2408	15408	1052	5186	4255	429	177
黑龙江 Heilongjiang	32020	2804	16866	1665	5504	5181	467	167
上 海 Shanghai	45526	1592	29635	1632	6188	6479	1390	142
江 苏 Jiangsu	113240	4594	63333	3356	26535	15422	3987	216
浙 江 Zhejiang	112582	4148	61808	3566	24059	19001		391
安 徽 Anhui	38043	2435	21783	1136	7928	4761	2773	118
福 建 Fujian	64831	3778	36189	1771	13780	9313	2186	71
江 西 Jiangxi	39761	3254	22636	1114	7766	4991	449	374
山 东 Shandong	114027	7577	73052	2390	14838	16170	5800	608
河 南 Henan	96574	5592	56652	2745	18167	13418	5097	494
湖 北 Hubei	68869	4461	34673	2065	15922	11748	2749	200
湖 南 Hunan	64681	4165	30995	2078	16691	10752	830	418
广 东 Guangdong	298750	14722	159774	8302	65235	50717	513	482
广 西 Guangxi	43011	3030	23275	1086	9136	6484	523	415
海 南 Hainan	15934	1206	8151	667	3476	2434	169	152
重 庆 Chongqing	41007	2762	20974	1229	9698	6344	777	376
四 川 Sichuan	73267	4595	40253	1902	14721	11796	1625	64
贵 州 Guizhou	28162	1646	15438	763	6595	3720	135	68
云 南 Yunnan	32558	1717	18394	890	5828	5729	21	225
西 藏 Tibet	1409	113	807	17	222	250	9	13
陕 西 Shaanxi	49588	2432	27391	1649	8703	9413	753	219
甘 肃 Gansu	16857	1057	10918	338	2066	2478	358	307
青 海 Qinghai	4267	320	2277	69	570	1031	461	32
宁 夏 Ningxia	8257	480	4799	202	1095	1681	1319	84
新 疆 Xinjiang	18433	991	10611	410	2819	3602	421	52

幼儿园教职工数(城乡结合区)

Number of Educational Personnel in Kindergarten (Urban-rural Transitional Area)

单位:人
unit: person

地区 Region	教职工数 Educational Personnel						代课教师 Substitute Teachers	兼任教师 Part-time Teachers
	合计 Total	园长 Kindergarten Heads	专任教师 Full-time Teachers	保健医 Health Physician	保育员 Caretaker	其他 Other		
总计 Total	**271734**	**17120**	**151352**	**7493**	**53755**	**42014**	**7698**	**1041**
北京 Beijing	3353	169	1837	130	535	682		20
天津 Tianjin	1594	180	850	69	271	224	5	7
河北 Hebei	8845	741	5407	236	1308	1153	725	8
山西 Shanxi	4230	334	2601	107	586	602	1082	42
内蒙古 Inner Mongolia	855	52	486	34	147	136	131	5
辽宁 Liaoning	4765	516	2876	63	700	610	6	14
吉林 Jilin	1237	127	665	52	195	198	9	4
黑龙江 Heilongjiang	1707	156	938	90	225	298	87	44
上海 Shanghai	4123	125	2359	158	820	661	87	14
江苏 Jiangsu	11058	491	6301	310	2645	1311	493	70
浙江 Zhejiang	26181	1253	13759	918	5536	4715		115
安徽 Anhui	3614	292	2093	110	742	377	516	23
福建 Fujian	9756	658	5405	245	2020	1428	412	7
江西 Jiangxi	5276	543	3029	141	1000	563	31	48
山东 Shandong	27543	2320	18267	483	3096	3377	2088	106
河南 Henan	14000	968	7896	432	2777	1927	647	52
湖北 Hubei	8031	606	3829	239	2001	1356	406	32
湖南 Hunan	7750	543	3613	262	1997	1335	315	40
广东 Guangdong	90518	4436	48731	2400	19959	14992	126	94
广西 Guangxi	5660	525	3108	132	1138	757	83	85
海南 Hainan	1261	105	594	58	315	189	12	4
重庆 Chongqing	2718	225	1333	79	678	403	52	31
四川 Sichuan	8377	617	4290	259	1847	1364	100	15
贵州 Guizhou	2605	163	1437	83	551	371	30	27
云南 Yunnan	5370	316	3026	126	956	946		98
西藏 Tibet	19	2	17					
陕西 Shaanxi	7038	421	3799	217	1277	1324	178	9
甘肃 Gansu	1296	80	1001	19	75	121	11	2
青海 Qinghai	415	35	213	6	70	91	10	
宁夏 Ningxia	636	40	331	14	94	157	50	
新疆 Xinjiang	1903	81	1261	21	194	346	6	25

幼儿园教职工数(镇区)
Number of Educational Personnel in Kindergarten (Counties & Towns Area)

单位:人
unit: person

地区 Region	教职工数 Educational Personnel						代课教师 Substitute Teachers	兼任教师 Part-time Teachers
	合计 Total	园长 Kindergarten Heads	专任教师 Full-time Teachers	保健医 Health Physician	保育员 Caretaker	其他 Other		
总计 Total	**1225876**	**89166**	**753314**	**27412**	**213346**	**142638**	**75304**	**9958**
北京 Beijing	6188	279	3619	222	807	1261		54
天津 Tianjin	3000	383	1869	66	318	364	1052	7
河北 Hebei	61189	4947	40789	1352	8177	5924	4100	190
山西 Shanxi	27694	2184	19471	504	3023	2512	6629	306
内蒙古 Inner Mongolia	26326	1682	17048	584	3271	3741	1180	79
辽宁 Liaoning	17395	2072	12476	182	1210	1455	161	478
吉林 Jilin	16551	1643	9842	640	2519	1907	416	171
黑龙江 Heilongjiang	20521	2229	11442	923	3343	2584	656	231
上海 Shanghai	9118	343	6058	275	1268	1174	266	5
江苏 Jiangsu	84878	3489	52707	2033	19271	7378	9701	301
浙江 Zhejiang	71441	3287	39570	2048	14671	11865		498
安徽 Anhui	49818	3676	31689	1293	8648	4512	3463	310
福建 Fujian	48302	3354	28792	919	8677	6560	4446	151
江西 Jiangxi	60631	5966	37194	1323	10184	5964	1142	431
山东 Shandong	70159	5826	50472	926	6635	6300	8157	726
河南 Henan	99714	7513	62427	2719	16766	10289	9159	593
湖北 Hubei	43708	3171	23358	963	10051	6165	4900	410
湖南 Hunan	74741	5777	37518	1948	18842	10656	2735	191
广东 Guangdong	98043	5799	57746	2109	20214	12175	317	230
广西 Guangxi	55911	5113	30721	1060	11440	7577	1743	925
海南 Hainan	13229	1135	6503	397	2954	2240	128	91
重庆 Chongqing	25012	2110	13283	431	6060	3128	1834	383
四川 Sichuan	70302	5915	43922	1254	11227	7984	5316	382
贵州 Guizhou	41636	2632	27900	793	6626	3685	893	608
云南 Yunnan	30874	2020	19942	523	4310	4079	226	1039
西藏 Tibet	1606	107	1383	5	69	42	28	21
陕西 Shaanxi	57683	3890	36671	1438	8760	6924	3416	125
甘肃 Gansu	16223	1200	12703	178	1085	1057	516	808
青海 Qinghai	3911	346	2418	53	466	628	938	27
宁夏 Ningxia	4666	324	2751	110	676	805	817	91
新疆 Xinjiang	15406	754	11030	141	1778	1703	969	96

幼儿园教职工数(镇乡结合区)

Number of Educational Personnel in Kindergarten (County-town Transitional Area)

单位:人
unit: person

地 区 Region	教职工数 Educational Personnel						代课教师 Substitute Teachers	兼任教师 Part-time Teachers
	合计 Total	园长 Kindergarten Heads	专任教师 Full-time Teachers	保健医 Health Physician	保育员 Caretaker	其他 Other		
总 计 Total	**320358**	**25923**	**193019**	**7525**	**56017**	**37874**	**20484**	**2292**
北 京 Beijing	1263	61	792	40	146	224		15
天 津 Tianjin	943	151	621	20	69	82	498	
河 北 Hebei	28006	2489	19022	578	3513	2404	2125	140
山 西 Shanxi	8286	754	5598	156	989	789	1943	145
内蒙古 Inner Mongolia	2232	161	1415	51	317	288	80	22
辽 宁 Liaoning	2086	327	1483	20	125	131	12	53
吉 林 Jilin	1562	163	932	65	218	184	19	26
黑龙江 Heilongjiang	1851	237	1076	90	230	218	96	11
上 海 Shanghai	2323	92	1270	83	478	400	44	
江 苏 Jiangsu	22189	997	13529	561	5138	1964	2400	47
浙 江 Zhejiang	25966	1406	13905	781	5307	4567		331
安 徽 Anhui	8054	652	5061	245	1357	739	413	30
福 建 Fujian	13493	1037	7622	243	2513	2078	1253	45
江 西 Jiangxi	10076	1285	6059	217	1508	1007	229	60
山 东 Shandong	28993	2787	21170	346	2437	2253	3757	209
河 南 Henan	33759	2924	20258	1018	5882	3677	2843	159
湖 北 Hubei	9596	780	4994	217	2221	1384	1216	107
湖 南 Hunan	21634	1925	10461	624	5418	3206	929	50
广 东 Guangdong	34223	2057	19910	814	7263	4179	65	125
广 西 Guangxi	9934	1094	5345	209	1917	1369	198	119
海 南 Hainan	1696	148	830	49	355	314	15	3
重 庆 Chongqing	4954	500	2380	93	1278	703	318	81
四 川 Sichuan	13499	1310	7678	330	2418	1763	846	17
贵 州 Guizhou	5936	431	3828	117	1020	540	180	82
云 南 Yunnan	7684	606	4629	125	1175	1149	44	185
西 藏 Tibet	179	10	143	2	21	3		2
陕 西 Shaanxi	13622	1023	8393	370	2090	1746	526	35
甘 肃 Gansu	3077	285	2329	33	236	194	74	161
青 海 Qinghai	770	86	455	9	93	127	142	
宁 夏 Ningxia	567	52	323	12	83	97	124	7
新 疆 Xinjiang	1905	93	1508	7	202	95	95	25

幼儿园教职工数(乡村)

Number of Educational Personnel in Kindergarten (Rural Area)

单位:人

unit: person

地　区 Region	教职工数 Educational Personnel						代课教师 Substitute Teachers	兼任教师 Part-time Teachers
	合计 Total	园长 Kindergarten Heads	专任教师 Full-time Teachers	保健医 Health Physician	保育员 Caretaker	其他 Other		
总　计 Total	**561915**	**65578**	**341446**	**12086**	**85568**	**57237**	**42494**	**7332**
北　京 Beijing	3020	199	1889	102	304	526		128
天　津 Tianjin	2067	271	1379	53	260	104	781	5
河　北 Hebei	38346	5211	27402	559	3152	2022	6586	488
山　西 Shanxi	10812	2092	7158	158	796	608	3397	134
内蒙古 Inner Mongolia	6392	743	3933	107	747	862	274	49
辽　宁 Liaoning	8515	1139	6113	94	490	679	56	310
吉　林 Jilin	5323	707	3149	207	763	497	180	24
黑龙江 Heilongjiang	7018	1264	4020	325	936	473	250	76
上　海 Shanghai	1528	64	909	56	275	224	45	1
江　苏 Jiangsu	21365	1213	13134	558	4774	1686	3563	120
浙　江 Zhejiang	28362	2078	15037	894	5281	5072		207
安　徽 Anhui	21434	2235	13132	593	3689	1785	2054	237
福　建 Fujian	16948	1695	9859	284	2698	2412	1745	32
江　西 Jiangxi	23067	4060	13391	466	2947	2203	377	313
山　东 Shandong	44389	6824	31078	492	3270	2725	6446	153
河　南 Henan	77028	8134	46198	2436	12923	7337	5965	421
湖　北 Hubei	21702	2027	10730	582	5465	2898	2807	210
湖　南 Hunan	36315	4573	17500	932	8438	4872	1487	87
广　东 Guangdong	39410	2974	23229	782	7930	4495	90	350
广　西 Guangxi	27866	3975	14411	486	5242	3752	633	623
海　南 Hainan	3044	282	1458	99	611	594	39	24
重　庆 Chongqing	5845	837	2722	92	1478	716	403	91
四　川 Sichuan	22102	3726	12710	373	3064	2229	1038	253
贵　州 Guizhou	18104	1637	12518	304	2465	1180	584	442
云　南 Yunnan	18023	2555	10682	253	2369	2164	216	1357
西　藏 Tibet	1083	69	993		9	12	229	9
陕　西 Shaanxi	20147	2017	11467	612	3155	2896	781	59
甘　肃 Gansu	9225	1222	6721	82	532	668	722	781
青　海 Qinghai	3533	615	1961	25	428	504	792	47
宁　夏 Ningxia	1581	190	877	31	284	199	283	154
新　疆 Xinjiang	18321	950	15686	49	793	843	671	147

幼儿园女

Number of Female Educational

地区 Region	教职工数 Educational Personnel		
	合计 Total	园长 Kindergarten Heads	专任教师 Full-time Teachers
总　计 Total	**3211896**	**227179**	**2008462**
北　京 Beijing	56673	2151	33269
天　津 Tianjin	22825	1768	14363
河　北 Hebei	136218	10727	94374
山　西 Shanxi	69497	5551	47610
内蒙古 Inner Mongolia	53253	3323	35492
辽　宁 Liaoning	92077	8345	60054
吉　林 Jilin	45968	4382	27908
黑龙江 Heilongjiang	54104	5719	31381
上　海 Shanghai	53071	1967	36194
江　苏 Jiangsu	206481	8876	126775
浙　江 Zhejiang	196164	9140	115235
安　徽 Anhui	101181	7432	65338
福　建 Fujian	120955	8716	74392
江　西 Jiangxi	115489	12307	72505
山　东 Shandong	208312	17089	150971
河　南 Henan	250095	18149	163146
湖　北 Hubei	120872	8548	67539
湖　南 Hunan	158678	13400	85009
广　东 Guangdong	402529	22376	237049
广　西 Guangxi	117762	11344	67642
海　南 Hainan	29557	2534	15904
重　庆 Chongqing	66704	5267	36558
四　川 Sichuan	152892	13272	95409
贵　州 Guizhou	81003	5197	53255
云　南 Yunnan	73942	5428	47170
西　藏 Tibet	3519	226	2814
陕　西 Shaanxi	113628	6811	72890
甘　肃 Gansu	38161	2907	28518
青　海 Qinghai	10201	1003	6309
宁　夏 Ningxia	13169	824	8172
新　疆 Xinjiang	46916	2400	35217

教职工数
Personnel in Kindergarten

单位:人
unit:person

保健医 Health Physician	保育员 Caretaker	其他 Other	代课教师 Substitute Teachers	兼任教师 Part-time Teachers
79535	**618024**	**278696**	**150856**	**20840**
2489	9994	8770		538
714	3432	2548	2355	166
2897	18680	9540	12415	655
1495	8967	5874	13968	667
1290	7585	5563	2735	267
1560	13400	8718	271	1065
1703	8097	3878	868	273
2636	9384	4984	1312	389
1943	7560	5407	1610	121
5782	50100	14948	16646	606
6229	43730	21830		989
2575	19604	6232	7673	538
2694	24953	10200	7865	210
2337	20312	8028	1829	921
3384	23658	13210	19500	1210
6457	46047	16296	18631	1142
3134	30617	11034	9918	597
3988	42778	13503	4774	395
10367	92049	40688	852	850
2264	25175	11337	2685	1643
1068	6839	3212	267	184
1609	16926	6344	2884	684
3156	28365	12690	7393	590
1628	15169	5754	1465	970
1514	12121	7709	425	2375
18	296	165	206	43
3060	19987	10880	4753	361
538	3508	2690	1440	1716
112	1412	1365	1914	77
318	2027	1828	2248	313
576	5252	3471	1954	285

幼儿园园长、专任教师

Number of Kindergarten Heads, Full-time Teachers by Educational

地 区 Region	合计 Total	按学历分 By Educational Attainment			
		研究生毕业 Graduate	本科毕业 Under-graduate	专科毕业 Associate Bachelor	高中阶段毕业 High School Graduate
总 计 Total	**2303134**	**5875**	**448990**	**1270226**	**529441**
北 京 Beijing	36282	443	13624	17409	4567
天 津 Tianjin	16750	284	8026	5976	2146
河 北 Hebei	111475	255	19838	61331	28142
山 西 Shanxi	54692	126	11452	28838	13504
内蒙古 Inner Mongolia	40978	211	13443	21345	5653
辽 宁 Liaoning	69830	311	11518	39773	15885
吉 林 Jilin	33157	208	8726	16934	6639
黑龙江 Heilongjiang	38625	103	9251	21401	6661
上 海 Shanghai	38601	256	26056	10752	1516
江 苏 Jiangsu	138470	370	55006	72677	9847
浙 江 Zhejiang	125928	253	38253	68835	18345
安 徽 Anhui	74950	76	12346	49702	11945
福 建 Fujian	83667	146	14056	42314	24745
江 西 Jiangxi	86501	114	8159	42181	30482
山 东 Shandong	174829	479	30908	94345	43667
河 南 Henan	186516	417	24291	107993	47830
湖 北 Hubei	78420	145	11484	40101	24226
湖 南 Hunan	100528	162	9601	60325	27892
广 东 Guangdong	264244	469	26446	147784	84852
广 西 Guangxi	80525	113	10200	45985	20067
海 南 Hainan	18735	28	2205	10910	4911
重 庆 Chongqing	42688	89	6477	25501	9952
四 川 Sichuan	111121	181	14841	70059	25853
贵 州 Guizhou	61771	45	9814	34612	16623
云 南 Yunnan	55310	133	12131	28942	12520
西 藏 Tibet	3472	5	850	2220	313
陕 西 Shaanxi	83868	281	18010	49750	14739
甘 肃 Gansu	33821	79	11007	16863	5513
青 海 Qinghai	7937	19	1335	4205	2148
宁 夏 Ningxia	9421	24	1587	6299	1417
新 疆 Xinjiang	40022	50	8049	24864	6841

学历、职称情况(总计)
Attainment and Professional Rank (Total)

单位:人
unit:person

	按职称分 By Professional Rank					
高中阶段以下毕业 Below High School Graduate	中学高级 Senior Secondary	小学高级 Senior Primary	小学一级 1st Grade Primary	小学二级 2nd Grade Primary	小学三级 3rd Grade Primary	未定职级 No-ranking
48602	**16891**	**222002**	**276233**	**105051**	**18561**	**1664396**
239	255	5113	6625	2716	399	21174
318	311	4510	2893	127	77	8832
1909	1101	21277	17588	2921	409	68179
772	165	6428	8342	2682	464	36611
326	2061	5202	5184	1624	81	26826
2343	1053	7275	4099	973	760	55670
650	411	4612	3674	1168	182	23110
1209	1003	5699	4986	726	223	25988
21	660	9482	14491	2736	363	10869
570	1770	17900	25351	13754	269	79426
242	915	12195	32980	7415	675	71748
881	306	7458	7846	3852	618	54870
2406	350	8237	6722	5177	839	62342
5565	455	3753	4509	2560	665	74559
5430	1294	12809	15374	7055	1167	137130
5985	958	11990	16157	7459	225	149727
2464	641	8435	8506	3925	1132	55781
2548	440	4656	6412	2351	713	85956
4693	393	16590	17226	7796	3087	219152
4160	362	5456	5303	3251	1000	65153
681	37	780	1402	1013	152	15351
669	183	2346	3166	847	194	35952
187	522	7994	14238	3084	341	84942
677	62	6386	5804	5286	1567	42666
1584	240	9028	7012	2987	316	35727
84	35	536	965	258	30	1648
1088	299	5925	10817	4645	1203	60979
359	176	4994	8705	1695	136	18115
230	101	832	390	188	146	6280
94	77	1042	1001	270	51	6980
218	255	3062	8465	4510	1077	22653

幼儿园园长、专任教师

Number of Kindergarten Heads, Full-time Teachers by Educational

地　区 Region	合计 Total	按学历分 By Educational Attainment			
		研究生毕业 Graduate	本科毕业 Under-graduate	专科毕业 Associate Bachelor	高中阶段毕业 High School Graduate
总　计 Total	**1053630**	**4689**	**254130**	**595173**	**188606**
北　京 Beijing	30296	407	11128	14631	3927
天　津 Tianjin	12848	275	6836	4599	1015
河　北 Hebei	33126	164	7569	19495	5711
山　西 Shanxi	23787	99	5621	13037	4810
内蒙古 Inner Mongolia	17572	138	5925	9314	2106
辽　宁 Liaoning	48030	275	9275	29565	8277
吉　林 Jilin	17816	144	4985	9261	3192
黑龙江 Heilongjiang	19670	82	5375	11186	2642
上　海 Shanghai	31227	227	21050	8810	1129
江　苏 Jiangsu	67927	307	33064	32355	2124
浙　江 Zhejiang	65956	231	23461	34614	7565
安　徽 Anhui	24218	54	5391	16408	2259
福　建 Fujian	39967	129	7970	20709	10387
江　西 Jiangxi	25890	55	3861	14453	6844
山　东 Shandong	80629	372	18052	46959	13932
河　南 Henan	62244	274	11474	38571	11096
湖　北 Hubei	39134	124	7800	21698	8983
湖　南 Hunan	35160	143	4961	23365	6447
广　东 Guangdong	174496	436	20869	99259	51474
广　西 Guangxi	26305	76	4807	16446	4562
海　南 Hainan	9357	22	1122	5780	2261
重　庆 Chongqing	23736	76	4353	14884	4281
四　川 Sichuan	44848	133	7286	30069	7332
贵　州 Guizhou	17084	19	2942	9807	4166
云　南 Yunnan	20111	122	5595	11131	3096
西　藏 Tibet	920	4	256	442	164
陕　西 Shaanxi	29823	185	5840	19239	4038
甘　肃 Gansu	11975	51	3165	6636	2023
青　海 Qinghai	2597	12	450	1488	622
宁　夏 Ningxia	5279	23	1009	3574	653
新　疆 Xinjiang	11602	30	2638	7388	1488

学历、职称情况(城区)

Attainment and Professional Rank (Urban Area)

单位:人

unit: person

高中阶段以下毕业 Below High School Graduate	按职称分 By Professional Rank 中学高级 Senior Secondary	小学高级 Senior Primary	小学一级 1st Grade Primary	小学二级 2nd Grade Primary	小学三级 3rd Grade Primary	未定职级 No-ranking
11032	**9124**	**102728**	**130397**	**48487**	**8522**	**754372**
203	231	4205	5373	2504	374	17609
123	212	3627	2557	122	63	6267
187	384	5122	4451	916	167	22086
220	98	2857	3151	1328	253	16100
89	776	1869	1935	589	46	12357
638	658	4730	2872	582	531	38657
234	222	1830	1481	456	122	13705
385	537	2767	1872	357	124	14013
11	548	7986	11379	2408	284	8622
77	1194	10111	14705	7136	32	34749
85	625	7835	18545	3697	262	34992
106	173	2758	2419	1122	211	17535
772	230	3383	3432	2496	448	29978
677	234	1463	2245	1036	180	20732
1314	665	5361	6645	3511	630	63817
829	469	5147	5871	3189	140	47428
529	431	4214	4333	2122	554	27480
244	199	1714	2590	763	329	29565
2458	295	9289	12753	5850	2112	144197
414	165	1906	2251	1266	351	20366
172	19	404	593	374	80	7887
142	106	1248	1530	455	100	20297
28	193	3145	6346	1297	234	33633
150	24	1289	1242	685	149	13695
167	86	3128	2669	1301	153	12774
54	13	102	127	10	7	661
521	106	1704	2720	1207	195	23891
100	73	1624	1875	553	35	7815
25	25	187	175	121	108	1981
20	45	467	509	165	42	4051
58	88	1256	1751	869	206	7432

幼儿园园长、专任教师

Number of Kindergarten Heads, Full-time Teachers by Educational

地　区 Region	合计 Total	按学历分 By Educational Attainment			
		研究生毕业 Graduate	本科毕业 Under-graduate	专科毕业 Associate Bachelor	高中阶段毕业 High School Graduate
总　计 Total	**168472**	**328**	**25779**	**96250**	**43034**
北　京 Beijing	2006	18	615	985	344
天　津 Tianjin	1030	1	128	566	287
河　北 Hebei	6148	17	1186	3536	1359
山　西 Shanxi	2935	6	598	1569	699
内蒙古 Inner Mongolia	538	7	171	274	82
辽　宁 Liaoning	3392	7	482	1841	981
吉　林 Jilin	792	7	207	352	181
黑龙江 Heilongjiang	1094	2	346	540	161
上　海 Shanghai	2484	12	1177	959	330
江　苏 Jiangsu	6792	9	2537	3858	382
浙　江 Zhejiang	15012	19	3541	8788	2630
安　徽 Anhui	2385	2	362	1556	441
福　建 Fujian	6063	8	856	3042	1996
江　西 Jiangxi	3572	4	353	1861	1197
山　东 Shandong	20587	51	3569	11829	4599
河　南 Henan	8864	30	1194	5204	2240
湖　北 Hubei	4435	8	547	2575	1214
湖　南 Hunan	4156	7	394	2915	813
广　东 Guangdong	53167	55	4086	30017	17880
广　西 Guangxi	3633	7	408	2123	980
海　南 Hainan	699		62	418	209
重　庆 Chongqing	1558	1	199	913	435
四　川 Sichuan	4907	24	648	3328	895
贵　州 Guizhou	1600	2	249	793	536
云　南 Yunnan	3342	10	672	1988	632
西　藏 Tibet	19		1	12	2
陕　西 Shaanxi	4220	11	696	2607	801
甘　肃 Gansu	1081	1	211	620	245
青　海 Qinghai	248		16	103	129
宁　夏 Ningxia	371	1	54	243	70
新　疆 Xinjiang	1342	1	214	835	284

学历、职称情况(城乡结合区)
Attainment and Professional Rank (Urban-rural Transitional Area)

单位:人
unit: person

高中阶段以下毕业 Below High School Graduate	按职称分 By Professional Rank					
	中学高级 Senior Secondary	小学高级 Senior Primary	小学一级 1st Grade Primary	小学二级 2nd Grade Primary	小学三级 3rd Grade Primary	未定职级 No-ranking
3081	**677**	**8569**	**13837**	**6014**	**1318**	**138057**
44	14	164	201	97	39	1491
48	3	16	9			1002
50	80	910	883	85	25	4165
63	13	300	361	168	19	2074
4	15	22	35	1		465
81	24	204	126	18	59	2961
45	8	47	81	11		645
45	43	302	150	5	1	593
6	33	328	672	73	5	1373
6	53	529	1159	714	2	4335
34	57	814	2963	1004	23	10151
24	4	157	153	65	1	2005
161	14	328	350	317	44	5010
157	7	55	147	77	26	3260
539	135	1119	1335	689	112	17197
196	37	355	537	352	6	7577
91	33	217	243	116	37	3789
27	7	136	233	59	61	3660
1129	27	1562	2471	1379	578	47150
115	14	139	156	103	70	3151
10	4	5	17	15		658
10	3	45	80	18	26	1386
12	6	105	329	66	8	4393
20	7	112	74	41	37	1329
40	15	297	297	196	55	2482
4		1	1			17
105	7	132	283	150	24	3624
4	3	104	176	24		774
	1		6	3	6	232
3		12	8		2	349
8	10	52	301	168	52	759

幼儿园园长、专任教师

Number of Kindergarten Heads, Full-time Teachers by Educational

地 区 Region	合计 Total	按学历分 By Educational Attainment			
		研究生毕业 Graduate	本科毕业 Under-graduate	专科毕业 Associate Bachelor	高中阶段毕业 High School Graduate
总 计 Total	**842480**	**935**	**148930**	**469225**	**204247**
北 京 Beijing	3898	28	1684	1796	374
天 津 Tianjin	2252	6	701	820	642
河 北 Hebei	45736	70	7833	25307	11740
山 西 Shanxi	21655	25	4732	11507	5196
内蒙古 Inner Mongolia	18730	65	6414	9630	2477
辽 宁 Liaoning	14548	26	1696	7082	4791
吉 林 Jilin	11485	56	2868	5829	2486
黑龙江 Heilongjiang	13671	15	3083	7518	2579
上 海 Shanghai	6401	28	4423	1619	321
江 苏 Jiangsu	56196	61	18942	31516	5334
浙 江 Zhejiang	42857	18	11115	24506	7135
安 徽 Anhui	35365	19	5371	23813	5780
福 建 Fujian	32146	14	5074	16377	9768
江 西 Jiangxi	43160	51	3614	21218	15727
山 东 Shandong	56298	81	9515	29610	15216
河 南 Henan	69940	95	8829	41723	17283
湖 北 Hubei	26529	11	2602	12713	9974
湖 南 Hunan	43295	15	3477	25666	12927
广 东 Guangdong	63545	20	4231	35175	22569
广 西 Guangxi	35834	23	4245	20299	9433
海 南 Hainan	7638	3	878	4165	2183
重 庆 Chongqing	15393	11	1890	8860	4291
四 川 Sichuan	49837	46	6578	31540	11587
贵 州 Guizhou	30532	22	4925	17319	7999
云 南 Yunnan	21962	9	5117	11598	4714
西 藏 Tibet	1490		401	979	100
陕 西 Shaanxi	40561	82	10002	23169	6982
甘 肃 Gansu	13903	13	5241	6547	1970
青 海 Qinghai	2764	5	586	1521	613
宁 夏 Ningxia	3075	1	457	2130	436
新 疆 Xinjiang	11784	16	2406	7673	1620

学历、职称情况(镇区)

Attainment and Professional Rank (Counties & Towns Area)

单位:人
unit:person

	按职称分 By Professional Rank					
高中阶段以下毕业 Below High School Graduate	中学高级 Senior Secondary	小学高级 Senior Primary	小学一级 1st Grade Primary	小学二级 2nd Grade Primary	小学三级 3rd Grade Primary	未定职级 No-ranking
19143	**6016**	**86600**	**103049**	**38640**	**6911**	**601264**
16	17	546	892	131	8	2304
83	40	372	212	3	6	1619
786	440	8016	6343	1063	119	29755
195	50	2693	3876	1114	169	13753
144	1030	2724	2732	678	29	11537
953	292	1836	809	231	162	11218
246	109	1993	1564	595	42	7182
476	332	1953	2190	298	71	8827
10	94	1324	2764	278	76	1865
343	535	6549	8783	5302	169	34858
83	265	3490	10780	2650	310	25362
382	100	3563	3971	1932	289	25510
913	112	3992	2690	2012	246	23094
2550	194	1897	1875	1225	406	37563
1876	462	4528	5310	2140	412	43446
2010	361	4914	6868	2662	43	55092
1229	168	3187	3138	1293	402	18341
1210	177	2230	2835	1040	199	36814
1550	66	5348	3176	1497	783	52675
1834	166	2955	2342	1295	499	28577
409	15	311	644	481	57	6130
341	58	964	1329	348	74	12620
86	289	4468	6618	1324	90	37048
267	22	3699	2964	2913	867	20067
524	129	4590	3237	1103	130	12773
10	15	308	542	148	13	464
326	177	3532	6707	2800	774	26571
132	76	2314	4685	760	82	5986
39	50	512	183	42	22	1955
51	29	426	363	61	3	2193
69	146	1366	2627	1221	359	6065

幼儿园园长、专任教师

Number of Kindergarten Heads, Full-time Teachers by Educational

地区 Region	合计 Total	按学历分 By Educational Attainment			
		研究生毕业 Graduate	本科毕业 Under-graduate	专科毕业 Associate Bachelor	高中阶段毕业 High School Graduate
总　计 Total	**218942**	**169**	**31300**	**119034**	**62237**
北　京 Beijing	853	5	374	384	79
天　津 Tianjin	772		173	261	291
河　北 Hebei	21511	16	3046	11627	6373
山　西 Shanxi	6352	4	1253	3421	1594
内蒙古 Inner Mongolia	1576		521	806	238
辽　宁 Liaoning	1810	3	175	842	674
吉　林 Jilin	1095	9	328	538	188
黑龙江 Heilongjiang	1313	1	242	706	307
上　海 Shanghai	1362	8	709	502	135
江　苏 Jiangsu	14526	10	4511	8362	1528
浙　江 Zhejiang	15311	4	2981	9043	3246
安　徽 Anhui	5713	2	761	3796	1089
福　建 Fujian	8659	3	1164	4169	3006
江　西 Jiangxi	7344		403	3278	3069
山　东 Shandong	23957	24	3227	11972	7677
河　南 Henan	23182	21	2291	13154	6824
湖　北 Hubei	5774	6	449	2489	2460
湖　南 Hunan	12386	2	887	7138	4048
广　东 Guangdong	21967	4	1332	11526	8469
广　西 Guangxi	6439	5	545	3593	1876
海　南 Hainan	978		116	550	269
重　庆 Chongqing	2880	1	217	1696	888
四　川 Sichuan	8988	13	886	5764	2303
贵　州 Guizhou	4259	5	532	2401	1279
云　南 Yunnan	5235	1	885	2742	1393
西　藏 Tibet	153		36	88	28
陕　西 Shaanxi	9416	20	1867	5382	2027
甘　肃 Gansu	2614	2	951	1233	399
青　海 Qinghai	541		47	332	152
宁　夏 Ningxia	375		54	254	56
新　疆 Xinjiang	1601		337	985	272

学历、职称情况（镇乡结合区）

Attainment and Professional Rank（County-town Transitional Area）

单位：人
unit：person

	按职称分 By Professional Rank					
高中阶段以下毕业 Below High School Graduate	中学高级 Senior Secondary	小学高级 Senior Primary	小学一级 1st Grade Primary	小学二级 2nd Grade Primary	小学三级 3rd Grade Primary	未定职级 No-ranking
6202	**1083**	**17589**	**22609**	**8192**	**1242**	**168227**
11	5	139	213	27		469
47	8	108	28	3		625
449	151	3907	2969	424	60	14000
80	22	724	1182	214	45	4165
11	108	252	166	39		1011
116	30	176	128	30	31	1415
32	13	236	182	27	3	634
57	32	141	155	6	14	965
8	24	170	393	51	24	700
115	126	1499	2188	1471	39	9203
37	55	684	3062	839	87	10584
65	10	432	489	314	59	4409
317	29	719	560	340	75	6936
594	16	186	210	120	23	6789
1057	175	1673	1952	706	130	19321
892	74	1030	1607	685		19786
370	24	522	568	261	50	4349
311	26	469	703	344	83	10761
636	31	1311	962	500	190	18973
420	12	325	345	191	38	5528
43		26	67	50	5	830
78	4	87	150	60	10	2569
22	26	380	670	160	8	7744
42	7	367	293	376	82	3134
214	13	748	583	168	11	3712
1		18	43	7	3	82
120	27	664	1434	430	89	6772
29	15	386	769	132	6	1306
10	4	31	5	1		500
11	3	43	54	4		271
7	13	136	479	212	77	684

幼儿园园长、专任教师

Number of Kindergarten Heads, Full-time Teachers by Educational

地　区 Region	合计 Total	按学历分 By Educational Attainment			
		研究生毕业 Graduate	本科毕业 Under-graduate	专科毕业 Associate Bachelor	高中阶段毕业 High School Graduate
总　计 Total	**407024**	**251**	**45930**	**205828**	**136588**
北　京 Beijing	2088	8	812	982	266
天　津 Tianjin	1650	3	489	557	489
河　北 Hebei	32613	21	4436	16529	10691
山　西 Shanxi	9250	2	1099	4294	3498
内蒙古 Inner Mongolia	4676	8	1104	2401	1070
辽　宁 Liaoning	7252	10	547	3126	2817
吉　林 Jilin	3856	8	873	1844	961
黑龙江 Heilongjiang	5284	6	793	2697	1440
上　海 Shanghai	973	1	583	323	66
江　苏 Jiangsu	14347	2	3000	8806	2389
浙　江 Zhejiang	17115	4	3677	9715	3645
安　徽 Anhui	15367	3	1584	9481	3906
福　建 Fujian	11554	3	1012	5228	4590
江　西 Jiangxi	17451	8	684	6510	7911
山　东 Shandong	37902	26	3341	17776	14519
河　南 Henan	54332	48	3988	27699	19451
湖　北 Hubei	12757	10	1082	5690	5269
湖　南 Hunan	22073	4	1163	11294	8518
广　东 Guangdong	26203	13	1346	13350	10809
广　西 Guangxi	18386	14	1148	9240	6072
海　南 Hainan	1740	3	205	965	467
重　庆 Chongqing	3559	2	234	1757	1380
四　川 Sichuan	16436	2	977	8450	6934
贵　州 Guizhou	14155	4	1947	7486	4458
云　南 Yunnan	13237	2	1419	6213	4710
西　藏 Tibet	1062	1	193	799	49
陕　西 Shaanxi	13484	14	2168	7342	3719
甘　肃 Gansu	7943	15	2601	3680	1520
青　海 Qinghai	2576	2	299	1196	913
宁　夏 Ningxia	1067		121	595	328
新　疆 Xinjiang	16636	4	3005	9803	3733

学历、职称情况(乡村)
Attainment and Professional Rank (Rural Area)

单位:人
unit:person

高中阶段以下毕业 Below High School Graduate	按职称分 By Professional Rank					
	中学高级 Senior Secondary	小学高级 Senior Primary	小学一级 1st Grade Primary	小学二级 2nd Grade Primary	小学三级 3rd Grade Primary	未定职级 No-ranking
18427	**1751**	**32674**	**42787**	**17924**	**3128**	**308760**
20	7	362	360	81	17	1261
112	59	511	124	2	8	946
936	277	8139	6794	942	123	16338
357	17	878	1315	240	42	6758
93	255	609	517	357	6	2932
752	103	709	418	160	67	5795
170	80	789	629	117	18	2223
348	134	979	924	71	28	3148
	18	172	348	50	3	382
150	41	1240	1863	1316	68	9819
74	25	870	3655	1068	103	11394
393	33	1137	1456	798	118	11825
721	8	862	600	669	145	9270
2338	27	393	389	299	79	16264
2240	167	2920	3419	1404	125	29867
3146	128	1929	3418	1608	42	47207
706	42	1034	1035	510	176	9960
1094	64	712	987	548	185	19577
685	32	1953	1297	449	192	22280
1912	31	595	710	690	150	16210
100	3	65	165	158	15	1334
186	19	134	307	44	20	3035
73	40	381	1274	463	17	14261
260	16	1398	1598	1688	551	8904
893	25	1310	1106	583	33	10180
20	7	126	296	100	10	523
241	16	689	1390	638	234	10517
127	27	1056	2145	382	19	4314
166	26	133	32	25	16	2344
23	3	149	129	44	6	736
91	21	440	4087	2420	512	9156

幼儿园校舍及其他

Statistics of Kindergarten Buildings

地 区 Region	校舍建筑面积 Floor Space	教学及辅助用房 Teaching & Assistant Buildings				
		合计 Total	其中 of Which			
			活动室 Recreational	洗手间 Toilet	睡眠室 Bed Room	保健室 Health Care
总 计 Total	**258436365.60**	**179403520.69**	**104739143.36**	**16881375.79**	**45211537.14**	**5454271.20**
北 京 Beijing	3875221.40	2296430.13	1198043.86	269037.66	701036.23	54092.71
天 津 Tianjin	1764454.72	1163381.19	696192.72	132920.73	272952.97	29676.91
河 北 Hebei	10930824.46	7808464.71	4727327.59	737971.46	1727570.00	274337.26
山 西 Shanxi	5661346.95	3788438.56	2367143.38	370810.72	766904.41	120138.66
内蒙古 Inner Mongolia	4744154.82	3089955.86	1774675.65	296723.48	816655.04	82588.73
辽 宁 Liaoning	6200406.28	4309776.56	2484250.44	419543.67	1064452.82	150747.03
吉 林 Jilin	2743016.37	1907665.83	1084846.96	169583.62	517082.43	63311.49
黑龙江 Heilongjiang	3954850.56	2657696.17	1456364.08	247451.23	714354.98	115086.29
上 海 Shanghai	5648212.34	3560272.88	2355707.74	331949.69	718959.69	74599.70
江 苏 Jiangsu	20493442.62	14178799.08	8400616.28	1391891.30	3470839.36	347240.47
浙 江 Zhejiang	15633595.96	10340067.53	6017338.11	1014244.84	2778156.64	217001.25
安 徽 Anhui	8008914.81	5861075.51	3611433.48	551958.61	1244663.95	201241.73
福 建 Fujian	9396502.49	6351769.58	3883323.07	646159.62	1504619.56	138025.97
江 西 Jiangxi	9508789.44	6953365.86	3865097.40	628016.94	1928484.33	241726.71
山 东 Shandong	19015179.49	13005370.35	8079257.20	1259049.48	2702913.54	396853.78
河 南 henan	18204759.80	13382777.84	7901718.07	1305303.21	3106721.41	458311.38
湖 北 Hubei	9701603.30	6921515.41	3824918.78	700763.20	1851372.97	249637.41
湖 南 Hunan	13393530.34	9657566.33	5077743.09	926541.19	2779531.24	414829.29
广 东 Guangdong	29251619.11	19311824.85	11693478.34	1572308.94	4806413.31	462731.81
广 西 Guangxi	8637117.17	6406109.68	3504299.17	568750.15	1924975.66	182712.46
海 南 Hainan	2137242.06	1499086.68	821140.86	149606.47	422125.50	46455.95
重 庆 Chongqing	4726598.39	3516580.19	2057447.38	311476.16	906478.11	107751.70
四 川 Sichuan	11305956.42	8322613.40	4840302.42	773482.23	2130120.78	244046.46
贵 州 guizhou	6248507.03	4407308.14	2336718.70	423837.34	1308708.89	163108.15
云 南 Yunnan	6614895.38	4644661.30	2601868.20	359533.40	1365527.41	148323.05
西 藏 Tibet	668142.73	385500.52	208818.45	38698.06	102085.20	17523.11
陕 西 Shaanxi	8640357.29	5996668.94	3443397.67	596117.98	1487318.14	206897.62
甘 肃 Gansu	3552861.62	2428570.23	1571344.08	220440.92	466409.22	80380.78
青 海 Qinghai	1135229.06	742061.20	447604.31	60305.08	185793.48	22488.96
宁 夏 Ningxia	1362646.47	940706.17	544070.65	99224.40	244202.56	25372.73
新 疆 Xinjiang	5276386.72	3567440.01	1862655.23	307674.01	1194107.31	117031.65

情况(总计)(一)
and Others (Total) (1)

单位：平方米
unit：m²

图书室 Reading Room	行政办公用房 Administrative 合计 Total	其中:教师办公室 of Which: Office	生活用房 Residential and Welfare 合计 Total	其中:厨房 of Which: Kitchen	其他用房 for Other Purposes	校舍面积中 of the Floor Space 危房面积 Floor Space of Dilapidated Buildings	当年新增 New Added in Current Year
7117193.20	**18058164.30**	**10551345.81**	**27161294.81**	**12790677.70**	**33813385.80**	**834905.50**	**13048739.95**
74219.67	322998.31	142245.20	487464.88	231504.88	768328.08		248652.29
31637.86	145837.20	73968.98	197205.06	100621.35	258031.27		34377.09
341258.40	845333.70	505322.65	1032871.60	462274.57	1244154.45	9357.42	1137621.13
163441.39	555420.36	361856.73	536087.35	245405.61	781400.68	21345.06	178719.41
119312.96	378210.41	213046.65	561317.94	266957.48	714670.61		348290.16
190782.60	428541.94	243339.69	663226.25	383775.57	798861.53	8652.00	128466.80
72841.33	179787.98	108534.73	276068.70	145415.41	379493.86	7076.00	82401.90
124439.59	302250.09	173007.36	480578.38	239669.61	514325.92	19338.96	83110.53
79056.06	419367.45	162972.57	705503.21	248129.78	963068.80		185059.43
568211.67	1347286.33	670809.57	1962887.03	916692.46	3004470.18		643113.65
313326.69	1025090.48	532579.37	1587588.14	798862.26	2680849.81		714020.63
251777.74	585346.89	379495.58	683547.46	350707.53	878944.95	22077.00	285563.05
179641.36	597254.37	354014.35	908205.03	431807.35	1539273.51	15304.00	414167.74
290040.48	602194.54	376011.17	911659.70	441868.59	1041569.34	53373.86	664748.37
567296.35	1421834.62	857882.32	1742682.60	866824.72	2845291.92	3036.00	696537.70
610723.77	1475058.52	931359.01	1630555.41	875314.38	1716368.03	45699.51	664275.28
294823.05	638129.31	378039.75	1087611.87	527832.76	1054346.71	23360.00	387807.46
458921.52	949075.75	621049.09	1423119.61	675861.43	1363768.65	48721.13	393378.31
776892.45	1568661.70	865033.55	3696356.45	1380099.25	4674776.11	59678.59	716902.82
225372.24	439113.53	294237.12	974923.75	548109.80	816970.21	105059.40	398477.02
59757.90	122519.13	71271.97	260987.32	116082.18	254648.93	11053.05	84047.44
133426.84	275510.09	166667.69	454317.11	221957.17	480191.00	35275.24	115354.88
334661.51	706135.95	427362.74	1179721.64	573795.77	1097485.43	7966.00	949525.09
174935.06	433287.33	262978.04	693070.20	321058.27	714841.36	265.00	750807.06
169409.24	455016.26	265955.77	819494.98	362121.69	695722.84	228595.17	637498.15
18375.70	58899.04	42450.43	170048.98	44655.74	53694.19	4361.01	118481.90
262937.53	889735.87	520957.17	854800.99	413314.53	899151.49	10677.00	914296.84
89995.23	350421.61	239678.94	344321.32	146017.03	429548.46	79513.90	442003.84
25869.37	85237.06	54565.04	148779.85	58225.25	159150.95	5631.00	155310.33
27835.83	111981.98	65810.19	127396.67	75334.91	182561.65	6705.00	157992.52
85971.81	342626.50	188842.39	558895.33	320380.37	807424.88	2784.20	317731.13

幼儿园校舍及其他
Statistics of Kindergarten Buildings

地 区 Region	校舍建筑面积 Floor Space	教学及辅助用房 Teaching & Assistant Buildings				
		合计 Total	其中 of Which			
			活动室 Recreational	洗手间 Toilet	睡眠室 Bed Room	保健室 Health Care
总 计 Total	**113079961.66**	**77731017.95**	**45315781.35**	**7325095.88**	**20634590.98**	**1804549.99**
北 京 Beijing	3125856.19	1869034.45	968304.81	218203.34	579346.62	42861.43
天 津 Tianjin	1189906.00	772642.46	459044.10	87029.25	190711.43	15741.42
河 北 Hebei	3012865.31	2155166.47	1192882.55	213616.26	616192.47	56584.59
山 西 Shanxi	2206760.93	1498881.71	870182.83	153891.58	383779.60	39210.24
内蒙古 Inner Mongolia	1941863.99	1317029.44	765152.28	121002.72	357050.26	28693.00
辽 宁 Liaoning	4130356.69	2848233.31	1642463.32	279700.76	725646.53	90296.86
吉 林 Jilin	1404301.71	986532.72	575879.72	89816.10	259918.18	27750.58
黑龙江 Heilongjiang	1855474.59	1251914.60	678285.83	114954.89	349724.41	48802.55
上 海 Shanghai	4492369.47	2874314.62	1913941.41	265052.96	571321.47	59468.41
江 苏 Jiangsu	9810193.27	6608526.34	3915842.83	651297.29	1701549.71	122365.44
浙 江 Zhejiang	8097705.05	5391572.81	3171104.89	527834.06	1447349.76	96181.63
安 徽 Anhui	2375321.13	1717528.80	991541.08	168160.89	458190.25	39452.85
福 建 Fujian	4316526.89	2926034.95	1795285.19	285737.10	716813.40	53759.51
江 西 Jiangxi	2707267.36	2015406.48	1095869.56	182098.46	608332.34	54898.64
山 东 Shandong	8293522.99	5664833.21	3345884.90	567992.98	1381064.99	148590.25
河 南 henan	5686800.66	4177210.32	2367009.08	387964.28	1175655.54	100694.77
湖 北 Hubei	4184641.05	3014138.94	1707985.07	293841.61	821674.81	83031.08
湖 南 Hunan	4207470.67	3102232.59	1644473.64	297062.65	941894.86	94542.14
广 东 Guangdong	19701317.59	12879138.83	7941786.24	1072876.90	3150095.97	257887.53
广 西 Guangxi	2565231.36	1921805.94	1078346.18	179916.73	557965.99	43810.35
海 南 Hainan	945917.71	677786.36	379635.18	65299.77	189337.65	17858.18
重 庆 Chongqing	2365413.95	1767004.80	997271.31	161167.01	507874.83	40877.51
四 川 Sichuan	4268904.55	3145066.23	1773085.16	278638.36	910608.22	69262.31
贵 州 guizhou	1567149.21	1149167.12	626915.25	101875.24	351872.50	29384.48
云 南 Yunnan	2215263.71	1540700.86	863945.37	124572.59	462716.61	36694.65
西 藏 Tibet	132101.28	80014.16	40166.80	9686.60	26400.52	2001.02
陕 西 Shaanxi	2820779.22	2019349.82	1180951.17	195127.25	525030.06	48964.62
甘 肃 Gansu	1083383.56	773509.15	457361.28	65752.43	206034.18	18818.74
青 海 Qinghai	285420.10	190897.05	109428.88	17124.11	52677.20	4568.36
宁 夏 Ningxia	637167.31	438624.98	250101.94	46528.45	120939.60	9032.59
新 疆 Xinjiang	1452708.16	956718.43	515653.50	101273.26	286821.02	22464.26

情况(城区)(一)

and Others (Urban Area) (1)

单位：平方米
unit：m^2

	行政办公用房 Administrative		生活用房 Residential and Welfare		其他用房 for Other Purposes	校舍面积中 of the Floor Space	
图书室 Reading Room	合计 Total	其中：教师办公室 of Which：Office	合计 Total	其中：厨房 of Which：Kitchen		危房面积 Floor Space of Dilapidated Buildings	当年新增 New Added in Current Year
2650999.75	**7160009.80**	**3610448.39**	**11712036.01**	**5589599.50**	**16476897.90**	**313160.56**	**3860620.95**
60318.25	253558.37	108153.54	392873.48	184144.18	610389.89		167379.88
20116.26	100377.45	46961.17	130037.71	68380.53	186848.38		28053.28
75890.60	215373.93	113954.08	273706.79	150339.59	368618.12	2044.00	284628.77
51817.46	185580.18	95872.36	221454.16	105036.19	300844.88	12575.00	31039.25
45131.18	139807.75	68782.80	210280.76	108507.31	274746.04		139014.10
110125.84	258074.09	130346.20	446990.68	260064.40	577058.61	3971.00	71416.24
33168.14	86558.98	49254.19	143099.80	81895.21	188110.21	3897.00	33024.02
60146.92	140084.87	66157.16	222920.89	109538.82	240554.23	10924.00	16106.70
64530.37	325535.19	127380.62	567902.33	196431.16	724617.33		132246.63
217471.07	612578.97	279760.50	940145.31	444575.60	1648942.65		183802.06
149102.47	528018.23	257485.74	770190.17	386761.65	1407923.84		345973.33
60183.73	160653.58	87759.07	202494.72	116435.13	294644.03	14875.00	54859.70
74439.75	259636.89	138772.95	384584.27	192817.20	746270.78	4197.00	177123.42
74207.48	142716.67	83462.44	211960.68	112325.87	337183.53	16389.00	123328.05
221300.09	564936.29	300339.83	784432.42	426378.23	1279321.07	2052.00	210668.18
145886.65	396001.46	210504.67	499664.43	265916.62	613924.45	15510.63	89389.72
107606.37	254340.48	132815.90	411346.55	211963.72	504815.08	9712.00	106306.00
124259.30	237969.06	133255.94	375975.04	183074.46	491293.98	7301.00	104611.80
456492.19	1004408.63	510429.08	2474382.97	942190.90	3343387.16	34350.59	398916.52
61766.69	130521.49	72562.20	264080.05	144829.92	248823.88	48566.40	92765.83
25655.58	49814.44	28642.23	115528.43	51320.71	102788.48	1612.00	44889.00
59814.14	119404.96	65099.16	210739.14	110122.64	268265.05	16056.84	22303.74
113472.18	251531.15	136250.05	425263.83	221324.39	447043.34	374.00	260634.97
39119.65	97581.55	53453.83	141486.65	76971.90	178913.89	265.00	150029.24
52771.64	145835.98	74825.18	274268.11	113025.85	254458.76	75834.00	127354.52
1759.22	11529.07	6697.15	28028.84	6232.24	12529.21		38530.87
69276.72	233674.84	107580.99	250976.00	133067.17	316778.56	6650.00	218860.47
25542.52	74623.73	42433.37	99877.98	53719.51	135372.70	19876.10	88482.69
7098.50	19746.64	10425.70	38957.80	14109.95	35818.61	4301.00	19901.99
12022.40	51629.79	26644.94	56731.02	36705.20	90181.52	1827.00	42779.35
30506.39	107905.09	44385.35	141655.00	81393.25	246429.64		56200.63

幼儿园校舍及其他
Statistics of Kindergarten Buildings

地　区 Region	校舍建筑面积 Floor Space	教学及辅助用房 Teaching & Assistant Buildings				
		合计 Total	其中 of Which			
			活动室 Recreational	洗手间 Toilet	睡眠室 Bed Room	保健室 Health Care
总　计 Total	**19616067.00**	**13220794.44**	**7782723.43**	**1246269.61**	**3351947.67**	**341550.21**
北　京 Beijing	219110.60	126006.58	68194.88	15019.53	35638.36	3493.13
天　津 Tianjin	73586.78	52056.61	29577.29	5148.41	14217.26	1454.45
河　北 Hebei	611445.99	439287.88	251819.44	44777.44	111426.57	14131.03
山　西 Shanxi	311220.15	209155.08	128247.00	20793.08	45733.52	6566.09
内蒙古 Inner Mongolia	69743.60	51984.81	29584.18	4458.12	14926.18	1158.15
辽　宁 Liaoning	305498.19	218804.24	125607.72	19837.62	55550.06	7927.84
吉　林 Jilin	69785.37	46501.83	25327.00	4756.13	13091.70	1685.04
黑龙江 Heilongjiang	118748.95	70621.99	38240.62	6928.99	18904.73	2954.59
上　海 Shanghai	349530.60	234045.02	151955.02	21538.89	48681.84	5097.06
江　苏 Jiangsu	1066463.95	712469.62	416248.78	74779.03	175044.56	16785.38
浙　江 Zhejiang	1978835.84	1316006.47	781873.89	134787.84	335329.13	26322.56
安　徽 Anhui	265036.46	194984.16	119785.52	18889.63	43419.15	5269.65
福　建 Fujian	652958.53	445147.76	273043.75	43771.79	107191.81	9420.85
江　西 Jiangxi	395864.06	290140.44	150664.17	29961.83	87402.64	9259.80
山　东 Shandong	2356617.43	1585186.34	958870.35	163723.79	349396.14	46577.79
河　南 henan	903777.00	645104.26	371043.63	65798.11	164249.08	18727.39
湖　北 Hubei	526653.09	382664.40	214436.34	36170.76	103654.03	12083.50
湖　南 Hunan	545842.43	399722.88	215175.46	38942.14	114936.46	13450.82
广　东 Guangdong	6336820.91	4028061.57	2450693.00	334485.70	1003250.94	87665.57
广　西 Guangxi	382066.81	285733.04	155722.87	24378.03	88550.92	7136.12
海　南 Hainan	74520.10	53955.10	28461.30	5942.80	16030.00	1476.00
重　庆 Chongqing	172624.70	128019.83	72965.77	10653.83	34729.63	4239.70
四　川 Sichuan	487926.04	364163.49	198380.60	32166.95	109468.94	9252.56
贵　州 guizhou	166502.42	119565.31	64614.65	11547.42	35096.93	3647.05
云　南 Yunnan	396805.54	269603.95	145515.94	24393.08	79506.96	9433.17
西　藏 Tibet	1558.00	998.00	495.00	115.00	186.00	27.00
陕　西 Shaanxi	444632.10	314410.11	182338.68	31839.73	78029.96	9648.19
甘　肃 Gansu	105410.62	74088.66	45923.37	6542.30	17876.71	1602.18
青　海 Qinghai	17817.31	13457.00	7244.00	915.00	4135.00	389.00
宁　夏 Ningxia	44093.43	31867.40	18474.87	3318.60	8071.22	980.12
新　疆 Xinjiang	164570.00	116980.61	62198.34	9888.04	38221.24	3688.43

情况(城乡结合区)(一)
and Others (Urban-rural Transitional Area) (1)

单位：平方米
unit：m²

	行政办公用房 Administritive		生活用房 Residential and Welfare		其他用房 for Other Purposes	校舍面积中 of the Floor Space	
图书室 Reading Room	合计 Total	其中：教师办公室 of Which: Office	合计 Total	其中：厨房 of Which: Kitchen		危房面积 Floor Space of Dilapidated Buildings	当年新增 New Added in Current Year
498303.52	**1212923.36**	**655106.32**	**2252221.23**	**974602.42**	**2930127.97**	**23712.60**	**739705.72**
3660.68	20723.97	7921.24	27960.46	14314.99	44419.59		9953.83
1659.20	4149.50	2187.26	9163.90	5900.74	8216.77		1487.19
17133.40	47965.06	26398.59	56875.16	28030.32	67317.89	2044.00	66819.42
7815.39	29111.35	16577.85	25473.28	13076.28	47480.44	310.00	3355.00
1858.18	3838.49	2468.49	6303.98	3723.11	7616.32		21203.60
9881.00	16906.74	9643.20	32920.72	18311.45	36866.49		12041.26
1641.96	4182.00	2522.00	6534.54	4556.13	12567.00		2888.10
3593.06	9625.26	5017.02	12610.98	6373.17	25890.72		1381.00
6772.21	23770.19	8646.72	43038.54	15804.94	48676.85		11177.68
29611.87	72881.30	32113.00	107389.67	50448.10	173723.36		28746.67
37693.05	116985.31	59548.18	199277.51	97909.55	346566.55		67888.64
7620.21	17838.40	11202.91	23132.50	11923.86	29081.40		8788.82
11719.56	36060.24	21283.29	63135.16	31897.14	108615.37	370.00	29091.83
12852.00	24250.30	14223.30	35857.12	17338.80	45616.20	700.00	25453.56
66618.27	165122.79	93898.92	226015.67	115412.10	380292.63		54914.41
25286.05	71040.25	41969.56	86230.33	44356.34	101402.16	2058.51	16664.16
16319.77	34462.69	18163.09	52361.18	29122.53	57164.82		24208.57
17218.00	32057.50	18319.00	56429.80	25568.50	57632.25	3050.00	18512.00
151966.36	320549.33	175184.63	919403.08	305141.12	1068806.93	4586.09	152230.42
9945.10	19357.20	12863.10	41455.57	22501.07	35521.00	3738.00	21015.07
2045.00	3817.00	2326.00	8160.00	3962.00	8588.00		10639.00
5430.90	7857.87	5200.32	21398.75	9812.76	15348.25	1700.00	1000.00
14894.44	27453.47	14556.03	47868.44	26895.62	48440.64		35442.93
4659.26	11296.98	5522.90	18518.23	9385.96	17121.90		23497.65
10754.80	28828.36	15042.36	45553.06	20435.33	52820.17	822.00	19283.00
175.00	155.00	120.00	405.00	215.00			
12553.55	41457.53	20103.11	44602.37	24564.05	44162.09	2876.00	33619.91
2144.10	7915.75	5162.30	11101.92	5216.74	12304.29	1458.00	17758.90
774.00	1494.00	742.00	1771.88	1153.80	1094.43		3083.31
1022.59	2359.18	1222.01	3978.44	2670.56	5888.41		465.52
2984.56	9410.35	4957.94	17293.99	8580.36	20885.05		17094.27

幼儿园校舍及其他
Statistics of Kindergarten Buildings

地 区 Region	校舍建筑面积 Floor Space	教学及辅助用房 Teaching & Assistant Buildings				
		合计 Total	其中 of Which			
			活动室 Recreational	洗手间 Toilet	睡眠室 Bed Room	保健室 Health Care
总 计 Total	**96626116.13**	**67647540.23**	**39352714.71**	**6359639.70**	**16973647.60**	**2183436.49**
北 京 Beijing	461037.41	267314.03	144127.69	31397.75	76866.53	6456.78
天 津 Tianjin	348202.22	227135.36	130253.50	26104.19	56747.03	7248.88
河 北 Hebei	4461931.60	3195163.30	1911842.30	303267.63	737001.49	106967.06
山 西 Shanxi	2269180.76	1505744.82	966732.82	145272.17	282035.29	47107.40
内蒙古 Inner Mongolia	2258568.46	1425987.55	813881.66	141747.43	371928.98	40758.19
辽 宁 Liaoning	1324787.27	940349.92	540570.18	92793.88	220191.05	37083.21
吉 林 Jilin	1002010.80	685776.50	372115.53	62666.07	197486.67	24712.46
黑龙江 Heilongjiang	1521502.07	1018618.67	560641.09	96769.94	273526.56	44725.41
上 海 Shanghai	1002191.59	601331.42	388183.77	58106.25	129151.22	13025.29
江 苏 Jiangsu	8598274.47	6053170.93	3607638.19	592788.48	1432867.77	161418.23
浙 江 Zhejiang	5424825.01	3552781.92	2062072.02	346845.11	958113.18	76806.69
安 徽 Anhui	3755237.19	2761529.46	1751322.10	252949.95	543291.24	96937.39
福 建 Fujian	3654694.81	2483131.69	1515262.84	257957.75	581428.79	56087.55
江 西 Jiangxi	4738683.10	3464779.66	1932631.98	308326.56	967979.32	115634.70
山 东 Shandong	6597710.05	4415467.40	2765193.75	421029.95	894421.05	136481.94
河 南 henan	6937184.00	5091173.37	3052212.63	496921.39	1132435.20	175308.73
湖 北 Hubei	3683708.64	2632077.61	1441172.31	270115.33	692716.62	106275.59
湖 南 Hunan	5923543.93	4271896.49	2239291.02	402862.13	1230288.00	194170.16
广 东 Guangdong	6765991.00	4585727.86	2663940.11	361011.71	1217877.84	131644.57
广 西 Guangxi	3960627.57	2942623.20	1611354.11	254883.04	887913.12	86512.57
海 南 Hainan	941618.48	658965.20	359090.34	65916.38	183173.55	22250.27
重 庆 Chongqing	1884332.47	1414601.04	859653.89	119245.95	328206.83	51073.34
四 川 Sichuan	5227882.83	3863262.96	2294118.60	351687.82	935668.83	124283.56
贵 州 guizhou	3005469.13	2136444.30	1122740.15	204186.03	650437.73	78472.01
云 南 Yunnan	2530333.96	1805378.73	985092.47	140934.45	560166.91	56875.34
西 藏 Tibet	179905.21	101870.55	53889.04	8222.07	28989.59	4993.61
陕 西 Shaanxi	4234860.99	2901561.82	1646416.16	293230.90	724570.90	105981.16
甘 肃 Gansu	1371007.61	927777.76	627190.95	84942.31	154797.89	28719.45
青 海 Qinghai	416454.33	275247.26	157943.31	23962.83	75758.09	8101.56
宁 夏 Ningxia	487520.00	339665.75	203167.68	35021.11	83592.34	8647.52
新 疆 Xinjiang	1656839.17	1100983.70	572972.52	108473.14	364017.99	28675.87

情况(镇区)(一)
and Others (Counties & Towns Area)(1)

单位：平方米
unit：m²

图书室 Reading Room	行政办公用房 Administrative 合计 Total	行政办公用房 Administrative 其中:教师办公室 of Which: Office	生活用房 Residential and Welfare 合计 Total	生活用房 Residential and Welfare 其中:厨房 of Which: Kitchen	其他用房 for Other Purposes	校舍面积中 of the Floor Space 危房面积 Floor Space of Dilapidated Buildings	校舍面积中 of the Floor Space 当年新增 New Added in Current Year
2778101.73	**6998019.53**	**4276006.61**	**9936880.02**	**4601963.63**	**12043676.35**	**331758.50**	**5947376.70**
8465.28	39658.55	19986.98	55979.40	28365.49	98085.43		30544.11
6781.76	25747.88	13755.97	43979.28	21224.80	51339.70		3418.05
136084.82	333994.49	198856.88	432697.88	188554.04	500075.93	3569.63	514609.06
64597.14	222317.27	153683.38	203954.01	91676.58	337164.66	5163.00	107383.99
57671.29	190927.28	111123.50	272470.11	120694.36	369183.52		159764.69
49711.60	105896.95	70577.02	137528.09	76512.37	141012.31	3288.00	33280.24
28795.77	68078.71	41603.58	98309.45	46733.57	149846.14	2004.00	33312.62
42955.67	115988.87	71634.21	179420.70	91364.45	207473.83	7953.96	46345.43
12864.89	82514.39	31497.54	122239.52	44874.22	196106.26		39416.40
258458.26	581307.60	304138.08	823988.74	371591.64	1139807.20		369880.82
108944.92	352296.51	189142.40	577519.75	283639.56	942226.83		276524.51
117028.78	278487.04	182405.94	311762.42	149356.18	403458.27	7082.00	165498.40
72394.76	238557.01	147606.99	355083.69	167499.19	577922.42	9747.00	177719.83
140207.10	303051.69	186419.41	452276.03	210982.83	518575.72	25327.86	361628.09
198340.71	504721.65	312003.43	605081.26	279862.77	1072439.74	784.00	289011.11
234295.42	580827.52	368920.21	610879.57	318427.16	654303.54	20783.52	301416.16
121797.76	247548.19	156148.72	447564.14	205785.16	356518.70	10301.00	186745.94
205285.18	437844.85	292412.91	645746.84	298599.17	568055.75	22558.13	192346.16
211253.63	386045.01	234382.32	833952.65	302762.54	960265.48	22685.00	237015.60
101960.36	195287.15	135519.93	432526.24	237358.14	390190.98	33451.00	206999.85
28534.66	59506.97	34025.08	111414.89	51160.57	111731.42	8103.00	27124.00
56421.03	121006.62	76375.88	183615.51	85070.62	165109.30	17593.40	80186.14
157504.15	329343.67	203006.27	533278.85	250919.99	501997.35	5735.00	491394.83
80608.38	202220.83	125045.92	329324.30	149825.30	337479.70		374657.73
62309.56	181196.39	105836.26	280326.16	130923.93	263432.68	81121.00	274610.97
5776.24	16356.55	11029.00	44461.42	10764.22	17216.69	1202.00	30739.68
131362.70	471112.90	296689.38	426133.69	196701.78	436052.58	3438.00	486091.68
32127.16	139157.68	96503.59	127841.36	50828.85	176230.81	32070.80	181303.44
9481.47	32928.94	18141.86	43954.97	20831.85	64323.16	935.00	64771.61
9237.10	40790.52	25942.34	45749.59	26397.16	61314.14	4078.00	65117.28
26844.18	113299.85	61591.63	167819.51	92675.14	274736.11	2784.20	138518.28

幼儿园校舍及其他

Statistics of Kindergarten Buildings

地 区 Region	校舍建筑面积 Floor Space	教学及辅助用房 Teaching & Assistant Buildings				
		合计 Total	其中 of Which			
			活动室 Recreational	洗手间 Toilet	睡眠室 Bed Room	保健室 Health Care
总 计 Total	**25574590.86**	**17858107.68**	**10433274.45**	**1687719.38**	**4338931.49**	**615666.60**
北 京 Beijing	96943.00	55358.00	28808.00	7277.00	15708.00	1620.00
天 津 Tianjin	134838.59	93999.80	56165.65	10837.76	21977.61	2985.18
河 北 Hebei	2112781.91	1536047.79	941271.15	139218.64	329544.44	54946.45
山 西 Shanxi	676264.90	441499.22	282531.65	44618.83	79248.90	15898.64
内蒙古 Inner Mongolia	179993.28	118081.52	72838.90	9599.00	27817.40	3465.92
辽 宁 Liaoning	166146.97	114565.39	61898.23	12269.30	28884.62	5218.87
吉 林 Jilin	112986.60	69624.05	36505.55	6946.08	20149.64	2959.64
黑龙江 Heilongjiang	144633.75	99462.92	54236.29	8848.85	27134.31	5126.57
上 海 Shanghai	179740.82	111085.58	70829.69	10400.72	24880.27	2878.90
江 苏 Jiangsu	2285449.46	1594212.42	942783.98	160684.08	375488.59	46143.83
浙 江 Zhejiang	1874246.79	1265800.80	722833.65	122530.14	348368.88	30265.42
安 徽 Anhui	601134.37	444422.60	285016.66	40808.42	81394.24	17485.14
福 建 Fujian	1007160.83	682200.14	401247.28	70199.97	173834.79	16620.68
江 西 Jiangxi	844196.88	615670.90	350536.78	57132.11	156408.65	23395.42
山 东 Shandong	2798134.06	1879473.71	1191709.30	177817.69	360037.75	62497.96
河 南 henan	2445689.01	1765437.88	1034210.22	172980.78	403995.98	66298.16
湖 北 Hubei	819406.49	597501.90	324333.46	61772.18	159793.32	25269.75
湖 南 Hunan	1837783.40	1299390.47	666673.86	125562.89	371103.87	65818.59
广 东 Guangdong	2340837.63	1586954.48	934635.94	130935.13	400914.61	47047.17
广 西 Guangxi	711789.65	525267.91	283883.17	45022.89	157699.59	17890.42
海 南 Hainan	141527.47	102388.82	57252.34	9185.90	27156.35	3732.23
重 庆 Chongqing	370160.07	282061.19	172795.69	21897.87	65615.53	9321.47
四 川 Sichuan	963848.60	706144.50	404100.70	67488.56	182851.26	22671.59
贵 州 guizhou	438934.82	298641.60	151697.37	31136.42	91376.55	12311.71
云 南 Yunnan	611048.45	435266.30	237885.53	31800.98	133966.15	13581.64
西 藏 Tibet	17885.27	11373.15	6236.46	1007.23	2173.15	130.42
陕 西 Shaanxi	1016677.84	699247.53	406633.01	71765.59	162777.33	26420.15
甘 肃 Gansu	273508.22	184588.72	122985.34	15954.73	33200.81	5796.00
青 海 Qinghai	84324.38	52373.08	30695.66	4207.46	13363.80	2041.16
宁 夏 Ningxia	68175.33	45775.47	26546.81	3943.99	12157.52	1511.90
新 疆 Xinjiang	218342.02	144189.84	73496.13	13868.19	49907.58	4315.62

情况(镇乡结合区)(一)

and Others (County-town Transitional Area) (1)

单位：平方米
unit：m²

图书室 Reading Room	行政办公用房 Administrative 合计 Total	其中：教师办公室 of Which：Office	生活用房 Residential and Welfare 合计 Total	其中：厨房 of Which：Kitchen	其他用房 for Other Purposes	校舍面积中 of the Floor Space 危房面积 Floor Space of Dilapidated Buildings	当年新增 New Added in Current Year
782515.76	**1910067.50**	**1179555.13**	**2627896.96**	**1237478.52**	**3178518.72**	**75548.01**	**1542655.91**
1945.00	8406.00	4618.00	11489.00	7078.00	21690.00		4117.00
2033.60	10139.13	5544.94	18789.84	7857.56	11909.82		1055.05
71067.11	163633.28	100492.09	195769.50	85418.17	217331.34	3569.63	278540.35
19201.20	70147.03	48073.65	65488.00	28450.65	99130.65	1876.00	37815.31
4360.30	16790.38	8482.18	19763.30	10291.00	25358.08		15377.00
6294.37	14874.81	9476.77	19072.90	11468.76	17633.87		5121.60
3063.14	8212.58	5725.38	12402.28	5422.28	22747.69		3962.00
4116.90	9683.59	6513.90	17015.21	8446.21	18472.03		6279.00
2096.00	14401.83	5101.00	21126.95	9335.94	33126.46		7826.50
69111.94	153858.91	82751.64	223510.72	105562.79	313867.41		75231.69
41802.71	118839.03	65610.80	201608.52	101230.23	287998.44		96224.08
19718.14	45953.78	31789.80	51154.18	24231.27	59603.81	814.00	8588.00
20297.42	67105.60	42641.23	100272.71	48168.47	157582.38	1876.00	56002.22
28197.94	55101.19	36046.61	83414.99	39439.00	90009.80	4324.86	63386.99
87411.01	224567.66	138948.10	257460.56	114839.71	436632.13	399.00	116949.74
87952.74	216051.73	135369.88	220981.90	114123.94	243217.50	10124.52	142882.84
26333.19	54215.73	34538.98	99802.71	47637.04	67886.15	100.00	36114.09
70231.26	148913.68	100366.37	202483.23	98973.79	186996.02	8563.00	51001.92
73421.63	138112.47	84173.71	277248.63	103036.46	338522.05	6516.00	81951.75
20771.84	34798.44	25873.40	81461.19	50055.79	70262.11	8314.00	33615.00
5062.00	9225.80	5660.80	16368.14	6858.24	13544.71	290.00	6264.00
12430.63	23575.87	14880.12	34031.68	17897.77	30491.33	3593.00	10482.00
29032.39	60032.16	37809.68	104107.19	52248.02	93564.75	320.00	90226.92
12119.55	31469.06	18966.13	51593.58	24181.73	57230.58		77373.73
18032.00	43797.96	26026.87	64419.64	33346.56	67564.55	14842.00	46402.31
1825.89	1535.12	792.92	2952.54	819.12	2024.46		2718.55
31651.45	111749.09	68990.85	103875.12	49609.29	101806.10		102829.85
6651.84	28206.17	19548.23	31026.55	11626.01	29686.78	8148.00	44588.81
2065.00	6908.95	4298.35	9333.17	4990.98	15709.18		14987.70
1615.25	5248.95	2973.95	7149.62	3852.27	10001.29	1878.00	10905.20
2602.32	14511.52	7468.80	22723.41	10981.47	36917.25		13834.71

幼儿园校舍及其他

Statistics of Kindergarten Buildings

地 区 Region	校舍建筑面积 Floor Space	教学及辅助用房 Teaching & Assistant Buildings				
		合计 Total	其中 of Which			
			活动室 Recreational	洗手间 Toilet	睡眠室 Bed Room	保健室 Health Care
总 计 Total	**48730287.81**	**34024962.51**	**20070647.30**	**3196640.21**	**7603298.56**	**1466284.72**
北 京 Beijing	288327.80	160081.65	85611.36	19436.57	44823.08	4774.50
天 津 Tianjin	226346.50	163603.37	106895.12	19787.29	25494.51	6686.61
河 北 Hebei	3456027.55	2458134.94	1622602.74	221087.57	374376.04	110785.61
山 西 Shanxi	1185405.26	783812.03	530227.73	71646.97	101089.52	33821.02
内蒙古 Inner Mongolia	543722.37	346938.87	195641.71	33973.33	87675.80	13137.54
辽 宁 Liaoning	745262.32	521193.33	301216.94	47049.03	118615.24	23366.96
吉 林 Jilin	336703.86	235356.61	136851.71	17101.45	59677.58	10848.45
黑龙江 Heilongjiang	577873.90	387162.90	217437.16	35726.40	91104.01	21558.33
上 海 Shanghai	153651.28	84626.84	53582.56	8790.48	18487.00	2106.00
江 苏 Jiangsu	2084974.88	1517101.81	877135.26	147805.53	336421.88	63456.80
浙 江 Zhejiang	2111065.90	1395712.80	784161.20	139565.67	372693.70	44012.93
安 徽 Anhui	1878356.49	1382017.25	868570.30	130847.77	243182.46	64851.49
福 建 Fujian	1425280.79	942602.94	572775.04	102464.77	206377.37	28178.91
江 西 Jiangxi	2062838.98	1473179.72	836595.86	137591.92	352172.67	71193.37
山 东 Shandong	4123946.45	2925069.74	1968178.55	270026.55	427427.50	111781.59
河 南 henan	5580775.14	4114394.15	2482496.36	420417.54	798630.67	182307.88
湖 北 Hubei	1833253.61	1275298.86	675761.40	136806.26	336981.54	60330.74
湖 南 Hunan	3262515.74	2283437.25	1193978.43	226616.41	607348.38	126116.99
广 东 Guangdong	2784310.52	1846958.16	1087751.99	138420.33	438439.50	73199.71
广 西 Guangxi	2111258.24	1541680.54	814598.88	133950.38	479096.55	52389.54
海 南 Hainan	249705.87	162335.12	82415.34	18390.32	49614.30	6347.50
重 庆 Chongqing	476851.97	334974.35	200522.18	31063.20	70396.45	15800.85
四 川 Sichuan	1809169.04	1314284.21	773098.66	143156.05	283843.73	50500.59
贵 州 guizhou	1675888.69	1121696.72	587063.30	117776.07	306398.66	55251.66
云 南 Yunnan	1869297.71	1298581.71	752830.36	94026.36	342643.89	54753.06
西 藏 Tibet	356136.24	203615.81	114762.61	20789.39	46695.09	10528.48
陕 西 Shaanxi	1584717.08	1075757.30	616030.34	107759.83	237717.18	51951.84
甘 肃 Gansu	1098470.45	727283.32	486791.85	69746.18	105577.15	32842.59
青 海 Qinghai	433354.63	275916.89	180232.12	19218.14	57358.19	9819.04
宁 夏 Ningxia	237959.16	162415.44	90801.03	17674.84	39670.62	7692.62
新 疆 Xinjiang	2166839.39	1509737.88	774029.21	97927.61	543268.30	65891.52

情况(乡村)(一)
and Others (Rural Area) (1)

单位：平方米
unit：m^2

图书室 Reading Room	行政办公用房 Administrative 合计 Total	行政办公用房 Administrative 其中：教师办公室 of Which：Office	生活用房 Residential and Welfare 合计 Total	生活用房 Residential and Welfare 其中：厨房 of Which：Kitchen	其他用房 for Other Purposes	校舍面积中 of the Floor Space 危房面积 Floor Space of Dilapidated Buildings	校舍面积中 of the Floor Space 当年新增 New Added in Current Year
1688091.72	**3900134.97**	**2664890.81**	**5512378.78**	**2599114.57**	**5292811.55**	**189986.44**	**3240742.30**
5436.14	29781.39	14104.68	38612.00	18995.21	59852.76		50728.30
4739.84	19711.87	13251.84	23188.07	11016.02	19843.19		2905.76
129282.98	295965.28	192511.69	326466.93	123380.94	375460.40	3743.79	338383.30
47026.79	147522.91	112300.99	110679.18	48692.84	143391.14	3607.06	40296.17
16510.49	47475.38	33140.35	78567.07	37755.81	70741.05		49511.37
30945.16	64570.90	42416.47	78707.48	47198.80	80790.61	1393.00	23770.32
10877.42	25150.29	17676.96	34659.45	16786.63	41537.51	1175.00	16065.26
21337.00	46176.35	35215.99	78236.79	38766.34	66297.86	461.00	20658.40
1660.80	11317.87	4094.41	15361.36	6824.40	42345.21		13396.40
92282.34	153399.76	86910.99	198752.98	100525.22	215720.33		89430.77
55279.30	144775.74	85951.23	239878.22	128461.05	330699.14		91522.79
74565.23	146206.27	109330.57	169290.32	84916.22	180842.65	120.00	65204.95
32806.85	99060.47	67634.41	168537.07	71490.96	215080.31	1360.00	59324.49
75625.90	156426.18	106129.32	247422.99	118559.89	185810.09	11657.00	179792.23
147655.55	352176.68	245539.06	353168.92	160583.72	493531.11	200.00	196858.41
230541.70	498229.54	351934.13	520011.41	290970.60	448140.04	9405.36	273469.40
65418.92	136240.64	89075.13	228701.18	110083.88	193012.93	3347.00	94755.52
129377.04	273261.84	195380.24	401397.73	194187.80	304418.92	18862.00	96420.35
109146.63	178208.06	120222.15	388020.83	135145.81	371123.47	2643.00	80970.70
61645.19	113304.89	86154.99	278317.46	165921.74	177955.35	23042.00	98711.34
5567.66	13197.72	8604.66	34044.00	13600.90	40129.03	1338.05	12034.44
17191.67	35098.51	25192.65	59962.46	26763.91	46816.65	1625.00	12865.00
63685.18	125261.13	88106.42	221178.96	101551.39	148444.74	1857.00	197495.29
55207.03	133484.95	84478.29	222259.25	94261.07	198447.77		226120.09
54328.04	127983.89	85294.33	264900.71	118171.91	177831.40	71640.17	235532.66
10840.24	31013.42	24724.28	97558.72	27659.28	23948.29	3159.01	49211.35
62298.11	184948.13	116686.80	177691.30	83545.58	146320.35	589.00	209344.69
32325.55	136640.20	100741.98	116601.98	41468.67	117944.95	27567.00	172217.71
9289.40	32561.48	25997.48	65867.08	23283.45	59009.18	395.00	70636.73
6576.33	19561.67	13222.91	24916.06	12232.55	31065.99	800.00	50095.89
28621.24	121421.56	82865.41	249420.82	146311.98	286259.13		123012.22

幼儿园办学条件(总计)(二)

Statistics of Kindergarten Buildings and Others (Total) (2)

地　区 Region	占地面积(平方米) Areas of School Sites (m^2) 合计 Total	其中 of Which 绿化用地面积 Green Areas	运动场地面积 Sports Areas	图书(册) Books & Magazines in Libraries (volume)	数字资源(GB) Digital Resources
总　计 Total	**477021986.31**	**79664542.88**	**159234178.82**	**294672988**	**74427352.53**
北　京 Beijing	6141062.96	1046110.54	2112632.29	5124350	860353.08
天　津 Tianjin	3307546.00	463243.46	1149210.45	1635067	178865.34
河　北 Hebei	29762106.93	3364283.61	10232064.20	16229956	1341212.43
山　西 Shanxi	11599147.86	1312467.80	4226267.03	5971993	438871.57
内蒙古 Inner Mongolia	11728800.25	1649143.82	3728861.94	3592979	597485.40
辽　宁 Liaoning	12321057.75	1670757.79	4774098.19	7000578	1434749.00
吉　林 Jilin	5892169.24	860857.02	2196717.57	3340426	374351.75
黑龙江 Heilongjiang	8464681.81	874902.48	3005565.82	2537524	138156.86
上　海 Shanghai	8562316.63	2341530.13	2100224.19	3530869	1629946.14
江　苏 Jiangsu	37900869.65	8173528.38	13783806.74	31306787	1574017.29
浙　江 Zhejiang	22050941.40	4417104.95	7780778.71	18213413	2013986.51
安　徽 Anhui	15782483.62	2519125.74	4792313.62	8769691	1159745.80
福　建 Fujian	12441522.31	2026821.94	4679418.20	6801211	1118486.01
江　西 Jiangxi	14945042.06	2145534.60	4609571.44	7345600	1097156.17
山　东 Shandong	44870522.90	8234780.51	16566275.23	20450428	1405787.00
河　南 henan	37401636.34	5459112.70	12099594.32	20157836	3305777.24
湖　北 Hubei	17388992.42	3558803.10	4930020.80	10014327	1116441.68
湖　南 Hunan	21785812.57	3562567.67	6309179.01	15738840	1868980.66
广　东 Guangdong	39635199.36	8074749.14	13885825.72	35114167	44465565.19
广　西 Guangxi	11295350.28	1588112.55	3941961.53	7313454	1422255.59
海　南 Hainan	3425484.87	645622.32	1014048.82	2856808	240614.06
重　庆 Chongqing	6906246.31	1017105.73	2455253.41	5484120	916161.93
四　川 Sichuan	18035236.95	2455985.21	6053464.23	16977986	1217328.20
贵　州 guizhou	11680201.17	1789346.40	4065888.64	7504027	413472.37
云　南 Yunnan	11987245.95	1999666.56	3622712.82	7708004	828470.31
西　藏 Tibet	1937661.88	270856.39	296497.71	310328	25723.15
陕　西 Shaanxi	17939602.77	2479569.97	5393776.93	14816357	1271546.42
甘　肃 Gansu	8255478.11	1067413.43	2807744.68	4166353	561142.33
青　海 Qinghai	4329472.01	471610.79	1063876.38	766000	99964.30
宁　夏 Ningxia	2955020.69	426358.39	977760.37	1046742	167523.98
新　疆 Xinjiang	16293073.26	3697469.76	4578767.83	2846767	1143214.77

幼儿园办学条件(城区)(二)
Statistics of Kindergarten Buildings and Others (Urban Area) (2)

地　区 Region	占地面积(平方米) Areas of School Sites (m^2)			图书(册) Books & Magazines in Libraries (volume)	数字资源 (GB) Digital Resources
	合计 Total	其中 of Which			
		绿化用地面积 Green Areas	运动场地面积 Sports Areas		
总　计 Total	**163519671.81**	**28878041.34**	**56392265.48**	**129082547**	**56060696.21**
北　京 Beijing	4646656.24	776274.76	1611625.90	4259766	741911.18
天　津 Tianjin	1801949.26	256332.12	597413.33	1042800	146996.41
河　北 Hebei	5387128.35	583645.58	1812254.82	4124055	565544.41
山　西 Shanxi	3363802.18	386583.48	1217244.49	2287035	236425.37
内蒙古 Inner Mongolia	3116884.76	430848.81	1131257.75	1544933	492947.50
辽　宁 Liaoning	6741687.75	990328.86	2444155.90	4648264	1089874.50
吉　林 Jilin	2348130.04	336326.02	856925.50	1791518	240837.77
黑龙江 Heilongjiang	3144770.86	322161.13	1041099.39	1208147	88760.60
上　海 Shanghai	6768157.71	1823402.45	1620902.87	2866221	1382743.14
江　苏 Jiangsu	15711957.14	3573727.47	5995167.66	14403690	883306.25
浙　江 Zhejiang	10677331.90	2181535.52	3683371.00	9356188	1122935.49
安　徽 Anhui	3580028.24	601317.43	1093292.80	2766729	564215.50
福　建 Fujian	5001312.27	792849.94	1874189.01	3286615	766740.49
江　西 Jiangxi	3585527.39	574321.46	1081415.74	2066567	525922.35
山　东 Shandong	14800234.76	2551320.14	5526825.54	9510198	872829.00
河　南 henan	9001021.01	1322273.73	3134679.17	6212097	1484238.03
湖　北 Hubei	5993538.01	1112944.10	1806911.08	4091600	688572.38
湖　南 Hunan	5566527.56	928263.98	1703962.27	5419109	1293268.86
广　东 Guangdong	23775206.73	4896481.97	8522439.05	22370036	39035693.50
广　西 Guangxi	3136603.33	507918.39	1181191.54	2312581	543920.68
海　南 Hainan	1219077.24	201151.64	396469.53	1222375	122366.56
重　庆 Chongqing	3083774.97	469690.32	1053931.09	2754647	595247.57
四　川 Sichuan	6151932.44	904520.66	1990188.41	6155422	661613.70
贵　州 guizhou	1981568.44	243908.50	688600.82	2070128	138798.70
云　南 Yunnan	2905548.02	585582.45	980210.54	2918615	521410.80
西　藏 Tibet	236570.46	39123.25	43746.00	131427	7748.00
陕　西 Shaanxi	4180626.73	583961.80	1408016.92	4460635	506769.40
甘　肃 Gansu	1628824.67	204297.09	556131.66	1655366	163660.42
青　海 Qinghai	473490.28	75440.84	135967.10	310945	79442.00
宁　夏 Ningxia	1062504.88	149710.58	382406.55	555725	131363.45
新　疆 Xinjiang	2447298.19	471796.87	820272.05	1279113	364592.20

幼儿园办学条件(城乡结合区)(二)
Statistics of Kindergarten Buildings and Others (Urban-rural Transitional Area) (2)

地区 Region	占地面积(平方米) Areas of School Sites (m²)			图书(册) Books & Magazines in Libraries (volume)	数字资源 (GB) Digital Resources
	合计 Total	其中 of Which			
		绿化用地面积 Green Areas	运动场地面积 Sports Areas		
总 计 Total	**30833474.27**	**5589385.02**	**10745693.64**	**20643015**	**8826051.82**
北 京 Beijing	409204.70	75713.26	139323.70	249945	41183.00
天 津 Tianjin	101823.24	11085.61	27749.40	52336	3008.73
河 北 Hebei	1329053.83	159667.79	470729.71	854672	88845.36
山 西 Shanxi	569759.61	76201.27	204125.98	345529	23866.30
内蒙古 Inner Mongolia	125473.60	16411.76	47887.98	40781	9033.00
辽 宁 Liaoning	585415.51	71764.85	219437.61	306866	70113.00
吉 林 Jilin	154743.42	26205.42	62957.23	53374	10631.00
黑龙江 Heilongjiang	292652.17	42142.04	111711.82	62816	3452.00
上 海 Shanghai	569563.50	145968.76	138587.05	253854	88292.00
江 苏 Jiangsu	2021311.17	427996.30	697303.43	1647867	66510.68
浙 江 Zhejiang	2593312.55	497914.14	914241.09	2040933	417585.70
安 徽 Anhui	444661.24	68771.75	144248.92	275180	50530.50
福 建 Fujian	924230.01	153588.17	347521.12	404576	103424.44
江 西 Jiangxi	634864.50	98545.37	164968.65	305971	216099.20
山 东 Shandong	4774855.97	863320.43	1786242.71	2272277	150154.00
河 南 henan	1745150.03	260286.57	605634.77	878720	216619.52
湖 北 Hubei	835650.35	174520.07	251937.59	450833	60197.10
湖 南 Hunan	718888.68	120521.86	220367.32	596952	74630.00
广 东 Guangdong	8307374.20	1727343.30	2956864.65	6835080	6695476.48
广 西 Guangxi	411192.80	61645.50	157492.88	314199	67314.00
海 南 Hainan	89297.00	17364.00	32964.00	87541	9797.10
重 庆 Chongqing	244789.33	33724.33	81324.85	179215	54231.64
四 川 Sichuan	735139.77	109812.81	233289.22	614024	87854.86
贵 州 guizhou	256333.64	26463.27	92738.12	151274	11622.00
云 南 Yunnan	524116.19	95840.74	180597.13	503839	137569.50
西 藏 Tibet	5880.00	680.00	1196.00	11300	152.00
陕 西 Shaanxi	797125.69	125362.52	253159.14	651848	43869.03
甘 肃 Gansu	181597.44	25083.44	56963.61	90963	9112.78
青 海 Qinghai	34119.65	3280.00	12895.00	11766	1715.00
宁 夏 Ningxia	78808.55	14378.46	30867.58	23325	2961.90
新 疆 Xinjiang	337085.93	57781.23	100365.38	75159	10200.00

幼儿园办学条件(镇区)(二)

Statistics of Kindergarten Buildings and Others (Counties & Towns Area) (2)

地　区 Region	占地面积(平方米) Areas of School Sites (m^2)			图书(册) Books & Magazines in Libraries (volume)	数字资源 (GB) Digital Resources
	合计 Total	其中 of Which			
		绿化用地面积 Green Areas	运动场地面积 Sports Areas		
总　计 Total	**179973814.58**	**29566901.76**	**59195458.58**	**112253195**	**12495151.06**
北　京 Beijing	849071.83	151581.55	304250.11	577197	70810.60
天　津 Tianjin	776322.88	112786.31	261256.49	313265	20706.25
河　北 Hebei	10616619.09	1175985.09	3454855.37	6093735	494893.75
山　西 Shanxi	4413213.78	489196.61	1593418.12	2393339	144578.70
内蒙古 Inner Mongolia	5528186.63	827981.13	1761787.10	1642858	87979.90
辽　宁 Liaoning	3101857.95	375020.56	1280873.66	1494424	178734.00
吉　林 Jilin	2313951.91	348605.37	834627.97	1190002	97243.18
黑龙江 Heilongjiang	3206752.26	332168.39	1175749.82	975584	33028.96
上　海 Shanghai	1550084.48	446902.70	413004.15	562247	216155.00
江　苏 Jiangsu	16918928.29	3585061.03	6015065.86	13506477	593871.88
浙　江 Zhejiang	7788647.99	1563654.45	2803134.81	6378934	621229.58
安　徽 Anhui	7251500.58	1161231.88	2240079.18	3937802	398823.69
福　建 Fujian	4882781.01	780641.36	1894850.66	2614360	288239.60
江　西 Jiangxi	6961839.86	982963.28	2131883.68	3840250	462685.87
山　东 Shandong	16123379.94	3044442.38	5631867.27	6741264	313588.00
河　南 henan	13899688.57	2029644.18	4360604.27	7626709	974949.52
湖　北 Hubei	7059805.82	1531675.38	1956061.24	4119283	276310.77
湖　南 Hunan	9537324.93	1538244.90	2739612.18	7067289	425659.10
广　东 Guangdong	10207949.00	2029962.09	3500760.28	9138955	4113775.58
广　西 Guangxi	4758131.72	618916.27	1627057.52	3357281	605092.41
海　南 Hainan	1622912.03	310618.13	461346.77	1300351	98210.50
重　庆 Chongqing	2928170.59	431415.99	1047856.35	2209440	277641.05
四　川 Sichuan	8335533.37	1116913.34	2820178.98	8173868	386448.44
贵　州 guizhou	5453348.50	788691.12	1892172.67	3583706	212660.34
云　南 Yunnan	4265475.74	674130.09	1287363.06	2722578	170715.71
西　藏 Tibet	472736.27	79650.05	67765.28	65120	5543.62
陕　西 Shaanxi	9207595.16	1243065.20	2670463.87	7494529	582947.81
甘　肃 Gansu	2911365.28	373035.62	971055.95	1614798	210743.05
青　海 Qinghai	1101056.05	138149.60	291873.58	244682	14022.00
宁　夏 Ningxia	1114554.98	140731.86	351288.87	378085	26526.41
新　疆 Xinjiang	4815028.09	1143835.85	1353293.46	894783	91335.79

幼儿园办学条件(镇乡结合区)(二)

Statistics of Kindergarten Buildings and Others (County-town Transitional Area) (2)

地 区 Region	占地面积(平方米) Areas of School Sites (m^2)			图书(册) Books & Magazines in Libraries (volume)	数字资源 (GB) Digital Resources
	合计 Total	其中 of Which			
		绿化用地面积 Green Areas	运动场地面积 Sports Areas		
总 计 Total	**50854099.72**	**8436228.25**	**16996637.65**	**29518342**	**4404528.10**
北 京 Beijing	224854.00	40449.00	80863.00	115634	13047.00
天 津 Tianjin	334482.14	54089.91	126573.20	125229	5066.27
河 北 Hebei	5599605.09	614188.64	1826824.17	2996634	176041.25
山 西 Shanxi	1346493.31	139687.91	518384.21	696691	40619.00
内蒙古 Inner Mongolia	441376.54	58295.00	137572.70	107248	9491.80
辽 宁 Liaoning	426785.27	47882.01	173809.72	175975	24275.00
吉 林 Jilin	345475.95	58727.37	109191.40	122315	6301.00
黑龙江 Heilongjiang	317325.45	32282.00	105530.45	82399	3925.00
上 海 Shanghai	292777.57	72743.76	81471.50	134248	36319.00
江 苏 Jiangsu	4712796.11	1028703.94	1700448.80	3487714	325486.53
浙 江 Zhejiang	2683330.81	487943.66	944967.89	2401222	244903.10
安 徽 Anhui	1222061.05	181578.71	393713.71	652064	65779.80
福 建 Fujian	1407377.98	214774.00	549412.54	724369	88356.97
江 西 Jiangxi	1318072.40	179343.04	422248.68	671666	70073.50
山 东 Shandong	7225689.31	1369982.45	2556785.46	2707924	146478.00
河 南 henan	5291607.39	798499.69	1706026.46	2534946	364958.62
湖 北 Hubei	1658718.59	379117.24	447595.74	892923	60765.35
湖 南 Hunan	3301934.40	536142.63	940308.61	1962958	115072.30
广 东 Guangdong	3473416.59	683023.80	1198036.02	3075396	2128873.70
广 西 Guangxi	874901.21	115779.20	320293.60	520395	83559.00
海 南 Hainan	242043.20	48253.00	64679.00	162311	11461.00
重 庆 Chongqing	569879.80	86730.07	207073.82	375333	94826.34
四 川 Sichuan	1587786.81	224739.20	534223.26	1352323	75023.26
贵 州 guizhou	875773.33	123203.46	331768.52	467148	23142.09
云 南 Yunnan	1025118.88	160919.26	330846.79	709782	43298.60
西 藏 Tibet	37122.58	2967.51	5252.48	3270	1458.00
陕 西 Shaanxi	2241565.58	348881.88	666230.26	1781722	107612.91
甘 肃 Gansu	594601.83	78060.42	199911.82	253972	22373.91
青 海 Qinghai	260085.00	43197.00	75416.50	71957	2152.00
宁 夏 Ningxia	162752.13	30128.41	53568.75	46803	1686.70
新 疆 Xinjiang	758289.42	195914.08	187608.59	105771	12101.10

幼儿园办学条件(乡村)(二)
Statistics of Kindergarten Buildings and Others (Rural Area) (2)

地 区 Region	占地面积(平方米) Areas of School Sites (m^2)			图书(册) Books & Magazines in Libraries (volume)	数字资源 (GB) Digital Resources
	合计 Total	其中 of Which			
		绿化用地面积 Green Areas	运动场地面积 Sports Areas		
总 计 Total	**133528499.92**	**21219599.78**	**43646454.76**	**53337246**	**5871505.26**
北 京 Beijing	645334.89	118254.23	196756.28	287387	47631.30
天 津 Tianjin	729273.86	94125.03	290540.63	279002	11162.68
河 北 Hebei	13758359.49	1604652.94	4964954.01	6012166	280774.27
山 西 Shanxi	3822131.90	436687.71	1415604.42	1291619	57867.50
内蒙古 Inner Mongolia	3083728.86	390313.88	835817.09	405188	16558.00
辽 宁 Liaoning	2477512.05	305408.37	1049068.63	857890	166140.50
吉 林 Jilin	1230087.29	175925.63	505164.10	358906	36270.80
黑龙江 Heilongjiang	2113158.69	220572.96	788716.61	353793	16367.30
上 海 Shanghai	244074.44	71224.98	66317.17	102401	31048.00
江 苏 Jiangsu	5269984.22	1014739.88	1773573.22	3396620	96839.16
浙 江 Zhejiang	3584961.51	671914.98	1294272.90	2478291	269821.44
安 徽 Anhui	4950954.80	756576.43	1458941.64	2065160	196706.61
福 建 Fujian	2557429.03	453330.64	910378.53	900236	63505.92
江 西 Jiangxi	4397674.81	588249.86	1396272.02	1438783	108547.95
山 东 Shandong	13946908.20	2639017.99	5407582.42	4198966	219370.00
河 南 henan	14500926.76	2107194.79	4604310.88	6319030	846589.69
湖 北 Hubei	4335648.59	914183.62	1167048.48	1803444	151558.53
湖 南 Hunan	6681960.08	1096058.79	1865604.56	3252442	150052.70
广 东 Guangdong	5652043.63	1148305.08	1862626.39	3605176	1316096.11
广 西 Guangxi	3400615.23	461277.89	1133712.47	1643592	273242.50
海 南 Hainan	583495.60	133852.55	156232.52	334082	20037.00
重 庆 Chongqing	894300.75	115999.42	353465.97	520033	43273.31
四 川 Sichuan	3547771.14	434551.21	1243096.84	2648696	169266.06
贵 州 guizhou	4245284.23	756746.78	1485115.15	1850193	62013.33
云 南 Yunnan	4816222.19	739954.02	1355139.22	2066811	136343.80
西 藏 Tibet	1228355.15	152083.09	184986.43	113781	12431.53
陕 西 Shaanxi	4551380.88	652542.97	1315296.14	2861193	181829.21
甘 肃 Gansu	3715288.16	490080.72	1280557.07	896189	186738.86
青 海 Qinghai	2754925.68	258020.35	636035.70	210373	6500.30
宁 夏 Ningxia	777960.83	135915.95	244064.95	112932	9634.12
新 疆 Xinjiang	9030746.98	2081837.04	2405202.32	672871	687286.78

第二部分
Part Ⅱ

办 学 条 件
PHYSICAL FACILITIES

一、教育经费
Public Expenditure on Education

各类学校教育经费
Sources of Educational Funds and Expenditure

学校类别 Type of Schools	合计 Total	国家财政性教育经费 Government Appropriation for Education	#公共财政预算教育经费 Budgetary Educational Funds
全国总计 National Total	**328064609.3**	**264205820.5**	**225760098.5**
按学校类别分组 Grouped by Type of Schools			
高等学校 HEIs	86936550.9	52632080.1	43375464.5
普通高等学校 Regular HEIs	85098551.5	51448763.6	42701592.4
成人高等学校 Adult HEIs	1837999.4	1183316.5	673872.1
中等职业学校 Secondary Vocational Schools	19065199.9	16473325.1	14392889.9
普通中专 Regular Specialized Secondary Schools	8799484.6	7515843.3	6518889.8
成人中专 Adult Specialized Secondary Schools	883603.2	729080.6	611973.3
职业高中 Vocational High Schools	7093313.8	6441315.8	5725842.2
技工学校 Skilled Workers Schools	2288798.4	1787085.5	1536184.6
中学 Secondary Schools	88255520.6	77608465.5	68940838.9
普通中学 Regular Secondary Schools	88191300.4	77557191.5	68895310.8
普通高中 Regular Senior Secondary Schools	33585374.9	26191917.1	22920999.8
普通初中 Regular Junior Secondary Schools	54605925.5	51365274.4	45974311.0
#农村 Rural	33037363.9	31879156.8	28938530.1
成人中学 Adult Secondary Schools	64220.2	51274.0	45528.1
小学 Primary Schools	86823207.9	83156537.0	73959824.7
普通小学 Regular Primary Schools	86806362.9	83144692.0	73956105.0
#农村 Rural	56426390.3	55140791.6	49347487.2
成人小学 Adult Primary Schools	16845.0	11845.0	3719.7
特殊教育 Special Education	1018654.2	989061.1	858542.8
幼儿园 Kindergartens	20487571.4	9340519.4	8139058.8
教育行政单位 Education Administrative Department	4189488.8	3944005.8	3387892.8
教育事业单位 Education Public Institutions	8012786.3	7058540.5	5777821.6
其它 Others	13275629.4	13003285.9	6927764.5

来源和支出情况(2014年)

for Education in Various School (2014)

单位：万元

unit：10,000 yuan

民办学校中举办者投入 School Funding for private Schools	社会捐赠经费 Donor Funding for the Community	事业收入 Income from Teaching Research and Other Auxiliary Activity	学杂费 Tuition	其他教育经费 Other Educational Funds
1313476.4	**796700.3**	**54271580.8**	**40530392.6**	**7477031.3**
191542.0	404072.2	29457419.5	20264495.1	4251437.2
191542.0	403935.9	28861704.6	19808709.7	4192605.4
0.0	136.3	595714.9	455785.4	58831.8
54244.3	20724.6	1929393.0	1236834.4	587512.9
22064.9	10437.8	919258.5	605320.8	331880.1
2480.1	2690.5	126339.2	60809.7	23012.8
26452.2	6270.8	485311.7	324765.9	133963.3
3247.1	1325.4	398483.6	245938.0	98656.7
363442.2	193255.7	9017475.9	7006192.9	1072881.3
363442.2	193243.5	9008675.0	7003588.6	1068748.2
148698.4	108789.7	6620137.9	5093921.3	515831.8
214743.9	84453.8	2388537.1	1909667.3	552916.4
127489.0	35948.2	801996.0	608706.7	192773.9
0.0	12.2	8800.9	2604.2	4133.1
288654.5	107271.8	2566077.2	2165091.0	704667.3
288654.5	102271.8	2566077.2	2165091.0	704667.3
147908.4	57046.4	822649.8	648839.9	257994.2
0.0	5000.0	0.0	0.0	0.0
338.5	3882.8	6933.1	3119.8	18438.6
415254.8	23749.4	10376660.7	9820855.4	331387.2
0.0	7481.4	58723.9	0.0	179277.6
0.0	34655.0	656655.0	0.0	262935.8
0.0	1607.5	202242.6	33804.0	68493.4

各地区教育经费来源
Sources of Educational Fund and Expenditure

地　区 Region	合　计 Total	国家财政性教育经费 Government Appropriation for Education	#公共财政预算教育经费 Budgetary Educational Funds
全国	**328064609.3**	**264205820.5**	**225760098.5**
中　央 Central Government	32111765.5	22362635.2	12342064.8
地　方 Local Government	295952843.8	241843185.3	213418033.7
北　京 Beijing	10937374.1	9683640.5	7584873.2
天　津 Tianjin	6326264.6	5532758.8	5170062.5
河　北 Hebei	10861672.2	8926511.8	8023102.5
山　西 Shanxi	7036232.7	5762332.0	4957991.7
内蒙古 Inner Mongolia	6393777.7	5735677.0	4593352.0
辽　宁 Liaoning	8700533.0	7053395.5	6041420.8
吉　林 Jilin	5353180.2	4460292.3	4034252.3
黑龙江 Heilongjiang	6278811.6	5276808.0	5022200.4
上　海 Shanghai	9892211.5	7965262.8	6743619.4
江　苏 Jiangsu	20800931.1	16716834.5	14851941.5
浙　江 Zhejiang	16079755.3	12081379.7	10185686.6
安　徽 Anhui	10457811.2	8629777.6	7430675.2
福　建 Fujian	8928770.9	7151768.6	6280914.4
江　西 Jiangxi	8930127.4	7394986.4	6962158.1
山　东 Shandong	18847751.5	15811214.4	14601543.4
河　南 Henan	16385611.2	13181809.5	10975790.6
湖　北 Hubei	9874546.6	7634018.1	6906338.1
湖　南 Hunan	11285462.7	8809278.1	8236699.6
广　东 Guangdong	27356551.8	20220035.3	17795011.4
广　西 Guangxi	8586223.9	7163058.1	6593497.1
海　南 Hainan	2413903.9	1992063.8	1707057.4
重　庆 Chongqing	6979972.6	5538929.2	4471395.6
四　川 Sichuan	14508458.2	11779274.9	10513861.8
贵　州 Guizhou	7700060.9	6761066.6	6318333.9
云　南 Yunnan	9199396.4	7930673.5	6691444.5
西　藏 Tibet	1529504.5	1507575.6	1426370.4
陕　西 Shaanxi	9101671.8	7305175.5	6946784.0
甘　肃 Gansu	5181631.3	4633088.3	4010990.1
青　海 Qinghai	1976886.4	1843741.5	1562285.1
宁　夏 Ningxia	1697964.4	1502628.6	1195904.8
新　疆 Xinjiang	6349792.1	5858128.7	5582475.3

和支出情况(2014年)
for Education by Region (2014)

单位：万元
unit：10,000 yuan

民办学校中举办者投入 School Funding for private Schools	社会捐赠经费 Donor Funding for the Community	事业收入 Income from Teaching Research and Other Auxiliary Activity	学杂费 Tuition	其他教育经费 Other Educational Funds
1313476.4	**796700.3**	**54271580.8**	**40530392.6**	**7477031.3**
0.0	245299.6	7494206.4	2919394.3	2009624.3
1313476.4	551400.7	46777374.4	37610998.3	5467407.0
10528.8	10431.4	1048953.3	833848.9	183820.2
2948.4	4864.4	701025.1	562870.7	84667.9
40932.6	12106.6	1796502.8	1517464.7	85618.4
26485.2	2532.6	1182872.5	879606.8	62010.4
13110.0	3896.6	594264.9	449797.0	46829.2
30072.7	1222.8	1566027.5	1264514.1	49814.5
14983.5	3217.1	824516.9	704935.0	50170.5
6358.7	1664.9	909800.5	808906.0	84179.5
2321.7	10419.2	1291650.8	1021310.1	622557.0
36485.3	109974.0	3297871.6	2606537.1	639765.7
80627.3	51028.9	3135299.8	2436594.3	731419.6
36362.2	8305.0	1690401.7	1370843.1	92964.7
91201.2	39181.7	1527746.9	1211600.4	118872.5
35229.0	9316.8	1416732.9	1113032.8	73862.3
44819.6	12724.2	2763549.8	2301491.2	215443.5
160146.4	7727.2	2884331.6	2403582.7	151596.4
34145.9	7625.2	2021081.2	1606216.6	177676.2
72395.0	19735.2	2158581.3	1716807.5	225473.0
249031.0	93661.2	6183455.2	5195598.5	610369.0
29097.8	7569.4	1275840.2	1004768.3	110658.3
19559.4	1570.0	364206.4	299123.9	36504.2
27691.2	24460.0	1216958.0	948085.0	171934.1
132658.3	37028.3	2421187.9	1790867.5	138308.9
27461.4	14985.7	782236.6	615142.2	114310.6
36156.8	18094.4	1028195.5	804395.0	186276.3
561.9	699.3	17886.8	14738.3	2781.0
35246.2	5342.7	1623769.3	1294230.0	132138.2
6732.7	7556.7	491167.5	418234.9	43086.2
2057.4	2579.6	83859.6	59578.4	44648.3
6014.7	3463.7	169882.9	134811.4	15974.5
2054.2	18415.8	307517.4	221466.1	163676.0

二、教育基本建设投资
Capital Construction Investment in the Educational Sector

教育基本建设
Data on the Completion of Capital Construction

学校类别 Type of School	投资合计 Total Investment Completed in the Curent year (10,000 yuan)	本年完成投资按 Investment by Source of			
		国家预算内 Budgetary Allocation			
		合计 Total	中央 Central	省级 Local	合计 Total
总　　计 Total	**33617717**	**26342473**	**6933117**	**19409356**	**6666447**
高等教育学校 Higher	8338558	3497639	426633	3071006	4634585
Education Schools 中等职业学校 Secondary	1459339	1331834	217679	1114155	110591
Vocational Schools 普通中学 Regular Secondary	11075790	9977695	2578144	7399551	941174
Schools 职业初中 Vocational	25171	24522	6845	17677	637
Junior Secondary Schools 小学 Primary Schools	9309470	8566172	2765233	5800940	589053
特殊教育学校 Special	111045	99906	17099	82807	9287
Education Schools 幼儿园 Kindergartens	2446404	2137618	816632	1320986	252310
其他 Other	851941	707086	104853	602233	128811

投资完成情况(总计)
Investment in the Educational Sector (Total)

资金来源分(万元) Fund (10,000 yuan)			本年竣工建筑面积(平方米) Building Floor Area Completed (m^2)			
自筹资金 Self-raised Fund						
其中 of Which		其他 Other Sources	合计 Total	教学及辅助用房 Teaching and Administrative	行政办公用房 Adm. Building Rooms for Other Purpose	其他用房 Others
学校自筹 Raised by School	个人捐资 Individual Donations					
6480327	**186120**	**608797**	**155000916**	**97926022**	**4005943**	**53068951**
4522370	112215	206334	33712089	16485069	819582	16407438
107107	3484	16914	5627331	3424290	172707	2030334
924066	17108	156922	53068717	31680006	1372532	20016179
637		13	102248	72853	1060	28335
557393	31660	154244	48740114	34982913	1219810	12537391
9287		1852	414049	281825	15815	116409
239142	13169	56476	10305200	8905385	291848	1107967
120327	8485	16043	3031168	2093681	112589	824898

教育基本建设
Data on the Completion of Capital Construction

学校类别 Type of School	投资合计 Total Investment Completed in the Curent year (in 10 Thousand yuan)	本年完成投资按 Investment by Source of 国家预算内 Budgetary Allocation 计 Subtotal	中央 Central	省级 Local	计 Subtotal
合　计 Total	**33617717**	**26342473**	**6933117**	**19409356**	**6666447**
北　京 Beijing	378361	359859		359859	18502
天　津 Tianjin	390021	180087	4840	175247	209934
河　北 Hebei	538781	499443	177130	322314	34450
山　西 Shanxi	1191196	497137	33770	463367	648295
内蒙古 Inner Mongolia	526333	390346	49317	341030	133230
辽　宁 Liaoning	430018	296121	54349	241772	133890
大连 Dalian	82832	81992		81992	840
吉　林 Jilin	260216	245732	97702	148030	14476
黑龙江 Heilongjiang	169146	166178	50091	116087	2526
上　海 Shanghai	1406613	958682	7437	951245	444688
江　苏 Jiangsu	2692565	2179850	18423	2161427	453102
浙　江 Zhejiang	2232606	1725204	25060	1700144	464011
宁波 Ningbo	571213	549243	6676	542567	21970
安　徽 Anhui	1355197	1114253	387097	727156	192272
福　建 Fujian	635358	488072	13218	474853	116434
厦门 Xiamen	151609	122989		122989	21285
江　西 Jiangxi	902468	795697	325809	469888	93466
山　东 Shandong	1960718	1542088	149563	1392525	365773
青岛 Qingdao	350927	325250	68	325182	15472
河　南 henan	1765992	1092831	514448	578383	618842
湖　北 Hubei	1236305	975175	391677	583499	246597
湖　南 Hunan	1309351	957008	370741	586267	342862
广　东 Guangdong	1792509	1301793	39116	1262677	449321
深圳 Shenzhen	473942	465814		465814	8128
广　西 Guangxi	1468770	1234624	507434	727190	222931
海　南 Hainan	364563	345690	106880	238811	18873
重　庆 Chongqing	521032	365467	214757	150710	151155
四　川 Sichuan	1730629	1223740	556733	667008	441742
贵　州 guizhou	1838108	1420354	550175	870179	417754
云　南 Yunnan	1350287	1176188	580342	595846	161080
西　藏 Tibet	262045	262045	247356	14689	0
陕　西 Shaanxi	771576	745628	250108	495520	18403
甘　肃 Gansu	980906	901351	477319	424032	79485
青　海 Qinghai	451179	431479	236036	195443	9700
宁　夏 Ningxia	268608	236242	146566	89676	28165
新　疆 Xinjiang	714149	614408	274329	340080	49619
新疆生产建设兵团 The Xinjiang Producation and Construction Corps	91589	74414	68552	5862	17175

投资完成情况
Investment in the Educational Sector

资金来源分(万元) Fund (10,000 yuan)			本年竣工建筑面积(平方米) Building Floor Area Completed (m^2)			
自筹资金 Self-raised Fund		其他 Other Sources				
其中 of Which						
学校自筹 Raised by School	个人捐资 Individual Donations		合计 Total	教学及辅助用房 Teaching and Administrative	行政办公用房 Adm. Building Rooms for Other Purpose	其他用房 Others
6480327	**186120**	**608797**	**155000916**	**97926022**	**4005943**	**53068951**
18502		0	833404	534952	34396	264056
209934		0	286433	138360	24594	123479
34450		4888	2708320	1799068	39849	869403
646137	2159	45764	3555561	1948300	153460	1453801
133230		2757	1903952	1194703	70267	638982
116430	17460	7	2436287	1589297	42259	804731
840		0	613600	345138	21210	247252
14476		9	1566631	1051465	64037	451129
2526		443	1146009	760405	77274	308330
444688		3243	2045118	1326938	314149	404031
453102		59613	8034176	5747926	373318	1912932
464011		43391	6339079	3839992	278307	2220780
21970		0	1522453	983265	81900	457288
192272		48673	6917495	5330940	162124	1424431
116200	234	30853	2394926	1869433	24983	500510
21285		7335	306540	236120	2248	68172
93466		13305	18866646	10618380	61287	8186979
356846	8927	52857	9946836	7229221	313399	2404216
15472		10205	747887	501156	30340	216391
556746	62096	54320	9148551	5656295	299995	3192261
238775	7822	14532	7480334	4504951	106117	2869266
337179	5683	9481	6847424	3819600	102712	2925112
394606	54716	41395	7512249	5109585	327805	2074859
8128		0	515686	381532	30712	103442
204964	17967	11215	6572236	4071680	127879	2372677
18873		0	898020	604556	4850	288614
147155	4000	4410	1977837	797687	67249	1112901
440073	1669	65147	7714091	4608575	150483	2955033
417754		0	9792775	6724524	173604	2894647
161080		13019	8338785	4382293	22286	3934206
0		0	725908	408801	2350	314757
18403		7545	6312249	3944738	85372	2282139
77588	1897	70	3922657	2811682	73115	1037860
9700		10000	1187574	564757	53433	569384
27495	670	4201	586139	423159	83881	79099
48799	820	50122	2775239	1787743	121434	866062
17175		0	521809	278805	3265	239739

第三部分
Part Ⅲ

科学研究活动及其他
SCIENTIFIC RESEARCH ACTIVITES & OTHER

一、自然科学与技术
Natural Science and Technology

	教学与科研人员 Personnel Engaged in S&T Activities		研究与发展人员 R & D Personnel	
	合计 Total	其中:科学家和工程师 of Which: Scientists & Engineers	合计 Total	其中:科学家和工程师 of Which: Scientists & Engineers
总　计 Total	**979185**	**942161**	**381102**	**373175**
按学校规格分 Breakdown by Category of HEIs				
"211"及省部共建高等学校 Key HEIs	317365	301807	161629	156890
其他本科院校 Ordinary Degree Level HEIs	545376	527643	202205	199176
高等专科学校 Short – cycle HEIs	116444	112711	17268	17109
按学校隶属分 Breakdown by Control				
部委院校 HEIs under Other Central Ministries	32517	31362	19366	18769
教育部直属院校 HEIs under Ministry of Education	226150	214553	118463	114865
地方院校 HEIs under Local Govermments	720518	696246	243273	239541
按学校类型分 Breakdown by Type of HEIs				
综合大学 Comprehensive Universities	302982	287997	125507	122155
工科院校 Engineering	316807	309609	127639	125946
农林院校 Agriculture	49822	48085	21478	20926
医药院校 Medicine & Pharmacy	225769	214611	72077	70209
师范院校 Teachers Training	62882	61492	27546	27142
其他院校 Others	20923	20367	6855	6797

科技人力情况

in Regular HEIs

单位:人

unit: person

研究与发展全时人员 R & D FTEs (Full-time Equivalents)		R&D 成果应用及科技服务人员 R & D Personnel		R&D 成果应用及科技服务全时人员 R & D FTEs (Full-time Equivalents)	
合计 Total	其中:科学家和工程师 of Which: Scientists & Engineers	合计 Total	其中:科学家和工程师 of Which: Scientists & Engineers	合计 Total	其中:科学家和工程师 of Which: Scientists & Engineers
228628	**223864**	**43114**	**42357**	**25847**	**25390**
96974	94132	22055	21615	13237	12971
121316	119491	18796	18502	11260	11087
10338	10241	2263	2240	1350	1332
11620	11262	2063	2058	1236	1233
71072	68914	14884	14569	8933	8742
145936	143688	26167	25730	15678	15415
75291	73284	14013	13734	8413	8246
76574	75552	21303	21031	12767	12604
12887	12553	3846	3731	2303	2234
43243	42122	1339	1288	803	768
16524	16283	2076	2040	1242	1222
4109	4070	537	533	319	316

	拨入 Revenues			
	合计 Total	政府资金 Government Funds	企事业单位委托 Contract Research Fund	其他 Others
总　计 Total	**135612133**	**85621358**	**41373797**	**8616978**
按学校规格分 Breakdown by Category of HEIs				
"211"及省部共建高等学校 Key HEIs	93038874	59745734	30155550	3137590
其他本科院校 Ordinary Degree Level HEIs	41100931	25071369	10868022	5161540
高等专科学校 Short - cycle HEIs	1472328	804255	350225	317848
按学校隶属分 Breakdown by Control				
部委院校 HEIs under Other Central Ministries	16691526	10359254	5963631	368641
教育部直属院校 HEIs under Ministry of Education	67504307	43587903	21692385	2224019
地方院校 HEIs under Local Govermments	51416300	31674201	13717781	6024318
按学校类型分 Breakdown by Type of HEIs				
综合大学 Comprehensive Universities	45968817	31621635	11830009	2517173
工科院校 Engineering	65444669	35210889	26735417	3498363
农林院校 Agriculture	9028319	7107872	1324706	595741
医药院校 Medicine & Pharmacy	7534422	6059148	437322	1037952
师范院校 Teachers Training	6453504	4799026	865150	789328
其他院校 Others	1182402	822788	181193	178421

科技经费情况
in Regular HEIs

单位：千元
unit：1,000 yuan

支　出 Expenditures				
合　计 Total	劳务费 Personnel Costs	业务费 Non-Personnel Expenses	转拨外单位经费 Expenses on Extermal Services	其　他 Others
124486122	**2616344**	**3007741**	**9222600**	**105613661**
84548341	2085686	2279920	7219391	70418719
38651236	517969	710341	1968368	34017701
1286545	12689	17480	34841	1177241
15319206	191055	496352	1164494	12999847
61106611	1759368	1708004	5729696	50225451
48060305	665921	803385	2328410	42388363
41081729	1096835	639316	3104625	34631053
61018880	981552	2053346	4367655	51545453
7939276	298618	202968	1000621	6556849
7285860	153421	62482	542694	6284025
6031695	81892	45917	196340	5536493
1128682	4026	3712	10665	1059788

	科技课题 R & D Projects			出版科技专著(部) No. of Mono-graphs Published
	课题数(项) No. of Projects	投入人数 No. of Input of S&D Manpower	实际支出(千元) Actual Exp. (1,000 yuan)	
总　计 Total	**516718**	**282710**	**84922094**	**13113**
按学校规格分 Breakdown by Category of HEIs	0		0	0
"211"及省部共建高等学校 Key HEIs	259056	122449	61186165	3405
其他本科院校 Ordinary Degree Level HEIs	239281	147279	23046645	6181
高等专科学校 Short – cycle HEIs	18381	12982	689284	3527
按学校隶属分 Breakdown by Control	0		0	0
部委院校 HEIs under Other Central Ministries	34363	14287	11794082	545
教育部直属院校 HEIs under Ministry of Education	192080	88891	44004795	2339
地方院校 HEIs under Local Govermments	290275	179531	29123217	10229
按学校类型分 Breakdown by Type of HEIs	0		0	0
综合大学 Comprehensive Universities	157931	92985	27503565	2736
工科院校 Engineering	211890	99262	44433879	5652
农林院校 Agriculture	41345	16875	5752315	1091
医药院校 Medicine & Pharmacy	57785	48930	3531042	2521
师范院校 Teachers Training	39590	19739	3236023	733
其他院校 Others	8177	4918	465270	380

发展课题、成果情况

Achievements in Regular HEIs

单位：千元
unit: 1,000 yuan

发表学士论文（篇）No. of Papers Published	成果获奖 Achieverment Awards		技术转让 Techonlogical Transfer		知识产权授权数 No. of Awarded	专利出售 Income from License Arrangements	
	合计 Total	其中：国家奖 of Which: National Awards	合同数 No. of Contracts	收入 Actual Revenues		项数 No. of Items	实现金额（千元）Income
870529	**4733**	**296**	**8617**	**2341910**	**121981**	**2695**	**2774739**
0		0		0		0	0
425425	2359	228	3913	1478700	51334	1360	2542550
396435	2289	67	4400	854589	59079	1134	228437
48669	85	1	304	8621	11568	201	3752
0		0		0		0	0
55919	246	27	633	311924	6986	189	1624431
312733	1788	193	2525	1019934	36146	958	865486
501877	2699	76	5459	1010052	78849	1548	284822
0		0		0		0	0
279587	1414	96	2247	429128	35723	858	627056
335682	1957	149	4323	1478293	65272	1410	1911766
55947	457	30	1316	214718	7800	252	61363
129903	673	16	154	107887	3625	46	147108
56810	180	5	454	97497	7971	102	21176
12600	52		123	14387	1590	27	6270

二、社会科学

Social Science

普通高等学校人文、

Professional Manpower in Regular HEIs in the

		学校数（所）No. of HEIs	社科活动人员（人）Personnel Engaged in Social Science Research (person)				
			合 计 Total	高 级 Senior	中 级 Middle	初级 Junior	其他人员 Others
合 计 Total		**1814**	**628959**	**229594**	**288854**	**104470**	**6041**
按学校隶属关系分 Breakdown by Control	教育部直属院校 HEIs under Ministry of Education	73	63443	34856	25142	3226	219
	其他部委院校 HEIs under Other Central Ministries	39	17709	8035	7793	1822	59
	地方院校 HEIs under Local Govermments	1702	547807	186703	255919	99422	5763
按学校规格分 Breakdown by Category of HEIs	本科院校 Regular HEIs	1036	526127	201461	240580	79748	4338
	专科院校 Short-cycle HEIs	778	102832	28133	48274	24722	1703
按学校类型分 Breakdown by Type of HEIs	综合大学 Comprehensive Universities	415	182197	69391	82074	28941	1791
	理工农医院校 HEIs Science and Technology, Agriculture and Medicine	817	201631	67595	98572	33654	1810
	师范院校 Teachers Training	192	104373	40596	46101	16973	703
	语文院校 Languages	40	17428	5930	8239	3098	161
	财经院校 Finance and Economics	197	71310	25512	32188	12861	749
	政法院校 Political Science & Law	49	15727	6766	6574	2210	177
	体育院校 Physical Culture	23	6888	2782	2859	1186	61
	艺术院校 Art	65	19412	6488	8144	4297	483
	民族院校 Minorities	16	9993	4534	4103	1250	106

社会科学人力情况
Fields of the Humanities and Social Science

研究与发展人员(人) R & D Personnel (person)						研究与发展人员(人年) R & D Personnel (man/year)					
合计 Total	高级 Senior	中级 Middle	初级 Junior	其他人员 Others	研究生 Postgraduates	合计 Total	高级 Senior	中级 Middle	初级 Junior	其他人员 Others	研究生 Postgraduates
457631	**184488**	**194311**	**8424**	**5185**	**65223**	**100873. 90**	**45540. 10**	**35487. 80**	**7309. 60**	**823. 40**	**11713. 00**
92752	36724	21308	615	1132	32973	21091. 00	10558. 00	4453. 70	410. 20	156. 90	5512. 20
17253	7720	6711	177	140	2505	4055. 50	1954. 50	1374. 20	164. 90	20. 20	541. 70
347626	140044	166292	7632	3913	29745	75727. 40	33027. 60	29659. 90	6734. 50	646. 30	5659. 10
412282	167868	167702	6849	4659	65204	93172. 30	42586. 90	31719. 80	6414. 20	739. 80	11711. 60
45349	16620	26609	1575	526	19	7701. 60	2953. 20	3768. 00	895. 40	83. 60	1. 40
148418	60401	56273	2303	2041	27400	32961. 40	15585. 30	10474. 60	1982. 70	315. 10	4603. 70
130473	48773	61437	2503	662	17098	28713. 80	11611. 20	11180. 80	2164. 50	113. 60	3643. 70
78242	33701	33995	1480	1035	8031	17220. 60	8201. 30	6147. 30	1406. 70	159. 40	1305. 90
12615	5109	5582	445	61	1418	2570. 20	1242. 20	909. 70	202. 30	7. 70	208. 30
55050	21845	23508	1080	818	7799	11896. 50	5248. 90	4262. 90	920. 00	137. 00	1327. 70
11497	5656	4451	187	168	1035	2370. 30	1294. 50	756. 40	155. 70	26. 30	137. 40
5051	2090	1827	104	91	939	1397. 30	698. 50	416. 20	95. 80	18. 10	168. 70
7846	2929	3827	210	145	735	1991. 30	806. 90	746. 80	256. 70	22. 00	158. 90
8439	3984	3411	112	164	768	1752. 50	851. 30	593. 10	125. 20	24. 20	158. 70

		学校数（所）No. Of HEIs	拨入 Revenues						
			合计 Total	科研活动经费 Funds for R&D	科技活动人员工资 Personnel Costs	科研基建费 Capital Construction Funds for R&D	企事业单位委托项目经费 Contract Research Funds Provided by Ent. & Inst.	金融机构贷款 Loans Provided by Financial Inst.	自筹经费 Self-raised Fubds
总　计 Total		**1814**	**13258265.68**	**6058575.13**	**2019726.76**	**21580.30**	**2969349.31**	**154.00**	**1830894.88**
按学校隶属关系分 Breakdown by Control	教育部直属院校 HEIs under Ministry of Education	73	5123818.30	2772251.12	396930.72	3100.00	1440509.11		294451.08
	其他部委院校 HEIs under Other Central Ministries	39	561199.67	257217.29	83779.34		95400.30		122505.29
	地方院校 HEIs under Local Govermments	1702	7573247.71	3029106.72	1539016.70	18480.30	1433439.90	154.00	1413938.51
按学校规格分 Breakdown by Category of HEIs	本科院校 Regular HEIs	1036	12746577.37	5910710.04	1837097.71	17662.30	2914074.71	154.00	1713432.69
	专科院校 Short-cycle HEIs	778	511688.31	147865.09	182629.05	3918.00	55274.60		117462.19
按学校类型分 Breakdown by Type of HEIs	综合大学 Comprehensive Universities	415	5051925.23	2369515.23	641399.42	6197.72	1202669.15	154.00	619026.04
	理工农医院校 HEIs Science and Technology, Agriculture and Medicine	817	3114453.30	1305289.13	558396.48	2347.40	888995.84		292118.31
	师范院校 Teachers Training	192	1988577.89	860887.00	376220.09	83.66	387064.96		313346.83
	语文院校 Languages	40	370185.14	145228.36	52795.20	2920.00	51692.65		115763.94
	财经院校 Finance and Economics	197	1552067.87	706849.77	238723.95	3484.00	231108.69		365276.02
	政法院校 Political Science & Law	49	313858.70	165300.78	51770.74	3673.10	43918.80		38004.39
	体育院校 Physical Culture	23	169839.22	105721.67	31797.46	820.00	8946.34		22534.75
	艺术院校 Art	65	521612.24	302063.11	35398.82	1754.42	135168.21		44667.18
	民族院校 Minorities	16	175746.09	97720.08	33224.60	300.00	19784.67		20157.42

学研究与发展经费情况

Expenditure in Regular HEIs

单位:百元

unit: 100 Yuan

国外资金 Foreign Funds	其他收入 Others Revenues	支出 Expenditures 合计 Total	内部支出 Intramural Expenditures 小计 Subtotal	科研人员费 Personnel Costs	业务费 Non-Personnel Expenses	科研基建费 Capital Constr-uction Funds for R&D	仪器设备费 Instruments and Equipment	图书资料费 Books and Infor-mation	管理费 Manage-ment	其他 Others	转拨给外单位经费 Extra-mural Exp.
171527.42	**186457.88**	**12297741.37**	**12143834.32**	**2977718.85**	**3307622.85**	**37565.48**	**876946.12**	**1426305.92**	**340113.00**	**680273.83**	**153907.05**
157982.93	58593.34	4642656.97	4564170.86	638888.20		3875.16	348379.42	615586.18	153968.42	306185.21	78486.11
1489.45	808.00	524849.44	523719.15	103670.04	307957.34		21045.99	57326.06	12417.12	21302.60	1130.29
12055.04	127056.54	7130234.96	7055944.31	2235160.61	2999665.51	33690.32	507520.71	753393.68	173727.46	352786.02	74290.65
171430.32	182015.60	11826339.49	11677425.97	2746434.83	5652107.69	36645.48	859099.68	1389737.28	331981.86	661419.15	148913.52
97.10	4442.28	471401.88	466408.35	231284.02	152803.43	920.00	17846.44	36568.64	8131.14	18854.68	4993.53
100128.04	112835.63	4740272.61	4706795.70	970298.14	2335566.46	3499.21	388129.55	582692.71	134009.75	292599.88	33476.91
40197.01	27109.13	2877745.25	2815342.72	745608.42	1355919.43	2397.40	138974.72	883514.99	237837.17	460392.93	62402.53
18688.19	32287.16	1794858.21	1787303.44	454040.16	756180.11	63.50	180526.93	1144384.93	276372.64	557480.26	7554.77
1119.99	665.00	315522.92	312870.69	117480.53	123029.47	2215.80	15734.62	1179079.63	280536.90	573031.57	2652.23
1640.98	4984.46	1419179.51	1409920.27	488208.63	589608.32	8787.90	70659.16	1335708.69	309408.34	640187.33	9259.24
9693.89	1497.00	295461.63	294777.79	61912.27	174631.82	4085.80	10244.91	1365430.03	314945.32	648832.00	683.84
	19.00	174993.18	174727.38	44125.76	84783.06	820.00	29032.78	1374724.77	317984.33	652464.03	265.80
	2560.50	493345.62	455733.89	52001.27	291946.19	15395.87	39040.29	1398008.24	333746.81	670768.35	37611.73
59.32	4500.00	186362.44	186362.44	44043.67	93246.26	300.00	4603.16	1426305.92	340113.00	680273.83	

普通高等学校人文、社会科学研
Basic Statistics of Humunities and Social Sciences

		课题数（项）No. of Projects	当年投入人数（人年）Input of Man-year (man/year)	其中：研究生 of Which: Graduate Students	当年拨入经费（千元）Revenues (1000 yuan)	当年支出经费（千元）Expenditures (1000 yuan)
总　计 Total		**390794**	**100487.00**	**11753.40**	**7684530.92**	**6702141.21**
按学校隶属关系分 Breakdown by Control	教育部直属院校 HEIs under Ministry of Education	97529	21011.30	5512.20	3560844.28	3099131.21
	其他部委院校 HEIs under Other Central Ministries	13276	4043.60	541.70	340756.99	295944.48
	地方院校 HEIs under Local Govermments	279989	75432.10	5699.50	3782929.65	3307065.52
按学校规格分 Breakdown by Category of HEIs	本科院校 Regular HEIs	359620	91642.50	11745.10	7501231.02	6553563.37
	专科院校 Short-cycle HEIs	31174	8844.50	8.30	183299.90	148577.84
按学校类型分 Breakdown by Type of HEIs	综合大学 Comprehensive Universities	132750	32752.80	4605.70	3080563.41	2700892.45
	理工农医院校 HEIs Science and Technology, Agriculture and Medicine	111080	28662.60	3682.50	2086542.82	1808165.87
	师范院校 Teachers Training	66127	17184.30	1305.90	1093407.08	964914.30
	语文院校 Languages	10936	2560.40	208.30	152736.81	100952.52
	财经院校 Finance and Economics	41708	11831.40	1327.90	679746.66	557391.82
	政法院校 Political Science & Law	11333	2366.70	137.40	171077.27	190185.60
	体育院校 Physical Culture	4349	1395.30	168.70	56034.12	58657.08
	艺术院校 Art	7011	1989.80	158.90	259791.26	209132.79
	民族院校 Minorities	5500	1743.70	158.10	104631.49	111848.78

究与发展课题、成果情况
R & D and Achievements in Regular HEIs

出版专著（部）Monographs Published (titles)	发表论文（篇）No. of Papers Published				研究与咨询报告（篇）Research and Consulting Report	
	合计 Total	国内学术刊物 In Domestic Journals	国外学术刊物 In Foreignal Journals	港澳台刊物 In Hong Kong and Macao Journals	合计 Total	其中：被采纳数 of Which: Accepted Number
14675	**349938**	**338049**	**11284**	**605**	**13596**	**6547**
4197	67009	61301	5354	354	4602	2923
590	13543	12873	640	30	504	104
9888	269386	263875	5290	221	8490	3520
14113	300431	288760	11080	591	11805	5856
562	49507	49289	204	14	1791	691
5386	111763	107102	4386	275	5216	2912
3161	95995	92866	3078	51	4134	2031
2765	62642	61360	1179	103	1460	710
532	10223	9605	571	47	420	240
1530	39002	37510	1451	41	1511	536
518	10866	10420	378	68	508	64
121	3958	3831	123	4	173	13
309	8592	8550	33	9	52	14
353	6897	6805	85	7	122	27

附　　表

Appendixes

（摘自国家统计局《2015 年中国统计年鉴》）

Data from “2015 China Statisical Yearbook”

国内生产总值

Gross Domestic Product

单位:亿元

unit: 100 million yuan

年份 Year	国民总收入 Gross National Income	国内生产总值 Gross Domestic Product	第一产业 Primary Industry	第二产业 Secondary Industry	工业 Industry	建筑业 Construction	第三产业 Tertiary Industry	人均国内生产总值(元) Per Capita GDP (yuan)
1978	3650.2	3650.2	1018.4	1736.0	895.8	1602.9	138.2	382
1979	4067.7	4067.7	1258.9	1903.3	905.4	1765.2	143.8	420
1980	4551.6	4551.6	1359.4	2180.5	1011.6	1991.4	195.5	464
1981	4896.0	4898.1	1545.6	2243.7	1108.8	2043.2	207.1	493
1982	5340.2	5333.0	1761.6	2370.6	1200.9	2156.8	220.7	529
1983	5998.5	5975.6	1960.8	2632.6	1382.2	2369.6	270.6	584
1984	7262.0	7226.3	2295.5	3089.7	1841.1	2781.9	316.7	697
1985	9064.6	9039.9	2541.6	3846.8	2651.6	3439.9	417.9	860
1986	10308.0	10308.8	2763.9	4469.9	3074.9	3956.9	525.7	966
1987	12094.2	12102.2	3204.3	5225.3	3672.6	4574.1	665.8	1116
1988	15095.1	15101.1	3831.0	6554.0	4716.0	5762.5	810.0	1371
1989	17098.9	17090.3	4228.0	7240.8	5621.6	6467.5	794.0	1528
1990	18824.8	18774.3	5017.0	7678.0	6079.3	6840.6	859.4	1654
1991	21940.2	21895.5	5288.6	9055.8	7551.2	8066.5	1015.1	1903
1992	27082.0	27068.3	5800.0	11640.4	9627.9	10258.4	1415.0	2324
1993	35450.4	35524.3	6887.3	16373.0	12264.1	14151.9	2266.5	3015
1994	48370.3	48459.6	9471.4	22333.5	16654.7	19431.2	2964.7	4066
1995	60146.5	61129.8	12020.0	28536.2	20573.6	24887.2	3728.8	5074
1996	70538.3	71572.3	13877.8	33665.8	24028.7	29372.7	4387.4	5878
1997	78517.3	79429.5	14264.6	37353.9	27810.9	32837.7	4621.6	6457
1998	83505.7	84883.7	14618.0	38808.8	31456.8	33931.9	4985.8	6835
1999	88989.8	90187.7	14548.1	40827.6	34812.0	35770.3	5172.1	7199
2000	98562.2	99776.3	14716.2	45326.0	39734.1	39931.8	5522.3	7902
2001	108683.4	110270.4	15501.2	49262.0	45507.2	43469.8	5931.7	8670
2002	119765.0	121002.0	16188.6	53624.4	51189.0	47310.7	6465.5	9450
2003	135718.9	136564.6	16968.3	62120.8	57475.6	54805.8	7490.8	10600
2004	160289.7	160714.4	20901.8	73529.8	66282.8	65044.2	8694.3	12400
2005	184575.8	185895.8	21803.5	87127.3	76964.9	77034.4	10367.3	14259
2006	217246.6	217656.6	23313.0	103163.5	91180.1	91078.8	12408.6	16602
2007	268631.0	268019.4	27783.0	125145.4	115090.9	110253.9	15296.5	20337
2008	318736.7	316751.7	32747.0	148097.9	135906.9	129929.1	18743.2	23912
2009	345046.4	345629.2	34154.0	157850.1	153625.1	135849.0	22601.1	25963
2010	407137.8	408903.0	39354.6	188804.9	180743.4	162376.4	27177.6	30567
2011	479576.1	484123.5	46153.3	223390.3	214579.9	191570.8	32840.0	36018
2012	532872.1	534123.0	50892.7	240200.4	243030.0	204539.5	36804.8	39544
2013	583196.7	588018.8	55321.7	256810.0	275887.0	217263.9	40807.3	43320
2014	634043.4	636138.7	58336.1	271764.5	306038.2	228122.9	44789.6	46629

注:1. 数据来源:摘自国家统计局《2015 年中国统计年鉴》。

2. 1980 年以后国民总收入(原称国民生产总值)与国内生产总值的差额为国外净要素收入。

3. 2014 年为初步核算数据(以下相关表同)。

Note: 1. Data sources: National Bureau of Statistics《2015 China Statistical Yearbook》.

2. Since 1980, the difference between the Gross Domestic Product and the Gross National Income (formerly, the Gross National Product) is the net factor income from the rest of the world.

3. Data of 2014 were preliminary estimation. The same applies to the relevant tables following.

分地区国内生产总值(2014年)

Gross Domestic Product by Region (2014)

本表绝对数按当年价格计算,指数按可比价格计算

Absolute figures in this table are calculated at current prices while indices are calculated at comparable prices.

单位:亿元 unit: 100 million yuan

地　区 Region	国内生产总值 Gross Domestic Product	三次产业增加值 Value-Added by Three Strata of Industry			分行业增加值 Value-Added by Sector		人均国内生产总值(元) Per Capita GDP (yuan)
		第一产业 Primary Industry	第二产业 Secondary Industry	第三产业 Tertiary Industry	工　业 Industry	建筑业 Construction	
北　京 Beijing	21330.83	158.99	4544.80	16627.04	3746.77	902.66	99995
天　津 Tianjin	15726.93	199.90	7731.85	7795.18	7079.10	686.98	105231
河　北 Hebei	29421.15	3447.46	15012.85	10960.84	13330.66	1703.63	39984
山　西 Shanxi	12761.49	788.89	6293.91	5678.69	5471.01	826.95	35070
内蒙古 Inner Mongolia	17770.19	1627.85	9119.79	7022.55	7904.40	1217.62	71046
辽　宁 Liaoning	28626.58	2285.75	14384.64	11956.19	12656.83	1875.69	65201
吉　林 Jilin	13803.14	1524.01	7286.59	4992.54	6424.88	891.40	50160
黑龙江 Heilongjiang	15039.38	2611.36	5544.41	6883.61	4783.88	845.15	39226
上　海 Shanghai	23567.70	124.26	8167.71	15275.72	7362.84	831.86	97370
江　苏 Jiangsu	65088.32	3634.33	30854.50	30599.49	26962.97	3899.47	81874
浙　江 Zhejiang	40173.03	1777.18	19175.06	19220.79	16771.90	2467.10	73002
安　徽 Anhui	20848.75	2392.39	11077.67	7378.68	9455.48	1638.32	34425
福　建 Fujian	24055.76	2014.80	12515.36	9525.60	10426.71	2112.03	63472
江　西 Jiangxi	15714.63	1683.72	8247.93	5782.98	6848.63	1399.59	34674
山　东 Shandong	59426.59	4798.36	28788.11	25840.12	25340.86	3534.48	60879
河　南 Henan	34938.24	4160.01	17816.56	12961.67	15809.09	2077.24	37072
湖　北 Hubei	27379.22	3176.89	12852.40	11349.93	10992.79	1925.09	47145
湖　南 Hunan	27037.32	3148.75	12482.06	11406.51	10749.88	1744.86	40271
广　东 Guangdong	67809.85	3166.82	31419.75	33223.28	29144.15	2341.18	63469
广　西 Guangxi	15672.89	2413.44	7324.96	5934.49	6065.34	1263.87	33090
海　南 Hainan	3500.72	809.52	875.97	1815.23	514.40	362.77	38924
重　庆 Chongqing	14262.60	1061.03	6529.06	6672.51	5175.80	1353.26	47850
四　川 Sichuan	28536.66	3531.05	13962.41	11043.20	11851.99	2225.44	35128
贵　州 Guizhou	9266.39	1280.45	3857.44	4128.50	3140.88	717.69	26437
云　南 Yunnan	12814.59	1990.07	5281.82	5542.70	3898.97	1389.66	27264
西　藏 Tibet	920.83	91.64	336.84	492.35	66.16	270.68	29252
陕　西 Shaanxi	17689.94	1564.94	9577.24	6547.76	7993.39	1645.65	46929
甘　肃 Gansu	6836.82	900.76	2926.45	3009.61	2263.20	681.34	26433
青　海 Qinghai	2303.32	215.93	1234.31	853.08	954.27	280.43	39671
宁　夏 Ningxia	2752.10	216.99	1341.24	1193.87	973.53	368.37	41834
新　疆 Xinjiang	9273.46	1538.60	3948.96	3785.90	3179.60	867.54	40648

数据来源:摘自国家统计局《2015中国统计年鉴》。

Data sources: National Bureau of Statistics《2015 China Statistical Yearbook》.

国家财政收支总额及增长速度

Total Government Revenue and Expenditures and Their Increase Rate

年 份 Year	财政收入 (亿元) Revenue (100 million yuan)	财政支出 (亿元) Expenditures (100 million yuan)	增长速度 Increase Rate (%)	
			财政收入 Revenue	财政支出 Expenditures
1978	1132.26	1122.09	29.5	33.0
1980	1159.93	1228.83	1.2	-4.1
1985	2004.82	2004.25	22.0	17.8
1990	2937.10	3083.59	10.2	9.2
1991	3149.48	3386.62	7.2	9.8
1992	3483.37	3742.20	10.6	10.5
1993	4348.95	4642.30	24.8	24.1
1994	5218.10	5792.62	20.0	24.8
1995	6242.20	6823.72	19.6	17.8
1996	7407.99	7937.55	18.7	16.3
1997	8651.14	9233.56	16.8	16.3
1998	9875.95	10798.18	14.2	16.9
1999	11444.08	13187.67	15.9	22.1
2000	13395.23	15886.50	17.0	20.5
2001	16386.04	18902.58	22.3	19.0
2002	18903.64	22053.15	15.4	16.7
2003	21715.25	24649.95	14.9	11.8
2004	26396.47	28486.89	21.6	15.6
2005	31649.29	33930.28	19.9	19.1
2006	38760.20	40422.73	22.5	19.1
2007	51321.78	49781.35	32.4	23.2
2008	61330.35	62592.66	19.5	25.7
2009	68518.30	76299.93	11.7	21.9
2010	83101.51	89874.16	21.3	17.8
2011	103874.43	109247.79	25.0	21.6
2012	117253.52	125952.97	12.9	15.3
2013	129209.64	140212.10	10.2	11.3
2014	140370.03	151785.56	8.6	8.3

数据来源:摘自国家统计局《2015 中国统计年鉴》。

Data sources: National Bureau of Statistics《2015 China Statistical Yearbook》.

中央财政和地方财政收支总额

Total Revenue and Expenditures of Central and Local Governments

单位:亿元

unit: 100 million yuan

年份 Year	财政收入 Revenue			财政支出 Expenditures		
	合计 Total	中央 Central Government	地方 Local Government	合计 Total	中央 Central Government	地方 Local Government
1978	1132.26	175.77	956.49	1122.09	532.12	589.97
1980	1159.93	284.45	875.48	1228.83	666.81	562.02
1985	2004.82	769.63	1235.19	2004.25	795.25	1209.00
1990	2937.10	992.42	1944.68	3083.59	1004.47	2079.12
1991	3149.48	938.25	2211.23	3386.62	1090.81	2295.81
1992	3483.37	979.51	2503.86	3742.20	1170.44	2571.76
1993	4348.95	957.51	3391.44	4642.30	1312.06	3330.24
1994	5218.10	2906.50	2311.60	5792.62	1754.43	4038.19
1995	6242.20	3256.62	2985.58	6823.72	1995.39	4828.33
1996	7407.99	3661.07	3746.92	7937.55	2151.27	5786.28
1997	8651.14	4226.92	4424.22	9233.56	2532.50	6701.06
1998	9875.95	4892.00	4983.95	10798.18	3125.60	7672.58
1999	11444.08	5849.21	5594.87	13187.67	4152.33	9035.34
2000	13395.23	6989.17	6406.06	15886.50	5519.85	10366.65
2001	16386.04	8582.74	7803.30	18902.58	5768.02	13134.56
2002	18903.64	10388.64	8515.00	22053.15	6771.70	15281.45
2003	21715.25	11865.27	9849.98	24649.95	7420.10	17229.85
2004	26396.47	14503.10	11893.37	28486.89	7894.08	20592.81
2005	31649.29	16548.53	15100.76	33930.28	8775.97	25154.31
2006	38760.20	20456.62	18303.58	40422.73	9991.40	30431.33
2007	51321.78	27749.16	23572.62	49781.35	11442.06	38339.29
2008	61330.35	32680.56	28649.79	62592.66	13344.17	49248.49
2009	68518.30	35915.71	32602.59	76299.93	15255.79	61044.14
2010	83101.51	42488.47	40613.04	89874.16	15989.73	73884.43
2011	103874.43	51327.32	52547.11	109247.79	16514.11	92733.68
2012	117253.52	56175.23	61078.29	125952.97	18764.63	107188.34
2013	129209.64	60198.48	69011.16	140212.10	20471.76	119740.34
2014	140370.03	64493.45	75876.58	151785.56	22570.07	129215.49

数据来源:摘自国家统计局《2015 中国统计年鉴》。

Data sources: National Bureau of Statistics《2015 China Statistical Yearbook》.

人口数及构成
Population and Its Composition

单位：万人

unit：10 thousand persons

年 份 Year	年底总人口 Population (year-end)	按性别分 By Sex				按城乡分 By Residence			
		男 Male		女 Female		城镇 Urban		乡村 Rural	
		人口数 Population	比重(%) Proportion	人口数 Population	比重(%) Proportion	人口数 Population	比重(%) Proportion	人口数 Population	比重(%) Proportion
1978	96259	49567	51.49	46692	48.51	17245	17.92	79014	82.08
1979	97542	50192	51.46	47350	48.54	18495	18.96	79047	81.04
1980	98705	50785	51.45	47920	48.55	19140	19.39	79565	80.61
1981	100072	51519	51.48	48553	48.52	20171	20.16	79901	79.84
1982	101654	52352	51.50	49302	48.50	21480	21.13	80174	78.87
1983	103008	53152	51.60	49856	48.40	22274	21.62	80734	78.38
1984	104357	53848	51.60	50509	48.40	24017	23.01	80340	76.99
1985	105851	54725	51.70	51126	48.30	25094	23.71	80757	76.29
1986	107507	55581	51.70	51926	48.30	26366	24.52	81141	75.48
1987	109300	56290	51.50	53010	48.50	27674	25.32	81626	74.68
1988	111026	57201	51.52	53825	48.48	28661	25.81	82365	74.19
1989	112704	58099	51.55	54605	48.45	29540	26.21	83164	73.79
1990	114333	58904	51.52	55429	48.48	30195	26.41	84138	73.59
1991	115823	59466	51.34	56357	48.66	31203	26.94	84620	73.06
1992	117171	59811	51.05	57360	48.95	32175	27.46	84996	72.54
1993	118517	60472	51.02	58045	48.98	33173	27.99	85344	72.01
1994	119850	61246	51.10	58604	48.90	34169	28.51	85681	71.49
1995	121121	61808	51.03	59313	48.97	35174	29.04	85947	70.96
1996	122389	62200	50.82	60189	49.18	37304	30.48	85085	69.52
1997	123626	63131	51.07	60495	48.93	39449	31.91	84177	68.09
1998	124761	63940	51.25	60821	48.75	41608	33.35	83153	66.65
1999	125786	64692	51.43	61094	48.57	43748	34.78	82038	65.22
2000	126743	65437	51.63	61306	48.37	45906	36.22	80837	63.78
2001	127627	65672	51.46	61955	48.54	48064	37.66	79563	62.34
2002	128453	66115	51.47	62338	48.53	50212	39.09	78241	60.91
2003	129227	66556	51.50	62671	48.50	52376	40.53	76851	59.47
2004	129988	66976	51.52	63012	48.48	54283	41.76	75705	58.24
2005	130756	67375	51.53	63381	48.47	56212	42.99	74544	57.01
2006	131448	67728	51.52	63720	48.48	58288	44.34	73160	55.66
2007	132129	68048	51.50	64081	48.50	60633	45.89	71496	54.11
2008	132802	68357	51.47	64445	48.53	62403	46.99	70399	53.01
2009	133450	68647	51.44	64803	48.56	64512	48.34	68938	51.66
2010	134091	68748	51.27	65343	48.73	66978	49.95	67113	50.05
2011	134735	69068	51.26	65667	48.74	69079	51.27	65656	48.73
2012	135404	69395	51.25	66009	48.75	71182	52.57	64222	47.43
2013	136072	69728	51.24	66344	48.76	73111	53.73	62961	46.27
2014	136782	70079	51.23	66703	48.77	74916	54.77	61866	45.23

注：总人口和城镇人口中包括中国人民解放军现役军人，按城乡分人口中现役军人计入城镇人口。

Note: Urban Population include the military personnel of Chinese People's Liberation Army.

分地区按性别分的15岁及以上文盲人口(2014年)

Illterate Population Aged 15 and Over by Sex and Region(2014)

本表是2014年全国人口变动情况抽样调查样本数据,抽样比为0.822‰。

Data in this table are obtained from the 2013 National Sample Survey on Population Changes. The sampling fraction is 0.822‰.

地 区 Region	15岁及以上人口(人) Population Aged 15 & Over			文盲人口(人) Illiterate			文盲人口占15岁及以上人口比重 Percentage to total Population Aged 15 & Over (%)		
	合计 Total	男 Male	女 Female	合计 Total	男 Male	女 Female	合计 Total	男 Male	女 Female
合 计 Total	**938993**	**475585**	**463408**	**46210**	**11914**	**34296**	**4.92**	**2.51**	**7.40**
北 京 Beijing	15953	8006	7947	236	53	183	1.48	0.66	2.30
天 津 Tianjin	11168	5544	5624	263	66	197	2.35	1.19	3.50
河 北 Hebei	49590	24982	24608	1557	362	1195	3.14	1.45	4.86
山 西 Shanxi	25638	12972	12666	742	229	513	2.89	1.77	4.05
内蒙古 Inner Mongolia	17869	9069	8800	832	237	595	4.66	2.61	6.76
辽 宁 Liaoning	32518	16411	16107	579	141	438	1.78	0.86	2.72
吉 林 Jilin	19939	10117	9822	575	176	399	2.88	1.74	4.06
黑龙江 Heilongjiang	27967	13934	14033	764	198	566	2.73	1.42	4.03
上 海 Shanghai	17994	9232	8762	566	122	444	3.15	1.32	5.07
江 苏 Jiangsu	56651	28136	28515	2870	593	2277	5.07	2.11	7.99
浙 江 Zhejiang	39990	20970	19020	2341	626	1715	5.85	2.99	9.02
安 徽 Anhui	41225	19986	21239	2980	787	2193	7.23	3.94	10.33
福 建 Fujian	25883	13328	12555	1435	293	1142	5.54	2.20	9.10
江 西 Jiangxi	29710	15208	14502	1005	248	757	3.38	1.63	5.22
山 东 Shandong	68036	33953	34083	3766	872	2894	5.54	2.57	8.49
河 南 Henan	61576	30309	31267	2797	795	2002	4.54	2.62	6.40
湖 北 Hubei	40329	20247	20082	2340	553	1787	5.80	2.73	8.90
湖 南 Hunan	45424	22878	22546	1505	437	1068	3.31	1.91	4.74
广 东 Guangdong	73926	40023	33903	2272	475	1797	3.07	1.19	5.30
广 西 Guangxi	30643	15728	14915	1102	201	901	3.60	1.28	6.04
海 南 Hainan	6036	3211	2825	267	54	213	4.42	1.68	7.54
重 庆 Chongqing	20921	10679	10242	1071	299	772	5.12	2.80	7.54
四 川 Sichuan	56285	27676	28609	4044	948	3096	7.18	3.43	10.82
贵 州 Guizhou	22553	11337	11216	2506	723	1783	11.11	6.38	15.90
云 南 Yunnan	31528	16066	15462	2596	745	1851	8.23	4.64	11.97
西 藏 Tibet	1976	993	983	789	317	472	39.93	31.92	48.02
陕 西 Shaanxi	26511	13590	12921	1508	441	1067	5.69	3.25	8.26
甘 肃 Gansu	17881	9185	8696	1546	469	1077	8.65	5.11	12.39
青 海 Qinghai	3934	1964	1970	516	171	345	13.12	8.71	17.51
宁 夏 Ningxia	4383	2232	2151	353	101	252	8.05	4.53	11.72
新 疆 Xinjiang	14960	7620	7340	486	182	304	3.25	2.39	4.14

注:本表"文盲人口"指15岁及15岁以上不识字及识字很少人口。

Note: Illiterate population in this table refers to the population aged 15 and over, who are unable or have difficulty in reading.

分地区按性别和受教育程度分的人口(2014 年)

Population by Sex, Educational Level and Region(2014)

本表是 2014 年全国人口变动情况抽样调查样本数据,抽样比为 0.822‰。

Data in this table are obtained from the 2013 National Sample Survey on Population Changes. The sampling fraction is 0.822‰.

单位:人 unit: person

地区 Region	6岁及6岁以上人口 Population Aged 6 and Over			未上过学 Illiterate			小学 Primary School			初中 Junior Secondary School			高中 Senior Secondary School			大专及以上 College and Higher Level		
	合计 Total	男 Male	女 Female	合计 Total	男 Male	女 Female	合计 Total	男 Male	女 Female	合计 Total	男 Male	女 Female	合计 Total	男 Male	女 Female	合计 Total	男 Male	女 Female
全 国 National Total	**1047090**	**534288**	**512802**	**56255**	**16763**	**39492**	**274858**	**129783**	**145076**	**420432**	**226122**	**194309**	**174847**	**98256**	**76591**	**120698**	**63364**	**57334**
北 京 Beijing	16828	8496	8332	295	83	212	1772	849	922	4658	2558	2100	3684	1957	1727	6420	3049	3371
天 津 Tianjin	11935	5951	5984	375	120	255	1962	922	1040	4158	2240	1918	2712	1382	1331	2727	1287	1440
河 北 Hebei	55991	28501	27490	2167	671	1497	14382	6615	7766	26964	14472	12492	8032	4505	3528	4447	2238	2207
山 西 Shanxi	28424	14423	14001	981	329	652	6185	2903	3282	13048	7045	6003	5410	2674	2737	2799	1472	1327
内蒙古 Inner Mongolia	19516	9930	9586	1024	323	701	5046	2350	2696	8186	4435	3751	3132	1717	1415	2126	1105	1023
辽 宁 Liaoning	34931	17688	17243	817	253	564	6759	3162	3598	15573	8056	7517	5769	3026	2743	6013	3191	2821
吉 林 Jilin	21697	11032	10665	728	254	474	5171	2463	2708	9189	4807	4383	4031	2156	1875	2578	1352	1225
黑龙江 Heilongjiang	30313	15171	15142	992	320	671	6968	3273	3694	13826	7406	6420	4784	2537	2247	3744	1635	2110
上 海 Shanghai	19008	9800	9208	653	164	489	2519	1163	1356	6729	3619	3110	3951	2137	1814	5156	2717	2439
江 苏 Jiangsu	61601	30865	30736	3320	789	2531	14189	6256	7933	24496	12886	11609	10802	6188	4614	8796	4746	4049
浙 江 Zhejiang	43110	22592	20518	2662	775	1886	12175	5858	6317	15978	8946	7031	5788	3389	2399	6510	3624	2885
安 徽 Anhui	46366	22812	23554	3331	968	2364	12497	5783	6714	18727	9970	8757	6948	3855	3093	4862	2236	2626
福 建 Fujian	28801	14887	13914	1799	417	1382	8745	4041	4705	10598	6112	4485	4294	2616	1678	3366	1701	1664
江 西 Jiangxi	34372	17839	16533	1335	413	922	10003	4603	5400	14194	7591	6603	6040	3604	2436	2801	1628	1172
山 东 Shandong	75500	37968	37532	4719	1293	3426	17650	7845	9805	31654	16684	14970	14062	8108	5954	7415	4038	3377
河 南 Henan	71223	35752	35471	3541	1172	2369	18146	8753	9393	30610	15705	14905	11546	6280	5266	7380	3842	3538
湖 北 Hubei	44681	22629	22052	2666	719	1947	11160	5114	6045	16854	8960	7894	8894	4980	3914	5107	2856	2252
湖 南 Hunan	51363	26196	25167	1837	609	1227	14146	6784	7362	21688	11261	10427	8969	5079	3890	4725	2463	2261
广 东 Guangdong	82029	44477	37552	3088	853	2236	18495	8533	9962	35212	19561	15651	17540	10511	7029	7693	5019	2674
广 西 Guangxi	35659	18448	17211	1537	418	1118	10547	4981	5566	15202	8409	6793	5518	3126	2393	2855	1514	1341
海 南 Hainan	6826	3647	3179	340	94	246	1420	665	755	3130	1687	1443	1378	862	517	555	339	218
重 庆 Chongqing	23263	11929	11334	1362	427	935	7385	3675	3709	7386	3937	3449	4141	2260	1881	2991	1630	1360
四 川 Sichuan	62975	31173	31802	4591	1221	3370	21926	10685	11241	22054	11872	10183	8696	4777	3919	5706	2618	3089
贵 州 Guizhou	26616	13551	13065	2841	898	1943	8758	4446	4312	9483	5478	4005	2773	1603	1169	2763	1126	1636
云 南 Yunnan	36038	18487	17551	2977	962	2014	14943	7455	7488	12096	6816	5279	3569	1932	1638	2454	1322	1132
西 藏 Tibet	2343	1182	1161	1040	459	581	844	467	377	304	175	129	93	49	44	61	32	30
陕 西 Shaanxi	29130	14993	14137	1790	578	1211	6663	3073	3590	11578	6151	5427	5882	3436	2447	3217	1755	1462
甘 肃 Gansu	19984	10323	9661	1790	576	1214	6573	3210	3363	6948	3884	3064	2612	1484	1128	2061	1169	892
青 海 Qinghai	4422	2219	2203	587	207	380	1514	755	759	1223	719	504	533	285	247	567	253	313
宁 夏 Ningxia	5062	2597	2465	407	127	280	1515	727	788	1882	1061	822	717	397	320	540	285	255
新 疆 Xinjiang	17083	8732	8351	666	271	395	4799	2371	2428	6805	3622	3184	2548	1349	1200	2263	1119	1144

注:本表数据摘自《2015 中国统计年鉴》。

Data sources: National Bureau of Statistics《2015 China Statistical Yearbook》.